| 개정판 |

중재
실무
강의

ARBITRATION LAW
IN KOREA

김갑유·임수현·김홍중·김준우 외

박영사

개정판 서문

중재실무강의 개정판을 내면서

2012년 봄 중재실무강의를 출간한 지 어느덧 4년의 세월이 흘렀다. 마음을 졸이면서 출간했던 초판은 2년만에 완판되고 개정판을 준비하는 중에 중재법개정작업에 참여하게 되어 중재법의 개정에 맞추어 개정판을 내려고 준비하다 다시 2년의 세월이 흘러버렸다. 중재법은 올해 6월에야 개정되었다. 그동안, 국내외중재기관들이 규칙을 개정하고 새로운 제도를 도입하기도 했고, 국내에서는 생소하던 투자중재도 실제 사건으로 우리 눈앞에 나타나는 변화가 있었다.

개정판은 이러한 변화들, 특히 개정 중재법과 국내외중재기관들의 새로운 규칙과 새로운 제도의 도입 등 발전내용을 소개하는 내용을 담았다. 또한, 제5장의 중재절차에 관하여 실무에 보다 실질적인 도움을 줄 수 있도록 실무의 내용을 자세히 소개하고자 노력하였다. 저자들이 중재실무를 하면서 연구하고 경험한 것들을 최대한 반영하였다고 자부한다. 또한, 국제투자중재에 관한 논의도 일부 반영하였는데 투자중재의 중요성이 증가되는 상황에 비추어 충분히 다루지 못한 아쉬움이 남는다. 다음에 기회가 되면 좀 더 자세한 내용을 소개하고자 한다. 물론, 개정판에서는 초판에 있어서 오류가 있었던 부분이나 오탈자를 수정하였다. 이러한 작업에는 중재실무강의를 읽고 코멘트를 전달해 주신 많은 분들의 도움이 있었다. 이 자리를 빌어 진심으로 감사드린다.

초판에서 그러하였듯이 저자들은 서로 토의하고 연구하면서 공동작업으로 이 개정판을 완성했다. 여전히 부족하고 모자람을 알지만 그래도 이 개정판이 그동안 변화된 상황에서 중재실무를 진행하고 중재에 관한 연구를 함에 있어서 최소한의 자료로 활용되기를 간절히 바란다.

저자들의 경험과 연구는 오직 저자들을 믿고 사건을 의뢰하신 고객들이 계셨기에 가능한 것이었음을 너무나 잘 알기에 그동안 물심양면으로 도움을 주시고 격려해 주신 여러 고객분들께 먼저 감사의 말씀을 전하고자 한다.

저자들과 중재팀에서 함께 일하는 동료 방준필, 매튜 크리스텐슨, 데이비드 맥아더, 김승현, 황우철, 김세진 미국변호사, 권재하 영국변호사, 조선희 호주변호사, 성연평 싱가폴변호사, 우메르 카릴 파키스탄 변호사는 저자들이 언제나 세계를 향해 눈을 열고 연구하고 일하는 데에 큰 도움이 되고 있어 늘 감사하다. 또한 싱가폴국제중재센터에서 일하다 이제 막 중재팀에 합류하신 유지연 변호사와 현예림 변호사, 곽필성 책임연구원, 탁성은 연구원, 박보경 차장, 김민 과장을 비롯한 중재팀 모든 스태프들, 특히 부록, 참고문헌 정리와 교정을 도와준 장명완 변호사께도 심심한 감사를 전하고자 한다.

마지막으로 이 책의 출판을 맡아주신 박영사와 직접 업무를 도와주신 조성호 이사님, 한두희 님께 감사 드린다.

2016. 여름

필자를 대표하여 **김 갑 유**

서 문

2002년 법무법인(유한) 태평양에 국제중재팀이 창설된 지 어느덧 10년이 지났다. 중재팀 창립 10주년을 자축하면서, 지난 10년 동안 그리고 중재팀 창설 이전부터 법무법인 태평양이 처리해 온 여러 가지 사건을 통해 얻게 된 경험과 지식을 모아 이제 한 권의 책으로 출간한다. 먼저, 영문으로 외국인들에게 우리나라의 중재법과 중재실무를 소개하는 책을 지난 2월에 출간한 바 있고 이번에는 국내 독자들을 위해서 중재실무서를 출간하는 것이다.

돌이켜보면, 1998년 난생 처음 국제중재사건에서 리드카운슬(lead counsel)을 맡아 영어로 진행되는 심리를 주도하게 되었을 때 생경하고 어색하기만 했던 순간이 있었다. 그 때 손발이 오그라드는 느낌을 이 책을 발간하면서 다시 느끼게 된다. 보면 볼수록 자꾸 부족한 점이 보여서 선뜻 내어놓기가 망설여지고 부끄럽기도 하지만, 그래도 더 늦기 전에 중재실무의 현실을 소개하고 그와 관련된 쟁점들을 논의해 보는 책을 발간하여야겠다는 의욕을 앞세워 감히 이 책을 독자들에게 내어 놓기로 결심했다.

법무법인(유한) 태평양의 중재팀이 창설된 후 지난 10년 동안 중재분야에는 많은 발전과 변화가 있었다. 중재는 이제 국내에서도 소송을 대체하는 대표적 분쟁해결수단으로 자리잡았고, 국제분쟁에 있어서는 기업들 간의 대형분쟁이 소송 대신 중재를 통해 해결되는 일이 오히려 당연한 일로 받아들여지고 있다. 국제중재에서 가장 대표적인 중재기관으로 알려진 국제상업회의소 국제중재법원(ICC International Court of Arbitration)의 통계를 보면 한국은 아시아지역 국가 중에 가장 중재가 활발한 국가 중의 하나로 나타나고 있다. 이에 따라 국제중재시장에서 한국은 아시아를 대표하는 국가로 자리잡아 가고 있다. 국내외에서 중재에 관심도 매우 높아졌다. 어느덧 우리나라는 다른 아시아 국가들이 모두 부러워하는 중재선진국가로 부각되고 있다.

이러한 실무분야에서의 발전에도 불구하고 중재분야에 관심을 가진 분들이나 실무에서 지침을 찾는 분들에게 참고가 될 만한 자료나 책자는 매우 제한되어 있었던 것이 사실이었다. 더구나, 상사중재절차는 거의 비공개로 진행되어 중재의 절차와 내용은 물론 중재사건의 존재 자체도 외부에 알려지지 않는 경우가 많아 일반인의 입장에서 자료를 구하기는 더더욱 쉽지 않다.

다행히, 목영준 헌법재판관님이나 석광현 교수님 같은 선각자들께서 중재에 관한 기본법과 제도를 소개하는 책을 일찍이 발간하셔서 후학과 실무자들에게 큰 도움을 주신 바 있다.

이제는 그동안 국내외에서의 중재실무를 통해서 축적된 경험을 소개하여 중재실무의 쟁점들을 꺼내서 함께 논의하고 새롭고 발전적인 방향을 설정해 나갈 필요가 절실하다. 이러한 시점에서 이 책의 발간을 감행하는 집필자들은 이 책이 중재실무에 관한 연구와 논의에 기초를 제공하고 중재실무의 미래를 설계하는 데 조금이나마 도움이 되기를 간절히 바란다.

이 책을 만들어 가면서 집필자들은 서로 토의하고 연구해가면 공동작업을 하여왔다. 집필자들이 업무에 바쁜 가운데에도 꾸준히 연구해 온 내용과 실제 사건을 통해 얻은 실무 경험을 이 책의 집필 과정에서 함께 나눈 것은 집필자들에게도 매우 유익했다. 다만, 이 책에 담긴 중재법과 제도에 관한 의견은 저자들의 개인적 견해이며 저자들이 속해 있는 법무법인(유한) 태평양의 공식 견해가 아님을 밝혀 둔다

언제나 중재팀을 위해서 혼신의 노력을 아끼지 않는 곽필성 책임연구원, 박보경 팀장, 김민 과장을 포함한 스태프들에게 이 기회를 빌어 감사를 전하고자 한다. 그리고 누구보다도 그동안 우리 중재팀에게 사건을 의뢰해 주시고 사건의 처리과정에서 많은 도움을 주신 여러 고객분들에게 고개 숙여 감사 드리고자 한다.

마지막으로 이 책의 출판을 출판을 맡아주신 박영사와 직접적으로 업무를 도와주신 조성호 부장님, 심성보 위원님께 감사의 말씀을 전하고자 한다.

2012. 봄

필자를 대표하여 김 갑 유

차 례

제 1 장 중재 제도 개관

제 2 장   중재합의

제 3 장 준거법

제 4 장   중재판정부

제 5 장   중재절차

제 6 장　중재판정

제 9 장   중재판정 취소와 승인 및 집행 (1) – 소송 절차

제 10 장 중재판정 취소와 승인 및 집행 (2) – 취소 또는 거부사유

부 록

범 례

1. 중재기관 약어

KCAB   대한상사중재원

ICC   국제상업회의소 국제중재재판소
(International Chamber of Commerce International Court of Arbitration)

LCIA   런던국제중재법원(London Court of International Arbitration)

SIAC   싱가포르국제중재센터(Singapore International Arbitration Center)

HKIAC   홍콩국제중재센터(Hong Kong International Arbitration Center)

JCAA   일본상사중재협회(Japanese Commercial Arbitration Association)

AAA   미국중재협회(American Arbitration Association)

ICDR   국제분쟁해결센터(International Center for Dispute Resolution)

SCC   스톡홀름상업회의소 중재재판소
(Arbitration Institute of Stockholm Chamber of Commerce)

2. 법령 및 중재규칙

UNCITRAL 모델중재법   국제상사중재에 관한 국제연합 국제무역법위원회(UNCITRAL)
모델중재법

뉴욕협약   외국중재판정의 승인과 집행에 관한 협약

공정거래법   독점규제 및 공정거래에 관한 법률

소촉법   소송촉진 등에 관한 특례법

약관규제법   약관의 규제에 관한 법률

채무자회생법   채무자 회생 및 파산에 관한 법률

KCAB 국내중재규칙   대한상사중재원 국내중재규칙(2011. 9. 1. 발효)

KCAB 국제중재규칙   대한상사중재원 국제중재규칙(2016. 6. 1. 발효)

ICC 중재규칙   국제상업회의소 중재규칙(2012. 1. 1. 발효)

LCIA 중재규칙   런던국제중재법원 중재규칙(2014. 10. 1. 발효)

SIAC 중재규칙   싱가포르국제중재센터 중재규칙(2016. 8. 1. 발효)

HKIAC 중재규칙   홍콩국제중재센터 중재규칙(2013. 11. 1. 발효)

JCAA 중재규칙   일본상사중재협회 중재규칙(2015. 12. 10. 발효)

SCC 중재규칙   스톡홀름상업회의소 중재규칙(2010. 1. 1. 발효)

UNCITRAL 중재규칙   국제상사중재에 관한 국제연합 국제무역법위원회 중재규칙

ICSID 중재규칙   국제투자분쟁해결센터 중재규칙(2003. 1. 1. 발효)

3. 저 서

목영준   목영준, 상사중재법, 박영사, 2011

석광현   석광현, 국제상사중재법연구 제1권, 박영사, 2007

주석중재법   양병회 외 8인, 주석중재법, 대한상사중재원, 한국중재학회, 2006

Born   Gary B. Born, *International Commercial Arbitration*, 2nd ed., Kluwer Law International, 2014

Redfern/Hunter   Nigel Blackaby, et al., *Redfern and Hunter on International Arbitration*, 6th ed., Oxford University Press, 2015

van den Berg   Albert Jan van den Berg, *The New York Arbitration Convention of 1958*, Kluwer Law International, 1981

제 **1**장

중재 제도 개관

제 1 장

중재 제도 개관

1.1 중재의 개념

중재(arbitration, 仲裁)라 함은 당사자 간의 합의로 분쟁을 법원의 재판에 의하지 아니하고 중재인의 판정에 의하여 해결하는 절차이다.[1) 한마디로 말하면 사적(私的) 재판 질차라고 할 수 있다. 중재는 분쟁해결의 원칙적인 수단인 소송을 대체하는 점에서 대표적인 대체적 분쟁해결수단(alternative dispute resolution, ADR)이지만, 당사자가 중재인의 판정에 구속된다는 점에서 구속성이 없는 대체적 분쟁해결수단인 조정(mediation/conciliation)과는 구별된다.

그런데 적지 않은 사람들이 중재를 분쟁 당사자 쌍방이 모두 조금씩 양보를 해서 쌍방 모두가 만족할 만한 결과를 가져오는 판정을 내리는 제도라고 이해하고 있는 듯하다. 그러나 중재의 법적인 개념은 이러한 이해와는 많이 다르다. 중재는 분쟁을 법원의 재판이 아닌 사인(私人)인 중재인의 판정에 따라 해결하는 분쟁해결절차이지만, 중재판정부는 법원칙에 따라 판단을 내리고 당사자들은 그 판단에 구속되게 된다는 점에서 한마디로 '사적인 재판' 절차라고 할 수 있다.[2) 이러한 점에서 중재는 당사자에게 구속력이 없는 조정과 구분되며, 일상생활에서 위와 같은 의미로 흔히 사용하는 '중재'라는 표현은 법률적으로는 '조정'에 더 가깝다. 한편, 중재절차에서는 재판

---

1) 우리 중재법은 중재를 '당사자 간의 합의로 재산권상의 분쟁 및 당사자가 화해에 의하여 해결할 수 있는 비재산권상의 분쟁을 법원의 재판에 의하지 아니하고 중재인의 판정에 의하여 해결하는 절차'라고 정의하고 있고(개정 중재법 제3조 제1호), 중재합의를 '계약상의 분쟁인지의 여부에 관계없이 일정한 법률관계에 관하여 당사자 간에 이미 발생하였거나 장래 발생할 수 있는 분쟁의 전부 또는 일부를 중재에 의하여 해결하도록 하는 당사자간의 힙의'라고 정의하고 있다(중재법 제3조 제2호).
2) 소송과 비교한 중재제도의 특징에 대해서는 제1.7절에서 상세히 다룬다.

절차와는 달리 법원칙보다는 형평과 선이 적용된다고 생각하는 경우도 적지 않은데, 이것도 사실과 다르다. 실제로 국제연합무역법위원회(United Nations Commission on International Trade Law, 이하 "UNCITRAL")의 국제상사중재에 관한 모델중재법(UNCITRAL Model Law on International Commercial Arbitration, 이하 "UNCITRAL 모델중재법"[3])과 이에 따라 제정된 우리 중재법 모두 '중재판정부는 당사자들이 명시적으로 권한을 부여하는 경우에만 형평과 선(*ex aequo et bono*)에 따라 혹은 우의적 중재인(*amiable compositeur*)으로서 판정을 내릴 수 있다'고 규정하고 있어 형평과 선에 따른 판단이나 우의적 중재의 적용에 제한을 가하고 있다.[4] 따라서 중재에서도 소송과 마찬가지로 중재판정부가 해당 준거법에 따른 법원칙을 엄격히 적용하여 판정을 내리는 것이 일반적이다.

1.2 중재의 분류

1.2.1 기관중재와 비기관중재

중재를 분류하는 기준 중 가장 대표적인 것은 기관중재와 비기관중재이다.

비(非)기관중재(*ad hoc* arbitration)[5]란 중재기관의 관여 없이 이루어지는 중재를 말한다. 비기관중재는 기관중재를 이용하는데 소요되는 중재기관의 행정비용을 절감하기 위해서 또는 기관중재의 경우 발생할 수 있는 기관에 의한 통제에서 벗어나 당사자간의 보다 자유로운 중재진행을 위해서 선택되는 경우가 있는데, 국내기업의 경우는 이를 그리 널리 활용하고 있지는 않다. 실무상으로는 비기관중재를 선택하면서도 중재규칙을 미리 정해두는 경우가 적지 않다.[6] 그렇지만 만일 적용할 중재규칙을 따로 정하지 않은 비기관중재라면 중재지 국가의 중재법에 따라 중재를 진행하게 된다.[7]

---

3) 1999년에 대한상사중재원(KCAB)과 법무부는 동법을 "UNCITRAL 모델중재법"으로 칭하기로 통일하였다(이순우, UNCITRAL 제32차 본회의 참가보고, 중재 제294호, 1999 참조). 이에 본 책에서도 이를 'UNCITRAL 모델중재법'으로 칭하기로 한다.

4) UNCITRAL 모델중재법 제28조 제3항, 중재법 제29조 제3항.

5) 이를 '임의중재'라고 하기도 하고, '임시중재'라고 하기도 하는데, 본 책에서는 이를 기관중재와 구분하여 '비기관중재'라고 칭하기로 한다.

6) 가장 대표적인 비기관중재는 UNCITRAL 중재규칙(UNCIRAL Arbitration Rules)에 따른 중재이다. 그러나 UNCITRAL은 중재규칙을 마련해두기는 했지만 중재기관이 아니어서 중재절차에는 관여하지 않는다.

7) 가령 '이 사건 계약과 관련된 또는 이 사건 계약으로부터 발생하는 모든 분쟁은 한국에서 중재로 해결한다'고 규정되어 있는 경우처럼, 중재지가 한국이지만 특별히 적용될 중재규칙이

한편, 기관중재(institutional arbitration)란 중재를 관리하는 기관의 감독 하에 행하는 중재를 말한다.[8] 국내기업들이 자주 이용하는 대표적인 중재기관인 대한상사중재원(Korea Commercial Arbitration Board; KCAB), 국제상공회의소 국제중재법원(International Court of Arbitration of the International Chamber of Commerce; ICC), 런던국제중재법원(London Court of International Arbitration; LCIA), 미국중재협회(American Arbitration Association; AAA)와 그 산하기구인 국제분쟁해결센터(International Center for Dispute Resolution; ICDR), 싱가포르국제중재센터(Singapore International Arbitration Centre; SIAC), 홍콩국제중재센터(Hong Kong International Arbitration Center, HKIAC) 등을 비롯하여 현재 전 세계적으로 약 70여 개의 중재기관이 존재하는 것으로 알려져 있고,[9] 이러한 중재기관들은 독자적인 중재규칙들을 제정하여 시행해 오고 있다.

비기관중재는 기관중재에 비해 보다 더 유연하고, 경제적일 뿐만 아니라 비밀보장도 더 잘되는 장점이 있다. 이에 반해 기관중재는, 권위 있고 경험이 많은 중재기관을 이용하면 그만큼 사건의 진행이 안정적이고 예측 가능하며, 나중에 중재판정을 받을 경우 해당 중재기관의 신뢰성으로 인하여 판정을 집행하기가 상대적으로 용이하다는 장점이 있다. 기관중재의 경우는 중재기관에 지불해야 하는 비용으로 인해 상대적으로 비용이 많이 소요된다는 점이 단점으로 지적되기도 하지만,[10] 각 중재기관의 행정사무국에서 절차를 신속하고 효율적으로 관리하여 당사자들에게 더 편하다는 점, 그리고 이미 정해지고 검증된 절차를 통해 분쟁을 해결할 수 있다는 장점들 덕분에 실무에서는 기관중재의 이용도가 비기관중재에 비해 압도적으로 높다.

1.2.2 국제중재와 국내중재

중재는 국제중재(international arbitration)와 국내중재(domestic arbitration)로 분류할 수도 있다.

전세계적으로 많은 국가들이 수용하고 있는 UNCITRAL 모델중재법 제1조 제3항에는 (1) 중재합의 체결 당시 당사자들이 서로 다른 국가에 영업장소(place of business)

나 중재기관에 관한 합의가 존재하지 않으면 해당 분쟁은 한국 중재법에 따른 중재를 통해 해결되게 된다.

8) 이를 '상설중재'라고 하기도 한다.

9) 유명 국제중재기관들에 대해서는 제1.3절에서 보다 상세히 소개하기로 한다.

10) Born, 171면.

를 보유하고 있는 경우, (2) 중재합의의 중재지 또는 주된 의무의 이행지나 분쟁대상
과 밀접한 관련을 가진 장소가 자신의 영업장소 국가 밖에 존재하는 경우, 또는 (3)
당사자들이 중재합의의 대상(subject matter of arbitration agreement)이 복수의 국가에 관
계된다고 명백히 합의한 경우에는 국제중재에 해당한다고 규정되어 있다.

그렇지만 우리 중재법은 UNCITRAL 모델중재법을 대부분 그대로 수용하면서도
국제중재에 관한 위 조항은 인용하지 않았기에, 중재법에는 국제중재나 국내중재의
개념이 따로 정의되거나 구분되어 있지는 않다. 대신 중재법은 '중재지'를 기준으로
동법의 적용 범위를 한정하여 '중재지가 대한민국인 경우에 한하여' 동법이 적용된다
고 명시하고 있는 한편,[11] '중재판정이 내려진 국가'를 기준으로 대한민국 내에서 내
려진 중재판정(내국중재판정, domestic arbitral award)에 대해서는 동법에 따라, 대한민국
이외의 국가의 영토에서 내려진 중재판정(외국중재판정, foreign arbitral award)에 대해서
는, 이른바 뉴욕협약(New York Convention)이라 불리는 '외국중재판정의 승인 및 집행
에 관한 협약(Convention on the Recognition and Enforcement of Foreign Arbitration Awards)'
에 따라 중재판정이 승인 및 집행된다고 규정하고 있다.[12] 즉 우리 중재법은 중재지
를 기준으로 중재지가 우리나라인 내국중재와 중재지가 외국인 외국중재를 구별하고
있을 뿐이다.

중재기관들 중에는 국내중재와 국제중재에 서로 다른 규칙을 적용하는 경우가
있다. 이러한 경우에는 양 규칙들 사이에 상당한 차이가 있어 어떤 규칙이 적용되는
가에 따라 실제 중재의 진행 과정이 완전히 달라질 수 있다. 따라서 개별 분쟁에 적
용될 중재규칙이 무엇인가를 확정하는 데 국내중재와 국제중재 구분의 가장 큰 실익
이 있다. 가령 대한상사중재원은 최근 국내중재규칙과 국제중재규칙을 따로 제정하여
시행하고 있다.[13] 미국중재협회(AAA)의 중재규칙의 경우도 국내중재규칙에 해당하는

---

11) 중재법 제2조.
12) 중재법 제38조, 제39조.
13) KCAB 국제중재규칙은 중재합의를 할 당시 당사자들 중 1인 이상이 대한민국 외의 곳에 영
    업소를 두고 있는 경우 또는 중재합의에서 정한 중재지가 대한민국이 아닌 경우를 '국제중재'
    라고 정의하는 한편(제2조 제4호), 당사자들이 분쟁을 KCAB의 중재에 의해 해결하기로 서면
    으로 합의한 경우 해당 중재가 이렇게 정의된 국제중재에 해당하면 적용을 배제하기로 하는
    특별한 합의가 없는 한 이를 적용하도록 함으로써(제3조 제1항), 국제중재규칙의 적용 범위
    를 대폭 확대시켰다. 참고로 2011년 개정 전의 KCAB 국제중재규칙은 동 규칙에 따라 진행
    하기로 하는 서면 합의를 적용요건으로 요구하고 있었는데(제3조 제1항), 국제중재규칙에 대

미국중재협회 상사중재규칙(AAA Commercial Arbitration Rules)과 국제중재규칙인 국제분쟁해결센터 국제중재규칙(ICDR International Arbitration Rules)이 따로 존재한다.

본 책에서는 국제중재의 학술상 정의나 UNCITRAL 모델중재법 등의 규정에 구속되지 않고 단순히 서술상의 편의를 위해 '국제중재'를 (1) 우리 중재법이나 대한상사중재원 국내중재규칙 외의 중재규칙에 따른 중재, (2) 중재 당사자들의 국적이나 영업장소 국가가 서로 다른 중재, 또는 (3) 중재지가 대한민국 이외의 장소인 중재 등을 통칭하는 의미로 사용하도록 하겠다. 다만, 중재판정의 집행과 관련해서는 중재지가 대한민국 이외의 장소인 중재는 내국중재와 대비하여 '외국중재'로 표시하도록 한다.

1.2.3 국제투자중재

중재는 비단 민사나 상사상의 분쟁에 국한되지 않고 국제투자분쟁, 즉 외국인투자자(foreign investor)와 투자유치국(host state) 정부 사이의 분쟁을 해결하는 수단으로도 널리 이용되고 있다. 외국인 투자자가 투자유치국 정부를 직접 상대로 하여 진행하는 권리구제 수단을 일컬어 투자자-국가간 분쟁해결(Investor-State Dispute Settlement; ISDS) 절차라고 하는데, 대부분의 투자자-국가간 분쟁해결절차는 투자자의 국적국과 투자유치국 사이에 체결된 '투자보장협정(international investment agreements; IIAs)'상의 중재동의조항에 근거를 두고 진행된다. 이러한 특성으로 인해 투자자-국가간 분쟁해결절차는 '국제투자보장협정중재(international investment treaty arbitration)' 또는 '국제투자중재(international investment arbitration)'라고 일컬어지기도 한다.

국제투자중재는 분쟁의 대상이 투자유치국의 사법, 행정, 입법 등과 같은 정부조치에 대하여 투자자가 투자유치국 정부를 상대로 제기하는 국제중재로서, 양자간 투자보장협정(Bilateral Investment Treaties; BIT), 다자간 투자보장협정(Multinational Investment Treaties; MIT), 자유무역협정(Free Trade Agreement; FTA) 등과 같은 다양한 형태의 '투자보장협정' 내에 중재가능성이 규정됨으로써 가능하게 된다. 대한민국이 체결한 투자보장협정의 수는 2016년 3월 현재 총 95개이며 이 중에서 87개가 발효된 상태이다.[14]

한 홍보 부족으로 인해 계약서에 'KCAB 국제중재규칙에 따른 중재'라고 명시하지 않고 단순히 'KCAB 중재규칙에 따른 중재'라고 규정해 두는 경우가 더 일반적이어서 실제로 개정전 국제중재규칙이 실제 적용된 사례는 극히 드물었다.

14) 외교부, 우리나라 투자보장협정 체결현황 (외교부 웹사이트 http://www.mofa.go.kr) 참조.

투자보장협정들 대부분이 투자중재조항(또는 투자자-국가 간 국제중재 동의조항)을 포함하고 있다. 따라서 이들 투자보장협정에 기반하여 투자자가 국가를 상대로 국제투자중재를 하겠다고 통보하면 국가는 중재에 응하여야 할 의무를 부담하게 된다.

구체적인 투자중재를 진행하는 방식에 관해서는 관련 투자보장협정에서 구체적으로 명시되어 있다. 가장 대표적인 방식은 소위 '워싱턴 협약'이라고 불리는 '국가와 타방 국가 국민간의 투자분쟁의 해결에 관한 협약(Convention on the Settlement of Investment Disputes between States and Nationals of Other States; ICSID 협약)'에 따라 세계은행(World Bank) 내에 창설된 중재기관인 국제투자분쟁해결센터(International Centre for Settlement of Investment Disputes; ICSID)에 중재를 제기하는 방식이다.

투자자의 국적국 내지 투자유치국이 워싱턴 협약의 가입국이 아닌 경우에는 투자보장협정 등에 명시된 다른 중재방식을 선택할 수도 있다. 예컨대, 많은 투자보장협정들은 ICSID 중재 이외에, UNCITRAL 중재규칙 등에 따른 비기관중재(ad hoc arbitration)를 선택할 수 있도록 규정하고 있다. 그 이외에 특정 중재규칙을 규정하지 않은 순수한 비기관중재나, SCC(Arbitration Institution of the Stockholm Chamber of Commerce) 또는 ICC 등과 같은 기관중재를 이용하도록 명시하는 경우도 있다.

UN무역개발회의(UNCTAD)의 통계에 의하면 2014년까지 전세계적으로 제기된 국제투자중재 사건은 알려진 것만 총 608개였으며, 이 중 2014년 한 해에만 42건이 제기되었다.[15]

1.3 대표적인 중재기관

1.3.1 중재기관의 기본 구조

개별 중재기관마다 조직이나 운영방식이 조금씩 다르기는 하지만, 대부분의 중재기관들의 기본 구조는 본질적으로는 상당히 유사한 편이다. 중재기관에는 크게 행정적인 업무를 도맡아 처리하는 사무국과 중재기관의 운영에 관하여 중요한 결정을 내리는 협의체 기구(decision making body)가 있다. 이런 협의체 기구들은 기관에 따라

---

15) UNCTAC, IIA Issues Note, 15 July 2015 (available at: http://unctad.org/en/pages/publications/Intl-Investment-Agreements---Issues-Note.aspx).

중재법원(Court)이라고 지칭될 때도 있고, 이사회(Board)라고 불릴 때도 있다.

주의할 점은 이러한 협의체 기구들은 중재사건 자체를 심리하는 기구는 아니라는 점이다. 중재사건의 본안 심리와 판단은 당사자가 선정한 중재판정부가 하는 것이고, 중재법원은 중재판정부가 판단하기에 적절하지 않은 중요한 절차적인 내용들만 정기적으로 열리는 회의를 통해 결정한다. 중재법원은 예컨대, 중재인에 대한 선정 또는 중재인의 이해상충 문제의 판단이라든지, 중재판정문의 검토 등 중재기관의 신뢰성과 직결되는 중요한 문제 등을 심사한다. ICC, LCIA, SIAC과 같이 주요 국제중재를 관장하는 중재기관에서는 각국 대표성을 띠는 지역별 중재전문가들로 이러한 협의체 기구를 형성한다.

중재기관의 사무국은 행정적인 업무를 담당하는 기관으로 중재법원의 의사결정 기구인 중재법원이나 이사회를 지원하는 업무와 개별사건에서 중재판정부를 지원하는 업무를 수행하며, 해당 중재기관에 접수된 많은 사건이 적절히, 적시에 처리되고 있는지를 절차적으로 관리하는 역할(case management)을 한다. 예컨대, ICC 중재법원의 사무국은 다양한 국적 출신의 전속 변호사들이 30여 명에 이르며, 이들은 접수되는 중재사건의 지역, 언어, 당사자 국적에 따라 7개의 팀을 구성하여 해당 사건들을 전담하고 있다.

1.3.2 대한상사중재원(Korean Commercial Arbitration Board; KCAB)

대한상사중재원(Korean Commercial Arbitration Board; KCAB)은 대한민국에 현존하는 유일한 중재기관으로, 국내중재와 국제중재를 구분하여 각각에 적용될 중재규칙을 따로 마련하여 시행하고 있다. 대한상사중재원에 대해서는 제1.5절에서 우리나라의 중재제도 정립과정을 설명하면서 보다 자세히 설명하도록 한다.

1.3.3 국제상업회의소 국제중재법원(International Court of Arbitration of International Chamber of Commerce; ICC)

1923년에 설립된 국제상공회의소(International Chamber of Commerce; ICC)의 국제중재법원은 현재까지 제일 활용도가 높고, 가장 국제적이며 중립적인 중재기관으로 평가된다. 다른 중재기관과 구별되는 크게 두드러진 특징은 각국의 대표로 구성된 합의체 의결기관인 "중재법원(Court)"이 있고 이 기관이 주도가 되어 중재절차의 주요 사항에 관한 결정을 내린다는 것이다. 중재법원(Court)은 중재인 선정의 확인, 중재인에 대한 기피신청에 관한 결정, 예납액의 결정, 중재인 보수의 결정은 물론 중재판정에 대한 심사업무를 담당하고, ICC 중재절차의 또 다른 특징인 중재절차요지서(Terms of Reference; TOR)라는 문서를 중재절차 초기에 작성하게 하고 그 중재절차요지서를 승인하는 업무도 담당한다. ICC 국제중재법원은 연간 1,500여 건의 사건을 처리하며 약 800건의 새로운 사건을 접수 받아 처리하고 있어서 규모와 실질에 있어 세계 최고 수준을 유지하고 있다. 프랑스 파리에 본부가 있으며, 2008년 10월에 아시아 지역 사건을 관장하는 홍콩 사무소를 열었고, 2013년에는 북미 지역 사건을 관장할 뉴욕 사무소를 개설하였다. 약 90개국 출신의 140여 명의 상임위원(Court Member)으로 구성된 중재법원(Court)이 사건에 관한 각종 결정권을 가지며, 다양한 국적의 법률전문가 및 일반 행정직으로 구성된 사무국(Secretariat)이 사건의 일상적인 관리업무를 수행한다. 세계 90여 개국의 상공회의소에 국가위원회(National Committee)를 두고 이들이 추천하는 전문가를 상임위원(Court Member)으로 임명하고, 개별사건에서 중재법원이 중재인을 선정하는 경우에도 특정국가 국가위원회의 추천을 받아 선임하는 형태를 취한다. 이러한 점들은 다른 중재기관이 모방하기 어려운 ICC 중재법원만의 특징이라고 소개된다. 중재인의 보수는 분쟁금액에 따라 정해지는 일정액으로 지급되며 여러 가지 상황을 종합적으로 고려하여 구체적인 금액이 정해진다.

ICC 중재법원은 중재규칙(ICC Rules of Arbitration, 이하 "ICC 중재규칙")을 마련해 두고 있는데, 1998년에 개정되었던 중재규칙을 13년 만에 새롭게 개정하여 2011. 9. 12. 발표하였다. 개정규칙은 2012. 1. 1. 발효되어, 다른 합의가 없는 한 원칙적으로 발효일 이후에 개시되는 중재절차에 적용되고 있다. 동 규칙의 주요 개정 내용은 다음과 같다.[16]

- ICC 중재규칙의 적용 범위 확대(상사분쟁뿐 아니라 투자중재 등도 담당할 수 있도록 적용범위 확대)[17]
- ICC 중재규칙에 따른 중재에 대한 ICC의 독점 관리권 명시[18]
- 사건관리회의(case management conference) 조기 개최 의무화[19]

---

16) 자세한 내용은 김갑유, "ICC 중재규칙 주요 개정내용", 법률신문 제3980호(2011. 11. 3.) 참조.
17) ICC 중재규칙 제1조 제2항.
18) ICC 중재규칙 제1조 제2항, 제6조 제2항.
19) ICC 중재규칙 제24조 제1항.

- 중재판정부의 비밀유지명령(confidentiality order)에 관한 규정 신설[20]
- 심리 종결시 중재판정예정일 고지의무 신설[21]
- 임시적 처분을 위한 긴급중재인제도(emergency arbitrator) 신설[22]
- 추가당사자 참가, 다수당사자간의 신청, 다수 계약에 관한 중재 및 중재절차의 병합 등에 관한 규정 신설[23]

1.3.4 런던국제중재법원(London Court of International Arbitration; LCIA)

런던국제중재법원(London Court of International Arbitration; LCIA)은 1892년 설립된 중재기관으로 100년 이상의 역사를 자랑한다. 영국소송 제도에 친숙한 이용자들에게만 유리하다는 비판이 근래까지 있었는데, 현재는 의장을 영국인이 아닌 사람으로 정하고 전 세계 각국의 중재전문가 35명을 상임위원(Court Member)으로 선임하여 이들이 중재법원(Court)을 운영하도록 하고 있다. LCIA 사무국은 ICC 중재법원 사무국만큼 사건관리에 관여하지 않고 중재판정의 심사제도가 없다. LCIA가 기관의 주요 행정적, 절차적 사항을 결정하고, LCIA가 지명하는 담당자(Registrar)가 행정적인 업무를 주관한다. LCIA는 LCIA 중재규칙(LCIA Arbitration Rules, 이하 "LCIA 중재규칙")을 마련해 두고 있다. 중재인 보수에 있어서는 시간당 요율에 따른 지급방식을 택하고 있다.

1.3.5 미국중재협회(American Arbitration Association; AAA)

미국중재협회(American Arbitration Association; AAA)는 1926년 설립되었다. 1990년대 초까지는 국제적인 특징이 없다는 평가를 받아오다가 1996년에 산하 기구로 국제분쟁해결센터(International Center for Dispute Resolution; ICDR)를 설립하였다. ICDR의 사무국은 중재절차요지서(TOR)를 요구하지 않으며, 중재판정에 대한 심사를 거치지 않는다. 국제적인 중재기관으로의 역사가 짧은 탓에 AAA에서 선임된 중재인들은 국제중재에 경험이 그리 많지 않은 경우가 많다는 평이 있었지만, 최근 ICDR을 통해 국제중재사건처리에 손색이 없는 수준의 서비스를 제공하고 있다고 알려져 있다. AAA는 미국 뉴욕과 아일랜드 더블린, 싱가포르에 각 사무소를 보유하고 있다. AAA의 중재

---

20) ICC 중재규칙 제22조 제3항.
21) ICC 중재규칙 제27조.
22) ICC 중재규칙 제29조, 부칙 5.
23) ICC 중재규칙 제7조 내지 제10조.

규칙에는 국내중재규칙(AAA Commercial Arbitration Rules, 이하 "AAA 중재규칙")과 국제중재규칙(ICDR International Arbitration Rules, 이하 "ICDR 중재규칙")이 따로 존재하는 것이 특색이다. 중재인 보수는 미리 등록된 중재인의 시간당 요율에 따라 지급된다.

1.3.6 싱가포르국제중재센터(Singapore International Arbitration Centre; SIAC)

1991년 설립된 싱가포르국제중재센터(Singapore International Arbitration Centre; SIAC)는 아시아 지역 중재기관 중에는 가장 국제적이라는 평가를 받고 있다.[24] 다양한 국적의 이사들로 구성된 이사회(Board of Directors)가 주요 행정적, 절차적 결정을 내린다. SIAC도 독자적인 중재규칙(Arbitration Rules of SIAC, 이하 "SIAC 중재규칙")을 마련해 두고 있는데, 2010년에 개정된 동 규칙은 ICC 중재규칙과 상당히 유사하다는 특색이 있다(가장 최근 개정된 규칙은 2016. 8. 1. 발효). 다만 ICC 중재의 대표적인 특징인 중재절차요지서(TOR) 제도는 채택하지 않았다. SIAC은 최근 ICC 국제중재법원과 같은 "중재법원(Court)" 제도를 도입하여 상임위원(Court Member)을 두고 Court가 중재절차에 관한 주요사항을 결정하도록 하는 제도를 채택하였다. 중재인 보수는 ICC와 마찬가지로 분쟁금액 등을 고려하여 일정액으로 지급된다.

1.3.7 홍콩국제중재센터(Hong Kong International Arbitration Centre; HKIAC)

홍콩국제중재센터(Hong Kong International Arbitration Centre; HKIAC)는 1985년 설립되었다. SIAC과 함께 대표적인 아시아 지역 중재기관 중 하나로 2013년에 서울 사무소를 열었고, 2015년 11월에는 중국 상해 사무소를 열었다. HKIAC는 다양한 국적의 이사들로 구성된 이사회(Council)에 의해 운영되며, 주요 절차적 결정을 하는 위원회(Committee)와 정책적 사항에 대해 자문을 제공하는 국제자문위원회(International Advisory Board), 그리고 사건의 일상적인 관리업무를 하는 사무국(Secretariat)을 두고 있다. HKIAC 역시 독자적인 중재규칙(HKIAC Arbitration Rules, 이하 "HKIAC 중재규칙")을 마련해 두고 있는데 동 규칙은 2013년에 개정되었다. HKIAC은 중재인 보수 산정 방식을 당사자가 분쟁금액에 따라 계산된 고정금액 방식과 시간당 요율로 계산하는 방식 중에서 선택할 수 있다는 특색이 있으며,[25] 최근에는 HKIAC 사무국 직원을 중재판정부

---

24) 특히 싱가포르 정부가 싱가포르를 아시아의 국제중재 중심지로 만들기 위해 많은 노력을 하고 있는 중이다.
25) HKIAC 중재규칙 제10조.

의 보조자로 지정할 수 있도록 하는 중재판정부 보조 제도(tribunal secretary service)를 새롭게 도입하였다.

1.3.8 국제투자분쟁해결센터(International Centre for Settlement of Investment Disputes; ICSID)

국제투자분쟁해결센터(International Centre for Settlement of Investment Disputes; ICSID) 는 외국인 투자자가 투자유치국 정부를 상대로 국제투자중재를 제기하는 경우, 가장 빈번하게 사용되는 기관이다. ICSID는 소위 '워싱턴 협약'이라고 불리는 '국가와 타방 국가 국민간의 투자분쟁의 해결에 관한 협약(Convention on the Settlement of Investment Disputes between States and Nationals of Other States; ICSID 협약)'에 따라 세계은행(World Bank) 내에 창설된 중재기관이다. 2014년까지 전 세계적으로 제기된 것으로 알려진 608개의 국제투자중재 사건 중 473개가 ICSID에 등록되어 진행되었으며, 2015년 12 월 기준으로는 총 549건의 중재사건이 ICSID에 등록되어 있다.[26]

원래 ICSID 협약이 발효될 당시 협약 입안자들이 의도한 중재 방식은 외국인 투자자와 투자유치국 간에 구체적인 투자계약(예컨대, 양허계약 형태의 자원개발계약 등) 이 체결되고, 그 계약에 관하여 분쟁이 발생할 시에 그에 대한 해결 방법으로 ICSID 에 의한 중재를 하기로 서로 합의하는 경우에 한하였다.[27] 그런데 1966년 ICSID 협약 이 발효되자, 개별 국가들이 다양한 투자보장협정을 체결하면서 외국인 투자자가 직 접 투자유치국을 상대로 (국내 법원이나 상사중재 등의 권리구제절차를 거치지 않고) 곧바로 국제중재를 제기하는 것을 수용하는 이른바 '중재동의조항'을 협정 내에 포함하기 시 작하였는데, 이러한 종류의 투자보장협정은 네덜란드와 인도네시아 간에 1968년 서명 된 양자투자보장협정(BIT)을 그 효시로 한다. 참고로 네덜란드-인도네시아 1968년 BIT 는 1994년에 서명된 새로운 투자보장협정으로 대체되었다. 그러한 중재동의조항에는 ICSID에 의한 중재가 단골로 등장하기 시작하였다. 다시 말해, 투자유치국과 외국인 투자자간의 개별적인 투자계약이 아닌, 외국인 투자자의 국적국과 투자유치국이 투자 보장협정을 체결하여 ICSID에 의한 중재에 합의함에 따라, ICSID는 국제투자중재의 가 장 대표적인 중재기관(forum)으로 자리매김하게 된 것이다.

---

26) UNCTAD IIA Issues Note No. 2, 2015. 5. 및 The ICISD Caseload-Statistics, Issue 2016-1 참조.
27) 신희택, 김세진 편, 국제투자중재와 공공정책, 서울대학교출판문화원, 2014, 32-33면.

2016년 ICSID의 통계에 의하면, 2015년 말 기준으로 ICSID에 등록된 중재사건의 약 60.3%에 달하는 사건들이 양자투자보장협정(BIT)상 존재하는 중재동의조항에 따른 중재이며, 8.8%는 에너지헌장조약(Energy Charter Treaty), 2.9%는 북미자유무역협정(NAFTA)에 따른 중재라고 한다.[28] 분야별 ICSID 사건수를 보면 26%가 석유(oil)·가스(gas)·채광(mining) 분야에서 발생하여 가장 많았고, 13%가 전력 및 기타 에너지 분야에서 발생하여 그 다음으로 많았다. 그 밖에, 다수의 운송(transportation), 금융(finance), 건설(construction) 관련 사건들이 ICSID에 등록되어 진행된 바 있다.

1.3.9 기 타

그 밖에도 우리나라 기업들이 흔히 이용하는 중재기관에는 다음과 같은 기관들이 있다.

- 영국해상중재인협회(London Maritime Arbitration Association; LMAA)[29]
- 중국국제경제무역중재위원회(China International Economic and Trade Arbitration Commission; CIETAC)
- 일본상사중재협회(Japan Commercial Arbitration Association; JCAA)
- 두바이국제중재센터(Dubai International Arbitration Centre; DIAC)
- 스톡홀름국제중재센터(Arbitration Institute of the Stockholm Chamber of Commerce; SCC)

---

28) The ICISD Caseload-Statistics, Issue 2016-1, p. 7 참조 (available at: https://icsid.worldbank.org/apps/ICSIDWEB/resources/Documents/ICSID%20Web%20Stats%202016-1%20(English)%20final.pdf) (최종방문: 2016. 5. 3.).
29) LMAA 중재는 특히 국내 해운업계나 조선업계에서 자주 사용되는데, 중재절차가 다른 중재에 비하여 훨씬 더 신속하게 진행되도록 되어 있고, LMAA에 등록된 중재인들이 해상분야에 관하여 상당한 경험이 있는 중재인들로 구성되어 있다는 점이 장점이다. 하지만, LMAA 중재는 다른 국제중재사건과는 달리 대부분 전통적인 영국 중재 방식으로 진행되는 경향이 있고, 중재인도 영국의 소송변호사들(barrister)로 구성되는 경우가 많다. 또한 영국법은 주로 대륙법계 법제의 영향을 많이 받은 한국법과는 계약 해석의 방법이나 기준에 있어서 차이가 나는 경우가 있는데, 한국 기업은 이에 익숙하지 못한 경우가 적지 않으므로 유의할 필요가 있다.

1.4 중재의 주요 법원(法源)

1.4.1 중재지 중재법 및 개별 기관중재규칙

한국 중재법은 일부 조항들(제9, 10, 37, 39조)을 제외하고는 중재지가 대한민국인 경우에 한해 적용된다.[30] 따라서 중재지가 우리나라가 아닌 경우에는 해당 중재지 국가의 중재법이 적용되게 될 것인데, UNCITRAL 모델중재법을 수용한 국가들이 적지 않기 때문에 다른 국가들의 중재법도 한국 중재법의 내용과 대동소이한 경우가 많다.[31]

그런데 앞서 설명한 것처럼 기관중재의 경우에는 해당 기관의 중재규칙이 적용된다. 중재법은 중재법의 강행규정에 반하는 경우를 제외하고는 당사자들은 중재절차에 관하여 합의할 수 있다고 규정하고 있고,[32] UNCITRAL 모델중재법도 유사한 규정을 두고 있으므로,[33] 기관중재의 경우에는 이러한 개별 중재기관의 중재규칙들이 가장 중요한 법원이 되어 해당 중재지 국가의 중재법의 강행규정에 반하지 않는 한 개별 중재법의 규정보다 우선 적용된다.[34]

반면 비기관중재의 경우에는 만일 지정된 중재규칙이 존재할 경우에는 해당 규칙이 우선 적용되지만, 그러한 규정이 없다면 중재지가 우리나라일 경우에는 우리 중재법에 따라, 중재지가 외국일 경우에는 해당 국가의 중재법에 따라 중재가 진행되게 된다.

1.4.2 국제변호사협회 제반 가이드라인들

국제변호사협회(International Bar Association; IBA)는 국제중재에 관하여 일반적으로 통용될 수 있는 규칙이나 가이드라인을 제정하여 왔다. 대표적인 것으로 '국제중재에서의 증거조사에 관한 규칙(IBA Rules on the Taking of Evidence in International Arbitration)',

---

30) 중재법 제2조 제1항.
31) 다만 국내기업들이 적지 않게 이용하는 영국 중재법(Arbitration Act 1996)은 UNCITRAL 모델중재법과는 상당히 다른 내용이 많으므로 유의할 필요가 있다.
32) 중재법 제20조 제1항.
33) UNCITRAL 모델중재법 제19조 제1항.
34) 한국에서 행해지는 ICC 중재의 경우 중재절차를 규율하는 규범은 "중재법 + ICC 중재규칙"이라는 중층구조를 취하므로 양자를 유기적으로 파악해야 한다고 설명하는 견해도 있다. 석광현, "한국에서 행해지는 ICC 중재에서 ICC 중재규칙과 한국 중재법의 상호작용", 국제소송법무 통권 제3호, 2011, 제9면.

'국제중재에서의 이익충돌에 관한 가이드라인(IBA Guidelines on Conflicts of Interest in International Arbitration)'이 있다.[35] 이들 규칙들은 거의 모든 국제중재사건에서 당사자들의 합의에 따라, 또는 중재판정부의 결정에 따라 실무상 국제중재에서 그대로 적용되거나 또는 적어도 일응의 기준으로 활용되고 있으며 사실상 당연히 적용되는 규율처럼 받아들여지고 있다.[36]

1.4.3 외국중재판정의 승인 및 집행에 관한 협약(뉴욕협약)

국제중재의 가장 큰 장점 중 하나는 중재판정의 집행가능성이 높다는 점인데, 이는 외국중재판정의 승인 및 집행에 관한 협약(Convention on the Recognition and Enforcement of Foreign Arbitral Awards; New York Convention, 이하 "뉴욕협약") 덕분이다. 뉴욕협약은 1958년 유엔협약의 형태로 체결된 조약으로 2012. 4. 5. 현재 우리나라를 비롯하여 총 146개국이 가입되어 있다.[37] 중재지 국가와 집행지 국가가 동 협약의 체약국인 경우 외국중재판정은 동 협약에 따라 승인 및 집행이 이루어지게 되는데, 동 협약은 제5조에서 정한 한정된 사유를 제외하고는 다른 협약국 내에서 내려진 외국중재판정의 승인 및 집행을 보장하도록 되어 있다.

1.4.4 국가와 타방 국가 국민간의 투자분쟁의 해결에 관한 협약(ICSID 협약 또는 워싱턴 협약)

ICSID 중재는 ICSID 협약에서 정해진 규칙과 당사자가 합의한 절차 규칙에 따라 진행되며, 그러한 합의가 없을 경우에는 ICSID 중재규칙(ICSID Arbitration Rule)이 적용된다. 상사중재판정의 경우에는 뉴욕협약(New York Convention)에 따른 승인집행절차를 거쳐야 하는 반면, ICSID 중재판정에 대해서는 ICSID 협약가입국에 한하여 뉴욕협약에 따른 집행절차가 필요하지 아니하다.[38] 이는 ICSID 협약 가입국의 경우에는

---

35) 그 밖에 '국제중재조항 작성에 관한 IBA 지침(IBA Guidelines for Drafting International Arbitration Clauses)'도 실무상 유용하게 이용되고 있다.
36) 이러한 규칙들의 주요 내용에 대해서는 제4장과 제5장에서 상세히 다룬다.
37) 가입국 현황은 국제연합무역법위원회(UNCITRAL) 홈페이지의 해당부분(http://www.uncitral. org/uncitral/en/uncitral_texts/arbitration/NYConvention_status.html)에서 확인할 수 있다.
38) ICSID 협약 제54조 제1항에 따르면 "각 체약국은 본 협약에 따라 내려진 판정은 구속력 있는 것으로 승인하고 그것이 당해 국가의 최종판결인 것과 같이 동국의 영역 안에서 이러한 판정에 의하여 과하여진 금전상의 의무를 집행하여야 한다." 즉, ICSID 중재에 의하여 내려진 중재판정은 ICSID 체약국의 법원이 재판을 통해 최종적인 결정과 같은 효력을 가지는 것이다.

ICSID 중재판정을 이행할 의무를 부담하기 때문인데, 이로 인해 투자자는 투자유치국 정부로 하여금 ICSID 중재판정을 곧바로 이행하도록 강제할 수가 있다.[39]

그러나 외국 정부의 재산에 대한 주권 면제(sovereign immunity) 관련 의무는 그대로 지켜져야 한다.[40]

1.5 우리나라 중재 제도의 정립

우리나라는 1966년에 처음으로 중재법을 법률 제1767호로 제정하였다. 당시 중재법은 같은 대륙법계 국가들인 독일이나 프랑스, 일본 등과 달리 민사소송법의 일부가 아닌 별도의 독립된 법률로 제정되었다는 특징이 있었다. 그 후 우리나라는 1973년에 뉴욕협약에 가입함으로써 체약국 영토 내에서 내려진 외국 중재판정의 집행을 대내외적으로 보장할 수 있게 되었다. 나아가 우리나라는 1999년에는 동아시아 국가들 중에서 최초로 UNCITRAL 모델중재법을 전면 수용하여 중재법을 대폭 개정하였고, 2006년 개정된 UNCITRAL 모델중재법도 2016년 개정 중재법에 대폭 수용하였다. 이로써 우리나라는 다른 선진국들과 마찬가지로 중재법 전반에 걸쳐 국제적인 기준에 부합하는 법체계를 보유하게 되었는데, 이는 중국이나 일본 등과 같은 주변국가들보다도 훨씬 더 빠른 움직임이었다.[41]

한편, 대한상공회의소는 1966년 중재법이 신설됨에 따라 '국제상사중재위원회'를 부설기관으로 발족하고 대법원장의 승인을 받아 상사중재규칙을 제정하였다. 그 후 국제상사중재위원회는 1970년에 해체되고 대신 독립된 중재기관인 '사단법인 대한상사중재협회'가 설립되었는데, 동 협회가 1980년에 현재의 '사단법인 대한상사중재원'으로 명칭을 변경하면서 확대 개편되어 오늘에 이르고 있다. 우리나라에 현존하는 유일한 중재기관인 대한상사중재원은 국제중재사건이나 국내중재사건 구분할 것 없이 동일하게 하나의 중재규칙을 적용하여 처리해 왔는데, 늘어가는 국제중재에 대한 수요에 적절히 부응하기 위해 국제중재규칙을 별도로 제정하여 2007년 1월부터 이를

---

39) Lucy Reed, Jan Paulsson and Nigel Blackaby, *Guide to ICSID arbitration*, 2nd ed., Kluwer Law International, 2010, 180-181면.
40) 신희택, 김세진 편, 국제투자중재와 공공정책, 서울대학교출판문화원, 2014, 43면.
41) 참고로 일본은 2004년에야 이를 수용하였고, 중국은 아직도 이를 수용하고 있지 않다.

시행해 오다가, 이를 2011년, 2016년 두 차례 개정하여 중재 제도의 변화에 발맞춰 가고 있다. 이러한 국제중재규칙의 개정과 함께 국내중재에 적용되던 기존 중재규칙의 명칭도 국내중재규칙으로 개정하였다.

1.6 우리나라의 중재 이용 현황

상사분쟁은 거래의 불가피한 부산물로 인식되고 있다. 따라서 우리나라의 대외 경제규모가 증가함에 따라 국내기업이 관련된 국제적인 법적 분쟁이 증가하는 현상은 그리 놀랄 만한 것은 아니다. 그렇지만 2001년 이후 지난 10여 년간 이러한 국제적인 법적 분쟁이 중재를 통해 해결되는 경우가 증가하고 있다는 점은 주목할 만한 현상이다.

최근의 경향에 비추어 보면 우리나라 기업은 외국 기업과의 계약에 있어서 분쟁해결방법으로 중재를 선택하는 경우가 많고 그 중에서도 특히 ICC 중재를 선택하는 경향이 상대적으로 우월한 듯하다.[42] 이에 ICC 중재와 KCAB 중재를 중심으로 우리나라의 중재 이용 현황을 살펴본다.

1993년 ICC가 처음으로 국내기업이 당사자인(즉 신청인으로써 중재를 제기하였거나 피신청인으로써 중재를 제기 당한) ICC 중재사건의 통계를 산정하였는데 고작 7건에 불과했고, 우리나라가 중재지로 선정된 ICC 중재사건은 단 한 건도 없었다.[43] 그러나 그 이후 국내기업들의 ICC 중재 이용은 비약적으로 증가하여, 국내기업이 당사자인 ICC 중재사건은 2012년에는 41건, 2013년에는 24건, 2014년에는 35건에 이르렀다.[44]

그리하여 다음 표에서 보는 바와 같이 1998년부터 ICC가 통계자료를 발표한 가장 최근인 2014년까지 한국 당사자가 관련된 ICC 중재사건은 466건으로, 동아시아 국가 중 중국만 425건으로 비슷한 수준이고, 일본의 344건, 홍콩의 235건을 훨씬 능가하고 있다.

---

42) 이러한 현상은 상대적으로 적은 수의 국내 로펌들이 국내기업의 주요한 거래에서 계약서 작성에 관여하고 있고 그 일에 관여하는 로펌의 변호사들이 비슷한 경험과 정보를 공유하고 있다는 사실과 무관하지 않은 것으로 보인다.

43) ICC International Court of Arbitration Bulletin, Vol.6, No.1 (1995).

44) ICC International Court of Arbitration Bulletin, Vol.24, No.1 (2013), Vol.25, No.1 (2014), 2015 Issue 1.

  게다가 비록 ICC가 관련 국가별 분쟁금액 통계에 관한 자료를 공표하지는 않지만, 국내기업들은 1997년경의 아시아 외환위기 이후에 나타나는 현상으로 M&A 관련 분쟁(소위 'Post M&A Dispute')을 상당수 경험했을 뿐만 아니라, 근래에 들어서도 해외 건설 공사나 선박 제조 등과 같이 규모가 큰 분쟁을 ICC 중재를 통해 해결하고 있는 경우가 많았기 때문에, 한국 당사자가 참여한 ICC 중재는 중국이나 일본 당사자가 참여한 중재에 비해서는 분쟁 금액도 압도적으로 컸던 것으로 알려져 있다.

▌한국과 그 주변국들의 ICC 중재 현황▐

[단위: 사건 수]

	'98	'99	'00	'01	'02	'03	'04	'05	'06	'07	'08	'09	'10	'11	'12	'13	'14	Total
한국	21	12	22	27	34	23	27	13	37	40	30	31	23	26	41	24	35	466
일본	20	18	7	31	23	19	23	27	15	20	13	26	21	24	17	21	19	344
중국	11	9	14	7	10	15	24	26	22	22	20	33	27	37	28	58	62	425
홍콩	11	13	12	15	8	7	8	8	15	5	18	15	24	11	26	28	11	235

  우리나라에서 중재가 선호되는 현상은 KCAB의 중재현황자료에서도 확인할 수 있다. 2000년 당시 175건에 불과하던 KCAB 중재사건은 그 이후 사건 수가 꾸준히 증가하여 2013년에는 338건에 이르고 있다.[45]

▌대한상사중재원 중재사건 통계▐

	'00	'01	'02	'03	'04	'05	'06	'07	'08	'09	'10	'11	'12	'13
국내중재	N/A	132	163	173	139	160	168	174	215	240	264	246	275	261
국제중재	N/A	65	47	38	46	53	47	59	47	78	52	77	85	77
합 계	175	197	210	211	185	213	215	233	262	318	316	323	360	338

---

45) KCAB에서 매년 처리한 클레임 통계 현황은 홈페이지 해당 부분(http://www.kcab.or.kr/servlet/ kcab_kor/claim/1000?cl_clsf=1&sNum=5&dNum=1&mi_code=claim)에서 확인할 수 있다.

1.7 소송과 비교한 중재 제도의 특징

이하에서는 국내 소송과 중재를 비교하는 방법으로 중재 제도의 여러 특징을 간략히 설명함으로써 중재에 대한 이해를 돕고자 한다. 다만, 중재는 적용되는 중재규칙에 따라 절차에 차이가 있고, 또한 특정 중재규칙에 따라 중재를 진행한다고 하더라도 많은 경우 당사자들의 합의가 규칙의 내용보다 더 우선시 되어 규칙과 달리 진행될 수도 있다. 그렇기 때문에 이하의 내용들은 이해의 편의를 위해 실무적으로 자주 이용되는 방식에 기초하여 정리한 일반적인 설명에 불과하다는 점을 염두에 두고, 구체적인 개별 절차들에 따른 자세한 사항은 반드시 개별 사안에 적용되는 중재규칙을 직접 검토해야 할 것이다.

1.7.1 중재제기와 답변

소송은 원고가 법원에 소장을 접수시킴으로써 시작된다.[46] 법원은 소장이 접수되면 재판장의 소장 심사를 거친 후 소장 부본을 피고에게 송달하고, 피고는 소장을 송달 받은 후 30일 이내에 답변서를 제출해야 한다.[47]

이에 반해 중재는 통상 중재신청서(request for arbitration; RFA)를 정해진 중재기관에 제출함으로써 개시된다. 다만 중재 개시 방법은 기관중재인지, 비기관중재인지에 따라 다르고, 또한 기관중재인 경우에도 중재규칙에 따라 방식이 다르다. 한편, 통상 중재에서도 피신청인은 중재규칙에 정해진 답변서 제출기한 내에 답변서를 제출하여 대응하게 된다. 그렇지만 답변서를 제출하지 않음으로 인한 법률상의 불이익은 없다. 즉, 소송과 달리 중재에서는 의제자백판결(default judgment)이 없어 답변서 미제출이 신청인의 주장을 인정하는 결과를 낳지는 않는다.

1.7.2 중재인의 선정

소송의 경우는 법원의 사법행정적 조치에 따라 사건이 개별 합의부(또는 단독판사)에 일방적으로 배정되며 당사자가 재판부를 지정할 수는 없다. 반면 중재의 경우는 당사자들이 중재판정부를 구성하는 중재인의 선정에 직접 참여할 수 있다는 장점이

---

46) 민사소송법 제248조.
47) 민사소송법 제256조.

있다.[48] 실무상으로는 해당 분쟁을 판단하게 되는 중재인의 선정이 중재에 있어서는 가장 중요한 일이라고 이해되고 있다.

중재는 1인 또는 3인의 중재인으로 중재판정부를 구성하는 경우가 대부분인데, 중재인 수 및 중재판정부 구성 방법은 중재규칙에 따라 상이하다. 그렇지만 대부분의 중재규칙은 중재인 수 및 중재판정부 구성 방법에 관한 당사자들의 합의를 최우선적으로 존중해 주고 있다.[49]

1.7.3 전체 일정의 조기 확정 및 절차명령에 따른 진행

우리나라 소송의 경우는 통상 매 기일에서 다음 기일을 지정하는 경우가 대부분이다. 이로 인해 해당 사건에 대해 기일이 총 몇 번이나 열릴 것인지, 또 최종 기일은 언제가 될 것인지 등은 초기 단계에서 예상하기 어렵다.[50]

이에 반해 중재의 경우(특히 국제중재의 경우)는 중재판정부가 구성되면 초기 단계에 당사자들의 합의를 통해 또는 중재판정부의 결정에 따라 일정표(timetable)를 작성하여 주장서면 제출일정, 문서제출절차(document production) 진행일정 및 심리기일(hearing) 일정 등을 미리 정해두고 이에 따라 진행하는 경우가 많다.[51] 또한 중재판정부는 문서제출절차의 허용범위, 주장서면의 제출방식, 증인신문의 방식, 구두변론의 방식 등 당해 중재사건의 여러 진행절차에 관한 세부적인 사항을 정하는 절차명령(procedural order)을 만들어 중재 초기 단계에 당사자에게 교부하는 것이 일반적이다. 통상적으로는 절차적인 사항에 대해 쌍방 대리인들이 미리 합의된 사항을 중재판정부에 전달하고, 합의되지 않은 사항에 대해서만 중재판정부가 판단을 통해 결정하여 절차명령을 내리는 방식이 실무상 많이 이용된다.

중재에서는 실제 진행과정에서 절차에 관한 다툼이 자주 발생한다. 총 502개의 조문으로 규정된 민사소송법에 비해 중재규칙들은 대부분 100개 미만의 조문으로 규

---

48) 이에 대해서는 제1.8.1절과 제4장에서 상세히 정리해 두었다.
49) 가령 LCIA 중재규칙 제5.7조는 중재인 선임의 권한은 오로지 LCIA에게만 있다고 규정되어 있지만, 실무상으로는 당사자들이 지명하는 중재인을 LCIA가 선임하는 경우가 많다.
50) 그렇지만 해외 송달 사건의 경우에는 해외 소재 피고의 응소 편의를 위해 법원에서 1회, 2회, 3회(결심) 기일을 미리 지정하여 통보하는 것이 일반적이다.
51) 중재규칙에 이에 대한 내용이 있는지 여부를 불문하고 국제중재에 경험이 많은 중재인들은 일정표를 초기 단계에 정하여 진행하는 것을 선호하고 있다.

정되어 모든 절차들을 완벽히 규정하고 있지 않기 때문에 이는 당연한 현상일 것이다(이는 중재의 경우 절차적인 부분에서도 당사자들의 자치를 최대한 존중하려고 하기 때문에 발생하는 현상이기도 하다). 그렇기 때문에 실제 중재과정에서는 주장서면 외에도 절차적인 다툼에 관한 서면을 수시로 제출하여야 하는 경우가 많다. 중재판정부는 이런 절차적 분쟁에 관한 여러 가지 결정을 추가적인 절차명령 형식으로 내리는 것이 일반적이다.

1.7.4 문서제출절차(DISCOVERY)

우리나라 소송에서도 민사소송법상 상대방이 점유하고 있는 증거를 법원으로부터 문서제출명령을 받아 확보할 수 있는 제도적 장치는 마련되어 있다.[52] 그런데 실무상으로는 이 제도가 폭넓게 이용되는 편은 아니며, 법원에 문서제출명령을 요구하는 문서의 범위도 비교적 제한되는 편이다. 또한 법원으로부터 문서제출명령이 내려지더라도 (만일 이에 불응할 경우 법원이 문서의 기재에 대한 상대방의 주장을 진실한 것으로 인정할 수 있다고 법상 규정되어 있지만) 실제로 상대방이 이에 응하여 요청한 문서들 전부를 제출하는 경우는 드물고, 오히려 취사선택한 문서들만을 제출하는 경우가 더 많은 듯하다.

반면 국제중재에서는 상대방에 대한 문서제출절차(document production)를 생략하는 경우가 오히려 드문 편이다. 상대방에게 제출을 요구하는 문서의 범위도 일부 몇몇 특정 문서나 일부 특정 이슈에 관련된 문서들 정도에 한정되지 않고, 해당 중재에서 주장된 제반 사실관계에 관련된 거의 모든 서류들의 제출을 요구하는 경우가 더 일반적이다. 문서제출절차는 일방이 일정 부류에 속하는 서류들의 제출을 요구하였는데, 상대방이 이를 거부하면 중재판정부가 제출 여부의 적정성에 대한 판단을 통해 명령으로 서류의 제출을 강제하는 방식으로 이루어지는 것이 보통이다. 이러한 문서제출절차는 이에 익숙하지 않은 당사자들에게는 매우 힘들고 어려울 뿐만 아니라, 비용도 많이 드는 절차이다.

중재에서는 문서제출절차로 인해 자신에게 불리하다는 이유로 특정 문서의 존재를 부인하거나 이를 숨기는 것이 거의 불가능하고, 오히려 해당 계약이나 해당 분쟁

---

52) 민사소송법 제343조 내지 제351조.

과 관련된 거의 모든 문서들이 진행과정에서 공개되어 실체적 진실 발견에 큰 도움이 된다. 특히나 상대방과 서로 주고 받은 문서들뿐만이 아니라 상대방에게는 전혀 공개되지 않았던 내부적인 의사결정사항이나 또는 그러한 의사결정에 이르는 과정을 보여주는 내부 문서들도 상대방이나 중재판정부에게 공개될 수 있기 때문에 진실과 다른 주장을 하는 것은 매우 위험하다. 이로 인해 중재의 경우는 초기 단계에서부터 관련 문서 대부분을 대리인이 직접 검토하여 사실관계를 정확히 정리해두는 작업이 실무적으로 매우 중요하다.

1.7.5 주장서면과 서증 제출

우리나라 소송의 경우는 준비서면이나 서증의 제출 횟수에 대해서는 특별한 제약이 없다.[53] 또한 실기한 공격방어방법에 해당하지 않을 정도의 단계에서는 얼마든지 새로운 사실을 주장하고 새로운 증거를 제출할 수 있다. KCAB에서 진행되는 국내중재도 그리한 경우가 많다.

반면, 국제중재의 경우는 많은 경우 앞서 설명한 바와 같이 초기 단계에서 정한 일정표와 절차명령에서 정한 방식에 따라 진행되는데, 대체로 심리기일 전에 쌍방은 각 2차례 정도씩 주장서면을 제출하는 방식이 실무상 많이 이용된다.

구체적인 주장서면의 제출방식에 관해서는 신청인이 주장서면을 먼저 제출하고 피신청인이 반박서면을 내고 다시 신청인이 이에 대한 반박서면을 내고, 이에 대해 피신청인이 다시 반박서면을 내는 방식으로 진행되기도 하고, 신청인과 피신청인이 동시에 주장서면을 내고 그 후 다시 동시에 각자 상대방 주장서면에 대한 반박서면을 내는 방식[54]으로 진행되기도 하는 등 구체적인 진행 방식은 중재판정부와 당사자의 선택에 따라 달리 정해진다.

또한 주장서면을 내면서 서증을 함께 제출하는 것이 일반적이긴 하지만, 이 경우 증인진술서나 전문가 보고서까지 모두 붙여서 함께 제출하는 경우가 있는가 하면

---

53) 다만 새로운 공격방어방법을 포함한 준비서면은 변론기일 또는 변론준비기일의 7일 전까지 상대방에게 송달될 수 있도록 적당한 시기에 제출되어야 한다는 제약 정도가 있을 뿐이다 (민사소송규칙 제69조의 3조).
54) 이러한 방식은 특히 피신청인의 반대청구가 있는 경우 절차의 단축과 기회의 균등을 보장하기 위한 방법으로 많이 이용된다.

주장서면의 공방이 이루어진 후에 증인진술서나 전문가 보고서는 나중에 제출하는 경우도 있고, 증인진술서는 주장서면과 함께 제출하고 전문가 보고서는 나중에 따로 제출하는 경우도 있다.

1.7.6 증인 증언의 중요성

우리나라 소송의 경우는 법원이 실무상 증인의 증언보다 서증에 더 큰 비중을 두는 경향이 강하다. 그렇지만 중재, 특히 국제중재에서는 증인의 증언이 상당히 중요하게 취급된다.

국제중재의 경우는 집중심리주의 방식으로 진행되어 3~14일 정도 기간의 심리기일(hearing) 동안 모든 증인들에 대한 순차적인 신문이 이루어지는 것이 일반적이기 때문에, 쌍방의 증인들에 대한 신문 과정에서 같은 쟁점이나 같은 서증에 대한 질문이 반복되는 경우가 많고, 이 과정에서 중재판정부는 증언 내용의 신빙성에 대한 판단 및 실체적 진실 발견에 많은 도움을 받게 된다.

참고로 증인 신문 역시도 중재 절차의 일부이기 때문에 중재언어로 지정된 언어를 사용해야 한다. 그리하여 중재언어에 익숙하지 않은 증인의 경우는 자신이 원하는 언어로 증인진술서를 작성하고 이를 중재언어로 번역한 번역문을 같이 제출하는 경우가 일반적이며, 심리기일에서 증언을 위해 통역을 사용할 수도 있다. 그런데 중재판정부는 증인의 증언을 그대로 듣고 이해하는 것이 아니라 통역사가 통역한 내용으로 들어 이해한다는 점을 유의할 필요가 있다. 그렇기 때문에 실무상으로는 증인 증언을 정확히 전달하는 통역의 역할도 매우 중요하다.

1.7.7 전문가 증인

우리나라 소송의 경우는 전문가의 조력이 필요한 분야(가령 손해액 사정, 외국법 자문, 분쟁 대상물의 시가 산정 등)는 법원이 당사자의 신청에 따라 또는 직권으로 지정한 감정인의 감정에 의하는 경우가 쌍방 당사자들이 각기 전문가 증인을 내세워 공방을 하는 경우보다는 더 일반적인 편이다.

반면 중재의 경우는 특정한 전문 분야에 대한 전문가 증인을 쌍방이 각자 선임하여 이들이 공방을 펼치는 경우가 일반적이라는 특색이 있다. 상당수의 중재사건에서는 해당 분야의 전문가의 조력이 필요하다. 예컨대, 건설관련분쟁의 경우 건설업무에 관련한 과실여부를 판단하기 위해서는 건설관계 기술전문가의 도움이 필요하고, 공기(工期)에 관한 문제에 관해서는 공기에 관련한 전문가의 도움이 필요한 경우가 많다. 손해배상을 구하는 중재에서도 회계법인 등과 같은 손해액 산정 전문가의 도움을 받아 손해액을 산정하는 경우가 일반적이며, 중재판정부가 분쟁의 준거법에 익숙하지 않을 경우에는 준거법의 내용을 중재판정부에 설명해줄 법률전문가의 도움도 필요하다. 이들 전문가의 보고서와 증언이 사실관계에 관한 증인들의 진술서나 증언 못지 않게 사건에 중대한 영향을 미치게 되므로, 중재에서는 경험과 능력(중재언어 능력 포함)을 갖춘 적절한 전문가를 확보하는 것이 상당히 중요하다.

1.7.8 심리기일

소송의 경우 변론기일 또는 변론준비기일이 여러 번 개최되는 편이고, 이러한 국내 소송의 영향을 많이 받은 KCAB 국내중재의 경우도 심리기일이 비교적 자주 개최되는 데 반해 국제중재의 경우는 보통 5~10일 정도의 기간 동안 집중적으로 진행되는 심리기일(hearing)을 단 한 번 개최하는 것이 일반적이다. 다만 중재 진행과정에서 중재판정부는 관할에 대한 다툼이 치열할 경우 관할에 대한 판단과 본안에 대한 판단을 분리하여 선후로 진행하거나 또는 책임의 존부에 대한 판단과 구체적인 손해액 산정에 대한 판단을 분리하여 역시 선후로 진행하기로 결정할 수도 있는데, 이러한 절차분리(bifurcation)를 시행하는 경우에는 심리기일이 2회 이상 열리기도 한다.

심리기일에서는 절차적인 미결문제를 간단히 다룬 후, 양측이 사건의 개요를 설명하는 모두진술(opening statement)을 진행하고, 그 후 사실관계에 관한 증인에 대한 증인신문과 전문가들에 대한 증인신문을 진행하는 것이 일반적이다. 실무상으로는 심리기일의 진행 개요, 신문할 증인 확정, 증인들에 대한 증인신문 순서와 시간 배정, 전문가 증인에 대한 신문 방식, 증인 신문시 다른 증인이나 전문가 증인의 참석 허용 여부, 통역사의 대동 방식 등의 절차적인 이슈들에 관해 미리 대리인들 사이에 합의를 하여 중재판정부의 최종 승인 및 결정을 받는 심리기일 전 회의(pre-hearing conference)를 개최하여 여기서 정해진 대로 심리기일을 진행하는 것이 일반적이다.

국제중재절차는 심리과정에서 속기록이 작성된다. 속기록에는 심리과정에서의 모든 발언이 빠짐없이 그대로 기록되며 양 당사자는 속기록에 오류가 있는 경우 수정을 요구할 권리를 가진다. 최근에 와서는 실시간으로 속기가 이루어지는 시스템이 많이 사용되고 있다.

1.7.9 심리 후 주장서면

소송에서도 복잡한 사건의 경우는 변론 종결 전후로 기존의 주장과 증거들을 정리한 종합준비서면을 제출하는 경우가 많다. 중재에서도 심리기일 이후에 심리기일에서 나타난 여러 증거들을 정리하고 전체적인 주장내용을 다시 정리하는 형태의 심리 후 주장서면(post-hearing brief)을 제출하는 경우가 많다.

심리 후 주장서면의 제출 여부 및 제출 횟수는 대체로 심리기일 마지막 단계에서 중재판정부가 양측 당사자의 의견을 참고하여 결정하게 되는데, 보통 양 당사자가 동시에 제출하는 것이 일반적이며 최근에는 각자에게 상대방의 심리 후 주장서면에 대해서 반박할 기회를 부여하여 2회에 걸쳐 동시에 제출하게 하는 경우가 많다.

1.7.10 판   정

소송에서 판사가 판결문을 작성하는 것과 마찬가지로, 중재에서는 모든 절차가 완료되면 중재판정부가 최종적인 협의를 거쳐 판정문(award)을 작성하게 된다. 다만 소송에서는 법원이 선고기일을 지정하여 판결 내용을 선고한 후에 판결문을 송달해주는 반면, 중재의 경우는 이러한 판정 선고 절차 없이 바로 판정문의 송달이 이루어진다는 차이가 있다.

한편, 소송에서도 판결문에 잘못된 계산이나 기재, 그 밖에 이와 비슷한 잘못이 있음이 분명한 때에는 법원이 직권으로 또는 당사자의 신청에 따라 경정결정[55]을 내릴 수 있는 것과 유사하게, 많은 중재규칙들은 일정한 기일 내에 당사자들이 오타나 계산착오 등의 수정을 구하거나 판정에 불명확한 부분이 있을 경우 판정문의 해석을 요청할 수 있는 제도를 마련해두고 있다.

끝으로 법원 소송의 경우는 불복할 경우 항소, 상고 등을 통한 3심 재판을 받을 권리가 보장되어 있지만, 중재의 경우는 단심제이기 때문에 중재판정부의 판정에 불

---

55) 민사소송법 제211조.

복하더라도 다시 본안에 대한 판단을 받을 길이 없다. 중재판정 취소사유나 중재판정 승인 및 집행거부사유는 매우 제한적인 절차적인 사유들에 불과하다.

1.7.11 비용 부담에 관한 판정

소송의 경우 판결 주문에서 소송비용에 대한 재판[56]을 하는 것과 유사하게 많은 중재규칙에서도 중재비용에 대한 판정을 내리도록 규정하고 있다. 다만 우리나라 소송에서는 소송비용 중 변호사 보수의 경우는 실제 지출한 비용을 기준으로 하지 않고 대법원 규칙에서 정한 보수를 기준으로 산정하는 반면, 중재의 경우는 쌍방이 실제 지출한 변호사 보수를 포함한 각종 비용에 관한 내역을 작성하여 제출하고, 중재판정부가 이러한 실제 지출 내역을 기초로 합리적인 범위에서 패소자가 승소자에게 보상해야 할 중재비용에 관한 판정을 내리는 것이 일반적이라는 특색이 있다.[57]

이처럼 많은 국제중재에서는 승소하는 경우 상대방으로부터 자신이 지출한 변호사 보수와 각종 비용 중 상당 부분을 회수할 수 있는 길이 열려 있기 때문에 승소한 당사자에게는 더욱 경제적인 분쟁해결수단이 될 수 있다. 반면 패소할 경우에는 상대방이 지출한 변호사 보수와 비용 중 상당 부분을 부담해야 하는 경제적 위험도 따른다.

1.8 중재 제도의 장단점

일반적으로 중재 제도는 다음과 같은 장점과 단점이 있는 것으로 설명된다.[58]

[장 점]
- 일정이나 절차 진행 등에 있어서의 탄력성
- 당사자들의 수권이 있는 경우 비법률적 요소를 고려한 우의적(友誼的) 판단의 가능성
- 해당 분쟁 분야에 대한 전문성을 보유한 중재인에 의한 판단 가능성

---

56) 민사소송법 제104, 105조.
57) 그러나 KCAB 국내중재규칙은 변호사 보수는 제외한 중재비용에 대해서만 결정을 내리도록 규정하고 있다.
58) 이에 대한 자세한 내용은 목영준, 6-9면; 석광현, 10-16면 참조.

- 중재 절차 및 중재판정 내용에 대한 비공개를 통한 비밀보장
- 판단주체(중재인) 선정에 있어서의 자치성
- 국제분쟁에 있어서의 중립성
- 국제분쟁에 있어서 승인과 집행의 용이성
- 소송에 비해 신속하고 경제적인 분쟁 해결 가능성[59]

[단 점]
- 소송에 비해 상대적으로 결과에 대한 예측 가능성이 떨어진다는 불확실성
- 법원에 비해 중재판정부의 증거조사능력이 떨어질 수 있는 문제로 인한 진실 발견의 제한성
- 판단이 중재판정부의 재량에 전적으로 의존되기 때문에 발생할 수 있는 비법 적 해결이나 법리적으로 타당하지 않은 중재판정의 가능성
- 다수 당사자간의 분쟁해결의 어려움
- 중재판정에 대한 임의 이행을 거부할 경우 별도 소송을 통해 집행판결을 다시 받아야 하는 절차적인 복잡성

중재제도에 관해 종래 논의되는 이러한 장단점은 일응 타당한 면도 있지만 '일반 적인 경우 그러할 수 있다'는 정도의 논의 이상의 의미를 부여하기는 어렵다고 본다. 왜냐하면 실제 중재판정부를 어떻게 구성하고, 또한 중재를 실제 어떻게 수행하는지 여부에 따라 위에서 언급된 단점들이 해결될 수 있는 여지가 상당히 크기 때문이다.

가령 소송에 비해 상대적으로 결과에 대한 예측 가능성이 떨어진다는 불확실성 이나 중재판정부의 재량에 전적으로 의존됨으로 인해 발생할 수 있는 비법적 해결이

---

59) 일반적으로 중재의 장점 중 하나로 거론되는 신속성, 경제성에 대해서는 최근 소송에 비해 그다지 신속하지도 않고 경제적이지도 못하다는 논의도 자주 보인다. 외국 소송에 비해 국 내 소송은 매우 신속하고 경제적으로 이루어지며, 또한 한국 변호사들의 보수 수준이 미국 이나 영국 변호사들에 비해서는 상대적으로 낮기 때문에 사실 국내 소송에 비한다면 중재가 더 신속하고 경제적인 분쟁해결수단이라고 단정하기는 어려울 수 있다. 그렇지만 다른 국가 들에서는 소송에 매우 오랜 기간이 소요될 뿐만 아니라 변호사 비용도 상당한 수준으로 발 생하게 되는 경우가 많다. 또한 일부 국가들의 경우는 자국민과 자국 기업 보호 명목으로 외국 기업이 제기한 소송은 몇 년 동안 일절 진행을 하지 않기도 한다. 이러한 국가들에서 의 소송과 비교해 본다면 단심으로 끝나는 중재는 보다 신속하고 경제성이 있는 분쟁해결절 차라고 할 수 있다.

나 법리적으로 타당하지 않은 중재판정의 가능성을 우려하는 경우가 있으나 실무상
으로는 이러한 문제가 거의 생기지 않는다. 즉, 중재판정부를 법리를 중시하는 중재
인들로 구성하고 당사자가 중재판정부에게 형평과 선에 따른 판단에 대한 수권을 부
여하지 않는 등의 방법으로 쉽게 극복할 수 있다.[60]

한편, 중재판정이 내려진다고 하더라도 패소 당사자가 임의이행을 하지 않으면
법원에 중재판정집행청구소송을 통해 집행판결을 받아야만 강제집행이 가능하다는
점에서 소송에 비해 중재가 집행력이 상대적으로 덜하다는 단점은 타당한 면도 있다.
하지만 외국 법원에 비해 매우 신속하게 판결이 나오는 국내 소송의 경우에도 기본
적으로 1심 단계에서 약 1년 전후의 시간이 소요되고 이에 불복할 경우에는 항소, 상
고 등의 3심제를 거쳐야 하는 데에 비해, 가령 KCAB의 국내중재는 약 6개월 전후의
시간 내에 종국적인 판정이 내려지는 단심제이기 때문에 중재가 시간적으로나 비용
적인 측면에서는 더 유리하다는 점도 같이 고려되어야 할 것이다. 게다가 외국중재판
정의 경우는 오히려 외국 판결보다 집행이 훨씬 용이하다는 큰 장점이 있다. 한편,
중재판정의 경우도 임의 이행의 가능성이 상당히 높을 뿐만 아니라, 가사 강제집행을
위해 집행판결 청구소송을 별도로 거쳐야 하는 상황이 발생한다고 하더라도 중재법에
정해진 집행거부사유는 상당히 제한적이라서 집행판결을 받는 것이 어렵고 긴 시간이
소요되는 절차는 아니므로 일률적으로 중재의 단점이라고 말하기는 어렵다고 본다.

실무적인 관점에서 볼 때 중재(특히 국제중재)는 오히려 (1) 당사자가 중립적인 중
재판정부를 선임하는 과정에 참여할 수 있다는 점, (2) 중재절차를 당사자들이 어느
정도 결정할 수 있고 당사자들이 익숙한 절차에 따라 진행할 수 있기 때문에 외국소
송절차에서 느끼는 생소함과 불확실성이 줄어든다는 점, (3) 당사자가 알아들을 수
있는 언어로 진행할 수 있고, 자신의 변호사를 이용해서 변론을 할 수 있다는 점, (4)
뉴욕협약을 비준한 나라에서는 집행이 가능하기 때문에 국제적 집행이 보장된다는

---

60) 외국 중재인들은 법리에 따른 엄정한 판단을 하는 경향이 상당히 강하기 때문에 국제중재의
경우에는 이는 크게 문제되지 않지만, 한국 중재인들은 형평과 선을 중재에 고려하려는 경향
이 상대적으로 강한 경우가 있어 특히 국내중재의 경우에는 법리적으로 유리한 당사자에게
는 중재가 소송에 비해 다소 불리하다는 인식이 어느 정도 있는 것이 사실이다. 그렇지만
중재판정부가 형평과 선을 적용하기 위해서는 양 당사자의 명시적인 요청이 필요하다. 한
쪽이라도 원하지 않으면 중재판정부는 형평과 선에 따른 판단을 내릴 수 없으며 법률에 따
라 판단을 내려야 한다.

점, (5) 송달에 있어서 국제송달에 따른 번거로운 절차에 따른 시간낭비 없이 간단한 방식으로 즉시 송달이 가능하다는 점, (6) 절차가 비공개 장소에서 이루어지고, 중재절차의 기밀성을 유지할 수 있어 편리하다는 점 등의 장점이 상대적으로 더 많이 부각되는 것으로 보인다.[61)]

1.8.1 중립성과 중재판정부 구성에서의 당사자 관여

국제거래는 국적이 다른 당사자들이 관여하게 되는데, 분쟁이 발생할 경우 어느 당사자이든 상대방의 국가에서 소송하기를 꺼려한다. 그런데 소송의 대체적인 수단인 중재의 경우는 어느 일방 당사자 국가의 법원이 아닌 중립적인 중재판정부로부터 판단을 받을 수 있는 장점이 있다. 특히 국제투자중재 등 국가 또는 국가기관이 당사자인 경우에는 이런 중립성 때문에 중재를 선호하는 경향이 더 두드러진다.

뿐만 아니라 소송의 경우 사건이 접수되면 법원에서 일방적으로 담당 재판부나 담당 판사를 배정하는 것과 달리, 중재의 경우는 중재판정부 구성에 대한 당사자들의 합의가 존중되고, 이를 통해 당사자들이 중재판정부를 구성하는 중재인의 선정에 직접 참여할 수 있다는 장점이 있다. 특히나 국제중재의 경우에는 기업간의 상사분쟁을 전문적으로 다루는 중재인들을 당사자들이 선택하여 이들에게 판단을 맡길 수 있어 상거래의 관념에 보다 더 친숙한 전문가적인 중재인들에 의한 판정을 받을 수 있다는 점도 장점이다. 당사자들은 해당 분쟁의 특성에 따라 건설, 통신, 기업인수합병, 지적재산권 등 해당 분야의 전문성을 갖춘 중재인을 선택할 수도 있고, 준거법에 따라 그 준거법의 전문가, 특정한 언어나 문화에 익숙한 사람을 중재인으로 선택할 수 있게 된다.

1.8.2 절차의 예측가능성

중재의 또 하나의 특징은 절차가 어떤 국가 어떤 장소에서 이루어지든 상관 없이 상대적으로 예측 가능하다는 데 있다. 특히 국제중재의 경우에는 어떤 중재기관에 의하여 이루어지든, 어떤 중재규칙에 의해 이루어지든, 어느 정도 국제중재의 일반적인 절차로 받아들여지는 기준이나 관행이 존재하기 때문에 특정국가의 소송절차에서

---

61) 이하 내용은 2009. 8. 31. 제19회 변호사 대회 및 제62회 변호사 연수회에서 발표된 김갑유, "국제중재의 실무 및 경향"에 포함된 내용을 일부 수정하여 재정리한 내용이다.

외국 기업이 경험하게 되는 어려움과는 비교할 수 없을 정도로 절차의 예측가능성이 높다.[62] 국제중재를 분쟁해결수단으로 선택하면 이런 불확실성 중 많은 부분을 피할 수 있게 되는 장점이 있다.

1.8.3 언어 및 변호사의 활용

양측 당사자가 이해할 수 있는 언어를 중재절차에서 사용할 수 있다는 것도 큰 장점이다. 대부분의 국가에서 소송은 그 국가의 언어로만 진행되므로 해당 언어를 이해하기 어려운 외국 당사자로서는 진행의 내용을 알 수 없는 경우가 많다. 그렇지만 중재의 경우에는 당사자들이 미리 합의로 정한 중재언어를 존중해주며, 비록 중재언어에 대한 합의가 없더라도 중재판정부가 양측 당사자의 사용 언어를 충분히 고려하여 중재언어를 결정하는 것이 일반적이기 때문에(이러한 경우는 통상 쌍방이 모두 이해할 수 있는 언어인 영어가 중재언어로 지정되는 경우가 많다) 당사자가 중재절차에서 진행 내용을 정확히 이해하는 데 많은 이점이 있다.

한편, 중재절차에서 당사자를 대리하는 변호사의 자격에 제한이 없다는 것도 실무적으로는 큰 장점이다. 소송에서는 해당 국가의 자격을 갖춘 변호사만이 사건을 대리할 수 있지만, 중재절차에서는 어느 나라 변호사라도 자유롭게 당사자를 대리할 수 있기 때문이다. 이는 당사자들이 자신이 평소에 주로 사건을 의뢰하던 변호사나 분쟁의 대상이 되는 거래에 직접 참여했던 변호사를 분쟁에서 대리인으로 이용할 수 있다는 것으로, 이러한 중재의 장점은 실무적으로 매우 중요한 의미를 가진다.

1.8.4 중재판정의 승인 및 집행의 국제적 보장

국내중재판정의 경우는 소송과 달리 승인과 집행을 위해 새로운 절차를 밟아야만 하므로 판결에 비해 집행의 가능성과 효율성이 떨어진다는 의견도 있지만,[63] 국제중재의 경우는 오히려 외국판결보다 집행이 용이하다는 큰 장점이 있다. 외국판결의

---

62) 예컨대, 국내기업이 미국법원이나 영미계 전통의 법 제도의 국가에서 피소를 당할 경우, 감당하기 힘든 소송비용, 잘 알지 못하는 절차 및 언어, 문서공개의 요구, 장기간의 절차지연, 외국인에 대한 배타적인 편견을 가진 배심원, 국내소송에서는 볼 수 없는 신문 기법 등 많은 생소한 절차로 당황하게 되는 경우가 있을 수 있다. 우리에게 잘 알려져 있지 않은 아랍계 국가나 남미의 국가들을 생각하면 그 생소함은 더욱 커질 수 있다.
63) 목영준, 9면 참조.

경우는 개별적인 상호보증이 없는 한, 집행이 용이하지 않다. 또한, 상호보증이 있는 지 여부가 불분명한 경우가 많아서 소송을 진행하면서도 그 판결이 나중에 집행될 수 있는지를 확신할 수 없는 경우도 많다.

국제중재의 경우는 뉴욕협약을 통해 2016. 5. 현재 156개국이 외국중재판정을 예외적인 취소사유가 있는 경우를 제외하고는 각국의 법원에서 승인·집행해 주고 있다. 뉴욕협약에 가입한 국가의 법원들은 협약에서 지정한 몇 가지 예외사유에 해당하지 않는 한 중재판정을 집행해야 하므로 협약체약국에서 중재판정을 받은 당사자는 다른 협약체약국에서 이를 승인·집행할 수 있다.

1.8.5 간편한 송달절차

국제소송에서는 외국에 소재하는 피고에게 소장이나 소송서류를 송달하기 위해서는 제네바협약과 같은 국제협약에 의하거나 국제예양의 원칙에 의존해서 외교기관을 통해서 송달하는 절차를 거쳐야 한다. 이러한 절차에서는 관련 서류의 번역 등과 같은 작업도 진행해야 하지만, 송달 자체가 여러 단계를 거쳐 이루어지기 때문에 짧게는 수개월 길게는 1년 이상의 시간이 송달 과정에 소요되기도 한다.

그러나, 국제중재의 경우에는 이러한 불편함이 없다. 중재신청서나 기타 서류의 송달은 당사자가 합의한 대로 또는 중재기관이 정한 절차에 따라 어떠한 방식으로 이루어질 수 있으며 실제로 길어야 2~3일 이내에 송달절차가 완료될 수 있다. 이러한 송달의 문제도 실무적으로는 중요한 차이다.

1.8.6 분쟁해결의 비밀보장

기업간의 분쟁, 특히 라이선싱 또는 영업비밀 분쟁은 대외적으로 분쟁의 내용이 보도되는 것이 곤란한 경우가 많다. 중재는 소송과는 달리 공개변론을 원칙으로 하지 않고 있어 분쟁의 진행에 관한 정보가 밖으로 누설되지 않는다는 장점이 있다. 중재판정문은 물론 중재과정에서 나온 주장이나 증거들도 모두 기밀로 유지된다. 중재의 장소도 당사자가 합의한 어떤 장소이든 선택할 수 있으며 당사자와 중재에 관여하는 사람들 이외에는 중재절차에 참여할 수 없으므로 기밀성은 더욱 보장된다.

한편, 비공개와 비밀유지가 원칙인 일반 상사중재와 달리 국제투자중재에 대해서는 일반적으로 투명성(transparency)이 요청된다. 먼저, ICSID 중재의 경우에는 양 당사자가 동의한다면 심리기일을 일반인에게 공개할 수 있게 되어 있고(ICSID 중재규칙 제32조), 최종 판정문도 양 당사자의 동의가 있으면 공개할 수 있으며(ICSID 중재규칙 제48조), 당사자들에게 별도의 비밀유지의무를 부담시키고 있지 않다. 또한 사건에 따라서는 심리기일 진행과 같은 형식적인 정보 및 중재판정의 초록(excerpts)이 ICSID의 웹사이트나 인쇄물(publications)을 통해 게시되기도 하며,[64] 심리기일 진행이 인터넷 (http://icsid.worldbank.org)을 통해 실시간으로 중계되기도 한다.

또한 이러한 투명성 제고 경향은 ICSID 중재절차가 아닌 기타 국제투자중재 절차에서도 점차 두드러지고 있는 상황이다. 예를 들어, 2013. 12. 16. 제68차 UN 총회는, 국제투자중재 절차 전반에 걸쳐 문서공개, 제3자 의견(amicus curiae brief) 제출, 심리절차 공개 등을 규율하는 "UNCITRAL 투명성 규칙"을 채택하였다. UNCITRAL 투명성 규칙은 2014. 4. 1. 이후 체결되는 투자보장협정에 따라 UNCITRAL 중재규칙에 의해 진행되는 국제투자중재에 일반적으로 적용되도록 규정되어 있다. 다만, 투자보장협정 당사자들이 달리 협의하는 경우에는 투명성 규칙이 적용되지 않도록 하는, 이른바 "opt-out" 방식을 채택하였다.[65] UNCITRAL은 2013년 이와 같은 투명성 규칙의 적용 범위를 반영하여, UNCITRAL 중재규칙 제1조 제4항을 신설하여 UNCITRAL 투명성 규칙의 내용을 포섭하도록 하였다.[66]

이처럼 상사중재와는 달리, 국제투자중재에 대해서는 투명성이 강조되는 방향으로 법제가 마련되어 가고 있는 추세이다. 따라서 실무상으로, 국제투자중재 당사자들이 중재 절차에서 제출되는 기록이나 자료 등의 노출을 막기 위해서 당사자 간 별도의 비밀유지약정을 체결하는 것이 일반적이다.

---

64) ICSID 중재규칙 제48조 제4항 및 ICSID Additional Facility Rules 제53조 제3항 참조.
65) UNCITRAL 투명성 규칙, 제1조 제1항 참조.
66) UNCITRAL Arbitration Rules (with new article 1, paragraph 4, as adopted in 2013), "For investor-State arbitration initiated pursuant to a treaty providing for the protection of investments or investors, these Rules include the UNCITRAL Rules on Transparency in Treaty based Investor-State Arbitration ('Rules on Transparency'), subject to article 1 of the Rules on Transparency."

제 **2**장

중재합의

중 재 합 의

중재는 당사자 간의 합의로 분쟁을 법원의 재판에 의하지 아니하고 중재인의 판정에 의하여 해결하는 절차인데, 여기에서 '당사자 간의 합의'가 바로 중재합의 (arbitration agreement)이다. 따라서 중재합의는 중재제도 존립의 법적 기초가 되는 것으로, 중재인이 중재절차를 개시, 진행하여 중재판정을 내리는 권한의 근거가 된다. 이처럼 중재의 유효성과 구속력은 근본적으로 당사자 간의 중재합의에 의하여 좌우된다는 점에서 중재합의는 중재에서 가장 핵심적인 요소 중 하나라고 할 수 있다.[1]

2.1 중재합의의 의의

2.1.1 중재합의의 정의

중재법 제3조 제2항은, 중재합의를 "계약상의 분쟁인지 여부에 관계없이 일정한 법률관계에 관하여 당사자 간에 이미 발생하였거나 앞으로 발생할 수 있는 분쟁의 전부 또는 일부를 중재에 의하여 해결하도록 하는 당사자 간의 합의"라고 정의하고 있다. 이러한 정의는 1985 UNCITRAL 모델중재법 제7조 제1항에 정한 내용을 그대로 수용한 것이다.[2]

---

1) Redfern/Hunter, 12면.

2) 1985 UNCITRAL 모델중재법 제7조 제1항은 중재합의(arbitration agreement)를 "계약에 의하거나 또는 계약에 의하지 아니한 일정한 법률관계에 관하여 당사자 간에 이미 발생하였거나 앞으로 발생할 수 있는 모든 분쟁 또는 특정한 분쟁을 중재로 해결하기로 하는 당사자 간의 합의(an agreement by the parties to submit to arbitration all or certain disputes which have arisen or which may arise between them in respect of a defined legal relationship, whether contractual or not)"라고 정의하고 있다.

한편, 1999년 개정 전의 구 중재법에서는 중재합의 대신 '중재계약'이라는 용어를 사용하였으나,[3] 양자는 표현상의 차이에 불과한 것으로 실질에는 차이가 없다.[4]

2.1.2 중재합의의 유형

2.1.2.1 중재조항과 중재부탁계약

중재합의는 '중재조항'과 '중재부탁계약'의 2가지 유형이 있다. 중재조항(arbitration clause)은 장래의 분쟁을 중재에 의하여 처리하도록 주된 계약에 포함된 사전 합의이고, 중재부탁계약(submission agreement)은 분쟁 발생 후에 당사자들이 현존하는 분쟁을 중재에 따르도록 합의한 것으로 사후 합의이다. 중재법 제8조 제1항은 "중재합의는 독립된 합의 또는 계약에 중재조항을 포함하는 형식으로 할 수 있다"고 규정하여, 두 가지 유형의 중재합의를 모두 인정하고 있다.[5]

중재조항은 분쟁이 발생하기 이전에 주된 계약의 일부로서 포함되므로, 장래 발생 가능한 다양한 분쟁들을 포함할 수 있도록 포괄적으로 규정되는 것이 일반적이다. 이에 비하여 중재부탁계약은 이미 분쟁이 발생한 이후에 체결되므로 중재조항에 비하여 중재 절차에 관하여 구체적이고 상세한 내용이 포함될 수 있다. 예를 들어, 중재부탁계약에는 중재절차에 적용될 규칙뿐만 아니라 중재인을 누구로 선정할 것인지, 나아가 서면 교환을 어떻게 할 것인지 등과 같이 절차에 관한 상세한 사항들도 포함

---

3) 구 중재법 제2조 제1항은 "중재계약"을 "사법상의 법률관계에 관하여 당사자 간에 발생하고 있거나 장래에 발생할 분쟁의 전부 또는 일부를 중재에 의하여 해결하도록 [한] 합의"라고 정의하고 있었다.

4) 목영준, 43면; 석광현, 103면. 이와 같이 중재법이 '중재합의'라는 용어를 도입한 이유는, '중재계약'이라는 용어는 주된 계약과의 관계에서 혼동될 우려가 있고, "arbitration agreement"라는 용어는 번역상으로도 중재합의라고 자주 지칭되고 있으며, '계약'이란 용어는 실체법상 자주 사용되고 있는 반면 절차법상 용어로는 '합의'라는 용어가 선호되기 때문이라고 한다. 주석중재법, 10-11면; 장문철, "중재법연구(제1조 내지 제9조를 중심으로)", 한국중재학회지 제9권, 1999, 20면.

5) 연혁적으로는 중재부탁계약과 비교하여 중재조항은 유효성이 인정되기까지 오랜 시간이 걸렸는데, 이는 분쟁 발생 전에 중재조항에 의하여 열악한 지위에 있는 당사자의 의사에 반하는 중재를 강요한다면 그들이 법원의 재판에 의하여 얻을 수 있었을 국가의 정당한 보호를 상실할 수 있다는 우려 때문이었다고 한다. 석광현, 25면 참조. 한편, 일부 국가에서는 현재까지도 중재부탁계약에 비하여 중재조항의 유효성을 제한적으로 인정하는 경우가 있다고 한다. 목영준, 45면; 주석중재법, 11면 참조.

될 수 있다.[6] 중재조항과 중재부탁계약은 모두 중재합의에 해당하므로 일반적으로 양자 간의 법적 효력에 있어 차이가 있는 것은 아니다.[7]

한편, 실무상으로 중재합의는 중재조항의 형태가 더 일반적이다. 이는 중재로 분쟁을 해결하고자 하는 의도를 가진 당사자들은 주된 계약을 체결하는 단계에서 이미 중재조항을 포함하는 경향이 있고, 또한 이미 분쟁이 발생한 이후에 당사자 간에 분쟁 해결 방법에 관하여 합의를 도출하는 것이 쉽지 않기 때문인 것으로 보인다.

2.1.2.2 투자보장협정의 중재 규정

중재합의의 제3의 형태로는 투자보장협정(investment treaty)의 분쟁해결조항에, 투자자가 상대국을 상대로 중재를 제기할 수 있고 체결 당사국은 이러한 중재에 동의한다고 규정한 경우를 들 수 있다.[8] 이러한 조항은 체약 당사국이 상대국의 투자자에 대하여 그 조항에 규정된 조건에 따른 중재합의의 청약을 한 것으로 해석될 수 있으므로, 투자자가 이러한 청약을 승낙하는 경우 중재합의가 성립되었다고 볼 수 있을 것이다.[9]

대한민국은 2016. 6. 현재 91개의 양자간 투자보장협정(Bilateral Investment Treaty, BIT)을 체결하였고(발효 85건), 자유무역협정(Free Trade Agreement, FTA)의 체결도 확대되

---

6) Redfern/Hunter, 72면.
7) 주석중재법, 11면; 석광현, 25면.
8) 예를 들면 대한민국 정부와 일본국 정부간의 투자의 자유화·증진 및 보호를 위한 협정 제15조 제3항은 다음과 같이 규정하고 있다.
"투자자가 서면으로 협의나 협상을 요청한 날부터 3월 이내에 투자분쟁이 해결되지 아니하고, 당해 투자자가 제2항 가목 또는 사법적·행정적 해결절차에 따라 동 분쟁을 제기하지 아니한 경우에는, 당해 투자자는 구속력 있는 중재에 의한 분쟁해결을 위하여 다음에 따라 동 분쟁을 제기할 수 있다.
　　가. 양 체약당사국이 ICSID 협약의 가입국인 경우에는 본부에 제기할 것
　　나. 국제연합국제무역법위원회의 중재규칙에 따라 제기할 것
　　다. 분쟁당사자간 합의가 있는 경우에는 그 밖의 중재기관이나 그 밖의 중재규칙에 따라 제기할 것
양 분쟁당사자에 의하여 달리 합의되지 아니하는 한, 일단 당해 투자자가 분쟁해결을 위하여 제2항 및 제3항에 따라 투자분쟁을 제기하는 경우에는, 당해 투자자는 제2항 및 제3항에 열거된 다른 방안에 의하여 동 분쟁을 제기할 수 없다.
각 체약당사국은 가목 및 나목에 열거된 국제중재에 투자분쟁을 회부하는 것에 대하여 동의한다."
9) Redfern/Hunter, 13면.

고 있는 추세인데(2016. 3. 현재 발효 14건, 타결 1건), 양자간 투자보장협정이나 자유무역협정의 대부분이 분쟁해결조항으로 중재 규정을 두고 있다.

2.1.3 중재합의의 효력

유효한 중재합의가 체결되면, 이는 그 당사자로 하여금 중재에 응하고 중재판정에 따르도록 하는 효력을 갖는데, 이를 중재합의의 적극적 효력이라고 한다.[10] 나아가 유효한 중재합의는 국가의 재판관할권을 배제하는 효력을 갖는데, 이를 중재합의의 소극적 효력이라고 한다. 한편, 중재합의의 효력과 관련하여서는 중재판정이 취소된 경우의 중재합의의 효력이 어떠한지도 문제되는데, 이에 관하여는 제9.4.5절에서 별도로 설명하기로 한다.

2.1.3.1 적극적 효력

분쟁 당사자는 중재합의의 효력에 기하여 분쟁을 중재절차에 회부하고 중재판정을 얻어낼 수 있다.[11] 또한 그 당사자는 이러한 중재합의의 실현을 위하여 단계별로 법원의 협조를 구할 수도 있다. 중재절차에 있어서의 법원의 협조에 관하여는 제7.2절에서 상세히 다룬다.

2.1.3.2 소극적 효력

중재합의는 소송절차의 진행을 방해하고 분쟁을 중재절차에 회부하도록 하는 소극적 효력을 갖는바, 이를 직소금지(直訴禁止)의 효력이라 한다. 중재법 제9조 제1항은 이러한 직소금지의 효력을 명시하고 있는데, "중재합의의 대상인 분쟁에 관하여 소가 제기된 경우에 피고가 중재합의가 있다는 항변을 하였을 때에는 법원은 그 소를 각하하여야 한다. 다만, 중재합의가 없거나 무효이거나 효력을 상실하였거나 그 이행이 불가능한 경우에는 그러하지 아니하다"고 규정하고 있다. 중재합의의 소극적 효력에 관한 내용은 제7.3.2절에서 보다 상세히 다룬다.

2.1.4 중재조항의 독립성

중재법은 중재합의가 중재조항의 형식으로 되어 있는 때에는 이론적으로 중재합

---

10) 목영준, 66면.
11) 목영준, 78면.

의가 계약 중 다른 조항과 별개의 독립된 것이라는 원칙을 인정하고 있는데, 이를 '중재조항의 독립성(separability)'이라 한다.[12] 중재조항의 독립성은 주된 계약에 무효사유가 있다고 주장되거나, 주된 계약이 취소·해제 또는 종료된 경우와 같이 주된 계약의 유효성이 문제되는 경우에도 중재조항 자체의 효력은 그대로 유지하도록 하여 중재를 통해 해당 분쟁을 해결할 수 있도록 하기 위한 것이다.[13]

중재조항의 독립성 원칙의 핵심은 중재조항의 유효성은 주된 계약의 유효성에 구속되지 않는다는 것이다. 따라서 원칙적으로 주된 계약에 무효 또는 취소사유가 있다는 주장이 제기되더라도, 중재판정부는 중재조항을 근거로 하여 해당 분쟁에 대하여 판정권한이 있다고 판단할 수 있다.[14]

이러한 중재조항의 독립성의 원칙은 중재법 제17조 제1항 제2문에 명시되어 있다.

제17조(중재판정부의 판정 권한에 관한 결정)
① 중재판정부는 자신의 권한 및 이와 관련된 중재합의의 존재 여부 또는 유효성에 대한 이의에 대하여 결정할 수 있다. 이 경우 중재합의가 중재조항의 형식으로 되어 있을 때에는 계약 중 다른 조항의 효력은 중재조항의 효력에 영향을 미치지 아니한다.[15]

이처럼 중재조항은 계약 중 다른 조항과 상호 독립적인 것으로 취급되므로, 중재조항의 준거법과 계약 전체에 대한 준거법도 구분하여 고려되어야 한다(이 점에 관하여는 아래 제3.2.1절에서 상술한다).

실무상으로는, 중재를 원하지 않는 당사자가 주된 계약의 무효·취소 사유가 중재조항에도 미치고 따라서 그 조항에 기한 중재인의 판정권한이 없다고 다투는 것이 보통이다.[16] 만약 주된 계약이 효력을 상실하게 된 사유가 계약의 부존재인 경우는 중재조항의 독립성의 원칙과 무관하게 중재합의 역시 부존재한다고 보게 될 것이다.[17]

---

12) 목영준, 103면; 석광현, 26면; 주석중재법, 75면.
13) 박영길, "국제상사중재에 있어서의 분리원칙과 자기관할권 판정 권한의 원칙", 중재 2003년 가을호, 2003, 5-6면 참조.
14) 목영준, 104면; 주석중재법, 75면.
15) 다만, UNCITRAL 모델중재법 제16조 제1항에는 "중재판정부에 의한 계약 무효의 결정은 법률상 당연히 중재조항의 부존재 또는 무효를 의미하는 것은 아니다"라고 규정되어 있으나, 우리 중재법 제17조 제1항에는 위 내용은 포함되어 있지 않다.
16) 목영준, 104면.
17) 석광현, 26면; 주석중재법, 26면.

그러나 그 이외의 경우에는 주된 계약이 효력을 상실하게 되는 사유마다 개별적으로 검토할 필요가 있다. 예를 들어, 중재 절차에서 사기에 의한 계약의 취소가 주장된 경우, 주된 계약의 거래 조건에 관하여 기망행위가 있었다고 하더라도 중재조항의 독립성의 원칙에 따라 중재합의는 여전히 유효하고, 중재판정부는 그에 기하여 중재절차를 진행할 수 있을 것이다. 이와는 달리 만약 중재합의 자체에 관하여 기망행위가 있는 경우에는 중재판정부는 중재조항의 취소 여부를 따로 심리하여, 만약 중재합의가 적법하게 취소되었다고 판단된다면, 본안에 관하여는 더 이상 심리하지 않을 것이다.

이와 관련하여, 대법원은 외국중재판정의 집행청구소송에서 피고가 "중재합의와 합체되어 있는 본안계약이 제3자에게 포괄적으로 이전되어 결국 당사자의 지위를 상실하였거나 원·피고 사이의 중재약정이 실효되었다"고 주장한 데 대하여, "중재약정의 실효여부의 판단은 본안에 관한 판단과 불가분적으로 결부되어 있으므로 본안에 관한 판단에 준하여 그 자체가 중재인(중재판정부)의 판단에 따를 사항"이라는 취지로 판시한 바 있다.[18] 그러나 중재조항의 독립성에 의하면 중재합의의 유효성은 주된 계약과는 별개로 판단하여야 하고, 또한 뉴욕협약 제5조 제1항 a호에 의하면 법원은 집행청구소송에서 중재합의의 유효성을 심사하도록 하고 있으므로, 이처럼 법원이 중재조항의 유효성 여부를 판단함에 있어 공서양속에 반하지 않는 한 중재판정부의 본안에 관한 판단을 받아들여야 한다는 취지의 대법원의 판시는 중재조항의 독립성에 반하는 것이라는 비판이 있다.[19]

2.2 중재합의의 형식적 유효성 — 서면요건

중재판정의 효력은 중재합의로부터 도출되기 때문에, 분쟁을 중재에 의하여 해결하려고 하고자 합의한 데 대한 명확한 기록을 남길 필요가 있다.[20] 그러므로, 각국

---

18) 대법원 1995. 2. 14. 선고 93다53054 판결.
19) 김갑유, "외국중재판정의 집행과 중재약정의 실효", 상사판례연구 Ⅶ권, 2007, 568면.
20) Born, 660면 참조. 한편, 목영준, 46면에 따르면 중재합의의 서면요건을 요구하는 이유는 중재합의는 법원이 아닌 사인에게 분쟁해결을 맡기는 것이므로, 당사자들로 하여금 그 계약내용이 가지는 중요성을 일깨워 주기 위한 것이라고도 한다. Redfern/Hunter, 75면도 마찬가지로 설명한다.

중재법은 통상 중재합의가 특정한 형식적 요건을 갖추도록 요구하고 있는데, 그 중 가장 중요한 것은 중재합의는 서면으로 하여야 한다는 것이다.

중재법이나 뉴욕협약상 요구되는 중재합의의 형식적 유효성의 요건은 서면요건이 유일하다. 이하에서는 중재법과 뉴욕협약의 서면요건을 각각 검토한 다음, 구체적인 쟁점으로 묵시적 중재합의의 문제와 용선계약상 중재조항의 선하증권에의 편입 문제를 살펴본다. 관련 문제로서, 중국 중재법은 중재합의의 형식적 유효성의 요건으로 중재합의에는 반드시 중재기관을 지정하는 내용을 포함할 것을 요구하고 있는데(중국 중재법 제16조), 국내 기업의 중국 진출이 활발한 점을 고려하여 이에 관하여 간단히 살펴보겠다.

2.2.1 중재법상의 서면요건

중재법상 중재합의는 서면에 의할 것을 요건으로 한다. 이러한 측면에서 중재합의는 요식행위(要式行爲)라 할 수 있는데, 개정 중재법(2016. 5. 29. 법률 제14176호, 2016. 11. 30. 시행) 제8조는 중재합의의 서면요건에 관하여 다음과 같이 규정하고 있다. 중재합의의 서면성에 관한 중재법 제8조는 대폭적인 개정이 이뤄졌다.

제8조(중재합의의 방식)
① 중재합의는 독립된 합의 또는 계약에 중재조항을 포함하는 형식으로 할 수 있다.
② 중재합의는 서면으로 하여야 한다.
③ 다음 각 호의 어느 하나에 해당하는 경우는 서면에 의한 중재합의로 본다.
  1. 구두나 행위, 그 밖의 어떠한 수단에 의하여 이루어진 것인지 여부와 관계없이 중재합의의 내용이 기록된 경우
  2. 전보(電報), 전신(電信), 팩스, 전자우편 또는 그 밖의 통신수단에 의하여 교환된 전자적 의사표시에 중재합의가 포함된 경우. 다만, 그 중재합의의 내용을 확인할 수 없는 경우는 제외한다.
  3. 어느 한쪽 당사자가 당사자 간에 교환된 신청서 또는 답변서의 내용에 중재합의가 있는 것을 주장하고 상대방 당사자가 이에 대하여 다투지 아니하는 경우
④ 계약이 중재조항을 포함한 문서를 인용하고 있는 경우에는 중재합의가 있는 것으로 본다. 다만, 중재조항을 그 계약의 일부로 하고 있는 경우로 한정한다.

2016년 개정 전 중재법 제8조는 1985 UNCITRAL 모델중재법 제7조 제2항[21]의

---

21) 1985 UNCITRAL 모델중재법 제7조 제2항은 서면 요건에 관하여 "중재합의는 서면으로 하여

내용을 도입하여[22] 당사자들이 서명한 문서에 중재합의가 포함될 것을 요구하는 등 다소 엄격한 서면성 요건을 규정하고 있었다. 그러나, 이번 개정 중재법은 서면성을 대폭 완화한 2006 UNCITRAL 모델중재법, 그 중에서도 선택사항(OPTION) Ⅰ을 받아들여 서면성의 요건을 완화한 것이다. 참고로, 2006 UNCITRAL 모델중재법은 개정 중재법 제8조와 같이 중재합의 자체가 서면으로 이루어지지 않더라도[23] 어떠한 형태로든 기록이 되어 있으면 서면성의 요건을 충족한 것으로 인정하는 선택사항(OPTION) Ⅰ과, 서면성의 요건을 폐지하는 선택사항(OPTION) Ⅱ[24]를 두고 있다.

개정 중재법의 시행으로 당사자가 서명(기명·날인 포함)[25]한 문서에 중재합의가 포함된 경우가 아니라고 할지라도, 구두에 의한 중재합의가 기록된 경우에도 중재합의의 서면성을 충족할 수 있게 되었다(개정 중재법 제8조 제3항 1호). 과거에는 당사자들이 중재합의를 하면서 그 내용을 녹음(錄音)한 경우 중재법 내용에 비추어 서면성을 인정할 수 없었으나, 개정 중재법 하에서는 그러한 경우에도 중재법상 서면성의 요건을 충족시킬 여지가 있는 것으로 보인다. 또한, 개정 중재법의 시행으로 이메일 등 전자적 의사표시에 중재합의가 포함된 경우에도 중재합의의 서면성을 인정할 수 있게 되었다(개정 중재법 제8조 제3항 2호).

야 한다. 중재합의가 당사들이 서명한 문서에 포함되어 있거나 편지, 전보, 전신 또는 그 밖의 통신수단에 의하여 교환된 문서에 포함되어 있거나, 또는 어느 한쪽 당사자가 교환된 신청서와 답변서에서 중재합의가 있는 것을 주장하고 상대방 당사자가 이에 대하여 다투지 아니하는 경우에는 서면에 의한 중재합의로 본다. 계약이 중재합의를 포함한 문서를 인용하고 있는 경우에는 그 계약이 서면으로 작성되고 중재조항을 그 계약의 일부로 하고 있는 경우에는 중재합의가 있는 것으로 본다."고 규정하고 있다.

22) 주석중재법, 40면. 다만 이해하기 쉽도록 단계별로 분리하여 정하고 있을 것이었다.
23) 개정 전 중재법 제8조 제2항은 "중재합의는 서면으로 하여야 한다"고 규정하고 있었는데, 그 의미에 관하여 중재합의를 입증하기 위해서는 서면증거에 의하여야 하는 것이 아니라 합의 자체가 서면에 의하여야 한다는 것으로 해석하고 있었다.
24) 제7조 중재합의의 정의
"중재합의"는 계약에 의하거나 또는 계약에 의하지 아니한 일정한 법률관계에 관하여 당사자간에 이미 발생하였거나 장래 발생할 수 있는 모든 분쟁 또는 특정한 분쟁을 중재에 부탁하는 당사자 사이의 합의이다.
25) 과거 또한 중재법 제8조 제3항 제1호는 "당사자들이 서명한 문서에 중재합의가 포함된 경우"만을 규정하고 있을 뿐, "기명·날인한 문서"는 포함하고 있지 않아서, 학설이 해석을 통해 기명·날인한 문서에 중재합의가 포함된 경우도 동일하게 서면성의 요건을 충족한 것이라는 해석을 하고 있었다.

나아가, 개정 중재법 제8조 제4항은 명문의 규정을 두어 주된 계약의 본문에는 중재조항이 포함되어 있지 않지만 일반거래약관 등 중재조항이 포함된 다른 문서를 인용한 경우 중재합의의 효력을 인정하고 있다. 개정 전 중재법 제8조 제4항도 동일한 취지를 규정하고 있었으나 계약이 서면으로 작성된 경우로 그 범위를 한정하고 있었다. 그러나, 개정 중재법 제8조 제4항은 서면에 의한 계약 요건을 삭제하였다. 그리고, 여기서 다른 문서의 인용은 중재조항을 특별히 언급하는 경우(특정편입문구)뿐만 아니라, 그렇지 않은 경우(일반편입문구)도 포함하는 것으로 해석된다. 이와 관련하여, 해상운송사건에서 용선계약상 중재조항이 그 용선계약에 따라 발행되는 선하증권에도 편입되는지 여부가 문제되는데, 이에 대하여는 아래 제2.2.4절에서 별도로 논의한다.

2.2.2 뉴욕협약상의 서면요건

뉴욕협약 제2조 제1항은 개정 중재법 제8조 제2항과 마찬가지로 중재합의가 "서면에 의한 합의(agreement in writing)"에 의할 것을 요구하고 있다.[26] 나아가 뉴욕협약 제2조 제2항은 "서면에 의한 합의"란 "당사자들에 의하여 서명되었거나 서신 또는 전보 교환 속에 담긴, 주된 계약상 중재조항 또는 중재합의를 포함한다(The term 'agreement in writing' shall include an arbitral clause in a contract or an arbitration agreement, signed by the parties or contained in an exchange of letters or telegram)"라고 규정하고 있다 (참고로 이 번역은 대법원 2004. 12. 10. 선고 2004다20180 판결에서 인용한 것으로, 정부가 공포한 국문번역과는 차이가 있으므로 인용 시 주의를 요한다. 위 판결에 대하여는 부록 1 참조).[27]

따라서 뉴욕협약의 문언에 따르면 (1) 당사자들이 서명한 주된 계약에 들어 있는 중재조항, (2) 주된 계약과 별도의 중재합의로서 당사자들의 서명이 있는 것, (3) 서신이나 전보 교환에 포함된 주된 계약에 들어 있는 중재조항, (4) 서신이나 전보의 교환에 의하여 별도로 체결된 중재합의는 서면요건을 충족하는 것으로 본다.[28]

---

26) 뉴욕협약 제2조 제1항은 "각 체약국은 계약적 성질이거나 아니거나를 불문하고 중재에 의하여 해결이 가능한 사항에 관한 일정한 법률관계에 관련하여 당사자간에 발생하였거나 또는 발생할 수 있는 전부 또는 일부의 분쟁을 중재에 부탁하기로 약정한 당사자간의 서면에 의한 합의를 승인하여야 한다"고 규정하고 있다.
27) 목영준, 47면도 이와 같이 해석하고 있다. 정부가 공포한 국문번역은 "서면에 의한 합의라 함은 계약문 중의 중재조항 또는 당사자간에 서명되었거나, 교환된 서신이나 전보에 포함되어 있는 중재의 합의를 포함한다"라고 되어 있다.
28) 목영준, 47면; Born, 680-685면.

그런데 뉴욕협약이 요구하는 서면요건은 적어도 그 문언에 비추어 보면 개정 중재법이 규정한 서면요건보다 좁게 규정되어 있다는 점을 주의할 필요가 있다. 한편, 중재신청 전까지 서면에 의한 중재합의가 존재하지 않았던 경우라도, 일방 당사자가 중재신청서에서 유효한 중재합의의 존재를 주장하고, 상대방이 이를 다투지 않은 경우(대법원은 이를 "묵시적인 중재합의"라 칭한다), 개정 중재법 제8조 제3항 제3호에 의하면 서면에 의한 중재합의로 간주되는데, 뉴욕협약에 의하더라도 이를 서면에 의한 합의로 볼 수 있는지가 문제된다. 이에 관하여는 제2.2.3절에서 검토한다.

나아가, 뉴욕협약에 있어서도 당사자 간의 계약이 중재조항을 포함한 다른 문서나 약관을 인용하는 경우에도 서면요건을 구비하는 것인지에 대하여는 문제가 될 수 있다(중재법 제8조 제4항은 명문의 규정을 두어 주된 계약의 본문에는 중재조항이 포함되어 있지 않지만 일반거래약관 등 중재조항이 포함된 다른 문서를 인용한 경우 중재합의의 효력을 인정하고 있음은 앞서 설명한 바와 같다). 즉, 서명된 문서자체에는 중재합의가 명시되어 있지 않지만 이 문서가 인용한 다른 문서에 중재조항이 포함된 경우에 이와 같은 중재합의가 서면요건을 충족하는 것인가 하는 문제이다.

대법원은 "뒷면의 조건에 따라 공급하여 주십시오(please supply, subject to conditions overleaf)"라는 부동문자로 인쇄된 강철봉매매계약에 있어서 뒷면의 조건에 포함된 런던중재법원규칙에 의한 중재약정의 효력을 인정한 바 있다.[29] 이 판결은 당사자의 대리인이 이러한 조항의 내용을 충분히 이해하고서 매매계약서에 서명한 사실을 인정하면서, "이러한 형태의 중재계약은 뉴욕협약 제2조 제2항 소정의 '계약문 중의 중재조항'으로서 같은 조 제1항 소정의 '분쟁을 중재에 부탁하기로 하는 취지'의 서면에 의한 중재합의에 해당한다"고 판시하였다. 이 판례의 취지에 의하면 중재의 합의가 당사자가 서명한 계약에서 인용한 다른 문서에 포함되어 있는 경우에 소위 이것이 예문에 불과한지 아니면 당사자가 계약에 편입하기로 하는 의사가 있었는지 여부를 판단함에 있어서 일반계약법의 원칙에 따라 판단하여 당사자의 편입의사가 확인되면 인용된 문서에 의한 중재의 합의도 유효하다고 본다는 것으로 해석된다.[30]

---

29) 대법원 1990. 4. 10. 선고 89다카20252 판결. 부록 1 참조.
30) 김갑유, "중재합의의 유효성 판단과 그 준거법", 인권과 정의 제331호, 2004, 183면.

2.2.3 묵시적인 중재합의

중재신청 전까지 서면에 의한 중재합의가 존재하지 않았던 경우라도, 일방 당사자가 중재신청서에서 유효한 중재합의의 존재를 주장하고, 상대방이 이를 다투지 않은 경우 이를 이른바 '묵시적인 중재합의'로 인정할 것인지가 문제된다.

개정 중재법 제8조 제3항 3호는 "신청서와 답변서의 교환에 의하여 일방 당사자가 중재합의가 있는 것을 주장하고 상대방 당사자가 이를 다투지 아니하는 경우" 서면요건이 구비되는 것으로 명시하고 있다. 따라서 이에 의하면 기존에 서면 중재합의가 존재하지 않았더라도 일방당사자가 중재를 신청하고, 피신청인이 중재신청에 이의없이 응하였다면 서면 중재합의가 있다고 간주된다.[31]

그런데 이러한 묵시적 중재합의를 뉴욕협약상 당사자 간에 교환된 서신에 포함된 중재합의라고 볼 수 있는지에 대하여는 견해가 나뉘어 있다.[32] 대법원은 위와 같은 묵시적 중재합의가 뉴욕협약이 요구하는 서면요건을 충족시키는 것인지 여부가 쟁점이 된 사건에서 결론적으로는 이를 부정한 바 있다. 이 사건에서는 자수기 생산업자인 한국 회사와 이를 리스한 베트남 회사 사이에 분쟁이 발생하여 베트남 상사중재원에 중재가 신청되었는데, 양 당사자 아무런 이의 없이 중재신청서와 답변서를 제출하는 등 절차가 진행되었다. 그 후 베트남 회사가 한국 법원에 한국 회사를 상대로 중재판정의 승인과 집행을 구한 데 대하여 대법원은, "뉴욕협약 제4조 제1항은 중재합의가 제2조에 정한 '서면에 의한 중재합의(agreement in writing)'일 것을 요구하고 있고, 제2조 제2항은 서면에 의한 중재합의란 '당사자들에 의하여 서명되었거나 서신(letter) 또는 전보(telegram) 교환 속에 담긴 주된 계약 속의 중재조항 또는 중재합의를 포함한다.'고 규정하고 있으므로, 이 사건 중재신청을 전후하여 원고와 피고 사이에 교환된 업무연락서류, 중재관련서류 등에 의하여 중재합의가 확인된다는 특별한 사정이 없는 한, 원고가 베트남 상사중재원에 중재판정을 신청하고 이에 대하여 피고가 중재 당시 아무런 이의를 제기하지 아니함으로써 일종의 묵시적인 중재합의가 이루

---

31) 노태악, "UNCITRAL 모델중재법 및 중재규칙 개정에 따른 국내법 개정의 필요성 검토", 국제사법연구 제16호, 2010, 124면. 제2.2.1절에서 설명한 것처럼 개정 중재법도 참조.

32) 상세에 관하여는, 석광현, "국제상사중재에서의 중재합의에 관한 법적 문제점", 국제사법과 중재연구 제15권 제2호, 2005 참조.

어졌다 한들 뉴욕협약 제2조에 정한 유효한 중재합의가 있었다고 볼 수는 없다."라고
판단하였다.[33]

이 사건에서처럼 중재신청 전까지 서면요건에 의한 중재합의가 존재하지 않았더
라도, 일방 당사자가 중재신청을 하고 상대방 당사자가 이의 없이 중재에 응하였던
경우, 일방 당사자가 중재판정의 집행 단계에서 중재합의의 서면요건이 갖추어지지
않았다고 주장하는 것은 '금반언(estoppel)의 법리'에 의하여 금지되어야 하는 것은 아
닌지 의문이 제기될 수 있다. 이에 관하여는 (1) 뉴욕협약 제2조 제2항의 문언에 따
라 뉴욕협약의 서면요건이 구비되지 않은 것으로 보는 견해, (2) 법정지의 법에 따라
금반언의 법리에 의하여 상대방 당사자가 서면요건의 결여를 주장할 수 없게 될 수
있다는 견해, (3) 금반언의 법리는 뉴욕협약에 내재하는 법리로서 이러한 원칙은 방
식요건에 우선한다고 보는 견해가 있다.[34] 그러나 위 대법원 판결은 금반언의 법리에
관하여는 아무런 언급을 하지 않은 채 결국 유효한 중재합의의 존재를 부정하였다.[35]

이러한 문제는 뉴욕협약의 서면요건과 UNCITRAL 모델중재법의 서면요건이 상
이하게 규정되어 있다는 점에서 발생하는 것으로 보이는데, 서면 중재합의가 사전에
존재하지 않은 경우에도 중재절차에서 일방 당사자가 중재합의의 존재를 주장하고
상대방이 이를 명시적 또는 묵시적으로 인정하는 경우에는 뉴욕협약이 요구하는 서
면 요건이 충족되었다고 보는 견해들이 유력하다.[36] 실무적으로는, 추후 중재합의의
서면성이 문제될 수 있는 경우에는 중재절차의 개시 전 또는 진행 중에 별도로 명시
적인 서면 중재합의를 해 두는 것이 바람직할 것이다.

2.2.4 용선계약상 중재조항의 선하증권에의 편입

용선계약에 따라 선하증권이 발행되는 경우, 선하증권에는 용선계약의 내용의
전부 또는 일부를 선하증권에 포함한다는 문구, 즉 편입문구를 삽입하는 것이 일반적
이다. 이는 해상운송인이 선하증권 소지인에 대하여 용선계약에서 정한 내용 이상의
책임을 부담하지 않기 위한 것이다. 그런데 용선계약에는 통상 중재조항이 포함되므

---

33) 대법원 2004. 12. 10. 선고 2004다20180 판결. 부록 1 참조.
34) 그 상세에 관하여는, 석광현, 366면 이하 참조.
35) 대법원 2004. 12. 10. 선고 2004다20180 판결.
36) Born, 691면; Slaney v. Int'l Amateur Athletic Fed., 244 F.3d 580, 591 (7th Cir. 2001).

로 이러한 중재조항 역시 선하증권의 내용으로 편입되는 것인지가 문제된다.[37]

이 문제는 앞서 본 일반적인 계약에서 다른 문서를 인용하는 경우와는 구분된다. 선하증권의 경우 해상운송인에 대한 운송물의 인도청구권을 표창하는 유가증권으로 제3자에게 전전양도될 수 있으며, 선하증권의 소지인과 운송인 간에 직접 계약이 체결되는 것도 아니므로 통상의 계약의 경우와는 달리 보아야 하는 것이다.[38] 특히 용선계약의 중재조항이 선하증권에 편입된다고 볼 경우 선하증권 소지인의 법원에서 재판을 받을 권리를 박탈하는 결과를 낳게 된다는 점에서 그 편입 여부가 문제된다.

그런데 대법원은 용선계약에 포함된 중재조항이 선하증권에 편입되기 위한 일반적 요건에 관하여 다음과 같이 판시하였다.

> 일반적으로 용선계약상의 중재조항이 선하증권에 편입되기 위하여는 우선, 용선계약상의 중재조항이 선하증권에 '편입'된다는 규정이 선하증권상에 기재되어 있어야 하고, 그 기재상에서 용선계약의 일자와 당사자 등으로 해당 용선계약이 특정되어야 하며(다만, 위와 같은 방법에 의하여 용선계약이 특정되지 않았더라도 선하증권의 소지인이 해당 용선계약의 존재와 중재조항의 내용을 알았던 경우는 별론으로 한다.), 만약 그 편입 문구의 기재가 중재조항을 특정하지 아니하고 용선계약상의 일반 조항 모두를 편입한다는 취지로 기재되어 있어 그 기재만으로는 용선계약상의 중재조항이 편입대상에 포함되는지 여부가 분명하지 않을 경우는 선하증권의 양수인(소지인)이 그와 같이 편입의 대상이 되는 중재조항의 존재를 알았거나 알 수 있었어야 하고, 중재조항이 선하증권에 편입됨으로 인하여 해당 조항이 선하증권의 다른 규정과 모순이 되지 않아야 하며, 용선계약상의 중재조항은 그 중재약정에 구속되는 당사자의 범위가 선박소유자와 용선자 사이의 분쟁뿐 아니라 제3자, 즉 선하증권의 소지인에게도 적용됨을 전제로 광범위하게 규정되어 있어야 할 것이다.[39]

판시 내용 중 앞부분은 중재조항에 관한 특정편입문구에 관한 것이고, 뒷부분은 일반편입문구에 관한 것이다. 위 판결에서 설시된 법리를 요약하자면, 법원은 중재합의가 편입 문언에 명시되어 있고 관련 용선계약이 일자와 당사자에 의하여 특정되어 있는 경우에는 용선계약에 포함된 중재합의가 대한민국법에 의하여 규율되는 선하증권에 편입되었다고 본다. 그러나 중재합의가 특정되지 않거나, 용선계약이 편입 문언

37) 석광현, 476면.
38) 석광현, 490면; 김갑유, "중재합의의 유효성 판단과 그 준거법", 인권과 정의 제331호, 2004, 184면.
39) 대법원 2003. 1. 10. 선고 2000다70064 판결.

에 명시되지 않은 경우에도, 법원은 여전히 선하증권의 소지자가 용선계약과 그에 포
함된 중재합의의 존재를 알았을 경우에는, 중재조항의 문언이 선하증권 소지자와 같
은 제3자에게 적용될 만큼 광범위하고(즉, 용선계약의 당사자에게만 한정되지 않고) 선하증
권의 다른 조항과 모순되지 않는 한, 선하증권에 편입되었다고 판단한다는 것이다.

실제 이 사건은 선하증권에 일반편입문구가 있었던 사안인데, 대법원은 "그 선
하증권의 기재상으로 용선계약 자체가 특정되어 있지 아니하고, 그 편입 문구가 일반
적이어서 편입의 대상이 되는 용선계약의 조항 중 중재조항이 포함되어 있는지도 선
하증권의 소지인 등 제3자에게는 분명하지 아니하며, 이 사건 용선계약이 준용하는
장기해송계약서상의 중재조항은 위 인정 사실에서 본 바와 같이 그 규정의 효력이
미치는 인적 범위를 용선계약의 당사자들로만 한정하고 있"다는 이유로 중재조항의
편입을 부정하였다.

그런데 대법원이 판시한 요건은 엄밀한 의미에서는 용선계약의 중재조항이 선
하증권의 내용으로 편입되기 위한 요건에 관한 것이지, 중재합의의 서면요건에 관한
것은 아니다. 따라서 선하증권으로 편입되는 중재조항이 서면요건을 구비하는 것인
지에 관하여는 별도로 판단되어야 할 것인데, 이에 관하여는 논란의 여지가 있다.[40]
이에 대하여 선하증권은 운송인이 일방적으로 작성하여 송하인에게 교부하는 것이
고, 우리법상 운송인과 송하인(또는 수하인)간의 계약도 아니기 때문에 서면요건을 충
족하는 것으로 보기 어렵다는 견해가 있다.[41] 다만 이 견해에 따르면 사안에 따라서
는 이른바 금반언의 법리에 근거하여 서면요건이 구비된 것으로 취급될 가능성이
있다고 한다.[42]

2.2.5 중국 중재법상의 형식적 요건

중국 중재법 제16조 및 제18조에 의하면 중재합의에서는 중재기관을 반드시 정
하여야 하며 그렇지 아니한 중재합의는 무효이다.[43] 즉, 중국 중재법은 비기관중재(ad

---

40) 김갑유, "중재합의의 유효성 판단과 그 준거법", 인권과 정의 제331호, 2004, 184면.
41) 석광현, 490면.
42) 석광현, 491면 이하 참조.
43) 중국 최고인민법원 홈페이지에 게재된 중국 중재법 제16조 및 제18조의 영문 번역문은 다음
    과 같다(http://en.chinacourt.org/public/detail.php?id=101).
    Article 16 An agreement for arbitration shall include the arbitration clauses stipulated in the

hoc arbitration)를 허용하지 않고 있다.

　이와 관련하여 몇 가지 해석상의 문제점이 발생할 수 있는데, 먼저, 중재합의가 특정기관의 중재규칙에 따른다고만 규정하고 중재기관을 명시하지 않은 경우이다. 예를 들어, ICC의 표준중재조항은 ICC를 중재기관으로 명시적으로 지정하지 않고, ICC 중재규칙에 따라서 최종적으로 해결한다고만 규정하고 있는데, 만약 중재지를 중국으로 지정하여 그 유효성 판단에 있어 중국 중재법이 적용되는 경우에 위 ICC 표준중재조항이 유효하지 않은 것으로 판단될 수도 있다. 실제로 이러한 점이 문제가 된 사례가 있었는데, 이 사건에서는 독일 회사와 중국 회사 간의 계약 중 "Arbitration: ICC Rules, Shanghai, shall apply"라는 중재조항을 두고 있었다고 한다. 이에 대하여 중국 최고인민법원은 "확립된 원칙에 의하면, 계약상 중재조항의 유효성의 준거법이 지정되어 있지 않은 경우 중재지법이 적용되어야 한다. 그러므로, 이 사건에 있어 중재조항의 유효성을 판단함에 있어 중국법이 적용되어야 한다. 중국 중재법의 관련 조항에 의하면 유효한 중재조항은 3가지 요소를 포함하고 있어야 한다. 즉, 중재회부의사, 중재의 대상, 중재기관의 선정. 이 사건의 중재조항의 문언에 비추어 보면 중재회부의사, 중재규칙과 중재지만이 명시되어 있을 뿐, 중재기관을 명시적으로 지정하고 있지 아니하다. 따라서 이 중재조항은 무효이다."라고 판단하였다고 한다.[44] 이에 따라 ICC 중재법원은 2005년 1월에 홈페이지에 공고문을 게재하여, "중국에서 중재를 하고자 하는 경우에는 ICC 중재법원을 중재기관으로 명시적으로 지정하는 것이 바람직하

---

contracts or other written agreements for arbitration reached before or after a dispute occurs. An arbitration agreement shall contain the following:

1. The expression of application for arbitration.
2. Matters for arbitration.
3. The arbitration commission chosen.

Article 18 Whereas an agreement for arbitration fails to specify or specify clearly matters concerning arbitration or the choice of arbitration commission, parties concerned may conclude a supplementary agreement. If a supplementary agreement cannot be reached, the agreement for arbitration is invalid.

44) Züblin International GmbH (Germany) v. Wuxi Woke General Engineering Rubber Co., Ltd.; Yuwu Liu, "China: ICC Arbitration in Mainland China: Validity of Arbitration Clauses and Enforcement of Awards", Mondaq Business Briefing (http://www.mondaq.com/article.asp?articleid=44264), 2006; Huang Tao, "The Validity of Arbitration Agreements under Chinese Law", China Bulletin, 2009.

며, 표준 ICC 중재조항을 사용하는 것은 중재기관이 명시되어 있지 않다는 이유로 무효로 될 위험이 있다."고 경고하기도 하였다.[45]

두 번째로, 중국을 중재지로 하는 중재에 있어 중국의 CIETAC이나 SHIAC와 같은 중재기관이 아닌 ICC와 같은 외국 중재기관을 중재기관으로 선정한 경우, 그에 따라 내려진 중재판정의 효력을 인정할 것인지 여부이다. 그동안 중국 내에서는 중국 중재법상 중재합의의 요건으로 언급되는 중재기관이란 중국법에 의해 설립된 중국 중재기관만 의미하는 것으로 해석하는 견해가 많았고, 실제로 중국 최고인민법원은 2004년 7월 8일 '독일 Zublin사와 무석 Woke 통용공정고무유한회사 간 중재협의효력확인신청 사건 의견 제청에 관한 회신([2003]民四他字제23호)'에서 '명확한 중재기관을 지정하지 않았다'는 이유로 중재의 적법성을 부인한 바 있다. 당시 최고인민법원은 외국 중재기관이 중국에서 진행하는 중재를 관리할 수 있는지 여부에 대해서는 직접적인 언급을 회피하였는데, 당시 법조계에서는 최고인민법원의 이러한 입장이 사실상 외국 중재기관의 중국 내 중재 판정에 대한 효력을 부인하는 것으로 인식하고 있었다.[46] 그런데, 2014년 중국 최고인민법원은 이러한 입장을 전면 변경하였다. 중국 최고인민법원은 2014년 3월 발행된 '섭외상사해사재판지도(제26호)'에서 섭외계약분쟁을 국제상공회의소(ICC)의 중재로 해결하도록 하되 그 중재지를 상해로 지정하는 취지의 중재약정과 관련하여, 최고인민법원은 그 약정의 효력을 인정하였다.[47] 중국최고인민법원이 '외국 중재기관 + 중국 관할지' 조항의 유효성을 최초로 인정한 것이다. 다만, 이에 대해서는 이를 외국 중재판정으로 볼 것인지, 국내 중재판정으로 볼 것인지의 문제는 여전히 해결되지 않은 과제라는 의견이 있다.[48]

마지막으로, 앞서 본 바와 같이 중국 중재법이 비기관중재를 허용하지 않고 있는 것은 별론으로 하고, 중국법원이 외국에서 내려진 비기관중재판정의 승인이나 집행 역시 거부할 것인지 여부에 대해서 의문이 제기될 수 있다.[49] 해석상으로는, 중국도 1986년 뉴욕협약에 가입하였고, 뉴욕협약 제1조는 비기관중재를 허용하고 있으므

---

45) ICC 홈페이지 공고문(http://www.iccwbo.org/court/arbitration/id4185/index.html) 참조.
46) 홍송봉, "중국 법률시장의 국제중재기관에 대한 개방 움직임", 2014. 8. 7.자 법률신문.
47) '신청인 안휘성 룽리더 포장인쇄유한공사와 피신청인 BP Agnati S.R.L간 중재조항효력확인신청 사건에 대한 최고인민법원의 회신'.
48) 홍송봉, "중국 법률시장의 국제중재기관에 대한 개방 움직임", 2014. 8. 7.자 법률신문.
49) 최광호, "중국 국제사법상의 쟁점 - 국제투자를 중심으로 - ", 국제사법연구 제16호, 2010, 263면.

로, 중국도 비기관중재를 통한 외국 중재판정을 승인하고 집행할 의무를 부담한다고 볼 수 있다. 이와 관련하여 2005년 최고인민법원이 발표한 "〈제2차전국섭외상사해사심판업무회의기요〉를 공표하는 통지(關于印發〈第二次全國涉外商事海事審判工作會議紀要〉的通知)" 제58조는 당사자가 약정한 준거법은 섭외중재조항의 효력을 확정하는 용도로 사용하여서는 아니 된다고 규정한 후, 당사자가 계약에 중재조항 효력의 준거법을 약정한 경우에는 당사자가 약정한 법률을 적용하고, 중재조항 효력의 준거법을 약정하지 않았지만 중재지를 약정한 경우에는 중재지 국가의 법률을 적용하며, 당사자가 중재조항 효력의 준거법 및 중재지를 모두 약정하지 않았거나 약정이 분명하지 않은 경우에만 법정지법인 중국법을 중재조항 효력의 준거법으로 적용할 수 있다고 규정하고 있다. 이에 따르면, 당사자가 비기관중재를 하는 내용의 중재합의를 하고, 그 중재지가 외국으로 그 외국 법률에 비기관중재를 허용하는 규정이 있을 경우, 당해 중재조항은 유효한 것으로 해석할 여지가 있다.

2.3 중재합의의 성립 및 실질적 유효성: 부존재, 무효, 효력상실, 이행불능

2.3.1 개 관

중재합의가 성립하기 위해서는 분쟁을 중재에 의하여 해결하겠다는 당사자들의 의사가 서로 합치되어야 함은 당연하다. 언뜻 생각하면 중재합의의 서면요건을 충족한다면 당사자들 간에 이와 같은 의사의 합치가 있는 것이 아닌가 하는 의문이 생길 수도 있겠지만, 중재조항의 문언상으로 당사자들이 분쟁을 중재에 의하여 해결하겠다는 의사가 있는지 여부가 명확하지 않은 경우가 종종 발생한다(중재합의의 성립 또는 부존재의 문제).

중재합의의 성립의 문제와는 별도의 문제로, 중재합의도 법률행위이므로 중재합의가 유효하기 위하여서는 의사표시에 하자가 없어야 하고, 강행법규 또는 선량한 풍속 기타 사회질서에 반하지 않는 등의 실질적 유효요건을 구비하여야 한다. 예를 들어, 소비자 계약의 약관에 포함된 중재조항이 약관 규제법에 위반되는 것은 아닌지가 문제될 수 있다(중재합의의 무효의 문제). 또한 중재합의의 효력이 후발적으로 상실되는 경우도 있다. 예를 들면, 중재합의에 취소사유가 존재하여 사후에 일방 당사자가 의사표시를 취소한 경우가 있을 수 있다(중재합의의 효력상실의 문제).

마지막으로, 유효하게 성립된 중재합의라고 하더라도 그 이행이 불가능하면 분쟁을 중재로 해결할 수 없을 것인데, 어떠한 경우에 중재합의가 이행불능에 해당하는지 여부가 문제된다. 예를 들어, 중재조항에서 특정인을 중재인으로 선정하기로 하였는데, 만약 그 중재인이 중재인으로서의 직무 수행을 거부하는 경우, 중재합의가 이행이 불가능한 것인지 여부가 다투어질 수 있다(중재합의의 이행불능의 문제).

이처럼 중재합의가 부존재, 무효, 효력 상실, 이행불능인 경우에는 중재인이 중재합의에 근거하여 중재절차를 진행할 수 없으며, 중재판정이 내려지더라도 승인·집행거부사유 내지는 취소사유에 해당할 것이다.[50] 나아가 중재법 제9조는 "중재합의의 대상인 분쟁에 관하여 소가 제기된 경우에 피고가 중재합의가 있다는 항변을 하였을 때에는 법원은 그 소를 각하하여야 한다. 다만, 중재합의가 없거나 무효이거나 효력을 상실하였거나 그 이행이 불가능한 경우에는 그러하지 아니하다"고 규정하여, 중재합의가 부존재, 무효, 효력 상실, 이행불능일 경우 당사자가 소송을 통하여 분쟁을 해결할 수 있도록 하고 있다.

이하에서는 중재합의의 성립 여부가 문제되는 경우(제2.3.2절), 중재합의가 무효 또는 후발적 사유를 포함하여 실효되었는지가 문제되는 경우(제2.3.3절), 중재합의의 이행불능인지 여부가 문제되는 경우(제2.3.4절)에 관하여 구체적인 사례를 중심으로 살펴본다. 중재합의의 성립과 관련하여서는 이른바 "선택적 중재합의"의 문제가 있는데,[51] 특히 정부계약의 계약일반조건상의 분쟁해결조항의 경우와 관련하여 논의가 상당수 축적되어 있으므로 이를 별도의 목차로 검토한다(제2.3.5절). 마지막으로 관련 문

---

50) 중재법은 "중재합의가 무효"인 경우 중재판정 취소 사유(중재법 제36조 제2항 제1호 가목) 및 내국중재판정의 승인·집행 거부사유로 규정하고 있다(중재법 제38조). 나아가 뉴욕협약 제5조 제1항 a호는 외국중재판정의 승인·집행 거부 사유로 "중재합의가 무효인 경우(the [arbitration] agreement is not valid)"를 규정하고 있다. 참고로 서울고등법원 1993. 9. 14. 92나34829 판결은 "뉴욕협약 제5조 제1항 a호는 중재합의가 무효인 경우만을 승인 및 집행의 거부 사유로 규정하여 중재계약이 실효된 경우는 승인 및 집행을 요구받은 법원이 심사할 수 있는 그 승인 및 집행의 거부사유에서 제외하고 있다"고 판시하였는데 그 타당성은 의문스럽다. 위 서울고등법원 판결의 상고심인 대법원 1995. 2. 14. 선고 93다53054 판결에서는 이 판시 부분에 관하여는 판단하지 않았다. 김갑유, "외국중재판정의 집행과 중재약정의 실효", 상사판례연구 Ⅶ권, 2007, 567면.

51) 석광현, 134면.

제 2 장 중재합의   55

제로서 분쟁해결조항에서 중재에 앞서는 예비절차로서 협의, 조정 또는 다른 형태의 대체적 분쟁해결절차를 규정한 경우, 즉 이른바 "단계적 분쟁해결조항"의 문제에 관하여 다루도록 한다(제2.3.6절).

한편, 이하에서 검토하는 사례의 대부분에는 중재합의의 성립, 유효성 및 이행불능 여부 판단에 있어 중재법이 적용된 경우인데, 뉴욕협약이 적용된 사례도 있다. 이하의 논의와 관련하여 유의할 점은 이상과 같이 중재합의의 성립과 실질적 유효성(무효, 효력상실 또는 이행불능)의 문제를 판단함에 있어 이를 판단하는 중재합의의 준거법을 먼저 결정하여야 한다는 것이다. 이에 대하여는 제3.2.1절에서 상세히 다루도록 한다.

2.3.2 중재합의의 성립

2.3.2.1 문제의 소재

앞서 설명한 바와 같이 중재 실무상으로는 당사자 간에 분쟁을 중재에 의하여 해결하고자 하는 의사의 합치가 있었는지 여부가 문제되는 경우가 종종 발생한다. 예를 들어, 아래에서 설명하는 바와 같이 "분쟁해결은 당사자 쌍방 모두 중재법에 의거 대한상사중재원 부산지부 중재에 따르고, 법률적 쟁송이 있을 경우 갑의 주소지 관할 법원으로 한다."는 중재조항을 두고 과연 당사자 간에 분쟁을 중재에 의하여 해결하겠다는 의사의 합치가 있었는지에 관하여 의문이 제기될 수 있는 것이다.[52]

이는 결국 중재조항에 관한 당사자의 의사표시 해석의 문제인데, 대법원은 계약상 당사자 의사의 해석 방법에 관한 일반론으로 "당사자 사이에 계약의 해석을 둘러싸고 이견이 있어 처분문서에 나타난 당사자의 의사해석이 문제되는 경우에는 문언의 내용, 그와 같은 약정이 이루어진 동기와 경위, 약정에 의하여 달성하려는 목적, 당사자의 진정한 의사 등을 종합적으로 고찰하여 논리와 경험칙에 따라 합리적으로 해석하여야 한다."고 판시하고 있다.[53] 나아가 대법원은 특정한 분쟁해결조항이 중재합의로서 유효하게 성립한 것인지 여부에 관한 판단 기준에 대하여 "구체적인 중재조항이 중재합의로서 효력이 있는 것으로 보기 위하여는 중재법이 규정하는 중재의 개념, 중재합의의 성질이나 방식 등을 기초로 당해 중재조항의 내용, 당사자가 중재조

---

52) 대법원 2005. 5. 13. 선고 2004다67264, 67271 판결.
53) 대법원 1996. 4. 9. 선고 96다1320 판결 등 다수.

항을 두게 된 경위 등 구체적 사정을 종합하여 판단하여야 한다."고 판시하여, (1) 당해 분쟁해결조항의 내용과 (2) 당사자가 당해 분쟁해결조항을 두게 된 경위 등의 사정을 고려하여야 한다고 판시하였다.[54]

이처럼 중재합의의 성립 여부가 문제되는 분쟁해결조항을 "비정규적 중재조항 (pathological arbitration clause)"이라고 부르기도 하는데,[55] 이는 당사자들이 각 중재기관의 표준 중재조항을 사용하지 않고, 부주의하게 중재조항을 작성한 점에서 기인하는 것이 대부분이다. 안타깝게도 중재 실무에서 있어서 비표준적인 중재조항의 유효성이 문제되는 경우가 종종 발생하고 있으며, 이는 국내중재뿐만 아니라 국제중재에 있어서도 마찬가지로 목격되는 현상이다.[56]

이하에서는 우리 법원에서 중재합의의 성립 여부가 문제되었던 분쟁해결조항의 사례를 중심으로 설명한다. 아래에서 인용하는 분쟁해결조항은 유효한 중재합의로 인정된 경우가 대부분이기는 하나, 계약서를 작성하는 단계에서는 각 중재기관의 표준 중재조항을 참조하여 분쟁해결조항을 작성하는 것이 안전하고 바람직하다.

2.3.2.2 중재기관이나 중재지 등이 특정되지 않은 경우

> 이 계약으로부터 발생되는 모든 분쟁은 중재로 최종 해결한다.

위 분쟁해결조항은 분쟁을 중재로 최종 해결한다고만 규정하고 있을 뿐, 중재기관이나 중재장소, 중재절차 등에 관한 사항은 전혀 포함하고 있지 않다. 이와 같이 중재의사 외 다른 사항이 특정되지 않은 경우에도 중재합의가 유효하게 성립한 것으로 봐야하는 것인지 문제된다.

물론 중재합의의 내용에는 분쟁을 중재에 의하여 해결하기로 하는 합의와 더불어 중재기관, 중재지, 중재절차, 중재인의 선정, 사용 언어, 중재합의의 준거법 등에 관한

---

54) 대법원 2005. 5. 13. 선고 2004다67264, 67271 판결. 대법원은 이 중재조항이 전속적 중재합의로써 유효하다고 판시하였는데, 자세한 내용에 대해서는 2.3.2.4 참고.
55) Redfern/Hunter, 135면. 이를 하자있는(defective) 중재조항 또는 독소적(toxic) 중재조항이라고 하기도 한다.
56) 참고로 1987년도에 ICC에 제출된 237건의 사건 중 단 1건만이 ICC의 표준중재조항을 따랐고, 최소한 16건의 사건은 매우 중대한 하자가 있었다고 한다. Born, 771면 참조.

내용이 포함될 수 있으나(자세한 설명은 제2.7절 참조), 중재합의는 분쟁을 중재에 의하여 해결하기로 하는 명백한 의사표시가 포함된 서면의 합의가 있으면 성립한 것으로 보며, 나머지 사항은 당사자의 의사해석, 중재법 내지 중재규칙의 규정에 따라 보충될 수 있다.[57)]

이와 동일한 견지에서 대법원은 "중재법이 적용되는 중재합의란 계약상의 분쟁인지의 여부에 관계없이 일정한 법률관계에 관하여 당사자 간에 이미 발생하였거나 장래 발생할 수 있는 분쟁의 전부 또는 일부를 중재에 의하여 해결하도록 하는 당사자 간의 합의를 말하는 것이므로(중재법 제3조 제2호), 장래 분쟁을 중재에 의하여 해결하겠다는 명시적인 의사표시가 있는 한 비록 중재기관, 준거법이나 중재지의 명시가 되어 있지 않더라도 유효한 중재합의로서의 요건은 충족하는 것이다."라고 판시하였다.[58)] 이와 같은 취지에서 서울민사지방법원도 구 중재법상 "분쟁을 중재에 의하여 해결하도록 한다는 당사자들의 의사만 서면상 명백히 나타나 있으면 특별한 사정이 없는 한 이로써 중재계약이 성립된 것으로 보아야 할 것"이라고 판시한 바 있다.[59)] 나아가 우리 대법원은 외국중재판정의 집행청구소송에 있어서도 "뉴욕협약 제2조에 의하면 같은 협약이 적용되는 중재합의는 '분쟁을 중재에 부탁하기로 하는 서면에 의한 합의'로서 족하고 중재장소나 중재기관 및 준거법까지 명시할 것을 요건으로 하고 있지는

---

57) 목영준, 54면; 김갑유, "중재합의의 유효성 판단과 그 준거법", 인권과 정의 제331호, 2004, 175면.

58) 대법원 2007. 5. 31. 선고 2005다74344 판결 등.

59) 서울민사지방법원 1984. 4. 12. 선고 83가합7051 판결. 이 사건에서 피고는 "피고는 중재합의가 존재한다고 인정하려면 기본적으로 중재기관, 준거법, 중재장소의 3대 요소가 명백히 확정되지 않으면 안된다"고 주장하였는데, 이에 대하여 "우리나라 중재법은, 중재계약에 관하여, 당사자가 처분할 수 있는 법률관계에 관한 분쟁을 재판절차에 의하지 아니하고 중재인의 판정에 의하여 최종적으로 해결하도록 하는 서면상의 합의를 함으로써 그 효력이 생긴다고 규정하고 있을 뿐이고 중재기관(오늘날 상설중재기관에 의한 중재가 일반적이기는 하나 반드시 이에 한정할 필요는 없다.), 중재에 있어 적용할 절차적 및 실체적, 준거법, 중재장소등을 중재계약의 기본요소로 보아 이를 명시할 것을 요구하고 있지는 않기 때문에, 분쟁을 중재에 의하여 해결하도록 한다는 당사자들의 의사만 서면상 명백히 나타나 있으면 특별한 사정이 없는 한 이로써 중재계약이 성립된 것으로 보아야 할 것이므로 피고의 위 주장은 이유 없다고 할 것이다.(피고가 들고 있는 사단법인 대한상사중재원의 중재조항은 피고 주장의 위 3요소를 포함시켜 명시하고 있으나 이는 이러한 사항들을 명백히 하지 않은 경우 후일 중재절차에서 불필요한 다툼과 지연을 초래할 수 있으므로 이를 방지하기 위하여 위 중재원이 권고하고 있는 표준적인 중재조항의 예시에 불과하다고 할 것이다.)"라고 판시하였다.

아니"하다고 판시하였다.[60]

따라서 위와 같은 분쟁해결조항도 유효한 중재합의에 해당할 수 있는데, 그러한 분쟁해결조항이 유효한 중재합의에 해당한다고 하더라도 이에 따라 실제 중재를 하기 위하여서는 중재인을 선정하고 중재지, 사용언어 등을 결정하여야 할 것이다. 한편, 만약 당사자들 간에 중재기관에 관한 합의가 이루어지지 못하는 경우에는 비기관중재에 의하게 될 것인데, 이러한 경우를 대비하여 중재법이나 UNCITRAL 모델중재법은 중재인의 수, 중재인 선정 방법, 중재지, 사용언어 등의 사항을 결정하기 위한 여러 규정을 두고 있다.[61]

2.3.2.3 중재기관을 복수로 지정한 사례

> 본 용선계약상 발생하는 어떠한 분쟁도 대한민국 서울의 대한상사중재원 및 일본국의 일본 해운집회소에 제기하여야 하며 그 판정은 최종적으로 쌍방당사자를 구속한다. (Any dispute arising under this Charter Party to be referred to "the Korean commercial Arbitration Association, Seoul, Korea" and "The Japan Shipping Exchange, Inc., Japan" and the award of which to be final and binding upon both parties.)[62]

위 분쟁해결조항은 두 곳의 중재기관(한국의 KCAB와 일본의 해운집회소)를 지정하면서 특히 "및(and)"이라는 표현을 사용하고 있어, 유효한 중재합의가 성립된 것인지가 문제되었다.[63]

이에 대하여 서울민사지방법원은 위 중재조항의 "및(and)"이란 단어는 양 당사자가 서울 "또는" 일본에서 중재신청을 할 수 있고 어느 일방당사자에 의하여 중재절차가 개시되면 타방당사자는 이에 응하기로 한다는 취지의 표시라고 해석함이 타당하

---

60) 대법원 1990. 4. 10. 선고 89다카20252 판결. 부록 1 참조.
61) 중재법 제11조 제2항, 제12조 제3항, 제21조 제2항, 제23조 제1항, 제29조 제1항 및 UNCITRAL 모델중재법 제10조 제2항, 제11조 제3항, 제20조 제2항, 제22조 제1항, 제28조 제1항 참조.
62) 서울민사지방법원 1984. 4. 12. 선고 83가합7051 판결.
63) 이 경우 복수의 중재지 내지 중재기관이 병존적으로 지정되어 있으므로 해당 중재조항은 이행불능이라는 주장이 제기될 수도 있다. 목영준, 68면은 위 판례를 중재합의의 이행불능이 문제된 사례로 소개하고 있다.

다고 하면서 위 분쟁해결조항이 유효한 중재합의라고 판단하였다. 위 법원은 이와 같이 판단한 근거에 대하여 다음과 같이 판시하였다.

> [위 중재조항이] 중재기관 내지 중재지를 복수 병존적으로 규정하고 있는 점만이 문제가 된다고 할 것인바, 이에 관해서는 우리나라 중재법에 아무런 언급이 없으므로 중재제도의 취지와 법의 일반원칙, 특히 민사소송에 있어서의 관할 합의제도의 취지 등에 비추어 당사자의 의사를 객관적으로 살펴서 판단할 수밖에 없다고 할 것이다. 그런데 하나의 분쟁을 해결하기 위하여 국가를 달리하고 경비도 많이 들며 상반된 판단을 할 수도 있는 두 개의 중재기관에 중재신청을 한다는 것은 당사자의 의사에 맞지 아니할 뿐 아니라 이는 위 약관에 규정되어 있는 "중재판정은 쌍방당사자에게 최종적이고 구속적이다. (final and binding)"는 내용과도 명백히 모순되는 것이므로 위 약관 중의 "및(and)"이란 단어에 구애되어 이를 동시에 두 개의 중재기관에 중재신청을 하도록 한 것으로 보는 것은 불합리하다고 하지 않을 수 없다. (중략) 따라서 위 [중재조항과] 관련하여 계약체결 당시 당사자들이 가졌던 의사의 핵심적인 부분은 "분쟁을 중재에 회부하여 동 중재판정을 최종적이고 구속적인 것으로 받아들인다"는 데에 있다고 보아야 하며 "및(and)"이란 단어는 양 당사자가 서울 "또는" 일본에서 중재신청을 할 수 있고 어느 일방당사자에 의하여 중재절차가 개시되면 타방당사자는 이에 응하기로 한다는 취지의 표시라고 해석함이 타당할 것이다. (중략) 그리고 이와 같이 중재기관 혹은 중재지를 복수 선택적으로 규정하더라도 그것이 특정될 수만 있다면 유효한 중재합의라고 하겠으므로 결국 원·피고 사이에는 위 항해용선계약서 약관 제43조에 의하여 중재계약이 성립되었다고 볼 것이다.

결국 서울민사지방법원은 위 분쟁해결조항을 유효한 중재합의로 인정하여, 원고가 일본국 소재 일본해운집회소에 중재신청을 하여 받은 중재판정에 대한 집행 청구를 인용하였다.[64)]

2.3.2.4 중재합의와 법원의 관할합의를 병렬적으로 나열한 사례

> 분쟁해결은 당사자 쌍방 모두 중재법에 의거 대한상사중재원 부산지부 중재에 따르고, 법률적 쟁송이 있을 경우 갑의 주소지 관할 법원으로 한다.[65)]

위 분쟁해결조항은 KCAB의 중재와 당사자 일방의 주소지 관할법원에서의 소송절차에 의한 분쟁해결을 병렬적으로 나열하고 있는데, 위 조항이 "전속적 중재합의"에 해당하는지, 아니면 법원에의 제소 가능성이 유보되어 있는 이른바 "선택적 중재

---

64) 이 사건은 항소되었으나 화해로 종결되었다.
65) 대법원 2005. 5. 13. 선고 2004다67264, 67271 판결.

합의"인지 여부가 문제되었다. 즉, 뒤의 제2.3.5절에서 상세히 보는 바와 같이 대법원은 중재합의와 함께 또는 선택적으로 법원에 의한 재판을 합의한 "선택적 중재조항"에 관하여 "계약의 일방당사자가 상대방에 대하여 판결이 아닌 중재절차를 선택하여 그 절차에 따라 분쟁해결을 요구하고 이에 대하여 상대방이 별다른 이의 없이 중재절차에 임하였을 때 비로소 중재계약으로서 효력이 있다."고 판시하고 있는데,[66] 이 사건에서는 위 분쟁해결조항이 중재합의와 선택적으로 법원에 의한 재판을 합의한 것인지, 아니면 전속적으로 분쟁을 중재에 의하여 해결하기로 합의한 것인지가 쟁점이 되었다.

이에 대하여, 대법원은 위 분쟁해결조항은 "그 작성 경위 등에 비추어 이른바 선택적 중재조항으로 볼 수 없고, 오히려 전속적 중재조항으로 해석하여야 하며, 위 합의에서 '법률적 쟁송이 있을 경우'라 함은 그 중재절차·중재판정과 관련하여 제기될 수 있는 소송에 관한 중재법 제7조 소정의 관할합의를 한 것으로 보아야" 한다고 판시하면서, 위 중재조항에 근거하여 내려진 중재판정에 대한 집행 청구를 인용하였다.[67]

즉, 원심 법원이 인정한 사실에 따르면, 이 사건의 피고(집행판결 청구소송인 반소의 원고)는 원고(반소피고)와 사이에 공사도급계약을 체결하면서, 위 계약과 관련하여 발생하는 분쟁을 신속히 해결할 필요가 있다고 보고, 위 공사도급계약을 체결하는 과정에서 원고에게 모든 분쟁에 관하여는 법원의 재판이 아닌 상사중재로 해결하자고 제의하였는데, 원고는 아무런 이의 없이 이에 동의하였고, 원고가 그 실무자에게 위 공사도급계약서의 초안을 작성하게 하였다. 원심 법원은 이러한 작성 경위에 비추어 위 당사자들 간에는 중재조항의 작성 당시에 이 사건 공사도급계약과 관련한 모든 분쟁은 중재로 해결하기로 합의하였고, 위 합의는 "분쟁해결은 당사자 쌍방 모두 중재법에 의거 대한상사중재원 부산지부 중재에 따르고"라는 문언으로 구체화되었다고 판시하였다.

나아가 원심 법원은 이른바 "선택적 중재조항"과 "전속적 중재조항"의 구분 기준에 관하여, 어떠한 중재조항을 "선택적 중재조항으로 볼 수 있기 위해서는 '분쟁해결은 중재 또는 재판에 의한다'거나, '중재에 따르지 못할 경우는 관할법원의 재판에

---

66) 대법원 2003. 8. 22. 선고 2003다318 판결 등.
67) 대법원 2005. 5. 13. 선고 2004다67264, 67271 판결.

따라 최종 해결한다'는 취지 정도의 문언내용이 기재되어야 할 것인데, 위 '법률적 쟁송이 있을 경우 피고의 주소지 관할 법원으로 한다'는 문언만으로는 선택적 중재조항으로 보기 어렵"다고 판시하였다. 나아가 항소심인 부산고등법원은 "위 '법률적 쟁송이 있을 경우 피고의 주소지 관할 법원으로 한다'라는 문언이 당사자간의 분쟁에 대한 법원에의 제소를 허용하는 취지로 본다면, '분쟁해결은 당사자 쌍방 모두 중재법에 의거 대한상사중재원 부산지부 중재에 따르고'라는 문언과 원·피고 사이의 중재합의에 배치"된다고도 판시하였다.

학설은, 위 대법원 판결과 관련하여 대법원이 선택적 중재합의에 관한 일련의 판결들에서는 당사자의 의사가 다소 애매한 사건에서(즉, 분쟁해결방법의 열거인지 아니면 각 당사자에게 선택권을 부여한 것인지) 헌법상 보장되어 있는 법원의 재판을 받을 권리를 중시하였는데, 이 사건과 같이 당사자의 의사가 명확한 경우에는 중재합의를 존중하는 태도를 보이고 있는 것이라고 한다.[68]

2.3.2.5 중재판정에 불복할 경우 법원에서 최종적으로 해결한다고 한 사례

> 본 계약과 관련하여 발생하는 모든 분쟁은 약정 당사자간의 합의로 해결하고, 합의로 해결이 되지 않을 경우 대한상사중재원의 중재결정으로 해결하며, 당해 중재결정에 불복할 경우에는 갑이 소재하는 주소지의 관할법원에서 최종적으로 해결한다.[69]

위 분쟁해결조항은 법원에 의한 분쟁해결가능성을 전혀 배제하지 않고 오히려 법원에 의한 해결을 최종적인 분쟁해결방법으로 상정하고 있으므로, 당사자 간에 분쟁을 중재에 의하여 해결하기로 하는 합의가 성립한 것인지 여부가 문제되었다.

이에 대하여 서울지방법원은 "중재합의는 사법상의 분쟁에 관하여 국가법원에 의한 소송제도의 이용을 포기하고 국가법원에 의한 소송절차가 아닌 사인(私人)의 중재에 의하여 최종적으로 해결하기로 하는 합의를 의미한다 할 것인바, 이 사건 분쟁해결조항은 '합의로 해결이 되지 않을 경우 대한상사중재원의 중재결정으로 해결하며, 당해 중재결정에 불복할 경우에는 갑이 소재하는 주소지의 관할법원에서 최종적으로 해결한다.'라고 규정하여 중재판정에 대한 국가법원에 의한 일반적인 재심사 가

---

68) 석광현, 134면. 목영준 91면도 이와 유사한 취지이다.
69) 서울지방법원 2002. 10. 24. 선고 2002가합8808 판결.

능성을 유보하고 있음이 명백하므로, 이를 위와 같은 중재합의라고 보기 어렵다."고 판단하여 위 분쟁해결조항은 유효한 중재합의로 성립하지 못한 것으로 보았다.[70]

그러나 위 판결에 대하여는 중재합의의 범위를 지나치게 좁게 본 것이라는 비판이 있다.[71] 그 비판에 따르면, 중재법 제36조 제1항에서 중재판정에 대한 불복은 법원에 제기하는 중재판정취소의 소에 의해서만 할 수 있다고 규정하고 있는 점에 비추어 볼 때, 법원은 중재판정에 대해서 중재판정의 취소 여부만을 판단할 수 있는 것이고 본안심사를 포함한 일반적인 재심사는 할 수 없다고 보아야 하므로, 위 분쟁해결조항에서 "당해 중재결정에 불복할 경우"라 함은 중재판정취소의 소를 제기하는 경우를 의미하고, 또한 "갑이 소재하는 주소지의 관할법원에서"라 함은 중재지 또는 중재판정취소의 소의 관할의 합의를 한 것으로 파악하는 것이 당사자의 의사를 충실히 반영하는 보다 합리적인 해석이라고 한다.[72]

2.3.3 중재합의의 무효 및 실효

2.3.3.1 문제의 소재

중재합의의 무효가 문제되는 경우로는 중재합의 자체가 선량한 풍속 기타 사회질서에 반하는 경우(민법 제103조), 불공정한 법률행위에 해당하는 경우(민법 제104조), 기타 강행법규에 위반한 경우 등을 들 수 있을 것이나, 실무상 중재합의가 위와 같은 경우에 해당되어 무효라고 주장되는 경우는 흔하지 않은 것으로 보인다. 다만, 약관규제법에 의하여 중재합의가 무효가 되는지 여부가 문제될 수 있는데, 이에 관하여 아래에서 다룬다.

한편 중재합의의 실효가 문제되는 경우로는 중재합의가 사기 등의 사유로 취소

---

70) 서울지방법원 2002. 10. 24. 선고 2002가합8808 판결. 위 판결에 대해 항소가 제기되었으나, 서울고등법원은 항소를 기각하였고(서울고등법원 2002. 10. 24. 선고 2002나68982 판결), 상고는 제기되지 아니하였다.
71) 신창섭, "우리나라와 중국 중재법에서 중재판정의 취소사유에 관한 연구", 중재연구 제16권 제2호, 2006, 59-60면.
72) 신창섭, 위의 글, 60면. 위 견해에 따르면, 이 사건에서 법원의 해석은 문제의 분쟁해결조항을 무의미한 규정으로 형해화하는 결과를 초래할 것인데, 당사자가 계약에서 무의미하고 아무런 효력을 갖지 아니하는 내용의 합의를 하였다고 상상하기는 어려울 것이라는 점을 고려하면, 문제의 중재합의를 유의미한 것으로 하는 방향으로 당사자의 의사를 추단하는 것이 보다 합리적인 해석 태도라고 한다.

되는 경우, 중재합의의 포기,[73] 중재합의 자체가 해제 또는 해지되는 경우 등이 있을 것이다. 그 중 실무상 주로 문제되는 것은 중재합의의 해제, 해지 또는 종료 여부이므로 위 약관규제법의 문제에 이어서 이를 살펴본다.

여기서 특별히 주의할 점은 중재합의 자체의 실효는 주된 계약의 실효와는 별개의 문제라는 점이다.[74] 즉, 중재합의를 포함한 주된 계약이 취소, 종료 또는 해제되었다고 하여, 중재합의가 이와 함께 취소, 종료 또는 해제되는 것은 아니다. 이는 중재합의의 독립성의 원칙에서 나오는 것으로, 중재법 제17조 제1항이 명시적으로 규정하고 있다(자세한 설명은 제2.1.4절 참조).

2.3.3.2 약관규제법의 문제

약관규제법은 사업자가 그 거래상의 지위를 남용하여 불공정한 내용의 약관을 작성하여 거래에 사용하는 것을 방지함으로써 소비자를 보호하는 것을 목적으로 하고 있다(약관규제법 제1조). 여기서 약관은 "그 명칭이나 형태 또는 범위에 상관없이 계약의 한쪽 당사자가 여러 명의 상대방과 계약을 체결하기 위하여 일정한 형식으로 미리 마련한 계약의 내용"을 의미한다(약관규제법 제2조).

약관규제법 제14조는 "고객에게 부당하게 불리한 소송 제기 금지 조항"에 해당하는 조항은 무효로 한다고 규정하고 있는데, 만약 사업자가 자신의 경제적 우위 또는 법률전문지식을 남용하여 고객을 법률구제상 불리한 위치에 빠뜨리려는 의도에서 소비자에게 불리한 중재조항을 약관의 내용으로 포함시키고자 할 경우, 이러한 중재조항이 약관규제법에 의하여 무효로 되는 경우가 발생할 수 있다.[75]

그런데 단순히 고객에게 불리한 부제소합의라고 하여 모두 약관규제법 제14조에 의해 무효가 되는 것은 아니고, '부당하게' 불리한 경우에 한하여 무효가 된다. 공정거래위원회의 약관심사지침 고시(2008. 1. 1. 제정)에 의하면, 약관의 조항이 "부당"한지

---

73) 중재법 제9조는 중재합의의 일방 당사자가 소를 제기한 데 대하여 피고가 본안에 관한 최초의 변론 전까지 중재합의의 항변을 하지 않으면 법원은 소를 각하하지 않도록 하고 있다.

74) 미국의 어떤 판결에서는 이에 관하여 "It is hard to see how a reasonably careful lawyer could miss the difference between repudiating the agreement to arbitrate (which excuses a demand for arbitration) and disagreeing about the continued effect of some substantive provision of the contract (which does not)."이라고 판시하였다고 한다. Born, 887면 참조.

75) 집필대표 박준서(이은영 집필부분), 주석 민법 채권각칙(1), 1999, 149-150면.

여부는 "당해 약관을 설정한 의도 및 목적, 당해 업종에서의 통상적인 거래관행, 관계법령, 거래대상 상품 또는 용역의 특성, 사업자의 영업상의 필요 및 고객이 입을 불이익의 내용과 정도 등을 종합적으로 고려하여 판단한다"고 하고 있다. 위 고시에 따르면 "외국사업자가 국내에서 영업행위를 하면서 계약과 관련된 모든 분쟁의 관할 법원을 외국사업자의 본사 소재지 법원으로 정하는 조항"은 약관규제법 위반에 해당할 수 있다고 한다.[76]

한편, 이와 관련하여 '부당하게' 불리한 경우를 판단하는 기준이 추상적이고, 또한 약관규제법이나 중재법상 소비자계약에 있어서 중재합의의 방식에 관하여 아무런 특칙을 두고 있지 않은 것은 소비자 보호에 불충분하다고 보는 견해가 있다.[77]

참고로, 공정거래위원회는 한 국내업체가 물품공급/판매계약 약관에 "이 계약으로 발생하는 모든 분쟁은 대한상사중재원의 중재 규칙에 따라 중재로 최종해결한다"는 중재조항을 두었던 사안에서 약관규제법 제14조를 적용하여 "중재는 소송과는 달리 당사자의 합의에 의하여 법관 이외의 사인인 제3자의 판단에 맡겨서 분쟁을 자주적, 최종적으로 해결하려는 것이므로 분쟁을 중재로 해결하려는 당사자의 합의가 무엇보다 중요하다. 통상 고객은 중재제도를 잘 알지 못하여 중재제도의 의미를 파악하고 중재조항을 수락했다고 보기 어려운 경우가 많으므로 중재약정은 당사자간 개별약정에 의한 경우에만 유효성이 인정된다 할 것이다. 즉, 중재합의가 있으면 법원의 재판에 의한 법규의 해석과 그 적용을 박탈하는 결과를 가져오며 공정치 못한 중재 결과가 나왔을 경우 항소심절차에 의해 구제될 수 없음을 고려할 때 사업자가 일방적으로 마련한 약관에 중재합의 조항을 정하는 것은 부당하다 할 것이다. 따라서 해당 약관조항은 고객에 대하여 부당하게 불리한 소제기의 금지조항으로 약관법 제14조에 해당된다"는 이유로 해당 중재조항을 수정 또는 삭제할 것을 권고하는 시정권고를 내린 바 있다. 그러나 중재합의를 규정하고 있는 약관 조항이 약관규제법 위반으로 무효인지 여부에 대해서 명시적으로 판단한 대법원 판결이나 하급심 판결례는 발견되지 않는다.

---

76) 공정거래위원회의 약관심사지침 고시(2008. 1. 1. 제정)는 중재합의에 관하여는 직접적으로 언급하고 있지 아니하다.

77) 석광현, 99면. 저자에 따르면 독일민사소송법 제1031조 제5항은 "소비자가 관련된 중재합의는 반드시 당사자 중 1인의 자필서명이 있는 문서에 포함되어야 한다"고 규정하여 소비자 보호를 위한 특칙을 두고 있다고 한다.

2.3.3.3 중재합의의 해지, 해제 또는 종료

앞서 설명한 바와 같이 중재합의 자체의 해지, 해제 또는 종료는 주된 계약의 해지, 해제 또는 종료와는 별개의 문제이다. 예를 들어, 주된 계약의 기간이 만료된 경우에도 그와 관련된 분쟁이 발생한 경우 중재에 의하여 분쟁을 해결할 수 있다.

그런데 구 중재법 하에서의 하급심 판결 중에는 "계약당사자 사이의 중재약정이 계약종료와 함께 소멸되었고 이에 따라 소송의 제기가 허용된 이상, 그 후 중재기관 소재지인 영국법원에서 중재기간의 연장신청이나 중재청구권 확인청구를 받아들였다 하여 소가 부적법하게 되는 것으로 볼 수 없다."고 하여, 주된 계약이 종료되면 중재 약정이 함께 소멸된다는 취지로 판시한 예가 있다.[78] 이 판결에서는 "당사자 사이에 체결된 선박개조계약서상 위 계약과 관련된 모든 분쟁이 중재인의 중재에 회부되도록 규정하고 있다 하더라도 원칙적으로 위 계약은 개조선박을 재인도한 때에 종료하는 것으로 규정되어 있"고, "선박이 그 소유자에게 재인도된 날 이후에 선박수리상의 하자 또는 계약상 의무불이행이 발견되어 문제된 바 없었다면 선박개조계약은 완전히 종료되었다 할 것이고 그에 따라 중재약정이 계약의 종료와 함께 소멸되었"다고 보았다. 그러나 중재조항의 독립성에 비추어 주된 계약의 종료와 함께 중재합의 효력이 상실된 것으로 본 위 판결은 타당하지 않다는 비판이 있다.[79]

한편, 중재법 제9조에 따르면 중재합의의 대상인 분쟁에 관하여 소가 제기된 경우에 피고가 본안에 관한 최초의 변론 시까지 중재합의가 있다는 항변을 하면 법원은 그 소를 각하하여야 한다. 그런데 만약 피고가 이러한 항변을 제기하지 아니하여 본안판결이 내려지기까지 한 경우 계약 당사자 간에 중재합의를 해지하기로 한 묵시적 합의가 이루어진 것인지가 문제될 수 있다. 이에 대하여 대법원은 "계약 당사자 사이에 중재약정이 있는 경우 당사자 중 일방의 중재절차를 거치지 않은 제소에 대하여 상대방이 중재계약의 존재를 들어 항변을 제기하지 않고 본안판결을 받았다 하여 당사자 사이에 위 중재계약을 해지하기로 하는 묵시적인 합의가 이루어진 것으로

---

78) 부산지방법원 울산지원 1990. 9. 19. 선고 89가합3188 판결. 현행 중재법 제17조 제1항이 중재조항의 독립성에 관한 명시적인 규정을 두고 있음에 비하여, 구 중재법에서는 이러한 명문의 규정은 없었는데, 위 판결은 구 중재법하에서 내려진 것이라는 점을 유의할 필요가 있다.
79) 이규호, "국제상사중재에 있어 준거법에 관한 쟁점", 중재 제331호, 2010, 34면.

볼 수 없다."고 판시하였다.[80]

중재합의의 해지 또는 해제와 관련된 문제로, 중재합의의 철회가 가능한지 여부가 문제된 사례가 있다.[81] 위 사건에서 원고는 영국에서 내려진 중재판정의 집행을 구하였고, 피고는 중재판정이 내려지기 전에 중재합의가 이미 철회되었다고 다투었다.[82] 대법원은 이 사건 중재합의의 준거법으로 영국법이 적용된다고 해석하면서, 영국법에 의하면 서면에 의한 중재합의는 당사자의 일방이 임의로 철회할 수 없다고 판시하였다.[83]

2.3.4 중재합의의 이행불능

2.3.4.1 문제의 소재

중재합의의 이행불능 문제는 당사자들이 중재합의를 하면서 중재인을 특정인으로 지정하는 경우 또는 중재기관의 명칭이나 존부를 확인하지 않은 채 부정확하게 기재하는 등의 경우에 발생할 수 있다. 즉, 중재합의에 특정된 중재인이 선정을 거부하여 중재인이 없게 되거나, 중재를 관리할 중재기관이 없게 되는 문제가 발생할 수 있는 것이다.

2.3.4.2 중재합의에 특정된 중재인이 직무수행을 거부한 경우

> 계약과 관련한 이견에 관하여 협의가 성립하지 아니할 때에는 서울특별시장에게 중재를 요청하여 그에 따른다.[84]

---

80) 대법원 1992. 1. 21. 선고 91다7774 판결. 이 사건은 구 중재법 제3조에 따라 판단된 것이기는 하지만, 내용이 같은 현행 중재법 제9조 제1항하에서도 마찬가지로 판단될 것이라고 기대할 수 있다.

81) 대법원 1990. 4. 10. 선고 89다카20252 판결. 부록 1 참조.

82) 이 사건의 피고는 중재합의가 취소되었다고 주장하였으나, 대법원은 "중재합의의 취소란 중재합의에 취소사유가 존재함을 전제로 하여 그 의사표시의 효력을 소급적으로 소멸시키는 당사자의 일방적 의사표시를 의미하므로 소론의 '취소'라는 용어는 그러한 사유 없이 장래에 향하여 그 의사표시의 효력을 상실시키는 당사자의 일방적 의사표시 즉 중재합의의 철회를 의미한다"고 보았다.

83) 이 판결은 중재합의의 준거법에 관한 제3.2.1절에서 상세히 다룬다.

84) 대법원 1996. 4. 12. 선고 96다280 판결.

이 사건 중재조항은 중재인을 서울특별시장으로 특정을 하고 있는데, 서울특별시장이 중재인으로서 직무수행을 거부한 경우에, 해당 중재합의가 이행불능이 된 것인지 여부가 문제되었다. 이 사건에는 구 중재법이 적용되었는데, 구 중재법 제4조 제4항, 제5항에서 중재계약의 당사자가 그 상대방에 대하여 중재인의 선정이나 대체를 최고하고 그 상대방이 이에 응하지 아니한 경우에 법원이 그 최고를 한 당사자의 신청에 의하여 중재인을 선정하거나 대체한다고 규정하고 있어,[85] 이 사건에서도 서울특별시장이 중재인으로서의 직무수행을 거부하는 이상 법원이 중재인을 선정하여야 하는 것이 아닌지가 쟁점이 되었다.

이에 대하여 대법원은 "중재계약에서 특정인을 중재인으로 선정한 경우에 있어서는 그 특정인의 중재판정을 받고자 하는 것이 중재계약을 체결한 당사자들의 의사라 할 것이어서, 그 특정인이 중재인으로서의 직무 수행을 거부하면 그 중재계약은 효력을 상실하거나 이행이 불능인 때에 해당한다고 할 것이"라고 판시하면서, 구 중재법 제4조 제4항, 제5항의 규정은 "중재계약의 일방 당사자가 중재인을 선정할 권리를 가지고 있는 경우에 그 당사자가 중재인을 선정하지 아니하거나 혹은 그 당사자가 선정한 중재인이 중재인으로서의 직무 수행을 거부하는 경우 등에 적용되는 것으로서 당사자가 중재계약에서 이미 특정인을 중재인으로 선정해 둔 경우에는 적용되지 않는다."고 판시하였다.[86]

이와 같이 대법원은 중재합의에서 특정인을 중재인으로 선정하여 둔 경우, 선정된 사람만이 중재인의 직무를 수행할 수 있다는 것이 당사자들의 의도라고 해석하는 태도를 취하고 있는 것으로 이해된다.

---

85) 구 중재법 제4조 제4항, 제5항의 내용은 다음과 같다.
　"④ 중재계약을 체결한 당사자의 일방이 중재인의 선정을 거부하거나 선정한 중재인이 다음 각호의 1에 해당하는 경우에는 그 상대방은 중재인의 선정 또는 궐원의 보충이나 대체를 최고할 수 있다.
　　1. 중재인이 직무의 수행을 태만히 하거나 거부한 때
　　2. 중재인이 그 직무수행이 불가능한 때
　　3. 중재인이 사망한 때
　⑤ 전항의 최고 후 7일 이내에 최고를 받은 자가 중재인을 선정하지 아니하거나 보충 또는 대체하지 아니한 경우에는 법원은 그 최고를 한 당사자의 신청에 의하여 중재인을 선정 또는 보충하거나 대체하여야 한다."
86) 대법원 1996. 4. 12. 선고 96다280 판결.

2.3.4.3 중재기관의 부존재

> 본 용선계약에서 발생하는 분쟁이 있을 시는 서울소재 대한상공회의소의 중재에 회부하
> 기로 한다. 동 재정은 양 당사자에 대하여 최종 확정적인 것으로 한다.[87]

위 중재조항은 "서울소재 대한상공회의소"를 중재기관으로 지정하고 있다. 그런
데 당시 대한상공회의소 서울사무소가 존재하고 있기는 하였으나, 1971년 5월부터 대
한상사중재협회가 대한상공회의소와는 별도의 사단법인으로 독립·신설되었고, 대한
상공회의소는 상사중재업무를 취급하지 않고 대한상사중재협회만이 중재법에 의한
중재를 하고 있어 동 협회만이 상사중재업무를 담당하는 국내 유일한 기관이었다. 따
라서 서울소재 대한상공회의소를 중재기관으로 지정한 위 중재합의가 이행불능인지
여부가 문제되었다.

이에 대하여 서울고등법원은 "중재기관이 아닌 대한상공회의소의 중재에 의하도
록 한 원·피고 사이의 위 중재계약은 결국 중재법 제3조 단서의 중재계약의 이행이
불능일 때에 해당한다 할 것"이라고 판시하였다.[88]

이 사건은 실제 존재하는 기관을 중재기관으로 지정하였으나 그 기관을 통해서
는 중재를 할 수 없는 경우였는데, 이 사건과는 달리 중재기관을 모호하거나 부정확
하게 지정하는 경우에는 중재합의가 유효하다는 취지로 해석한 사례도 존재한다.

> 이 용선계약이나 그 불이행으로부터 또는 그와 관련 관계하여 쌍방 당사자들 사이에
> 발생하는 모든 분쟁, 논쟁 및 상위점은 런던에서 중재에 의하여 최종적으로 해결한다.
> 중재는 영국법을 준거법으로 하여 영국상사중재원("The British Commercial arbitration
> board")의 상사중재규칙 등에 따라 이루어진다.[89]

위 중재조항에서는 중재기관으로 "영국상사중재원(The British Commercial arbitration
board)"을 지정하고 있는데, 영국에는 위와 동일한 명칭의 중재기관이 존재하지 않는

---

87) 서울고등법원 1980. 6. 26. 선고 80나535 판결.
88) 1966 중재법 제3조는 중재계약이 "무효이거나 효력을 상실하였거나 이행이 불능일 때에 한
    하여" 소를 제기할 당사자들의 권리를 인정하고 있다.
89) 서울고등법원 1980. 6. 26. 선고 80나535 판결.

다. 이에 피고는 이와 같은 중재기관이 영국에는 없으므로 위 중재합의는 무효라고 주장하였다.

그런데 서울민사지방법원은 이러한 피고의 주장을 배척하면서 다음과 같이 판시하였다.

> 중재합의는 분쟁을 중재에 부탁하기로 하는 서면에 의한 합의로서 족하고 중재장소나 중재
> 기관 또는 중재인까지 명시할 것을 필요로 하는 것은 아니고, 또 The British Commercial
> arbitration board도 뒷부분의 arbitration board 부분이 고유명사로 쓰이지 아니한 점에 비
> 추어 중재기관의 명칭을 나타내는 것이 아니고 영국의 중재기관 중 상사분쟁 중재기관을 통
> 칭하는 의미로 봄이 상당하다.[90]

유사한 사례로, 영문으로 된 중재조항이 KCAB의 영문표기인 "Korean Commercial Arbitration Board"가 아니라 "Korean Commercial Arbitration Association"이라고 표시한 사건에서 이는 KCAB의 오기로 보인다고 판단한 하급심 판결도 있다.[91] 이처럼 우리 법원은 중재조항에 지정된 중재기관의 표시가 잘못 기재된 경우나 모호한 경우에는 당사자간의 진정한 의사가 무엇인지를 밝혀, 중재로 분쟁을 해결하겠다는 합의가 존재하고 특정 중재기관을 의도한 것으로 해석되는 경우에는 표현이 부정확하더라도 중재합의를 인정하는 태도를 보이는 것으로 평가된다.

2.3.5 선택적 중재조항

2.3.5.1 문제의 소재

당사자들이 분쟁해결의 방식을 합의하는 경우에는 소송 또는 중재 중 어느 하나만을 선택하는 것이 통상적이지만, 경우에 따라서는 계약과 관련된 분쟁을 "중재 또는 선택적으로 법원에 의한 재판"에 의하여 해결하도록 합의하는 경우가 있다. 이처럼 중재가 유일한 분쟁해결방법이 아니라 다른 방법과 선택적인 방법으로 지정되는 경우를 강학상 "선택적 중재합의(optional arbitration agreement)"라 한다.[92]

---

90) 서울민사지방법원 1992. 5. 1. 선고 91가합45511 판결.

91) 서울민사지방법원 1984. 4. 12. 선고 83가합7051 판결.

92) Born, 789면; 석광현, 132면. 참고로 목영준, 91면은 중재와 소송이 선택적으로 규정된 경우
를 협의의 선택적 중재합의라고 하고, 그 외에 단계적 분쟁해결방안이나 중재와 재판을 예비
적 관계로 규정한 조항을 포함하는 개념을 광의의 선택적 중재합의라고 구분하고 있다. 참
고로 이는 단계적 중재합의와는 구분되는 것인데, 단계적 중재조항은 당사자들이 분쟁을 협

선택적 중재합의에 있어서 쟁점이 되는 것은 과연 어느 당사자가 분쟁해결방법
에 있어서 선택권을 갖느냐는 문제이다. 예를 들어, 계약 당사자간에 분쟁이 발생하
였는데, 일방 당사자가 먼저 중재를 신청한 경우에 상대방 당사자가 이에 응하여 반
드시 분쟁을 중재에 의하여 해결하여야 하는 것인지, 아니면 상대방 당사자가 이의를
제기하여 분쟁을 소송에 의하여 해결할 수 있는 것인지 여부가 쟁점이 되는 것이다.
따라서 문제되는 선택적 중재합의에 이러한 선택권 행사의 주체나 시기, 방법 등이
분명하게 규정되어 있다면, 그 내용에 따라서 분쟁해결방법이 결정될 수 있을 것으로
보인다.[93]

그러나 만약 해당 분쟁해결조항에 위와 같은 선택권 행사의 시기나 방법이 분명
하게 드러나 있지 않은 경우에는, 당사자 간에 분쟁을 중재에 의하여 해결하고자 하
는 의사의 합치가 존재하는 것인지가 문제될 수 있다. 특히 분쟁이 발생한 이후에 당
사자간 분쟁해결방법에 대하여 의견이 불일치 할 경우(예를 들어, 일방 당사자는 소송에
의할 것을, 다른 당사자는 중재에 의할 것을 주장하는 경우) 분쟁을 어떻게 해결할 것인지 문
제된다. 이처럼 선택적 중재조항은 분쟁해결방법에 관한 예견가능성을 보장하지 못한
다는 문제가 있으므로 바람직한 분쟁해결조항의 형태가 아니다.[94]

그럼에도 불구하고 우리나라에서는 실무상 다수의 사건에서 이러한 문제가 제기
되었는데, 그 이유는 정부계약에 포함되는 공사계약일반조건, 물품구매계약일반조건
및 기술용역계약일반조건에 여러 형태의 선택적 중재조항이 포함되어 있었기 때문이
었다.[95] 위 계약일반조건들에서는 우선순위를 정함이 없이 분쟁을 "중재 또는 법원의
판결" 또는 "중재 또는 조정" 등에 의하여 해결하도록 한다고 규정하면서 분쟁해결방
법의 선택권자, 그러한 선택권의 행사 시기나 방법에 대하여는 아무런 규정도 두지
않았다. 그에 따라 분쟁을 중재에 의하여 해결할 것인지 법원의 소송에 의하여야 할
것인지가 문제되었고, 그 처리 방법에 대한 하급심 판결이 엇갈리면서 상당한 혼선이

상 또는 조정에 의하여 우호적으로 해결하려고 노력한 이후에야 비로소 최종적이고 구속력
있는 중재절차를 시작할 수 있도록 정하고 있는 경우를 의미한다 이에 대해서는 제2.3.6절에
서 다루기로 한다. 석광현, 132면, 각주 111 참조.

93) 목영준, 102면도 동지. 다만, 선택권의 행사주체, 시기, 또는 방법이 명확히 규정되어 있는
중재조항의 유효성에 관하여는 대법원의 판례가 알려져 있지 않다.
94) Born, 789면.
95) 석광현, 132면; 목영준 87면.

초래되기도 하였다.[96) 다만, 현재는 2003년과 2004년의 대법원 판결의 결과 실무상으로 논의가 대부분 정리되었다.

정부계약에 포함된 선택적 중재조항은 여러 가지 형태가 있는데, 크게 보아 세 가지 유형으로 나누어 볼 수 있다.[97)

(1) 조정과 중재를 선택적으로 규정한 것.[98)
(2) 조정과 중재를 선택적으로 규정하면서, 조정에 불복하면 법원의 판결에 의하기로 한 것.[99)
(3) 중재와 법원의 판결을 선택적으로 규정한 것.[100)

이하에서는 선택적 중재합의에 대한 대법원 판례의 일반적 태도를 살펴보고, 정부계약에 포함된 선택적 중재조항을 각 유형별로 나누어 검토한다.

2.3.5.2 대법원 판결의 태도

선택적 중재조항의 문제에 관한 최초의 대법원 판결은 대법원 2003. 8. 22. 선고 2003다318 판결이다. 이 사건에서 문제된 분쟁해결조항에는 "국적이 같은 구매자와 공급자 간의 분쟁은 구매자 국가의 법에 따라 소송[101) 또는 중재에 의하여 해결되어야 한다(the dispute shall be referred to adjudication/arbitration in accordance with the laws of the Purchaser's country)."고 규정되어 있었다. 대법원은 이러한 분쟁해결조항에 대하여

---

96) 김기창, "Arbitration Agreement under Korean Law", Korea University Law Review Vol.3, 2008, 90-95면.
97) 이는 여미숙, "선택적 중재조항의 유효성", 민사판례연구 XXVII, 2005, 723면 이하의 분류 방법이다. 학자들마다 선택적 중재조항의 유형을 나누는 기준이 다른데, 목영준, 87면은 위의 (2)의 경우를 "제1유형", (3)의 경우를 "제2유형"이라고 하고, 2009. 9. 21. 개정된 공사계약일반조건을 "제3유형"이라고 하고 있다. 한편, 정영환, "선택적 중재합의의 유효성에 대한 판례분석", 중재연구 제19권 제3호, 2009, 8면은 위 (2)의 경우를 "제1유형", 위 (3)의 경우를 "제2유형"이라고 한다.
98) 1980년대 말부터 1996년까지 적용되던 공사계약일반조건상의 중재조항이 이에 속한다.
99) 1997. 1. 1. 개정된 공사계약일반조건 상의 중재조항이 이에 속한다.
100) 2001. 2. 10. 개정된 공사계약일반조건과 현행 물품구매계약일반조건상의 중재조항이 이에 속한다(2009. 9. 21. 개정된 공사계약일반조건도 중재와 법원의 판결을 선택적으로 규정하고 있는 점은 동일하다).
101) 대법원 판결에는 adjudication이 "판결"이라고 번역되어 있는데, "소송"이라고 번역하는 것이 정확할 것이다. 목영준, 93면, 각주 143.

다음과 같이 판시하였다.

> "국적이 같은 구매자와 공급자 간의 분쟁은 구매자 국가의 법에 따라 판결 또는 중재에 의하여 해결되어야 한다(the dispute shall be referred to adjudication/arbitration in accordance with the laws of the Purchaser's country)."와 같은 내용의 선택적 중재조항은 물품공급계약의 일방당사자가 상대방에 대하여 판결이 아닌 중재절차를 선택하여 그 절차에 따라 분쟁해결을 요구하고 이에 대하여 상대방이 별다른 이의 없이 중재절차에 임하였을 때 비로소 중재계약으로서 효력이 있다고 할 것이므로, 일방 당사자의 중재신청에 대하여 상대방이 중재신청에 대한 답변서에서 중재합의의 부존재를 적극적으로 주장하면서 중재에 의한 해결에 반대한 경우에는 중재계약으로서의 효력이 있다고 볼 수 없다.[102)]

즉, 대법원은 분쟁을 법원의 판결 또는 중재에 의하여 해결하기로 하는 조항은 그 자체로는 구속력 있는 중재합의가 아니지만, "일방 당사자가 분쟁을 중재에 회부하고 다른 당사자가 중재신청에 대하여 이의를 제기하지 않는다면 유효한 중재합의가 될 수 있다."는 태도를 취하였다. 이러한 대법원 판결에 따르면, 위와 같이 중재와 소송을 선택적으로 규정하면서 선택권자, 선택권 행사의 시기나 방법에 대하여 아무런 규정을 두고 있지 않은 선택적 중재조항의 경우 일방 당사자만이 분쟁해결방법에 대한 선택권을 가진다고 볼 수 없고, 일방 당사자가 분쟁을 중재에 의하여 해결하고자 하더라도 상대방 당사자가 이에 반대하는 경우에는 소송에 의하여 해결하여야 한다.[103)]

---

102) 대법원 2003. 8. 22. 선고 2003다318 판결. 이 사건에서 대한민국은 조달청을 통하여 국내 기업과 사이에 전동차 336대와 모의운전연습기를 1,427억여 원에 공급받기로 하는 물품공급계약을 체결하였는데, 물가변동 등의 이유로 계약금액의 증액이 필요한지 여부가 문제되었다. 공급자는 대한상사중재원에 283억여 원의 계약금액의 증액 및 9억여 원의 지연손해금을 구하는 중재신청을 하였는데, 대한민국 정부는 유효한 중재합의가 없음을 이유로 중재신청이 각하되어야 한다고 주장하였다. 동시에 대한민국 정부는 법원에 채무부존재확인소송을 제기하여 위 계약금액증액 채무 및 지연손해금 지급채무는 존재하지 않는다고 주장하였다. 이에 대하여 공급자는 유효한 중재합의가 존재하므로 위 소송은 각하되어야 한다고 방소항변을 하였다. 따라서 과연 당사자 간에 유효한 중재합의가 존재하는지 여부가 쟁점이 되었다.

103) 참고로, 대법원 판결은 중재법 제8조 제3항 제3호와 같은 규정이 존재하지 않던 구 중재법을 적용하여 내려진 것이다. 현행 중재법 제8조 제3항 제3호는 "한쪽 당사자가 당사자간에 교환된 문서의 내용에 중재합의가 있는 것을 주장하고 상대방 당사자가 이를 다투지 아니하는 경우" 서면에 의한 중재합의로 간주하도록 하고 있으므로, 대법원이 판시하는 바와 같이 일방 당사자가 분쟁을 중재에 회부하고 다른 당사자가 중재신청에 대하여 이의를 제기하지 않는 경우에는 계약서상 선택적 중재조항이 있는지 여부를 불문하고 중재법 제8조 제3항 제3호에 의하여 유효한 중재합의로 보게 될 것이다.

한편, 대법원은 일방 당사자가 선택적 중재조항에 근거하여 중재를 신청한 데 대하여 상대방 당사자가 이의를 하여야 하는 시점을 "본안에 관한 답변서를 제출할 때"까지로 보고 있다. 즉, 대법원은 일방 당사자가 선택적 중재조항에 근거하여 중재를 제기하였는데, 상대방 당사자가 답변서에서는 중재합의의 존부 또는 유효성에 대한 이의를 제기하지 않고 있다가 제5차 중재기일에 이르러 선택적 중재합의에 관하여 이의를 제기한 사건에서 다음과 같이 판시하였다.

> 중재법 제17조 제2항은 "중재판정부의 권한에 관한 이의는 본안에 관한 답변서를 제출할 때까지 제기되어야 한다."고 규정하여 중재판정부의 판정 권한의 부재에 관한 이의제기 시기를 정하고 있는데, 중재판정부의 판정 권한은 중재합의의 존부 또는 유효성에 직접 관련이 있으므로 위 규정에서 말하는 '중재판정부의 권한에 관한 이의'에는 '중재합의의 존부 또는 유효성에 관한 이의'도 포함되어 있다고 할 것이며, 그렇다면 이 사건과 같이 중재신청인의 선택적 중재조항에 기한 중재신청에 대하여 피신청인이 위 규정이 요구하는 바에 따라 본안에 관한 답변서를 제출할 때까지 중재합의가 부존재한다는 이의를 제기하지 않은 이상 중재절차의 나머지 단계에서는 그러한 이의를 제기할 수 없게 되고, 반면 위 선택직 중재조항은 중재합의로서의 확정적인 효력이 있게 된다.[104]

따라서 위 사건과 같이 답변서에서는 선택적 중재조항에 대하여 이의를 하지 않고 본안에 관하여 답변을 한 다음, 이후의 중재절차에서 선택적 중재조항에 대하여 이의를 제기한 경우에는 당사자 간에 유효한 중재합의가 있는 것으로 보게 된다.

2.3.5.3 중재 또는 조정을 규정한 경우

> 1. 당해 계약문서와 회계법령에 규정된 사항을 제외한 계약에서 발생하는 문제에 관한 분쟁은 계약당사자가 쌍방의 합의에 의하여 해결한다.
> 2. 제1항의 합의가 성립하지 못할 때에는 당사자는 관계법률의 규정에 의하여 설치된 조정위원회의 조정 또는 중재법에 의한 중재기관의 중재에 의하여 해결할 수 있다.[105]

위 분쟁해결조항은 "조정위원회의 조정 또는 중재법에 의한 중재기관의 중재"를 선택적으로 규정하고 있으므로, 앞서 살펴본 "법원의 판결과 중재를 선택적으로 규정"하고 있는 선택적 중재조항과는 구별된다.

---

104) 대법원 2005. 5. 27. 선고 2005다12452 판결.
105) 대법원 2005. 6. 24. 선고 2004다13878 판결.

그런데 대법원은 "[위 분쟁해결조항은] 선택적 중재조항에 해당하는 것으로서 계약의 쌍방 당사자 중 어느 쪽이든 일방 당사자가 상대방에 대하여 판결이 아닌 중재절차를 선택하여(피고만이 분쟁해결방법에 대한 선택권을 가진다고 볼 수 없다) 그 절차에 따라 분쟁해결을 요구하고 이에 대하여 상대방이 최초의 답변서 제출시 내지 최초의 중재기일까지 별다른 이의 없이 중재절차에 임하면, 중재계약으로서의 효력이 있다고 할 것"이라고 한 원심의 판단을 그대로 인용하였다(다만, 위 사건에서는 중재절차의 피신청인이 답변서 및 제1회 중재기일에서 중재합의의 존부 및 범위에 관하여 다투지 아니한 채 중재 본안에 관하여 답변하였으므로 당사자 간에 유효한 중재합의가 존재한다고 보았다).106)

결국 대법원은 조정에 의한 분쟁해결도 당사자 사이에 합의가 성립하지 아니하면 종국적으로는 법원의 판결에 의한 분쟁해결의 절차로 나아갈 수밖에 없다는 점에서, 아래에서 보는 바와 같이 "조정 또는 중재, 조정에 불복 시 법원의 판결"을 규정한 경우와 마찬가지로 판단한 것으로 보인다.

그러나 위 분쟁해결조항은 "조정 또는 중재"를 규정하고 있으므로, 위 대법원 2003. 8. 22. 선고 2003다318 판결에서와 같이 "재판 또는 중재"를 선택적으로 규정한 것과는 차이가 있고, 나아가 조정과 중재라는 비소송적 분쟁해결방법으로 분쟁을 해결하려는 당사자의 의사의 합치가 있다고 할 수 있으므로 가능한 한 그 의사에 부합되도록 해석하여 당사자 사이에 유효한 중재합의가 있다고 보아야 한다는 견해가 있다.107)

---

106) 한편, 위 대법원 판결은 "조정 또는 중재"를 규정한 경우와 "재판 또는 중재"를 규정한 경우의 차이에 대하여는 아무런 언급을 하지 아니하였다. 이 점에 대한 비판으로는 김기창, "Arbitration Agreement under Korean Law", Korea University Law Review Vol.3, 2008, 94면.
107) 여미숙, 선택적 중재조항의 유효성, 민사판례연구 XXVII, 2005, 723-724면. 선택적 중재조항의 문제와는 구별되는 쟁점이기는 하지만, 위 분쟁해결조항은 대상이 되는 분쟁의 범위로 "당해 계약문서와 회계법령에 규정된 사항을 제외한 계약에서 발생하는 문제"라고 규정하고 있는 점도 문제가 되는데 이에 관한 설명은 제2.6.3절 참조.

2.3.5.4 중재 또는 조정, 조정에 불복시 법원의 판결을 규정한 경우

> 1. 계약의 수행 중 계약당사자 간에 발생하는 분쟁은 협의에 의하여 해결한다.
> 2. 분쟁이 발생한 날로부터 30일 이내에 제1항의 협의가 이루어지지 아니할 때에는 다
>   음 각호에서 정하는 바에 의하여 해결한다.
>   (1) 관계 법률의 규정에 의하여 설치된 조정위원회의 조정 또는 중재법에 의한 중재
>   기관의 중재에 의한다.
>   (2) 제1호의 조정에 불복하는 경우에는 발주기관의 소재지를 관할하는 법원의 판결에
>   의한다.[108]

위 분쟁해결조항은 위 중재 또는 조정을 규정한 경우의 중재조항과 비교하여, "조정에 불복하는 경우 법원의 판결에 의한다."는 점을 명시하고 있는 점에서 특색이 있다. 대법원은 위와 같은 분쟁해결조항에 대하여 다음과 같이 판시하였다.

> 분쟁해결방법을 "관계 법률의 규정에 의하여 실치된 조정위원회 등의 조정 또는 중재법에 의한 중재기관의 중재에 의하고, 조정에 불복하는 경우에는 법원의 판결에 의한다."라고 정한 이른바 선택적 중재조항은 계약의 일방 당사자가 상대방에 대하여 조정이 아닌 중재절차를 선택하여 그 절차에 따라 분쟁해결을 요구하고 이에 대하여 상대방이 별다른 이의 없이 중재절차에 임하였을 때 비로소 중재합의로서 효력이 있다고 할 것이고, 일방 당사자의 중재신청에 대하여 상대방이 중재신청에 대한 답변서에서 중재합의의 부존재를 적극적으로 주장하면서 중재에 의한 해결에 반대한 경우에는 중재합의로서의 효력이 있다고 볼 수 없다.[109]

즉, 대법원은 문제된 분쟁해결조항은 "재판이나 중재"를 선택적으로 규정한 경우와 유사하게 선택적 중재합의에 해당하고, 따라서 일방 당사자가 상대방에 대하여 조정이 아닌 중재절차를 선택하여 그 절차에 따라 분쟁해결을 요구하고 이에 대하여 상대방이 별다른 이의 없이 중재절차에 임하였을 때 비로소 중재합의로서 효력이 있다고 하였다. 위 사건에서 대법원은 이와 같이 보는 근거로서 "조정에 의한 분쟁해결도 당사자 사이에 합의가 성립하지 아니하면 종국적으로는 법원의 판결에 의한 분쟁해결의 절차로 나아가지 아니할 수 없고, 더욱이 [위 분쟁해결조항] 제2항 제2호가 제1호의 조정에 불복하는 경우에는 법원의 판결에 의한다는 규정을 따로 두고 있는 점"을 들었다. 대법원은 이러한 전제하에서 피신청인이 중재신청에 대한 답변서에서 유

---

108) 대법원 2004. 11. 11. 선고 2004다42166 판결.
109) 대법원 2004. 11. 11. 선고 2004다42166 판결.

효한 중재합의의 부존재를 주장하였으므로 중재합의가 유효하지 않다고 판단하였다.

결국 이 사건에서 대법원은 대한상사중재원의 중재판정을 취소하였음에 유의할 필요가 있다.[110] 위 분쟁해결조항은 한국철도시설공단이 두산산업개발 등을 구성원으로 하는 컨소시엄과 체결한 공사도급계약에 포함된 규정이었다. 컨소시엄은 위 분쟁해결조항을 근거로 하여 물가변동에 따른 계약금액의 조정을 구하는 중재를 신청하였고, 이에 대하여 한국철도시설공단은 답변서 및 그 후의 준비서면에서 계속하여 유효한 중재합의가 존재하지 않는다고 항변하였다. 중재판정부는 한국철도시설공단의 항변을 배척하고 중재판정을 내렸는데, 한국철도시설공단은 위 중재판정에 대한 취소의 소를 제기하였다. 이에 대하여 서울고등법원은 중재판정을 취소하였고, 대법원은 위와 같은 근거로 중재판정을 취소한 원심 판결을 유지하였던 것이었다.

한편, 이와 같은 유형의 분쟁해결조항에 대하여는 비록 판결이 분쟁해결수단의 하나로 규정되어 있기는 하나 당사자는 우선 분쟁을 조정과 중재라는 비소송적 분쟁해결수단으로 해결하고, 조정에 의하여 분쟁이 해결되지 않을 경우에만 판결에 의하기로 함으로써 1차적으로 조정 또는 중재라는 비소송적 분쟁해결수단에 의한다는 당사자의 자치적 의사의 합치가 있다고 할 수 있고, 분쟁을 법원의 판결에 의하지 않고 해결한다는 중재의 본질에 어긋나는 것도 아니므로 중재합의로서의 효력을 인정하여야 한다고 보는 견해도 있다.[111]

2.3.5.5 중재 또는 법원의 판결을 규정한 경우

> ① 계약의 수행 중 계약당사자간에 발생하는 분쟁은 협의에 의하여 해결한다.
> ② 제1항의 규정에 의한 협의가 이루어지지 아니할 때에는 다음 각호에 정한 바에 의하여 해결한다.
>   1. 중재법에 의한 중재기관의 중재.
>   2. 발주처의 소재지를 관할하는 법원의 판결.[112]

위 분쟁해결조항은 위 대법원 판결의 태도 부분에서 다룬 분쟁해결조항과 유사한 것으로,[113] "중재 또는 판결"을 선택적으로 규정하고 있다.[114]

---

110) 중재법 제36조 제2항 제1호 가목.
111) 목영준, 100면; 여미숙, "선택적 중재조항의 유효성", 민사판례연구 XXVII, 2005, 723-724면.
112) 대구지방법원 2011. 7. 20. 선고 2011가합4463 판결.

대구지방법원은 위 분쟁해결조항의 효력에 관하여, "선택적 중재조항은 계약의 일방 당사자가 상대방에 대하여 중재절차를 선택하여 그 절차에 따라 분쟁해결을 요구하고 이에 대하여 상대방이 별다른 이의 없이 중재절차에 임하였을 때 비로소 중재합의로서 효력이 있다고 할 것이고, 일방 당사자의 중재신청에 대하여 상대방이 중재신청에 대한 답변서에서 중재합의의 부존재를 적극적으로 주장하면서 중재에 의한 해결에 반대한 경우에는 중재합의로서의 효력이 있다고 볼 수 없다."는 대법원 판례를 그대로 원용하였다.[115]

나아가 위 사건에서는 피고가 원고를 상대로 이 사건 조항 중 중재절차를 선택하여 대한상사중재원에 중재신청을 하였는데, 원고가 위 중재신청에 대하여 제출한 답변서에서 중재합의의 부존재를 적극적으로 주장하며 다투었는데, 이러한 사실관계에 비추어 "원고가 피고의 이 사건 중재신청에 대하여 중재합의의 부존재를 적극적으로 주장하며 중재에 의한 해결에 반대하는 의사를 명백히 표시한 이상 원고와 피고 사이에 중재합의가 유효하게 성립하였다고 보기는 어렵다고 할 것이므로, 이 사건 조항은 중재합의로서의 효력이 없다"고 판시하였다.[116]

2.3.6 단계적 분쟁해결조항

계약상 분쟁해결조항 중에는 중재에 앞서는 절차로서 협의, 조정 또는 다른 형태의 대체적 분쟁해결 절차를 규정하는 경우가 있는데, 이를 이른바 "단계적 분쟁해결조항(multi-tier clause)"이라고 한다. 예컨대 건설도급계약에 있어서는 분쟁이 중재에 회부되기 전에 상설 분쟁해결위원회에 회부될 것을 요구하는 경우를 종종 볼 수 있다.

---

113) 앞서 본 바와 같이 대법원 2003. 8. 22. 선고 2003다318 판결의 분쟁해결조항에는 "국적이 같은 구매자와 공급자 간의 분쟁은 구매자 국가의 법에 따라 소송 또는 중재에 의하여 해결되어야 한다(the dispute shall be referred to adjudication/arbitration in accordance with the laws of the Purchaser's country)."라고 규정되어 있었다.

114) 위 조항은 공사계약일반조건에 포함되어 있는 그대로는 아니고, 민간 회사가 공사도급계약을 체결하면서 재정경제부 회계예규(공사계약일반조건)를 참고하여 작성한 것이었다.

115) 대법원 2004. 11. 11. 선고 2004다42166 판결; 대법원 2005. 1. 28. 선고 2004다25192 판결 등.

116) 대구지방법원 2011. 7. 20. 선고 2011가합4463 판결. 이 사건에서 대한상사중재원의 중재판정부는 "이 사건 조항은 선택적 중재조항이라 볼 수 없고 중재와 판결의 어느 절차에 의하든 당사자 일방의 선택이 있으면 상대방은 이에 동의하기로 합의한 것이라고 해석한다."는 이유로 "이 사건 분쟁에 대한 심판권이 중재판정부에 있다."는 내용의 중재판정을 하였는데, 대구지방법원은 이러한 중재판정을 취소하였다.

중재를 제기하기에 앞서 당사자 간에 협의를 하거나 또는 조정 절차를 거칠 것을 요구하는 단계적 분쟁해결조항은 중재에 대하여 조건을 정하고 있는 것으로 해석될 여지가 있을 것인데, 만약 중재를 제기하고자 하는 당사자가 이러한 선행조건을 충족시키지 못한 경우 또는 이러한 선행조건을 충족시켰는지 여부가 문제되는 경우, 해당 분쟁을 중재에 의하여 해결할 수 있는지 여부가 문제될 수 있다.

이에 관하여 외국의 경우 해당 분쟁해결조항이 명시적으로 선행하는 절차가 중재를 제기하기 위한 정지조건임을 규정하고 있는 경우(예를 들면 "mandatory negotiation"을 규정하고 있는 경우)에는 이러한 조건이 성취되어야만 중재를 제기할 수 있다고 보지만, 그렇지 않은 경우에는 이러한 선행조건을 완화하여 해석하는 경향이 있다고 한다.[117]

한편, 단계적 분쟁해결조항의 선행 규정이 충족되었는지 여부에 대한 다툼이 있는 경우에는 중재판정부가 이에 관하여 판정할 권한이 있다. 우리 대법원은 분쟁이 발생하면 우선 협의에 의하여 해결하고, 협의가 이루어지지 않을 경우에는 중재에 의하여 분쟁을 해결하도록 하는 단계적 분쟁해결조항에 대하여, 당사자들 간에 중재 이전에 협의가 이루어졌는지 여부에 관하여 다툼이 있는 경우에는 중재판정부가 이에 대하여 판정을 하는 것은 허용된다고 보았다. 이 사건에서 문제된 분쟁해결조항 제1항은 계약의 수행 중 계약 당사자 간에 발생하는 분쟁은 협의에 의하여 해결한다고 하고, 제2항은 분쟁이 발생한 날로부터 30일 이내에 제1항의 협의가 이루어지지 아니할 때에는 관계 법률의 규정에 의하여 설치된 조정위원회 등의 조정 또는 중재법에 의한 중재기관의 중재에 따라야 하고, 위 조정에 불복하는 경우에는 관할 법원의 판결에 의하도록 규정하고 있었다.[118] 원고는 이 사건 중재판정의 내용 중 일부 항목은 중재 전 당사자 사이에 합의가 성립된 부분이라는 이유로, 중재판정이 중재합의의 범위를 벗어났다며 중재판정 취소를 구하였다. 그러나 법원은, 중재 이전에 협의과정이 있었다 하더라도 "당사자 일방은 이미 분쟁에 관한 합의가 성립되어 중재합의의 대상이 아니라고 주장하고, 타방 당사자는 분쟁에 관하여 합의가 이루어진 적이 없다고

---

117) Born, 942면.

118) 이러한 중재합의는 선택적 중재합의로 유효성이 문제되지만, 이 사건의 경우 상대방이 이의 없이 중재에 응하여 중재합의가 확정적인 효력을 갖는 것으로 인정되었다. 자세한 내용은 선택적 중재합의에 관한 제2.3.5절 참조.

주장하면서 중재신청을 하는 경우에는, 당사자 사이에 그 항목에 관한 분쟁이 여전히 존재하고 있는 것"이라고 하면서, 이는 위 분쟁해결조항에서 정한 "계약의 수행 중 계약당사자 간에 발생하는 분쟁"에 속한다고 봄이 상당하다고 판시하였다.[119]

2.4 중재가능성(Arbitrability)

2.4.1 중재가능성의 의의

어떠한 분쟁이 중재에 의하여 해결될 성질의 분쟁인지 여부를 분쟁대상의 중재가능성(arbitrability)이라 한다.[120] 중재가능성은 중재에 의하여 해결될 수 있는 분쟁과 법원의 전속적인 관할에 속하는 분쟁을 구분하는 개념이다.[121] 예를 들어, 헌법, 형사소송법이나 행정소송법상의 권리와 같이 순수한 공법상의 분쟁 또는 재산과는 무관한 친족법상의 법률관계에 관한 분쟁은 중재합의의 대상이 될 수 없어 중재가능성이 없다는 것이 일반적인 견해이다.[122]

어떠한 분쟁이 중재가능성이 없는 때에는 만약 해당 분쟁에 관하여 중재판정이 내려진다고 하더라도 "중재판정의 대상이 된 분쟁이 대한민국의 법에 따라 중재로 해결될 수 없는 때"에 해당하여 중재판정 취소의 사유[123] 및 승인 및 집행의 거부사유가 된다.[124] 중재법과 마찬가지로 뉴욕협약도 "분쟁의 대상이 그 국가의 법 아래에서 중재에 의하여 해결될 수 없을 때"를 외국중재판정에 대한 승인 또는 집행 거부사유로 독립하여 규정하고 있다.[125]

중재법은 중재가능성에 대하여 명시적으로 규정하지는 않고 있다. 다만, 개정 중재법 제3조 제1호는 '중재'를 "당사자간의 합의로 재산권상의 분쟁 및 당사자가 화해에 의하여 해결할 수 있는 비재산권상의 분쟁을 법원의 재판에 의하지 아니하고 중

---

119) 대법원 2005. 5. 27. 선고 2005다12452 판결.
120) 목영준, 56면; 석광현, 26면. 손경한, "강행법규상 청구의 중재적격성", 중재 10권 5호, 1986, 19면 또는 강수미, "중재의 대상적격의 의의 및 내용", 중재연구 제19권 제1호, 2009, 4면은 중재가능성을 "중재의 대상적격"이라고 표현하기도 한다.
121) Redfern/Hunter, 80면.
122) 목영준, 65면; 석광현, 29면; 주석중재법, 212면.
123) 중재법 제36조 제2항 제2호 가목.
124) 중재법 제38조.
125) 뉴욕협약 제5조 제2항 a호.

재인의 판정에 의하여 해결하는 절차"로 정의하여 간접적으로 중재가능성의 범위를 밝히고 있다. 즉, 재산권상의 분쟁과 비재산권상의 분쟁이라 할지라도 화해에 의하여 해결할 수 있는 경우에는 중재가능성이 허용되는 것이다. 이와 달리 개정 전의 중재법은 중재의 대상을 "사법상의 분쟁"으로 한정하고 있었다.[126] 그에 비하여 개정 중재법은 중재가능성의 범위를 한층 넓혀 놓은 것이다. 개정 전에도 입법론으로 중재의 대상을 사법상의 분쟁에 한정하는 것은 적절하지 못하다고 하면서, 중재가능성을 확대하는 국제적인 경향을 고려하여 "재산권상의 분쟁"일 것만을 요구하는 것과 같이 규정하는 것이 바람직하다는 견해가 있었는데,[127] 개정 중재법은 이와 같은 논의를 반영한 것이라 할 수 있다.

이하에서는 상사중재에 있어 중재가능성이 문제되는 경우 중 (1) 지적재산권에 관한 분쟁의 경우, (2) 도산에 관한 사건의 경우, (3) 상법상의 회사 관계 사건의 경우, (4) 공정거래 관련 법률과 관련된 분쟁의 경우를 차례로 검토한다.[128]

한편, 중재가능성의 문제는 중재합의의 유효성과는 구별되는 것이다.[129] 즉, 중재가능성은 특정한 분쟁이 중재로 해결될 수 있는지 여부에 관한 문제이므로 만약 특정 분쟁에 대하여 중재가능성이 없다면, 해당 분쟁을 중재로 해결할 수 없는 것에 그치는 것이지, 중재합의 자체가 전부 무효가 되는 것은 아니다. 예를 들어, 특허권과 관련된 계약에 중재합의가 있는데, 그 계약의 이행과 관련하여 특허권의 유효성이 쟁점이 되고 있는 경우를 상정하여 보자. 이와 관련하여서는 아래 제2.4.2절에서 보는 바와 같이 중재절차에서 특허의 무효 확인을 구하는 청구를 할 수 있는지 여부에 대해 견해의 대립이 있다. 그런데 만약 위와 같은 분쟁은 중재가능성이 없다고 보더라

---

126) 개정 전 중재법 제3조 제1호 "중재란 당사자간의 합의로 사법상(私法上)의 분쟁을 법원의 재판에 의하지 아니하고 중재인의 판정에 의하여 해결하는 절차를 말한다".

127) 이와 관련하여 중재법에서 UNCITRAL 모델중재법을 따르는 것에 그치지 않고, 중재가능성에 대한 기준을 제시하였어야 하고, 그 경우 중재가능성을 확대하는 국제적인 경향을 고려하여 "재산권상의 분쟁"일 것만을 요구하는 것과 같이 규정하는 것이 입법론적으로 바람직하였을 것이라는 견해가 있다. 석광현, 28면, 64-65면.

128) 그 외에도, 가사 사건 중 재산에 관한 분쟁(신분관계의 부당파기를 원인으로 한 손해배상청구 사건, 친족간의 부양청구 사건, 상속회복청구 사건 등), 증권 거래에 관한 분쟁, 사회·경제적 약자의 보호에 관한 분쟁, 노동법상의 분쟁의 중재가능성도 논의되고 있다. 강수미, "중재의 대상적격의 의의 및 내용", 중재연구 제19권 제1호, 2009, 17-18면; 석광현, 28면, 35-38면 참조.

129) Born, 948-949면.

도 해당 중재합의가 무효가 되는 것은 아니고, 다만 특허의 무효 확인을 구하는 분쟁
은 중재로 해결할 수 없고 특허무효심판 등을 제기하여야 한다는 결론에 이르게 될
뿐이다. 그리고 위 계약과 관련된 그 외의 다른 청구(가령 동 계약 위반에 따른 손해배상
청구 등)는 여전히 해당 중재합의에 따라 중재로 해결할 수 있을 것이다.

2.4.2 지적재산권에 관한 분쟁

지적재산권과 관련된 분쟁에 대하여는 중재의 대상이 되는지에 관하여 논란이
있다.[130] 특히 특허권 등의 지적재산권의 성립·소멸과 그 내용은 그 권리를 부여한
국가의 법률에 의하여서만 결정되고 그 효력은 부여국의 영토주권이 미치는 범위 내
에서만 인정되므로(이른바 속지주의 원칙) 지적재산권과 관련된 분쟁은 그 권리를 부여
한 국가만이 당해 지적재산권과 관련된 분쟁에 전속적인 재판관할권을 가지는 것이
아닌지 여부가 문제되는 것이다.[131]

지적재산권에 관한 분쟁은 (1) 지적재산권의 유효성에 관한 분쟁, (2) 지적재산
권 침해에 관한 분쟁, (3) 라이선스 계약 등 지적재산권 관련 계약에 관한 분쟁으로
구분할 수 있는데, 지적재산권 침해에 관한 분쟁이나 지적재산권 관련 계약에 관한
분쟁에 대하여는 사법상의 분쟁이므로 중재의 대상이 되고, 나아가 지적재산권 침해
의 선결문제로서 무효의 항변이 제기된 경우에는 중재판정부가 그 무효 여부를 판단
할 수 있다는 것이 일반적인 견해인 것으로 보인다.[132]

그런데 등록 지적재산권의 유효성 자체에 관한 분쟁(예를 들어, 중재의 신청취지가
특허 무효의 확인을 구하는 것일 경우)의 중재가능성에 대하여는 이를 부정하는 견해와
중재가능성은 인정하면서 그 중재판정의 효력은 당사자간에만 미치고 대세적인 효력
이 없다고 보는 견해가 대립되고 있다.[133]

---

130) 석광현, 33-35면; 손경한, "국제지적재산분쟁의 중재", 중재연구 제17권 제2호, 2007, 77면.
131) 손경한·박진아, "지적재산의 국제적 분쟁해결 합의", 중재연구 제14권 제2호, 2004, 202면.
132) 석광현, 34면; 손경한, "국제지적재산분쟁의 중재", 중재연구 제17권 제2호, 2007, 77면; 강수
　　　미, "중재의 대상적격의 의의 및 내용", 중재연구 제19권 제1호, 2009, 19면.
133) 중재가능성을 부정하는 견해로는 석광현, 34면; 강수미, "중재의 대상적격의 의의 및 내용",
　　　중재연구 제19권 제1호, 2009, 20면. 중재합의의 유효성은 일단 인정하면서 그 중재판정의
　　　효력은 당사자간에만 미치고 대세적인 효력이 없다고 보는 견해로는 손경한·박진아, "지적
　　　재산의 국제적 분쟁해결합의", 중재연구 제14권 제2호, 232면.

우리 법원에서도 지적재산권 관련 계약에 관한 분쟁의 중재가능성이 문제된 사건이 있었는데, 이 사건에서 서울고등법원은 중재가능성에 대한 종래의 논의 및 미국 연방법원판결을 언급하면서, 지적재산권 관련 계약에 관한 분쟁의 중재가능성을 인정하였다.[134]

> 종래 중재에 의하여 해결할 수 없는 사항으로 논의되어 온 것이 불공정거래행위(독점규제법)에 관한 분쟁, 특허권 등 지적소유권의 효력에 관한 분쟁 등을 들 수 있으나, 우리나라의 경우 법률상 공업소유권(특허권, 상표권, 저작권 등)에 대한 분쟁을 중재의 대상에서 제외하는 아무런 근거가 없으므로 공업소유권에 관한 분쟁이 당연히 중재의 대상에서 제외된다고 할 수 없으며, 또 이 사건 원고회사의 피고회사에 대한 청구는 특허권의 효력 그 자체에 관한 것이 아니라 노우하우실시계약에 따른 (추가)실시료의 지급청구이므로, 노우하우실시계약에 터잡은 원고의 이 사건 기술료 청구가 특허권에 관한 분쟁이라고 하면서 이 사건 중재판정의 집행을 거부하는 피고의 주장은 어느 모로 보나 이유 없다.

> {참고로 미국의 예를 들면, 과거 미국에서는 연방법원판결을 통하여 특허의 유·무효 또는 침해 여부는 중재절차에는 적합치 아니한 것으로 인정되었으나(그러나 특허실시계약상의 실시료에 관한 분쟁은 중재가 가능하였다), 특허실시계약상의 분규에는 특허권의 유효성에 관한 다툼이 거의 언제나 수반되므로 이를 중재의 대상에서 제외하면 중재조항을 둔 당사자의 의도는 무시되는 결과가 되므로 연방입법(Patent Law Amendment Act of 1984)을 통하여 특허의 유효성에 관한 다툼을 중재로서 해결할 수 있도록 하였다.}

위 판시를 종합하여보면, 위 판결은 "종래 불공정거래행위, 지적재산권의 효력에 관한 분쟁에 대하여 중재가능성 여부에 대한 논쟁이 있었으나 우리나라의 경우 지적재산권을 중재대상에서 제외한다고 볼 법적 근거가 없다."는 취지로 판시하면서 지적재산권 관련 계약에 관한 분쟁의 중재가능성을 인정한 것으로 볼 여지가 있다.[135] 다만 위 판결에서 "원고회사의 피고회사에 대한 청구는 특허권의 효력 그 자체에 관한 것이 아니"라고 판시한 부분은, 특허권의 효력 자체에 관한 분쟁에 대하여는 중재가능성이 부정될 수도 있다는 점을 전제한 것으로 해석될 여지가 있어 보인다.

---

134) 서울고등법원 1993. 8. 17. 선고 92나34829 판결. 이 판결은 상고가 기각되어 확정되었는데, 중재가능성에 대한 피고의 주장은 상고이유에 포함되지 않아, 중재가능성에 관한 고등법원의 판시는 대법원의 판단을 받지 아니한 채 사건이 종결되었다.
135) 위 판결은 "공업소유권"이라는 용어를 사용하고 있으나, 판시 문맥에 비추어 지적재산권을 의미하는 것으로 보인다. 공업소유권은 특허권, 디자인권, 실용신안권, 상표권을 포괄하는 개념으로 사용되는데 현재 산업재산권으로 개칭되었다. 산업재산권과 저작권 등을 통칭하여 지적재산권이라고 한다.

한편, 대법원은 특허권 양도계약에 포함된 전속적 국제재판관할합의의 효력과 관련하여, 특허권의 성립에 관한 것이거나 유·무효 또는 취소 등을 구하는 소는 일반적으로 등록국 또는 등록이 청구된 국가 법원의 전속관할에 속하는 것으로 볼 수 있으나, 특허권의 양도계약의 이행을 구하는 소는 등록국이나 등록이 청구된 국가 법원의 전속관할에 속하는 것으로 볼 수 없다는 취지로 판시한 바 있다.[136] 이 판결은 지적재산권에 관한 분쟁의 중재가능성을 명시적으로 판단한 것은 아니지만, 그 논지에 비추어 볼 때 지적재산권의 양도계약 이행과 같은 채권적 청구에 대하여는 중재가능성이 인정될 가능성이 높지만, 다만 특허권의 성립이나 유·무효 또는 취소 등의 청구에 대하여는 중재가능성을 부정하는 판단을 전제하고 있는 것으로 볼 여지가 있다.

그 외 하급심 판결 중에는 국내 게임업체가 외국업체의 게임의 저작권을 침해하였는지 여부에 관한 분쟁에 있어서, 저작권 침해 여부에 관한 분쟁이 중재가능성이 있는지 여부에 대하여는 심리하지 않고, 곧바로 국내 게임업체와 외국업체 간의 라이선스 계약상 중재합의의 범위에 저작권 침해 여부에 관한 분쟁이 포함되는지 여부를 판단한 사례가 있다.[137]

지적재산권의 유효성에 대한 분쟁과 관련하여 법원이 중재법 제3조 제1호를 어떤 식으로 해석하여 중재가능성에 대한 판단을 내릴지 귀추가 주목된다. 문언상으로는 지적재산권의 유효성에 대한 분쟁도 재산권상의 분쟁으로 본다면 중재가능성이 인정될 여지가 있다고 볼 수 있을 것이다.

2.4.3 도산에 관한 분쟁

도산절차는 파산 또는 회생채권자를 비롯하여 다수인의 이해관계가 걸려 있는 절차이므로, 도산에 관한 사건은 당사자간의 중재합의를 전제로 하는 중재에 의하여 해결하는 것이 적절하지 못한 면이 있다. 따라서 순수한 도산법상의 쟁점에 관한 분쟁은 중재가능성이 없다고 보는 것이 일반적이다.[138]

---

136) 대법원 2011. 4. 28. 선고 2009다19093 판결.
137) 서울중앙지방법원 2007. 1. 17. 선고 2005가합65093, 2006가합54557 판결. 이 판결에 대하여는 제2.6.5절에서 보다 상세히 다룬다.
138) 석광현, 38면; 임치용, "파산절차의 개시가 중재절차에 미치는 효력", 사법논집 제41집, 2005, 264면. 여기서 순수한 도산법상의 쟁점의 범위에 관하여 다툼이 있는데, 임치용, 위의 글, 302면은 부인권, 부실이사 등을 상대로 한 사정재판에 기한 분쟁은 중재가능성이 없다고 한다.

그러나 종전 계약의 불이행, 계약의 유·무효 등을 이유로 한 파산채권 또는 회생채권의 확정에 관한 분쟁은 순수한 도산법상의 쟁점이라고 하기 어려우므로 중재가능성이 인정될 여지가 있다. 특히 채무자회생법은 채무자의 파산 선고 전에 채권을 가지고 있던 채권자가 파산채권을 신고한 데 대하여 파산관재인 등이 이의를 한 경우에는 법원의 채권조사확정재판에 의하여 다투도록 규정하고 있는데,[139] 이와 같은 경우 파산채권의 확정과 관련하여 채권자는 채권조사확정재판에 의하여야 하는지, 아니면 중재를 신청하거나 이미 중재절차가 진행 중인 경우 이를 계속 진행할 수 있는지 여부가 문제된다. 이에 관하여는 비록 채무자회생법에서 파산채권의 조사확정절차에 대하여 규정을 두고 있고, 채권조사확정재판에 대한 이의의 소에 대하여 전속관할을 규정하고 있기는 하나,[140] 이와 같은 규정들은 특정 채권에 관한 중재가능성에는 영향을 미치지 않으므로 여전히 중재가 가능하다고 보는 견해가 있다.[141]

실무상의 처리 예로는, 서울중앙지방법원에서 처리한 회생회사 삼선로직스의 사례를 참고로 할 수 있다.[142] 이 사건에서 외국 채권자들은 이의를 제기한 관리인을 상대로 여러 건의 회생채권조사확정재판을 신청하였는데, 당시 외국 채권자와 회생회사 간에 체결된 중재약정에 의하여 이미 중재절차가 진행 중인 경우도 있고, 아직 중재절차가 시작되지 아니한 경우도 있어, 이에 대하여 회생채권조사확정재판을 어떻게 진행할 것인지 여부가 문제되었다고 한다. 관리인은 먼저 영국 법원에 한국 도산절차의 승인신청을 하였는데, 영국 법원은 영국 내의 제소금지와 소송의 중단뿐 아니라 이미 계속 중인 중재절차의 중지를 명하였다. 이에 서울중앙지방법원 파산부는 중재절차의 진행 정도, 양 당사자의 의사 등 제반 사정을 고려하여 일부 중재절차에 대해서는 영국 법원으로부터 중지의 해제신청을 하여 중재절차를 진행하기도 하고, 중재절차가 중지된 다른 사건들은 직접 조사확정재판을 진행하였다고 한다.

2.4.4 상법상의 회사관계 분쟁

주주총회결의취소나 주주총회결의무효확인 소송에 있어 청구를 인용한 판결은

---

139) 채무자회생법 제462조 제1항.
140) 채무자회생법 제463조 제2항.
141) 김경욱, "중재당사자의 파산이 중재절차에 미치는 영향", 민사소송 제10권 제2호, 2006, 306면.
142) 이하에 관하여는 임치용, "판례를 통하여 본 국제도산법의 쟁점", BFL 제38호, 2009, 107-108면을 참고로 하였다.

제3자에 대하여도 그 효력이 미치는데,[143] 주주총회결의 취소나 무효확인을 구하는 사건이 중재의 대상이 될 수 있는지 여부가 문제된다. 이에 관하여 독일에서는 당사자간의 합의로 대세적 · 소급적 효력이 창출될 수 없다는 점에 근거하여 중재가능성을 부정하는 견해와 대세효 · 소급효를 수반하지 않는 한 주주총회 결의 취소나 무효확인을 구하는 것도 가능하다는 견해가 있다고 한다.[144] 국내에서는 중재합의가 대세효를 수반하는 중재판정을 구하는 취지일 경우에는 중재의 대상이 될 수 없지만, 분쟁의 내용에 따라서 당사자간에서만 상대적으로 효력을 미치는 중재판정에 의하여 분쟁처리기능을 담당할 수 있는 것으로 인정될 수 있다면 그러한 사건은 중재의 대상이 될 여지가 있다고 보는 견해가 있다.[145]

또한 회사설립무효 확인 또는 취소의 소에 대한 인용판결,[146] 해산청구에 의한 해산판결[147] 등의 경우에도 대세효가 인정되므로[148] 위와 마찬가지의 문제가 있다. 이와 유사한 문제로 합작투자계약(joint venture agreement)상의 분쟁에서 중재판정부가 당사자의 청구에 의하여 회사해산을 명하는 판정을 할 수 있는지도 문제될 수 있다.

2.4.5 공정거래법 관련 분쟁

우리 법체계상 공정거래법은 경제법의 영역에 속하므로, 공정거래법 위반에 관련된 분쟁이 사법상 분쟁에 해당하여 중재가능성이 있는지 여부에 대하여는 논란의 여지가 있다.[149] 종래에는 공정거래법 관련 분쟁은 중재로 해결할 수 없다는 견해가 있었으나,[150] 현재는 공정거래법 위반을 이유로 하는 손해배상청구 등 사법적 구제수

---

143) 상법 제376조 제2항, 제380조, 제190조 본문.
144) 강수미, "중재의 대상적격의 의의 및 내용", 중재연구 제19권 제1호, 2009, 18-19면.
145) 강수미, 위의 글, 19면.
146) 상법 제184조 제1항.
147) 상법 제241조 제1항.
148) 상법 제190조.
149) 미국의 경우 종래 반트러스트법의 규제법으로서의 성격과 공익 보호의 관점에서 반트러스트법 관련 분쟁의 중재가능성이 부정되어 왔으나, Mitsubishi Motors Corp. v. Soler Chrysler-Plymouth Inc. 사건 이후 국제거래에 관한 반트러스트법 상의 청구의 중재가능성이 정면으로 인정되었다고 한다. 석광현, 30-32면; 강수미, "독점규제법 관련분쟁의 중재의 대상적격", 중재연구 제20권 1호, 2010, 53-59면.
150) 조재연, "외국중재판정에 대한 집행판결: 뉴욕협약을 중심으로", 사법연구자료 11집, 1984, 185면.

단에 관하여는 중재가능성을 인정하는 것이 학설의 일반적인 태도로 보이며,[151] 개정 중재법의 내용도 이와 같은 해석에 부합하는 것으로 보인다.

2.5 중재합의의 당사자

2.5.1 중재합의를 체결할 능력

중재합의를 체결하기 위하여는 당사자는 체결 당시 권리능력 및 행위능력을 가져야 한다.[152] 만약 중재합의 당사자가 해당 준거법에 따라 중재합의 당시 무능력자였을 경우, 이를 간과하고 내려진 국내중재판정은 중재판정 취소의 사유[153]와 승인 및 집행의 거부사유가 되고,[154] 외국 중재판정은 뉴욕협약 제5조 제1항 a호에 의하여 중재의 승인·집행이 거부될 수 있다.[155] 한편, 중재합의를 체결할 능력이 있는지를 판단하기 위하여서는 그 준거법을 우선 결정할 필요가 있는데, 이에 관하여는 제3.2.3절에서 다룬다.

이하에서는 중재합의를 체결할 능력과 관련하여 국가, 법인의 대표자, 대리인의 경우를 차례로 살펴본다. 한편, 중재조항의 독립성과 관련하여, 만약 법인의 대표자와 대리인이 권한 없이 중재조항이 포함된 계약을 체결한 경우 중재조항의 효력이 문제될 수 있으므로 이에 대해서도 검토한다.

2.5.1.1 국가의 경우

대한민국이 중재합의의 당사자가 될 수 있다는 점에 대하여는 별다른 의문이 없다.[156] 한편, 국제법상의 주권면제이론(sovereign immunity principle)에 의하면 주권 국가

---

151) 석광현, 33면; 강수미, "독점규제법 관련분쟁의 중재의 대상적격", 중재연구 제20권 1호, 2010, 60면.
152) 중재합의의 법적 성질에 관하여 사법상의 계약으로 보는 것이 일반적이므로, 중재합의를 체결하기 위하여 당사자들이 권리능력과 행위능력을 가져야 한다. 한편, 중재합의의 법적 성질을 소송행위로 파악하는 경우에는 당사자능력과 소송능력이 필요하다고 보는 것이 논리적이라고 한다. 석광현, 111면.
153) 중재법 제36조 제2항 제1호 가목.
154) 중재법 제38조.
155) 자세한 설명은 제10.2절 참조.
156) 목영준, 55면. 오히려 정부계약의 계약일반조건에서는 중재를 분쟁해결방법 중 하나로 제시하고 있기도 하다. 자세한 내용은 제2.3.5절 참조.

는 다른 국가의 재판권의 대상이 되지 않는데,[157] 중재법에 주권면제이론은 중재판정
의 승인 집행의 거부사유로 규정되어 있지 않다.

그러나 일부 국가에서는 법률 등으로 국가나 국가기관이 중재합의를 체결할 능력
을 제한하는 경우가 있다.[158] 이에 따라 국가가 중재합의를 체결한 이후, 자신의 내국
법을 근거로 하여 그 효력을 부인할 수 있는지 여부가 국제적으로 문제되어 왔다.[159]

외국이나 외국의 국가기관이 체결한 중재합의의 효력에 관하여 이를 명시적으로
다룬 우리 판례는 알려져 있지 않다. 다만, 이와 관련하여 원고가 미국 정부 산하의
'육군 및 공군 교역처'에 고용되어 근무하다가 정당한 이유 없이 해고되었다고 주장
하면서 미국을 피고로 해고무효확인 및 임금의 지급을 구한 사건에서, 서울고등법원
은 주권면제이론에 근거하여 소를 각하하였으나, 대법원은 이에 대하여 "국제관습법
에 의하면 국가의 주권적 행위는 다른 국가의 재판권으로부터 면제되는 것이 원칙이
라 할 것이나, 국가의 사법적(私法的) 행위까지 다른 국가의 재판권으로부터 면제된다
는 것이 오늘날의 국제법이나 국제관례라고 할 수 없다. 따라서 우리나라의 영토 내
에서 행하여진 외국의 사법적 행위가 주권적 활동에 속하는 것이거나 이와 밀접한
관련이 있어서 이에 대한 재판권의 행사가 외국의 주권적 활동에 대한 부당한 간섭
이 될 우려가 있다는 등의 특별한 사정이 없는 한, 외국의 사법적 행위에 대하여는
당해 국가를 피고로 하여 우리나라의 법원이 재판권을 행사할 수 있다."고 판시한 내
용을 참고로 할 수 있을 것이다.[160]

2.5.1.2 법인의 대표자

상법상 주식회사의 대표이사는 회사의 영업에 관하여 재판상 또는 재판 외의 모
든 행위를 할 권한이 있으므로(상법 제389조, 제209조), 회사를 대표하여 중재합의를 체
결할 능력이 있다.

다만, 대표이사의 대표권이 법률, 정관 등에 의하여 제한되는 경우, 이러한 제한

---

157) 목영준, 54면.
158) 예를 들어, 이란 이슬람 공화국 헌법 제139조에 따르면 국가재산에 관한 분쟁해결을 중재에
    회부하고자 할 경우 각료회의의 승인을 얻고 의회에 통보하도록 되어 있다.
159) Born, 727-733면.
160) 대법원 1998. 12. 17. 선고 97다39216 판결.

을 위반하여 체결한 중재합의가 유효한 것인지 여부가 문제될 수 있다. 예를 들어, 회사의 정관에 회사가 체결하는 계약의 분쟁해결조항으로 중재를 포함할 수 없도록 규정한 경우를 상정할 수 있을 것이다. 이에 대하여 대법원은 대표이사가 법률이나 정관상의 제한을 위반하여 이사회 결의 없이 대표행위를 한 경우, 그 거래 상대방이 이사회의 결의를 거치지 않았음을 알았거나 알 수 있었을 때에는 그 거래가 무효라고 판시하고 있는데,[161] 아직까지 대표이사의 대표권이 제한되어 있음을 이유로 하여 중재합의의 효력이 다투어진 사례는 알려진 바가 없다.

2.5.1.3 대리인

계약이 대리인에 의하여 체결되는 경우는 많다. 특히 실무상으로는 회사의 직원이 일정한 범위 내에서 회사를 대리할 권한을 수여받아 회사를 대리하여 계약을 체결하는 경우가 자주 있다. 민법은 대리인이 그 권한 내에서 본인을 위한 것임을 표시한 의사표시는 직접 본인에게 대하여 효력이 생긴다고 규정하고 있으므로,[162] 대리인에 의하여 체결된 중재합의가 본인에 대하여 효력을 미치는 것은 당연하다.

일부 국가에서는 대리인이 본인을 대리하여 중재합의를 체결하기 위해서는 대리인에게 이러한 대리권이 서면으로 부여될 것을 요구하는 등 대리권 부여의 방식에 있어 제한을 가하는 경우도 있으나,[163] 중재법에는 대리인이 중재합의를 체결하는 데 있어 특별한 제한이 존재하지 않는다.

한편, 회사의 직원이 권한 없이 회사를 대리하여 중재조항을 포함한 계약서를 체결한 경우, 표현대리의 법리에 따라서 그 계약을 유효한 것으로 보는 경우가 있을 수 있다. 국내에서도 표현대리의 법리에 따라 중재합의가 유효한 것인지 여부가 문제된 사건이 있었다. 이 사건에서는 표현대리의 성립여부를 판단하는 준거법으로 영국법이 적용되었는데, 대법원은 영국법상 표현대리의 성립을 인정하여 직원에 의하여 체결된 중재합의가 회사에 대하여 유효하다고 판단한 바 있다.[164]

---

161) 대법원 1993. 6. 25. 선고 93다13391 판결 등. 이철송, 회사법 강의 제20판, 2012, 686면.
162) 민법 제114조 제1항.
163) 스위스법에 의하면 대리인에게 중재합의 체결권한을 부여하는 수권행위는 명시적이어야 한다고 한다. 또한 오스트리아법에 의하면 이러한 수권행위는 서면으로 이루어져야 한다고 한다. Redfern/Hunter, 90면 참조.
164) 대법원 1990. 4. 10. 선고 89다카20252 판결. 부록 1 참조. 이 사건의 쟁점은 표현대리의 성립

2.5.1.4 중재합의의 무권대리

중재조항의 독립성에 의하면, 중재합의가 중재조항의 형식으로 되어 있을 때에는 계약 중 다른 조항의 효력은 중재조항의 효력에 영향을 미치지 않는데,[165] 만약 법인의 대표자 또는 대리인이 권한 없이 중재조항이 포함된 계약을 체결하였고 표현대리 등도 성립하지 아니하여 해당 계약이 무효로 된 경우, 중재조항 역시 효력이 없게 되는 것인지가 문제된다.

이러한 경우 대표자 또는 대리인의 권한이 없다고 판단된 사유에 따라서 효력이 달라질 가능성이 있다. 만약 대리인이 본인으로부터 아무런 권한을 수여받은 바 없이 중재조항이 포함된 계약을 체결한 경우에는 중재조항을 포함한 전체 계약이 무효가 될 것이다.[166] 이에 비하여 예를 들어, 회사의 정관에 일정 금액 이상의 보증계약을 체결할 시에는 이사회의 승인을 얻도록 규정하고 있음에도 대표이사가 이를 위반하여 보증계약을 체결하였는데 위 보증계약에 중재조항이 포함되어 있었던 경우에는 보증계약의 효력과는 무관하게 중재합의는 유효라는 견해가 있다.[167]

2.5.2 계약 당사자의 확정 문제

일반적으로는 당사자들이 달리 합의하지 않는 한, 중재조항을 포함하고 있는 주된 계약서의 당사자들이 중재합의의 당사자가 된다. 그러나 해당 중재조항의 문언상 일부 당사자들만이 중재합의의 당사자로 해석될 경우에는(가령 주주들 및 합작투자회사 간에 체결된 합작투자계약의 중재조항에 주주들만을 당사자로 포함시키고, 합작투자회사는 명시적으로 제외하고 있는 경우), 주된 계약의 당사자라고 하더라도 중재합의의 당사자가 되지 않을 수도 있다.

한편, 이와는 반대로 계약서에는 당사자로 표시되어 있지 않으나, 계약의 해석에 의하여 그 계약의 당사자로 인정되는 경우에는 그에게도 중재합의의 효력이 미치게 되는지 여부가 문제될 수 있다. 대법원은 계약 당사자의 확정에 관하여, "계약을 체

여부를 판단하는 준거법에 관한 것이었는데, 이에 관하여는 제3.2.1절 참조.
165) 중재법 제17조 제1항 제2문.
166) Born, 737-738면.
167) Born, 738면.

결하는 행위자가 타인의 이름으로 법률행위를 한 경우에 행위자 또는 명의인 가운데 누구를 계약의 당사자로 볼 것인가에 관하여는, 우선 행위자와 상대방의 의사가 일치한 경우에는 그 일치한 의사대로 행위자 또는 명의인을 계약의 당사자로 확정해야 하고, 행위자와 상대방의 의사가 일치하지 않는 경우에는 그 계약의 성질·내용·목적·체결 경위 등 그 계약 체결 전후의 구체적인 제반 사정을 토대로 상대방이 합리적인 사람이라면 행위자와 명의자 중 누구를 계약 당사자로 이해할 것인가에 의하여 당사자를 결정하여야 한다"고 판시하여,[168] 만약 계약을 체결하는 행위자가 타인의 이름으로 법률행위를 한 경우, 명의인이 아니라 행위자가 계약의 실질적인 당사자로 인정될 수 있음을 인정하고 있다.[169] 같은 논리를 적용하여, 계약 해석상 당사자로 인정된 자에게는 주된 계약의 다른 조항들과 마찬가지로 중재조항의 효력도 미친다고 보는 견해가 있다.[170] 그러나 이 문제를 직접적으로 다룬 대법원 판례는 아직 없는 것으로 보인다.

2.5.3 중재합의의 제3자에 대한 효력

중재합의는 일반적인 계약과 마찬가지로 당해 중재합의를 체결한 당사자를 구속하는 것이 원칙이지만, 그 외의 제3자에게도 효력을 미치는 경우가 있다. 이러한 경우로 언급되는 사례로는 대리, 표현대리, 법인격 부인론이 적용되는 경우, 제3자를 위한 계약, 보증, 합병, 권리의 특정승계, 변제자대위, 금반언의 원칙이 적용되는 경우 등이 있다.[171] 그러나 엄밀히 말하면, 위 사례 가운데 대리, 표현대리의 경우에는 본래부터 계약의 효력을 받는 사람은 대리인이 아니라 본인이라는 점에서 '제3자'라고 보기 어렵다. 또한 제3자를 위한 계약, 합병, 금반언의 원칙이 적용되는 경우에도 수익자, 합병 후 회사, 금반언의 적용을 받는 사람은 해당 법률행위 또는 법리에 의하여 당연히

---

168) 대법원 2001. 5. 29. 선고 2000다3897 판결.
169) 예를 들어, 대법원 1999. 6. 25. 선고 99다7183 판결은 백화점을 운영하는 피고가 의류공급업체인 원고로부터 여러 브랜드의 의류를 외상으로 계속적으로 매입하기로 하는 기본계약을 체결한 후 피고가 정당한 이유 없이 거래를 중단하자 원고가 이로 인한 손해배상을 청구한 사안에서, 일부 브랜드에 대한 공급계약이 비록 타인의 명의로 체결되었으나, 당사자 사이에 그 계약 명의에도 불구하고 원고를 계약 당사자로 하기로 의사가 일치되었으니 원고가 타인의 명의로 체결된 계약에 있어서도 실질적인 당사자라는 원심의 판단을 인용하였다.
170) 김기창, "Arbitration Agreement under Korean Law", Korea University Law Review Vol.3, 2008, 95면.
171) Born, 1418면 이하.

계약의 효력이 미칠 것으로 예정된 사람이라는 점에서 '제3자'라고 보기 어렵다.

한편, 중재에서 특히 문제되는 경우로 이른바 "Group of Companies" 원칙이 있다. 이는 특정 회사가 기업 집단(corporate group)의 일원으로서 계약을 체결한 회사의 지배를 받으며 계약의 채결 또는 이행 과정에 관여한 경우, 그 특정 회사도 당해 계약에 포함된 중재합의의 적용을 받는다는 법리이다.[172)]

중재합의의 제3자에 대한 효력 가운데 실무상 종종 문제되는 것은 아래에서 설명하는 법인격 부인론이 적용되는 경우 및 권리가 특정승계 되는 경우이다. 다만, 이러한 논의를 검토하는 데 있어서 유의해야 할 점은 위와 같은 법리는 중재합의가 제3자에 대하여 효력을 미치는지 여부를 결정하기 위한 일응의 기준일 뿐이라는 점이다. 중재합의가 제3자도 구속한다는 최종적인 결론을 내리기 위해서는 각 법리가 제시하는 기준에 따라 개별 사건의 구체적인 사실관계, 특히 계약의 문언을 면밀히 검토하여 법리를 적용하기 위한 요건이 충족되었는지를 반드시 확인하여야 한다.[173)]

2.5.4 법인격 부인론의 적용 여부

대법원은 "회사가 외형상으로는 법인의 형식을 갖추고 있으나 이는 법인의 형태를 빌리고 있는 것에 지나지 아니하고 그 실질에 있어서는 완전히 그 법인격의 배후에 있는 타인의 개인 기업에 불과하거나 그것이 배후자에 대한 법률적용을 회피하기 위한 수단으로 함부로 쓰여지는 경우에는, 비록 외견상으로는 회사의 행위라 할지라도 회사와 그 배후자가 별개의 인격체임을 내세워 회사에게만 그로 인한 법적 효과가 귀속됨을 주장하면서 배후자의 책임을 부정하는 것은 신의성실의 원칙에 위반되는 법인격의 남용으로서 심히 정의와 형평에 반하여 허용될 수 없고, 따라서 회사는 물론 그 배후자인 타인에 대하여도 회사의 행위에 관한 책임을 물을 수 있다고 보아야 한다."고 판시하여 법인격 부인론을 인정하고 있다.[174)]

이와 같은 법인격 부인론이 중재합의에 있어서도 적용될 수 있는지 여부가 문제된다. 즉, 만약 중재조항이 포함된 계약의 당사자인 회사의 법인격이 부인되어, 그 법인격의 배후에 있는 타인이 회사의 행위에 대하여 책임을 지게 되는 경우, 그에게도

---

172) 상세는 Born, 1444면 이하 참조.
173) Born, 1414면.
174) 대법원 2001. 1. 19. 선고 97다21604 판결.

중재조항의 효력이 미치는지 여부가 문제될 수 있다. 특히 실무상으로는 특수목적법인(SPC)과 중재조항을 포함한 계약을 체결한 경우 자력이 있는 모회사를 상대로 중재를 제기할 수 있는지 여부가 문제되는 경우가 있다. 아직까지 이를 직접적으로 다룬 판례는 알려진 바가 없으나, 이러한 경우 그 타인에 대하여도 중재합의의 효력이 미친다고 보는 견해가 있다.[175]

이와는 반대로 개인 명의로 체결한 계약에 따른 책임을 그 개인의 분신(alter ego)인 법인에게 물을 수 있는지 여부도 문제된다(이른바 "법인격 부인론의 역적용"). 이에 대하여 국내에서는 법인격부인론을 역적용하여 개인의 분신인 법인에 대하여 실체법상의 책임을 물을 수 있다면 중재합의의 효력도 마찬가지로 적용할 수 있다고 보는 견해가 있다.[176]

2.5.5 중재합의의 승계인

중재합의의 승계인 역시 중재합의의 당사자가 될 수 있다. 상속인 등과 같이 중재조항을 포함한 계약을 포괄적으로 승계한 자가 대표적인 예이다. 다만, 계약상 특정한 권리의 양수인과 같은 특정승계인에 대하여도 중재합의 효력이 미치는 것인지 여부에 대해서는 문제가 될 수 있다.[177]

특정승계인이 중재합의에 구속되는지 여부에 대하여는 국제적으로 학설이 대립되고 있는데,[178] 우리 하급심 판결 중에서 중재조항이 포함된 도급계약에 기한 공사대금채권의 양수인이 채무자에 대하여 양수금 청구의 소송을 제기하자 채무자가 중재합의 존재의 항변을 한 사안에서, 중재합의가 있는 채권의 채무자는 그 채권의 양수인에 대해서도 중재합의로써 대항할 수 있다는 이유로 위 소를 각하한 사례가 있다.[179]

---

175) 김지홍, "중재합의의 제3자에 대한 효력", 중재연구 제17권 제3호, 2007, 114면; 김기창, "Arbitration Agreement under Korean Law", Korea University Law Review Vol.3, 2008, 98면.
176) 김지홍, 위의 글, 114면. 이 견해에 따르면 실무상 비상장회사의 주식을 압류하여 매각하는 것이 쉽지 않으므로 법인격 부인론을 반대로 적용하여 회사재산에 대하여 강제집행을 할 수 있도록 할 필요가 있다고 한다.
177) 석광현, 127면; 김지홍, 위의 글, 116면.
178) 석광현, 127면에 따르면 특정승계의 경우 양수인은 중재합의에 구속된다는 긍정설이 독일의 통설이고 연방대법원의 판례라고 한다.
179) 서울지방법원 서부지원 2002. 7. 5. 선고 2001가합6107 판결.

참고로, 대법원은 소송의 관할합의는 특정승계인에게 효력이 미친다고 판단하고 있다. 대법원은 "관할의 합의는 소송법상의 행위로서 합의 당사자 및 그 일반승계인을 제외한 제3자에게 그 효력이 미치지 않는 것이 원칙이지만, 관할에 관한 당사자의 합의로 관할이 변경된다는 것을 실체법적으로 보면, 권리행사의 조건으로서 그 권리관계에 불가분적으로 부착된 실체적 이해의 변경이라 할 수 있으므로, 지명채권과 같이 그 권리관계의 내용을 당사자가 자유롭게 정할 수 있는 경우에는, 당해 권리관계의 특정승계인은 그와 같이 변경된 권리관계를 승계한 것이라고 할 것이어서, 관할합의의 효력은 특정승계인에게도 미친다."고 판시하였다.[180]

2.5.6 선하증권상 중재조항의 효력이 미치는 당사자의 범위

용선계약상 중재조항이 있고 선하증권에서 위 용선계약의 내용을 선하증권에 포함시킨다는 편입문구가 있는 경우, 일정한 요건하에서 용선계약상 중재조항 역시 선하증권의 내용으로 편입된다는 점은 앞서 본 바아 같다.[181] 그런데 선하증권 자체의 이면약관에 중재조항이 포함되어 있는 경우 그 중재조항의 효력이 어느 당사자에게까지 미치는지 여부가 문제될 수 있다.

일례로 국내 회사 甲이 철제화물을 수입하는 과정에서 해상 운송 도중 악천후로 인하여 화물 중 일부가 유실되는 사고가 발생하자, 甲이 부산지방법원에 운송인 乙을 상대로 유실된 철제화물의 시가 상당액의 손해배상을 구하는 소를 제기한 사례가 있었다. 乙이 발행한 선하증권의 이면약관에는 중재조항이 포함되어 있었고, 甲은 송하인으로부터 위 선하증권을 배서, 교부받아 소지하고 있었다. 乙은 이를 근거로 유효한 중재합의가 존재한다는 본안전항변을 하였다. 따라서 이 사건에서는 선하증권 이면약관의 중재조항의 효력이 선하증권을 배서, 교부받은 선하증권 소지인에까지 미치는지 여부가 쟁점이 되었다.

이에 대하여 부산지방법원은 "선하증권 이면약관에 기재된 중재조항은 거래 당사자들 간의 합의로서 재판청구권을 포기하는 의사표시를 한 것과 같고, 선하증권의 소지인으로서는 위 당사자들 간의 합의에 의하여 분쟁해결방법이 중재절차로 제한된 채권을 인수한 것이다."라고 판시하면서, 甲이 제기한 소를 각하하였다.[182] 이에 대하

---

180) 대법원 2006. 3. 2.자 2005마902 결정.
181) 제2.2.4절 참조.

여 甲이 항소를 제기하였으나, 부산고등법원은 "선하증권의 배서, 교부를 통하여 그에 화체된 권리를 취득한 선하증권 소지인이 운송인에 대하여 선하증권에 기하여 권리를 주장하는 경우에는 선하증권의 소지인과 운송인 사이에도 서면에 의한 중재합의가 있다고 보아야 할 것이다."라고 판시하면서 항소를 기각하였다.[183] 이 판결은 선하증권의 유통성이라는 특성을 고려한 것으로 이해된다.

한편, 이 사건에서 甲은 선박소유자인 丙에 대하여도 손해배상을 구하였다. 그런데 乙이 발행한 선하증권 이면약관에는 운송인이 누릴 수 있는 방어방법과 책임제한 사유를 선박소유자 등이 원용할 수 있다("the defences and limits of liability which the carrier is entitled to invoke")는 이른바 히말라야 조항(Himalaya Clause)이 존재하였고, 丙은 이를 근거로 乙의 위 주장을 원용한다는 본안전항변을 하였다. 이에 대하여 부산지방법원과 부산고등법원은 모두 丙의 본안전항변을 받아들여 甲의 이 부분 소를 각하하였고,[184] 대법원도 선하증권에 선박소유자가 운송인의 중재항변을 원용할 수 있도록 기재되어 있다면 선하증권 소지인이 선하증권상의 권리를 행사하는 이상 선하증권의 문언에 따른 효력을 받는 것이기 때문에, 선박소유자와 선하증권 소지인 사이에서도 중재합의가 있다고 보아야 한다는 취지로 원심 판결을 유지하였다.[185] 이러한

---

182) 부산지방법원 2008. 10. 8. 선고 2007가합20559 판결.
183) 부산고등법원 2009. 7. 8. 선고 2008나17090 판결. 이에 대하여 甲은 상고하였으나, 이에 관한 부분은 상고이유에 포함되지 아니하여 대법원은 명시적으로 판단하지 아니하였다. 대법원 2010. 7. 15. 선고 2009다66723 판결.
184) 부산지방법원 2008. 10. 8. 선고 2007가합20559 판결은 "[히말라야 조항은] 선하증권상의 운송인의 방어방법과 책임제한에 관한 사항을 운송인의 보조자에게도 확장하여 적용함으로써 형평을 기하고자 하려는 데 그 취지가 있는 것이므로, 이 사건 중재조항을 통하여 이 사건 각 선하증권의 발행인인 피고 乙과 그 소지인인 원고 사이에서 위 각 선하증권으로 인하여 발생하는 모든 분쟁에 관하여 재판 외의 분쟁해결절차에 의하기로 하였다면, 운송인의 보조자인 피고 丙과의 관계에서도 위 각 선하증권으로 인한 분쟁에 관하여는 위 중재조항을 확장 적용함이 타당하다."고 판시하면서 원고의 소를 각하하였다. 항소심에서도 이 판시는 그대로 유지되었다. 부산고등법원 2009. 7. 8. 선고 2008나17090 판결.
185) 대법원 2010. 7. 15. 선고 2009다66723 판결은 "선하증권상 선박소유자 등이 운송인의 중재항변을 원용할 수 있도록 되어 있는 경우 선박소유자 등이 선하증권 소지인의 청구에 대하여 운송인의 중재항변을 원용하는 경우, 중재합의에 관여한 바 없는 선하증권 소지인이 선하증권상의 권리를 행사하는 이상 선하증권의 문언에 따른 효력을 받고 그 결과, 서면, 즉 선하증권에 의한 중재합의가 있는 것으로 보는 법리는 선하증권의 소지인의 그와 같은 권리행사에 대하여 선박소유자 등이 선하증권의 문언에 따라 운송인의 중재항변을 원용하는 경우에도 동일하게 적용되므로, 이로써 선박소유자 등과 선하증권 소지인 사이에서도 서면에 의한

대법원의 판시는 선하증권과 관련된 분쟁이 발생할 경우 이를 중재로 일괄 해결하는 것이 바람직하다는 입장에서 분쟁 해결의 일의성을 존중한 취지로 이해될 수 있을 것이다.[186]

2.5.7 도산 절차의 당사자와 관련된 문제

중재합의의 당사자에 대하여 회생 또는 파산절차가 개시되는 경우 중재절차에 어떠한 영향을 미치는지가 문제된다. 채무자회생법은 회생 또는 파산절차에 있어서 채권자·주주·지분권자 등 다양한 이해관계인의 법률관계를 조정하기 위하여 여러 규정을 두고 있는데, 이 중 회생절차개시와 파산선고가 중요하다. 회생절차개시결정이 있는 때에는 채무자의 업무의 수행과 재산의 관리 및 처분을 하는 권한은 관리인에게 전속하게 되고,[187] 파산선고가 있는 때에는 채무자가 파산선고 당시에 가진 모든 재산은 파산재단에 속하며,[188] 파산재단을 관리 및 처분하는 권한은 파산관재인에게 속하게 된다.[189] 또한 회생절차가 개시되면 채무자의 재산에 관한 소송절차는 중단되고,[190] 당사자가 파산선고를 받은 때에는 파산재단에 관한 소송절차는 중단된다.[191]

이처럼 채무자에 대한 회생절차 또는 파산절차의 개시는 채무자의 법률관계에 대하여 여러 가지 변화를 가져오게 되므로, 회생 또는 파산 절차가 채무자가 체결한 중재합의의 효력이나 진행 중인 중재절차 또는 이미 내려진 중재판정의 효력에 어떠한 영향을 미치게 되는지가 문제된다.[192] 우리 민사소송법이나 중재법에는 이에 관한 명문의 규정이 없다.[193]

중재합의가 있다고 보아야 할 것"이라고 판시하였다.

186) 다만, 위 대법원 판결이 선하증권의 문면에 표시되지 않은 선박소유자와 선하증권 소지인까지 중재합의의 당사자로 의제한 것은 중재합의의 당사자의 범위를 지나치게 확대한 것이라는 반론이 있을 수 있다.

187) 채무자회생법 제56조 제1항.

188) 채무자회생법 제382조 제1항.

189) 채무자회생법 제384조.

190) 채무자회생법 제59조 제1항.

191) 민사소송법 제239조.

192) 오창석, "파산절차에 있어서의 중재합의의 효력과 중재절차", 중재연구 제15권 제1호, 2005; 임치용, "파산절차의 개시가 중재절차에 미치는 효력", 사법논집 제41집, 2005; 김경욱, "중재당사자의 파산이 중재절차에 미치는 영향", 민사소송 제10권 제2호, 2006 참조.

193) 김경욱, 위의 글, 294면.

이에 관하여는 중재절차와 관련하여 어느 단계에서 도산절차가 개시되었는지에 따라 나누어 검토할 필요가 있다. (1) 중재합의만 있고 중재절차가 개시되지 않은 단계에서는 채무자가 체결한 중재합의의 효력이 파산관재인에게 미치는지 여부가 쟁점이 된다(이에 관하여는 본 절에서 설명한다). (2) 다음으로 중재절차가 진행 중에 도산절차가 개시된 경우에는, 일반 소송절차의 경우와 마찬가지로 중재절차도 중단되는 것인지 여부가 문제될 수 있는데,[194] 이에 관하여는 아래에서 검토한다. (3) 마지막으로 중재판정이 내려진 이후 그 당사자에 대하여 파산절차가 개시된 경우, 중재 신청인은 중재판정금 채권을 해당 도산절차를 통해 실현하여야 할 것인데, 이에 관련된 문제는 제9.5.6절에서 살펴본다.

먼저 (1) 중재합의만 있고 중재절차가 개시되지 않은 단계에서는, 채무자가 체결한 중재합의의 효력이 파산관재인에게도 미치는지 여부가 쟁점이 된다. 이에 대하여 우리나라 학설은 파산관재인은 원칙적으로 파산절차의 개시 시에 존재하는 파산자의 법적 지위를 넘겨 받게 되고 파산절차의 개시가 중재합의의 효력을 잃게 할 법적 근거도 없으므로 파산관재인도 원칙적으로는 중재합의에 구속된다고 보는 것이 일반적이다.[195] 이러한 견해에 따르면 파산관재인이 제3채무자에 대하여 청구권을 행사하고자 할 때에는 특별한 사정이 없는 한 중재합의에 따라 중재 절차에 의하여야 한다.[196]

한편, 채무자의 회생절차 개시 또는 파산선고 전에 채권을 가지고 있던 채권자는 회생절차 개시 또는 파산 선고 후에 자신의 채권을 법원에 신고하여야 한다.[197] 그런데 채무자회생법상 채권자가 파산채권을 신고한 데 대하여 파산관재인 등이 이의를 한 경우에는 법원의 채권조사확정재판에 의하여 다투도록 규정하고 있으므로,[198] 만약 관리인이나 파산관재인 등이 이의를 한 경우, 채권자는 채권조사확정재판에 의하여야 하는지, 아니면 중재에 의하여 분쟁을 해결할 수 있는지가 문제되는데, 이는 중재가능성과 관련된 문제로 제2.4.3절에서 설명하였다.

---

194) 도산절차가 개시되면 채무자의 재산에 관한 소송절차는 중단된다. 채무자회생법 제59조 제1항, 민사소송법 제239조.
195) 김경욱, 위의 글, 296면; 오창석, 위의 글, 120면.
196) 김경욱, 위의 글, 298면.
197) 채무자회생법 제148조, 제447조.
198) 채무자회생법 제462조 제1항.

다음으로 (2) 당사자 간에 이미 중재절차가 진행 중인 상태에 일방 당사자에 대하여 회생 또는 파산 절차가 개시되는 경우, 중재 절차도 중단되는지가 문제된다. 회생절차가 개시되면 채무자의 재산에 관한 소송절차는 중단되고, 당사자가 파산선고를 받은 때에는 파산재단에 관한 소송절차는 중단되는데, 이러한 소송절차 중단의 효과가 중재 절차에도 그대로 적용되는지 여부는 확실치 않다. 이에 관하여 국내 중재의 경우 학설은 파산선고 당시 중재절차가 계속 중이라면 더 이상 파산자는 관리처분권을 잃게 되므로 중재절차는 일단 중단되어야 하며,[199] 이후 파산관재인의 중재절차의 수계 여부에 관하여는 파산법원이 파산재단 전체에 유리하다고 판단하는 경우에 중재절차를 수계하도록 하여야 한다는 견해가 있다.[200]

2.6 중재합의의 범위

2.6.1 중재의 대상이 되는 분쟁의 범위

중재합의의 범위는 중재의 대상이 되는 분쟁의 종류 및 범위를 의미한다. 중재법 제3조 제2호는 중재합의를 "계약상의 분쟁인지 여부에 관계없이 일정한 법률관계에 관하여 당사자간에 이미 발생하였거나 앞으로 발생할 수 있는 분쟁의 전부 또는 일부를 중재에 의하여 해결하도록 하는 당사자 간의 합의"라고 정의하고 있으므로, 중재합의의 범위는 당사자들의 합의에 의하여 정해지는 것이다.

실무상으로는 어떤 분쟁이 발생하면 그 분쟁이 해당 중재합의의 범위 내에 속하는 것인지 여부에 대해 종종 다툼이 발생한다. 이처럼 중재합의의 범위와 관련하여 다툼이 발생하게 되면, 과연 당사자들이 해당 분쟁을 중재의 대상으로 삼기로 합의하였는지 여부가 쟁점이 된다. 이는 결국 당사자 의사표시 해석의 문제로 귀결될 것이다.[201]

이러한 중재합의 범위의 해석을 두고 두 가지 상반된 태도가 존재한다. 하나는, 중재합의는 헌법상 보장되는 재판 받을 권리를 제한하는 것이므로, 중재의 대상이 된 분쟁의 범위를 엄격하게 해석하여야 한다는 것이다(이를 "restrictive presumption"이라고도

---

199) 임치용, "파산절차의 개시가 중재절차에 미치는 효력", 사법논집 제41집, 2005, 25면; 오창석, "파산절차에 있어서의 중재합의의 효력과 중재절차", 중재연구 제15권 제1호, 2005, 140면.
200) 임치용, 위의 글, 25면.
201) Born, 1318면.

한다).[202] 또 다른 태도는 당사자들은 하나의 계약에서 비롯되는 분쟁들은 단일한 절차를 통하여 일거에 해결하고자 의도하는 것이 일반적이고 일부의 분쟁은 중재에 의하고 나머지 분쟁은 소송 또는 다른 절차에 의하여 해결하기로 합의한다는 것은 이례적이므로, 유효한 중재합의가 존재하는 경우 그 중재합의의 범위를 가급적 폭넓게 해석하여야 한다는 것이다(이를 "pro-arbitration presumption"이라고 한다).[203]

과거 1990년까지의 하급심 판결들에서는 전자의 태도와 같이 중재조항의 범위를 엄격하게 해석하는 태도를 보이는 경우가 있었다.[204] 그러나 그 이후의 대법원 판결들은 후자의 태도와 같이 중재합의의 범위를 넓게 해석하는 입장을 취하고 있는 것으로 보인다.[205] 이러한 대법원의 태도는 현재까지도 지속되고 있는데, 최근의 대법원 판결은 중재합의의 범위에 관하여 다음과 같이 판시하였다.

> 중재법이 적용되는 중재합의란 계약상의 분쟁인지의 여부에 관계없이 일정한 법률관계에 관하여 당사자 간에 이미 발생하였거나 장래 발생할 수 있는 분쟁의 전부 또는 일부를 중재에 의하여 해결하도록 하는 당사자간의 합의를 말하는 것이므로, 장래 분쟁을 중재에 의하여 해결하겠다는 명시적인 의사표시가 있는 한 비록 중재기관, 준거법이나 중재지의 명시가 되어 있지 않더라도 유효한 중재합의로서의 요건은 충족하는 것이다. 그리고 이러한 중재합의가 있다고 인정되는 경우, 달리 특별한 사정이 없는 한 당사자들 사이의 특정한 법률관계에서 비롯되는 모든 분쟁을 중재에 의하여 해결하기로 정한 것으로 봄이 상당하다.[206]

만약 해당 분쟁이 중재합의의 범위에 포함되지 않는다면, 중재인은 해당 분쟁에 대하여 심리할 수 없고, 그럼에도 불구하고 그 법률관계에 관하여 중재판정이 내려졌다면, 해당 중재판정은 "중재판정이 중재합의의 대상이 아닌 분쟁을 다룬 사실 또는 중재합의의 범위를 벗어난 사항을 다룬 사실"이 있는 경우(중재법 제36조 제2항 제1호

---

202) Born, 1338면 참조.
203) Born, 1326면 참조.
204) 서울민사지방법원 1987. 7. 23. 선고 86가합6660, 87가합3428 판결; 서울지방법원 남부지원 1990. 9. 20. 선고 90가합5420 판결. 위 86가합6660, 87가합3428 판결은 "중재합의의 존부나 중재합의의 효력이 미치는 범위를 확정함에 있어서는 당사자가 중재합의를 함에 있어서 중재판결의 대상이 된 분쟁이 중재합의 당시에 충분히 예측할 수 있었던 것인지의 여부 등을 참작하여 엄격하게 해석하여야 한다"고 판시한 바 있다. 목영준, 82면은 이 판결을 이른바 "한국타이어 판결"이라고 소개하고 있다.
205) 목영준 84면; 이러한 입장의 대법원 판결로는 대법원 1992. 4. 14. 선고 91다17146, 17153 판결; 대법원 1992. 1. 21. 선고 91다7774 판결.
206) 대법원 2007. 5. 31. 선고 2005다74344 판결.

다목)에 해당하여 중재법 법원에 의하여 취소될 운명에 놓이게 된다(이에 관한 상세한 설명은 제10.4절 참조).[207]

2.6.2 불법행위에 관한 분쟁

중재법 제3조 제2호는 "계약상의 분쟁인지 여부에 관계없이" 일정한 법률관계에 대한 분쟁을 중재의 대상으로 규정하고 있으므로, 불법행위로 인한 손해배상청구라도 당사자들이 합의에 의하여 중재의 대상으로 삼을 수 있음은 의문의 여지가 없다.[208]

문제는 당사자가 합의한 중재조항의 해석상 그 중재합의의 범위가 계약상 분쟁뿐만 아니라 불법행위에 관한 분쟁도 포함하는지 여부인데, 이는 앞서 설명한 바와 같이 중재합의의 해석 문제가 될 것이다. 그런데 대법원은 영업양도계약서상 "본 계약내용에 관하여 당사자간에 해결할 수 없는 법적 분쟁"을 중재 대상으로 규정하고 있던 사안에서, "불법행위책임의 존부에 관한 분쟁은 위 중재조항이 규정하는 중재대상에 포함된다."고 판시한 바 있다.[209] 특히 이 사건에서는 영업양도계약서에 첨부된 매각조건에 양도인의 하자담보책임을 면제하는 규정이 있었기 때문에 불법행위 책임의 존부가 중요한 쟁점이 되었고, 따라서 중재인들이 불법행위 책임의 존부까지 판단할 수 있는지가 다투어졌다.

이에 대하여, 이 사건의 원심은 원·피고가 담보책임을 면제하기로 약정하였다는 이유로 불법행위책임에 관한 분쟁은 당사자가 중재합의를 통해 해결하기로 예측할 수 없었던 분쟁이라고 판단하여 불법행위책임에 대하여 판단한 중재판정을 취소하였다. 그러나 대법원은 "담보책임의 면제약정을 할 정도라면 담보책임과 경합관계에 있는 불법행위책임도 예측 가능하였다고 보는 것이 타당하며, 가사 당사자가 부주의로 이를 예측하지 못하여 계약조항에 불법행위책임에 관한 면제약정을 빠뜨렸다고 하여도 이를 예측할 수 없었던 분쟁이라고 말하기 어렵다."고 판시하였다. 또한 대법원은 중재에서 양도목적물의 숨은 하자로부터 손해가 발생한 경우에 양도인이 양수인에 대하여 부담하는 하자담보책임은 그 본질이 불완전이행책임으로서 본 계약 내

---

207) 목영준, 81면.
208) 목영준, 82면은 이를 위하여 중재법 개정 당시 "계약상 분쟁인지 여부에 관계없이"라는 표현이 특별히 삽입된 것이라고 한다.
209) 대법원 1992. 4. 14. 선고 91다17146, 17153 판결.

용의 이행과 직접 관련된 것이라고 하면서, "동일한 사실관계에 기하여 하자담보책임과 불법행위책임이 경합하는 경우에 그 불법행위책임의 존부에 관한 분쟁은 본 계약 내용의 이행과 밀접하게 관련된 분쟁으로서 위 중재조항이 규정하는 중재대상에 포함된다고 보는 것이 타당하다."고 판시하였다.[210]

대법원은 위 판결 이후에도 불법행위로 인한 손해배상청구가 중재합의의 범위에 포함되는지가 쟁점이 된 사건들에 있어서 이러한 태도를 계속 유지하고 있다.[211]

2.6.3 특정 쟁점을 중재대상에서 배제하는 중재합의

90년대에 시설공사도급계약의 바탕으로 널리 쓰이던 재정경제부 회계예규 공사계약일반조건은 아래와 같이 "당해 계약문서와 예산회계법령에 규정된 사항을 제외한 계약에서 발생하는 문제에 관한 분쟁"을 중재의 대상으로 규정하고 있었기 때문에, 특정 분쟁이 중재합의의 대상이 되는지에 대하여 당사자간 다툼의 여지가 있었다.

---

1. 당해 계약문서와 회계법령에 규정된 사항을 제외한 계약에서 발생하는 문제에 관한 분쟁은 계약당사자가 쌍방의 합의에 의하여 해결한다.
2. 제1항의 합의가 성립하지 못할 때에는 당사자는 관계법률의 규정에 의하여 설치된 조정위원회의 조정 또는 중재법에 의한 중재기관의 중재에 의하여 해결할 수 있다.[212]

위 중재조항을 포함하는 공사도급계약의 수급인이 도급인인 대한민국을 상대로 공사계약금액의 증액을 구하는 중재를 신청하자, 대한민국은 공사계약금액의 증액은 "당해 계약문서와 회계법령에 규정된 사항"에 해당하여 중재합의의 대상에 포함되지 않는다고 다투었다. 대법원은 이에 관하여 계약금액의 증액을 구하는 청구가 중재의 대상에 포함된다고 인정하였다.[213] 그 결론은 동일하지만 해결 방법을 서로 달리한 대법원 판결들이 있어 이를 소개한다.

---

210) 대법원 1992. 4. 14. 선고 91다17146, 17153 판결.
211) 예를 들면, 대법원 2001. 4. 10. 선고 99다13577 판결("중재계약은 중재조항이 명기되어 있는 계약 자체뿐만 아니라, 그 계약의 성립과 이행 및 효력의 존부에 직접 관련되거나 밀접하게 관련된 분쟁에까지 그 효력이 미친다."). 부록 1 참조. 대법원 2005. 5. 13. 선고 2004다67264, 67271 판결도 동지.
212) 대법원 2005. 6. 24. 선고 2004다13878 판결. 위 중재조항은 이른바 "선택적 중재조항"에 해당한다. 이에 관한 자세한 내용은 제2.6.3절 참조.
213) 대법원 1997. 7. 8. 선고 97다11935 판결; 대법원 2005. 7. 24. 선고 2004다13878 판결.

• 대법원 1997. 7. 8. 선고 97다11935 판결

피고는 조달청이 실시하는 신축건물의 전기공사 경쟁입찰에 참가하여 공사를 낙찰받고 위 시설공사계약 일반조건에 따른 시설공사도급계약에 따라 모든 공사를 완성하였다. 공사 후 피고는 원고(대한민국)에게 설계변경의 승인과 계약금액의 조정을 요청하였는데 원고가 이를 거절하여 추가계약금을 청구하는 중재를 신청하여 승소하였다.

이에 원고는 피고가 중재를 신청한 분쟁은 설계변경 및 이에 따른 공사대금 지급으로서, 위 "시설공사계약 일반조건 및 관련 예산회계법령에 규정된 사항"이므로 중재의 대상이 아니라고 하면서 중재판정의 취소를 구하였다. 위 일반조건 제12조는 "계약자는 다음 각호의 1에 해당하는 사실을 발견할 때에는 당해 부분에 대한 계약 이행 전에 지체 없이 (현장감독관을 경유) 계약담당공무원에게 서면으로 이를 통지하여야 한다. 1. 설계서의 내용이 불분명하거나 누락, 오류 또는 상호 모순되는 점이 있을 때, 2. 설계서와 지질, 용수 등 공사현장의 상태가 다를 때, 계약담당공무원은 제1항의 통지를 받은 때에는 즉시 그 사실을 조사 확인하고 공사가 적정히 이행될 수 있도록 설계변경 또는 기타 필요한 조치를 하여야 한다."라고 규정하고 있고, 제13조 제1항은 "계약담당공무원은 제12조의 규정에 의한 설계변경으로 인하여 공사량의 증감이 발생한 때에는 당해 계약금액을 조정한다."라고 규정하고 있다.

이 사건의 1심과 2심은 원고의 주장을 받아들여 취소청구를 인용하였으나,[214] 대법원은 원고측 현장감독이 피고의 설계변경요구를 받고서도 이를 지체하여 계약담당 공무원이 즉시 그 사실을 조사, 확인하는 조치를 못하게 됨으로써 결과적으로 원고가 추가공사비를 지출하게 되었고, 손해배상을 명한 중재판정의 근거가 되는 이러한 이유는 위 "시설공사계약 일반조건 및 관련 예산회계법령에서 규정한 내용"이 아니어서 중재의 대상이 된다고 판시하였다.[215]

대상판결은 이 사건 중재합의 자체가 서로 모순적이어서 이를 문언에 따라 엄격히 해석하면 사실상 어떠한 분쟁도 중재로 해결할 수 없게 되는 문제점을 인식하여

214) 서울지방법원 1996. 10. 23. 선고 96가합35700 판결; 서울고등법원 1997. 1. 29. 선고 96나 48222 판결.
215) 이 사건은 서울고등법원으로 환송되어 같은 취지로 확정되었다(서울고등법원 1997. 10. 29. 선고 97나36103 판결).

해석론으로 이를 해결하였다는 점에서 의의가 있다.[216]

• **대법원 2005. 7. 24. 선고 2004다13878 판결**

원고는 조달청과 지하철 공사 도급계약을 체결하였고 전술한 시설공사계약 일반조건을 공사도급계약의 일부로 편입하기로 약정하였다. 원고는 설계변경으로 인한 추가공사비를 청구하는 중재를 신청하여 그 중 일부에 대해 승소하였고, 집행판결을 청구하였다.

법원은 중재조항을 둔 취지에 비추어 보면, 일반조건 제31조 제1항에 있는 "당해 계약문서와 예산회계법령에 규정된 사항"이란 문구는 계약에 관한 의사해석의 기준과 법원을 명시한 문구에 불과할 뿐, 중재합의의 제외대상을 규정한 문구가 아니라고 판시하였다. 따라서 이 사건 추가공사비에 관한 분쟁이 이에 해당한다고 하여 중재합의의 대상에서 제외된다고 볼 수 없을 뿐만 아니라, 가사 위 문구가 중재합의의 제외대상을 규정한 문구라고 하더라도 위 문구는 "당해 계약문서와 예산회계법령에 의하여 명백하게 해결될 수 있는 사항"만을 의미한다고 할 것인데, 이 사건 추가공사비에 관한 분쟁은 그 분쟁의 경위와 내용 등에 비추어 볼 때 이에 해당하지 아니한다고 할 것이므로, 여전히 중재합의의 대상에서 제외된다고 볼 수 없다고 판시하였다.

재정경제부 회계예규인 시설공사계약 일반조건이 상호 모순적인 조항을 분쟁해결조항으로 채택하여 정부와 민간업체 간의 각종 시설공사계약에 적용되도록 한 것이 이와 같은 법리적 논란의 발단이라고 할 수 있다. 즉, 시설공사계약에서 위 분쟁해결조항을 인용하게 되는 분쟁이란 결국 "당해 계약문서와 예산회계법령에 규정된 사항"과 관련이 있을 수밖에 없으므로(만약 당사자간 당해 계약문서나 예산회계법령에 규정된 사항과 무관한 분쟁이 발생한다면 이는 애초에 공사도급계약과 무관한 분쟁이므로 위 분쟁해결조항이 적용될 여지도 없다), 이러한 접근은 분쟁해결조항 자체가 아무런 의미도 갖지 못하게 만드는 문제가 있었던 것이다. 그러나 일단 분쟁이 발생한 뒤에 위 조항을 해석함에 있어서는 가급적 계약의 모든 조항이 의미를 갖도록 상호 조화로운 방향으로 해석하는 위와 같은 법원의 태도는 주목할 만하다.

---

216) 그 후 계약일반조건이 개정되어 '당해 계약문서와 회계법령에 규정된 사항을 제외한'이라는 문구가 삭제되었으므로 적어도 개정 후에 체결된 계약에서는 이와 관련한 분쟁이 발생하지 않게 되었다. 여미숙, "선택적 중재조항의 유효성", 민사판례연구 XXVII, 2005, 748면.

2.6.4 다수 계약서의 중재조항

당사자 간에 다수의 계약서가 체결되었는데, 그 중 일부의 계약서에만 중재조항을 포함하고 있고, 다른 계약서들은 다른 분쟁해결조항을 두고 있거나, 아예 분쟁해결조항을 두고 있지 않는 경우가 있을 수 있다.

외국의 법원들은 문제되는 계약서들의 당사자들이 동일하고, 하나의 사업과 관련된 계약이거나 당사자 간에 계속적 거래관계에 있으며, 다른 계약서들에 상충되는 중재조항이나 관할합의 규정이 없는 경우에는 해당 중재조항의 효력이 다른 관련 계약에도 미칠 수 있다고 인정한 사례가 있다고 한다.[217] 이는 계약을 가급적 당사자들로 하여금 단일한 분쟁해결절차를 통하여 분쟁을 해결할 수 있도록 해석한 것이라고 볼 수 있다.[218] 그러나 동일한 당사자들 간에 체결된 계약이라고 하더라도, 중재조항을 포함하고 있는 계약과 구별되는 별도의 계약으로 해석되는 경우에는 중재조항의 효력이 미치지 않는다고 본 사례도 있다고 한다.[219] 따라서 이 문제는 결국 해당 계약서들의 문언 및 당사자의 의사에 따라서 해석되어야 할 것으로 보인다.

이와 같이 특정한 분쟁이 중재합의의 대상에 포함되는지 여부에 있어 다툼이 생기는 경우에는 분쟁해결방법을 정하는 데 있어서도 상당한 노력과 비용이 소요되기 마련이므로, 이를 방지하기 위해서는 당사자 간에 다수의 계약을 체결하는 경우에는 계약서에 동일한 분쟁해결 조항을 두어, 하나의 분쟁해결 절차를 통하여 분쟁을 해결할 수 있도록 통일해 두는 것이 바람직하다.

2.6.5 중재합의의 범위를 제한적으로 해석한 사례

하급심 판결 중에는 소프트웨어 라이선스 계약상의 중재조항의 범위에는 해당 라이선스 계약의 종료 이후의 저작권 침해 여부에 관한 분쟁은 포함되지 않는다는 취지로 판시하여 중재합의의 범위를 제한적으로 해석한 사례가 있음을 유의할 필요가 있다(이른바 "봄버맨 게임" 사건).[220]

---

217) Born, 1370-1371면은 이에 관한 미국, 프랑스, 영국, 스위스, 독일 판례를 인용하고 있다.
218) Born, 1371면.
219) Born, 1373-1374면 참조.
220) 서울중앙지방법원 2007. 1. 17. 선고 2005가합65093, 2006가합54557 판결.

이 사건의 사실관계는 다음과 같다. 국내 게임업체는 해외 게임업체와 사이에 계약 기간을 2년으로 하는 소프트웨어 라이선스 계약을 체결하였는데, 해당 라이선스 계약에는 위 계약과 관련하여 당사자 간에 분쟁이 발생하는 경우 일본 동경에서 국제상사중재협회의 관련 중재 규정에 따라 해결한다는 취지의 중재조항이 포함되어 있었다. 그런데 국내 게임업체(원고)는 위 계약 기간이 만료된 이후에 한국 법원에 자신들의 게임(비엔비 게임)은 해외 게임업체(피고)의 게임(봄버맨 게임)의 저작권을 침해하지 않는다고 주장하면서 저작권 침해를 원인으로 한 정지청구권 및 손해배상청구권 부존재 확인을 구하는 소를 제기하였다. 이에 대하여 피고는 이 사건 소는 원고와 피고 사이의 소프트웨어 라이선스 계약이 정한 중재합의에 반하여 부적법하다고 항변하였다.

그런데 서울중앙지방법원은 피고의 본안전항변에 대하여 "위 계약은 원고가 피고로부터 비엔비 게임 서비스에 관한 허락을 받는 대가로 일정한 금원을 지급하는 것을 내용으로 하는 반면, 이 사건 본소는 비엔비 게임이 봄버맨 게임의 저작권을 침해하는지에 관한 분쟁을 대상으로 하는 것으로서 이 사건 본소에서 위 계약과 관련하여 당사자 사이에 어떠한 분쟁이 있는 것은 아니고, 저작권 침해 여부에 관한 판단이 위 계약의 성립, 이행 및 그 효력의 존부에 직접 관련되거나 밀접하게 관련된 분쟁이라고 볼 수 없으며, 위 계약과 같이 당사자가 사용허락에 관한 채권적 권리의무를 약정하면서 그 계약관련 분쟁에 대한 중재조항을 두었다고 하여 절대권인 저작권에 대한 침해 여부의 판단을 구하는 이 사건 본소까지 위 중재조항의 효력이 미친다고 보기 어렵"다고 판시하면서 피고의 본안전항변을 배척하였다.[221]

즉, 위 사건에서 원고와 피고 간의 라이선스 계약상의 중재조항은 "본 계약으로부터 발생하거나 또는 본 계약과 관련된 모든 분쟁(any dispute arising among the parties out of or in relation to this Agreement)"이라고 포괄적으로 규정하고 있었는데, 하급심 법원은 저작권 침해 여부에 관한 분쟁은 위 라이선스 계약과 관련된(in relation to this Agreement) 분쟁에 해당하지 않는다는 취지로 해석한 것이다.

---

221) 이 사건은 항소되었으나, 당사자들의 합의로 종결되었다.

2.7 중재합의에 포함되는 요소

2.7.1 개 관

중재합의를 하는 경우 당사자는 중재지, 중재기관(중재규칙), 중재인의 수, 중재절차에 사용하는 언어, 준거법 등에 관한 사항을 모두 합의하여 결정할 수 있고, 실무상 계약의 중재조항에는 위 사항들을 포함하고 있는 경우가 많다. 앞서 제2.3.2절에서 설명한 바와 같이 비록 위와 같은 사항이 포함되어 있지 않다고 하더라도 중재회부의사만 있으면 유효한 중재합의로서의 요건은 충족한다. 그러나 당사자 간에 이미 분쟁이 발생한 이후에는 위 사항들을 사후적으로 합의하는 것이 쉽지 않으므로, 이를 계약 체결시 미리 합의하여 두는 것이 바람직하다. 특히, 어떠한 계약에서 분쟁이 발생하게 되면, 계약에서 정한 모든 내용들은 그 계약에서 정한 분쟁절차를 통하여 해결된다는 점에서, 중재조항을 어떻게 작성하느냐는 문제는 계약에 있어 매우 중요한 문제라고 할 수 있다.

이하에서는 중재합의에 통상적으로 포함되는 요소들을 결정함에 있어서 어떠한 점들을 고려하여야 하는지를 살펴보고, 주요 중재기관들이 제시하는 표준적인 중재조항들을 소개한다.

2.7.2 중재회부의사

중재합의는 중재회부의사(agreement to arbitrate)를 핵심적인 요소로 한다. 이는 일정한 법률관계에 관한 분쟁을 중재에 의하여 해결하도록 하는 당사자간의 합의, 또는 일정한 법률관계에 관련한 분쟁을 중재에 부탁하기로 약정하는 것을 가리킨다.[222]

중재조항에는 중재회부의사를 명확하게 표시하는 것이 바람직하다. 예를 들어, 분쟁을 "중재에 회부할 수 있다(may be submitted to arbitration)"는 식의 표현을 사용할 경우 중재회부의사가 명확한지 여부에 관하여 다툼이 발생할 수 있으므로 바람직하지 않고, 분쟁을 중재에 의하여 "해결하여야 한다(shall)"는 표현을 사용하는 것이 바람직하다.[223]

---

222) 중재법 제3조 제2호 및 뉴욕협약 제2조 제1항.
223) IBA 중재조항 작성지침 제86항.

다만, 이처럼 중재조항에서 분쟁을 중재에 "회부할 수 있다"고 규정한 경우에도 이를 가급적 중재 외의 분쟁해결수단을 사용하지 않고 중재로만 분쟁을 해결하겠다는 취지로 해석하여야 한다고 보는 견해가 유력하다.[224]

2.7.3 중재의 대상이 되는 분쟁의 범위

제2.6.1절에서 설명한 바와 같이 중재조항에는 중재의 대상이 되는 분쟁의 종류 및 범위를 기재하게 된다. 국제변호사협회(International Bar Association, IBA)의 중재조항 작성지침은 특별한 사정이 없는 한 "해당 계약으로부터(arising out of the contract)" 발생하는 모든 분쟁뿐 아니라, "해당 계약과 관련하여(in connection with 또는 relating to)" 발생하는 모든 분쟁까지 포함하도록 폭넓게 정의하는 것을 권장하고 있다. 만약 이보다 협소하게 규정할 경우 해당 분쟁이 중재 대상인지 여부에 대한 분쟁이 발생할 수 있기 때문이다.[225]

매우 이례적인 경우에는 당사자들이 계약에서 발생할 수 있는 분쟁 중 일부 분쟁을 중재조항의 범위에서 제외시키고자 의도하는 경우가 있을 수 있다. 예를 들어 기술 관련 계약에 있어서 대금의 결정과 관련된 분쟁은 특정 분야의 전문가에 의한 결정에 회부하는 것으로 하고 그 이외의 분쟁만을 중재의 대상으로 삼고자 할 수도 있다. 그러나 이처럼 특정한 종류의 분쟁을 중재합의의 범위에서 제외시킬 경우에는, 향후 당사자간에 분쟁이 발생할 경우 그 분쟁이 중재의 대상이 되는지 여부에 관한 또 다른 다툼을 낳게 될 가능성이 높으므로 매우 신중을 기해야 하며, 특별한 사정이 없는 한 이와 같이 규정하는 것은 바람직하지 못하다.[226]

2.7.4 중재지

2.7.4.1 중재지의 의의

중재지(중재장소, arbitral seat, place of arbitration)는 중재가 법적 주소(juridical seat of arbitration)를 두는 장소이자, 형식상 중재판정이 내려진 장소를 의미한다.[227] 중재지는 순전히 법적인 개념으로서, 실제로 중재절차가 이루어진 장소(예를 들면, 증인신문이 이

---

224) Born, 1393-1394면.
225) IBA 중재조항 작성지침 제14항.
226) IBA 중재조항 작성지침 제15항.
227) Born, 206면.

루어진 장소, 중재판정부가 심리를 한 장소 또는 중재판정부가 중재판정서에 서명을 한 장소 등)
와는 구별된다.[228] 참고로, 중재지가 결정되었다고 하더라도 중재절차가 반드시 해당
중재지에서 이루어져야 하는 것은 아니다. 오히려 개정 중재법 제21조 제3항은 중재
판정부는 중재지 외의 적절한 장소에서 협의, 신문, 검증 등을 할 수 있다고 정하고
있다.[229] 실무상 중재절차가 중재지에서 진행되는 경우도 많이 있으나, 중재판정부와
당사자들의 합의에 따라 중재지 외의 장소(도시나 국가)에서 진행되기도 한다(예를 들어
중재조항상 중재지를 홍콩으로 정하였다고 하더라도 중재판정부와 당사자의 합의에 의하여 심리를
서울에서 진행할 수 있는 것이다). 그렇지만 이렇게 중재지 외의 장소에서 심리가 진행된
다고 하더라도, 중재지는 법적인 개념이므로 중재지가 변경되지는 아니한다.

중재합의의 당사자들은 자유롭게 중재지를 선택할 수 있다.[230] 예를 들어, 선택
될 중재지가 당사들, 관련 계약 및 현재 또는 미래의 분쟁과 관련이 있어야 한다는
등의 제한은 없다.[231] 중재지에 관한 당사자들의 합의가 없을 경우에는 당사자들이
선택한 중재규칙에서 정하는 바에 따라 결정된다.[232]

한편, 중재기관이 소재한 곳을 중재지로 정해야 한다거나 중재지로 정한 곳에
소재한 중재기관의 중재규칙을 이용해야 한다고 오해하는 경우가 종종 있으나, 중재
지는 중재기관의 소재지와는 무관하다. 예를 들어, 당사자들은 가령 싱가포르에 있는
SIAC을 중재기관으로 정하더라도, 중재지를 한국으로 정할 수 있다.

2.7.4.2 중재지 선택의 중요성

중재지는 중재절차나 중재판정의 집행 및 취소 절차 전반에 걸쳐 법률적으로
상당한 의의를 갖는다. 우선, 중재판정이 중재지에서 내려진 것으로 간주되기 때문
에 중재판정의 취소를 구하려면 중재지의 법원에서 제소를 해야 한다. 또한, 중재절
차에 강제적으로 적용되는 중재지의 법률이 있을 경우 중재절차가 그러한 법률의

228) 석광현, 24면; 목영준, 119면.
229) 개정 전 중재법 제21조 제3항은 "당사자 간의 다른 합의가 없는 경우" 중재판정부가 중재지
　　외의 적절한 장소에서 증거조사 등을 할 수 있다고 규정하고 있었다.
230) 중재법 제21조 제1항; UNCITRAL 모델중재법 제20조 제1항.
231) 대법원 1997. 9. 9. 선고 96다20093 판결; 석광현, 국제상사중재법연구, 박영사, 2007, 23면.
232) UNCITRAL 모델중재법 제20조 제1항(중재법 제21조 제2항)은 당사자간의 중재지에 관한 합
　　의가 없는 경우 중재지는 중재판정부가 당사자의 편의 등을 포함한 해당 사건의 사정을 고
　　려하여 결정하도록 하고 있다.

적용을 받게 되며, 중재지의 법원의 결정이 있을 경우 중재인들이 중재지에서 중재를 진행할 때 그 결정에 구속되는 효과가 발생하기도 한다. 나아가, 중재절차에 적용되는 준거법에 관해서도 중재판정부가 중재지의 법률을 준거법으로 삼는 경우도 적지 않다. 그리고, 중재판정부가 절차 진행을 위해 중재지 법원의 조력을 받아야 하는 경우도 있을 수 있다. 위 각 요소들은 중재절차의 공평성 및 효과성과 중재판정의 집행가능성에 근본적인 영향을 미친다.[233]

2.7.4.3 중재지 선택 시 고려할 점

이처럼 중재지 선택은 법률적으로 중요한 의의를 가지므로, 무엇보다도 중재지는 중재에 관한 법률이 잘 정비되어 있고 법원이 중재절차에 대하여 우호적인 곳으로 선정하여야 한다.

이와 관련하여 국제변호사협회(IBA) 중재조항 작성지침에 따르면 중재지는 가급적 (1) 뉴욕협약의 체약국이고, (2) 해당 국가의 법률이 중재에 우호적이고, 해당 계약에 의한 분쟁의 목적물에 대해 중재를 허용하며, (3) 중재절차에 우호적인 공정한 판정을 내려온 전력이 있는 법원이 소재한 지역을 중재지로 정할 것을 권장하고 있다.[234] 그 밖에도 실무적인 관점에서는 중재지 선택 시 해당 중재지가 당사자나 증인, 대리인 등이 입국하는 데 장애가 없는지, 중재를 진행하기에 적절한 시설이 있는지, 중재를 진행하는 데 필요한 속기사나 통역인들을 구하는 데 장애가 없는지, 지역 간의 시차가 양당사자에게 공평한지 등도 고려해야 할 것이다.

이하에서는 이상의 점에 비추어 세계 각국의 도시들이 국제중재에 있어서 중재지로서 어떠한 장단점 및 특색을 갖는지에 관하여 살펴본다.[235] 참고로, ICC 중재법원의 2011년도 보고서에 의하면 2010년도에 ICC 중재법원에 제기된 국제중재사건의 도시별/국가별 중재지 통계는 다음 표와 같다.[236]

---

233) McIlwrath, Michael and Savage, John, International Arbitration and Mediation: A Practical Guide, Kluwer Law International, 2010, 21면.
234) IBA 중재조항 작성지침 제22항 참조.
235) 이하에 관하여는 김갑유, "국제상사중재에서 중재지와 중재규칙의 선택: 한국기업을 위한 지침", 국제사법연구 제16호, 2010, 24-33면 참조.
236) ICC International Court of Arbitration Bulletin Vol.22 No.1, 2011, 13면.

도 시	사건 수
Paris	124
London	70
Geneva	48
Zürich	30
Singapore	24
New York	23
Hong Kong	14
Vienna	13
Mexico	12
Miami	11

국 가	사건 수
France	124
Switzerland	86
United Kingdom	70
USA	44
Germany	27
Singapore	24
China	14
Austria	13
Mexico	13
UAE	12
Brazil	11

2.7.4.4 파 리

파리는 ICC 중재법원의 본부가 소재하고 있는 곳으로, 유럽은 물론 전 세계 기업들이 중재 장소로 널리 선택하는 중재지이다. 프랑스는 중재에 관한 법 제도나 시스템이 고도로 발달하여 있는 국가이고, 다수의 국제중재전문가들이 활발하게 활동하고 있다. 파리를 중재지로 선택할 경우 유럽지역의 중재인이 선정될 가능성이 높아진다는 점을 감안할 필요가 있다.

2.7.4.5 런 던

런던 역시 파리와 마찬가지로 중재지로 선호되는 곳으로, 특히 런던은 금융, 해상, 보험, 선박건조, 건설 등의 분야에서 중재지로 빈번하게 선택되고 있다.

영국은 미국이나 다른 대륙법계 국가와는 달리 로펌에서 근무하는 사무변호사(solicitor)와 법정변호사(barrister)를 구분하고 있다는 특색이 있다. 영국의 전통적인 중재절차에서는 영국 법원의 소송처럼 사건의 대리는 독립적인 지위를 가지는 법정변호사가 하고, 로펌의 사무변호사는 이를 보조하는 일을 수행하게 되는 경우가 빈번하다. 그러나, 최근에 와서는 법정변호사들이 고객들에게 직접 중재사건에 관한 자문을 제공하거나 영국 로펌 내지 사무변호사를 개입시킴이 없이 국내로펌과 함께 일하는 업무 사례가 늘어나고 있다.

2.7.4.6 스위스(취리히, 제네바)

스위스 역시 중재 제도가 매우 발달한 나라로, 취리히나 제네바에는 저명한 국제중재전문가들이 다수 활동하고 있다.

스위스의 도시들을 중재지로 정하는 경우에는 스위스 지역에서 활동하는 변호사들이 중재인이 될 가능성이 높아 지는데, 스위스 출신 중재인들의 경우 절차적인 면에서 다소 엄격한 경향성을 보이기도 한다고 알려져 있다.

2.7.4.7 싱가포르

싱가포르는 최근 국내기업들이 가장 많이 선택하는 중재지 중 하나이다. 싱가포르는 국제중재를 위한 법적인 제도가 잘 구비되어 있는 대표적인 중재 친화적인 국가로 알려져 있다. 나아가 상대적으로 물가가 저렴하고 영어가 쉽게 통용된다는 점에서 편리한 점이 많다. 맥스웰 채임버(Maxwell Chambers)와 같은 세계 수준의 중재시설도 소재하고 있다.

한편, 싱가포르의 법률 문화가 상대적으로 영국의 영향을 많이 받았다는 이유로, 국내기업이 영국기업을 상대방으로 하는 경우에는 싱가포르를 중재지로 선택하는 것을 꺼려하는 경우가 있으나 실무상으로는 그럴 만한 이유가 없는 것으로 보인다.

2.7.4.8 홍 콩

홍콩은 중국의 일부이기는 하지만 중국 본국과는 다른 법률체계를 유지하고 있다. 또한, 홍콩은 중국 본국과 중재판정의 집행에 관한 별도의 조약을 체결하고 있기 때문에, 홍콩에서 내려진 중재판정은 중국 내에서의 집행에 있어 유리하다는 장점이 있다고 설명되기도 한다.

역사적인 이유로 법률문화에 있어서 홍콩은 영국의 색채를 강하게 띠고 있다. 즉, 중재에서도 소송변호사(barrister)를 사용하는 경우가 적지 않고, 실제 중재인도 영국인이거나 영국에서 교육받은 경험이 있는 경우가 많다.

2.7.4.9 도　쿄

실무상 종종 도쿄가 중재지로 합의되거나 중재지의 후보로 거론되기도 한다. 중재에 관한 법제도가 잘 정비되어 있고, 일본 법률의 내용이나 제도가 우리와 유사하다는 것도 국내기업으로서는 중요하게 고려할 사항이 될 수 있다.

다만, 일본은 경제규모에 비해서 국제중재가 그다지 활발하지 못한 편이라고 볼 수 있다. 대한민국보다 중재사건의 수나 중재 실무의 규모가 작고, 국제중재를 진행할 수 있는 중재인의 수도 제한적이라고 할 수 있다.

2.7.4.10 베이징, 상하이

우선 중국은 아직 UNCITRAL 모델중재법을 수용하지 않고 있는 국가임에 유의할 필요가 있다. 나아가 제2.2.5절에서 설명한 바와 같이 중국 내에서 중재절차를 진행하거나 중재판정을 집행하는 경우에는 추가적으로 고려해야 할 사항들이 많다. 중국과 관련한 중재절차를 진행하는 경우에는 절차적인 측면에서 충분한 검토가 필요하다고 할 수 있다.

2.7.4.11 뉴욕과 미국 도시들

뉴욕이나 캘리포니아주의 도시들은 국내기업들이 선호하는 중재지로서, 국제중재를 진행하는 데 있어 별다른 법률적, 실무적 장애가 없는 것으로 알려져 있다. 다만, 캘리포니아의 경우, 중재사건을 대리하는데 있어 변호사 자격과 관련한 이슈가 있을 수 있고 미국 입국에 있어 입국심사가 문제가 되는 경우가 있으니 주의를 요한다.

2.7.4.12 밴쿠버, 시드니

밴쿠버나 캐나다의 도시는 국내기업이 미국기업이나 유럽기업을 상대방으로 하는 경우 중립적인 중재지로 고려하여 볼 수 있는 곳이다. 이들 도시들은 미국기업이나 유럽기업 입장에서 저항이 크지 않고, 국내기업의 입장에서도 선택하는 데 큰 장애가 될 만한 어려움이 없는 편이다.

2.7.4.13 서   울

서울은 국제중재에 매우 친화적인 장소이다. 우리나라는 UNCITRAL 모델중재법을 받아들여 중재에 관한 법제도가 잘 갖추어져 있고, 중재합의의 해석, 중재판정의 승인, 집행 등에 있어 대한민국 법원은 중재친화적인 판결을 내려왔다. 그 외에도 지리적 이점은 물론이고, 서울은 인적(다수의 국제중재전문가), 물적(서울국제중재센터, 대한상사중재원 등) 인프라를 고루 갖춘 국제중재의 허브로서 천혜의 조건을 갖추고 있다고 할 수 있다.

2.7.5 중재규칙 및 중재기관

2.7.5.1 중재규칙 및 중재기관의 선택

중재지의 선택과 더불어 중재합의에서 포함하여야 할 또 다른 중요한 요소는 중재규칙 및 중재기관의 선택이다.

중재에 특정 중재기관의 중재규칙을 적용하기로 하는 경우에는 중재합의 작성시 해당 중재기관이 권고하는 표준중재조항을 이용하는 것이 유용하다.[237] 그리고 기관 중재의 경우에는 해당 기관의 중재규칙을 적용하도록 정하는 것이 바람직하다(예를 들어 ICC를 중재기관으로 지정한 경우 ICC 중재규칙을 적용하도록). 그런데 경우에 따라서는 당사자들이 중재기관과 중재규칙을 달리하여 중재조항을 작성하는 경우가 있다. 예를 들어 분쟁발생시 대한상사중재원(KCAB)의 중재로 해결한다고 정하면서, ICC의 중재규칙을 적용한다고 하는 경우이다. 이를 이른바 하이브리드(hybrid) 중재조항이라고 하는데, 많은 혼란을 일으킬 수 있으므로, 바람직하다고 보기 어렵다. 실제로 당사자들이 중재규칙은 ICC 중재규칙으로, 중재기관은 싱가포르국제중재센터(SIAC)로 정한 사례가 있었는데, SIAC에서는 해당 분쟁을 진행하여 중재판정을 내리고,[238] 싱가포르 법원이 이러한 중재합의가 유효하다고 인정하여,[239] 국제적으로 논란이 된 바가 있었다. 이에 ICC는 개정 중재규칙(2012. 1. 1. 시행)에서 ICC 중재법원만이 ICC 중재규칙에 따라 판정을 검토 및 승인하고 중재를 관리할 권한을 가진 유일한 기관이라는 점을

---

237) 각 기관의 표준중재조항은 제2.7.12절에서 소개한다.

238) SIAC Arbitration Case No. ARB 087 of 2006.

239) Insigma Technology Co Ltd v. Alstom Technology Ltd [2009] SGCA 24. 위 중재판정에 대한 중재판정 취소 소송에서 중재지 법원인 싱가포르 법원은 1심(Singapore High Court)과 항소심 (Singapore Court of Appeal)은 모두 해당 중재합의가 유효하다고 판단하였다.

선언하는 한편,[240] ICC 중재규칙에 따라 중재하기로 합의하면 당사자들은 ICC 중재법원이 중재를 관리하는 것에 동의한 것이라고까지 명시하였다.[241]

한편, 당사자들이 중재합의에서 중재기관은 정하지 않은 채 특정한 중재규칙만을 합의하는 경우도 있다. 국제연합무역법위원회(United Nations Commission on International Trade Law, UNCITRAL)가 제정한 중재규칙(UNCITRAL Arbitration Rules)이 대표적이다.[242] 특히 투자자 – 국가간 중재에 있어서는 UNCITRAL 중재규칙에 의하여 비기관중재를 하도록 정하고 있는 경우가 적지 않다.[243]

한편, 당사자가 중재기관뿐만 아니라 중재규칙도 정하지 않은 경우에는, 통상적으로 중재지 국가의 중재법에서 정한 중재절차에 따라 중재가 진행 되는데, 이 경우 중재판정부 구성 등 초기 단계부터 절차적 지연이 발생할 수 있다.[244] 따라서 비기관중재에 합의하더라도 적어도 중재인 선정기관은 미리 정해 두는 것이 바람직하다.[245] 예를 들어 남한과 북한 간에 2000. 12. 16. 체결된 남북 사이의 상사분쟁해결절차에 관한 합의서에는 남과 북의 경제교류 협력과정에서 생기는 상사분쟁을 해결하기 위한 비기관중재의 절차를 규정하고 있는데, 위 합의서 제10조 제4항은 의장중재인을 선정하지 못한 경우 의장중재인 선정은 국제투자분쟁해결센터(International Center for Settlement of Investment Disputes; ICSID)에 의뢰할 수 있도록 규정하고 있다.

2.7.5.2 중재기관 선택의 법적 의미

중재규칙의 선택은 그 중재규칙에 포함된 많은 내용들이 당사자간의 합의로 의제된다는 점에서 당사자들에게 상당히 중요한 법적 의미가 있다. 중재기관에 따라서는 중재규칙의 내용을 당사자간의 합의로도 바꿀 수 없는 강행적인 성격이라는 입장

---

240) ICC 중재규칙 제1조 제2항.
241) ICC 중재규칙 제6조 제2항.
242) 이는 UNCITRAL 모델중재법과 달리 모델법이 아니라 중재를 진행하는데 필요한 구체적 내용을 규정해둔 중재규칙이다.
243) 예를 들면, 대한민국 정부와 일본국 정부간의 투자의 자유화·증진 및 보호를 위한 협정 제15조 제3항 나목은 UNCITRAL 중재규칙에 의한 중재를 규정하고 있다.
244) 예를 들어, 당사자 간에 중재판정부 구성에 있어 합의가 이루어지지 않으면, 법원의 조력을 얻을 수밖에 없을 것이다(중재법 제12조 제3항 참조). 이러한 경우에는 어느 국가의 법원에서 중재인 선정 권한을 행사할 것인지가 문제될 수 있다. Born, 1729-1733면.
245) IBA 중재조항 작성지침 지침 제6항.

을 취하기도 하는데, ICC는 중재절차요지서(Terms of Reference)의 확정절차나 중재인의 선정확인절차, 판정문의 검토절차 등은, ICC 중재규칙을 따르기로 한 이상 당사자의 합의로 달리 정할 수 없다는 입장을 취하고 있다.[246]

2.7.5.3 중재기관 선택시 고려할 점

실무적으로는, 중재규칙을 정함에 있어서는 무엇보다도 일단 내용을 잘 알지 못하는 중재규칙을 선택하지 않는 것이 바람직하다. 이미 검증된 중재규칙, 내용뿐만 아니라 실제 적용에 있어서도 실무례가 확립되어 있거나 경험을 통해서 확인된 중재규칙을 선택해야 한다.

또한 나중에 중재판정을 받았을 때의 집행가능성에 관해서도 고려해 보아야 할 것인데, 특히 제2.2.5절에서 설명한 바와 같이 중국 등 일부 국가에서는 비기관중재를 유효한 중재로 인정하지 않고 있으므로, 비기관중재의 선택시 이 점을 유의할 필요가 있다.

2.7.6 중재인의 수

중재합의에는 중재인 수를 명시해 두는 것이 바람직하다.[247] 중재인의 수는 중재비용 및 중재절차의 기간에 영향을 미친다. 3인으로 구성된 중재판정부에 의한 중재절차는 단독중재인에 의한 중재보다는 절차가 길어지고 중재인 보수로 인해 중재 비용도 많이 소요된다. 그렇지만 3인 중재는 1인 중재보다는 불합리하거나 부당한 결과에 대한 위험을 경감시켜 줄 가능성이 높다는 장점이 있다.

대부분의 중재규칙은 당사자들이 중재합의에 중재인의 수를 정하여 두지 않은 경우를 대비하여 이를 정하는 방법에 관한 규정을 명시해 두고 있다. 중재기관들은 신청금액의 다과나 사건의 복잡성 등을 고려하여 3인에 의할 것인지, 단독중재인에 의할 것인지를 결정하는 것이 일반적이다. 중재인의 수에 관한 중재법이나 각 중재기관의 세부적인 규정과 절차는 아래 제4.3절에서 다룬다.

한편, 실무상 한국 기업들이 체결하는 중재합의들 중에는 의장중재인(chairman 또

---

246) ICC 중재규칙 제1조 제2항, 제6조 제2항은 이를 반영한 것이다.
247) IBA 중재조항 작성지침 지침 제5항.

는 president) 대신 심판관(umpire)을 선정하여 중재판정부를 구성하기로 하는 합의도 간혹 보인다. 심판관 제도란 나머지 2인의 중재인이 중재의 각 쟁점들에 대해 합의를 먼저 하고, 합의가 이루어지지 않는 쟁점에 대해서만 심판관이 판단을 하는 방식으로, 영국 중재법에 근거하여 이루어지는 영국 국내 중재에서 쓰이는 방식이다. 이는 통상의 국제중재의 경우 의장중재인이 다른 중재인들과 함께 쟁점들에 모든 대해 다수결로 판정을 내리는 방식과는 차이가 있다. 합의가 이루어지지 않은 부분에 한해서만 심판관이 판단을 하면 된다는 점에서 합리적이고 효율적인 제도이지만, 실제 운용 과정에서는 2인의 중재인들 사이에 합의가 된 부분과 안 된 부분이 무엇인지 다툼이 되는 경우가 있어, 오히려 더 비효율적으로 진행될 수도 있다. 그런 이유로 현재는 영국에서도 일부 재보험 분쟁분야를 제외하면 심판관제도를 이용하는 중재가 활발하게 이용되지는 않는 것으로 알려져 있다.

2.7.7 중재인 선정 방식

중재합의에는 중재인 선정 방식에 대한 내용도 포함될 수 있다. 만약 중재조항에 중재인 선정 방식을 정하지 않을 경우에는 당사자들이 합의한 중재규칙 또는 관련 중재법규가 정한 방법에 따라 중재인이 선정된다. 국제중재절차에서 가장 많이 사용되는 방식은 신청인 측에서 중재인 1인, 피신청인 측에서 중재인 1인을 각 선정하고, 이렇게 선정된 2인의 중재인들이 합의하여 의장중재인을 정하되, 만일 당사자에 의하여 선정된 중재인들이 합의에 이르지 못할 경우에는 중재규칙에 따라 중재기관이 의장중재인을 선임하는 방식이다.[248]

간혹, 중재합의에서 중재인의 자격 요건을 특정하고 있는 경우가 있다. 그러나 지나치게 구체적인 자격 요건을 명시해둘 경우 중재인 선택의 여지를 좁혀서 실제 중재 진행시 중재인 선임에 어려움을 겪을 위험이 클 뿐만 아니라, 중재인의 자격 요건 구비 여부에 대한 절차적 다툼으로 상당한 지연이 발생될 우려도 있다는 점을 감안할 필요가 있다. 중재인 선정과 중재판정부 구성에 대한 보다 상세한 내용은 아래 제4장에서 논의한다.

---

248) 대한상사중재원의 국내중재규칙은 당사자들이 중재인 선정 방식을 정하지 않은 경우 중재인 후보자 명단을 당사자들에게 발송하고, 당사자들에게 우선순위를 적시하도록 한 후, 이를 참작 중재인을 선정하는 방식을 취하고 있다(국내중재규칙 제21조).

2.7.8 중재언어

중재언어는 중재절차에서 사용될 언어로, 심리기일에서 대리인의 구두 변론과 증인의 증언 시 사용되는 언어이자, 또한 각종 서면이나 서신에서 사용되는 언어를 말한다. 따라서 중재언어를 외국어로 합의한 경우, 증인이 진술서를 한글로 작성하면 번역본을 제출해야 하고, 또한 한국어로 작성된 각종 내부문서를 증거로 제출하는 경우에도 번역본을 아울러 제출해야 하는 것이 일반적이다. 중재언어를 무엇으로 선택하는지에 따라 중재가 어떻게 진행되고 있는지에 대한 당사자의 이해의 정도에 차이가 발생할 수 있고, 번역이나 통역 등 관련 비용에도 큰 차이를 발생시킨다.

또한 실무적으로 중재언어는 중재판정부 구성과 대리인 선임에 있어 필수적으로 고려되어야 할 사항이다. 중재언어가 한국어인지, 영어인지 아니면 그 밖의 제3국의 언어인지 여부에 따라 중재인이나 대리인에게 요구되는 언어능력에는 차이가 생길 수밖에 없다. 특히 영어 외의 제3국의 언어를 중재언어로 정하는 경우에는 해당 언어능력을 보유한 중재인이나 대리인을 선정하는 데 어려움을 겪을 수 있고, 해당 언어에 익숙하지 않은 증인의 증언을 정확하게 통역해줄 통역사를 구하는 데도 어려움이 있을 수 있으므로, 중재언어의 선택은 신중할 필요가 있다.

2.7.9 준거법

국제 거래에 있어서는 당사자들이 해당 계약과 분쟁 해결의 준거법을 명시하는 것이 바람직하다. 국제중재에 있어서 준거법의 확정은 매우 복잡하고 어려운 문제이다. 가령 중재절차에서 준거법에 대해 양 당사자들 사이에 다툼이 발생하면, 당사자들은 서로 자신이 주장하는 준거법에 근거한 주장뿐만이 아니라 상대방이 주장하는 준거법에 따른 주장도 아울러 전개해야만 하는 실무적인 어려움이 따르게 된다. 국제중재에 있어 준거법에 관한 내용은 제3절에서 다룬다.

IBA는 중재조항 작성지침에서 국제거래에 있어서는 계약서에 계약의 준거법뿐만 아니라 해당 계약과 관련된 분쟁에 대한 준거법을 모두 명시하는 것이 바람직하다고 설명하면서, 다음과 같은 조항의 사용을 권고하고 있다.[249]

---

249) IBA 중재조항 작성지침 지침 제8항 참조.

This agreement is governed by, and all disputes arising under or in connection with this agreement shall be resolved in accordance with, [selected law or rules of law]. 본 계약은 [선정된 법률이나 법규]에 따라 규율되며 본 계약에서 기인하거나, 또는 본 계약과 관련하여 발생하는 모든 분쟁은 [선정된 법률이나 법규]에 따라 해결된다.

2.7.10 중재절차의 비공개성

중재절차의 비공개성은 분쟁해결방법으로서 중재가 선호되는 중요한 이유 중의 하나이다. 특히 당사자들의 분쟁이 내용적으로 또는 시기적으로 민감한 이슈를 다루거나 고도의 비밀성이 요구되어, 대중에게 공개되는 것이 적절치 않은 경우 중재합의의 중요한 구성요소가 될 수 있다. 통상 중재절차는 비공개로 진행되지만, 중재절차의 비공개성이 당연히 추정되거나 강제되는 것으로 보기는 어려운 측면이 있다. 따라서 중재를 비공개로 진행하고자 하는 당사자는 중재조항에 이를 명시해 두는 것이 바람직하다.

한편, 중재기관의 중재규칙 중에는 중재절차의 비공개성에 대하여 규정하고 있는 경우가 있다. 이러한 중재규칙을 선택할 경우에는 그에 따라 비공개 의무가 발생하게 된다. 예를 들어, 대한상사중재원 국제중재규칙 제52조는 중재절차는 당사자 사이에 합의되거나 법률상 또는 소송절차에서 요구되는 경우를 제외하고는 공개하지 아니한다고 명시적으로 규정하고 있다.250) 이에 관하여는 제5.2.5절에서 상세히 설명한다.

2.7.11 기　타

실무상 접하는 중재합의에는 앞서 살펴본 내용들 외에도 (1) 중재판정부의 임시적 처분 권한을 명시해 두거나 중재합의가 법원에 보전처분을 제기하는 것에 영향을 미치지 않는다는 뜻을 명시해 두는 경우도 있고, (2) 중재판정부의 문서제출명령권한과 그 적용 범위 등을 명시해 두는 경우도 있으며, (3) 중재로 인해 발생하게 되는 비용의 부담 주체 및 방법을 정해두기도 하고, (4) 중재판정이 최종적인 것이고 항소의 대상이 아니라는 점을 명시해 두는 경우도 있다.251)

---

250) 여기서 법률에 의하여 중재절차의 공개가 요구되는 경우의 예로는 공시의무를 들 수 있다. 예를 들어 주권상장법인은 법인의 경영·재산 등에 관하여 중대한 영향을 미치는 사항으로서 중대한 영향을 미칠 소송이 제기된 때에는 그 내용을 기재한 보고서를 금융위원회에 제출하여야 한다. 자본시장 및 금융투자업에 관한 법률 제161조 제1항 제9호 및 동 시행령 제171조 제2항 제2호.

2.7.12 표준 중재조항

많은 중재기관들이 해당 기관의 중재규칙의 적용에 관한 표준 중재조항을 만들어 두고 있다.

ICC가 권고하는 표준 중재조항은 다음과 같다.

[ICC 중재규칙의 적용에 관한 ICC의 권고 표준 중재조항]

All disputes arising out of or in connection with the present contract shall be finally settled under the Rules of Arbitration of the International Chamber of Commerce by one or more arbitrators appointed in accordance with the said Rules.

또한 대한상사중재원이 권고하는 표준 중재조항은 국내중재규칙이 적용되는 경우와 국제중재규칙이 적용되는 경우를 따로 구분하고 있다.

[국내중재규칙의 적용에 관한 대한상사중재원 표준 중재조항]

이 계약으로부터 발생되는 모든 분쟁은 대한상사중재원에서 국내중재규칙에 따라 중재로 해결한다.

[국제중재규칙의 적용에 관한 대한상사중재원 표준 중재조항]

Any disputes arising out of or in connection with this contract shall be finally settled by arbitration in Seoul in accordance with the International Arbitration Rules of the Korean Commercial Arbitration Board. The number of arbitrators shall be [one / three]. The seat, or legal place, of arbitral proceedings shall be [Seoul / South Korea]. The language to be used in the arbitral proceedings shall be [language].

---

251) 가령 영국 중재법(Arbitration Act 1996) 제69조는 중재판정에서 다루어진 '법에 관한 문제 (question of law, 가령 법리 오인 또는 법률 적용의 과오 등)'에 관한 판단에 대해 당사자가 법원에 '항소(appeal)'할 수 있는 권리를 규정하고 있다. 이러한 항소가 제기되고, 또한 항소를 인용할 만한 사정이 있으면 법원은 중재판정의 전부 또는 일부를 취소할 수도 있고, 중재판정의 구체적인 내용을 임의로 수정할 수도 있으며, 마치 상급심이 하급심 판결을 파기 환송하는 것처럼 중재판정부에게 사건을 다시 환송할 수도 있고, 구체적인 사실관계에 대하여 중재판정부에게 확인을 요청할 수도 있다(영국 중재법 제69조 제7항 참조). 따라서 이러한 절차를 원하지 않는 경우 항소권의 포기를 사전에 규정해 두는 것이 바람직하다.

그 외 비기관중재의 경우에는 다음과 같은 IBA 중재조항 작성지침 제13항에 예시된 표준 중재조항을 활용할 수 있다.[252]

All disputes arising out of or in connection with this agreement, including any question regarding its existence, validity or termination, shall be finally resolved by arbitration.
The place of arbitration shall be [city, country].
The language of the arbitration shall be [···].
The arbitration shall be commenced by a request for arbitration by the claimant, delivered to the respondent. The request for arbitration shall set out the nature of the claim(s) and the relief requested.
The arbitral tribunal shall consist of three arbitrators, one selected by the claimant in the request for arbitration, the second selected by the respondent within [30] days of receipt of the request for arbitration, and the third, who shall act as presiding arbitrator, selected by the two parties within [30] days of the selection of the second arbitrator. If any arbitrators are not selected within these time periods, [the designated appointing authority] shall, upon the request of any party, make the selection(s).
If a vacancy arises, the vacancy shall be filled by the method by which that arbitrator was originally appointed, provided, however, that, if a vacancy arises during or after the hearing on the merits, the remaining two arbitrators may proceed with the arbitration and render an award.
The arbitrators shall be independent and impartial. Any challenge of an arbitrator shall be decided by [the designated appointing authority].
The procedure to be followed during the arbitration shall be agreed by the parties or, failing such agreement, determined by the arbitral tribunal after consultation with the parties.
The arbitral tribunal shall have the power to rule on its own jurisdiction, including any objections with respect to the existence, validity or effectiveness of the arbitration agreement.
The arbitral tribunal may make such ruling in a preliminary decision on jurisdiction or in an award on the merits, as it considers appropriate in the circumstances.
Default by any party shall not prevent the arbitral tribunal from proceeding to render an award.
The arbitral tribunal may make its decisions by a majority. In the event that no

252) http://www.ibanet.org/Publications/publications_IBA_guides_and_free_materials.aspx#drafting 참조.

majority is possible, the presiding arbitrator may make the decision(s) as if acting as a sole arbitrator.

If the arbitrator appointed by a party fails or refuses to participate, the two other arbitrators may proceed with the arbitration and render an award if they determine that the failure or refusal to participate was unjustified.

Any award of the arbitral tribunal shall be final and binding on the parties. The parties undertake to carry out any award without delay and shall be deemed to have waived their right to any form of recourse insofar as such waiver can validly be made. Enforcement of any award may be sought in any court of competent jurisdiction.

실무에서는 이러한 표준 중재조항에 중재인수, 중재지, 중재언어 등의 내용을 기재하여 정하는데, 사안의 특수성에 따라 중재인 선정 방법에 관한 내용이나 중재비용 부담 주체에 관한 내용, 중재에 관한 비밀유지에 관한 내용, 문서제출절차의 범위나 진행방법에 관한 내용 등과 같은 내용들 중에서 당사자들이 필요하다고 판단하는 것을 추가하여 작성하기도 한다.

제**3**장

준거법

준 거 법

3.1 개 관

국제중재에서는 준거법에 관한 다양한 문제들이 제기된다. 우선 청구의 당부를 판단하는 데 있어 어떠한 법을 적용할 것인지가 결정되어야 한다(중재법은 이를 "분쟁의 실체에 적용될 법"이라 표현하고 있다).[1] 분쟁의 실체에 적용될 법 이외에도 중재합의의 성립, 유효성 및 해석, 중재합의의 방식, 중재합의를 체결할 수 있는 당사자들의 능력, 중재가능성 등의 문제를 판단함에 있어서 각각 어떠한 법을 적용할 것인지 문제될 수 있다.[2] 그런데, 중재합의는 어떤 계약에 포함되어 있다고 하더라도 그 계약의 다른 조항과는 분리하여 독립적으로 해석하여야 하므로(중재합의의 독립성) 이러한 문제에 적용될 법은 분쟁의 실체에 적용될 법과 일치하지 않을 수도 있다.[3] 또한 분쟁의 실체나 중재합의에 있어 적용될 실체법(substantive law) 이외에, 중재절차에 관한 사항을 규율하는 절차법(procedural law)의 준거법이 문제되는 경우도 있다.[4]

이하에서는 국제상사중재에 있어 준거법이 문제되는 경우로서 (1) 중재합의에 적

---

1) 중재법 제29조.
2) 석광현, 114면은 "중재합의의 준거법"은 "중재합의의 성립 및 (실질적) 유효성의 준거법", "중재합의의 방식(또는 형식적 유효성)의 준거법", "중재합의의 효력의 준거법"을 포함하는 개념이고, 이는 중재합의를 체결할 당사자들의 능력의 준거법, 중재가능성의 준거법과는 구별되는 것이라고 한다. 목영준, 70면은 "중재합의에 적용될 실질법"이라는 용어를 사용하면서 "중재합의가 부존재, 무효, 효력상실 또는 이행불능인지를 판단하는 데 기준이 되는 실질법"은 이에 의한다고 설명하고 있으며, "중재가능성의 판단기준인 실질법"을 이와 구별하여 논하고 있다(목영준, 60면).
3) 제2.1.4절 참조.
4) 참고로 실질법은 실체법과 구별되는 개념이다. 실질법은 국제사법(또는 저촉법)에 대비되는 개념인 데 비하여, 실체법은 절차법에 대비되는 개념이다.

용될 법, (2) 중재에 관한 절차법, (3) 분쟁의 실체에 적용될 법을 차례로 살펴본다.

3.2 중재합의에 적용될 법

중재합의에 적용될 법(law applicable to an arbitration agreement)은 (1) 중재합의의 성립, 유효성의 판단 및 해석의 준거법, (2) 중재합의 방식의 준거법, (3) 중재합의 당사자들의 능력에 관한 준거법, (4) 중재가능성의 여부를 정하는 준거법 등 다양한 쟁점을 포함한다.[5] 이하에서는 이를 쟁점별로 나누어서 검토한다.

3.2.1 중재합의의 성립, 유효성 및 해석의 준거법

중재합의가 성립하려면 당사자 간에 의사의 합치가 있어야 하고, 중재합의가 유효하기 위하여는 의사표시의 하자가 없고 선량한 풍속 기타 사회질서에 반하지 않는 등의 유효요건을 구비하여야 한다.[6]

중재법 제9조 제1항은 "중재합의의 대상인 분쟁에 관하여 소가 제기된 경우에 피고가 중재합의가 있다는 항변을 하였을 때에는 법원은 그 소를 각하하여야 한다. 다만, 중재합의가 없거나 무효이거나 효력을 상실하였거나 그 이행이 불가능한 경우에는 그러하지 아니하다."고 규정하고 있는데, 여기서 "중재합의가 없거나 무효이거나 효력을 상실하였거나 그 이행이 불가능한 경우"에 해당하는지 여부를 판단할 준거법이 문제되는 것이다.

중재합의 해석의 준거법은 통상 중재합의의 성립 및 유효성의 준거법에 따르는 것으로 이해되므로,[7] 이하에서는 중재합의의 성립 및 유효성의 준거법을 중심으로 논의하도록 한다.

---

5) Born, 472-473면. 이처럼 하나의 법률행위의 실질이 쟁점별로 복수의 준거법을 따르는 현상을 준거법의 분열(dépeçage)이라고 한다. 석광현, 114면.

6) 상세한 내용은 제2.3절 참조.

7) 석광현, 114면. 참고로 독일, 스위스 등 다수의 국가는 중재합의의 성립 및 유효성의 준거법과 그 해석의 준거법을 동일하게 보고 있다고 하나, 미국의 경우에는 중재합의 해석의 준거법을 중재합의의 성립 및 유효성 판단의 준거법과 달리 보는 경우가 있다고 한다. 예를 들어 Mitsubishi Motors Corp. v. Soler Chrysler-Plymouth, Inc., 473 U.S. 614 (1985) 사건에서는 중재지는 일본이고, 주된 계약의 준거법은 스위스법으로 지정되어 있었으나, 미국 연방대법원은 중재합의의 해석에 있어 미국 연방법을 적용하였다고 한다. Born, 1394-1397면 참조.

3.2.1.1 당사자들의 지정이 있는 경우

우리 중재법이나 국제사법은 중재합의의 성립 및 유효성의 준거법을 정하는 기준에 관하여는 별도의 규정을 두고 있지 않으나,[8] 뉴욕협약 제5조 제1항 a호는 중재판정의 승인·집행 거부 사유로 "중재합의가 당사자들이 준거법으로 지정한 법령에 의하여 … 무효인 경우"를 규정하고 있다. 따라서, 당사자들이 중재합의의 준거법을 명시적으로 지정한 경우라면, 당사자 자치의 원칙에 비추어 중재합의의 성립 및 유효성의 판단에 있어 당사자들이 지정한 법을 적용하여야 한다는 점에 대하여는 다툼이 없다.[9]

3.2.1.2 당사자들의 지정이 없는 경우

그런데 계약상 중재조항의 준거법에 대한 명시적인 지정은 없으나, 당사자들이 중재조항을 포함한 주된 계약의 준거법, 즉 분쟁의 실체에 적용될 법을 지정한 경우 중재합의의 준거법도 묵시적으로 지정하였다고 볼 수 있을 것인가. 부정설은 중재합의의 독립성이라는 측면에서 주된 계약상 준거법에 관한 합의가 있다고 해서 곧바로 중재합의도 같은 준거법에 의하여 판단할 것은 아니라고 한다. 반면 긍정설은 계약해석의 일반원칙에 따르면 계약의 준거법은 계약의 모든 조항의 해석에 있어 적용되는 것이 일반적일 것이므로, 당사자들이 주된 계약의 준거법을 지정한 때에는 그 법을 중재조항의 준거법으로 지정하였다고 본다.[10]

이와 관련하여 우리 대법원은 "본 계약의 효력, 해석 및 이행은 영국법에 따라 규율"된다는 준거법 조항이 포함된 계약 내에 "본 계약 하에서 또는 그와 관련하여

---

8) 입법례에 따라서는 국제사법에서 중재합의의 유효성의 준거법에 관하여 별도의 규정을 두고 있는 경우도 있다. 예를 들어, 스위스 연방국제사법 제178조 제2항은 중재합의를 유효성을 최대한 인정하기 위하여 당사자가 중재합의의 유효성의 준거법으로 합의한 법, 주된 계약의 준거법, 또는 스위스법 중 하나에 의하여 유효하다고 인정되면 중재합의가 유효하다고 규정하고 있다. Redfern/Hunter, 164-165면 참조.

9) 목영준, 72면; 김기창, Arbitration Agreement under Korean Law, Korea University Law Review, 2008, 83면; 강수미, 중재합의의 성립 내지 효력에 관한 준거법, 중재연구 제16권 2호, 2006, 108면; 김갑유, 중재합의의 유효성 판단과 그 준거법, 인권과 정의 제331호, 2004, 181면.

10) 부정설은 김갑유, 중재합의의 유효성 판단과 그 준거법, 인권과 정의 제331호(2004), 181면. 긍정설로는 석광현, 116-117면. 외국에서도 주된 계약의 준거법 조항에 의하여 지정된 법을 중재조항에 적용된다는 견해와 그렇지 않다는 견해가 대립되고 있다. Born, 581-589면 참조.

발생하는 모든 분쟁은 본 계약일의 런던중재법원 규칙에 따라 중재에 의하여 결정된다"는 중재조항이 있는 경우, 그 중재조항의 준거법을 판단함에 있어 위 계약의 준거법 조항을 인용하지 않고 오히려 중재조항 자체의 기재를 근거로 "당사자가 중재합의의 준거법을 영국법으로 지정하였다고 볼 것이다."라고 판시하였는데,[11] 이러한 대법원의 판시를 두고, 대법원은 주된 계약의 준거법 지정을 중재합의의 묵시적인 준거법 지정으로 해석하지 않는 입장을 취한 것이라고 해석하는 견해가 있다.[12]

만약 당사자들이 중재합의의 준거법을 지정하지 않은 경우 또는 주된 계약의 준거법은 지정되어 있더라도 이를 중재합의의 묵시적인 준거법 지정으로 보지 않는 경우 중재합의의 성립 및 유효성의 준거법을 어떻게 결정할 것인가.

우선, 뉴욕협약 제5조 제1항 a호는 중재판정의 승인·집행 거부 사유로 "중재합의가 당사자들이 준거법으로 지정한 법령에 의하여 또는 지정이 없는 경우에는 판정을 내린 국가의 법령에 의하여 무효인 경우"를 규정하고 있다. 따라서 당사자들이 중재합의의 준거법을 지정하지 않은 경우, 중재판정의 집행단계에서는 중재합의의 성립과 유효성을 중재판정지 국가의 법에 따라 판단하여야 한다.[13]

그런데, 뉴욕협약 제5조 제1항 a호는 그 문언상 중재판정이 내려지기 이전에 대하여는 직접 적용되지 않는다. 따라서 중재합의의 일방 당사자가 중재 대신 소송을 제기하여 상대방 당사자가 방소항변으로 유효한 중재합의 존재를 주장하는 경우, 또는 중재절차에서 중재합의의 유효성이 다투어지는 경우에는 어느 법에 따라 판단하여야 할 것인지가 문제된다. 이에 관하여, 학설은 중재합의의 준거법이 어느 단계에서나 일관되게 적용될 수 있도록 뉴욕협약의 위 규정을 유추 적용하여, 중재판정이 내려지기 이전 단계에서도 원칙적으로 중재합의의 성립과 유효성의 준거법은 중재지 법에 의하여야 한다고 보는 것이 일반적이다.[14]

---

11) 대법원 1990. 4. 10. 선고 89다카20252 판결.
12) 김기창, Arbitration Agreement under Korean Law, Korea University Law Review, 2008, 83면.
13) 석광현, 116면; 목영준, 72면; 김갑유, 중재합의의 유효성 판단과 그 준거법, 인권과 정의 제331호, 2004, 181면; 강수미, 중재합의의 성립 내지 효력에 관한 준거법, 중재연구 제16권 2호, 2006, 105면; 김기창, Arbitration Agreement under Korean Law, Korea University Law Review, 2008, 87면.
14) 석광현, 117-120면; 목영준, 73면; 김갑유, 중재합의의 유효성 판단과 그 준거법, 인권과 정의 제331호, 2004, 181면. 한편, 뉴욕협약 제5조 제1항 a호는 중재판정의 승인집행에 관한 것이

중재합의의 준거법 문제를 다룬 대법원 판결은 많지 않은데, 다음 2가지 대법원 판결을 참고할 수 있다. 아래 2가지 대법원 판결을 근거로 하여, 우리 대법원은 중재합의의 효력을 판단하는 준거법에 관하여, 당사자의 합의가 없는 경우 중재지법을 적용하는 태도를 취하고 있다고 해석하는 것이 학설상 유력하다.[15]

• 대법원 1990. 2. 13. 선고 88다카23735 판결

이 사건의 피고(범양상선)는 미국 법인인 대우인터내셔널 회사와 옥수수를 운송하기로 하는 용선계약을 체결하고 선하증권을 발행하였는데, 위 선하증권상에 이 사건 원고(농협)가 수하인으로 기재되어 있었으나 이는 원고의 수입업자에 대한 신용장 대금을 담보하기 위한 것에 불과하였다. 한편, 위 선하증권에는 다음과 같은 중재조항이 삽입되어 있었다.

> 이 계약으로부터 발생하는 모든 분쟁은 런던에서 업무수행 중인 중재인들 중 쌍방당사자에 의하여 선임되고 의장 중재인 1인을 선임할 권한을 가진 2인의 중재인의 최종 중재에 회부되어야 한다.

그런데, 피고가 운송화물을 선하증권의 정당한 소지인인 원고에게 인도하지 않고 제3자에게 인도하자, 원고는 피고에 대하여 채무불이행으로 인한 손해배상청구 소송을 제기하였다. 그러자 피고는 이 사건 분쟁에 관하여 영국 런던에서 중재를 받기로 하는 중재합의가 유효하게 성립되어 있다는 본안전 항변을 하였다. 이러한 본안전 항변을 판단함에 있어, 과연 신용장 대금의 담보 목적으로 선하증권을 소지한 자에 대하여 중재합의의 효력이 미치는지 여부가 쟁점이 되었는데, 대법원은 이러한 쟁점을 판단하는 준거법에 관하여 다음과 같이 판시하였다.

> 이 사건에서 위와 같은 중재계약이 유효한지의 여부나 그 효력은 중재가 행하여지는 국가나 중재조항상의 준거법인 영국의 법에 따라 판단되어져야 할 것이[다].[16]

나아가, 대법원은 이러한 전제하에서 이 사건 중재합의가 유효한지 여부를 판단

므로 이를 적용할 수 없고, 중재합의의 실현을 청구받은 체약국은 그 국가의 국제사법에 따라 중재합의의 효력을 판단하여야 한다는 견해도 있다. 목영준, 제72면 참조. 다만, 목영준, 73면은 중재합의에 중재지가 특정되지 않은 경우에는 보충적으로 법정지국의 국제사법에 따라 중재합의의 성립 및 유효성의 준거법을 정할 수밖에 없다고 한다.

15) 김기창, Arbitration Agreement under Korean Law, Korea University Law Review, 2008, 83면.
16) 대법원 1990. 2. 13. 선고 88다카23735 판결.

함에 있어 영국법을 적용하여, "영국의 법원이나 중재인들은 당사자 사이에 영국에서의 중재합의가 있는 경우에는 반대의 특약이 없는 한 준거법도 영국법으로 하기로 하는 합의가 있었던 것으로 보고 중재절차에 영국법을 적용하고 있는데 그 준거법에 의하면 이 사건 선하증권상에 수하인으로 기재되어 있으나 오직 신용장 대금의 담보를 위하여 이 선하증권을 소지하게 되었고, 또한 운송물이 이미 멸실되어 선하증권을 제시하여도 새로이 운송계약상의 당사자의 지위를 취득할 수 없게 된 원고로서는 피고와의 사이에 운송계약에 부수된 유효한 중재계약이 있었음을 주장할 수가 없"다는 원심의 판단을 인용하면서, "위 선하증권에 위와 [같은] 중재조항이 삽입되어 있다고 하여도 원·피고간에 위 선하증권에 관하여 발생된 이 사건 분쟁에 대하여 영국 런던에서의 중재를 청구할 수 있는 유효한 중재[합의가] 존재한다고 볼 수 없거나 그 이행이 불능하다."고 판단하였다.[17)]

위 대법원 판결은 중재합의의 유효성을 판단하는 준거법에 대하여 (1) 중재조항의 준거법에 관한 합의가 있으면 그에 의하고, (2) 그러한 합의가 없는 경우에는 중재지법에 의한다는 입장을 취한 것으로 해석된다.[18)]

• 대법원 1990. 4. 10. 선고 89다카20252 판결

앞선 대법원 1990. 2. 13. 선고 88다카23735 판결은 소송절차에서 방소항변으로 유효한 중재합의 존재가 주장된 사안이었으므로, 뉴욕협약상 제5조 제1항 a호의 규정이 직접 적용되는 경우가 아니었다. 이에 비하여 중재판정의 승인·집행 단계에서 중재합의에 적용될 법을 결정하는 데 있어 뉴욕협약 제5조 제1항 a호를 직접 적용한 판례로는 대법원 1990. 4. 10. 선고 89다카20252 판결이 있다.[19)] 이 사건에서 문제된

---

17) 위 대법원 판결 당시 적용되던 구 섭외사법 제9조는 "법률행위의 성립 및 효력에 관하여는 당사자의 의사에 의하여 적용할 법을 정한다. 그러나 당사자의 의사가 분명하지 아니한 때에는 행위지법에 의한다."고 규정하고 있었는데, 위 대법원 판결은 중재합의의 준거법을 판단함에 있어 중재합의가 체결된 장소, 즉 행위지에 관하여는 아무런 판단을 하지 않았다(아울러 위 대법원 판결은 해당 판시부분의 참조조문으로 구 중재법 제2조 제1항만을 인용하고, 섭외사법 제9조를 인용하지 않았다). 이러한 점에서 위 대법원 판결은 중재합의의 효력의 준거법을 판단함에 있어 국제사법을 적용하지 않는 입장을 취한 것이라는 견해가 있다. 김기창, Arbitration Agreement under Korean Law, Korea University Law Review, 2008, 86면.

18) 김기창, Arbitration Agreement under Korean Law, Korea University Law Review, 2008, 85면.

19) 부록 1. 주요판례 요약 참조.

중재조항은 다음과 같다.

> 본 계약의 효력, 해석 및 이행은 영국법에 따라 규율되며, 그 효력, 해석 및 이행을 포함하
> 여 본 계약하에서 또는 그와 관련하여 발생하는 모든 분쟁은 본 계약일의 런던중재법원
> (London Court of Arbitration)[20] 규칙에 따라 중재에 의하여 결정된다.[21]

이 사건의 피고는 중재합의가 철회되어 유효한 중재합의가 존재하지 않는다고 주장하였는데, 중재합의의 철회가 가능한지 여부를 판단하는 준거법이 무엇인지가 쟁점이 되었다. 이에 관하여 대법원은 외국중재판정의 집행단계에 있어서 중재합의의 준거법은 뉴욕협약 제5조 제1항 a호에 따라 결정하여야 한다는 점을 명확히 하면서, 중재합의의 철회가 가능한지 여부에 대하여는 당사자가 중재합의의 준거법으로 지정한 영국법에 의하여야 한다고 판시하였다.

> 중재합의의 철회가 가능한지 여부는 결국 중재합의의 효력에 관한 문제로서 이 점에 관하여
> 뉴욕협약 제5조 제1항 [a]호 후단은 1차적으로 당사자들이 준거법으로 지정한 법령에 의하
> 고, 그 지정이 없는 경우에는 중재판정을 내린 국가의 법령에 의하여 판단하도록 규정하고
> 있다. 그런데 원고와 피고회사를 대리한 소외 이상준 사이에 작성된 이 사건 매매계약서 뒷면
> 의 조건 제13조에 의하면 "… 본 계약하에서 또는 그와 관련하여 발생하는 모든 분쟁은 본
> 계약일의 런던 중재법원규칙에 따라 중재에 의하여 결정된다 …"라고 기재되어 있음은 앞서
> 본 바와 같은바, 이는 당사자가 중재합의의 준거법으로 영국법을 지정하였다고 볼 것이다.[22]

이 사건에서 대법원은 당사자들이 이 사건 중재조항에 "런던중재법원규칙에 따른 중재"라고 지정한 것은 중재장소는 영국 런던, 중재기관은 런던중재법원, 중재절차의 준거법은 런던중재법원의 규칙으로 지정한 것으로 보았고, 더 나아가 이를 근거로 하여 당사자들이 중재합의의 준거법을 영국법으로 지정하였다고 해석하였다.[23]

위 대법원 판결은 외국중재판정의 집행판결 단계에서 중재합의의 효력을 판단하는 준거법은 뉴욕협약 제5조 제1항 a호 후단에 따라 "1차적으로 당사자들이 준거법으로 지정한 법령에 의하고, 그 지정이 없는 경우에는 중재판정을 내린 국가의 법령에 의하여"야 한다는 점을 명시하였다는 점에서 그 의의가 있다.

---

20) 위 중재기관의 명칭은 1981년도에 런던국제중재법원(London Court of International Arbitration)으로 변경되었다.
21) 대법원 1990. 4. 10. 선고 89다카20252 판결.
22) 대법원 1990. 4. 10. 선고 89다카20252 판결.
23) 김기창, Arbitration Agreement under Korean Law, Korea University Law Review, 2008, 87면.

3.2.2 중재합의 방식의 준거법

중재합의 방식(형식적 유효성)의 문제는 중재합의가 어떠한 서면요건을 구비하여야 하는지에 관한 문제이다.[24] 중재법 제2조 제1항은 "이 법은 제21조에 따른 중재지가 대한민국인 경우에 적용한다."고 규정하고 있으므로, 중재지가 국내인 경우 중재합의의 방식은 중재법 제8조에 의한다.[25] 나아가 중재지가 뉴욕협약 체약국인 외국이어서 뉴욕협약이 적용되는 경우 뉴욕협약 제2조에 정한 바에 의하여 판단하게 된다.[26]

다만, 실무상 드물지만 중재지가 외국임에도 불구하고 뉴욕협약이 적용되지 않는 경우(예를 들어, 뉴욕협약 체약국이 아닌 국가가 중재지로 지정되어 있거나, 상사중재가 아닌 경우), 중재합의 방식의 준거법이 문제될 수 있는데, 중재지인 외국의 법이 준거법이 된다는 견해와 일반 원칙인 국제사법에 의하여야 한다는 견해가 있을 수 있다고 한다.[27]

3.2.3 중재합의 당사자들의 능력에 관한 준거법

중재합의는 법률행위의 일종이므로, 권리능력과 행위능력이 있는 자에 의하여 체결되어야 한다.[28] 당사자들이 중재합의를 체결할 능력이 있는지를 판단하는 준거법과 관련하여, 개정 중재법 제36조 제2항 제1호 가목 및 제38조는 중재판정의 승인·집행 거부 및 중재판정 취소사유로 "중재합의의 당사자가 해당 준거법에 따라 중재합의 당시 무능력자였던" 경우를 규정하고 있다. 또한 뉴욕협약 제5조 제1항 a호 역시 이와 유사하게 "[중재합의]의 당사자가 그들에게 적용될 법률에 의한 무능력자"였던 경우를 중재판정의 승인·집행 거부 사유로 규정하고 있다. 위 규정에 따라 중재합의를 체결할 수 있는 당사자들의 능력을 판단함에 있어서는 자연인의 경우 당사자의 본국법이, 법인 기타 단체의 경우에는 그 설립의 준거법이 적용된다.[29]

---

24) 중재합의의 방식에 관하여는 제2.2절 참조.
25) 중재법상 중재합의의 서면요건에 관하여는 제2.2.1절 참조.
26) 뉴욕협약상 중재합의의 서면요건에 관하여는 제2.2.2절 참조.
27) 석광현, 69면 및 111면.
28) 제2.5.1절 참조.
29) 강수미, 중재합의의 성립 및 효력에 관한 준거법, 중재연구 제16권 제2호, 2006, 97면; Born, 626-627면. 이에 대하여 뉴욕협약 제5조 제1항 a호는 중재합의를 체결할 수 있는 당사자들의 능력의 준거법에 관한 저촉규범을 규정한 것이 아니므로, 별도로 법정지의 국제사법을 적용하여 그 준거법을 결정하여야 한다는 견해도 있다. Van den Berg, 276면; 목영준 113면.

한편, 당사자들이 중재합의를 체결할 능력이 있는지(capacity)를 판단하는 준거법과 관련된 문제로는 중재합의가 대리행위 또는 대표행위(agency or authority)에 의하여 이루어진 경우 어느 법에 따라 효력을 판단할 것인지의 문제가 있다.[30] 대법원은 회사의 직원이 대리인으로서 체결한 중재합의가 본인인 회사에게 효력이 미치는지 여부를 판단하는 준거법을 다룬 사건에서, "이 사건은 대한민국 국민의 섭외적 생활관계에 관한 것이므로 이에 적용될 준거법의 확정이 선행되어야 할 것인바, 임의대리에 있어서 대리인 혹은 대리인으로 칭한 자와 거래를 한 상대방에 대하여 본인에게 거래당사자로서의 책임이 있는지 여부는 거래의 안전 내지 상대방 보호를 위한 측면을 고려할 때 대리행위지법에 의하여 판단되어야 함이 상당하다고 하겠으므로 … 이 사건 중재계약상의 대리행위에 관하여는 그 준거법은 대리행위지법인 영국법이라 할 것이므로 이를 적용하여 판단하여야 할 것이다."고 판시하였다.[31]

이 판결은 구 섭외사법이 국제사법으로 개정되기 전에 내려진 것으로, 구 섭외사법에는 대리의 준거법에 대하여 별도의 규정을 두고 있지 않았는데, 대법원은 위 사건에서 구 섭외사법 제9조(법률행위의 성립 및 효력에 관하여는 당사자의 의사에 의하여 적용할 법을 정한다. 그러나 당사자의 의사가 분명하지 아니한 때에는 행위지법에 의한다)를 적용하였다. 이처럼 대법원은 중재합의의 대리행위의 효력을 판단함에 있어 뉴욕협약 제5조 제1항 a호에 대한 검토 없이 곧바로 구 섭외사법 제9조를 적용하였는데, 이에 대하여는 중재합의의 독자성을 충분히 고려하지 못한 것이라는 견해가 있다.[32]

3.2.4 중재가능성 여부를 정하는 준거법

국제중재에 있어서는 중재에 의한 분쟁의 해결을 제한하는 목적이 각 국가마다 상이하므로, 어느 국가의 법에 의하면 중재가능성이 있다고 보더라도 다른 국가의 법에 의하면 달리 보게 되는 경우가 발생할 수 있다.[33] 따라서 중재가능성 여부를 정하는 준거법이 문제될 수 있다.

이에 관하여 중재법 제36조 제2항 제2호 가목 및 제38조는 "중재판정의 대상이

---

30) Born, 632-634면 및 Van den Berg, 226면 참조.
31) 대법원 1990. 4. 10. 선고 89다카20252 판결.
32) 김갑유, 중재합의의 유효성 판단과 그 준거법, 인권과 정의 제331호, 2004, 180면.
33) 중재가능성에 대하여는 제2.4절에서 이미 설명한 바와 같다.

된 분쟁이 대한민국의 법에 따라 중재로 해결될 수 없는" 경우를 중재판정 취소의 사유 및 승인 및 집행의 거부사유로 규정하고 있고, 뉴욕협약 제5조 제2항 a호는 "분쟁의 대상이 중재판정의 승인이나 집행을 요구받은 법원이 속한 국가의 법률에 의하여 중재로써 해결될 수 없는 것인 때에는 … 그 중재판정에 대한 승인과 집행은 거부될 수 있다."고 규정하고 있다. 따라서 중재판정의 승인과 집행 단계에서 중재가능성 여부를 판단할 때, (i) 중재법이 적용되는 경우(즉, 중재지가 대한민국인 경우)에는 대한민국의 법이 적용되고, (ii) 뉴욕협약이 적용되는 경우에는 동 협약 제5조 제2항 a호에서 정한 바와 같이 중재판정의 승인이나 집행을 요구받은 법원이 속한 국가의 법률이 준거법이 됨에는 의문이 없다.

그러나 중재절차 진행 중에 일방 당사자가 중재가능성이 없다고 주장한 경우 또는 일방 당사자가 중재가능성이 없음을 주장하며 법원에 소를 제기하고 그 상대방이 유효한 중재합의가 존재한다는 항변을 하는 경우에는 중재판정부나 법원이 중재가능성 여부를 심리하여야 하는데, 그러한 경우 어느 법에 따라 중재가능성을 판단하여야 하는지는 분명하지 않다. 이에 대하여는 중재가능성은 중재합의의 유효성에 관한 문제이므로 중재합의의 성립 및 실질적 유효성의 준거법에 따라야 한다는 견해가 있고, 법정지법에 의하여야 한다는 견해, 양자의 법이 중첩적으로 적용되어야 한다는 견해가 있다.[34]

3.3 중재에 관한 절차법

3.3.1 중재에 관한 절차법에 의하여 규율되는 사항

중재절차에 관한 사항을 규율하는 법은 일반적으로 '중재에 관한 절차법(lex arbitri)'이라고 한다.[35] 중재에 관한 절차법에 의하여 규율되는 사항들로는 중재판정부의 구성 및 기피에 관한 문제, 중재판정부의 판정 권한에 관한 결정, 임시적 처분, 당사자

---

34) 목영준, 61-62면 참조.

35) 본서에서는 'lex arbitri'는 중재에 관한 절차법을 의미하는 용어로 사용하였다. 목영준, 106면; 석광현 41면. 그런데, 그 단어의 의미에 충실하게 이를 중재의 준거법(the law governing the arbitration)이라는 넓은 의미에서 사용하는 경우도 있다. Redfern/Hunter, 156-157면. 이러한 용례에 의하면 중재가능성이나 중재판정 취소의 준거법 역시 'lex arbitri'에 의한다고 한다. Redfern/Hunter, 168-169면.

에 대한 동등한 대우, 당사자가 중재절차에 합의할 권한, 신청서와 답변서의 제출, 심리절차, 중재절차에 있어서 법원의 협조, 중재판정의 형식과 내용 및 중재판정에 대한 불복 등이 있다.[36]

한편, 국제중재에 있어서는 어떠한 사항이 절차법에 의할 것인지, 실체법에 의할 것인지 여부가 문제가 되는 경우가 종종 발생한다. 그 대표적인 예로는 소멸시효의 문제가 있는데, 우리 민법이나 다른 대륙법계 법제에서는 소멸시효가 실체법상의 제도로 이해되는 데 비하여, 영미법상 소멸시효에 대응되는 제소기한(statute of limitation)은 소송법상의 제도에 해당한다. 따라서 분쟁의 실체에 적용되는 법과 중재에 관한 절차법이 서로 다른 경우 어느 법에 의하여 소멸시효의 도과 여부를 판단하여야 할 것인지에 대하여 다툼이 되는 경우가 있다.[37]

3.3.2 중재에 관한 절차법의 결정

국제소송에서는 절차에 관하여 법정지법원칙에 따라 법정지의 법이 적용되므로 절차의 준거법은 크게 문제되지 않는다(임의소송의 금지).[38] 이에 비하여, 국제중재에 있어서는 당사자들에게 중립적이고 공정한 절차를 보장하고, 당사자들이 개별 분쟁의 특색에 맞게 절차를 정할 수 있도록, 절차 결정에 관한 당사자 자치의 원칙이 널리 인정되고 있다. 그런데, 당사자가 절차에 관하여 합의를 하지 않은 경우 또는 당사자 자치 원칙의 한계를 판단함에 있어서 어떠한 법을 적용할 것인지가 문제된다.

우선, 국제중재에 있어서 중재에 관한 절차법은 중재지법에 의하여야 한다는 주장이 이론적으로나 실무상으로나 널리 받아들여지고 있는데, 이를 법정지법주의(the seat theory)라고 한다.[39] 이는 중재에 있어서 당사자들이 자유롭게 중재지를 결정할 수 있으므로, 당사자가 중재지로 선택한 국가의 중재법에 의하여 중재절차가 규율되는 것이 당사자의 의도에 부합한다는 점을 근거로 한다. 다만 실무적으로 당사자들이 중재합의에서 KCAB, ICC, LCIA와 같은 중재기관의 중재규칙이나 UNCITRAL 중재규칙 등을 중재절차에 적용하기로 규정하는 경우가 많은데, 이와 같은 경우 중재지법은

---

36) 목영준, 111면; Redfern/Hunter, 168-169면.
37) 이에 관하여는 Born, 2669면 참조.
38) 석광현, 41면. 오석웅, 국제상사중재에 있어서 중재지의 의미, 중재연구 제18권 제3호, 2008, 9면.
39) Redfern/Hunter, 183면.

(1) 당사자들이 합의하지 않은 절차적 사항을 보충하거나, (2) 당사자들이 달리 합의할 수 없는 강행규정의 범위 내에서 중재절차에 적용될 것이다.[40]

이에 대하여 국제중재의 경우 중재장소가 가지는 의미를 최소화해야 한다는 소위 "탈지역화 이론(delocalization theory)"과 더불어 어떤 국가의 법도 적용함이 없이 당사자들이 합의하거나 중재인이 결정한 절차에 의하여야 한다는 입장이 강력히 대두되고 있다. 이러한 탈지역화 이론은 국제중재에 특정 국가의 법을 적용하지 않더라도 당사자간 합의나 중재인의 결정에 따라 충분히 자율적으로 규율될 수 있으며, 특히 기관중재의 경우 중재기관에 의하여 감독기능이 수행되고 있다는 점을 근거로 한다. 그러나 탈지역화 이론은 아직 각국의 입법에 의하여는 수용되지 못하고 있다.[41]

UNCITRAL 모델중재법 제1조 제2항은 법정지법주의를 취하고 있다. 즉, UNCITRAL 모델중재법은 그 적용 범위에 관하여, 일정한 조항을 제외하고는 "중재지가 해당국의 영역 내에 있는 경우에 한하여 적용된다."고 규정하고 있으며,[42] 중재법 역시 이를 수용하여, 중재법의 적용범위에 관하여 다음과 같이 규정하고 있다.

> 중재법 제2조(적용 범위)
> ① 이 법은 제21조에 따른 중재지가 대한민국인 경우에 적용한다. 다만, 제9조와 제10조는 중재지가 아직 정해지지 아니하였거나 대한민국이 아닌 경우에도 적용하며, 제37조와 제39조는 중재지가 대한민국이 아닌 경우에도 적용한다.[43]

이러한 UNCITRAL 모델중재법 및 우리 중재법에 의하면 당사자들이 중재지를 선택하는 것은 중재에 관한 절차법을 선택하는 것과 같은 효과를 가져오게 된다. 예

---

40) Born, 1530-1531면.
41) Redfern/Hunter, 179-183면 참조.
42) UNCITRAL 모델중재법 제1조 제2항은 "이 법의 규정은 제8조[중재합의와 법원에 제소], 제9조[중재합의와 법원의 보전처분], 제35조[승인과 집행] 및 제36조[승인 또는 집행의 거부사유]를 제외하고, 중재지가 해당국의 영역 내에 있는 경우에 한하여 적용된다."고 규정하고 있다.
43) 2010년 개정된 중재법 이전에는 UNCITRAL 모델중재법 제1조 제2항에 따라 "대한민국 안"이라는 표현을 사용하였으나, 개정법에서는 이를 "대한민국"으로 수정하였다. 2010년 중재법의 개정문에서는 이러한 개정이유에 관하여, "법적 간결성·함축성과 조화를 이루는 범위에서, 법 문장의 표기를 한글화하고, 어려운 용어를 쉬운 우리말로 풀어쓰며 복잡한 문장은 체계를 정리하여 간결하게 다듬음으로써 쉽게 읽고 잘 이해할 수 있으며 국민의 언어생활에도 맞는 법률이 되도록 하여, 지금까지 공무원이나 법률 전문가 중심의 법률 문화를 국민 중심의 법률 문화로 바꾸려는 것"이라고 설명하고 있다.

를 들어, 당사자가 중재조항에서 중재규칙이나 중재기관을 규정하지 않은 채 대한민국에서 중재를 하기로 합의하는 경우에는 우리 중재법이 정한 절차에 의하게 될 것이다.

한편, UNCITRAL 모델중재법과 우리 중재법은 원칙적으로 당사자들이 중재절차에 관하여 자유로이 합의할 수 있음을 명시적으로 인정하고 있다.[44] 즉, UNCITRAL 모델중재법 제19조 제1항 및 이를 수용한 중재법 제20조 제1항은 "이 법의 강행규정에 반하는 경우를 제외하고는 당사자들은 중재절차에 관하여 합의할 수 있다."고 규정하고 있다. 이처럼 우리 중재법은 당사자들이 중재법 내용과 다른 내용의 중재규칙을 채택할 수 있도록 당사자 자치를 폭넓게 허용하고 있다. 다만, 이러한 당사자 자치는 중재법의 강행규정의 제약을 받게 된다.[45] 나아가 중재법 제20조 제2항은 "당사자 합의가 없는 경우에는 중재판정부가 이 법에 따라 적절한 방식으로 중재절차를 진행할 수 있다."고 규정하여 당사자 간의 합의가 없는 경우 중재판정부에게 절차적 문제에 대하여 결정할 수 있는 폭넓은 권한을 부여하고 있다.

3.4 분쟁의 실체에 적용될 법

국제중재에서 중재판정부는 분쟁의 실체에 적용될 법을 결정하여야 한다.[46] 분쟁의 실체에 적용될 법을 결정하기 위해서는 당사자들의 지정이 있는 경우와 그렇지 않은 경우를 명확히 구분할 필요가 있으므로, 이하에서는 각 경우를 구분하여 검토하도록 한다.

3.4.1 당사자들의 지정이 있는 경우

국제중재에서 분쟁의 실체에 적용될 법에 있어서 당사자 자치의 원칙은 국제적

---

44) 뉴욕협약 제5조 제1항 d호도 "중재절차가 당사자간의 합의와 합치하지 아니하거나, 또는 이러한 합의가 없는 경우에는 중재를 행하는 국가 법령에 합치하지 아니하는 경우"를 중재판정의 승인·집행 거부 사유로 규정하여 당사자들이 원칙적으로 중재절차에 관하여 자유로이 합의할 수 있음을 인정하고 있다.
45) 우리 중재법상 당사자 자치의 한계에 관하여는 제5.2.1절 참조.
46) 석광현, 국제사법과 국제소송, 제1권, 2001, 20면. 참고로, 법원에서 분쟁을 해결하는 경우에는 우선 법정지의 국제사법을 적용하고, 그 국제사법이 정한 연결원칙에 따라 실체에 적용되는 준거법인 실질법을 결정하는 2단계를 거치게 된다.

으로 널리 인정되고 있다.[47] 중재법 제29조 제1항은 UNCITRAL 모델중재법 제28조 제1항에 따라 다음과 같이 당사자 자치의 원칙을 명시하고 있다.

> 중재법 제29조(분쟁의 실체에 적용될 법)
> ① 중재판정부는 당사자들이 지정한 법에 따라 판정을 내려야 한다. 특정 국가의 법 또는 법 체계가 지정된 경우에 달리 명시된 것이 없으면 그 국가의 국제사법이 아닌 분쟁의 실체에 적용될 법을 지정한 것으로 본다.

뿐만 아니라 분쟁의 실체에 적용될 법에 대한 당사자 자치의 원칙은 ICC 중재규칙(제21조 제1항 1문), KCAB 국제중재규칙(제25조 제1항 1문), UNCITRAL 중재규칙(제33조 제1항 1문) 등의 여러 중재규칙에도 명시되어 있다.

한편, 중재합의의 당사자들이 그들의 국적이나 해당 거래와는 아무런 관련이 없는 법을 준거법으로 선택하는 경우가 종종 있는데, 이러한 합의도 허용되는지 여부가 문제될 수 있다. 그런데 국적이 다른 당사자들은 상대방 국가의 법제의 불투명성, 편파성에 대한 우려, 불균등한 지리적, 역사적, 문화적 편의성 등의 요인을 고려하여 그들의 국적이나 해당 거래와는 무관한 제3국의 법을 준거법으로 지정하는 경우가 적지 않다. 이러한 점을 고려하여 중재법은 당사자들이 지정한 법이 그들의 국적이나 당해 거래와 실질적 관련성을 가질 것을 요건으로 하지 않고 있다.[48]

3.4.2 당사자들의 지정이 없는 경우

만약 당사자들이 분쟁의 실체에 적용될 법을 지정하지 않은 경우에는 중재판정부가 그 준거법을 결정하여야 할 것인데, 이에 관하여는 다음과 같이 다양한 방법이 존재한다.

3.4.2.1 전통적 방법

우선, 이 문제에 관한 가장 전통적인 견해는 중재판정부가 중재지의 국제사법에 따라 준거법을 결정하여야 한다는 것이다. 즉, 중재판정부는 중재지의 절차법에 구속

---

47) 석광현, 150-151면; 목영준, 112면.
48) 석광현, 152면; 목영준 113면; 주석중재법, 140면. 외국의 입법례 중에서는 당사자들이 지정한 법이 해당 거래와 실질적인 관련성을 가져야 할 것을 요구하는 경우도 소수 존재하였으나, 이러한 요건은 점차 폐기되어 가고 있으며 대다수 국가의 중재법이나 국제사법은 이러한 요건을 요구하고 있지 않고 있다고 한다. Born, 2724-2729면 참조.

되는데, 국제사법 역시 이러한 절차법에 포함되므로, 중재판정부가 중재지의 국제사법을 적용하여 분쟁의 실체에 적용될 법을 결정하여야 한다는 것이다.[49] 이러한 입장은 중재지를 법정지와 유사한 의미로 파악하는 것으로써, 예를 들어 당사자들이 특정 국가의 법원에서 분쟁을 해결하기로 합의한 경우 해당 법원이 그 국가의 국제사법을 적용하여 준거법을 결정하는 것과 마찬가지로, 국제상사중재에 있어서도 중재인들은 중재지의 국제사법을 적용하여야 한다고 한다.[50]

또 다른 전통적인 견해로는 중재판정부가 분쟁의 실체에 적용될 법으로 중재지의 실체법을 적용하여야 한다는 입장이 있다. 이러한 입장은 당사자가 분쟁의 실체에 적용될 법은 지정하지 않으면서 중재지를 지정한 경우, 그 중재지의 실체법을 계약 전체의 준거법으로 적용할 의도였다고 추단할 수 있다는 점을 근거로 한다.[51]

그러나 당사자들의 중재지 선정은 당사자들에게 중립적이고 교통 및 통신이 편리한 국가라는 등의 실제적 고려 때문인 경우가 많으므로, 중재지에 대한 합의를 중재지의 국제사법이나 실질법을 적용하겠다는 합의로 추단하는 것은 당사자의 의도에 부합하지 않고, 중재판정부를 중재지의 법원과 부당하게 동일시한 것이라는 이유로 위와 같은 전통적 견해에 대하여는 비판적인 의견이 강하다.[52]

3.4.2.2 외국의 입법례 및 우리 중재법의 규정

각국의 중재법이나 여러 중재기관의 중재규칙은 중재판정부가 기계적으로 중재지의 국제사법이나 실질법을 적용하여야 한다는 전통적인 견해에서 벗어나 중재판정부가 분쟁의 실체에 적용될 법을 결정할 수 있는 보다 폭넓은 권한을 부여하는 태도를 보이고 있다. 이러한 경향에 따른 입법례는 다음과 같이 크게 3가지로 구분될 수 있다.

첫째, 중재판정부가 적절하다고 판단하는 국제사법을 적용하여 준거법을 결정하

---

49) 석광현, 166면; Born, 2637-2640면 참조. 이는 1996 영국중재법으로 개정되기 전까지 영국법에 규정되어 있던 방식이다. Born, 2629면 참조.

50) Redfern/Hunter, 222면 참조.

51) Born, 2637-2640면 참조.

52) Redfern/Hunter, 220면; 석광현 166면. 그럼에도 불구하고 국제중재 실무상으로 중재판정부가 분쟁의 실체에 적용될 법을 결정함에 있어서 중재지의 국제사법에 의하는 경우가 많이 있으며, 중재지의 실질법을 적용하는 경우도 종종 있다고 한다. Born, 2640-2643면 참조.

는 방법이다. 이에 따르면 중재판정부는 중재지의 국제사법에 구속되는 것이 아니라 그가 적절하다고 판단하는 국제사법을 적용하여 분쟁의 실체에 적용될 법을 결정하게 된다.[53] UNCITRAL 모델중재법[54] 및 UNCITRAL 중재규칙[55]이 이러한 취지의 규정을 두고 있다.

둘째, 중재판정부가 분쟁과 가장 밀접한 관련이 있는 국가의 법을 준거법으로 적용하도록 하는 방법이다. 이러한 방법은 중재에 관한 법에서 곧바로 준거법 결정의 기준(분쟁과 가장 밀접한 관련이 있는 국가의 법)을 제시하고 있는 것으로, 중재판정부가 국제사법을 적용할 필요 없이 위 기준에 따라 분쟁의 실체에 적용될 법을 결정하게 된다.[56] 이에 의하면 중재판정부가 국제사법의 중개 없이 위 기준에 의하여 곧바로 준거법을 결정할 수 있으므로 이는 첫번째 방법에 비하여 중재판정부의 권한을 보다 넓게 인정하는 방법이라고 할 수 있다.[57] 이러한 태도는 독일 민사소송법, 일본 중재법, 스위스 국제사법이 취한 방식이며,[58] 우리 중재법 제29조 제2항 역시 이러한 입장을 택하여 다음과 같이 규정하고 있다.

제29조(분쟁의 실체에 적용될 법)
② 제1항의 지정이 없는 경우 중재판정부는 분쟁의 대상과 가장 밀접한 관련이 있는 국가의 법을 적용하여야 한다.

마지막으로는 중재판정부가 적절하다고 판단하는 실질법을 분쟁의 실체에 적용하도록 하는 방법이 있다. 이는 중재판정부가 국제사법이나 중재에 관한 법에 규정된 기준을 적용할 필요 없이 곧바로 적절하다고 판단하는 실질법을 준거법으로 삼을 수 있다는 것으로서 중재판정부의 권한을 가장 넓게 인정하는 방법이라고 할 수 있다.[59]

---

53) 석광현, 167면; Born, 2621면.
54) UNCITRAL 모델중재법 제28조 제2항 "당사자들에 의한 준거법의 지정이 없는 경우에는 중재판정부는 중재판정부가 적용가능하다고 보는 국제사법에 따라 결정되는 법을 적용한다."
55) UNCITRAL 중재규칙 제33조 제1항 2문 "당사자간에 [분쟁의 실체에 적용할] 준거법의 지정이 없으면, 중재판정부가 적용가능하다고 생각하는 국제사법에 따라 결정되는 법을 적용하여야 한다."
56) 석광현, 171면.
57) 석광현, 172면.
58) 독일 민사소송법 제1051조 제2항, 일본 중재법 제36조 제2항, 스위스 국제사법 제187조 제1항 참조. Born, 2115면에 의하면 이탈리아, 이집트, 멕시코도 이러한 입법을 취하고 있다고 한다.
59) 석광현, 172면; Born, 2117면.

프랑스 신 민사소송법이 이러한 방식을 취하고 있으며,[60] ICC 중재규칙 역시 마찬가지이다.

ICC 중재규칙 제21조(준거법)
1. 당사자는 분쟁의 본안에 대하여 중재판정부가 적용하여야 할 법규에 관하여 자유롭게 합의할 수 있다. 이와 같은 합의가 없는 경우 중재판정부는 적절하다고 결정하는 법규를 적용해야 한다.[61]

나아가 대한상사중재원 국제중재규칙 제25조 제1항 역시 위 ICC 중재규칙 제21조 제1항과 유사하게 규정하고 있다.

대한상사중재원 국제중재규칙 제29조(준거법)
① 당사자는 분쟁의 본안에 관하여 중재판정부가 적용할 실체법 및 법원칙에 대하여 자유롭게 합의할 수 있다. 그러한 합의가 없는 경우 중재판정부는 적절하다고 판단하는 실체법이나 법원칙을 적용한다.

한편 우리 중재법 제29조의 규정은 "분쟁의 대상과 가장 밀접한 관련이 있는 국가의 법"을 적용하여야 한다고 하고 있으므로, "중재판정부가 적절하다고 결정하는 법규"를 적용하도록 하는 ICC 중재규칙 제21조 제1항이나 KCAB 국제중재규칙 제29조의 규정과는 차이가 있다. 따라서 당사자들이 우리나라를 중재지로 하면서 ICC 중재규칙이나 KCAB 국제중재규칙을 적용하기로 합의한 경우 어느 규정이 우선하는지가 문제될 수 있다. 그런데 중재법의 해석상 당사자들이 직접 준거법을 정할 수도 있고, 중재판정부에게 결정을 위임할 수 있으므로, 당사자들이 ICC 중재규칙이나 KCAB 국제중재규칙을 적용하기로 하였다면 이는 중재판정부에게 준거법을 결정할 수 있는 권한을 준 것으로 보아 중재판정부는 ICC 중재규칙이나 KCAB 국제중재규칙에 정한 바에 따라 준거법을 결정하여야 할 것이다.[62]

---

60) 프랑스 신 민사소송법 제1496조 참조.
61) ICC Arbitration Rules Article 21 (Applicable Rules of Law)
1. The parties shall be free to agree upon the rules of law to be applied by the arbitral tribunal to the merits of the dispute. In the absence of any such agreement, the arbitral tribunal shall apply the rules of law which it determines to be appropriate.
62) 석광현, 170면; 이영석, 국제상사중재의 준거법 — 법규범(rules of law)을 준거법으로 하는 경우를 중심으로, 국제사법연구 제16호, 2010, 53면도 같은 취지이다.

3.4.3 법원칙을 분쟁의 실체에 적용될 법으로 정할 수 있는지 여부

당사자들이 특정 국가의 법이 아닌 상인법(*lex mercatoria*), 법의 일반원칙(general principles of law), UNIDROIT 국제상사계약원칙(Principles of International Commercial Contracts) 등과 같은 법원칙(principles of law)을 분쟁의 실체에 적용될 법으로 지정할 수 있는가. 이에 관하여 UNCITRAL 모델중재법 제28조 제1항은 "중재판정부는 당사자들이 분쟁의 본안에 적용하려고 선택한 법규(rules of law)에 따라 판정을 하여야 한다"고 규정하여, 당사자들이 선택할 수 있는 규범을 'law'라고 하는 대신 'rules of law'라고 규정하고 있어, 당사자들이 법원칙을 준거법으로 지정할 수 있음을 인정하고 있다.

그런데 중재법 제29조 제1항은 "중재판정부는 당사자들이 지정한 법에 따라 판정을 내려야 한다."고 규정하여, 중재법의 해석론으로 당사자들이 법원칙을 준거법으로 지정할 수 있는지 여부에 관하여 의문이 제기될 수 있다. 이에 대하여 학설은 중재법의 해석에 의하더라도 위 조항의 "당사자들이 지정한 법"에는 특정 국가의 법은 물론 법원칙까지 포함되는 것이라고 본다.[63] 한편, KCAB 국제중재규칙 제29조 제1항은 "당사자는 분쟁의 본안에 관하여 중재판정부가 적용할 실체법 및 법원칙에 대하여 자유롭게 합의할 수 있다."고 규정하여 당사자들이 법원칙을 준거법으로 지정할 수 있음을 명시하고 있다.

다음으로, 당사자의 합의가 없는 경우 중재판정부가 특정 국가의 법이 아닌 법원칙을 준거법으로 지정할 수 있을 것인가. 이에 대하여, UNCITRAL 모델중재법 제28조 제1항은 당사자들이 합의하여 선택한 법규(rules of law)가 준거법이 된다고 하면서도, 제2항에서는 "당사자들에 의한 준거법의 지정이 없는 경우에는 중재판정부는 중재판정부가 적용가능하다고 보는 국제사법에 따라 결정되는 법(law)을 적용한다."고 규정하여, 중재판정부는 특정 국가의 법을 준거법으로 적용할 것을 요구하고 있다고 해석된다. 중재법 제29조 제2항 역시 UNCITRAL 모델중재법과 마찬가지로 중재판정부는 "분쟁의 대상과 가장 밀접한 관련이 있는 국가의 법"을 적용하여야 한다고 규정

---

63) 목영준 117면; 석광현 158면. 목영준, 117면은 우리 용어로서 '법'은 단순히 '국가의 법률'만을 지칭하는 것이 아니므로 중재법에서 '법규범' 또는 '법원칙'이라는 용어를 사용하지 않은 것이라고 한다. 이에 대하여 석광현, 158면은 '법규' 또는 '법의 규칙'이라는 표현을 사용하여 그 취지를 좀더 명확히 하는 편이 바람직하였을 것이라고 한다.

하고 있으므로, 위 법문언상 중재판정부가 특정 국가의 법만을 적용할 수 있다고 해석된다.[64]

이에 비하여 ICC 중재규칙 제21조 제1항 2문은 중재판정부가 "적절하다고 결정하는 법규(rules of law)"를 적용하도록 규정하고 있으므로, 당사자들의 합의가 없는 경우에도 중재판정부가 법원칙을 적용할 수 있다고 해석된다.[65] KCAB 국제중재규칙 제29조 제1항 2문도 ICC 중재규칙과 마찬가지로 "중재판정부는 적절하다고 판단하는 실체법이나 법원칙을 적용한다."고 규정하고 있다.

3.4.4 형평과 선(善)에 따른 중재판정

중재인이 법규를 엄격히 적용하여 판정을 내리는 것이 아니라, 형평과 선(善)에 따라(ex aequo et bono) 중재판정을 할 수 있을 것인가. 이처럼 중재인이 형평과 선에 따라 판정을 하는 경우 우의적 중재인(amiable compositeur)의 역할을 한다고 표현하기도 한다.

역사적으로 중재는 법규범에 근거한 절차(law-based process)가 아니라 분쟁을 우호적으로(friendly) 해결하는 절차로 인식되어 온 측면이 있으며, 그 결과 비법률가들은 중재인이 엄격한 법원칙에 구속받지 않고 자신의 일반적인 상식, 양심, 상업적 경험에 비추어 융통성 있는 판정을 내릴 수 있다고 생각하는 경우가 적지 않다. 여전히 일부 남미국가들의 경우 당사자들이 반대의 약정을 명시하지 않는 한 중재인이 형평의 원칙에 따라 판정을 할 수 있다고 규정하고 있는 경우도 있다고 한다.[66]

그러나, 현재 대부분의 중재규칙이나 대다수의 입법례에 따르면, 중재인은 원칙적으로 당사자의 권리, 의무를 판단함에 있어서 그 준거법을 엄격히 적용하여야 하고, 다만, 당사자들이 중재인에게 형평과 선에 따라 판정할 권한을 명시적으로 부여하기로 합의한 경우에 한하여 형평과 선에 따라 판정은 내릴 수 있다. 가령 ICC 중재규칙 제21조 제3항은 "중재판정부는 당사자들이 그러한 권한을 부여하는 데 동의한

---

64) 목영준, 117면; 석광현 169면.
65) 석광현, 169면.
66) 예를 들어 에콰도르 중재법 제3조는 "The parties will decide whether the arbitrator shall decide in law or in equity. Unless otherwise agreed, the award shall be in equity."라고 규정하고 있다고 한다. Redfern/Hunter, 218면.

경우에 한하여 우의적 중재인의 권한을 가지거나 또는 형평과 선에 따라 판정한다.”
고 규정하고 있다.[67] UNCITRAL 모델중재법 제28조 제2항도 이와 마찬가지로 “중재
판정부는 당사자들이 명시적으로 권한을 부여하는 경우에 한하여 형평과 선에 따라
또는 우의적 중재인으로서 판정을 내린다.”고 하고 있다. 중재법도 UNCITRAL 모델중
재법의 규정을 수용하여 다음과 같이 규정하고 있다.

제29조(분쟁의 실체에 적용될 법)
　③ 중재판정부는 당사자들이 명시적으로 권한을 부여하는 경우에만 형평과 선에 따라 판정
　을 내릴 수 있다.

국제중재 실무상으로는 당사자들이 중재판정부에게 형평과 선에 따라 판정을 내
릴 수 있는 권한을 부여하는 경우는 매우 드물다.[68] 나아가 이러한 형평과 선에 따른
중재판정은 특히 우의와 신뢰가 중시되는 장기간에 걸친 계약관계의 분쟁 해결에 도
움이 될 수 있다는 견해도 있으나,[69] 형평과 선에 따른 중재는 당사자간의 이해를 절
충한 판정을 장려하며 자의적인 중재판정을 허용할 위험이 있다는 점에서, 대다수의
실무가들은 그 실효성에 대해서 회의적인 태도를 보이고 있다.[70]

---

67) ICC Arbitration Rules Article 21 (Applicable Rules of Law)
　　3. The arbitral tribunal shall assume the powers of an *amiable compositeur* or decide
　　ex aequo et bono only if the parties have agreed to give it such powers.
68) Born, 2770면.
69) 장복희, 중재계약상 형평조항, 중재 제312호, 2004, 28면은 이러한 입장에 서 있는 것으로 보
　　인다.
70) Born, 2776면.

중재판정부

중재판정부

4.1 중재판정부의 의의

중재판정부(arbitral tribunal)는 중재의 대상이 된 구체적인 분쟁을 심리하고 중재판정을 내리는 판단의 주체로서, 중재절차에 관한 행정업무를 담당하는 중재기관(예를 들면, KCAB, ICC, SIAC 등)과는 구별되는 개념이다.

중재는 장차 예상되는 분쟁의 성격과 내용에 가장 적합한 절차를 합의하여 정할 수 있는 재량이 당사자들에게 넓게 부여되는데, 특히 분쟁을 판단하는 주체인 중재판정부를 구성함에 있어 당사자들의 참여가 가능하다는 점이 큰 장점 중 하나임은 서론에서 설명한 바와 같다. 중재 당사자들은 분쟁의 복잡성과 난이도, 분쟁해결의 효율성의 측면을 종합적으로 고려하여 중재인의 수를 1명으로 할 것인지 아니면 복수(예를 들면, 3명)로 할 것인지 중재조항에서 미리 합의해 둘 수 있을 뿐만 아니라, 중재인의 선정방식에 관하여도 중재 당사자들이 원하는 방식으로 미리 중재조항에서 합의해 둘 수 있다. 그리고 만일 중재 당사자들이 중재조항에서 중재판정부 구성에 관한 아무런 합의를 하지 않은 경우에는 해당 중재에 적용될 중재법이나 중재규칙에 정해진 바에 따라 중재판정부를 구성하게 되는데, 중재법이나 중재규칙에서도 중재판정부 구성에 관한 당사자들의 참여를 보장하는 경우가 많다. 그리하여 중재 당사자들은 이러한 중재판정부 구성을 통해 자신들이 직면한 분쟁의 내용을 가장 잘 이해하고 해당 분야에 전문성을 가지고 있는 중재인들을 선정함으로써 분쟁의 적정한 해결을 기할 수 있다.

본 장에서는 이러한 중재판정부와 관련하여, 중재인의 수와 중재판정부 구성방식, 중재인의 권한, 중재인의 자격과 의무, 중재인의 보수와 비용, 중재인의 권한종료 등에 관한 사항을 살피기로 한다.

4.2 중재판정부의 권한

중재절차 진행에 관한 권한과 중재판정을 내리는 권한은 중재판정부의 가장 주요한 권한들이다. 소송과 달리 절차적으로 유연성과 자치성이 강한 중재에서는 중재판정부의 중재절차 진행 권한이 매우 중요한 권한이다. 중재판정부는 중재과정에서 수시로 절차적인 진행상황에 대한 결정을 내려야 할 상황에 직면하게 된다.[1] 그런데 절차 진행의 경우 당사자들의 합의가 마땅히 이루어지지 않으면 중재판정부가 수시로 절차적인 결정(procedural order)을 내려줘야만 중재가 원활하게 진행될 수 있다.

한편, 앞서 설명한 바와 같이 중재판정부의 가장 중요한 권한은 중재판정을 내리는 권한이다.[2] 중재판정부가 판정을 내리기 위해 취해야 하는 절차나 중재판정부의 판정내용에 관한 결정의 방식은 각 중재기관이 정한 규칙에 따라 다를 수 있다. 예컨대, 3인 중재판정부의 경우 전원 의견 합치가 안 될 경우 다수결에 의하도록 하는 방식도 있을 수 있고, 의장이 결정하도록 하는 방식도 있을 수 있다. 중재규칙에서 특별히 정한 바가 없거나 비기관중재의 경우에는 중재판정부가 통상 과반수의 결정에 따라 중재판정 또는 중재절차 진행에 관한 판정을 내리는 것이 일반적이다.

중재법이나 UNCITRAL 모델중재법에 따르면 중재판정부는 그 밖에도 다음과 같은 권한들을 보유하고 있다.[3]

- 중재 당사자의 기피신청에 대하여 결정할 권한[4]
- 중재판정부 자신의 권한 및 이와 관련된 중재합의의 존부 또는 유효성에 대한 이의에 대하여 결정할 권한[5]
- 일방 당사자의 신청에 따라 결정으로 분쟁의 대상에 관하여 필요하다고 인정

---

1) 가령 일방의 문서제출신청에 타방이 불응할 경우 문서제출명령을 내린다거나, 어느 일방이 제출한 서면이나 서증이 정해진 기한 내에 제출된 것이 아닐 경우 수용 여부에 대한 결정, 특정한 문서나 증거를 중재기록에서 삭제해 달라는 요청에 대한 결정 등을 상정할 수 있다.
2) 중재판정에 관해서는 제6장에서 상술하도록 한다.
3) 다만 대부분의 경우는 당사자들의 합의가 이루어지면 해당 사항들에 관해 굳이 중재판정부가 권한 행사를 하지 않더라도 중재절차는 진행되며, 실무적으로도 노련한 중재인들로 구성된 중재판정부는 절차 진행에 관해서는 가급적 당사자들의 합의를 이끌어 내기 위해 애쓰는 경우가 많다.
4) 중재법 제14조 제2항; UNCITRAL 모델중재법 제13조 제2항.
5) 중재법 제17조; UNCITRAL 모델중재법 제16조 제2항.

하는 임시적 처분을 내릴 수 있는 권한6)
- 증거능력, 증거의 관련성 및 증명력에 관하여 판단할 권한7)
- 중재 당사자 간에 합의가 없을 때, 중재지를 결정할 권한8)
- 중재 당사자 간에 합의가 없을 때, 중재언어를 지정할 권한9)
- 중재 당사자 간에 다른 합의가 없을 때, 구술심리를 할 것인지 또는 서면으로만 심리를 할 것인지 결정할 권한10)
- 중재 당사자 간에 다른 합의가 없을 때, 특정 쟁점에 대하여 감정인을 지정하여 조사하게 하거나 구술심리기일에 출석시켜 당사자들의 질문에 답변하도록 할 권한11)
- 직권으로 또는 중재 당사자의 신청을 받아 법원에 증거조사를 촉탁할 수 있는 권한12)
- 중재절차의 종료를 결정할 권한13)
- 중재판정의 정정, 해석 또는 추가판정을 내릴 권한14)

한편, 개별 중재기관별 중재규칙에도 중재판정부의 권한에 관해서는 다양한 규정들이 존재한다.

4.3 중재판정부의 구성(중재인 수와 선정방식)

중재인의 수와 중재인의 선정방식은 원칙적으로 중재 당사자들의 합의에 의하여 임의로 정할 수 있으나, 만약 그러한 합의가 없는 경우에는 중재법(임의중재의 경우)이나 중재 당사자들이 합의한 중재기관의 중재규칙(기관중재의 경우)의 규정에 정해진 바에 따라 정하게 된다.15)

---

6) 중재법 제18조; UNCITRAL 모델중재법 제17조 참조.
7) 중재법 제20조; UNCITRAL 모델중재법 제19조 제2항.
8) 중재법 제21조 제2항; UNCITRAL 모델중재법 제20조 제1항.
9) 중재법 제23조 제1항; UNCITRAL 모델중재법 제22조 제1항.
10) 중재법 제25조 제1항; UNCITRAL 모델중재법 제24조 제1항.
11) 중재법 제27조 제1항, 제2항; UNCITRAL 모델중재법 제26조.
12) 중재법 제28조 제1항; UNCITRAL 모델중재법 제27조.
13) 중재법 제33조; UNCITRAL 모델중재법 제32조.
14) 중재법 제34조; UNCITRAL 모델중재법 제33조.
15) 이와 관련하여 서울민사지방법원에서 일본에서 내려진 중재판정에 대하여 내린 집행판결이

　　중재판정부를 구성하는 중재인의 수는 1인 또는 3인인 경우가 대부분인데, 실무적으로는 중재사건이 간단하고 분쟁금액도 크지 않은 경우에는 단독중재인을 선정하고, 중재사건이 복잡하거나 분쟁금액이 큰 경우에는 3인의 중재인을 선정하여 중재판정부를 구성하는 것이 일반적이다. 단독중재인을 선정하여 중재를 진행하는 경우에는 절차가 간명해지고 효율성과 신속성을 기할 수 있다는 장점이 있으나 심리의 공정성과 객관성 측면에서는 3인 중재인으로 구성된 중재판정부에 비하여 다소 편향적으로 흐를 위험성도 배제할 수 없다. 반면에 3인 중재인으로 구성된 중재판정부에 의하여 중재를 진행하는 경우에는 심리의 공정성과 객관성을 보다 높일 수 있지만, 단독중재인에 비해 시간과 비용은 더 소요될 수밖에 없다.

　　한편, 중재인의 수나 중재인의 선정방식에 관한 규정은 중재규칙끼리도 상이한 경우가 많다. 우선, 중재인 수에 관해서는 당사자의 별도 합의가 없으면 원칙적으로 단독중재인을 채택하는 규칙도 있고 3인 중재판정부를 원칙으로 채택하는 규칙도 있다. 중재인의 선정방식도 중재기관마다 조금씩 다른데, KCAB 국제중재규칙이나 다른 잘 알려진 많은 중재기관들의 중재규칙에서는 3인의 중재판정부는 당사자들이 각기 1인씩 중재인을 임명하고, 의장 중재인은 당사자가 선정한 중재인들이 합의로 임명하되, 당사자가 합의에 도달하지 못한 경우 중재기관이 선정하는 방식을 채택하고 있다. 이에 반하여, KCAB 국내중재규칙이나 AAA 국내중재규칙과 같이, 중재인 선정에 별다른 합의가 존재하지 않을 경우에는 중재기관에서 의장중재인 후보자 리스트와 중재인 후보자 리스트를 제공하여 쌍방에게 이들에 대한 희망 순위를 표시하게 하고 이를 합산하여 선호도가 높은 의장 중재인과 중재인들로써 중재판정부를 구성하는 방식도 있다.

참고할 만하다. 이 사건에서 피고는 일본해운집회소가 피고에게 중재인을 선임할 기회를 전혀 부여한 바 없으므로 이는 중재절차가 위법하여 집행거부사유에 해당한다고 주장하였다. 법원은 이에 대하여 "이 사건 중재계약상 중재인 선임에 관하여는 아무런 정함이 없고 한편 위 을 제4호증(해사중재규칙)의 기재에 의하면 중재계약서 또는 중재약관에 당사자가 중재인을 선임한다는 취지의 합의가 없는 한 일본해운집회소 내 중재위원회가 해사중재위원 명부에 기재된 중재인들 중에서 당사자 및 당해 사건에 이해관계가 없는 자를 중재인으로 선임한 다음 그 내용을 당사자에게 통지하여야 하고(일본 해사중재규칙 제14조), 당사자가 중재인을 기피하고자 할 때는 기피하는 중재인의 성명과 기피이유를 명기한 서면을 제출하도록 되어 있으므로(동 규칙 제16조), 이에 의하면 원·피고 사이에 중재인 선임에 관한 합의가 없었던 이상 피고 자신이 중재인을 직접 선임할 수는 없다."며 피고의 주장을 배척하였다 (서울민사지방법원 1984. 4. 12. 선고 83가합7051 판결).

만일 중재 당사자의 중재판정부 구성에 관한 합의가 있음에도 불구하고 그러한 합의에 따르지 아니하고 중재판정부가 구성되거나, 특정 중재규칙이 적용됨에도 불구하고 해당 규칙에 정해진 바와 달리 구성된 경우에는 중재판정 취소사유에 해당한다.[16] 그러나, 우리 대법원은 "중재인의 선정에 관한 조항을 계약서에 명시하여 이러한 내용을 잘 알 수 있었다고 볼 수 있는 당사자와 그 대리인들이 제1차 심문기일에 모두 출석하여 사무국에 의하여 선정된 중재판정부 앞에서 중재인 선정과 관련하여 아무런 이의를 제기하지 아니한 채 본안에 관하여 진술하였다면, 당사자는 제1차 심문기일에 중재인을 사무국 선정의 중재판정부로 하기로 하는 새로운 합의를 묵시적으로 하였다고 보아야 할 것이므로, 중재판정은 중재인의 선정이 중재계약에 의하지 아니한 때에 해당된다고 볼 수 없다."고 판시하고 있으므로, 실제 중재 진행과정에서 당사자나 대리인들은 이의권 행사를 실기하지 않도록 유의할 필요가 있다.[17]

이하에서는 한국 중재법과 기타 중재규칙들에 정해진 중재인의 수와 선정방식에 관한 규정들을 살펴보기로 한다.

4.3.1 중재법

한국 중재법 제11조는 중재인의 수는 당사자의 합의로 정하되 그러한 합의가 없으면 3명으로 한다고 규정하고 있다.

중재법에 따른 중재판정부 구성은 합의가 이루어지지 않으면 법원이 관여한다는

---

16) 중재법 제36조 제2항 제1호 라목; UNCITRAL 모델중재법 제34조 제2항 a호 iv목 참조.
17) 대법원 2001. 11. 27. 선고 2000다29264 판결 참조. 이 사건의 원·피고는 매매계약을 체결하면서, 계약에 따른 분쟁의 최종적 해결은 대한민국의 법률 및 KCAB의 구 상사중재규칙에 의한 중재제도에 의하고, 중재인은 3명으로 하되, 원고와 피고가 1명씩의 중재인을 선정한 후 양측 중재인의 합의에 의하여 제3의 중재인을 선정하고, 만일 양측 중재인의 의견이 일치되지 않는 경우에는 중재원에 그 소속 중재인 중 1명을 중재인으로 선정할 권한을 부여하기로 약정하였다. 그런데 피고가 KCAB에 중재신청을 하자 중재원은 위 약정에 따라 당사자에 의한 직접선정에 의한 중재인 선정절차를 밟지 아니하고, 구 상사중재규칙 제22조(사무국에 의한 선정)에 의한 중재인 선정절차를 취하여 원고와 피고에게 중재인 후보자 명단을 보내 선정희망순위를 표시하게 한 뒤 합산점수가 높은 후보자를 중재인으로 지명하되, 원고나 피고가 1순위로 지명한 후보자를 가급적 배제하고 그 중 중재인 취임을 수락하는 중재인을 선정하는 방식을 취하여 중재판정부를 구성하였다. 이후 양측 대리인은 제10차 심문기일까지 모두 출석하였고 현장검증에도 참여하였으나 중재인 선정에 대하여는 누구도 이의를 제기하지 않았다.

점이 특징이다. 단독중재인에 의한 중재의 경우 당사자들이 일정 기간 내에 중재인의 선정에 관하여 합의하지 못한 경우에는 일방 당사자의 신청을 받아 법원이 중재인을 선정하고,[18] 3인 중재의 경우는 각 당사자가 1명씩 중재인을 선정하고 이에 따라 선정된 2명의 중재인들이 합의하여 나머지 1명의 중재인을 선정하되 위 각 당사자 또는 2명의 중재인들이 일정 기간 내에 중재인을 선정하지 못하는 경우 일방 당사자의 신청을 받아 법원이 그 중재인을 선정한다.[19] 중재인 신청 사건의 경우 법원은 당해 분쟁이 중재합의의 대상에 포함되는 분쟁으로서 중재인 선정에 필요한 절차적 요건이 갖추어져 있다면 바로 중재인을 선정하여야 하고, 분쟁의 내용까지 심리하여 분쟁 당사자인 신청인이 주장하는 이행청구권이 없다는 이유로 중재인 선정 신청을 기각할 수 없다.[20]

　　한편, 중재법에서는 중재인의 선정절차에 관한 중재 당사자의 합의가 있다고 하더라도 (i) 어느 한쪽 당사자가 합의된 절차에 따라 중재인을 선정하지 아니하였을 때, (ii) 양쪽 당사자 또는 중재인들이 합의된 절차에 따라 중재인을 선정하지 못하였을 때, (iii) 중재인의 선정을 위임받은 기관 또는 그 밖의 제3자가 중재인을 선정할 수 없을 때에는 당사자의 신청을 받아 법원이 중재인을 선정하도록 규정한다.[21] 참고로 대법원은 당사자들이 중재계약에서 특정인을 중재인으로 선정하였음에도 그 특정인이 중재인으로서의 직무수행을 거부하는 경우, 이는 법원이 중재인을 선정할 수 있는 사유에 해당하지 않으며, 당사자들이 새로이 다른 중재인의 선정에 합의하지 아니하는 한 중재절차를 진행할 수 없게 되어 중재계약은 효력을 상실하거나 이행불능 상태에 빠지게 되는 것으로 판단하고 있다.[22]

　　법원에 대한 중재인 선정 신청 사건은 비송사건절차법에 따라 진행되며,[23] 관할 법원은 중재합의에서 지정한 법원이 있으면 그 법원이 되고, 중재합의에서 지정한 법원이 없는 경우에는 원칙적으로 중재지를 관할하는 법원이 되나 아직 중재지가 정하

---

18) 중재법 제12조 제3항 제1호. 참고로 우리 중재법 제12조는 UNCITRAL 모델중재법 제11조와 동일한 규정이라고 평가된다.
19) 중재법 제12조 제3항 제2호.
20) 대법원 2009. 10. 14.자 2009마1395 결정.
21) 중재법 제12조 제4항.
22) 대법원 1996. 4. 12. 선고 96다280 판결.
23) 대법원 2009. 4. 15.자 2007그154 결정.

여지지 않은 경우에는 피신청인의 주소 또는 영업소(주소 또는 영업소가 불명인 경우 거소, 거소도 불명인 경우 최후주소)를 관할하는 법원이 된다.[24] 법원이 중재인을 선정하는 결정을 내리는 경우 이에 대해서는 항고할 수 없다.[25] 반면 법원이 중재인 선정 신청을 기각하는 결정에 대하여는 항고할 수 있다.[26]

4.3.2 KCAB 국내중재규칙

KCAB 국내중재규칙은 중재인의 수에 관하여 당사자의 합의가 없으면 사무국이 구체적인 사건의 여러 상황을 고려하여 1인 또는 3인으로 정하도록 하고 있다.[27]

한편, KCAB 국내중재규칙은 당사자들이 합의로 중재인을 정하거나 중재인 선정 방식을 정한 경우에는 이를 존중한다.[28] 당사자들이 중재인을 직접 선정하였을 경우에는 중재인의 성명, 주소 및 직업을 기재한 서면에 중재인 취임수락서를 첨부하여 사무국에 제출하여야 한다.[29] 그러나, 당사자들의 합의로 중재인 선정기간을 정하고도 그 기간 내에 중재인 선정을 하지 아니하거나, 당사자들의 합의로 중재인 선정기간을 정하지 아니하여 사무국이 당사자에게 중재인을 선정하도록 통지하였음에도 일정 기간 내에 중재인을 선정하지 아니하는 경우에는 사무국이 중재인을 선정한다.[30] 한편, 당사자들의 합의에 의하여 당사자가 선정한 중재인이 다른 중재인을 선정하도록 되어 있는 경우에 당사자들의 합의로 그 다른 중재인의 선정기간을 정하지 아니하였거나 또는 선정기간 내 다른 중재인을 선정하지 아니하여, 사무국이 당사자에게 중재인을 선정하도록 통지하였음에도 일정 기간 내에 중재인을 선정하지 아니하는 경우에도 사무국이 그 다른 중재인을 선정한다.[31]

KCAB 국내중재규칙에 따라 사무국이 중재인을 선정하는 경우에는 중재인명부 중에서 선택한 중재인 후보자들의 명단을 당사자들에게 송부하여 희망순위를 기재하도록 한 다음, 그 명단을 반송받아 동일한 순위가 기재되거나 희망순위 표시가 없는

---

24) 중재법 제7조 제1항.
25) 중재법 제12조 제5항.
26) 대법원 2009. 4. 15.자 2007그154 결정.
27) KCAB 국내중재규칙 제23조.
28) KCAB 국내중재규칙 제20조 제1항.
29) KCAB 국내중재규칙 제20조 제2항 제1호.
30) KCAB 국내중재규칙 제20조 제2항 제3, 4호.
31) KCAB 국내중재규칙 제20조 제2항 제5호.

중재인 후보자들에 대한 희망순위의 조정을 거친 후, 그 순위에 따라 중재인 후보자에게 취임수락을 요청하여 중재판정부를 구성한다.[32) 다만 당사자들의 국적이나 거주국이 다른 사건에서, 사무국이 단독중재인이나 의장중재인을 선임해야 하는 경우에는 어느 일방의 요구가 있으면 당사자 어느 편에도 속하지 아니하는 제3국인 중에서 이를 선정하여야 한다.[33)

4.3.3 KCAB 국제중재규칙

KCAB 국제중재규칙은, 국내중재규칙과 달리, 중재인의 수에 관하여 당사자의 합의가 없으면 단독 중재인 선임을 원칙으로 한다. 그러나, 사무국은 당사자의 의사, 분쟁금액, 분쟁의 복잡성, 기타 요소들을 고려하여 3인의 중재인에 의한 심리가 적절하다고 판단하는 경우에는 3인의 중재인에 의하는 것으로 정할 수 있다.[34)

단독중재인에 의한 중재의 경우 당사자들은 피신청인이 중재신청서를 수령한 날 또는 사무국이 단독 중재인에 의할 것임을 결정한 날로부터 일정 기간 내에 합의하여 단독 중재인을 선정하여야 한다. 만일 그 기간(또는 사무국이 연장을 허용한 기간) 내에 단독 중재인을 선정하지 못하는 경우에는 사무국이 단독 중재인을 선정한다. 한편, 3인의 중재인에 의한 중재의 경우에는 신청인과 피신청인이 일정 기간 내에 각 1인의 중재인을 선정하여야 한다. 만일 일방 당사자가 그 기간 내에 중재인을 선정하지 못한 경우에는 사무국이 이를 선정하게 된다. 한편, 중재인으로 선정된 2인은 일정 기간 내에 의장중재인을 합의로 선정해야 한다. 그러나 중재인들이 그 기간 내에 의장중재인을 선정하지 못하면 역시 사무국이 의장중재인을 선정하게 된다.[35) 사무국은 단독중재인이나 의장중재인을 선정하는 경우에는, 당사자 일방이 요청하는 경우

---

32) 사무국이 중재인을 선정하는 경우의 구체적인 절차는 KCAB 국내중재규칙 제21조 참조.

33) KCAB 국내중재규칙 제22조.

34) KCAB 국제중재규칙 제11조. 이 부분은 ICC 중재규칙과 유사하다.

35) 그러나, 신청인이나 피신청인이 복수인 때에는, 복수의 신청인들 또는 복수의 피신청인들 공동으로 이러한 절차에 따라 중재인을 각각 선정한다. 그러한 선정이 이루어지지 못하고 당사자들이 중재판정부의 구성 방법에 합의하지 못한 경우에는 사무국이 중재판정부를 구성하는 중재인 전원을 선정하며 그 중 1인을 의장으로 지명한다(국제중재규칙 제12조 제3항). 이 규정은 어느 일방의 다수당사자가 중재인 선정에 실패하는 경우 다른 당사자도 중재인 선정권을 행사할 수 없도록 하여 양 당사자간에 균형을 유지하도록 함에 그 취지가 있다(KCAB, 국제중재규칙 해설, 2010, 89면).

다른 특별한 사정이 없는 한 각 당사자들과 국적이 다른 자로 선정해야 한다.[36)]

4.3.4 ICC 중재규칙

만일 당사자가 ICC 중재규칙에 따른 중재를 선택했음에도 불구하고 중재인의 선정방식에 관하여 아무런 합의를 하지 아니한 경우, 중재법원은 단독중재인을 선정하는 것이 원칙이다. 그렇지만 중재법원은 정당한 이유가 있는 경우에는 3인의 중재인을 선정하기로 결정할 수 있다.[37)] ICC 중재법원이 3인 중재를 결정하면, 신청인은 중재법원의 결정 통지를 수령한 날로부터 15일 이내에, 피신청인은 신청인의 지명 통지를 수령한 날로부터 15일 이내에 각 1인의 중재인을 지명해야 한다. 만약 중재 당사자 일방이 중재인을 지명하지 않은 경우에는 중재법원이 이를 선정한다.[38)]

ICC 중재규칙에 따른 단독 중재를 합의한 경우, 신청인의 중재신청서를 수령한 날부터 30일 이내(또는 사무국이 연장을 허용한 기간 내)에 당사자들이 합의로 단독중재인을 지명해야 한다. 만일 그 기간 내에 단독중재인을 지명하지 못한 경우에는 중재법원이 단독중재인을 선정한다.[39)] 반면, 3인 중재를 합의한 경우에는, 각 당사자는 신청서 및 답변서를 통하여 각각 1인씩의 중재인을 지명해야 한다. 만일 어느 당사자가 중재인을 지명하지 아니한 경우에는 중재법원이 이를 선정한다.[40)] 유의할 점은, 통상 피신청인의 요청이 있을 경우 ICC 중재법원은 신청인의 동의가 없더라도 1회에 한하여 답변서의 제출기한의 연장 요청을 30일 내에서 허용해 주는 것이 일반적인 실무례이지만,[41)] 이 경우에도 피신청인의 중재인 선정시한은 신청인의 동의가 없는 한 연장되지 않는다는 점이다. 따라서 ICC 중재의 경우 피신청인은 초기 단계에 신청서 내용 분석과 중재 방어를 위한 대리인 선임 등의 과정에 상당한 시간이 소요되더라도 중재인 선정시한을 놓치지 않도록 각별히 유의할 필요가 있다. 기한 연장 허부나 정확한 기한의 산정에 관하여 의문이 있을 경우에는 ICC 사무국에 직접 문의하여 분명히 해두는 것이 좋다. 한편, 3인 중재에 있어 의장중재인 선정절차에 대해 당사자들

---

36) KCAB 국제중재규칙 제12조 제4항.
37) ICC 중재규칙 제12조 제2항.
38) ICC 중재규칙 제12조 제2항.
39) ICC 중재규칙 제12조 제3항.
40) ICC 중재규칙 제12조 제4항.
41) ICC 중재규칙 제5조 제2항, 제6항.

이 별도로 합의하지 않은 경우, 또는 의장 중재인이 합의된 기한 또는 중재법원이 정한 기한 내에 지명되지 않는 경우에는 중재법원이 이를 선정한다.[42]

3인 중재의 경우 신청인이 복수이거나 피신청인이 복수인 경우에는 복수의 신청인들이 공동으로 1인의 중재인을, 복수의 피신청인들이 공동으로 1인의 중재인을 각각 지명해야 한다.[43] 한편 3인 중재에 제3자가 참가하는 경우에도 마찬가지이다.[44] 중재인을 공동으로 지명해야 하는 복수의 당사자들이 중재인을 공동으로 지명하지 못하고 모든 당사자들이 중재판정부의 구성방식에 별달리 합의하지 못할 경우에는 역시 중재법원이 중재판정부를 구성하게 된다.[45]

ICC가 단독중재인이나 의장중재인을 선정하는 방식은 각국에 구성되어 있는 국가 위원회(National Committee)의 추천을 받은 후 ICC가 추천된 중재인의 적격여부를 판단한 후에 선정하는 방식을 취한다.[46] 단독중재인 또는 중재판정부의 의장중재인은 당사자와는 다른 국적의 중재인으로 정하는 것이 원칙인데,[47] 특히 제3국의 국가 위원회(National Committee)의 추천을 받아 임명하는 경향이 강하다. 한국 기업과 외국 기업간 분쟁의 경우에는 단독중재인이나 의장중재인이 호주, 일본, 대만, 싱가포르, 홍콩이나 독일, 스위스, 프랑스 등의 제3국에서 선택되는 경우가 많은 것으로 알려져 있다.

4.3.5 SIAC 중재규칙

SIAC 중재규칙은 중재 당사자들이 달리 합의하거나 또는 사무국이 중재 당사자들의 제안과 분쟁의 복잡성, 규모 등을 고려하여 3인의 중재인이 적절하다고 판단하는 경우 외에는 원칙적으로 단독중재인에 의하여 중재를 진행한다.[48]

단독중재인에 의한 중재의 경우 당사자들이 중재 당사자들은 신청인의 중재신청서를 수령한 날부터 21일 이내에 단독중재인을 합의로 선정하지 못하거나 중재 당사

---

42) ICC 중재규칙 제12조 제5항.
43) ICC 중재규칙 제12조 제6항.
44) ICC 중재규칙 제12조 제7항.
45) ICC 중재규칙 제12조 제8항.
46) ICC 중재규칙 제13조 제3항.
47) ICC 중재규칙 제13조 제5항.
48) SIAC 중재규칙 제6조 제1항.

자들의 요청이 있는 경우에는 SIAC 의장이 단독중재인을 선정한다.[49] 3인의 중재인에
의한 중재의 경우 각 중재 당사자가 각 1인씩의 중재인을 지명하되, 만약 중재 당사
자 일방이 일정 기간 내에 중재인을 지명하지 아니하는 경우에는 SIAC 의장이 대신
중재인을 선정한다. 그리고, 중재 당사자들이 의장중재인 선정에 관한 절차에 합의한
바가 없거나 그러한 절차에 따른 시한 내에 의장중재인을 지명하지 못한 경우에도
역시 SIAC 의장이 의장중재인을 선정한다.[50]

한편, 3인 중재의 경우 신청인이나 피신청인이 다수이면 ICC 중재규칙과 마찬가
지로 다수의 신청인들과 다수의 피신청인들은 각 공동으로 중재인을 지명해야 한다.
일정 기간 내에 그러한 공동 지명을 하지 못하는 경우에는 SIAC 의장이 해당 중재인
을 선정하고 중재판정부를 구성할 수 있다.[51]

4.3.6 LCIA 중재규칙

LCIA 중재규칙 역시도 중재 당사자들이 달리 합의하거나 또는 중재법원이 여러 가
지 사정상 3인의 중재인이 적절하다고 판단하는 경우 외에는 단독중재인이 원칙이다.[52]

중재인의 선정방식에 관하여 보면, 사무국이 피신청인의 답변서를 수령한 이후
(답변서가 제출되지 않은 경우에는 피신청인에게 중재신청서가 송달된 후) 30일이 경과하면 중
재법원이 단독중재인 또는 3인의 중재인을 선정하도록 되어 있다.[53] 이처럼 규정상으
로는 LCIA의 경우 앞서 본 다른 중재기관들과는 달리 중재법원이 중재인들과 의장중
재인을 선정할 권한이 있다는 명시적인 규정을 두고 있다는 점이 특색이다.[54] 그렇지
만 중재 당사자들이 합의에 의하여 중재인을 지명하거나 중재인의 지명방법에 의하
여 합의하는 것은 얼마든지 가능하고,[55] 실무적으로도 중재법원은 중재 당사자들의
의사를 존중하여 중재인을 선정하고 있다. 중재 당사자들의 국적이 다른 경우 단독중
재인과 의장중재인은 원칙적으로 중재 당사자들과 다른 국적을 가져야 한다.[56]

49) SIAC 중재규칙 제7조 제2항.
50) SIAC 중재규칙 제8조 제3항.
51) SIAC 중재규칙 제9조.
52) LCIA 중재규칙 제5조 제4항.
53) LCIA 중재규칙 제5조 제4항.
54) LCIA 중재규칙 제5조 제5항, 제6항.
55) LCIA 중재규칙 제7조.
56) LCIA 중재규칙 제6조 제1항.

4.4 중재인 선정시 고려요소

실무상 중재인의 선정은 중재에 있어서 실로 가장 중요한 일이라고 해도 과언이 아니다. 가령 3인 중재에서 당사자가 1명씩의 중재인을 선정하도록 되어 있다면, 당사자는 상대방측에서 이미 선정한 혹은 향후 선정할 중재인과의 관계, 준거법, 의장 중재인이 될 후보들과의 관계, 국적, 해당 중재인이 익숙한 법체계, 분쟁에 적용될 법에 대한 이해도, 분쟁내용이 된 거래에 관한 이해도, 중재언어나 증인들이 사용할 언어나 서류에서 사용되는 언어에 대한 이해도,[57] 문화적 배경 등 여러 가지 요소와 상황을 종합적으로 고려하여 중재인을 선정하는 것이 필요하다. 대체로는 지명도나 인지도만으로 중재인을 선정하는 것보다 구체적인 후보에 관한 직접적 경험이나 신뢰를 더 비중 있게 고려하는 것이 더 중요하다고 할 수 있다.

4.4.1 중재인의 자격

중재인의 자격에는 특별한 제한이 없다. 중재법이나 UNCITRAL 모델중재법에도 중재인에게 일정한 자격을 요구하는 내용은 없다. 따라서 변호사 자격이나 일정한 법조 경력이 없어도 중재에서 중재인으로 활동하는 데에는 제약이 없다.[58] 그렇지만 실무적으로는 법에 관한 이해도가 높은 법조인이 중재인으로 선호되는 경향이 상당히 강한 것으로 보인다.

4.4.2 중재인의 공정성과 독립성

중재인은 판정뿐만 아니라 절차진행에서도 공정성을 유지해야 하며, 중재 당사자들을 비롯하여 중재 결과에 대한 이해관계를 가지는 모든 당사자들로부터 독립성

---

57) 중재인은 당연히 중재언어를 제대로 이해하고 잘 구사해야 하지만, 중재언어 외에 해당 당사자들이 사용하는 언어나 내부문서에 사용하는 언어에 관한 이해능력도 갖추고 있으면 사건을 정확히 이해하는 데 큰 도움이 된다. 예를 들면, 중재절차에서는 증거서류나 법률문헌 등을 모두 중재언어로 번역하여 제출하지만 당사자들 사이에 번역에 관한 다툼이 발생하는 경우가 많으므로 중재인이 해당 언어를 이해하는 능력이 있다면 해당 서류의 내용을 정확히 파악하는 데 유리하다.
58) 참고로 KCAB는 중재인 후보자의 경력, 학력, 전문성을 심사하여 중재인으로 위촉하고 있고, 중재인의 3년 임기 만료 이후에도 그러한 심사를 거쳐 재위촉 여부를 결정하고 있다. KCAB가 2012. 4. 5. 현재 시행하고 있는 중재인 위촉기준은 다음과 같다(KCAB 홈페이지(http://www.kcab.or.kr) 참조).

을 유지해야만 한다.

따라서 가령 중재인으로 선정된 변호사는 당해 중재 사건과 무관한 것이라 하더라도 일방 당사자나 그 대리인의 의뢰로 사건을 수임하는 것은 원칙적으로 허용될 수 없다. 만일 그 수임사건이 당해 사건과 사실상 또는 법률상 쟁점을 같이 하는 동종의 사건인 경우에는 그 수임행위는 당해 중재인을 그 중재절차에서 배제시켜야 할 정도로 그 공정성과 독립성에 관하여 의심을 야기할 수 있는 사유에 해당하며, 해당 중재인을 배제하지 아니한 채 내려진 중재판정은 중재판정취소의 대상이 된다.[59]

중재인의 공정성과 독립성에 관하여는 여러 가지 기준이 제시될 수 있겠지만, 실무적으로는 국제변호사협회가 제정한 '국제중재에서의 이해관계 상충에 관한 국제변호사협회지침(IBA Guidelines on Conflicts of Interest in International Arbitration)(이하 'IBA

중재인 위촉기준

법조계	법조경력 10년 이상, 법학박사 또는 외국인변호사 자격 취득자로 법조경력 5년 이상 변호사
실업계	실무경력이 10년 이상인 자로서 상장기업은 3년 이상, 비상장기업은 5년 이상 임원으로 근무하거나, 전문직종에 15년 이상 또는 분야별 최상위급 자격 취득자로 5년 이상 근무한 자
학계	대학교수로 5년 이상, 박사학위자로서 5년 이상 근무한 자
공공, 기타 전문단체	해당 기관에서 임원으로 또는 박사학위 소지자로 5년 이상 근무한 자
공인회계사, 변리사 등	공인회계사, 변리사, 세무사, 관세사 등 자격 취득자로 5년 이상 현직에서 근무한 자
주한 외국인	외국변호사 자격소지자, 교수, 주한 외국상사 내지 무역유관기관의 임원 또는 대표자로 근무한 자, 전문직종에서 10년 이상 근무한 자
국외거주자	국내거주자의 기준에 준하여 위촉

59) 대법원 2004. 3. 12. 선고 2003다21995 판결 참조. 이 판결에서 피고 A는 서울시와 지하철 X공구 건설도급계약을 체결하였고 소외 B는 서울시와 지하철 Y공구 건설도급계약을 체결하였는데, 법령 등의 변경으로 인하여 공사에 추가비용이 발생하자 서울시를 상대로 추가비용의 지급을 청구하게 되었다. 동일한 원인으로 여러 수급인들과 서울시 사이에 잠재적인 분쟁이 발생하자, 컨설팅회사 C는 위 수급인들을 상대로 법률적인 문제협의와 중재절차 대리 등을 하겠다고 제의를 하였고, 결국 피고 A를 대리하여 KCAB에 이 사건 중재를 신청하기에 이르렀으며, 이후 소외 B를 대리하여 KCAB에 별건 중재도 신청하였다. 이 사건 중재에서 중재인으로 선임된 甲은 중재절차 진행 중 C의 의뢰를 받고 별건 중재에서 C와 함께 소외 B를 공동대리하였으며 자신이 중재인인 중재사건의 판정이 수급인에게 유리하게 내려지자 해당 중재판정문을 자신이 대리하던 소외 B에게 유리한 증거자료라며 별건 중재에 제출하기도 하였다. 즉, 甲은 중재판정 취소를 구하는 중재에서 중재인으로 활동하면서, 사실상 또는 법률상 쟁점을 같이 하는 별건 중재에서는 어느 일방의 대리인으로 직무를 수행하였던 것이다.

이해관계지침'이라 함)'이 국제중재에서 자주 이용되고 있다. 위 지침에서는 중재인의 중재 당사자들에 대한 이해관계를 4개의 범주(Non-Waivable Red List, Waivable Red List, Orange List, Green List)로 나누어 각 범주에 해당되는 사례와 처리방법에 관한 지침을 제공하고 있는데, 이에 관하여 아래에서 별도로 살펴본다.

우리 중재법은, 중재인으로 선정된 사람이 자신의 공정성이나 독립성에 관하여 의심을 살 만한 사유가 있다고 판단하면 이를 지체 없이 중재 당사자들에게 고지하여야 하도록 규정하고 있다.[60] 이는 중재 당사자가 필요한 경우 중재인의 기피신청을 할 수 있도록 이와 관련한 정보를 제공하는 데 중요한 의미가 있다. 대법원은 중재법 제13조 제1항에 정해진 고지의무를 강행규정으로 인정하고 있다.[61] 중재인의 이러한 고지의무는 중재절차의 진행 중에도 계속 준수되어야 하는 것으로서 중재인은 자신의 공정성이나 독립성에 관하여 의심을 살 만한 사유가 사후적으로 발생하더라도 지체 없이 이를 중재 당사자들에게 고지해야 한다.[62]

4.4.3 IBA 이해관계지침상 범주 구분과 처리방법

4.4.3.1 면제 불가능한 적색 목록(Non-Waivable Red List)

아래는 임의로 면제할 수 없는 이해 상충 사례들이다. 이에 해당할 경우 중재인은 취임 수락을 거절해야 하며 중재인으로 선정되었더라도 사임하여야 한다. 즉, 중재인이 해당 사유를 공개하거나 중재 당사자들이 합의하는 경우라고 하더라도 중재인은 사임하여야 한다.

- 일방 당사자와 중재인이 상호 일치하거나, 또는 중재인이 중재의 일방 당사자인 법인의 법적 대표 또는 직원인 경우
- 중재인이 당사자중 어느 일방 또는 중재판정부가 내릴 판정에 대해 직접적인 이해관계를 가지는 자의 관리자, 이사, 또는 감독위원회(supervisory board)의 위원이거나, 지배력을 갖고 있는 경우
- 중재인이 당사자들 중 어느 일방에 대해 또는 사건의 결과에 대해 상당한 경제적 또는 개인적 이해관계를 갖고 있는 경우

---

60) 중재법 제13조 제1항, UNCITRAL 모델중재법 제12조 제1항.
61) 대법원 2005. 4. 29. 선고 2004다47901 판결.
62) 목영준, 139면.

• 중재인 또는 그가 속한 법무법인이 자신을 선정한 당사자 또는 그 계열사에
정기적으로 자문을 제공하며, 중재인 또는 그가 속한 법무법인이 그러한 자문
제공을 통해 상당한 경제적 이익을 얻는 경우

4.4.3.2 면제 가능한 적색 목록(Waivable Red List)

아래 사례들은 모든 중재 당사자들, 중재인들 및 중재기관이 해당 중재인의 이
해상충 사유를 완전히 인지하고, 모든 중재 당사자들이 해당 중재인 선정에 합의하는
경우에 한하여, 해당 중재인이 중재인으로 선정될 수 있다.

〈중재인과 분쟁간 관계〉
• 중재인이 분쟁에 관하여 당사자들 중 어느 일방이나 그 계열사에게 법률자문
이나 전문가 의견을 제공한 경우
• 중재인이 과거에도 해당 사건에 개입한 적이 있는 경우

〈분쟁에 대한 중재인의 직·간접적 이해관계〉
• 중재인이 일방 당사자나 그 계열사에 대해 직·간접적으로 지분을 보유하는
데, 그 기업이 공개상장기업이 아닌 경우
• 중재인의 가까운 가족이 분쟁의 결과에 대해 상당한 경제적 이해관계를 갖고
있는 경우
• 중재인 또는 그 직계가족이 분쟁의 패소당사자 측에 상환 청구할 책임을 지게
될 제3자와 친분이 있는 경우

〈당사자들 또는 법률대리인과 중재인 간의 관계〉
• 중재인이 현재 당사자들 중 어느 일방이나 그 계열사를 대리하거나, 또는 그
들에게 자문을 제공하는 경우
• 중재인이 현재 당사자들 중 어느 일방을 대리하는 변호사 또는 법무법인을 대
리하거나 자문하고 있는 경우
• 중재인이 현재 당사자들 중 어느 일방을 대리하는 법률대리인과 동일한 법무
법인에 소속된 변호사인 경우
• 일방 당사자의 계열사가 중재절차에 회부된 분쟁의 주제와 직접적인 관련이
있을 때, 중재인이 일방 당사자의 계열사의 관리자, 이사, 또는 감독위원회

(supervisory board)의 위원이거나 지배력을 갖고 있는 경우

- 중재인이 속한 법무법인이 과거에 해당 사건을 담당하였으나 현재에는 더 이상 담당하지 않으며, 중재인 본인은 해당 사건에 개입한 바가 없는 경우
- 중재인이 속한 법무법인이 현재 당사자들 중 어느 일방이나 그 계열사와 중요한 상업적 관계를 형성하고 있는 경우
- 중재인이 당사자 일방이나 그 계열사에게 정기적으로 자문을 제공하지만, 중재인이나 그가 속한 법무법인이 그러한 자문 제공을 통해 상당한 경제적 이익을 창출하지 않는 경우
- 중재인이 일방 당사자, 또는 그 당사자나 계열사의 관리자, 이사, 감독위원회(supervisory board)의 위원, 또는 지배력을 갖고 있는 자, 또는 일방 당사자의 법률대리인과 가까운 가족인 경우
- 중재인의 가까운 가족이 당사자들 중 어느 일방이나 그 계열사에 대해 상당한 경제적 또는 개인적 이해관계를 갖고 있는 경우

4.4.3.3 주황색 목록(Orange List)

아래 사례들은 소위 주황색 목록에 해당하는 사유들로, 중재인은 취임 수락 이전에 해당 사실이나 정황을 중재 당사자들, 중재기관 및 다른 중재인들에게 공개해야 하고, 취임 수락 이후에 그러한 사실이나 정황을 알게 된 경우에는 즉시 공개해야 한다. 이 경우 중재기관(또는 기타 중재인 선정권자)은 해당 중재인을 선정하지 아니할 수 있으며, 중재 당사자의 기피신청에 따라 해당 중재인이 기피될 수도 있다.

〈일방 당사자에 대한 과거의 자문제공 또는 다른 방식의 사건 개입〉

- 중재인이 최근 3년 내에 당사자 일방이나 그 계열사의 법률대리인이었거나, 또는 해당 사건과 무관한 사안에서 중재인 선정 당사자나 그 계열사에게 자문을 제공하였으나 , 중재인이 그 당사자, 또는 그 계열사와 지속적인 관계를 유지하지 않는 경우
- 중재인이 최근 3년 내에 해당 사건과 무관한 사안에서 일방 당사자 또는 그 계열사의 상대방 대리인으로 활동한 적이 있는 경우
- 중재인이 최근 3년 내에 당사자들 중 어느 일방이나 그 계열사에 의하여 2회 이상 중재인으로 선정된 적이 있는 경우

- 중재인이 속한 법무법인이 최근 3년 내에 해당 사건과 무관한 사안에서, 중재인이 개입하지 않은 상태에서 당사자들 중 어느 일방이나 그 계열사를 대리하거나 그 상대방을 대리한 적이 있는 경우
- 중재인이 현재 또는 최근 3년 내에 당사자들 중 어느 일방이나 그 계열사가 당사자로 되어 있는 해당 사건과 연관된 쟁점에 관한 또다른 중재에서, 중재인 역할을 수행하고 있거나 수행한 적이 있는 경우

〈일방 당사자에게 현재 제공하는 자문〉
- 중재인이 속한 법무법인이 현재 중요한 상업적 관계를 형성하지 않고, 중재인이 개입하지 않은 상태에서, 당사자들 중 어느 일방이나 그 계열사에게 자문을 제공하고 있는 경우
- 중재인이 속한 법무법인과 수익 또는 수임료를 공유하는 법무법인이 중재판정부 앞에서 당사자들 중 어느 일방이나 그 계열사에게 자문을 제공하는 경우
- 중재인이나 그가 속한 법무법인이 정기적으로 중재의 일방 당사자나 그 계열사를 대리하나, 그 대리가 현재 분쟁과는 무관한 경우

〈중재인 및 다른 중재인 또는 법률대리인 간 관계〉
- 중재인과 다른 중재인이 동일한 법무법인에 소속된 변호사인 경우
- 중재인과 다른 중재인 또는 일방 당사자의 법률대리인이 동일한 법정변호사 사무소 회원인 경우
- 중재인이 최근 3년 내에 동일 중재에서 다른 중재인이나 법률대리인의 파트너였거나, 또는 다른 제휴관계를 맺었던 경우
- 중재인이 속한 법무법인의 변호사가 동일한 당사자, 당사자들, 또는 그 계열사가 당사자로 되어 있는 다른 분쟁을 심리하는 중재인인 경우
- 중재인의 가까운 가족이 일방 당사자를 대리하는 법무법인의 파트너(구성원 변호사) 또는 직원이지만, 해당 분쟁에 법률적 조력을 제공하지 않는 경우
- 중재인과 일방 당사자의 법률대리인 사이에 가까운 개인적 친분관계가 존재하는 경우
- 중재인과 중재에 참석한 대리인 사이에 적대관계가 존재하는 경우
- 중재인이 최근 3년 내에 동일한 법률대리인 또는 동일한 법무법인으로부터

3회 이상 중재인으로 선정된 경우
- 중재인과 다른 중재인 또는 일방 당사자의 법률대리인이 현재 공동대리인이거나 최근 3년 내에 공동대리인이었던 경우

〈중재인, 당사자 및 기타 중재에 관련된 자들간 관계〉
- 중재인이 속한 법무법인이 현재 당사자들 중 어느 일방이나 그 계열사에게 불리한 업무를 맡고 있는 경우
- 중재인이 최근 3년 내에 일방 당사자나 그 계열사와 직업적으로 연관된 적이 있는 경우(예를 들어 전(前) 직원 또는 파트너 등)
- 중재인이 당사자, 그 계열사, 중재판정에 직접적 이해관계를 가지고 있는 자의 관리자, 이사 또는 감독위원회(supervisory board)의 위원, 또는 당사자나 그 계열사에 대한 지배력을 갖고 있는 자(예를 들어 지배주주), 또는 증인이나 전문가와의 사이에 가까운 개인적 친분관계가 존재하는 경우
- 중재인과 감독기구의 관리자, 이사 또는 위원, 또는 일방 당사자나 그 계열사에 대해 감독기구의 관리자 등에 준하는 지배력을 갖고 있는 자, 또는 증인이나 전문가와의 사이에 적대관계가 존재하는 경우
- 중재인이 전직 판사라면, 중재인이 최근 3년 내에 당사자들 중 일방이 관련된 중요한 사건을 심리한 적이 있는 경우

〈기타 정황〉
- 중재인이 공개상장기업인 당사자나 그 계열사의 주식을 직·간접적으로 보유하되, 그러한 주식 보유가 주식의 수량 또는 가액 면에서 주요지분에 해당되는 경우
- 중재인이 중재 심리중인 사건과 관련하여 공개적인 논문, 연설문 등에 특정 입장을 공개적으로 옹호하는 경우
- 중재인이 해당 분쟁에 대한 선정 권한을 가진 기관에서 직위를 보유하고 있는 경우
- 중재인이 일방 당사자의 계열사의 관리자, 이사 또는 감독위원회(supervisory board) 위원이거나, 그에 대한 지배력을 갖고 있을 때, 그 계열사가 중재에 회부된 분쟁사항과 직접적인 관련이 없는 경우

4.4.3.4 녹색 목록(Green List)

아래 사례들은 중재인의 직무를 수행하는데 특별한 제한이 되지 않고 중재인이 해당 사실이나 정황을 고지할 의무도 없다.

〈과거에 법률적 의견을 밝힘〉

- 중재인이 과거에 중재에서도 발생하는 쟁점에 관하여 (법률검토논문이나 공개 강의를 통해) 일반적인 의견을 공표한 경우(그러나 그러한 의견은 중재심리중인 사건에 주안점을 둔 것이 아님)

〈현재 일방 당사자에게 자문제공〉

- 중재인이 속한 법무법인과 제휴 또는 협력 관계를 맺고 있으나, 중재인이 속한 법무법인과는 수임료나 기타 수익을 공유하지 않는 법무법인이 중재와 무관한 사안에서 당사자들 중 어느 일방이나 그 계열사에게 법률자문을 제공하는 경우

〈다른 중재인 또는 일방 당사자의 법률대리인과의 접촉〉

- 중재인이 동일한 업무 관련 협회나 사회기관의 회원자격 또는 소셜 미디어 네트워크 등을 통해 다른 중재인이나 일방 당사자의 법률대리인과 관계를 맺고 있는 경우
- 중재인 및 일방 당사자의 법률대리인 또는 다른 중재인이 과거에 함께 공동중재인이나 공동대리인으로서 활동한 적이 있는 경우
- 중재인이 다른 중재인 또는 일방 당사자의 법률대리인과 동일한 기관 또는 학교에서 교육활동을 하거나 다른 중재인 또는 일방 당사자의 법률대리인과 함께 전문인 협회 또는 사회 봉사 단체에서 관리자로 활동하는 경우
- 중재인이 다른 중재인 또는 일방 당사자의 법률대리인과 하나 또는 그 이상의 회의에서 연설자, 사회자 또는 주최자였거나 전문인, 사회 또는 봉사 단체의 세미나 또는 작업단에 참가한 경우

〈중재인 및 일방 당사자간 접촉〉

- 중재인이 당사자(또는 각각의 법률대리인) 또는 그 계열사와 중재인으로 선임되기 이전에 애초에 접촉한 적이 있고, 그러한 접촉이 중재인으로서의 능력 및

자격에 한정되거나, 또는 의장중재인 후보자 명단에 한정되며, 해당 분쟁의 본 안이나 절차적 쟁점에 대해서는 다루지 않았던 경우

• 중재인이 중재의 일방 당사자 또는 공개상장기업인 그 계열사에 대해 미량의 지분을 보유하고 있는 경우

• 중재인과 감독기구의 관리자, 이사 또는 위원, 또는 일방 당사자나 그 계열사 에 대해 감독기구의 관리자 등에 준하는 지배력을 갖고 있는 자가 공동전문가 로서, 또는 동일 사건의 중재인으로 활동한 경우를 포함하여 다른 직위에서 함께 직무를 수행한 적이 있는 경우

• 중재인이 일방 당사자 또는 그 계열사와 소셜 미디어 네트워크를 통해 관계를 맺고 있는 경우

4.5 중재인에 대한 기피

중재인의 공정성이나 독립성에 의심을 살 만한 사유가 있거나 당사자들이 합의 한 중재인의 자격을 갖추지 못한 사유가 있는 경우 당사자들은 기피신청을 할 수 있 다. 다만 중재 당사자는 자신이 선정하였거나 선정절차에 참여하여 선정한 중재인에 대하여는 선정 후에 알게 된 사유가 있는 경우에만 기피신청을 할 수 있다.[63] 즉, 당 사자가 중재인 선정 이전에 중재인의 공정성이나 독립성에 의심을 살 만한 사유를 알고 있었음에도 불구하고 그를 중재인으로 선정하였다면, 그러한 사유에 대한 기피 신청권은 포기한 것으로 간주되는 것이다.

그런데 실무상으로는 실제 중재인의 공정성과 독립성 결여를 이유로 기피신청이 이루어진 사례는 극히 드문 편이다. 최근에 KCAB에서 진행한 중재사건들 중에서는 그러한 기피신청이 이루어진 사례가 단 한 건도 없었던 것으로 보고되고 있다. 또한 법원이 중재인의 공정성과 독립성에 관한 주장에 대해 판단했던 사례들을 살펴보더 라도, 이들은 사후에 중재인의 공정성이나 독립성을 문제 삼아 중재판정 취소소송 등 을 제기한 사건들이 대부분이다.[64]

그런데 대법원은 중재인이 중재사건 피신청인의 중재대리인과 같은 법무법인 소

---

63) 중재법 제13조 제2항; UNCITRAL 모델중재법 제12조 제2항; KCAB 국제중재규칙 제13조 제1항.
64) 대법원 2004. 3. 12. 선고 2003다21995 판결 등 참조.

속 구성원 변호사임에도 불구하고 중재인이 이를 따로 KCAB 사무국에 서면고지하지 않았으나,[65] 사무국 직원들이 그 밖의 다른 경위로 이를 알아 이를 신청인에게 통지하였지만, 신청인이 그와 같이 통지받은 사유에 관하여 소정의 기간 내에 기피신청을 한 바 없다면, 특별한 사정이 없는 한, 그 중재판정이 내려진 이후에 뒤늦게 그 중재인에게 공정성이나 독립성에 관하여 의심을 야기할 사유가 있었다거나 고지절차를 위반한 위법이 있다는 사유를 들어 중재판정 취소사유인 '중재판정부의 구성이나 중재절차가 중재법에 따르지 않은 경우' 또는 '중재판정의 승인 또는 집행이 대한민국의 선량한 풍속 기타 사회질서에 위배되는 때'에 해당된다고 주장할 수는 없다고 판시한 바 있다.[66] 따라서 중재인의 공정성이나 독립성이 의심되는 경우 적시에 기피신청을 하지 않을 경우에는 추후 이를 중재판정 취소소송으로 다투기 어려울 수 있다는 점을 유념해야 한다.

중재인에 대한 기피절차는 중재 당사자들이 합의로 정한 절차가 있거나 중재 당사자들이 합의한 중재기관의 중재규칙에 기피절차를 규정하고 있는 경우 그러한 절차에 따르면 된다. 예를 들면, 만약 중재 당사자들이 KCAB의 국제중재규칙에 따라 분쟁을 해결하기로 한 경우 국제중재규칙에서 정하는 기피절차에 따라 중재인의 선정 사실을 통지 받은 날 또는 기피의 원인이 된 사유와 사실을 알게 된 날부터 15일 이내에 사무국에 서면으로 기피신청을 하여야 한다.[67] 이 경우 기피의 대상이 된 중

---

65) KCAB의 국내중재규칙과 KCAB 국제중재규칙도 중재인에게 공정성 또는 독립성에 관하여 의심을 살 만한 사유가 있으면 이를 사무국에 서면으로 고지하도록 요구하고, 사무국은 이를 중재판정부와 당사자들에게 통지하도록 규정되어 있다(KCAB 국내중재규칙 제25조 제1항, 제2항, KCAB 국제중재규칙 제10조 제2항 참조).

66) 대법원 2005. 4. 29. 선고 2004다47901 판결. 대법원은 이 판결의 대상이 된 중재사건에서는 피신청인의 소송대리인으로 선임된 변호사는 사실상 중재인이 속한 법무법인 구성원으로서의 업무를 이미 중단하고 당시 피신청인의 법무실 소속 법률전문위원으로 재직하며, 중재인이 속한 법무법인 구성원 소속 변호사로서가 아니라 피고의 직원이라는 자격에 기하여 그 중재신청사건에서 피신청인을 대리했던 것이라고 사실관계를 인정했다. 그러면서 법원은 이러한 사실관계 하에서는 이는 예컨대 민사소송법 제41조 제4호의 '법관이 사건당사자의 대리인이었거나 대리인이 된 때'와 같이 볼 수 있을 정도로 중재인의 공정성이나 독립성에 관하여 의심을 야기할 중대한 사유로는 볼 수 없다고 판단했다.

67) KCAB 국제중재규칙은 기피신청에 대한 판단권한을 사무국에 부여함으로써, 그러한 권한을 중재판정부에 부여하는 경우 발생하는 문제들 즉 (i) 기피신청을 당한 중재인이 기피여부 결정에 참여하는 것이 가능한지 여부, (ii) 단독중재인의 경우에는 누가 기피여부 결정을 할 것인지 여부 등을 해결하였다.

재인, 상대방 당사자 및 중재판정부의 다른 구성원들은 기피신청을 수령한 날로부터 15일 이내에 기피에 대하여 서면으로 의견을 밝힐 수 있고, 기피신청을 받은 중재인은 사임할 수 있다(단, 일방 당사자의 기피신청에 대하여 상대방의 동의가 있는 경우 기피신청을 받은 중재인은 사임하여야 한다). 기피 대상인 중재인이 사임하지 않는 경우 사무국은 기피신청에 대한 결정을 하여야 하며,[68] 기피신청이 받아들여지지 아니한 경우 기피신청을 한 당사자는 그 결과를 통지받은 날부터 30일 이내에 법원에 해당 중재인에 대한 기피신청을 할 수 있다.[69]

반면 중재 당사자들이 기피절차에 대하여 합의한 바가 없고 중재 당사자들이 합의한 중재기관의 중재규칙에 기피절차를 규정하고 있지도 않은 경우, 중재절차가 이루어지는 국가의 중재법에서 정하는 기피절차가 적용될 것이다. 우리 중재법에 따르면, 중재 당사자는 중재판정부가 구성된 날 또는 기피사유가 있음을 안 날부터 15일 이내에 중재판정부에 서면으로 기피신청을 하여야 한다. 만일 기피신청을 받은 중재인이 사임하지 아니하거나 상대방 당사자가 동의하지 않으면 중재판정부는 기피신청에 대한 결정을 하여야 한다. 만일 중재판정부에 의해 기피신청이 받아들여지지 아니한 경우 기피신청을 한 당사자는 그 결과를 통지 받은 날부터 30일 이내에 법원에 해당 중재인에 대한 기피신청을 할 수 있다.[70] 당사자들은 기피신청에 대한 법원의 기피결정에 대하여는 항고할 수 없다.[71]

그렇지만 중재판정부는 기피신청이 법원에 계속 중일 때에도 중재절차를 계속 진행하여 중재판정을 내릴 수도 있다.[72] 그리하여 만일 중재판정 이후에 법원이 기피신청을 인용하는 결정을 내리게 되면, 기피신청을 한 당사자는 중재인의 자격이 없는 중재인이 내린 중재판정이라는 점을 근거로 중재판정 취소소송을 제기하여 중재판정 취소판결을 받거나, 중재판정집행청구소송에서 기각판결을 받아 구제를 받을 수 있다.[73]

---

68) KCAB 국제중재규칙 제13조 제5항.
69) 중재법 제14조 제3항. 참고로 우리 중재법 제14조는 UNCITRAL 모델중재법 제13조와 동일한 규정이라고 평가된다.
70) 중재법 제14조 제3항.
71) 중재법 제14조 제4항.
72) 중재법 제14조 제3항.
73) 중재법 제36조 제2항 제1호 라목, 제38조; 뉴욕협약 제5조 제1항 d호 참조.

4.6 중재인의 기타 의무

앞서 설명한 중재인의 독립성과 공정성 및 이와 관련한 고지의무 외에도 중재인에게는 (i) 그 직무를 수행함에 있어 전문가로서의 적정한 주의를 기울여야 할 의무(duty of due care), (ii) 사법적 판단자로서 실체적, 절차적 판단에 있어서 공정하고 독립적이고 중립적이며 중재절차를 진행하면서 양 당사자에게 균등하게 변론기회를 주어야 할 의무(duty of acting fairly and judicially), (iii) 자신이 맡은 중재사건에 적절한 절차를 채택하여 당사자들에게 불필요한 비용과 시간을 들이지 않게 할 의무(duty of acting with due diligence), (iv) 중재 당사자들의 분쟁발생, 중재의 진행 및 판정에 관하여 비밀을 지켜야 할 의무(duty of confidentiality)가 있다.[74]

특히 중재인의 비밀유지의무는 중재 당사자들의 분쟁발생, 중재의 진행 및 판정 등 제반 사항들에 관하여 비밀을 지켜야 할 의무를 의미하는데, 이는 중재 당사자들 간 분쟁을 심리, 판정할 권한을 위임받은 수임인으로서 선량한 관리자의 주의의무를 가지고 중재 당사자들의 권익을 보호하여야 하는 중재인의 직무수행상의 부수적인 의무라고 볼 수 있다. 이러한 중재인의 비밀유지의무는 중재기관의 중재규칙들에 명시적으로 규정되어 있기도 하다. 가령, ICC 중재규칙은 중재판정부에게 당사자의 신청에 따라 중재 절차 또는 중재와 관련된 다른 쟁점에 관한 비밀을 준수할 것을 명할 권한이 있음을 명시하고 있다.[75]

4.7 중재인의 보수와 비용

중재인에게는 적정한 보수를 지급하고, 중재인이 중재 과정에서 지출한 비용 등도 모두 보전해 주는 것이 일반적이다.

KCAB, ICC, SIAC 중재와 같은 기관중재의 경우, 일반적으로 사무국이 중재 당

---

74) 목영준, 156-158면.

75) ICC 중재규칙 제22조 제3항; KCAB 국내중재규칙 제9조; KCAB 국제중재규칙 제45조 제1항 각 참조. 특히 KCAB 국제중재규칙 제45조는 중재인, 사무국 임직원, 당사자 그리고 그 대리인과 보조자는 당사자 사이에 합의되거나 법률상 또는 소송절차에서 요구되는 경우를 제외하고는 중재사건과 관련된 사실 또는 중재절차를 통하여 알게 된 사실을 공개하여서는 안 된다고 하여 중재인 외에 사무국 임직원, 중재 당사자 등에게도 비밀유지의무를 부과하고 있다.

사자들로부터 중재인의 보수와 비용을 징수하여 이를 중재인에게 지급한다.[76] 이를 위해 중재기관은 당사자들로부터 납부받는 비용(중재인 보수 포함)의 산정에 관한 표를 중재규칙에 별첨으로 첨부해 두는 것이 일반적이고, 해당 중재기관의 홈페이지에 중재비용 산정 자동 계산기가 마련되어 있는 경우도 많다.

한편, 비록 임의중재의 경우에는 중재인의 보수와 비용에 관한 내용이 중재법에 정해져 있지는 않지만, 중재 당사자들은 중재인을 선정할 때 보수에 관한 명시적인 약정을 함으로써 해결하는 경우가 많다.

4.8 중재인의 권한종료

중재인의 권한은 최종 중재판정이 내려지거나 기타 다른 사유로 중재절차가 종료됨과 동시에 당연히 종료되는 것이 일반적이지만, 중재절차의 진행 중에도 해당 중재인이 직무를 수행할 수 없거나 수행하지 아니하는 등의 사유로 법원의 결정이나 중재기관의 해임결정 등에 의하여 중재인의 권한이 종료될 수 있다. 중재규칙들 중에는 중재인을 교체하거나 보궐해야 하는 상황이 발생하는 경우를 상정하여 조치 방안을 미리 정해둔 경우가 대부분이다.[77]

---

76) 자세한 사항은 부록 5 참조.
77) KCAB 국내중재규칙 제26조; KCAB 국제중재규칙 제14조; ICC 중재규칙 제15조 등 참조.

중재절차

중 재 절 차

5.1 개 관

UNCITRAL 모델중재법을 수용한 우리나라 중재법은 UNCITRAL 모델중재법과 같이 당사자 자치 및 당사자들에 대한 동등한 대우를 중재절차의 기본원칙으로 명시하고 있다.[1] 다만, 중재절차는 중재지 국가의 법전통, 중재법 및 주요 중재기관의 중재규칙의 영향을 받게 되는바, 우리나라의 경우도 이는 마찬가지이다.[2]

그러나 최근에는 국내소송과 유사하게 운영되던 국내중재 절차도 점차 국제중재절차의 장점을 흡수하고 있는데,[3] 본 장에서는 KCAB뿐만 아니라 ICC, SIAC 등 여러 중재기관에서 대체로 통용되는 국제중재 절차를 중심으로 중재절차의 개별 단계들이 어떻게 진행되는지 자세히 다룬다.

UNCITRAL 모델중재법 및 우리나라 중재법은 모두 '중재절차'라는 제목의 장에 당사자에 대한 동등한 대우의 기본원칙을 천명한 다음, 원칙적으로 중재절차에 관하여 당사자들의 합의에 따른다고 규정하고, 중재지, 중재절차의 개시, 중재언어, 신청서와 답변서, 심리, 당사자의 해태, 감정인 및 증거조사에 관한 법원의 협조에 관하여 규정한다.[4] 결국 이 밖의 사항은 당사자간 합의 또는 중재기관의 중재규칙에 위임하고 있는 것이다.

---

1) UNCITRAL 모델중재법 제18조, 제19조; 중재법 제19조, 제20조.
2) 우리나라 소송의 경우, 법원이 변론기일을 연속으로 배치하는 경우는 많지 않고, 3~4주에 1회 정도 기일을 지정하여 사건을 심리하고 있으며, KCAB 국내중재의 경우에도 이러한 경향이 유지되고 있다.
3) 예를 들어, 사전준비기일을 열어 절차 일정을 미리 확정하고, 서면 공방을 마친 후 연속 심리 기일을 배치하는 사건이 점차 늘고 있다.
4) UNCITRAL 모델중재법 제18조 내지 제27조; 중재법 제19조 내지 제28조.

한편 기관중재와 비기관중재를 불문하고 중재사건은 일반적으로 다음과 같은 단계에 따라 진행된다:

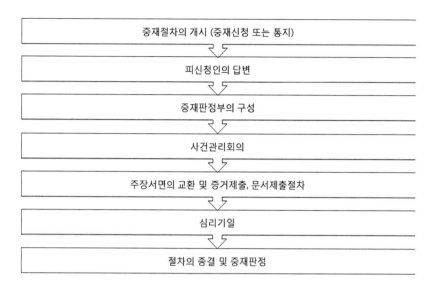

중재절차의 개시 (중재신청 또는 통지)

피신청인의 답변

중재판정부의 구성

사건관리회의

주장서면의 교환 및 증거제출, 문서제출절차

심리기일

절차의 종결 및 중재판정

5.2 중재절차의 기본원칙

5.2.1 당사자 자치

당사자 자치는 중재의 근간을 이룬다. 당사자들은 원칙적으로 중재의 절차에 관하여 자유로이 합의할 수 있으며, 합의를 하지 못한 경우에만 중재판정부가 적절하다고 판단하는 방식으로 중재절차를 진행시키게 된다.[5]

우리나라 중재법도 중재법 내용과 중재절차를 달리 진행할 수 있도록 당사자 자치를 폭넓게 허용하지만,[6] 이러한 당사자 자치는 중재법의 강행규정의 제약을 받는다. 다만, 중재법은 어느 조항이 강행규정인지 명시하고 있지는 않은데, 당사자들이 중재절차의 근간을 이루는 권리·의무를 제한하는 중재규칙을 채택하는 것은 허용되지 않을 가능성이 높다. 예컨대, 당사자의 동등한 대우를 배제하거나 중재인의 공정

---

[5] UNCITRAL 모델중재법 제19조 제2항 참조, 중재절차에 있어서 당사자 자치의 제약에 대한 자세한 내용은 Michael Pryles, "Limits to Party Autonomy in Arbitral Procedure", Journal of International Arbitration, Vol.24 No.3, 2007, 327-339면 참조.

[6] 중재법 제20조 제1항.

성이나 독립성에 대하여 합리적 의심을 살 만한 사유에 대한 공개를 금지하는 등의 규칙을 채택하는 것은 허용되지 않을 것이다.[7]

마찬가지로, 대부분의 경우 중재기관의 규칙이 정한 절차도 당사자들의 합의로 변경하는 것이 허용된다.[8] 그러나 실무상 당사자들이 관행 및 정해진 절차에서 벗어나 독자적인 규칙에 합의하는 경우가 흔치는 않다. 중재기관의 중재규칙에 따르더라도 중재판정부가 심리기일, 주장서면 및 전문가에 의한 증언 등 절차에 관하여 폭넓은 재량을 갖고 있어 융통성 있는 절차 진행이 가능하기 때문이다.[9]

5.2.2 당사자들의 동등한 대우와 충분한 변론 기회

당사자들의 동등한 대우 및 충분한 변론의 기회 역시 중재의 근간을 이룬다. UNCITRAL 모델중재법 제18조 및 중재법 제19조도 "양쪽 당사자는 중재절차에서 동등한 대우를 받아야 하고, 자신의 사안에 대하여 변론할 수 있는 충분한 기회를 가져야 한다"고 규정하고 있고, 각 기관의 중재규칙도 이와 유사한 취지의 규정을 두고 있다.[10] 위 규정들도 강행규정으로 해석된다.[11]

"당사자의 동등한 대우"는 기회의 균등을 의미하는 것일 뿐, 결과의 균등을 의미하는 것은 아니다. 그러므로, 당사자 일방이 스스로 중재절차에 참여하기를 거부하여 변론 또는 서면·증거제출의 기회를 포기하였다면, 상대방 당사자가 그에 반하여 주어진 기회를 충분히 활용하였다 하더라도 동등한 대우 원칙의 위반에 해당하지 않는다.

---

7) 중재법 제13조, 제19조 참조. 대법원도 중재인이 공정성이나 독립성에 관하여 의심을 야기할 수 있는 사유를 당사자들에게 고지할 의무를 규정한 중재법 제13조 제1항이 강행규정이라고 판시하였다(대법원 2005. 4. 29. 선고 2004다47901 판결 참조).
8) 중재비용의 납부와 같이 사무관리 성격의 규정은 당사자들이 중재기관의 규칙과 달리 합의하는 것이 허용되지 않을 것이다. ICC 중재규칙 부칙 3 제2조 제4항은 중재비용과 보수는 ICC 중재법원이 독점적으로 정한다고 규정하고 있다.
9) ICC 중재규칙 제22조 제2항; KCAB 국제중재규칙 제17조; KCAB 국내중재규칙 제27조, 제34조, 제35조 참조.
10) ICC 중재규칙 제22조 제4항; KCAB 국제중재규칙 제16조 제1항, KCAB 국내중재규칙 제35조 제5항 등.
11) KCAB, 국제중재규칙 해설, 2010, 119면 참조.

5.2.3 중재인의 재량

중재법 제20조 제2항은 중재판정부에 폭넓은 재량권을 부여한다. 즉, 당사자들의 합의가 없는 경우 중재판정부가 중재법과 중재규칙이 허용하는 범위 내에서 적절한 방식으로 중재절차를 진행할 수 있도록 하는 것이다. 중재판정부는 증거능력, 증거의 관련성 및 증명력에 관하여 판단할 권한도 가진다. 각 중재기관의 중재규칙도 역시 유사한 취지의 규정을 두고 있다.[12] 그러나, 이런 중재판정부의 재량권은 중재법의 강행규정에 위반하거나 중재절차에 있어 당사자의 동등한 대우 원칙에 위반하여 행사되어서는 안 된다.

5.2.4 포기의 원칙 및 절차적 하자에 이의를 제기할 수 있는 시간적 한계

중재법 제5조는 다음과 같이 규정하고 있다.[13]

당사자가 이 법의 임의규정 또는 중재절차에 관한 당사자 간의 합의를 위반한 사실을 알고도 지체 없이 이의를 제기하지 아니하거나, 정하여진 이의제기 기간 내에 이의를 제기하지 아니하고 중재절차가 진행된 경우에는 그 이의신청권을 상실한다.

이는 중재절차에서 절차적 요건을 위반할 경우에 그 효과를 규정하는 한편, 중재판정의 취소사유를 제한할 근거를 마련한 것으로도 이해할 수 있다.

포기의 원칙이란 당사자들이 중재규칙, 중재합의 또는 중재절차에 적용되는 규범에 대한 위반을 인식하면 지체 없이 이에 대하여 이의를 제기하여야 함을 의미한다. 이러한 위반에 대하여 시의적절한 이의를 제기하지 못할 경우, 당사자들은 이의권을 포기한 것으로 간주되므로, 실무상 유의할 필요가 있다.

시의적절성과 관련하여, 중재법과 KCAB 국내중재규칙은 절차적 위반의 경우 당사자들은 "지체없이" 이의를 제기하여야 한다고 규정하고 있는 반면, KCAB 국제중재규칙은 이러한 이의는 "즉시" 행해져야 한다고 규정하고 있다.[14]

---

12) ICC 중재규칙 제22조 제2항; SIAC 중재규칙 제16조; KCAB 국제중재규칙 제17조 등; 한편 KCAB 국내중재규칙은 중재절차 일반에 대한 중재판정부의 재량권을 명시하고 있지는 않으나, '심리'의 일시, 장소와 방식은 중재판정부가 정한다고 규정하고 있다(제27조 제1항).

13) UNCITRAL 모델중재법 제4조; ICC 중재규칙 제39조; KCAB 국내중재규칙 제46조; KCAB 국제중재규칙 제55조 등 중재기관의 중재규칙에도 유사한 규정이 있다.

14) 중재법 제5조; KCAB 국내중재규칙 제46조; 국제중재규칙 제55조. ICC 중재규칙 제39조는 특

5.2.5 절차의 공개 여부

흔히 중재는 소송과 비교하여 비공개성이 장점으로 꼽힌다. 그러나 중재절차가 반드시 비공개로 진행된다는 법칙은 없으며, 국제투자중재에서는 당사자 일방이 국가이기 때문에 오히려 제출 서면이나 판정문뿐만 아니라, 심리기일까지 공개되는 경우도 있다.[15] 상사중재에서도 당사자간 합의가 없는 경우 중재절차의 비공개성이 당연히 추정되지 않는다.[16]

하지만, 기관중재 규칙들은 비공개를 원칙으로 규정하고 있는 경우가 많다.[17] 구체적인 비공개 범위는 중재규칙마다 약간씩 다르게 규정하고 있으므로 주의하여야 한다. 비공개를 원칙으로 정하지 않은 중재기관의 경우에도 합의로써 중재절차를 비공개로 할 수 있음은 물론이다.[18]

별한 시간적 제한은 규정하지 않은 채 단지 이의를 제기하지 않고 중재절차를 계속 진행하면 이의할 권리를 포기한 것으로 본다고 규정하고 있다.

15) ICSID 중재규칙 제48조 제4항은 당사자의 동의 없이 판정을 공표하지 못하게 되어 있는데, 동의를 얻어 판정문이나 회의록 등이 공개, 출판되는 사건이 매우 많다(ICSID Administrative and Financial Regulations 제22조, 제23조 참조). 사건에 따라서는 심리기일 진행이 인터넷 (http://icsid.worldbank.org)을 통해 실시간으로 중계되기도 한다. 또한 2014. 4. 1. 발효된 UNCITRAL Rules on Transparency in Treaty-based Investor-State Arbitration에서는 국제투자중재가 UNCITRAL 중재규칙에 의하여 이루어질 경우 중재절차를 원칙적으로 공개하도록 하고 구체적인 절차와 기준을 규정하고 있다.

16) 중재절차의 비공개성에 관한 여러 법제의 태도와 실무상 문제점에 관하여는 Filip De Ly, Mark Friedman and Luca, Radicati Di Brozolo, *International Law Association International Commercial Arbitration Committee's Report and Recommendations On 'confidentiality in International Commercial Arbitration'*, Arbitration International, Vol.28, Issue 3, 2012와 ICC Bulletin 2009 Special Supplement, *Confidentiality in Arbitration*, 2009 등 참고.

17) KCAB 국제중재규칙 제57조; KCAB 국내중재규칙 제9조; SIAC 중재규칙 제35조; LCIA 중재규칙 제30조 등.

18) 중재절차가 비공개인 경우 유가증권시장 공시규정에 따른 공시의무와 충돌이 문제될 수 있다. 이에 대하여는 이 책에서 직접 다루지 않지만, 실무상 상장기업들은 비공개인 중재사건에 대하여도 공시규정에 따른 공시의무는 이행하는 경우가 많다.

5.3 중재절차의 초기 단계

5.3.1 중재절차의 개시

5.3.1.1 중재신청서 또는 중재요청서에 의한 절차개시

중재절차의 개시는 법률적으로 중요한 의미를 갖는다. 예컨대, 이는 소멸시효의 중단사유가 될 수 있다.[19]

중재 개시 방법은 기관중재인지, 비기관중재인지에 따라 다를 뿐만 아니라, 기관 중재인 경우에도 어떠한 중재규칙에 따른 중재인지 여부에 따라 다르다. 가령 ICC 중 재나 KCAB 중재의 경우는 ICC 중재법원이나 KCAB에 중재신청서(Request for Arbitration) 를 제출하면 이로써 중재가 개시되고, 이들 기관이 중재신청서를 피신청인에게 송달 한다.[20] 반면 LCIA 중재나 SIAC 중재의 경우는 중재신청서보다는 다소 간략한 중재 통지서(Notice of Arbitration)를 신청인이 직접 피신청인에게 송달한 후 사무국에 이러한 송달을 증명하는 서류를 제출한다.[21] AAA 중재의 경우에도 한 페이지로 간편화된 양 식의 중재통지서를 이용한다.[22] 한편 UNCITRAL 중재규칙에 의한 중재처럼 중재절차 를 관장할 중재기관이 없는 비기관중재의 경우에는 신청인이 피신청인에게 직접 중 재요청서를 송부함으로써 중재가 개시된다.

여기서 중재요청서는 중재법 제24조의 "신청서"와 구별된다.[23] 즉, 중재요청서는 통상 두세 쪽 내외 분량의 간명한 문서로서 신청인이 피신청인에게 특정 분쟁을 중

---

19) 대법원은 제소명령에 응하여 채권자가 중재신청을 하였으면 본안소송을 제기한 것과 동일한 시효중단의 효력이 있다는 취지로 판시한 바 있다(대법원 2000. 2. 11. 선고 99다50064 판결 참조).

20) ICC 중재규칙 및 KCAB 국제중재규칙은 중재절차 개시의 시기를 사무국이 중재신청서를 수 령한 날로 정하고 있다. ICC 중재규칙 제4조 제2항; KCAB 국제중재규칙 제8조 제2항 참조. 한편 KCAB 국내중재규칙은 이에 관하여 명시적인 규정을 두고 있지 아니하나, KCAB는 KCAB 국제중재규칙과 마찬가지로 개시일을 '사무국이 중재신청서를 수령한 날'로 해석한다.

21) LCIA 중재규칙 제1조; SIAC 중재규칙 제3조.

22) 단, LCIA 중재규칙은 Request for Arbitration이라는 용어를 쓰고 있고(제1조), ICDR 중재규칙 제2조는 Notice of Arbitration를 제출하면서 Statement of Claim을 포함하여 제출하도록 하고 있어서 용어 사용례에 다소 차이가 있다. 따라서 개별 중재규칙이 정하는 구체적인 요건에 주의하여야 한다.

23) 목영준, 170면.

재에 회부할 것을 알리는 것을 내용으로 하며, 앞서 본 바와 같이 비기관중재에서 활용된다. 이에 반해 "신청서" 또는 중재신청서는 신청취지 및 신청원인 등을 포함한 보다 자세한 서면으로서 통상 중재판정부(혹은 중재기관)에 제출된다.[24]

5.3.1.2 중재신청서 또는 중재요청서의 기재사항

각 중재기관의 중재규칙은 중재통지서 또는 중재신청서에 기재될 사항에 대하여 조금씩 다르게 규정하고 있다.[25] 대부분의 중재기관들이 중재신청서에 중재인 선정에 대한 의견이나, 중재절차의 언어, 중재지에 대한 합의내용 또는 의견을 포함하도록 요구하고 있기는 하지만, 구체적인 요건은 개별 중재규칙을 확인하여야 한다.[26]

중재요청서나 중재신청서에 위와 같은 사항이 포함되는 것은, (1) 적법절차의 준수를 위하여 중재기관 또는 중재판정부를 통하여 모든 서신이 정확하고 지체 없이 관련 당사자에게 송달되고, (2) 필요시 중재기관이 당사자들에게 자격요건을 갖춘 중재인 후보자를 제공할 수 있도록 충분한 정보를 알리며, (3) 중재판정부가 당사자간 분쟁의 쟁점을 빨리 파악하고 당사자들이 적절한 분쟁해결 절차 및 일정을 정할 수 있도록 지원하도록 하기 위한 것이다. 따라서 아무리 간단한 중재요청서라 하더라도, 중재 개시의 효력이 인정되기 위하여 최소한 요구되는 요소로서 당사자나 분쟁의 대상을 명확하게 특정되도록 표시, 설명하여야 할 것이다. 실무적으로는 중재신청서를 정확하고 상세하게 작성할수록 적합한 중재인 선임이나 효율적인 절차 진행에 도움이 되는 경우가 많다.

한편 중재요청서의 포함될 사항에 대하여 언급이 없는 UNCITRAL 모델중재법과 달리, 중재법 제22조 제2항은 중재요청서에 당사자, 분쟁의 대상 및 중재합의의 내용을 적을 것을 요구한다.

---

24) KCAB 국내중재규칙 제10조, KCAB 국제중재규칙 제8조, ICC 중재규칙 제4조 등.
25) 자세한 기재사항에 대하여는 ICC 중재규칙 제4조 제3항; KCAB 국내중재규칙 제10조 제2항; KCAB 국제중재규칙 제8조 제3항; SIAC 중재규칙 제3.1조 등 참조.
26) 중재신청서 혹은 중재요청서의 양식이 명시되어 있는 경우는 드물고 각 기관마다 통상적으로 많이 이용되는 형태가 조금씩 다르기는 하다. 그러나 법원에 제출하는 서류가 비교적 엄격한 형식적 요구사항이 있는 데에 반해, 중재신청서나 중재요청서의 경우에는 규칙에 명시된 사항만 충실히 기재하면 형식적 요건이 미비되었다는 이유로 각하 또는 기각되는 경우는 드물다. 또한 만일 문제가 있다면 중재판정부에서 일정한 기한 내에 보완을 요구하는 것이 일반적이다.

〈예시 1〉 중재신청서

THE KOREAN COMMERCIAL ARBITRATION BOARD

KAP CO., LTD. (Republic of Korea),
Claimant

v.

EUL, INC. (Japan)
Respondent

REQUEST FOR ARBITRATION

16 January 2016

Claimant`s Counsel
Bae, Kim & Lee, LLC
Seoul, Korea

---

1. In accordance with Article 8 of the International Arbitration Rules of the Korean Commercial Arbitration Board ("KCAB Rules") Claimant KAP CO., LTD. ("KAP" or "Claimant") hereby submits to the Secretariat of the Korean Commercial Arbitration Board ("Secretariat") this Request for Arbitration ("Request") against EUL, INC. ("EUL" or "Respondent").

Ⅰ. INTRODUCTION

2. This arbitration concerns an indemnification dispute arising out of the recall of Milk Naturale, a breast milk alternative formula for infants.

Ⅱ. THE PARTIES

3. Claimant is a company duly incorporated under the laws of Korea and its main business activities involve the distribution of milk products for infants.
     KAP CO., LTD.
     63 Daehan Life Insurance Building 58th Floor
     60 Yeouido, Youngdeungpo
     Seoul 150-763
     Republic of Korea
     Tel: +82 (2) 0000 0000
     Fax: +82 (2) 0000 0001

4. Claimant is represented by
     Bae, Kukje, Esq.
     Kim, Sangsa, Esq.
     Lee, Jungjae, Esq.
     Bae, Kim & Lee, LLC, Korea
     Teheran-ro 133, Gangnam
     Seoul 135-723
     Republic of Korea
     Tel: +82 (2) 1000 0000
     Fax: +82 (2) 1000 0001

---

5. Respondent is a company duly incorporated under the laws of Japan and its main business activities involve distributing in Korea products manufactured by its American parent company.

*****

Ⅲ. ARBITRATION AGREEMENT

6. Claimant brings this arbitration under the KCAB Rules in conformance with the parties' agreement in Article 11 of the Agreement:

> This Agreement will be interpreted pursuant to the laws of the Republic of Korea without regard to its conflict of laws provisions. Any disputes arising out of or in connection with this contract shall be finally settled by arbitration in Seoul in accordance with the International Arbitration Rules of the Korean Commercial Arbitration Board. The number of arbitrators shall be three. The seat, or legal place, of arbitral proceedings shall be Seoul. The language to be used in the arbitral proceedings shall be English.

7. Pursuant to the foregoing, Claimant hereby submits this Request to the KCAB under the KCAB International Arbitration Rules, and further submits that the arbitration should be deemed to be seated in Korea and conducted in the English language. Moreover, the Tribunal shall be comprised of three arbitrators appointed by the Secretariat, and the applicable law to the merits of the dispute is Korean law.

Ⅳ. NATURE & CIRCUMSTANCES OF THE DISPUTE

8. In accordance with the Agreement, KAP was given an exclusive distributorship right to sell Milk Naturale in Korea. As per the terms of the Agreement, KAP imported from Japan over 150,000 cans of Milk Naturale between March 2013 and February 2016. Although sales were slow at the outset, totaling approximately 20,000 cans in 2013, after Korean consumers began to recognize Milk Naturale's premium quality, sales volume doubled by 2014.

*****

Ⅴ. REQUEST FOR RELIEF

48. On the basis of the foregoing, Claimant KAP respectfully requests the Tribunal to:
  a. Declare EUL to have breached the Agreement by supplying KAP with defective and non-merchantable products, and thus, to hold EUL liable for damages suffered by KAP;
  b. Award KAP monetary damages in an amount to be assessed through this arbitral proceedings, plus interest on said amount at a rate to be also fixed at a later stage of the proceedings;
  c. Award KAP all fees and costs incurred by KAP in pursuing this arbitration, including but not limited to the fees and expenses of the arbitrators, the KCAB, legal counsel, experts, consultants and witnesses; and
  d. Any other relief the Tribunal deems appropriate.

Dated 16 January 2016

Respectfully submitted on behalf of KAP CO., LTD.

[Signature]

Bae, Kim & Lee, LLC

5.3.2 답변서

5.3.2.1 답변서의 기재사항

대부분의 중재규칙에서 답변서는 '중재통지서 또는 중재신청서에 대한 답변'을 기재하여 제출하도록 되어 있다.[27] 중재신청서와 마찬가지로 답변서에도 각 당사자는 사실관계 및 주장의 개요를 간단히 설시하고, 자세한 공격·방어방법 및 입증방법은 추후 제출하는 주장서면에서 다루는 것이 일반적이다. 특히, 중재판정부의 권한을 다투는 경우 본안에 관한 답변을 제출한 후에는 이의 기회가 상실될 수 있으므로 답변서에 그 내용을 반드시 기재해야 한다.[28]

5.3.2.2 답변서 제출기한 및 미제출의 효과

중재기관의 중재규칙에는 답변서의 제출기한을 정하고 있는 경우가 많다.[29] 그런데 중재법 제26조 제2항은 피신청인이 정해진 기간 내에 답변서를 제출하지 아니하는 경우 중재판정부는 신청인의 주장에 대한 자백으로 간주하지 아니하고 중재절차를 계속 진행하여야 한다고 규정하고 있다. UNCITRAL 모델중재법 제25조 b호도 이와 같이 규정하고 있다. KCAB 국내중재규칙은 제출기한 이내에 답변서를 제출하지 않을 경우 피신청인은 신청인이 주장하는 청구의 기각을 구하는 것으로 간주한다.[30] 다른 중재규칙에서도 피신청인이 답변서를 제출하지 않을 때에도 중재절차를 그대로 진행하도록 규정하고 있는 것이 보통이다.[31] 따라서 중재에서 기한 내에 답변서를 제출하지 않더라도 소송에서 원고가 의제자백판결(default judgment)을 받는 것과 같은 법률상 불이익은 없다. 즉, 중재판정부는 중재절차를 계속 진행하여야 하고, 제출된 증거를 기초로 중재판정을 내릴 수 있으나, 당사자간에 다른 합의가 있거나 중재판정부가 상당한 이유가 있다고 인정하는 경우에는 달리 진행할 수도 있다.[32] 다만, 의제자백판결과 같은 법률상 불이익이 없다 하더라도 중재절차에 대하여 아예 참

27) ICC 중재규칙 제5조; KCAB 국제중재규칙 제9조 제1항; SIAC 중재규칙 제4.1조 등.
28) 중재법 제17조 제2항, 제4항
29) ICC 중재규칙 제5조 제1항; KCAB 국내중재규칙 제12조 제1항; KCAB 국제중재규칙 제9조 제1항.
30) KCAB 국내중재규칙 제12조 제5항.
31) ICC 중재규칙 제5조 제2항; KCAB 국제중재규칙 제9조 제6항; LCIA 중재규칙 제2.4조 등.
32) 중재법 제26조. UNCITRAL 모델중재법 제26조도 유사한 규정을 두고 있다.

여를 거부하는 것은 바람직하지 않다는 의견이 유력하다. 중재절차에 부당한 점이 있더라도 중재판정부의 관할이나 절차진행에 대하여 강력히 이의를 제기하고, 법원에 대하여 적절한 관여를 요구하는 것이 절차 참여 없이 불리한 판정을 받는 것보다 결과적으로 유리할 것이라는 이유에서이다.[33]

답변서 제출기한이 명시된 경우라 하더라도, 대다수의 중재규칙은 피신청인이 제출기한의 연장을 신청하는 것을 허용하고 있다.[34] 가령 ICC 중재법원은 실무상 30일 이내 범위의 답변서 제출기한 연장 요청은 비록 신청인이 연장에 동의하지 않는다고 하더라도 허용해 주는 경우가 많다.[35] 다만, 답변서 기한을 연기해 주는 경우에도 중재인 선정기한은 당사자들 간의 명시적 합의가 없는 한 연기해 주지 않는 것이 관행이므로 주의가 필요하다.

---

33) Born, 2297-2299면.
34) ICC 중재규칙 제5조 제2항; KCAB 국제중재규칙 제9조 제2항.
35) 반면, 국내중재규칙에 따른 KCAB 중재의 경우는 사무국이 공식적으로 피신청인에게 요청에 따라 답변서 제출기한의 연장에 관한 절차는 없다. 이는 앞서 본 바와 같이 답변서가 제출되지 않은 경우에도 피신청인은 신청의 기각을 구하는 것으로 간주되기 때문이다.

〈예시 2〉 답변서

THE KOREAN COMMERCIAL ARBITRATION BOARD

KAP CO., LTD. (Republic of Korea),
Claimant

v.

EUL, INC. (Japan)
Respondent

ANSWER TO REQUEST FOR ARBITRATION

---

30 January 2016

Respondent`s Counsel
Tae, Pyung & Yang, LLC
Seoul, Korea

---

1. In accordance with Article 9 of the International Arbitration Rules of the Korean Commercial Arbitration Board ("KCAB Rules") Respondent EUL, INC. ("EUL" or "Respondent") hereby submits its Answer to the Request for Arbitration dated 16 January 2016 filed by Claimant KAP CO., LTD. ("KAP" or "Claimant").

I. INTRODUCTION

2. This dispute boils down to Claimant's misconception of the terms of the Distribution Agreement dated 28 February 2013 and entered into between KAP and EUL ("Agreement") for the distribution of Milk Naturale in Korea.

3. Under Article 9 of the Agreement, a party has the unqualified right to unilaterally terminate the Agreement provided that the other party has been given sixty-days notice. As such, Claimant lacks legal basis to pursue its contract claim. In light of its inability to legitimately argue that EUL has breached the Agreement, Claimant now attempts to recast its contract claims as claims sounding in tort. The fact is, however, both arguments are untenable.

II. THE PARTIES

4. Claimant is a company duly incorporated under the laws of Korea and its main business activities involve the distribution of milk products for infants.

*****

5. Respondent is a company duly incorporated under the laws of Japan and its main business activities involve distributing in the Far East products manufactured by its American parent company, EUL International Corp. ("EUL Int.").

*****

6. Respondent is represented by
Tae, Bubmu, Esq.
Pyung, Bub-in, Esq.
Yang, Yuhan, Esq.
Tae, Pyung & Yang, LLC
Yeoksam 647-16, Gangnam
Seoul 135-732
Republic of Korea

Tel: +82 (2) 2000 0000
Fax: +82 (2) 2000 0001

III. ARBITRATION AGREEMENT

7. Respondent confirms that this arbitration is governed by the parties' agreement contained in Article 11 of the Agreement:

*****

8. As such, the place of this arbitration should be Korea and conducted in the English language. The KCAB Secretariat shall appoint all three arbitrators, and the applicable law to the merits of the dispute is Korean law.

IV. STATEMENT OF DEFENSE

9. EUL entered the Korean market knowing full well that it faced one of the toughest markets for the sale of infant formula. The fact that Korea was experiencing a significant decline in birth rate, which would naturally reduce the market for all baby related products, was not a promising reality. Therefore, when EUL entered into negotiations with KAP, EUL made it clear that either party must be allowed to terminate the Agreement without penalty.

*****

V. REQUEST FOR RELIEF

40. On the basis of the foregoing, Respondent EUL respectfully requests the Tribunal to:
a. Dismiss in their entirety all claims raised by Claimant KAP; and
b. Award EUL all fees and costs incurred by EUL in pursuing this arbitration, including but not limited to the fees and expenses of the arbitrators, the KCAB, legal counsel, experts, consultants and witnesses.

Respectfully submitted on behalf of EUL, INC.

[Signature]

Tae, Pyung & Yang LLC

5.3.3 반대신청 및 추가신청

중재에서 반대신청(counterclaim)은 중재신청서에 대한 답변과 동시에 하지 않으면 시기를 놓칠 수 있어 주의가 필요하다. KCAB 국제중재규칙 또한 피신청인의 반대신청은 답변서와 함께 제출되어야 한다는 원칙을 천명하고 그 이후에 제출하는 것은 중재판정부가 그 지연이 정당하다고 판단하는 경우에만 허용하고 있다.[36] 반면 KCAB 국내중재규칙은 '중재절차 중' 반대신청을 할 수 있다고만 규정하여 제출기한을 따로 명시하고 있지는 않으며, 중재판정부가 절차의 지연 등을 고려하여 허가하지 아니할 수 있다고 한다.

ICC 중재규칙은 중재신청서에 대한 답변과 함께 반대신청을 제기하도록 하고 있으며,[37] 중재판정부가 이를 정리하여 중재절차요지서(Terms of Reference, TOR)를 작성한 다음에는 중재판정부의 허락을 받아야만 당사자들이 새로운 청구(반대신청 포함)를 할 수 있다.[38] ICC 중재의 경우에도 중재절차요지서가 확정되기 이전에는 당사자는 중재신청서나 반대신청서에 포함시키지 않았던 새로운 청구를 추가하거나 자유롭게 청구내용을 변경할 수 있다.

한편, 중재판정부는 그 구성 직후 향후 중재절차의 일정을 당사자들과 협의하여 정하며, 그 이후에는 추가로 청구를 하는 등 당사자들이 정해진 일정과 달리 하기 위하여는 중재판정부의 허락을 얻어야 하는 경우가 많다. 중재판정부가 허락하지 않는다면 추가 청구는 별도의 중재를 신청하여야 할 것인데, 이 경우 예컨대 중재규칙상 절차의 병합조항을 활용하여 새로운 절차와 기존의 절차를 병합하는 방안을 모색해 볼 수는 있다.[39]

5.3.4 중재비용 납부

소송에서 인지대와 송달료를 납부하여야 하는 것처럼, 중재에서도 절차를 진행하는 데에 소요될 비용을 납부해야 한다. 넓은 의미의 중재비용은 크게 절차비용과

---

36) KCAB 국제중재규칙 제9조 제4항, 제5항.
37) ICC 중재규칙 제5조 제5항.
38) ICC 중재규칙 제23조 제4항 참조. 반대신청 또한 중재합의의 효력범위 내여야 할 것이다.
39) ICC 중재규칙 제10조; KCAB 국제중재규칙 제23조 참조.

중재인 보수와 비용, 대리인 보수와 비용, 전문가 보수와 비용 및 기타 비용과 경비 등으로 나눌 수 있다.

비기관중재의 경우에는 당사자간에 중재비용에 대한 별도의 약정이 없으면 중재판정부가 합리적인 범위 내에서 중재비용을 정하고, 중재판정을 내릴 때 양 당사자간의 부담비율을 정한다. 중재인 보수 및 비용에 관하여는 중재인을 선정할 때 명시적으로 약정하는 것이 일반적이다.[40]

기관중재의 경우에는 각 기관의 중재규칙에 정해진 바에 따라 중재기관에 비용을 납부하여야 한다. 관리비용(administrative expenses)은 대부분 분쟁금액에 따라 결정되는 반면, 중재인 보수(arbitrator fees)는 분쟁금액뿐만 아니라 사건의 난이도나 분쟁의 복잡성, 검토에 소요되는 시간의 장단 등을 감안하여 결정된다.[41] 중재기관에 따라서는 중재인 보수를 중재인이 투입한 시간과 중재인의 요율만으로 정하는 경우도 있고,[42] 당사자들이 위 두 가지 방식 중 선택할 수 있게 한 경우도 있다.[43]

중재기관들은 대부분 중재비용의 일부를 예납하여야 중재서류 송달이나 중재판정부 구성 등 중재절차를 진행한다. ICC, SIAC, LCIA 등의 중재기관은 비교적 적은 금액의 신청비용을 납부하면 일단 절차는 개시되고,[44] 사무국이 중재비용을 산정한 후 예납금(advance on costs)에 대한 예납요청을 따로 한다.[45] 이는 KCAB 국제중재규칙도 마찬가지이다. 중재비용을 예납한 후에도 절차가 초기에 예상한 것보다 훨씬 장기화되고 복잡해지면 중재기관은 추가로 비용예납을 요구하기도 한다.

중재비용의 납부 책임은 신청인과 피신청인이 균등하게 부담하는 경우가 많으나, KCAB 국내중재규칙과 같이 신청인이 전액 납부하도록 하는 경우도 있다.[46] 균등

---

40) 중재인선정계약에 대하여는 목영준, 145-146면 참조.
41) KCAB 국제중재규칙 별표 2; ICC 중재규칙 부칙 3 등 참조.
42) LCIA Schedule of Arbitration Costs 참조. 위 규정에 따르면 LCIA는 관리비용도 사무국 직원들이 투입한 시간에 따라 계산한다.
43) HKIAC 중재규칙 제10.1조.
44) 신청비용은 중재기관에 따라 다른데, 2014년 현재 대략 미화 1,000달러 내지 3,000달러 정도이다. 많은 중재기관들이 홈페이지에 중재비용을 계산할 수 있는 프로그램을 게시해 두고 있어 이를 이용하면 분쟁규모에 따른 대략적인 중재비용을 추산할 수 있다.
45) KCAB 국제중재규칙 제51조, ICC 중재규칙 제36조 등 참조.
46) ICC 중재규칙 제36조, UNCITRAL 중재규칙 제41조, KCAB 국제중재규칙 제51조 제3항, KCAB 국내중재규칙 제62조.

부담을 원칙으로 정한 경우 어느 당사자가 부담분을 납부하지 않으면 중재기관은 다른 당사자에게 납부를 요청하고, 그래도 중재비용이 납부되지 않으면 절차를 중지하고 일정 기간 후에 종료 또는 취하간주할 수 있다. 어느 당사자가 부담할 중재비용을 다른 당사자가 납부한 경우, 납부한 당사자가 납부 의무 있는 당사자로 하여금 그 금액만큼 배상을 명하도록 중재판정부에 잠정명령이나 절차명령을 신청하거나 법원에 가처분을 신청하는 경우도 있다.[47) 한편, 어느 당사자가 중재비용 부담분을 납부하였으나 다른 당사자가 나머지 부담분을 납부하지 않아 중재가 취하간주된 경우, 중재비용 납부의무 불이행에 따라 중재합의가 해제되었다거나 중재를 통한 분쟁해결을 포기하였다고 보아 법원에서 소송을 할 수 있는지도 문제가 된다. 이에 대하여 해외 판결들이 일부 소개되고 있으나, 아직 확립된 실무례가 있다고 하기는 어렵다.[48)

최종적인 중재비용은 중재절차가 모두 마무리된 후 중재판정부에서 확정하게 된다. 대리인 보수 등을 포함한 전체 중재비용을 중재판정부가 중재판정을 통해 당사자 간에 어떻게 판정을 통해 부담시키는지에 대하여는 제6.3.3절에서 자세히 다룬다.

5.3.5 중재판정부 구성

비기관중재의 경우에는 보통 중재판정부가 구성된 후 신청서와 답변서를 제출하고,[49) 기관중재의 경우에는 신청서와 답변서가 제출된 후 중재판정부가 구성되는 것이 보통이다. 중재판정부의 구성, 중재인에 대한 기피, 중재판정부의 역할 등 중재판정부에 대한 제반 사항은 제4장에서 다루었다.

5.3.6 관할에 대한 항변

흔히 이루어지는 관할항변으로 중재합의가 당사자를 구속하지 않는다는 항변(예

---

47) W. Laurence Craig, William W. Park, Jan Paulsson, *International Chamber of Commerce Arbitration*, Oxford University Press, 2001, 267-270면 참고. SCC 중재규칙은 이러한 경우 중재판정부가 중재비용 부담분 배상(reimbursement)을 명하는 판정을 내릴 수 있다고 명시적으로 규정하고 있다(제45조 제4항). KCAB 국제중재규칙 제51조 제6항도 참조.

48) 유사한 상황에서 프랑스 법원이 관할을 인정한 사례로 *Societé TRH Graphic v. Offset Aubin* (Cour de Cassation, 19 November 1991, 1992 REV.ARB 462)이 있고, 캐나다 법원이 관할을 인정한 사례로 *Resin Systems Inc. v. Industrial Service & Machine Inc.*, 2008 ABCA 104가 있으나, 영국 법원이 결론적으로 관할을 부정한 사례로 *BDMS Ltd v Rafael Advanced Defence Systems*, (2014) EWHC 451 (Comm) 등이 있다.

49) 중재법 제24조; UNCITRAL 모델중재법 제23조; UNCITRAL 중재규칙 제18조, 제19조 등.

컨대 분쟁의 당사자가 중재합의의 당사자가 아니라는 항변), 분쟁이 중재합의의 범위를 벗어
난다는 항변, 중재에 대한 선결요건(예컨대 협의, 전문패널에 의한 결정 등 중재에 앞서 다른
분쟁해결 방안을 거쳐야 한다는 조건이 충족되지 않았다는 항변) 등이 있다.[50]

중재판정부는 자신의 권한 및 이와 관련된 중재합의의 존재 여부 또는 유효성에
대한 이의에 대하여 결정할 권한이 있다.[51] 중재판정부의 권한에 관한 이의는 본안에
관한 답변서를 제출할 때까지 제기해야 한다.[52] 다만 중재판정부가 지연에 정당한 이
유가 있다고 인정하는 경우에는 위 시기보다 늦게 제기된 이의도 받아들일 수 있다.[53]
실무상으로는 가능한 한 가장 빠른 기회에 (예컨대, 중재신청서에 대한 답변과 함께) 관할
에 대하여 이의를 제기하는 것이 통례이다.

관할에 대한 항변은 본안과 별도의 선결문제로서 다투어지는 경우가 많다. 이
경우 절차를 분리(bifurcation)하여 관할에 대해서만 별도의 심리기일을 여는 경우도 있
다. 하지만 관할항변에 대하여 선결문제로 따로 절차를 분리하여 판단하지 않고 본안
과 함께 같은 중재판정문에서 결정하는 것도 가능하다.[54]

관할이 선결문제로 다투어지는 경우, 중재판정부는 이에 대한 결정을 별도의 절
차명령(procedural order)이나 잠정판정(interim award)으로 내릴 수도 있고, 종국판정을 내
릴 때 그 결정 내용을 포함하여 내릴 수도 있다.[55] 다만 관할이 없다고 판단한 경우에
는 실체적인 판단으로 나아갈 수 없으므로, 종국판정으로 각하하여야 할 것이다. 이와
같이 당사자가 중재판정부의 권한에 대하여 이의를 하였는데, 중재판정부가 선결문제
로서 그 권한의 유무를 결정한 경우에 이의 제기 당사자는 그 결정을 통지받은 날부
터 30일 이내에 법원에 중재판정부의 권한에 대한 심사를 신청할 수 있다.[56]

---

50) 여기서 말하는 관할이라 함은 우리나라 민사소송에서 말하는 협의의 관할권이 아니라 중재
   판정부의 권한을 포괄하는 넓은 의미에서의 관할이다. 이는 영미법상 사용되는 jurisdiction의
   개념과 대응되는 것이다.
51) 중재법 제17조 제1항.
52) 중재법 제17조 제2항.
53) 중재법 제17조 제4항.
54) 중재법 제17조 제5항.
55) 중재법 제17조 제5항.
56) 중재법 제17조 제6항 참조. 이와 같은 법원의 관여 절차에 관하여는 제7.3.1절 참조.

5.3.7 절차 협의 및 일정 결정

5.3.7.1 사전준비기일(Preliminary Meeting, Case Management Conference)

국내중재사건에서는 중재의 전 과정에 대한 절차 일정표를 초반에 확정하는 경우는 드물고, 우리나라 일반적인 소송절차처럼 각 단계별로 중재판정부 및 당사자들이 중재절차를 정하는 경우가 많다.

그러나 국제중재 사건이나 복잡한 절차적 문제(예컨대 임시적 처분 신청 또는 관할항변)가 있는 사건의 경우 중재판정부도 구성 후 신속히 사전준비기일을 개최하는 경우가 많다. 사전준비기일은 중재판정부와 당사자들이 모두 모여 진행하는 것이 일반적이지만, 쟁점이 많지 않은 경우 혹은 중재판정부와 당사자가 모두 모이기가 어려운 사정이 있는 경우에는 전화회의 또는 화상회의를 통해 진행되기도 한다.[57]

특별히, ICC 중재에는 중재절차요지서(Terms of Reference, TOR)를 작성하는 독특한 절차가 있다. 중재절차요지서는 중재판정부가 각 당사자의 주장 및 신청취지, 사안의 쟁점, 적용될 절차적 규정 등을 포함하여 당해 중재에 관한 전반적인 사항을 간략한 형태로 정리하는 문서이다.[58] 중재판정부가 구성되고 ICC 중재법원으로부터 중재판정부가 중재기록을 전달받으면 60일 이내에 중재판정부는 중재절차요지서를 작성하여야 한다. 중재절차요지서의 가장 중요한 기능은 신청인 혹은 반대청구를 한 피신청인이 중재절차요지서가 작성되고 난 이후에는 중재판정부의 승인을 받지 않는 한 새로운 청구나 반대청구를 할 수 없다는 데 있다.[59] 중재판정부는 중재절차요지서를 작성할 당시 또는 작성한 뒤로부터 가능한 빠른 시일 내에, 사건관리회의(case management conference)를 소집하여 당사자들과 협의하에 절차 일정표를 정하는 등 절차에 대한 제반사항을 정한다.[60]

---

57) 최근에는 점점 많은 중재기관들이 이와 같은 사전준비회의를 의무화하거나 강력히 권고하고 있다. ICC 중재규칙 제24조, KCAB 국제중재규칙 제18조, ICDR 중재규칙 제16.3조, SIAC 중재규칙 제19.3조 등 참조.

58) SIAC 중재규칙에도 사안의 쟁점을 정리하는 Memorandum of Issues를 작성하여 중재판정부와 당사자가 서명하도록 하는 규정이 있었는데, 2010년 개정에서 삭제되었다.

59) ICC 중재규칙 제19조 참조. 다만 공격방어방법은 변경할 수 있으며 쟁점도 중재절차요지서에 기재된 내용에 구속되지는 않으므로 진행 과정에 따라 새로운 쟁점을 추가할 수는 있다.

60) ICC 중재규칙 제24조.

〈예시 3〉 절차요지서

INTERNATIONAL CHAMBER OF COMMERCE

INTERNATIONAL COURT OF ARBITRATION

CASE No.10000/BKL

BETWEEN:

KAP CO., LTD. (Republic of Korea)
(Claimant)

- and -

EUL, INC. (Japan)
(Respondent)

TERMS OF REFERENCE

(Pursuant to Article 23 of the Rules of Arbitration

of the International Chamber of Commerce.)

The Tribunal

Jaein Jung, Arb.

Ⅰ. The Parties, their Lawyers and the Tribunal

1.1 The Claimant is: •••••

Represented by: •••••

1.2 The Respondent is: •••••

Represented by: •••••

The Tribunal

1.3 On February 1, 2016, the ICC International Court of Arbitration ("Court") confirmed Jaein Jung as sole arbitrator upon the proposal of the Korean Chamber of Commerce.

1.4 By the execution of these Terms of Reference, the Parties confirm acceptance of his designation.

Ⅱ. Notifications

2.1 Notifications to and on behalf of the Claimant should be made to their lawyers at the address previously given.

2.2 Their contact telephone, fax and e-mail address are as follows: •••••

2.3 All notifications or communications arising in the course of the arbitration shall be deemed to have been validly made to each party when they have been made by delivery against receipt, registered mail, courier, facsimile transmission or email.

Ⅲ. The Agreement to Arbitrate

3.1 Article 23 of the Distribution Agreement dated 5 February 2013 signed by the Parties provides: •••••

Ⅳ. The Procedure to Date

4.1 On January 16, 2016, the ICC received the Claimant's Request for Arbitration.

4.2 On January 30, 2016, the ICC acknowledged the Respondent's Answer.

Ⅴ. Summary of the Parties' Respective Claims and of the Relief Sought

5.1 The purpose of the following summary is to satisfy the requirements of Article 23 of the ICC Rules, without prejudice to any other allegations, arguments, or contentions contained in the pleadings or submissions already filed or such submission as will be made in the course of this arbitration.

5.2 By signing these Terms of Reference, neither Party is to be deemed to have agreed to the other party's claims, as set down below.

5.3 The Claimant's Claims: •••••

5.4 The Respondent's Answer: •••••

Ⅵ. The Issues to be Determined

6.1 Subject to provisions of Article 23 of the ICC Rules and the direction of the Tribunal, the issues to be determined shall be all issues arising from the submissions, including forthcoming submissions, statements, pleadings of the Parties which are relevant and necessary for the adjudication of the Parties' respective claims and defenses.

Ⅶ. The Place of Arbitration and the Applicable Law

7.1 The place of arbitration is, as agreed, Seoul, Korea.

7.2 The award or awards of the Tribunal will be deemed conclusively to be made at the place of the arbitration.

7.3 The law applicable to the substance of the matters in dispute is, as agreed, the law of the Republic of Korea.

Ⅷ. Applicable Procedural Rules and Other Matters

8.1 Language of the Arbitration

Article 23 of the Distribution Agreement (ie the agreement to arbitrate) states that the language of "all proceedings shall be conducted in English".

8.2 Procedural Rules

The Rules governing the proceedings before the Tribunal shall be the ICC Rules, amended and in force from January 1, 2012.

•••••

Signed by the Tribunal and for and behalf of the Parties by their Authorized Representatives.

_____   _____

On behalf of the Claimant   On behalf of the Respondent

_____

The Tribunal

Seoul, the place of Arbitration, this is 1 May 2016.

5.3.7.2 절차 일정표(Procedural Timetable)

초기 단계에서 확정해야 하는 일정 중에서 가장 중요한 일정은 심리기일(hearing)
이다. 다른 일정들, 가령 주장서면 제출기한이나 문서제출절차일정 등은 당사자간의
합의나 중재판정부의 승인으로 진행과정에서 수정될 수 있지만, 심리기일은 특별한
사정이 없는 한 바꾸지 않는 것이 관행이다. 통상 1주일 가량 진행되는 심리기일의
경우 중재인들과 대리인들의 복잡한 일정으로 인해 수개월 전에 정해야만 하고, 이를
변경하고자 할 경우 모두의 일정에 맞는 새로운 기일을 정하는 것이 매우 어렵기 때
문에 중재절차가 상당히 지연된다. 따라서 심리기일 일정을 확정함에 있어서는 대리
인의 출석가능성은 물론 증인과 전문가 증인들의 출석가능성까지도 정확히 확인하여
정하는 것이 바람직하다.

5.3.7.3 절차에 관한 협의 및 결정 방식

위와 같이 중재절차를 미리 협의하고 결정하는 과정에서 당사자들은 소송절차에
비하여 상당한 자율성을 가진다. 사전준비기일이나 절차 일정표 작성에 앞서 당사자
들은 전화, 전자우편, 서신 등의 다양한 방법으로 의견을 교환하고 협의할 수 있으며,
합의된 사항과 합의되지 않은 사항을 정리하여 중재판정부에 미리 전달함으로써 사
전준비기일이나 절차 일정표 작성이 원활히 이루어지도록 도울 수도 있다.

중재절차 진행을 중재기관이 주도하는 중재판정부 구성 전 단계나, KCAB 국내중
재절차와 같은 경우에는 중재기관의 사무국에 별도의 서신 또는 절차진행에 관한 의
견서 등을 제출하여 중재절차가 당사자가 원하는 방식으로 진행하도록 요청할 수 있
다. 중재판정부가 구성된 후에는 당사자간 협의 및 중재판정부에 대한 서신 제출 등
을 통해 추가로 제기되는 절차적 문제를 해결하게 될 것이다.

중재판정부는 문서제출절차의 허용범위, 주장서면의 제출방식, 증인신문의 방식,
구두변론의 방식 등 중재사건에서 통상 제기될 수 있는 절차적인 사항들을 정하는
절차명령(procedural order)을 내려 중재 초기 단계에 당사자에게 교부하는 경우가 많
다. 중재절차 진행 중에 새롭게 제기되는 쟁점들에 대하여도 필요한 경우 절차명령을
내린다.

5.3.8 중재신청의 철회/취하

중재를 제기한 신청인이 중재판정이 내려질 때까지 언제라도 중재신청을 철회(취하)할 수 있음은 당연하다. 그러나 피신청인이 이에 대하여 이의를 제기하고, 중재판정부가 피신청인에게 분쟁의 최종적 해결을 구할 정당한 이익이 있다고 인정하는 때에는 그러하지 아니하다.[61] 실무상 중재절차 진행중에 당사자들이 합의에 이르게 되는 경우, 중재절차 종료에 관한 합의를 명시하는 경우보다는 중재를 철회하는 경우가 훨씬 많다.[62] 이러한 경우 중재기관들은 상대방에게 중재신청 철회의 서면을 송달하면서 이의할 기회를 부여하고, 일정 기간 동안 이의가 없으면 철회에 동의한 것으로 간주하기도 한다.[63]

중재신청을 철회한 경우 신청인은 중재기관의 규칙에 따라 중재기관에 예납한 중재비용 중 일부를 반환 받을 수 있는 경우가 많다.[64] 중재기관에 따라서는 예납한 중재비용뿐만 아니라 변호사비용 등 당사자가 부담한 비용에 관하여도 중재판정부가 분담비율을 정할 수 있도록 하여, 피신청인이 중재신청을 취하한 신청인으로부터 자신이 지출한 법률비용의 전부 또는 일부를 상환받을 수도 있다.[65]

---

61) 중재법 제33조 제2항 제1호; UNCITRAL 모델중재법 제32조 제2항 제1호; KACB 국제중재규칙 제34조; Born, 3029-3030면 참조. JCAA 중재규칙은 중재판정부가 구성되기 전에는 중재신청 철회에 대한 이와 같이 제한을 두고 있지 않다(제22조 제1항).

62) 당사자들이 중재절차 종료에 합의할 경우에는 중재판정부가 중재절차 종료를 결정하여야 한다(중재법 제33조 제2항 제2호; UNCITRAL 모델중재법 제32조 제2항 제2호). 한편, LCIA 중재규칙은 합의 중재판정(Consent Award)을 내리는 경우 외에는 단지 중재판정부의 임무가 종료되고 중재절차가 종결된다고만 규정하여 중재절차 종료 결정을 요구하지 않는 것으로 보인다(제26조 제8항).

63) KCAB 국내중재규칙 제38조 제2항에서는 명시적으로 이와 같이 규정하고 있다.

64) KCAB 국내중재규칙 제62조 부표 제2항; KCAB 국제중재규칙 별표 1 제2조 제3항, 별표 2 제1조 제3항; ICC 중재규칙 제37조 제6항.

65) ICC 중재규칙 제37조 제6항, 제1항.

5.4 다수 당사자 중재

5.4.1 개 관

중재는 중재합의의 당사자 사이에만 제기될 수 있으므로 양자간 중재가 전형적이고, 다수의 당사자가 등장하는 경우에도 공동신청인이나 공동피신청인의 형태로 쌍방 대립구도가 유지되는 것이 일반적이다.

소송의 경우는 여러 당사자 사이에 복합적인 분쟁이 발생하는 경우 재판간에 모순을 피하고 통일적인 분쟁해결을 도모하기 위하여 참가, 당사자 추가, 변론의 병합 등의 절차를 마련해 두고 있다. 이러한 절차는 특히 채권자, 채무자 및 보증인 간의 분쟁이나, 원도급인, 수급인 및 하수급인 간 분쟁, 중개인이나 위탁판매인 또는 수탁자가 개입된 거래에서 발생한 분쟁 등에서 유용하게 활용된다.

이와 같이 여러 분쟁을 통일적으로 해결할 필요성이 있는 것은 중재도 마찬가지인데, 중재는 중재합의가 있는 당사자 사이에만 제기할 수 있기 때문에 다수 당사자 간 분쟁을 해결하는 데에는 소송에 비하여 상대적으로 취약하다. 그러나 세계적으로 상사중재가 계속 발전하면서 다수 당사자간의 분쟁도 중재를 통해 효율적으로 해결하기 위한 노력이 계속되어, 당사자의 절차적인 권리를 해치지 않는 범위 내에서 제한적이나마 다수 당사자 중재를 위한 절차가 마련되었다. ICC는 2012년 개정 중재규칙에서, KCAB는 2016년 개정 국제중재규칙에서 이에 관한 내용을 신설하였다.[66]

5.4.2 당사자 추가

ICC, HKIAC, SIAC 중재에서 다른 당사자를 중재에 추가하려는 당사자는 중재인 선정절차가 이루어지기 이전에 사무국에 추가신청서를 제출하기만 하면 다른 당사자의 동의가 없어도 그를 참가시킬 수 있다.[67] 당사자 추가는 아래에서 설명하는 다수

---

66) SIAC 중재규칙(제9조), HKIAC 중재규칙(제27조 내지 제29조), LCIA 중재규칙(제22조) 등 최근 여러 중재기관에서 다수 당사자간 중재에 관한 규정을 도입하였다. 다수 당사자간 중재에서 제기되는 여러 가지 쟁점에 관하여는 Bernard Hanotiau, *Complex Arbitrations: Multiparty, Multicontract, Multi-issue and Class Actions*, 2005 참고.

67) ICC 중재규칙 제7조 제1항; HKIAC 중재규칙 제27.3조; SIAC 중재규칙 제7조. HKIAC와 SIAC는 제3자가 중재에 참가를 신청할 수도 있도록 하였다. HKIAC 중재규칙 제27.6조; SIAC 중재규칙 제7조.

의 계약에서 발생한 분쟁의 병합에 관한 요건은 갖추어야 한다. 중재인 선정절차 이후에 당사자를 추가하려면 모든 당사자가 동의하여야 한다.[68] KCAB 국제중재규칙은 중재판정부 구성 후 모든 당사자들이 동의하는 경우에만 당사자를 추가할 수 있도록 하였다.[69]

5.4.3 다수의 계약에 관한 중재

여러 중재기관들의 중재규칙상, 다수의 계약에서 발생하거나 다수의 계약과 관련한 신청도 하나의 중재로 신청하여 단일한 절차로 해결할 수 있다.[70] 다만, 그러한 수개의 계약에 포함되어 있는 중재합의가 양립 불가능할 경우에는 단일한 중재절차를 진행할 수는 없고, 모든 당사자들이 신청인의 신청이 단일 중재절차로 해결될 수 있다는 점에 동의하였다고 인정할 수 있는 경우에만 이러한 단일 절차가 허용된다.[71] 당사자들은 다수의 계약에서 발생하는 분쟁을 별개의 절차에서 다루고 싶을 경우 중재합의에서 위 규정을 적용하지 않도록 합의할 수 있다.

5.4.4 다수 중재절차의 병합

일정한 요건 하에 둘 이상의 중재절차를 하나의 중재로 병합할 수 있다.[72] ICC, SIAC, HKIAC 중재에서는 이러한 병합이 다음 세 가지의 경우, 즉 (i) 당사자들이 병합에 동의한 경우, (ii) 중재의 모든 신청이 동일한 중재합의에 따르는 경우, 또는 (iii) 중재의 신청이 둘 이상의 중재합의에 따른 경우에도 중재의 당사자가 동일하고, 분쟁이 동일한 법률관계에 관하여 발생하였으며, 둘 이상의 중재합의가 서로 모순되지 않고 양립할 수 있다고 판단되는 경우에만 허용된다.[73] 이러한 요건에 대한 판단과 병

---

68) ICC 중재규칙 제7조 제1항; SIAC 중재규칙 제7.8조. 다만, HKIAC는 당사자들의 동의를 요건으로 하지 않고 중재판정부가 당사자들의 의견을 참작하여 결정할 수 있게 하였다. HKIAC 중재규칙 제27.1조.

69) KCAB 국제중재규칙 제21조.

70) ICC 중재규칙 제9조, KCAB 국제중재규칙 제22조, HKIAC 중재규칙 제29조, SIAC은 중재규칙 제6조.

71) ICC 중재규칙 제9조, 제6조 제4항. KCAB 국제중재규칙 제22조, HKIAC 중재규칙 제29조도 비슷한 취지.

72) ICC 중재규칙 제10조, KCAB 국제중재규칙 제23조, HKIAC 중재규칙 제28조, SIAC 중재규칙 제8조 등 참조.

73) ICC 중재규칙 제10조, HKIAC 중재규칙 제28.1조, SIAC 중재규칙 제8.1조.

합결정은 중재기관 또는 중재판정부가 한다. 한편, KCAB 국제중재에서는 당사자가 동일하고 KCAB 국제중재규칙이 동시에 적용되는 경우 병합을 할 수 있으나, 병합결정을 중재판정부가 내리며, 다른 중재절차에서 중재판정부가 한 명이라도 선정된 경우에는 병합을 할 수 없다.[74]

5.5 주장서면과 입증방법

5.5.1 개 관

중재신청과 그에 대한 답변이 이루어지면 당사자들은 주장 및 입증방법이 포함된 주장서면을 제출하게 된다. 통상 국제중재의 경우 심리기일 전에 주장서면 교환은 2회 정도 이루어지고, 심리기일 이후의 주장서면 교환도 1, 2회로 한정된다. 답변서와 함께 제기된 반대신청이 없다면, 당사자들은 보통 순차로 주장서면을 제출하게 되나, 신청인과 피신청인이 주장서면을 동시에 제출하는 방식도 사용된다.

기관중재의 경우 중재판정부가 구성되고 나면 주장서면을 당사자가 직접 중재판정부와 다른 당사자들에게 전달하며, 사본을 중재기관에 제공하는 것이 일반적이다.[75] 그러나 KCAB 국내중재규칙과 같이 모든 문서를 원칙적으로 사무국에 제출하여, 사무국이 이를 당사자와 중재판정부에 송달하는 방식도 있다.[76]

입증방법과 관련하여, 중재판정부는 당사자들이 달리 합의하지 않는 증거관련 사항에 대한 폭넓은 재량권을 갖는다.[77] 일반적으로 중재판정부는 제출된 증거가 분쟁사안과 관련이 있고 중요하다면 이를 처음부터 배제하거나 제출을 제한하지는 않고, 제출은 허용하되 당사자의 주장과 관련하여 이와 같은 증거가 어느 정도의 증명력을 갖는지 스스로 판단하는 태도를 취하는 경향이 있다. 중재판정부가 제출된 증거의 관련성과 중대성을 결정할 전권을 지닌다는 점을 중재규칙이 명시하기도 한다.[78]

---

74) KCAB 국제중재규칙 제23조.
75) KCAB 국제중재규칙 제4조 제5항; ICC 중재규칙 제4조; SIAC 중재규칙 제2.5조, 제16조 제6항 등 참조.
76) KCAB 국내중재규칙 제16조, 제39조 등 참조.
77) KCAB 국내중재규칙 제42조 제1항; KCAB 국제중재규칙 제26조 제4항 참조. ICC 중재규칙은 이에 대한 명시적 규정은 없다.
78) KCAB 국내중재규칙 제42조 제5항, 제26조 제4항, SIAC 중재규칙 제19.2조.

5.5.2 주장서면

중재의 경우 별도의 주장서면 양식이 있는 것은 아니다. 주장서면의 분량은 사안마다 다를 것이나, 쟁점이 복잡한 사건의 경우는 100쪽을 넘기는 경우도 적지 않다.

중재판정부는 필요하다고 판단하는 경우 요약주장서면을 제출할 것을 요구하거나 스스로 요약본을 작성하여 각 당사자가 확인하도록 할 수 있다. KCAB 국내중재규칙은 중재판정부가 이런 요약쟁점에 관하여만 판단하고 판정을 내릴 수도 있다고 규정하고 있다.[79]

주장서면의 작성에 있어서 유의할 점은 사건 초기 단계에서부터 사건에 관련된 여러 서류나 증거자료에 관한 철저한 조사와 연구가 필요하다는 점이다. 주장서면에서 주장의 정도나 설명의 정도는 여러 가지 전략적 고려를 통하여 조절할 수 있지만, 어떠한 내용이든 일단 주장한 내용이 사실이 아닌 것으로 드러나게 되면 중재판정부에게 그만큼 신뢰를 잃게 되는 결과를 낳을 수 있으므로, 초기에 충분한 조사와 검토를 거쳐 사건의 내용을 완전히 파악한 이후에 주장서면을 작성해야 한다.[80] 이는 모든 종류의 분쟁에 있어서 공통적으로 적용되는 사항이지만, 중재의 경우 단심제로 운영되기 때문에 한 번의 중재절차에 모든 노력을 쏟아야 하는데, 국내 소송절차에 익숙한 기업의 경우에는 초기에 많은 비용부담을 꺼려 초기 조사를 소홀히 하는 경우가 적지 않으므로 유의할 필요가 있다.

5.5.3 입증방법

입증방법, 특히 서증(exhibits)은 주장서면 및 증인진술서와 별개로 편철(bundle)하여 제출되기도 하는데, 각 입증방법은 "C-1", "R-1" 혹은 "갑 제 - 호증", "을 제 - 호증"과 같이 영문 또는 한글 및 숫자의 조합으로 특정한다.[81] 중재언어가 서증의 언어

---

79) KCAB 국내중재규칙 제34조 제2항. ICC 중재규칙은 이와 같은 규정이 없고, KCAB 국제중재규칙은 제26조 제2항에서 중재판정부가 서류 및 증거의 요약본을 제출할 것을 요구할 수 있다고만 규정하고 있다.

80) 중재 대리인은 고의로 허위의 사실을 주장하여서는 안 되고, 허위의 사실을 주장하였음을 알게 된 때에는 즉시 그러한 주장을 정정하여야 한다. 다만 비공개성이나 특권 보호는 고려할 필요가 있을 것이다. IBA Guidelines on Party Representation in International Arbitration, 2013 (이하 "IBA 중재 대리 가이드라인"), 9-10항 참조.

81) 영어로 진행하는 중재의 경우 신청인측 서증 번호는 C-1, 피신청인측 서증 번호는 R-1과 같이 붙이는 경우가 많다.

와 다를 경우 이를 중재언어로 번역하여야 하는데, 당사자들이 합의하고 중재인들이 번역 없이 심리하는 데에 무리가 없는 경우 번역을 제출하지 않는 경우도 있다. 번역을 제출하는 경우에도 상대방이 이의하지 않는다면 맥락을 해치지 않는 범위 내에서 사건에 직접 관련이 있는 부분만 일부 번역하여 제출하는 것도 허용된다.

한편 중재의 경우는 서증 제출시 증인진술서나 전문가 증인진술서도 함께 제출하는 경우가 많다. 이에 대하여는 제5.7절, 제5.8절에서 다룬다.

5.6 문서제출절차(Document Production)

5.6.1 개 관

문서제출을 요구하는 별도의 절차가 존재하지 않을 경우, 당사자들은 통상 중재신청서, 답변서, 기타 주장서면 제출시 그 입증방법도 함께 제출한다. 그러나 중재에서는 주장서면과 입증방법을 동시에 제출하기도 하지만, 주장서면만 우선 교환한 후 나중에 서증을 교환하는 방식도 있다.

중재에서 당사자들은 서로 상대방에 대하여 특정 문서에 대한 제출을 요청할 권리가 있고, 중재판정부는 필요하다고 판단될 경우 이를 허락할 수 있다. 국제중재 실무에서 이와 같은 경우 문서제출절차는 매우 일반적으로 이용되고 있다. 문서제출절차는 서로 상대방에게 해당 분쟁과 관련된 거의 모든 문서의 제출을 요구하는 것이 일반적이기 때문에, 의뢰인이 보유한 모든 문서를 검토하여 제출 대상인지 여부를 확인하고, 또한 특권(privilege) 등을 이유로 제출거부 대상이 아닌지 여부 등을 검토하는 과정에서 매우 많은 시간과 변호사 비용이 소요되는 것이 일반적이다.

중재에서 문서제출절차는 미국 소송의 증거개시제도(discovery)에 비해서는 상대적으로 제한적으로 이루어지는 것이 일반적이다(특히 질의서(interrogatory)나 증언조서 작성(deposition)은 이루어지는 경우가 드물다). 그렇지만 어느 범위까지 문서제출을 명할 것인지 여부는 중재판정부의 재량에 속하는 문제이기 때문에, 결국 어떤 법제에 익숙한 중재인들로 중재판정부가 구성되는지, 당사자나 대리인이 어떤 법제에 속해 있는지에 따라 문서제출명령의 범위도 적지 않은 차이를 보인다. 가령 증거개시제도에 익숙한 미국인 위주로 구성된 중재판정부는 미국 소송상의 증거개시제도에 필적하는 범위의 문서제출을 인정해주는 경향이 있는 반면, 대륙법 계통의 중재인들은 상대적으로 제한적인 범위의 문서제출만을 명하는 경향이 있다고 알려져 있다.[82]

실무적으로는 국제중재에서 문서제출과 관련하여 흔히 발생하는 쟁점들에 대하여, 중재판정부 및 당사자들이 국제변호사협회(IBA)가 정한 "국제상사중재에 있어서의 채증에 관한 국제변호사협회규칙(IBA Rules on the Taking of Evidence in International Commercial Arbitration; 이하 "IBA 증거규칙"이라 함)"을 지침(Guideline)으로 삼는 경우가 일반적이다. IBA 증거규칙은 엄격한 규칙으로서 보다는 지침으로 적용되지만 실제적으로는 중요한 증거규칙으로서의 역할을 하고 있다.

5.6.2 IBA 증거규칙에 따른 문서제출절차

IBA 증거규칙에서 문서(documents)는 '서면으로 기록 또는 보관되거나, 또는 전자, 음성, 시각 수단이나 기타 수단에 의한, 모든 유형의 서면, 교신, 사진, 도면, 프로그램 또는 데이터'로 정의되어 있다.[83] 이처럼 동 규칙은 최근 분쟁에서 중요성이 높아지고 있는 이메일이나 그 첨부 문서, 컴퓨터 프로그램이나 데이터 등을 모두 문서의 범위에 포함시키고 있다. 따라서 문서제출요청이나 명령에 따라 제출해야 할 문서의 범위에는 이러한 종류의 문서들도 포함된다는 점을 유념할 필요가 있다.

문서제출절차는 당사자가 중재판정부가 정한 기간 내에 중재판정부 및 상대방에게 문서제출요청서(Request to Produce)를 제출함으로써 개시된다.[84] 문서제출요청서에 다음과 같은 내용들이 포함되어야 한다.[85] 다소 까다로운 듯한 이 요건들은 소위 '증거 낚기(fishing expedition)'를 방지하고자 하는 데 그 취지가 있다.[86]

---

82) 영미법계 중재인이 영국이나 미국에서 중재를 진행하더라도 문서제출 범위를 제한적으로 인정할 수 있으며, 그러한 사정만으로 중재판정의 취소 또는 집행 거부 사유로 인정되기는 어렵다. 서울고등법원은 미국 캘리포니아주에서 AAA 중재규칙에 따라 진행된 중재판정의 집행판결 청구 사건에서, 미국 소송절차상 광범하게 인정되는 문서제출요청(discovery)이 받아들여지지 않아서 방어권이 침해되었다는 피고의 항변을 배척하였다(서울고등법원 1995. 3. 14. 선고 94나11868 판결).
83) IBA 증거규칙상 정의(definition) 규정 중 '문서'의 개념 참조.
84) IBA 증거규칙 제3조 제2항.
85) IBA 증거규칙 제3조 제3항.
86) IBA, Commentary on the Revised Text of the 2010 IBA Rules on the Taking of Evidence in International Arbitration, 2010(이하 "IBA 증거규칙 주석"), 8-9면(제3조 제3항 부분).

(a) (i) 요청대상문서 각각을 특정할 수 있을 정도의 충분한 설명, 또는 (ii) 존재할 것이라고
합리적으로 판단되는 좁은 범주의 문서에 대한 충분히 구체적인 설명(문서의 내용에 대한
설명도 포함)

(b) 요청대상문서가 해당 사건에 대해 어떠한 관련성을 지니고 그 결과에 대해 어떠한 중대한
영향을 미치는지에 대한 기술

(c) (i) 요청대상문서가 요청당사자의 소유, 보관 또는 통제 아래 없다는 진술과 해당 문서를
제출해야 할 부담을 요청당사자에게 주는 것이 부당한 이유 및 (ii) 요청대상문서가 현재
상대방의 소유, 보관 또는 통제 아래에 있을 것이라고 추정되는 이유

이러한 문서제출요청서를 받은 당사자는 자신이 소유, 보관 또는 통제하는 문서
중 이의를 제기할 사유가 없는 모든 대상문서를 상대방에게(만일 중재판정부의 명령이
있다면 중재판정부에게) 제출하여야 한다.[87]

만일 이러한 요건을 제대로 충족하지 못하는 경우 문서제출을 요청받은 당사자
가 이의할 수 있고,[88] 중재판정부도 문서제출명령을 내리는 것을 거부할 수 있다.[89]
문서제출요청에 대해 이의를 하고자 한다면 이의사유를 서면으로 정리하여 중재판정
부와 상대방에게 제출하여야 한다.[90]

최근 문서제출요청에 대한 공방시에는 레드펀 스케줄(Redfern Schedule)이라는 형
식의 서류가 자주 활용된다. 레드펀 스케줄은 각 당사자들이 상대방의 문서제출요청
에 대해 여러 가지 이의를 제기할 경우 개별 요청서류별로 문서제출을 요청하는 이
유와 이에 대한 이의의 요지, 그리고 이의에 대한 반박을 일목요연하게 하나의 표로
정리한 서류이다.

---

87) IBA 증거규칙 제3조 제4항.
88) IBA 증거규칙 제9조 제5항.
89) IBA 증거규칙 제9조 제7항.
90) IBA 증거규칙 제3조 제5항. 우리나라 민사소송법상 문서제출명령신청은 일방의 신청에 대해
타방에게 이의를 할 기회가 부여되지 않고 법원이 바로 당부를 판단하는 데 반하여, 중재에서
는 상대방에게 이의를 제기할 기회를 부여한 후 중재판정부가 신청과 이의의 당부를 판단하여
적정한 범위의 제출명령을 내린다는 점이 다르다(실무상으로는 상대방이 제기한 이의에 대해
다시 요청자가 해당 이의의 부당성에 대해 의견을 개진할 기회까지 부여하는 경우도 많다).

〈예시 4〉 레드펀 스케줄

KAP CO., LTD. (Claimant)

v.

EUL, INC. (Respondent)

"REDFERN SCHEDULE" TO CLAIMANT'S REQUESTS FOR THE PRODUCTION OF DOCUMENTS BY EUL

*The "Redfern Schedule" below includes Claimant's Requests for the Production of Documents dated 5 March 2016, EUL's objections and comments dated 19 March 2016, and Claimant's additional comments in response to EUL's objections and comments.

**Text in bold represents Claimant's response to EUL's objections and comments.

No.	Description of Requested Documents	Claimant's Justification for the Request	EUL's Objections and Comments	Tribunal's Decision
1.	Documents referring to, relating to, evidencing or describing participation by EUL in the drafting, negotiation, execution or adoption of any of the agreements or other documents listed below (together the "**Basic Documents**" and each a "**Basic Document**"), or any section or provision thereof: (a) the Shareholders' Agreement dated 10 December 2008 by and among KAP and EUL; *****	• *The requested documents are relevant and material to the question of jurisdiction over each of KAP and EUL.* ***** • **EUL's objection based on the "Entire Agreement" clause in the SHA (Section 12.1) is without merit.** ***** • **EUL's objection to this request as non-compliant with Procedural Order No. 1 is also without merit.** ***** • **EUL's objection to this request as overbroad and insufficiently specific is similarly without merit.** *****	• EUL objects to this Request on the grounds that these documents are inadmissible, irrelevant and not material to the outcome of Claimant's case on jurisdiction over EUL in light of the "Entire Agreement" clause in the SHA (Section 12.1). ***** • EUL also objects to this Request on the grounds that it fails to comply with 10 of Procedural Order No. 1 and Art. 3(3)(b) of the IBA Rules on Evidence. ***** • EUL objects to this Request because it is clearly a fishing expedition designed to elicit information relating to the merits of the dispute (as opposed to the Tribunal's determination on jurisdiction). *****	
2.	Documents or other evidence on which EUL, acting in good faith, intends to rely for evidentiary purposes in the jurisdiction phase of these arbitral proceedings as of the date of receipt of this letter.	• *The requested documents are assumed to be relevant and material to the question of jurisdiction based on EUL's intended reliance on them.* • **Claimant hereby withdraws this request.**	• This Request represents an improper attempt by Claimant to circumvent the current procedural timetable and to preempt EUL's submissions on jurisdiction. *****	
***	*****	*****	*****	*****

중재판정부는 문서제출요청과 상대방의 이의를 심의하여, (a) 요청당사자가 입증하고자 하는 쟁점들이 사건과 관련성이 있고, 결과에 대해 중대한 영향을 미치며, (b) 동 규칙 제3조 제3항에 기재된 문서제출요청서에 포함되어야 할 내용들에 관한 요건을 충족하였다고 판단하면 해당 문서를 제출할 것을 당사자에게 명령할 수 있다.[91] 다만 중재판정부는 요청 문서가 다음에 해당하는 경우에는 문서 제출을 명하지 않아야 한다.

(a) 사건에 대한 충분한 관련성이나 그 결과에 대한 중대성이 결여된 경우
(b) 중재판정부가 적용 가능하다고 결정한 법적, 윤리적 규칙에 의한 법적 장애 또는 특권이 있는 경우
(c) 증거 제출시 부당하게 부담을 지게 될 경우
(d) 분실 또는 파손 발생의 가능성에 대한 상당한 소명이 이루어진 문서의 경우
(e) 중재판정부가 보호해야 할 강력한 필요성이 있다고 판단한 상업적 또는 기술적 기밀이 관련된 경우
(f) 중재판정부가 보호해야 할 강력한 필요성이 있다고 판단한 특별한 정치적 또는 제도적 민감성 (정부 또는 공적 국제기관에 의하여 기밀로 분류된 증거 포함)이 있는 경우 또는,
(g) 중재판정부가 보호해야 할 강력한 필요성이 있다고 결정한 당사자들의 절차적 경제성, 비례성, 공정성, 또는 평등성에 대한 참작 사유가 있는 경우

중재판정부는 위에 해당하는 사유가 있으면 일방 당사자의 요청에 따라 또는 자신의 결정에 따라 문서, 진술서, 구두증언 등을 증거나 문서제출의 범위에서 제외시켜야 한다.[92]

이 외에도 IBA 증거규칙은 당사자들이 아닌 중재판정부에게도 일정한 증거 수집 권한을 인정하고 있다. 즉, 중재판정부는 (a) 일방 당사자에게 문서를 제출하도록 요청하거나, (b) 당사자에게 증거 수집을 위해 취할 수 있는 최선의 노력을 다하도록 요청하거나, 또는 (c) 관련자 또는 관련기관으로부터 문서를 제출받기 위하여 적절하다고 판단하는 조치를 직접 취할 수 있다고 규정되어 있다.[93]

문서제출명령의 대상이 된 문서를 소지한 당사자는 해당 문서를 상대방에게 제출하여야 하며, 중재판정부의 명령을 받은 경우 중재판정부에 직접 제출하여야 한

---

91) IBA 증거규칙 제3조 제7항.
92) IBA 증거규칙 제9조 제2항.
93) IBA 증거규칙 제3조 제10항.

다.[94] 그런데 만일 일방 당사자가 만족할 만한 설명 없이 적시에 이의를 제기하지 아니한 문서제출요청서상의 문서를 제출하지 않거나, 또는 중재판정부가 제출할 것을 명한 문서를 제출하지 아니하면, 중재판정부는 해당 문서가 해당 당사자의 이해관계에 부정적인 영향을 미치는 것이라고 추정할 수 있고,[95] 나아가 중재판정부는 이 과정에서 발생하거나 증가하게 된 비용을 중재비용의 분담 여부를 결정할 때 고려할 수 있다.[96]

5.6.3 비밀유지특권(Legal Privilege) 및 직무상 비밀(Professional Secrets)

문서제출요청과 관련하여 실무상 자주 제기되는 문제는 특권(privilege)이다. 특권이란 민·형사소송이나 기타 분쟁해결절차 또는 징계절차 등에서 특정한 문서나 정보의 공개를 거부하거나 다른 사람이 공개하지 못하도록 할 수 있는 권리를 의미하는 것으로, 국제중재에서 주로 논의되는 특권의 유형은 변호사-고객간 특권, 변호사의 직무성과물에 대한 예외, 합의를 위한 협의의 예외 등이 있다.

변호사-고객간 특권(attorney-client privilege)은 고객과 변호사가 법률문제에 관한 조언을 위해 주고받은 비밀 서신에 적용되는 특권이고, 소송특권(litigation privilege)이라고도 불리는 변호사의 직무성과물(attorney work-product)에 대한 예외는 변호사가 현재 계속 중인 다른 소송절차를 준비하기 위한 목적으로 작성한 문서에 적용되는 특권이다.[97] 합의를 위한 협의(settlement communications)의 예외는 당사자들간 분쟁을 합의를 통해 종결하려는 과정에서 현출된 서신들이 공개되지 않도록 해당 서신들에 적용되는 특권이다.

대표적인 특권인 변호사-고객간 특권에 대하여 보다 자세히 살펴보면, 원칙적

94) 중재 대리인은 당사자로 하여금 문서제출요청 또는 문서제출명령을 받은 대상 문서를 합리적인 범위 내에서 찾아내는 조치를 취할 수 있도록 자문하여 아래에서 설명하는 특권에 해당하지 않는 문서는 제출될 수 있도록 하여야 한다. 문서제출 대상이 되는 문서를 숨겨서는 안 되며, 문서제출절차에서는 발견하지 못했던 문서를 중재진행 중에 발견하게 되면 당사자로 하여금 그 문서를 제출하도록 하고, 제출하지 않을 경우 불이익에 대하여도 자문하여야 한다. IBA 중재 대리 가이드라인, 15-17항 참조.
95) IBA 증거규칙 제9조 제5항.
96) IBA 증거규칙 제9조 제7항.
97) 따라서 변호사의 직무성과물에 대한 예외는 변호사와 제3자간의 비밀서신까지 보호해 준다는 점에서 변호사-고객간 특권보다 그 주관적 범위가 넓다.

으로 이 특권의 보호를 받는 것은 의뢰인이 변호사에게 보낸 서신 및 이러한 서신의 내용이 포함된 변호사의 답신에 한하나, 최근의 일반적 경향은 변호사가 의뢰인에게 보낸 답신이 의뢰인이 제공한 사실관계에 관한 내용을 포함하고 있는지 여부와는 무관하게 의뢰인과 변호사간 서로 주고받은 서신을 특권의 보호범위에 포함시키고 있다.[98] 다만, 변호사-고객간 특권의 보호를 받는 것은 의뢰인과 변호사간의 법률적 이슈에 대한 조언에 한정되고, 단순히 사적인 목적으로 주고받은 서신 및 비법률적인 이슈와 관련된 서신은 보호범위에서 배제된다. 또한 변호사-고객간 특권의 적용대상이 되기 위해서는 변호사와 의뢰인 간에 교환된 서신이 기밀성(confidentiality)을 가지고 있어야 한다. 변호사-고객간 특권은 의뢰인에게 인정되는 특권이며 변호사에게 인정되는 특권이 아니므로, 의뢰인은 자신에게 부여된 특권을 포기할 수 있다.[99]

IBA 증거규칙은 법적 장애(legal impediment)나 특권 이슈와 관련해서는 중재판정부가 다음 사항들을 고려하여 결정하도록 권하고 있다.[100]

(a) 법률 자문의 제공이나 취득과 관련하여, 또한 그러한 목적으로, 생성된 문서나 진술서 또는 구두연락의 기밀성을 보호하기 위한 필요성

(b) 분쟁해결협상과 관련하여, 또한 그러한 목적으로, 생성된 문서나 진술서 또는 구두연락의 기밀성을 보호하기 위한 필요성

(c) 법적 장애 또는 특권 사유가 발생했다고 주장되는 시점에 당사자들과 그들의 자문역들이 특권으로 인해 해당 정보가 외부로 노출되지 않으리라고 신뢰하였는지 여부

(d) 문서, 진술서, 구두연락 또는 동 문서 등에 포함된 자문 등과 관련하여 그에 대한 동의, 사전 공개, 확정적 사용에 의하여 법적 장애나 특권이 포기되었을 가능성

(e) 당사자들이 상이한 법규정, 윤리적 규칙의 적용을 받는 경우, 당사자들간 공정성 및 평등을 유지하기 위한 필요성

한편 우리나라의 법규는 현재 변호사-고객의 면책특권 또는 직무상 비밀유지특권

---

98) 여기서 "변호사"는 변호사의 자격을 취득한 자로서, 그 자격을 어떤 국가에서 취득하였는지는 문제가 되지 않는다. 이와 관련하여 사내변호사의 법률적 조언에 변호사-고객간 특권을 인정할 것인지 여부에 대하여 논란이 있을 수 있는데, 이는 결국 중재판정부의 재량에 따라 결정될 것이다.

99) 변호사-고객간 특권에 대한 자세한 내용은 최승재, 변호사와 의뢰인 사이의 비밀보호를 위한 제도 연구(ACP 도입을 위한 법제연구), 법률신문사, 2013 참고. 미국법상 인정되는 변호사-고객간 특권에 대하여는 Edna Selan Epstein, *The Attorney-Client Privilege And The Work-Product Doctrine*, 5th ed., American Bar Association, 2007 참고.

100) IBA 증거규칙 제9조 제3항 참조.

(legal professional privilege) 등의 영미법계에서 일반적인 증거법칙상 특권의 존재를 명시적으로 인정하고 있지 않다. 다만 변호사법, 민사소송법 및 형법 등 일부 법률이 기밀성(confidentiality) 또는 직무상 비밀을 이유로 변호사와 의뢰인간 특정 정보교환 또는 통신의 공개를 (의뢰인이 아닌) 변호사가 거부할 수 있음을 인정할 뿐이다.[101] 그러나 회사와 우리나라 변호사 자격이 있는 사내변호사 또는 외국법자문사간 교신도 이와 마찬가지로 보호된다는 의견도 유력하다. 참고로 현재까지 우리나라 법원은 민사소송 또는 중재절차에서 당사자가 변호사와의 통신내용을 제출하기를 거부하는 것을 명시적으로 허용한 사례는 알려져 있지 않다. 다만, 변호인이 피고인에게 제공한 법률의견서가 수사기관에 의하여 압수된 후 형사소송의 증거로 제출된 사건에서, 하급심은 헌법 제12조 제4항에 의하여 인정되는 변호인의 조력을 받을 권리 중 하나로서 의뢰인이 공개를 거부할 수 있는 특권이 있다고 인정하였으나, 대법원은 그 논리는 받아들일 수 없다고 하면서 작성자인 변호사의 진술에 의하여 성립의 진정함이 증명되지 않았으므로 증거능력을 인정할 수 없다고 판시하였다.[102]

5.6.4 실무상 주의할 점

문서제출절차에 익숙하지 않은 당사자들은 간혹 절차 자체에 시간과 비용이 너무 많이 소모된다고 느낄 뿐만 아니라, 문서제출명령에 적극적으로 응하지 않으려 할 수도 있다. 그러나 문서제출절차에서 특정 문서의 존재를 부인하거나 숨기려 하는 것은 거의 불가능할 뿐만 아니라 이를 위하여 큰 위험을 감수할 수밖에 없으므로, 이에 소극적으로 대응하기보다는 중재 초기 단계부터 사실관계와 관련문서를 정확히 정리해 두고 대리인과 함께 문서제출절차에 대한 대응 전략을 구체적으로 논의하는 것이 바람직하다.[103]

한편 당사자들은 일반적으로 문서제출의 대상이 되는 문서의 사본만을 교환하나, 경우에 따라 어느 당사자가 문서의 원본 제출을 요구할 수도 있다. 이처럼 문서

---

101) 이와 유사하게, 외국법자문사법 및 외국법자문사를 위한 윤리장전은 외국법자문사가 의뢰인의 비밀을 공개하는 것을 금지한다(단 이런 의무는 외국법자문사가 아닌 변호사에 적용되지 않는다).
102) 대법원 2012. 5. 17. 선고 2009도6788 판결.
103) 대리인은 중재에서 문서제출절차가 예상될 경우 의뢰인에게 합리적인 범위에서 최대한 문서를 보존하도록 자문함으로써, 의뢰인의 문서보존정책에 따라 삭제, 파기될 문서들도 보존할 필요가 있다. IBA 중재 대리 가이드라인, 12항.

의 진정성에 대한 분쟁이 발생하는 경우 증인의 진술로 진정성을 입증하는 것이 일반적이다.

5.6.5 전자문서 공개 및 향후 전망

당사자들은 전자문서를 그 전자적인 상태 그대로 제출할 것을 요구할 수 있고, 일반적으로 중재판정부들은 이러한 요구를 허락하는 경향을 보인다. 대상문서가 충분히 특정될 경우 중재판정부가 이러한 요구를 수용할 가능성이 더욱 높다. 따라서 문서제출 요청과 관련해서는 출력된 문서 외에 이메일이나 메일 첨부 파일, 컴퓨터 파일 등도 공개 대상이 될 수 있다는 점을 유의해야 한다.

한편, IBA 증거규칙은 최근의 추세를 반영하여 소위 전자개시(e-disclosure 또는 electronic discovery)에 대한 기준도 제시하고 있는데, 우선 (1) 증거제출요청서 작성시, 만일 요청대상문서가 컴퓨터 파일 형태로 보존된 경우, 요청당사자는 선택에 따라 스스로, 또는 중재판정부의 명령에 의하여 의무적으로, 효율적이고 경제적인 방식으로 요청대상문서를 검색하기 위하여 특정 파일, 검색조건, 검색자(작성자 내지 보관자) 또는 기타 검색수단을 지목하도록 요구하는 한편,[104] (2) 일방 당사자가 전자문서 형태로 보관하는 문서는 수령인이 합리적으로 사용할 수 있는 양식으로, 당사자에게 가장 편리하거나 또는 경제적인 형태로 제출하거나 제공하도록 요구하고 있다.[105]

5.7 증인과 증인진술서(Witness Statement)

중재의 경우 증인은 사실관계 증인(witness of fact/factual witness)과 전문가 증인(expert)으로 구분되며, 전문가 증인은 당사자가 선임한 전문가(party-appointed expert)와 중재판정부가 선임한 전문가(tribunal-appointed expert)로 구분된다. 이 중 전문가 증인에 대해서는 제5.8절에서 설명하기로 하고 우선 사실관계 증인에 대해 설명하도록 한다.

중재에서는 서증도 매우 중요한 증거지만, 실무상 심리기일은 대부분 증인신문에 할애되고 증인신문과정에서 사실관계가 상당 부분 밝혀지기 때문에, 정확한 사실관계와 이를 뒷받침하는 서증을 제대로 설명해 줄 수 있는 증인의 역할이 더 중요한

---

104) IBA 증거규칙 제3조 제3항 (b)호.
105) IBA 증거규칙 제3조 제12항 (b)호.

경우도 많다.

5.7.1 증인진술서 제출과 증인신문 방법

대륙법계 국가의 법원에서는 영미법계 국가의 법원에 비해 증언보다는 서증에
의존한 재판을 하는 경향이 있고, 영미법계 국가의 소송에서는 증인의 증언과 당사자
들의 증인신문이 소송에서 중요한 요소로 다루어지고 있다. 국제중재에서는 증인을
증거로 다루는 방법에 있어서 다양한 경향이 공존하는데, 결국 이 문제는 당사자와
중재판정부가 결정해야 할 부분이다.[106]

IBA 증거규칙 내용이 비추어 보면 증인진술서 제출이 국제중재에서 일반적으로
이용되고 있는 것으로 보인다. 실무상 증인을 통해 사실관계를 입증하려는 당사자는
증인으로 하여금 주신문을 대체할 증인진술서를 사전에 제출하도록 하고, 증인을 내
세운 당사자가 실제 심리기일에서 진술서의 진위와 내용 확인하는 정도의 주신문만
을 하는 것이 관행으로 자리잡아 가고 있다.[107] 증인진술서를 제출한 증인에 대하여
상대방 당사자 또는 중재판정부가 심리기일에서 증인신문을 원할 경우, 그 증인은 출
석하여 증언을 하게 된다.[108]

국내 소송의 경향을 많이 따르는 KCAB 국내중재규칙에 따른 중재의 경우는 소
송처럼 중재판정부에 증인신청을 하고 증인신문기일에 맞추어 증인진술서를 제출하
는 방식으로 진행되는 경우가 많다. 그렇지만 국제중재의 경우는 앞서 설명한 절차
일정표에 정해진 바에 따라 준비서면과 증인진술서 및 전문가 의견서를 같이 제출하
는 경우가 많다. 영국에서 일반적으로 행해지는 중재절차처럼 당사자들의 주장서면
제출과정과 증거 제출과정이 분리되는 경우에는 증인진술서와 전문가 의견서를 준비
서면과 따로 추후에 제출하기도 한다.

5.7.2 증인진술서 작성 방법

IBA 증거규칙은 증인진술서에 (a) 증인의 성명 및 주소, 증인과 당사자들간 현재
및 과거 관계, 분쟁이나 진술서의 내용에 관련된 증인의 배경, 자격, 교육 및 경험에

---

106) IBA 증거규칙 주석, 14면(제4조 부분).
107) Redfern/Hunter, 38면.
108) Redfern/Hunter, 38-39면.

관한 기술, (b) 쟁점 사안에 관하여 증인의 증언으로서 가치가 있을 만큼 충분한 사실에 대한 완전하고 상세한 기술 및 사실의 토대가 된 정보의 출처, (c) 원 진술서 작성 언어와 심리기일에서의 증언 시 사용할 언어에 관한 진술, (d) 증인진술서의 진실성에 대한 확인 및 (e) 증인의 서명과 서명일 및 서명장소가 포함될 것을 요구하고 있다.109) 따라서 증인진술서 작성시 가급적 이러한 내용들이 모두 포함되도록 하는 것이 바람직할 것이다.

증인진술서는 증인이 스스로 작성하는 것이 원칙이지만, 실무적으로는 중재 대리인이 증인과 만나 진술서의 작성을 돕는 경우가 많다. 일부 대륙법계 국가 중에는 변호사 윤리상 당사자 또는 대리인과 증인(잠재적 증인)의 면담 및 증언 내용 논의를 금지하는 경우가 있고, 보통법계 국가 중 영국의 경우는 면담이 금지되는 것은 아니지만 지도(coach)하는 것은 금지된다.110) IBA 증거규칙에서는 이러한 면담이나 논의가 부적절한 것이 아니라고 명시하고 있다.111) 그렇지만 중재 대리인은 (i) 증인으로부터 정보를 얻기 전에 분쟁 당사자와 정보를 구하는 이유를 밝히고, (ii) 대리인과 면담하는 문제에 관하여 증인 자신의 대리인과 상의할 수 있음을 이해시키고, (iii) 증인진술서가 사실관계에 대한 증인 자신의 설명을 반영하도록 하는 것이 바람직하며, (iv) 증인에게 허위의 내용을 진술서에 포함시키도록 또는 허위 진술을 하도록 교사, 방조해서는 안 될 것이다.112)

한편, 진술서는 중재언어로 작성되어야 하기 때문에, 만일 증인이 중재언어로 진술서를 작성할 수 없는 경우에는 모국어로 진술서를 작성한 후 중재언어로 번역한 번역본을 모국어 진술서와 함께 제출하는 것이 통례이다. 이 경우 비록 중재판정부는 번역본으로 증거조사를 하더라도 모국어로 작성한 진술서가 원본이고, 번역에 잘못이 있으면 심리기일 등의 기회를 통해 번역을 수정할 수 있다.

중재에서는 1차 진술서를 제출한 후 상대방의 주장을 반박하기 위해 새로운 증인의 진술서나 기존 증인의 반박 진술서를 추가로 제출하는 경우가 많은데, IBA 증거

---

109) IBA 증거규칙 제4조 제5항.
110) Born, 2859-2861면; 정홍식, "국제중재절차 내에서 증거조사: 국제변호사협회(IBA)의 2010 증거규칙을 중심으로", 중재연구 제21권 제3호, 2011, 36-42면.
111) IBA 증거규칙 제4조 제3항.
112) 변호사법 제24조 제2항; IBA 중재 대리 가이드라인, 18-24항 참조.

규칙은 이러한 경우에는 수정 또는 추가된 내용이 상대방의 증인진술서, 전문가 진술서 또는 중재절차 중 기존에 제출되지 아니한 기타 서면에 포함된 사안에 대한 답변인 경우에 한한다고 규정하고 있다.[113] 실무상으로는 중재판정부가 절차명령을 통해 2차 진술서에 포함될 수 있는 내용을 이처럼 1차 진술서에 대한 반박에 한정하도록 명령하는 경우도 적지 않다. 이처럼 2차 진술서에 포함될 수 있는 내용이 제한되는 경우에는 1차로 제출하는 증인진술서에 자신의 주장을 뒷받침하기 위한 모든 내용을 가급적 전부 적시해 둘 필요가 있다.

5.7.3 증인신문

증인진술서를 제출한 증인은 상대방이 신문을 원할 경우 심리기일에 직접 출석하여 신문을 받아야 한다. 그리하여 상대방이 신문을 위한 출석을 요구하였음에도 불구하고 증인이 심리기일에 출석하지 않은 경우에는 해당 증인의 진술서는 증거에서 배제하는 것이 실무례이다.[114] 다만 증인이 부득이하게 직접 출석이 불가능한 경우에는 화상회의(video conference) 또는 그에 준하는 기술을 사용하여 신문이 이루어지는 경우도 있다.[115]

한편 소송과 달리 중재의 경우에는 자발적인 증언을 거부하는 증인을 심리기일에 강제로 출석시켜 증언을 하도록 하기는 어렵다. 당사자가 중재판정부에게 특정한 증인에게 자발적으로 출석하여 증언할 것을 요구하도록 요청할 수 있다는 취지의 규정이 있는 중재규칙들도 있고,[116] 또한 해당 증인의 증언이 꼭 필요함에도 불구하고 해당 증인이 협조를 거부한다면 중재판정부가 관할법원에 직권 또는 당사자의 신청에 의하여 증거조사를 촉탁할 수 있도록 하는 중재법 규정 등도 있기는 하지만,[117] 실무상으로 이러한 제도들이 널리 이용되지는 않는다. 중재법 개정에 따라 수탁법원의 증거조사에 중재인이나 당사자가 참여할 수 있는 길이 열렸으므로 향후 제도가

---

113) IBA 증거규칙 제4조 제6항.
114) IBA 증거규칙 제4조 제7항.
115) IBA 증거규칙 제8조 제1항.
116) KCAB 국내중재규칙 제42조 제2항 등. 한편 ICC 중재규칙 및 KCAB 국제중재규칙은 명시적 규정이 없으나 마찬가지로 해석된다.
117) 중재법 제28조 제1항; UNCITRAL 모델중재법 제27조; KCAB 국내중재규칙 제42조 제3항 참조. 증거조사에 대한 법원의 협조에 관하여는 제7장에서 자세히 다룬다. 외국의 입법례에 관하여는 목영준, 176-178면 참조.

활성화될 가능성이 있다.[118]

증인진술서 작성과 마찬가지로 증인신문 준비도 대리인과 함께 하는 경우가 많다. 앞서 본 것처럼 IBA 증거규칙에 따르면 증언을 준비하기 위한 대리인 사전 면담이 금지되지는 않지만, 대리인에 따라서는 윤리규정상 증언 사전 준비에 관여하지 못하는 경우도 있기 때문에 절차상 논란이 되기도 한다.[119]

심리기일에는 해당 중재지의 소송절차법이 직접 적용되지 않는 경우가 많기 때문에 증인이 심리기일에 출석하여 증언할 때 선서를 할 의무가 있는지, 중재판정부가 선서를 요구할 권한이 있는지도 분명치 않다. 일부 보통법계 국가들은 중재판정부가 증인에게 선서를 요구할 수 있다고 명시적으로 규정하고 있으나,[120] 중재판정부가 증인에게 진실을 말할 의무가 있고, 허위로 증언할 경우 관련법에 따라 처벌될 수도 있음을 고지하는 경우가 많다.[121]

중재 심리기일에서는 증인신문이 대부분을 차지하기 때문에, 증인신문을 통해 자신의 주장을 부각시키고 상대방의 주장을 반박, 탄핵하는 것이 매우 중요하다. 상대방이 제시한 증인에 대한 신문에 관하여 미국 소송 전문 변호사들 사이에서 소위 '십계명'이라 불리면서 널리 인정되고 있는 원칙은 ① 간결하게 할 것, ② 쉬운 표현을 쓸 것, ③ 유도신문을 할 것, ④ 준비되어 있을 것, ⑤ 경청할 것, ⑥ 증인과 싸우지 말 것, ⑦ 반복을 피할 것, ⑧ 증인으로 하여금 설명하게 하지 말 것, ⑨ 질문을 줄일 것, ⑩ 최종 요약을 위한 여유를 남겨 둘 것 등이다.[122] 중재에서는 배심원이 없고 법률 전문가인 중재인이 판단하는 경우가 대부분이고, 중재판정부가 서증을 중시하는 경향이 있어서 다소 변형되기는 하지만, 중재에서도 증인신문에 위와 같은 원칙을 지키는 것이 바람직하다는 견해가 많다.[123] 증인신문을 포함한 심리기일 진행에

---

118) 개정 중재법 제28조 제3항. 자세한 내용은 제7.2절 참조.

119) Born, 2862-2863면; Sophie Nappert, Christopher Harris, *The English Approach to Cross-Examination in International Arbitration*, Take the Witness: Cross-Examination in International Arbitration, JurisNet LLC, 2010, 265-267면.

120) 영국중재법 제38조 제5항, 싱가폴 국제중재법 제12조 제2항 등.

121) W. Laurence Craig, William W. Park, Jan Paulsson, *International Chamber of Commerce Arbitration*, Oxford University Press, 2001, 435면 각주.

122) Irving Younger, *The Art of Cross-Examination, The Section of Litigation Monograph Series No. 1*, American Bar Association, 1976, 21-32면.

123) 증인진술서 및 증인신문 원칙, 기술 및 실무상 문제점과 법률문화의 차이에 따른 주의점 등

대하여는 제5.9절에서 다룬다.

5.8 전문가 증인과 전문가 의견서(Expert Opinion)

중재의 대상이 되는 분쟁이 중재판정부의 전문성만으로 쉽게 이해하거나 판단하기 어려운 쟁점을 포함하는 경우에는 전문가의 조력이 필요하다. 이러한 전문가의 조력은 다양한 분야에서 다양한 사안과 관련하여 필요할 수 있는데, 가령 건설관련 분쟁(엔지니어, 건축가, 측량사 등), 외국법률(법학교수나 변호사 등), 정보기술(소프트웨어 엔지니어), 포렌식(forensic) 회계, 석유화학/의약품(화학엔지인어와 약사) 및 손해의 계산(회계 전문가) 등의 경우에 전문가의 조력이 주로 활용된다. 이들 전문가들의 의견서와 증언은 중재에서 사실관계에 관한 증인들의 진술서나 증언 못지않게 중대한 영향을 미치게 되므로, 실무적으로는 해당 전문 분야에 대한 설명을 하기에 적절하고 실제 증언의 경험과 능력을 갖춘 전문가를 확보하는 것은 상당히 중요하다.

중재에서 이처럼 전문가의 조력이 필요한 경우 통상은 당사자들이 각자 전문가 증인을 선임하여 전문가 의견서를 제출하는 경우가 많다.[124] 그렇지만 경우에 따라서는 중재판정부가 전문가를 직접 지정하기도 한다.[125] 중재판정부가 지정하는 전문가가 독립성(independence)을 가져야 한다는 데에는 의문의 여지가 없지만, 당사자 선임 전문가는 독립성에 대하여는 논란이 있다.[126] 누가 지정한 전문가이든 간에 전문가는 당사자의 대리인으로서가 아니라 전문가로서의 지식과 경험을 바탕으로 진술하여야 한다. 전문가의 독립성을 담보하기 위해 전문가가 스스로 독립성과 중립성을 선언하고, 중재 당사자들과 이해관계나 기존의 거래 관계가 있을 경우 공개하는 방안도 널리 받아들여지고 있다.[127]

에 관하여는 Lawrence W. Newman, Ben H. Sheppard, Jr. (Ed.), Take the Witness: Cross-Examination in International Arbitration, JurisNet LLC, 2010 참고.

124) 영미법계 중재인들이 당사자 선임 전문가에 더 익숙하고, 대륙법계 중재인들은 당사자 선임 전문가의 필요성에 대하여 다소 회의적인 경향이 있다. 그러나 국제중재에서는 대륙법계 중재인이라도 당사자 선임 전문가를 허용하는 것이 일반적이다. Born, 2278-2279면 참조.

125) KCAB 국내중재규칙 제42조; KCAB 국제중재규칙 제27조; ICC 중재규칙 제25조 제4항; SIAC 중재규칙 제26조; LCIA 중재규칙 제21조; UNCITRAL 중재규칙 제27조.

126) Born, 2281면.

127) IBA 증거규칙 제5조 제2항 a호, c호; Chartered Institute of Arbitrators, Protocol for the Use of Party-Appointed Expert Witnesses in International Arbitration, 2007, 제4조 제4항 b호, 제

전문가 증인의 역할은 전문분야에 속한 사항에 대하여 입증하는 것에 한정되며, 그들의 의견은 분쟁사항에 대한 중재판정부의 결정을 대체할 수는 없다.[128] 따라서 이들의 역할은 기본적으로 중재판정부의 해당 전문 분야에 대한 이해를 도와주는 것이다.

전문가들은 의견서(expert opinion) 혹은 보고서(expert report) 형태로 전문적인 의견을 제출하는데, 자신에게 주어진 지침, 의견의 근거가 되는 사실, 결론을 도출하는 데에 사용한 방법이나 증거 등을 명시하여야 한다.[129] 비전문가들의 이해를 돕기 위해 복잡한 사항들에 대해서는 그래픽과 도표 등을 충분히 활용하여 설명한다. 뿐만 아니라 자신의 의견을 뒷받침하는 증거나 참고서적들을 해당 의견서에 첨부하는 경우가 많다.

증인진술서와 마찬가지로 전문가 의견서도 1차 의견서와 상대방 전문가 의견서에 대한 반박 의견서를 순차적으로 제출하는 경우가 많은데, 경우에 따라서는 양측 전문가가 전문가 의견서를 동시에 제출하는 경우도 있고, 또한 1차례씩만 전문가 의견서를 제출하기도 한다. 중재판정부에 따라서는 전문가 의견 중 동일 쟁점이나 관련 쟁점에 대해서 전문가들끼리 별도로 협의하여, 의견이 일치하는 쟁점과 불일치하는 쟁점에 대하여 서면으로 정리하여 제출하도록 하는 경우도 있다.[130]

심리기일에서 전문가 증언도 사실관계 증인의 증언과 크게 다르지 않고, 전문가도 출석을 요청받은 후 정당한 이유 없이 심리기일에 출석하지 않으면 그 전문가의 의견서가 증거에서 배제될 수 있다.[131]

8조 참조.

128) Born, 2280면. 참고로 세계지적재산권기구(World Intellectual Property Organization, WIPO)는 전문가 결정 규칙(Expert Determination Rules)을 두고 당사자간에 합의가 있는 경우 특정한 문제를 전문가의 결정에 의하여 해결하는 절차를 마련해 두고 있다. 이러한 전문가 결정 절차는 전문가가 중재판정부 역할을 하는 중재의 특수한 형태라고 볼 수 있고, 중재절차에서 전문가 증인이 증언 또는 의견진술을 하는 것과는 구별된다. ICC도 유사한 절차를 운영하고 있다.

129) IBA 증거규칙 제2조; Chartered Institute of Arbitrators, Protocal for the Use of Party-Appointed Expert Witnesses in International Arbitration, 2007, 제4조 제4항.

130) IBA 증거규칙 제4조.

131) IBA 증거규칙 제5조 제5항. 전문가 증인에 대한 증인신문의 특징 및 유의사항에 관하여는 Sophie Nappert, Christopher Harris, The English Approach to Cross-Examination in Inter-

5.9 심리기일

5.9.1 개 관

한국 소송의 경우 변론기일 또는 변론준비기일이 수차례 열리는 경향이 있고, 이 영향을 많이 받은 KCAB 국내중재의 경우도 심리기일이 비교적 자주 열린다. 이에 반해, 국제중재의 경우는 보통 짧게는 3일, 길게는 2주 이상의 기간 동안 집중적으로 진행되는 심리기일(hearing)을 단 한 번 여는 것이 일반적이다. 다만 중재 진행과정에서 중재판정부는 관할에 대한 다툼이 치열할 경우 관할에 대한 판단과 본안에 대한 판단을 분리하여 선후로 진행하거나 또는 책임의 존부에 대한 판단과 구체적인 손해액 산정에 대한 판단을 분리하여 역시 선후로 진행하기로 결정할 수도 있는데, 이러한 절차분리(bifurcation)를 시행하는 경우에는 심리기일이 2회 이상 열리기도 한다.[132]

참고로 KCAB는 사무국 소속의 사건관리인(case administrator)을 심리기일에 참석하도록 하여, 중재판정부 및 당사자들에게 기능적 및 행정적 지원을 제공한다.

5.9.2 심리기일의 절차와 방식

심리기일의 절차와 방식을 정하는 것은 중재판정부의 재량이지만,[133] 국제중재의 경우 서로 다른 나라에 있는 당사자와 중재인들이 심리기일만을 위하여 중재지에 모여야 하는 경우가 많으므로 심리기일을 집중하여 진행하는 경우가 많다.

심리기일에서는 절차적인 미결문제를 간단히 다룬 후, 양측이 사건의 개요를 설명하는 모두진술(opening statement)을 진행하고, 쌍방의 모두진술이 종료되면 사실관계 증인에 대한 증인신문과 전문가들에 대한 증인신문을 진행하는 것이 일반적이다. 심리기일의 순서, 신문할 증인 채택, 증인들에 대한 증인신문 순서와 시간 배정, 전문가 증인에 대한 신문 방식, 증인 신문 시 다른 증인이나 전문가 증인의 참석 가능 여부, 통역사의 이용 방식, 속기록 작성 등 세부 절차에 관해 미리 대리인들 사이에 합의를 하여

---

national Arbitration, Take the Witness: Cross-Examination in International Arbitration, JurisNet LLC, 2010, 3장 Special Considerations in the Cross-Examination of Experts 참고.

132) KCAB 국제중재규칙 제16조 제2항, SIAC 중재규칙 제19.4조 참조.
133) ICC 중재규칙 제26조 제3항; KCAB 국제중재규칙 제16조 제1항; KCAB 국내중재규칙 제27조 제1항 참조. 당사자들이 원하는 경우 서면심리만으로 절차를 진행할 수도 있다. ICC 중재규칙 제25조 제6항; SIAC 중재규칙 제24.1조 등 참조.

중재판정부의 최종 승인 및 결정을 받는 심리기일 전 회의(pre-hearing conference)를 개최하여, 여기서 정해진 바대로 심리기일을 진행하는 경우가 많다.[134]

모두진술은 통상 구두로 간략하게 하며,[135] 이때 당사자들은 사실관계, 법적 쟁점을 포함하여 분쟁의 어느 측면에 대하여서도 자유롭게 변론할 수 있다.[136] 단 중재판정부는 당사자들의 주장서면 등에 비추어 모두진술이 필요하지 않다고 결정할 수도 있다. 모두진술과 함께 기일 개시단계에서 중재판정부가 각 대리인에게 주장서면 및 증거에 대한 질의를 하고 답을 듣는 시간을 가질 수도 있다.

모두진술이 끝나면 증인신문을 하는데, 일반적으로는 신청인측 증인들을 먼저 신문하고, 그 뒤 피신청인측 증인들을 신문한다.[137] 증인들은 심리기일에서 다투어지는 내용이나 다른 증인의 증언을 모르는 것이 증언의 진실성을 보장할 수 있다는 이유로 자신의 증언 전에는 심리기일에 참석하지 못하도록 하는 경우가 있다.[138] 사실관계 증인이든 전문가이든, 일단 증언을 시작하고 나면 증언이 끝날 때까지 다른 사람과 의논하는 것이 금지되는 것이 일반적이다. 중재판정부는 필요하다고 판단될 경우 다른 증인의 진술 중 특정 증인의 퇴정을 명할 수도 있다.[139] 한편, 앞서 증인 및 증인진술서에 관한 부분에서 간단히 설명한 바와 같이 심리기일에서 주신문은 아예 생략하거나 진술서 기재 내용에 대한 확인(confirm) 및 수정할 사항의 유무 등에 대해서만 물어보는 방식으로 아주 짧게 하는 것이 최근의 추세이며, 주로 증인진술서의 내용을 탄핵하는 상대방의 신문과 그에 대한 재반박 신문을 위주로 진행한다. 중재인들은 증인신문 중에는 언제든지 증인에게 질문을 할 수 있다. 상대방의 신문과 달리 중재인들의 질문은 반드시 해당 증인의 증인진술서에 기재된 내용에 국한되거나 관

---

134) 심리기일 전 회의는 통상 전화회의 또는 영상회의 방식으로 이루어진다. ICC Commission Report, *Techniques for Controlling Time and Costs in Arbitration*, 2015, 38항.
135) KCAB 국내중재규칙 제35조 제2항 참조. 일반화하기는 어렵지만 모두진술은 통상 각 당사자당 30분 내지 120분 정도의 시간 동안 이루어진다.
136) Power Point 프레젠테이션 등을 이용한 모두진술도 적지 않으며, 영국 소송의 경우처럼 변론요지서(skeleton)를 이용하는 경우도 있다.
137) IBA 증거규칙 제8조 제3항 (a)호.
138) 이에 관한 결정은 당사자와 중재판정부에 달려 있다. 다만, 뒤에서 살펴 볼 전문가의 경우에는 이러한 제한이 적용되지 않는다고 보는 것이 일반적이다.
139) KCAB 국내중재규칙 제31조 제3항, KCAB 국제중재규칙 제30조 제4항. ICC 중재규칙이나 SIAC 중재규칙은 명문규정이 없으나 동 규칙들에 따른 절차도 마찬가지로 운용된다고 이해된다.

련되어야 한다는 제한이 필요한지에 대하여 다툼이 있을 수 있다. 따라서 이에 대하여도 당사자와 중재판정부가 미리 정해 둘 필요가 있다. 증언은 역시 중재언어로 진행되어야 하기 때문에 중재언어와 다른 언어를 사용하는 증인이 관여된 경우는 통역이 필요하다. 그런데 중재판정부가 해당 증인의 모국어를 이해하지 못하는 경우에는 중재판정부는 실제 증인의 증언이 아닌 통역사의 통역을 듣게 되는 것이므로 경험이 풍부하고 실력이 있는 통역사를 선임하는 것은 실무상 매우 중요하다.

한편, 심리기일 동안에는 전문가 증인들에 대한 신문도 이루어지게 되는데, 실무상으로는 전문가 증인들에 대해서는 사실관계 증인에 대한 신문과 마찬가지 방식으로 순차적으로 전문가들에 대해 신문을 진행하는 식으로 진행되기도 하지만, 최근에는 토론식 신문방식이 채택되는 경우가 늘고 있다.

토론식 신문(witness conferencing)이란 대질신문처럼 여러 명의 증인 또는 여러 명의 전문가를 동시에 혹은 번갈아 가면서 신문하는 방식을 말한다.[140] 토론식 신문은 중재절차가 필요에 따라 자유롭게 운용될 수 있음을 보여주는 전형적인 예라고 할 수 있다. 예컨대, 건설분쟁에서 각 분야의 전문가들과 기술자들이 증인과 전문가로 증언하고 있을 경우, 양 당사자들을 위해 증언하는 증인이나 전문가들을 함께 앉혀두고 중재판정부 혹은 양측의 대리인들이 한꺼번에 또는 번갈아 가면서 같은 쟁점에 대해서 물어보거나 필요에 따라서는 한 쪽의 전문가나 증인이 다른 전문가나 증인에게 직접 질문을 하는 것을 허용함으로써 보다 입체적인 사건의 진실을 발견해 나가도록 할 수 있을 것이다. 구체적으로 어떻게 신문할 것인지, 어느 정도의 범위에서 이러한 신문 방식을 시행할 것인지는 전적으로 중재판정부의 재량에 달려 있다. 중재판정부는 당사자가 변론하거나 자신들의 주장사실을 입증할 기회만 보장된다면 어떠한 방식의 신문이든 허용할 수 있는 것이다. 실무에서는 중재판정부가 전문성을 가지고 있지 않은 분야의 경우 이러한 토론식 신문방식이 보다 광범위하게 사용되는 경향이 있다.

한편, 국제중재의 경우는 심리기일 동안의 중재판정부와 대리인 등이 하는 모든 발언 내용과 증언 내용을 있는 그대로 기록하는 속기록(transcript)의 작성을 선호하는

---

140) 여러 명이 함께 신문을 받는다는 뜻에서 "목욕탕 신문(hot tubbing)"이라는 표현이 사용되기도 한다.

경향이 강하다. 실무상 심리기일에서는 거의 예외 없이 속기록이 작성되며, 심지어 간단한 절차에 관한 심리기일의 경우에도 기록을 남기기 위해서 속기록을 작성하는 경우가 적지 않다. 최근에는 속기의 내용이 실시간으로 화면에 표시되는 소위 "라이브 노트(Live Note)"라는 속기방식이 많이 사용되고 있다. 그러나 아직 국내중재에서는 이를 사용되는 경우가 드물고, 오히려 KCAB 국내중재의 경우는 특별히 증언 내용을 공식적으로 기록한 증인신문조서 등을 만들지 않으며 필요시 녹음으로 대처하고 있다.

5.10 심리 후 절차

5.10.1 심리 후 주장서면(Post-Hearing Brief)

중재에서도 심리기일 이후에 심리기일에서 나타난 여러 증거들을 정리하고 전체적인 주장내용을 다시 정리하는 형태의 심리 후 주장서면(post-hearing brief)을 제출하는 경우가 있다. 이러한 서면의 제출 여부 및 제출 횟수는 대체로 심리기일 마지막 단계에서 중재판정부가 양측 당사자의 의견을 참고하여 결정하게 되는데, 양당사자가 동시에 제출하는 경우가 많고, 기존에는 한번만 제출하는 경우가 많았는데 최근에는 각자에게 상대방의 심리 후 준비서면에 대해서 반박할 기회를 부여하여 두 번씩 동시에 제출하게 하는 경우도 빈번하다. 실무상 심리기일 후에 제출하는 서면의 형태나 방식, 다룰 쟁점들 혹은 양에 관해서는 중재판정부가 일정한 제한을 가하는 경우도 적지 않다.

심리 후 주장서면은 일차적으로 심리기일에서 제출된 증거와 변론을 종합하여 중재판정부의 판정을 돕는 것이 목적이므로, 그 전에 제출된 주장서면을 장황하게 다시 반복하는 것은 바람직하지 않다. 심리기일의 속기록이 작성된 경우 증인의 증언 내용 중에서 원용할 부분을 정하여 인용하고 또한 특정 쟁점에 관해 서증, 증인진술서 내용, 실제 증언 내용 등을 일목요연하게 정리하여 중재판정부에 제시하는 것도 심리 후 주장서면의 중요한 기능 중 하나이다. 또한 심리종결일 현재 기준으로 산정하여야 할 손해배상액이나 적용되는 이자율도 심리 후 주장서면에서 확정적으로 제시하여야 한다.

5.10.2 중재비용 내역 제출(Cost Submission)

중재판정에서는 절차관리비용이나 중재인 보수뿐만 아니라 당사자의 법률 비용까지 포함하여 전체적인 중재비용을 중재 당사자가 얼마씩 부담할 것인지 명하는 경우가 많다.[141] 따라서 중재판정을 내리기 전에 당사자가 부담한 중재비용을 모두 합하여 중재판정부에게 보고하고, 중재판정부가 그 금액을 판정문에 적절히 반영하도록 할 필요가 있다.

이에 따라 중재판정부는 중재판정을 내리기 전에 당사자들에게 중재비용 내역을 제출하도록 명하는 경우가 많다. 주로 중재 대리인이 내역을 요약한 표와 함께 그 진정성을 확인하는 진술서(affidavit)를 작성하여 제출하는 것이 실무례이다. 중재비용 내역 제출도 결국은 신청의 일부를 구성하는 효과가 있기 때문에, 상대방의 내역이 지나치게 많거나 비합리적인 경우 중재판정부를 상대로 이의를 제기하는 것도 허용된다.

중재판정부는 쌍방의 변론 경과나 사건의 복잡성, 이의의 합리성 기타 사정을 종합하여 비용 내역을 적절히 판정내용에 반영하게 된다.[142]

---

141) KCAB 국제중재규칙 제52조, 제53조; ICC 중재규칙 제37조; SIAC 중재규칙 제35조 및 제37조; UNCITRAL 중재규칙 제38조 내지 제40조 등. 다만, KCAB 국내중재규칙의 경우 포괄하는 중재비용의 범위에 당사자의 법률비용이 포함되지 않는다는 점은 제6.3.3절 참조.
142) 중재판정에 중재비용을 반영하는 것에 관한 설명은 제6.3.3절 참조.

〈예시 5〉 중재비용 내역서

Description	Cost
Attorneys' Fees	
Attorneys' fees (including legal assistant and litigation support costs)	US$ [ ]
Total Attorneys' Fees:	US$ [ ]
Travel Expenses	
Lawyer travel and on-site expenses	US$ [ ]
Lodging in Paris for Bae, Kim & Lee LLC lawyers	US$ [ ]
Lodging in Paris for witnesses/translators/others	US$ [ ]
Total Travel Expenses:	US$ [ ]
Hearing Fees	
Court reporter/transcripts	US$ [ ]
Total Hearing Fees:	US$ [ ]
Express Delivery/Messengers	
Express delivery/messengers	US$ [ ]
Word Processing/Duplicating	
Internal word processing/duplicating charges	US$ [ ]
External vendor charges (duplicating, imaging)	US$ [ ]
Total Word Processing/Duplicating Costs:	US$ [ ]
Legal Research Fees	
Westlaw/Lexis (computerized legal research fees)	US$ [ ]
Overtime Expenses	
Expenses related to overtime work, including secretarial overtime, meals, and transportation	US$ [ ]
Miscellaneous	
Miscellaneous (includes telephone charges, etc.)	US$ [ ]
TOTAL	US$ [ ]

SUMMARY OF COSTS PAID TO DATE

	Total	Paid	Outstanding
Bae, Kim & Lee LLC	US$ [ ]	US$ [ ]	US$ [ ]
TOTAL	US$ [ ]	US$ [ ]	US$ [ ]

5.10.3 심리의 종결 선언

중재판정부는 기일 이후 각 당사자가 주장 및 증거를 모두 제출한 것으로 판단하면 심리의 종결을 선언한다.[143] 중재판정부가 심리종결을 선언하면 중재판정부가 새로이 절차를 재개하는 결정을 하지 않는 한 당사자는 더 이상 어떤 주장이나 증거도 제출할 수 없게 된다. 물론, 실무상으로는 심리종결 전이라고 해도 이미 주장이나 증거를 제출하는 기한이 설정되어 있는 경우가 대부분이어서 그 기한을 넘겨서 주장이나 증거를 제출하는 것이 제한된다는 점에 유의할 필요가 있다.

그렇지만, 중재판정이 내려지기 전에는 일반적으로 중재판정부의 재량으로 또는 정당한 사유가 있는 한 당사자의 신청에 의하여 절차가 재개될 수 있다.[144]

---

143) ICC 중재규칙 제27조; KCAB 국제중재규칙 제31조 제1항; KCAB 국내중재규칙 제43조 제1항; SIAC 중재규칙 제32.1조 참조.
144) KCAB 국제중재규칙 제31조 제2항; KCAB 국내중재규칙 제44조 제1항 참조. ICC 중재규칙은 명문규정이 없으나 ICC 중재절차도 마찬가지로 운용되는 것으로 이해된다.

제 **6** 장

중재판정

제 6 장

중 재 판 정

6.1 중재판정의 의의

6.1.1 중재판정의 개념

소송절차에서 법원이 내리는 판결 또는 결정에 대응되는 것이 중재절차에서의 중재판정(award)이다. 그렇지만 중재판정에 관해 국제적으로 널리 인정되는 단일화된 정의는 존재하지 않는다.[1] UNCITRAL 모델중재법 또는 한국 중재법, 기타 각종 중재기관의 중재규칙, 뉴욕협약 등과 같은 국제적 협약에서도 중재판정에 관한 정의 조항을 따로 두고 있지는 않으며, 다만 중재판정의 형식과 내용, 효력 등만을 규정하고 있을 뿐이다. 이는 최종판정 외에도 일부판정이나 잠정판정 등의 여러 종류의 중재판정을 모두 포괄할 수 있는 개념을 정립하는 것이 매우 어렵기 때문이다. 실제로 UNCITRAL 모델중재법 제정 당시 중재판정을 정의하기 위한 시도가 있었으나 위와 같은 이유로 결국 정의규정은 삽입되지 못하였다고 한다.[2] 그렇더라도 최소한의 개념적 특징을 꼽아보자면, 중재판정이란 분쟁을 중재로 해결하기로 하는 당사자의 합의에 근거하여 주로 실체적인 쟁점에 관하여 내린 중재판정부의 판단으로서 일정한 형식적 요건을 갖추어 성립된 것이라고 할 수 있다.[3] 다만 중재판정부가 내린 모든 결정이 중재판정인 것은 아니다. 가령 중재판정부는 중재과정에서 수시로 절차명령 (procedural order)을 내리기도 하는데, 이러한 절차명령은 서면으로 내려지고 당사자들에게 구속력이 있다고 하더라도 중재판정에 해당하지는 않는다.

---

1) Redfern/Hunter, 502면.
2) Redfern/Hunter, 503면.
3) Born, 2924면.

6.1.2 중재판정의 유형

일반적으로 중재판정은 판정의 종국성 여부에 따라 잠정판정과 종국판정으로, 당해 판정에서 다루는 쟁점의 범위에 따라 전부판정과 일부판정 및 추가판정으로 구분될 수 있다.

6.1.2.1 종국판정(Final Award)

종국판정이란 중재판정부가 분쟁의 모든 쟁점(또는 남아있는 모든 쟁점)에 관련하여 일반적으로 절차를 종료하는 단계에 내린 최후의 판정, 즉 최종판정을 말한다.[4] UNCITRAL 모델중재법과 우리 중재법은 중재절차는 종국판정 또는 중재판정부의 종료결정에 의하여 종료된다고 규정하고 있다.[5]

6.1.2.2 일부판정(Partial Award)과 잠정판정(Interim Award)

일부판정과 잠정판정(임시판정)은 모두 분쟁의 일부 특정 쟁점에 관하여 내려지는 판정이다.[6] 두 용어가 실무적으로 엄밀한 구분 없이 사용되기도 하고 또한 중재판정부는 재량에 따라 적절하다고 판단하는 형태의 판정을 내릴 수 있는 것이므로 양자의 구분이 절대적인 것은 아니지만,[7] 가장 좁은 의미로는 일부판정은 중재판정부가 분쟁의 일부 사안을 완전히 결정짓는 내용의 판단임에 반해, 잠정판정은 대개 분쟁해결에 선결적인 특정 쟁점에 관하여 내리는 판단이다.[8] 또한 잠정판정은 어느 당사자에게 임시적인 구제수단을 허여하는 판정(interim award of provisional relief)을 가리키는 의미로 쓰이기도 한다.[9]

---

4) Redfern/Hunter, 507면. 그리고 넓은 의미의 종국판정, 즉 '종국적 판정'은 해당 쟁점에 관하여 뒤집을 수 없는 구속력 있는 판정을 가리키는 것으로 최종판정뿐 아니라 일부판정까지 포함할 수 있는 의미로 사용된다. 예를 들어, 목영준, 260면.
5) UNCITRAL 모델중재법 제32조 제1항, 중재법 제33조 제1항.
6) 중재판정부가 일부판정, 잠정판정 등을 내릴 수 있는 권한은 종국판정을 할 권한에 근거하는 것으로 이해되며, KCAB 국제중재규칙(제32조 제1항)이나 ICC 중재규칙(제2조 제3호)과 같은 여러 중재규칙들은 중재판정부가 종국판정 외에도 일부판정, 잠정판정 등을 내릴 수 있다는 명시적 규정을 두기도 한다.
7) Born, 3015면, 3019면.
8) Born, 3020면.
9) Born, 3020면.

일부판정이나 잠정판정은 특정 쟁점에 관한 다툼이 치열하거나 또는 분쟁 해결에 선결적인 쟁점이 문제되는 때 이를 절차 중간 단계에서 먼저 판단을 내리고 진행하는 것이 적절한 경우에 이루어진다. 경우에 따라 중재판정부는 당사자의 신청 또는 직권으로 특정 쟁점에 관한 심리분리절차(bifurcation)를 진행하여 일부판정이나 잠정판정을 내리기도 한다(가령 관할에 대한 심리와 본안에 대한 심리의 분리, 손해배상책임 존부에 대한 심리와 손해액 산정에 대한 심리의 분리). 또한, 긴급중재인(emergency arbitrator)제도가 있는 경우에는 긴급중재인이 잠정판정에 해당하는 판정 혹은 결정을 내리기도 한다.

일부판정은 최종판정과 달리 중재 절차를 종료시키지는 아니하지만, 청구의 일부에 대해 종국적 판정으로서 내려진 경우에는 우리 중재법상 중재판정취소의 소의 대상이 된다고 할 것이고,[10] 또한 승인 및 집행의 대상이 된다.[11]

한편, UNCITRAL 모델중재법은 2006년 개정으로 임시적 구제수단을 명하는 잠정판정 등 임시적 처분(interim measure)에 관한 상세한 규정을 두었다. 이에 따르면 중재판정부는 분쟁 결정시까지 현상 유지 혹은 회복, 손해 발생의 예방 혹은 금지를 위한 조치, 판정 이행에 필요한 자산 보전 조치 및 분쟁해결에 관련된 중요한 증거 보전을 위한 조치를 명하는 임시적 처분을 판정 또는 그 이외의 형식으로 내릴 수 있으며,[12] 이러한 임시적 처분은 승인 및 집행의 대상이 됨을 분명히 하였다.[13] 그리고 이러한 UNCITRAL 모델중재법 개정 취지에 따라 각 국에서 자국의 중재법에 이러한 임시적 처분의 근거를 두거나 그에 관한 권한을 확대하거나 집행에 관한 명시적 규정을 두는 개정이 이루어지기도 하였다.[14] 그러나, 각 국가의 법제에 따라서는 임시적 처분

---

10) 이에 관하여는 제9.4.2절 참조.
11) Born, 3018면 참조; 또한, 서울고등법원 1998. 9. 25. 선고 98나9351 판결(일부판정이 포함된 수 개의 중재판정에 대한 취소소송에서 원심은 원고의 청구를 기각하였으나, 위 판정에 대하여는 이미 집행판결이 선고되어 확정된 사실이 있으므로 원심을 취소하고 소를 각하), 서울지방법원 2003. 4. 2. 선고 2002가합46725 판결(위 판결과 동일한 사실관계의 당사자가 일부판정이 포함된 수개의 중재판정이 편취되었음을 주장하며 손해배상을 청구한 사건) 등은 일부판정이 승인 및 집행, 취소소송의 대상이 될 수 있음을 전제로 판단하였다.
12) UNCITRAL 모델중재법 제17조 제2항; 제8.4.5절 참조.
13) UNCITRAL 모델중재법 제17조의 H 제2항("The party who is seeking or has obtained recognition or enforcement of an interim measure shall promptly inform the court of any termination, suspension or modification of that interim measure."), 제17조의10.
14) 홍콩 (중재법 section 61, 2011년 개정), 멕시코 (Commercial Code Article 1479, 2011년 개정), 이탈리아 (중재법 Article 818, 2006년 개정) 등.

이 판정의 형태로 내려지더라도 이러한 잠정판정에 대한 승인 및 집행이 허용되지 않는 경우도 있을 수 있으므로 이에 유의해야 한다. 개정 중재법도 2006년 모델중재법의 입장을 받아들여 제18조의7조에서 임시적 처분이나 잠정 판정에 대한 승인, 집행을 허용하고 있다.[15]

6.1.2.3 추가판정(Additional Award)

추가판정은 중재절차에서 주장되었으나 중재판정에 포함되지 아니한 청구에 대하여 당사자의 신청이 있는 경우에 추가로 이루어지는 중재판정이다.[16] UNCITRAL 모델중재법이나 한국 중재법, 기타 여러 기관중재규칙들은 추가판정에 대한 명시적 근거를 두고 있는 경우가 많다.[17]

6.1.2.4 화해중재판정(Consent Award)

당사자들은 중재절차가 개시된 후라고 하여도 언제든지 분쟁에 관하여 화해합의를 할 수 있다. 합의에 이르면 당사자는 중재절차를 단순히 종료시킬 수도 있지만, 분쟁의 확정적인 종결을 위하여 중재판정부에게 당사자들이 합의한 화해 내용을 중재판정의 형식으로 작성하여 줄 것을 요구할 수도 있다. 이러한 당사자의 요청에 응하여 중재판정부가 내리는 것을 화해중재판정이라 한다. 화해중재판정은 중재판정의 형식을 갖추어야 하지만, 적용되는 중재법규에 따라서는 당사자의 합의 없이도 판정의 이유기재가 생략되기도 한다.[18]

6.2 중재판정부의 판단

6.2.1 중재판정부의 의사결정

대부분의 규칙은 중재판정부가 복수의 중재인으로 구성된 경우 다수결에 의하여 결정을 내리도록 규정하고 있다. 가령, UNCITRAL 모델중재법, UNCITRAL 중재규칙이나 ICC 중재규칙은 모두 중재판정부가 1인보다 많은 수의 중재인으로 구성된 경우

---

15) 자세한 내용은 제8장 참조.
16) Born, 3028면.
17) UNCITRAL 모델중재법 제33조, 중재법 제34조, LCIA 중재규칙 제27조 등.
18) 중재법 제32조 제2항, LCIA 중재규칙 제26조 제9항.

다수결을 의사결정 방식의 원칙으로 규정하고 있다.[19] 가부동수 등으로 다수의견이 부재하는 경우의 결정방법에 관하여 UNCITRAL 모델중재법은 명확히 정하지 않고 있으나, ICC등 대부분의 기관중재규칙에서는 다수의견이 존재하지 않는 경우에는 의장 중재인이 단독으로 판정할 수 있도록 하고 있다.[20] 우리 중재법 역시 당사자간에 다른 합의가 없는 한 3명 이상의 중재인으로 구성된 중재판정부의 의사결정은 과반수의 결의에 따르도록 규정하고 있다.[21]

6.2.2 판단 근거

6.2.2.1 분쟁의 실체에 적용될 법

중재판정부는 당사자들이 지정한 준거법에 따라 쟁점에 관한 실체적 판단을 한다. 당사자 사이에 준거법에 대한 별다른 합의가 존재하지 않는 분쟁의 경우, 중재판정부는 해당 중재에 적용되는 중재법[22]이나 중재규칙 등에 기초하여 해당 분쟁의 실체에 적용될 준거법을 선택한 이후 그 준거법에 따라 쟁점에 관한 판단을 내린다.[23]

6.2.2.2 형평과 선

중재판정부는 오로지 당사자가 명시적으로 동의한 경우에만 형평과 선에 따라 판단을 내릴 수 있다. UNCITRAL 모델중재법과 우리 중재법 등은 중재판정부는 당사자들이 명시적으로 권한을 부여하는 경우에만 형평과 선(*ex aequo et bono*)에 따라 혹은 우의적 중재인(*amiable compositeur*)으로서 판정을 내릴 수 있다는 취지의 규정을 두어, 형평과 선에 따른 판단이나 우의적 중재의 광범위한 적용에 제한을 가하고 있다.[24] 또한 ICC

19) UNCITRAL 모델중재법 제29조, UNCITRAL 중재규칙 제33조 제1항, LCIA 중재규칙 제26.5조, SIAC 중재규칙 제32.7조 및 ICC 중재규칙 제31조 제1항.
20) UNCITRAL 모델중재법 제29조, UNCITRAL 중재규칙 제33조 제1항, LCIA 중재규칙 제26.5조, SIAC 중재규칙 제32.7조 및 ICC 중재규칙 제31조 제1항.
21) 중재법 제30조. 다만, 중재법에 의하면 중재절차는 당사자 간의 합의가 있거나 중재인 전원이 권한을 부여하는 경우에는 절차를 주관하는 중재인이 단독으로 결정할 수 있다. 그리고, KCAB의 국내중재규칙(제48조 제2항)은 중재인이 수인인 경우, 중재인 일부가 중재판정에의 참여를 거부하거나, 정당한 이유 없이 중재판정합의에 불참한 경우에는 과반수에 해당하는 나머지 중재인들만의 합의로 결정해야 한다고 규정하고 있다.
22) 중재법 제29조.
23) 준거법 결정 기준에 관하여는 제3장에서 상술하였다.
24) UNCITRAL 모델중재법 제28조 제3항, 중재법 제29조 제3항.

중재규칙이나 LCIA 중재규칙을 비롯한 여러 기관중재규칙들도 형평과 선에 따른 판단은 당사자가 공동으로 적용을 요구하는 경우에만 적용하도록 제한을 두는 경우가 대부분이다.[25] 그렇기 때문에 경험이 많은 중재인들은 중재 초기단계에서 당사자들에게 형평과 선을 적용한 판단을 원하는지 여부에 대해 확인을 구하는 경우가 적지 않다.

6.2.2.3 적용 가능한 상관습

UNCITRAL 모델중재법과 우리 중재법 등은 중재판정부가 판단을 내릴 때 계약에 정해진 바에 따르되, 해당 거래에 적용될 수 있는 상관습(usage of trade)도 고려하도록 규정하고 있다.[26]

6.2.3 중재판정문의 작성

6.2.3.1 서면성

중재판정부는 해당 중재에 적용되는 중재규칙 또는 중재법이 요구하는 형식에 맞게 중재판정을 내려야 하는데, 대부분의 중재규칙과 중재법은 중재판정을 서면으로 작성할 것을 요구하고 있다.[27]

6.2.3.2 중재언어

중재판정문은 정해진 중재언어로 작성되어야 한다. 중재언어는 중재조항에 지정되어있거나 추후 당사자의 합의로 결정되는 경우가 많지만, 당사자들의 합의가 없는 경우에는 해당 중재에 적용될 중재규칙이나 중재법에 정해진 바에 따라 결정된다. 많은 중재규칙들은 당사자가 중재언어를 합의하지 않은 경우 중재판정부가 계약에 사용된 언어 등을 고려하여 중재언어를 결정하도록 하고 있다.[28]

---

25) ICC 중재규칙 제21조 제3항("The Arbitral Tribunal shall assume the powers of *an amiable compositeur* or decide *ex aequo et bono* only if the parties have agreed to give it such powers."), LCIA 중재규칙 제22조 제4항("The Arbitral Tribunal shall only apply to the merits of the dispute principles deriving from "ex aequo et bono", "amiable composition" or "honourable engagement" where the parties have so agreed expressly in writing.").

26) UNCITRAL 모델중재법 제28조 제4항, 중재법 제29조 제4항. 또한, ICC 중재규칙 제21조 제2항 등 개별 중재규칙들에도 그와 같은 규정이 있다.

27) 중재법 제32조 제1항.

28) ICC 중재규칙 제30조 제1항, LCIA 중재규칙 제17조, UNCITRAL 중재규칙 제19조, KCAB 국제중재규칙 제28조.

6.2.3.3 중재판정의 시한

중재규칙 중에는 중재판정이 내려져야 할 시한을 규정하고 있는 경우가 종종 있다.[29] 가령 ICC 중재규칙의 경우는 중재위탁요지서(TOR) 작성일로부터 6월 이내 중재판정이 내려져야 하는 것으로 규정하고 있다.[30] 또한 KCAB의 국내중재규칙은 중재판정부는 당사자의 합의 또는 법률에서 달리 정하지 않는 한 심리종결일로부터 30일 이내에 판정하여야 한다고 규정하고 있고,[31] 국제중재규칙은 모든 당사자들이 합의하지 않는 한 중재판정부는 최종서면의 제출일과 심리의 종결일 중 나중의 날짜로부터 45일 이내에 판정을 내리도록 하고 있다.[32]

그러나 이는 중재판정부의 신속한 판정을 장려하기 위한 규정으로 이해되고 있으며, 판정시한이 준수되지 않더라도 절차적인 하자로 인정되지는 않는다(중재판정의 효력에는 영향이 없다).[33] 실무상 ICC 중재사건에서 중재판정이 중재위탁요지서 작성일로부터 6월 이내에 내려지는 경우는 오히려 드물며, 실제로 판정이 내려질 때까지 ICC 중재법원이 중재판정 시한을 수차 연장하는 것이 일반적이다.

6.2.4 중재판정문의 송부 및 보관

6.2.4.1 중재판정문의 완성과 송부

중재의 경우는 판결과는 달리 별도로 선고일자를 지정하여 선고하는 절차를 거치지 않고, 중재판정문을 당사자들(일반적으로는 중재 대리인들)에게 바로 송부하는 방식으로 중재판정이 내려지게 된다. 따라서 당사자들이 언제 해당 분쟁에 대한 중재판정이 내려질지 여부를 정확히 예측하기는 상당히 어렵다. 이러한 문제를 개선하기 위하여 2012. 1. 1.부터 시행된 개정 ICC 중재규칙은 "절차의 종결 시 중재판정부는 ICC 사무국과 당사자들에게 ICC 법원에 중재판정문 초안을 제출할 것으로 예상하는 기한을 통지하여야 한다"는 규정을 신설하였다.[34] 여기서 절차의 종결이라 함은 실체에

29) ICC 중재규칙 제24조 제1항, SIAC 중재규칙 제32.3조(중재판정부의 절차 종료 선언으로부터 45일 이내) 등.
30) ICC 중재규칙 제24조 제1항.
31) KCAB 국내중재규칙 제48조 제1항.
32) KCAB 국제중재규칙 제38조 제1항.
33) Born, 3061-3062면; KCAB 국제중재규칙 해설, 2010, 163면.
34) ICC 중재규칙 제27조.

관한 마지막 심리 또는 실체에 관한 마지막 서면 제출이 끝난 후 중재판정부가 절차
의 종결을 선언한 때를 의미한다.[35] 동 규정을 통해 ICC 중재의 경우에는 당사자들이
판정이 임박했음을 알 수 있을 뿐 아니라, 판정이 내려지기 전 합의할 시간이 얼마나
있는지도 가늠할 수 있게 되었다.

한편, ICC나 SIAC 등 일부 기관중재의 경우에는 중재인들의 실수로 불완전한 판정
이 내려지는 것을 사전에 방지하고자 중재법원의 판정문 검토절차를 거치기도 한다.[36]
가령, ICC 중재에서는 중재판정부가 판정문 초안을 작성한 후 이를 중재법원(Court)에
보내고, 중재법원은 그 초안을 검토하여 승인한다. 그렇지만 중재기관이 이 절차를
통해 중재판정부의 실질적 판단에 대해 영향력을 행사하는 것은 아니다. 이 검토, 승
인 절차에서는 중재판정문에 불명확한 점이 있거나 계산상 착오 등의 명백한 잘못이
있는 경우, 또는 판정문 형식에 변경이 필요한 경우 등을 지적하여 수정이 이루어지
도록 유도할 뿐이다. 이 절차를 거쳐 판정문이 최종 승인되면 중재인들은 판정문에
서명하고, 서명된 판정문이 당사자들에게 송부된다. 중재판정문은 법원의 판결과 달
리 여러 통의 원본이 작성되는 것이 일반적이다. 각 당사자들은 중재인들이 서명한
원본을 수령하게 된다. 따라서, 실무상 중재판정문에서는 원본과 사본만 존재할 뿐,
정본이나 등본 등의 개념은 존재하지 않는다.

6.2.4.2 중재판정문 원본의 법원 보관

개정 전 중재법은 중재판정문의 정본을 당사자들에게 송부함과 동시에 그 원본
은 관할법원에 보관하도록 정하고 있었다.[37] 그러나 앞서 설명한 바와 같이 중재판정
문은 수 통의 원본이 작성되며 당사자들에게도 각각 원본이 송부되는 것이 중재기관
의 실무여서 정본이 당사자에게 송부되는 경우는 거의 볼 수 없다. KCAB 국내중재
규칙에 따른 중재판정은 사무국이 중재판정의 원본을 여러 부를 작성해서 그 중 한

---

35) ICC 중재규칙 제27조.
36) ICC 중재규칙 제33조, SIAC 중재규칙 제32.3조. SIAC 중재의 경우도 판정문 초안을 사무국
에 제출하여 사무국이 형식에 대한 수정을 제안하거나 실질적 사항에 대하여 주의를 환기하
는 단계를 거치게 되어 있다. 중재기관에 의한 판정문 심사과정이 존재한다는 사실은 기관
중재를 통한 중재판정의 공신력을 높여주고 법원의 집행판결을 취득하는 데 다소 유리하게
작용할 수 있다.
37) 2016년 개정 전 중재법 제32조 제4항. 중재법에서는 민사소송법과 마찬가지로, 법원에 보관될
판정을 판정원본으로, 당사자에게 송부될 판정을 판정정본으로 구별한다.

부를 관할법원에 송부하여 보관한다.[38] 이 때의 관할법원은 중재합의에서 지정한 경우에는 그 지정한 법원이, 중재합의에서 지정되지 않은 경우에는 중재지를 관할하는 법원이 된다.[39]

그러나 판정문의 법원 보관은 국제중재 실무에서는 생소한 제도여서 외국 중재기관이나 외국 당사자들에게는 거부감을 줄 수도 있고 KCAB의 경우 중재원이 판정문을 보관하는 것으로 그 기능을 대체할 수 있어서 실무상 필요성이 크지 않다. 이런 면을 고려하여 개정 중재법은 중재판정문을 법원이 보관하도록 하는 규정을 삭제하고 당사자들의 신청이 있을 경우에만 중재판정부는 중재판정의 원본을 관할법원에 송부하여 보관할 수 있다는 단서 규정을 신설하였다(제32조 제4항).

6.3 중재판정문의 구성

중재규칙이나 중재법 등에서는 중재판정문에 일정한 형식과 내용을 요구하는 경우가 많다. 가령, UNCITRAL 모델중재법과 한국 중재법은 "중재판정은 서면으로 작성하여야 하며, 중재인 전원이 서명하여야 한다",[40] "중재판정에는 그 판정의 근거가 되는 이유를 적어야 한다",[41] "중재판정에는 작성날짜와 중재지를 적어야 한다"[42] 등과 같은 규정을 두고 있다.

KCAB의 국내중재사건의 경우는 한국 법조인들에 익숙한 방식대로 중재판정문이 국내 법원 판결과 비슷한 형식과 내용으로 내려지는 경우가 일반적이나, 국제중재사건의 경우는 중재판정부(특히 의장중재인)가 익숙한 법체계에서 널리 사용되는 판정문 형식에 따라 판정문이 내려지는 경우가 많다. 대표적인 예가 국제중재사건의 경우 판정주문이 판정문의 맨 마지막에 기재되는 것이 일반적이라는 점이다. 또한 내용에 있어서도 중재판정문에서 가장 핵심적인 내용은 신청취지에 대한 판단을 정리한 주문(order)과 그러한 판단에 이른 이유를 정리한 부분이지만, 그 외에도 상당히 많은 내용들이 중재판정문에 포함되는 경우가 많다. 이하에서는 일반적으로 중재판정문에 포

---

38) KCAB 국내중재규칙 제55조 제1항.
39) 주석중재법, 157면; 중재법 제7조 제3항 제1호.
40) UNCITRAL 모델중재법 제31조 제1항, 중재법 제32조 제1항 본문.
41) UNCITRAL 모델중재법 제31조 제2항, 중재법 제32조 제2항 본문.
42) UNCITRAL 모델중재법 제31조 제3항, 중재법 제32조 제3항 전문.

함되는 내용들을 정리하도록 한다.

6.3.1 형식적 기재사항

6.3.1.1 중재판정의 명칭과 사건번호

판정문의 표지나 서두에는 '중재판정문' 또는 'AWARD'라고 기재하여 해당 문서가 중재판정이라는 점을 명시하는 것이 일반적이다. 만일 해당 판정이 일부판정이나 잠정판정일 경우에는 그와 같이 기재하기도 한다. 해당 중재사건의 사건 번호와 중재기관 등도 일반적으로 표지나 서두에 기재된다.

6.3.1.2 당사자 표시 및 중재판정부에 관한 정보

중재판정문에는 당사자 쌍방의 명칭과 주소, 쌍방 중재 대리인들에 관한 정보(명칭과 주소, 대리인 및 담당변호사들 성명)가 기재된다. 국제중재의 경우에는 당사자들에 관한 정보 외에도 중재판정부에 관한 정보(성명과 주소 등)와 중재판정부 구성 경위에 관한 사항도 중재판정문에 정리해두는 경우가 많다.

6.3.1.3 작성일자와 중재지

중재판정에는 작성일자와 중재지를 적어야 한다.[43] 이 경우 중재판정은 기재된 날짜와 장소에서 내려진 것으로 본다.[44]

6.3.1.4 중재인의 서명

중재판정에는 중재인 전원이 서명하여야 한다.[45] 서명이 없는 중재판정은 효력이 없다고 할 것이나, 출장, 사망, 서명 거부 등으로 부득이하게 중재인 전원이 서명하지 못하는 경우도 있을 수 있으므로 중재법 또는 중재규칙에서 이러한 경우에도 중재판정을 성립시킬 수 있는 예외를 두고 있는 경우가 많다.[46] 가령, 한국 중재법은 중재판정부의 과반수에 미달하는 일부 중재인에게 서명할 수 없는 사유가 있을 때에

---

43) UNCITRAL 모델중재법 제31조 제3항, 중재법 제32조 제3항.
44) UNCITRAL 모델중재법 제31조 제3항, 중재법 제32조 제3항.
45) UNCITRAL 모델중재법 제31조 제1항, 중재법 제32조 제1항, ICC 중재규칙 제34조 제1항, LCIA 중재규칙 제26.2조 등.
46) UNCITRAL 모델중재법 제31조 제1항은 2인 이상 중재인으로 구성된 중재판정부의 경우 그 과반수의 서명으로 충분하며, 다만 서명이 생략된 이유를 기재하여야 한다고 규정하고 있다.

는 다른 중재인이 그 사유를 적고 서명할 수 있도록 하여 적어도 과반수의 서명은 있어야 하는 것으로 규정하고 있다.[47] 한편, LCIA 중재규칙은 생략된 서명에 대한 이유를 기재하면 과반수 또는 과반수가 성립되지 못하는 경우에는 의장중재인의 서명으로도 충분한 것으로 규정하고 있다.[48]

6.3.2 이 유

6.3.2.1 중재합의와 준거법

중재판정문에는 해당 중재의 근거가 되는 중재합의와 해당 분쟁의 준거법에 관한 판단을 기재하는 것이 일반적이다. 중재합의의 존부나 효력 범위, 해당 분쟁의 준거법에 관하여 쌍방 당사자들 사이에 다툼이 치열한 중재사건의 경우에는 이 판단에 관해 매우 상세한 이유 설시를 기재해두는 것이 일반적이지만, 다툼이 없는 경우에는 계약 조항을 간단히 인용하는 정도로 정리하는 경우가 많다.

6.3.2.2 절차진행에 관한 사항들

KCAB의 중재판정문의 경우에는 절차 진행에 관한 사항들을 정리한 중재판정문이 드물지만, 국제중재의 경우에는 중재판정문에 중재신청부터 판정이 내려지기까지의 모든 절차적인 진행사항을 정리해 주는 경우도 있다. 이러한 경우에는 어느 당사자가 언제 준비서면을 어떠한 증거들과 같이 제출하였는지, 어느 당사자가 언제 어떠한 진술서를 어떠한 증거들과 같이 제출하였는지, 언제 어떠한 경우로 문서제출절차가 진행되었는지, 언제 어디서 심리기일이 개최되었으며 심리기일에는 어떤 증인들이 출석하였는지, 언제 절차 종료가 이루어졌는지 등에 관해 매우 상세히 진행상황을 정리한다.

6.3.2.3 당사자들 주장의 요지와 이에 대한 판단 및 판정의 근거

UNCITRAL 모델중재법과 한국 중재법 외에도 대부분의 중재규칙에서는 중재판정에 그 판정의 근거가 되는 이유를 적어야 한다고 규정하고 있다.[49] 그리하여 중재

---

47) 중재법 제32조 제1항.
48) LCIA 중재규칙 제26.6조.
49) UNCITRAL 모델중재법 제31조 제2항, 중재법 제32조 제2항, ICC 중재규칙 제31조 제2항, LCIA 중재규칙 제26.2조 등. 다만 한국 중재법 규정처럼 당사자간에 합의가 있거나 화해중재

경험이 많은 중재인들은 중재판정문에서 사실관계와 법리 적용에 관한 당사자들의 주장의 요지를 모두 정리하고, 이에 대한 중재판정부의 판단을 비교적 상세히 설시하고 있다.

한국 중재법상 요구하는 이유 기재의 정도에 관해 대법원은 "'중재판정에 이유를 기재하지 아니한 때'라 함은 중재판정서에 전혀 이유의 기재가 없거나 이유의 기재가 있더라도 불명료하여 중재판정이 어떠한 사실상 또는 법률상의 판단에 기인하고 있는가를 판명할 수 없는 경우와 이유가 모순인 경우를 말하고, 중재판정서에 이유의 설시가 있는 한 그 판단이 실정법을 떠나 공평을 그 근거로 삼는 것도 정당하며, 중재판정에 붙여야 할 이유는 당해 사건의 전제로 되는 권리관계에 대하여 명확하고 상세한 판단을 나타낼 것까지는 요구되지 않고 중재인이 어떻게 하여 판단에 이른 것인지를 알 수 있을 정도의 기재가 있으면 충분하고, 또한 그 판단이 명백하게 비상식적이고 모순인 경우가 아닌 한, 그 판단에 부당하거나 불완전한 점이 있다는 것은 이유를 기재하지 아니한 때에 해당하지 아니한다'고 판시하고 있다(대법원 2010. 6. 24. 선고 2007다73918 판결).

참고로 우리나라의 1966년 중재법은 중재판정 취소사유 중 하나로 이유를 기재하지 아니한 경우를 규정하고 있었으나,[50] 1999년 중재법이 개정되면서 동 조항이 삭제되었다. 그리하여 중재판정에 이유가 기재되지 않으면 중재판정 취소사유에 해당하는지 여부에 관하여 논란이 있어 왔다. 다수의 학자들은 동 조항의 삭제에도 불구하고 중재판정 취소사유에 해당한다고 보고 있었는데,[51] 위 대법원 판결(대법원 2010. 6. 24. 선고 2007다73918 판결)은 이에 대해서도 판단을 내리고 있다. 즉, 대법원은 '중재법 제32조 제2항은 "중재판정에는 그 판정의 근거가 되는 이유를 기재하여야 한다. 다만, 당사자간에 합의가 있거나 제31조의 규정에 의한 화해 중재판정인 경우에는 그러하지 아니하다."라고 규정하고 있고, 같은 법 제36조 제2항 제1호 (라)목은 중재판정을 취소할 수 있는 사유의 하나로서 "중재절차가 이 법의 강행규정에 반하지 아니하는 당사자 간의 합의에 따르지 아니하거나 그러한 합의가 없는 경우에는 이 법에 따르지 아니하였다는 사실"을 증명하는 경우를 들고 있으므로, 당사자간에 이유의 기재를 요

판정과 같은 경우 이유 기재의 생략을 허용하는 경우도 있다.
50) 구 중재법(1999. 12. 31. 제6083호로 개정되기 전의 것) 제13조 제4항.
51) 주석중재법, 164면.

하지 않는다는 합의가 없는데도 중재판정에 이유를 기재하지 아니한 때에는 중재판정의 취소사유가 된다'고 판단함으로써 당사자의 그와 같은 요청 없이 중재판정에 이유를 기재하지 아니하는 경우는 중재판정 취소사유가 된다는 점도 아울러 확인하였다.

6.3.2.4 반대의견(dissenting opinion)

대부분의 중재규칙은 다수결에 의하여 의사결정을 할 수 있도록 규정하고 있으므로,[52] 판정의 논리나 결론에 동의하지 않는 중재인이 있을 수 있다. 3인 이상의 중재인으로 구성된 중재판정부가 작성한 중재판정문에는 다수 중재인들의 판단에 동의하지 않는 소수 중재인들이 반대의견을 별도로 피력하는 경우가 있다. 그러나 반대의견이 중재판정의 일부를 구성하는 것은 아니다.[53]

참고로 이러한 반대의견의 기재 가능 여부에 관하여 명시적으로 정하고 있는 중재법이나 중재규칙은 거의 없다.[54] 그러나 ICSID 중재규칙 제46조(Preparation of the Award)는 판정문에 소수의견, 반대의견을 포함하여야 함을 밝히고 있다.[55]

6.3.3 주 문

주문은 신청인이 중재를 통해 구하는 신청취지(requested relief)에 대한 응답이라고 할 수 있는 중재판정부의 명령(order)으로 당연히 중재판정문에 포함되어야만 한다.[56] 중재판정부는 신청인 또는 반대청구(counterclaim)의 신청인이 구하는 신청취지 전부에 대해 일일이 검토, 판단하여 전부를 인용 또는 기각하기도 하고, 또한 일부를 인용하고, 나머지 전부를 기각하기도 한다. 한편, KCAB 중재의 경우에는 형식적 요건이 구비되지 않은 중재의 경우(실무상 이러한 경우 대부분은 중재합의의 존부나 효력 범위에서 비롯되는 관할이 문제되는 사안들이다) "각하"라는 표현을 사용하기도 한다.[57]

---

52) 이에 관하여는 제6.2.1절 참조.
53) Born, 3053-3054면은 반대의견은 다른 중재인들이 동의하는 경우 중재판정문에 첨부되거나 또는 별도로 문서로 교부될 수도 있을 것이나 어느 경우든 중재판정문의 일부를 구성하는 것은 아니라고 한다.
54) Born, 3054면.
55) ICSID 중재규칙 제46조 1문 "The award (including any individual or dissenting opinion) shall be drawn up and signed within 120 days after closure of the proceeding."
56) 중재법에서는 중재판정문의 형식과 내용에 관해 규정하면서 주문에 대해 따로 규정을 두고 있지는 않다.
57) 그러나 영어로 작성되는 중재판정문의 경우에는 본안 청구를 기각하거나 관할 위반 등의 적법

국제중재에서는 판정이유를 다 기재한 후 맨 마지막 부분에 결론에 해당하는 판정주문을 배치하는 것이 실무상 관행이다. 주문이 맨 앞 부분에 위치하는 국내중재의 실무와는 반대되는 관행이지만 법률상 어느 쪽도 효력에 차이가 없다.

중재판정부는 일반적으로 중재신청서의 신청취지(requested relief)에 열거된 개별 신청취지에 대한 당부 판단을 통해 적절한 명령을 내리게 된다. 중재판정부가 분쟁에 관한 구제수단을 명할 수 있는 권한은 당사자의 의사에서 기인하는 것이므로,[58] 중재판정부의 구체적인 구제수단 결정은 신청인이 구하는 신청취지의 구속을 받는다. 만약, 중재판정부가 이를 일탈하여 신청인이 요청하지 않은 구제수단을 명하는 경우, 가령 신청인이 채무 부존재의 확인을 구하는 사건에서 피신청인이 (반대신청을 통해) 채무이행을 구하지 않고 있음에도 불구하고, 중재판정부가 신청인의 신청을 부인하는 데 그치지 않고 더 나아가 신청인에게 채무를 이행할 것을 명한다면 이는 중재판정 취소 사유 중 하나로 열거하는 '중재부탁의 범위를 벗어나는 사항에 관한 결정을 포함하는 경우'[59]에 해당할 수 있다.[60] 그렇지만 국제중재의 경우에는 신청취지 마지막 항에 "기타 중재판정부가 적절하다고 판단하는 구제수단"을 명해줄 것을 관행적으로 요청하는 경우가 많고, 이러한 신청취지로 인해 중재판정부는 필요하다고 판단할 경우 신청인이 신청취지에 열거하지 않은 유형의 구제수단을 명할 수 있는 재량을 부여받기도 한다.

중재판정부는 신청취지의 범위 내에서 이하에서 보는 것과 같은 다양한 형태의 구제수단을 명할 수 있다.[61] 참고로, 각국의 법제에 따라 특정한 유형의 분쟁(가령, 법인의 해산을 명하는 형성판결이나 특허권 무효 확인과 같이 법원이 전속관할권을 보유한 분쟁 등)에 관하여는 중재가 불가능한 것으로 제한을 두기도 하는데, 그와 같이 중재가능성이 없는 분쟁에 대한 중재판정은 중재판정 취소의 사유[62] 및 승인 및 집행의 거부사유[63]에 해당하게 된다. 그렇지만 이러한 쟁점과 관련된 분쟁의 경우에도 신청취지를 중재

요건 불비를 이유로 각하하거나 모두 'dismiss'라는 동일한 표현을 사용하는 것이 일반적이다.
58) Born, 3068면.
59) UNCITRAL 모델중재법 제34조 제2항 a호 (iii), 중재법 제39조 제1항.
60) Born, 3291면.
61) 목영준, 201면; Redfern/Hunter, 515-536면.
62) 중재법 제36조 제2항 제2호 가목.
63) 중재법 제38조.

가능한 분쟁에 관한 것(가령, 법인의 해산 사유가 발생하였음에 대한 확인을 구하는 신청 등)
으로 구성한다면, 법적 제약에 위반됨이 없이 당사자의 의사에 따라 분쟁을 중재로
해결할 수 있을 것이다.[64]

또 한 가지 특이한 점은 중재판정은 판결문과 달리 구제수단을 중재인이 자유롭
게 명할 수 있다는 것이다. 예컨대, 이행을 명하는 판정에서 채무의 존재를 확인하는
판정이 함께 내려질 수 있고, 국제중재에서는 실무상 그런 경우가 더 많다. 또 다른
예를 든다면 계약 해제로 인한 손해배상을 명하는 경우 계약 해제 사유의 확인, 해제
권의 확인 그리고 손해배상액의 지급이 모두 주문에 기재되기도 한다.

6.3.3.1 금전의 지급

가장 보편적으로 인정되는 구제수단은 금전의 지급을 명하는 것이다. 중재판정
부는 당사자 일방에 대하여 타방 당사자에게 특정한 액수의 지급을 명하는 중재판정
을 내릴 수 있다.

6.3.3.2 특정 행위의 이행 또는 금지[65]

중재판정부는 당사자 일방에게 특정한 행위를 명하거나 또는 특정한 행위를 하
지 않도록 명하는 판정을 내릴 수 있다. 계약의 구체적인 이행행위를 강제하거나 또
는 일정한 침해행위의 금지를 명하는 것이 이에 해당한다.[66]

6.3.3.3 권리 또는 법률관계의 확인[67]

중재판정부는 당사자들간 법률관계나 그와 관련한 권리의 존부를 확인하는 중재
판정을 내릴 수 있다. 앞서 설명한 바와 같이, 국제중재 실무에서는 권리 또는 법률
관계의 확인과 더불어 그에 기한 이행을 함께 구하는 경우가 대부분이고 그 경우 중
재판정부도 권리 또는 법률관계의 확인과 함께 이행을 명하는 판정을 내려주는 것이
일반적이다.

---

64) 이러한 중재가능성에 대해서는 제2.4절에서 자세히 다룬 바 있다.
65) 이는 보통법상의 개념으로는 형평적 구제(equitable relief)라 할 수 있다.
66) 다만, 임시적 처분의 경우에는 우리 중재법상 판정이 아닌 결정의 형식으로 이루어진다(중재법
    제18조 제1항 참조).
67) 이는 보통법상 개념으로는 선언적 구제(declaratory relief)라 할 수 있다.

6.3.3.4 계약의 수정(Rectification)

계약의 수정은 전형적인 보통법상 구제수단이지만 우리나라와 같은 대륙법계에
서는 일반적으로는 인정되지 않는다.[68] 그렇지만 준거법에 의하여 허용되는 경우에는
중재 대상 분쟁이 당사자간의 계약 조건(terms of a contract)과 관련하여 발생한 분쟁이
라면 중재판정부는 당사자의 진정한 의도를 반영하여 계약 조건을 수정하는 판정을
내릴 수 있다.[69]

6.3.3.5 이자의 지급[70]

중재판정부는 금전의 지급을 명하는 경우에 당사자의 신청에 의하여 책임이 발
생한 때로부터 판정시까지는 물론 판정 후 판정 금액의 지급이 완료되는 날까지 판
정 금액에 대한 이자 지급을 명할 수 있다. 이에 관하여 중재판정부의 권한은 중재판
정으로 실효되므로 판정 후 이자의 지급을 명할 권한은 없다고 보는 입법례도 있다.
우리나라에서는 종래 명시적인 규정이 없이도 지연이자 지급 판정이 내려졌는데, 개
정 중재법에는 이를 명시하여 "당사자간에 다른 합의가 없는 경우 중재판정부는 중재
판정을 내릴 때 중재사건에 관한 모든 사정을 고려하여 적절하다고 인정하는 지연이
자의 지급을 명할 수 있다"고 규정하였다(제34조의3).

중재판정금에 대한 이자 지급을 명할 때 어떤 이율에 따라야 하는지가 문제될
수 있는데, 우리나라 대법원은 이는 계약에 적용되는 실체법을 따를 사항이라고 판단
하고 있다. 대법원은 영국법이 준거법인 중재판정의 집행판결 청구소송에서 준거법인
영국법상의 법정이율을 따르는 것이 원칙이라는 관점에서 일반적으로 적용되는 국제
금리인 이율이 높은 미국 은행의 우대금리를 적용하였다고 하여도 이를 우리나라 이
자제한법을 적용하여 무효라거나 공서양속에 반한다고 볼 수는 없다고 판단한 바 있
다.[71] 따라서, 우리나라 법을 적용하는 사건에서 당사자간에 합의한 약정이자가 없다
면 민법이나 상법의 법정이율을 적용하여 이자 지급을 명할 수 있을 것이다.[72]

---

68) Redfern/Hunter, 524-527면. 우리나라 법원은 법률행위의 틈이 있는 경우에 이를 보충하기도
   하나, 이는 엄밀히 법률행위의 해석(보충적 해석) 행위이고 여기서 말하는 구제수단과는 다
   르다고 할 것이다.
69) Redfern/Hunter, 525면.
70) 제9.5절에서 보다 상세히 설명한다.
71) 대법원 1990. 4. 10. 선고 89다카20252 판결.

　　KCAB 중재판정 중에는 소촉법에 따른 이율의 지급을 명하는 중재판정이 가끔 발견된다. 그런데 동법의 문언을 엄격히 해석하면 동법은 금전채무의 전부 또는 일부의 이행을 명하는 '판결'에 적용되는 것이고 중재판정에는 적용되지 않는다고 보는 것이 타당하다. 그렇지만 중재판정부가 동법에 따라 이자 지급 명령을 내린다고 하더라도 이를 공서양속에 반할 정도의 위반이라고 보기는 어렵고, 따라서 중재판정 취소사유나 집행거부사유가 된다고 보기도 어렵다. 대법원도 중재판정 취소소송에서 중재판정에서 소촉법 제3조 제1항 소정의 지연손해금의 지급을 명한 것이 공서양속에 반하는 것은 아니라고 판단한 바 있다.[73]

　　한편, 이자 지급을 명하는 주문의 경우 중재판정문에서 "언제부터 언제까지 연 몇 푼의 이율"라고 분명히 명시하지 않고, "영국 중앙은행 고시 변동 금리에 따른 이율"과 같이 중재판정문 그 자체만으로는 이율이 얼마인지 명확히 특정이 되지 않는 주문도 종종 발견된다. 이는 비단 중재판정문뿐만 아니라 외국 법원의 판결에서도 찾아볼 수 있는데, 이러한 경우에는 한국 법원에서 해당 중재판정문이나 해당 외국 판결의 집행판결을 구하는 소송에서 그 이율을 따로 확정하여 명할 수 있는지 여부가 실무상 문제된다.[74] 이에 대하여 우리나라 판례가 명시적으로 판시한 바는 없지만, 실무상으로는 집행판결에 별지로 첨부되는 중재판정의 주문에 이자율을 추가하여 명시하는 경우가 있다.[75] 외국판정, 외국판결의 집행상의 어려움을 해소하기 위해서 신청취지에서 지연이자 부분을 집행국의 집행요건에 부합하도록 정리함으로써 중재판정부가 이에 따라 분명히 판시를 내리도록 유도하는 것이 바람직할 것이다.

6.3.3.6 징벌적 손해배상

　　징벌적 손해배상이란 제재의 성격을 가지고 있어 민사적 구제수단과 형사적 구제수단이 혼합된 것으로 이해된다. 중재판정부가 준거법에 근거하여 징벌적 손해배상을 명하는 판정을 내릴 수 있는 경우 이러한 중재판정은 유효한 것이지만,[76] 국제중

---

72) 상법 제54조; 민법 제279조; 소송촉진등에관한특례법 제3조 제1항.
73) 대법원 1990. 4. 10. 선고 89다카20252 판결; 대법원 2001. 4. 10. 선고 99다13577 판결.
74) 이러한 주문을 그대로 둔 채 집행판결을 받는 경우에는 이자부분에 대해서는 실제 집행을 하지 못하는 경우가 발생할 수도 있다. 이에 대하여는 제9.5.10절에서 상세히 다루도록 한다.
75) 서울고등법원 1989. 6. 26. 선고 88나8410 판결. 자세한 설명은 부록 1 참조.
76) 징벌적 손해배상을 인정하는 미국의 경우 그 처벌로서의 성격 때문에 사인에 의한 대체적 분쟁해결수단인 중재에서도 징벌적 손해배상을 명할 수 있는지에 관한 논의가 있다. 징벌적

재의 특성상 해당 준거법의 법정지국이 아닌 다른 국가에서 이를 집행하게 될 때 집행국 법제도상 징벌적 손해배상을 부인하고 있다면 그 판정의 집행이 거부될 가능성이 있음을 유념할 필요가 있다.[77]

구체적으로, 징벌적 손해배상제도를 인정하고 있지 않은 우리나라 법원에서는 하급심 판결이기는 하나, 민사소송법에 따라 외국판결(미국판결)의 승인 및 집행을 구한 사건에서, 해당 미국판결에는 비록 징벌적 배상이 명시적으로 언급되어 있지는 아니하다 하더라도 그 배상액의 결정에 있어서 잠재적으로 이에 대한 고려가 내포되어 있다고 보아 우리나라 손해배상법의 기준에서 비추어 비정상적으로 고액이라고 보이는 부분 전부를 승인하지 아니하고 우리나라에서 인정될 만한 상당한 금액을 현저히 초과하는 부분에 한하여 우리나라의 공서양속에 반한다고 보아 승인을 제한해야 한다고 판단한 지방법원 판결이 있다.[78] 이 판결에 대해서는 후술하는 제10.8.6절에서 보다 상세히 설명하겠지만, 중재판정취소사유나 집행거부사유 중 하나인 공서양속의 개념은 국내법상의 공서양속과 전적으로 동일한 개념은 아니기 때문에, 한국 법원이 단순히 징벌적 배상을 명한 중재판정이라는 이유만으로 곧바로 중재판정취소사유나 중재판정 승인 및 집행거부사유라고 인정할 것이라고 단정하기는 어렵다고 본다. 그렇지만 이처럼 실무상 집행국의 법제도가 허용하지 않는 특정한 유형의 주문에 대해서는 비록 중재에서 승소한다고 하더라도 실제 집행이 거부될 수도 있다는 점은 유의해야 할 것이다.[79]

손해배상에 관한 중재판정부의 권한을 부인하는 뉴욕주 법원의 판결(Garrity v. Lyle Stuart, Inc., 40 N.Y.2d 354, 386 N.Y.S.2d 831, 353 N.E. 2d 793, 1976)과 이를 따르는 다수의 사례가 있었으나, 연방대법원에서는 당사자가 이를 배제하는 명시적인 합의를 하지 않은 한 징벌적 손해배상을 명한 중재판정도 유효하다고 판결한 바 있다(Mastrobuono v. Shearson Lehman Hutton, Inc. 514 U.S. 52, 115 S.Ct. 1212, 1995). 실무적으로는 징벌적 손해배상이 인정되는 법제하에서 중재합의 시 징벌적 손해배상을 배제하는 조항을 넣는 경우가 있다.

77) 징벌적 손해배상제도를 부인하는 국가라고 하여 이를 명하는 외국판결이나 중재판정의 집행이 곧바로 필연적으로 부정된다고 할 수는 없으며, 집행국 법원이 이를 뉴욕협약이나 집행국 법률상의 집행거부사유(공서양속 위배 등)에 해당하는 것으로 해석하는 경우에 부인된다 할 것이다.

78) 부산지방법원 2009. 1. 22. 선고 2008가합309 판결, 서울동부지방법원 1995. 2. 10. 선고 93가합19069 판결. 다만 서울동부지방법원의 위 판결은 흔히 징벌적 손해배상에 대한 판례로 언급되는데, 법원이 징벌적 손해배상이 우리나라의 공서양속에 반한다고 판단하였고 이를 제한적 승인의 근거로 삼은 것은 사실이나, 실제로 이 사건에서 문제된 미국판결은 법원도 인정하였듯이 징벌적 손해배상의 판결은 아니었다.

6.3.3.7 중재비용의 부담

많은 중재규칙들은 중재판정부가 중재판정 시 해당 중재에서 소요된 비용에 대한 부담에 관한 명령을 내리도록 규정하고 있다.[80] 중재규칙에서 비용 부담에 관한 명령을 허용하는 경우 중재판정부는 비용의 부담에 관한 당사자들 사이의 합의가 있으면 이에 따라, 특별한 합의가 없다면 중재판정부가 임의로 중재비용의 부담에 관한 명령을 내리고 있다. 개정 중재법에는 이를 명문화하여 "당사자간에 다른 합의가 없는 경우 중재판정부는 중재사건에 관한 모든 사정을 고려하여 중재절차에 관하여 지출한 비용의 분담에 관하여 정할 수 있다"고 규정하였다(제34조의2).

중재비용은 크게 당사자들이 중재 수행 과정에서 중재기관에 지출한 비용(중재인 보수와 경비도 포함)과 그 밖의 비용(가령 변호사 보수, 전문가 증인 보수, 통역사 보수, 교통, 숙박, 복사, 제본, 번역 등에 지출한 각종 비용 등)으로 구분할 수 있는데, 어느 범위의 비용까지 중재판정부가 부담에 관한 명령을 내리는지 여부에 대해서는 중재규칙별로 차이가 있다.

가령 KCAB 국내중재규칙의 경우는 중재비용을 중재원에 납부하는 요금, 경비, 수당으로 한정하고,[81] 이를 중재판정에 의해 결정되는 비율에 따라 부담한다는 내용의 규정[82]만 있기 때문에 실무상으로는 국내중재규칙에 따른 중재의 경우는 가장 지출이 큰 영역인 변호사 비용을 회수할 수 있는 제도적인 장치는 없는 것으로 이해된다.[83]

이에 비해, ICC 중재규칙은 중재인 경비와 보수, ICC 행정비용, 중재판정부가 선정한 전문가 비용[84] 및 당사자들이 지출한 합리적인(reasonable) 법률 비용 및 기타 비용이 중재비용(costs of the arbitration)에 포함된다고 규정하는 한편,[85] 중재판정부가 중

---

79) Redfern/Hunter, 516면.
80) ICC 중재규칙 제37조 제4항, LCIA 중재규칙 제28.2조, SIAC 중재규칙 제35.1조, KCAB 국제중재규칙 제52조 등.
81) KCAB 국내중재규칙 제61조 제1항.
82) KCAB 국내중재규칙 제61조 제2항.
83) 이와 달리 KCAB의 국제중재규칙 제53조는 변호사비용을 중재비용에 명시적으로 포함시키고 있다.
84) 당사자가 선정한 전문가 보수는 당사자에게 발생한 비용으로서 당연히 중재비용에 포함된다. 국제중재에서는 중재판정부가 전문가를 선정하는 경우보다, 당사자가 각자 전문가를 선정하여 의견을 제출하는 것이 더 일반적이다(Born, 2279면 참조).

재판정문에서 중재비용을 확정하여 어느 당사자가 어느 비율로 이를 부담해야 할지를 정하도록 하고 있다.[85] 그러나 어느 정도의 비용이 합리적인 법률 비용 및 기타 비용에 해당하는지 여부에 대한 판단,[87] 어느 당사자에게 어떠한 비율로 중재비용을 부담시킬 것인지 여부에 대한 판단[88] 등은 전적으로 중재판정부의 재량에 달려 있는 문제이며, 이에 대한 결과를 미리 제대로 예측하기는 쉽지 않다. 실무적으로는 청구가 인정된 범위, 어떠한 절차상의 신청을 하여 기각된 사정, 당사자가 정당하지 않은 이유로 절차를 지연시켰거나 과도하게 비용을 발생시켰다는 등의 사정,[89] 그 밖의 비용의 타당성 등 여러 요소를 고려하여 부담 판정을 내리는 것이 일반적이라고 이해되고 있다.[90] 이러한 비용 부담에 관한 판정을 위해 절차 종결에 즈음하여 쌍방 당사자는 해당 중재에서 지출한 제반 비용에 관한 사항을 정리한 자료를 제출하도록 하

---

85) ICC 중재규칙 제37조 제1항.

86) ICC 중재규칙 제37조 제4항.

87) 경우에 따라서는 어느 일방이 지출한 변호사 보수가 다른 일방이 지출한 변호사 보수의 두 배 이상 차이가 나기도 한다.

88) 통상적으로는 승소한 비율 또는 인용된 신청취지 수 비율에 따라 비용 부담을 명하는 경우가 많기는 하지만, 경우에 따라서는 거의 전부 인용 판결을 받아 내더라도 중재비용은 각자 부담하라는 판단이 내려지기도 한다.

89) 참고로 IBA 증거규칙에서는 일방 당사자가 상대방으로부터 증언, 문서 등 증거의 제출을 요구 받고 만족할 만한 설명 없이 이에 불응하거나 중재판정부의 제출 명령에 불응하는 경우, 중재판정부는 해당 증거가 해당 당사자의 이해관계에 부정적인 영향을 미치는 것으로 추론할 수 있도록 하는 한편, 나아가 중재판정부가 이 과정에서 발생하고 증가하게 된 비용을 중재비용의 분담 여부를 결정할 때 이를 고려할 수 있도록 규정하고 있다(IBA 증거규칙 제9조 제7항).

90) 한편 국제중재의 경우에는 중재를 진행하면서 비공개 제안인 '실드 오퍼(Sealed Offer)'가 이용되기도 한다. 이는 본래 영국법상의 제도로 영국법원이나 중재기관에서 이용되었으나 홍콩, 호주, 캐나다 등 영국의 영향을 받은 일부 나라에서도 실무상 행해지고 있다. 이는 일방 당사자가 금전지급청구로 인한 분쟁을 종결하기 위하여 상대방에게 지급할 구체적인 합의금액을 중재판정부에게는 비공개한 채 화해를 제안하는 것이다. 제안은 서면으로 봉해져서(sealed) 상대방 당사자에게만 제공되며 중재판정부에게는 이와 같은 제안이 이루어진 사실이나 구체적 내용은 공개되지 않고 중재심리절차가 완료된 후에야 제공되게 된다. 통상의 화해 제안과 다른 점은 제안을 거절한 당사자에게 비용에 관한 일종의 제재적 효과가 인정된다는 것이다. 이 합의 제안을 받고도 거절한 당사자가 이후 절차를 계속 진행하였음에도 불구하고 비공개 제안보다 더 유리한 판정을 받지 못하게 되는 경우에는 중재판정부는 이러한 사정을 제안을 거절한 당사자에게 불리한 요소로서 고려하여 비용 부담에 관한 판정을 할 수 있다. 그러나 이러한 실드 오퍼가 중재에서 어떻게 다루어지는지, 중재인이 이를 어떻게 고려하는지는 전적으로 중재인에게 달려 있으며, 최근의 경향을 보면 실드 오퍼가 그다지 유용한 방안으로 사용되고 있지 않은 것으로 보인다.

는 것이 일반적이다. 이러한 비용 청구(Cost Submission)에서는 실무상 모든 영수증을
일일이 다 모아서 제출하지는 않고 지출 내역을 크게 구분하여 해당 항목별 지출 금
액과 총 지출 금액 합계, 해당 금액의 정확성에 대한 확인과 해당 지출 금액이 왜 합
리적인지 등에 관한 설명 등을 정리한 진술서(affidavit)를 양측의 대표 대리인이 중재
판정부와 상대방에게 제출하여 처리하는 것이 일반적이다. 필요한 경우 쌍방은 서로
상대방이 지출한 비용의 합리성 여부에 대해 이의를 제기하기도 하며, 또한 추가 입
증 자료의 제공을 요구하기도 한다.

6.4 중재판정의 정정, 해석

UNCITRAL 모델중재법 및 각국 중재법 그리고 대부분의 중재규칙은 중재판정부
로 하여금 일정한 제한하에 중재판정문의 정정, 해석 등을 할 수 있는 여지를 인정하
고 있다.[91]

중재판정문의 정정에 관하여 중재기관의 중재규칙들은 중재판정문에서 오기, 숫
자계산의 착오 등 명백한 오류에 관하여 발견하였을 때는 중재판정부가 이를 직권으
로 정정할 수 있는 근거 규정을 두고 있다.[92] 중재규칙에 따라서는 당사자의 신청 권
한을 명시하고 있는 경우도 있고 신청권한이 명시하고 있지 않은 경우도 있지만,[93]
신청권한이 명시되지 않았더라도 논리상 당사자가 정정을 신청함으로써 중재판정부
가 오류를 발견하게 되었을 경우에는 중재판정부는 정정 결정을 해야 할 것이다.

다음으로 중재판정문의 해석은 중재판정문의 기재사항의 변경을 가져오지 않으
면서 그 의미를 명확히 밝히는 것인데, 당사자가 해석을 구하는 경우나 중재판정부가
해석신청을 받아들이는 경우는 실무상 흔하지 않다.[94]

---

91) UNCITRAL 모델중재법 제33조, 중재법 제34조, ICC 중재규칙 제35조, LCIA 중재규칙 제27조 등.
92) ICC 중재규칙 제35조 제1항, LCIA 중재규칙 제27.2조, KCAB 국제중재규칙 제41조 제1항, KCAB 국내중재규칙 제54조 제1항 등.
93) ICC중재규칙 제35조 제2항, LCIA 중재규칙 제27조 제1항, KCAB 국제중재규칙 제41조 제2항 등은 당사자의 신청권한을 규정하였으나, KCAB 국내중재규칙에는 신청권한이 명시되어 있지 않다.
94) Born, 3142-3143면.

6.5 중재판정의 효력

한국 중재법과 마찬가지로 상당수의 입법례는 중재판정의 효력에 관한 규정을 두고 있다.[95] 한국이나 독일, 일본과 같이 '확정판결과 동일한 효력'이라고 규정한 입법례도 있고,[96] 프랑스처럼 기판력(res judicata)을 명시적으로 인정한 입법례도 있으며,[97] 영국과 같이 '중재판정은 당사자들이나 이들의 권리에 근거하여 청구하는 모든 사람들에게 확정적이며 구속력이 있다(final and binding).'는 다소 구체화된 규정을 둔 입법례도 있다.[98]

이하에서는 한국 중재법에서 인정한 중재판정의 '확정판결과 동일한 효력'의 의미가 무엇인지, 즉 우리나라 법체계의 관점에서 중재판정의 일반적 효력에 관하여 살펴본다.

6.5.1 기판력(res judicata)

우리 중재법은 '중재판정은 양쪽 당사자 간에 법원의 확정판결과 동일한 효력을 가진다.'고 규정하고 있는데,[99] 이와 관련하여 법원의 확정판결과 동일한 내용의 기판력을 중재판정에도 그대로 인정할 수 있는 것인지는 신중히 판단할 문제이다. 가령 지급명령이나 이행권고결정은 우리나라 법률상 '확정판결과 동일한 효력'을 갖는다고 규정되어 있지만,[100] 집행력 외에 기판력까지 갖는 것으로 인정되지는 않는다는 것에 비추어보면,[101] '확정판결과 동일한 효력'이라는 문언만으로 중재판정에 법원의 확정판결과 동일한 내용의 기판력을 인정해야 한다고 단언하기는 어렵다.

그런데 한국 법원의 판결들에 비추어 보면 한국 법원은 중재판정에 기판력이 있다는 점을 반복하여 인정하고 있음을 확인할 수 있다.

---

95) 주석중재법, 177면.
96) 주석중재법, 177면 참조.
97) 프랑스 1981 민사소송법 제1476조.
98) 영국 1996 중재법 제58조 제1항.
99) 중재법 제35조. 참고로 이는 UNCITRAL 모델중재법에는 없는 내용이다.
100) 민사소송법 제474조, 소액사건심판법 제5조의 7.
101) 대법원 2009. 5. 14. 선고 2006다34190 판결; 이시윤, 민사소송법, 박영사, 제6판, 889면.

- 대법원 2009. 5. 28. 선고 2006다20290 판결

  뉴욕협약이 적용되는 외국중재판정에 대하여 집행국 법원은 뉴욕협약 제5조의 집행 거부 사유의 유무를 판단하기 위하여 필요한 범위 내에서는 본안에서 판단된 사항에 대하여도 독자적으로 심리 · 판단할 수 있고, 뉴욕협약 제5조 제2항 (나)호의 집행 거부사유에는 중재판정이 사기적 방법에 의하여 편취된 경우가 포함될 수 있다. 그러나 한편, 뉴욕협약 제5조가 집행 거부사유를 제한적으로 열거하면서 중재인의 사실오인이나 법리오해 등은 집행 거부사유에서 제외하고 있는 점, 중재판정은 확정판결과 동일한 효력이 있으므로 기판력에 의하여 중재판정의 대상이 된 청구권의 존재는 이미 당사자 사이에 확정된 것인 점 등에 비추어 보면, 집행국 법원이 집행 거부사유의 유무를 판단하기 위하여 본안에서 판단된 실체적 사항에 관하여 다시 심리 · 판단하는 것은 예외적 · 제한적으로 이루어져야 한다.

- 대법원 2005. 12. 23. 선고 2004다8814 판결

  편취된 중재판정에 기한 강제집행이 불법행위로 되는 경우가 있다고 하더라도 당사자의 법적 안정성을 위해 중재판정에 형식적 확정력이나 기판력 등 확정판결과 같은 효력을 인정한 중재법 제35조의 입법 취지나 중재판정의 효력을 배제하기 위하여는 그 중재판정에 취소사유가 존재하는 경우에 중재판정취소의 소에 의하여 그 취소를 구하는 것이 원칙적인 방법인 점 등에 비추어 볼 때 불법행위의 성립을 쉽게 인정할 일은 아니므로, 중재판정에 기한 강제집행이 불법행위로 되는 것은 당사자의 절차적 기본권이 근본적으로 침해된 상태에서 중재판정이 내려졌거나 중재판정에 취소사유가 존재하는 등 중재판정의 효력을 존중하는 것이 정의에 반함이 명백하여 이를 묵과할 수 없는 경우로 한정하여야 한다

학설들의 경우도 대부분 중재판정에 기판력이 있다는 것 자체는 인정한다. 다만, 중재판정 승인 판결을 받아야 비로소 기판력이 발생한다고 보는 견해와[102] 승인요건을 구비하기만 하면 별도로 승인 판결을 받지 않아도 기판력이 발생한다는 견해[103]의

---

102) 목영준, 270면. 한편 서울고등법원 1994. 8. 19. 선고 94나5078 판결은 "이 사건 계약 당시의 당사자간의 중재약정에 따라 채권자가 이 사건 계약의 해지로 인한 분쟁의 해결을 위하여 채무자를 상대로 영국 런던의 국제중재법원에 중재신청을 한 결과 1994. 5. 7. 채권자의 청구를 일부 인용하는 중재판정이 선고된 사실이 인정되나, 위 중재판정에 관하여 국내에서의 효력승인을 위한 요건이 구비되었다고 볼 자료가 없으므로 위 피보전권리에 대한 기판력은 인정되지 아니하고 다만 공격방법의 하나로 인용하며, 또한 위 중재판정에 대하여 집행판결이 선고되었다거나 달리 집행력이 있다고 인정할 자료도 없으므로, 위 중재판정이 선고된 사실만으로는 위 피보전권리의 보전의 필요성을 인정함에 아무런 지장이 없다고 할 것이다."라고 판시하였다.

103) 석광현, 329면. 참고로 앞서 소개한 대법원 2009. 5. 28. 선고 2006다20290 판결, 대법원 2005. 12. 23. 선고 2004다8814 판결, 서울고등법원 1996. 5. 2. 선고 95나44872 판결에서는 특별히 승인판결을 받은 중재판정이 아니라는 점에 비추어 보면 중재판정의 승인과 무관하게 기판력을 인정하고 있는 것으로 보인다.

차이는 있다. 개정 중재법은 중재판정이 '확정판결과 동일한 효력'을 가진다고 규정한 제35조에 단서를 신설하여 '승인 또는 집행이 거절되는 경우에는 그러하지 아니하다'고 규정하였다.

중재판정의 기판력의 본질(실체법설 또는 소송법설, 또한 모순금지인지, 반복금지인지 여부)이나 범위(주관적, 객관적, 시적 범위)나 구체적인 효력 등에 대해서는 아직 한국에서 상세한 논의가 이루어지지 않아 제대로 정립이 이루어지지 않은 실정이다.[104] 다만 법원 판결의 기판력도 각 나라의 법제에 따라 그 범위와 효력에 상당한 차이가 있는데,[105] 대부분 섭외사건을 다루는 중재판정에 대하여 우리나라 법원의 확정판결과 같은 범위의 기판력을 그대로 인정하는 것이 당연한 논리적 귀결이라고 할 수는 없다. 국가의 사법적 분쟁해결이 아닌 사인의 합의를 전제로 하여 사인인 중재인이 내린 판단이라는 점에서도 중재판정의 기판력을 법원 판결의 기판력과 완전히 동일하게 취급하기는 어렵다는 견해도 있다.[106] 그리고 중재판정의 기판력 작용 등에 관하여는 확정판결의 기판력과 달리 직권으로 참작되지 않는다는 점 등에서 차이가 있다는 정도로만 논해지고 있는데, 중재판정 기판력의 객관적, 주관적, 시적 범위 등에 대하여 향후 학자들 사이의 연구와 법원 판결을 통해 정립되어 나가야 할 것이다.[107]

한편, 외국중재판정의 경우에는 어느 법에 따른 기판력을 인정할 것인지 여부도 문제된다. 참고로 중재지가 외국인 외국중재판정에 대해서는 중재판정에 법원의 확정판결과 동일한 효력을 인정하고 있는 우리 중재법 제35조가 적용되지는 않을 것인데, UNCITRAL 모델중재법이나 뉴욕협약 등에는 중재법 제35조와 같은 규정도 존재하지 않는다. 이와 관련해서도 아직 많은 논의가 이루어지지는 못한 상태인데, 중재판정지국의 법에 따라야 한다는 견해와 판정지국의 법을 원칙으로 하되 승인국의 법에 의한 제한을 인정해야 한다는 견해 등을 생각해 볼 수 있다는 견해가 있다.[108]

---

104) 서세원, 중재판정의 기판력에 관한 고찰, 중재연구 제17권 제2호, 2007, 11-14면 참조.
105) 일반적으로 대륙법계에서는 기판력의 적용 요건(동일 당사자, 동일 소송물 등에 제한되는지)에 있어서도 영미법에 비하여 더 엄격하고, 그 범위(주문에만 발생하는지, 주요 이유에도 발생하는지)나 효력(기판력이 적용되는 경우 소를 제기할 수 없는지)에 있어서도 상호간 차이가 있다. Born, 3738면 참조.
106) 정선주, 중재판정의 효력, 민사소송 제9권 제2호, 2005, 166면 참조.
107) 손용근, 중재판정의 효력에 관한 일반적 고찰, 법조 제577권, 2004, 199면; 서세원, 앞의 글, 12면 참조.
108) 손용근, 위의 글, 200면 참조.

6.5.2 집행력

중재판정은 법원의 판결과 달리, 그것만으로 독자적 집행권원이 되지 못하므로 집행력을 부인하는 견해도 있을 수 있으나, 관할법원의 승인 및 집행판결이 있으면 집행될 수 있는 잠정적인 집행력을 갖는다고 보는 것이 일반적인 견해이다.[109]

이에 대해 대법원은 "집행판결은 외국중재판정에 대하여 집행력을 부여하여 우리 나라 법률상의 강제집행절차로 나아갈 수 있도록 허용하는 것으로서 그 변론종결시 를 기준으로 하여 집행력의 유무를 판단하는 재판"[110]이라고 하거나 "(중재판정에 대한) 집행판결이 확정됨에 따라 현실적 집행력이 발생하는 것"[111]이라고 판시하였다. 대법 원의 태도는 중재판정에 대한 잠정적 집행력을 인정하는 듯한 취지로 해석되기도 하 나 명확하지는 않다. 어떠한 견해를 따르더라도 중재판정을 강제집행하기 위하여는 집행판결을 얻어야 한다는 것은 당연하다. 중재판정의 승인 및 집행청구소송에 대해 서는 제9장과 제10장에서 상세히 정리하도록 한다.

6.5.3 구속력과 확정력

중재판정은 중재판정부와 당사자를 구속한다. 따라서 중재판정이 내려지면 중재 판정부는 함부로 판정을 변경, 철회할 수 없게 되고, 당사자는 그 판정의 내용에 따 라야 한다.[112] 학자에 따라서는 당사자에 대한 구속력만을 구속력이라 칭하고, 중재 판정부에 대한 구속력은 기속력으로 분류하기도 한다.[113] 이러한 견해에서는 당사자 에 대한 구속력(binding force)을 중재판정에 특유한 효력으로 논하기도 하는데,[114] 이 는 영국이나 미국 등 서양에서 중재판정에 관하여 구속력 있고 종국적인(binding and final) 효력이 일반적으로 논의되고 있기 때문에 이를 강조한 것으로 보인다.[115]

중재판정부에 대한 구속력(기속력)은 명백한 오기나 오류 등의 경우 판정의 내용

---

109) 주석중재법, 187면; 목영준, 222면.
110) 대법원 2003. 4. 11. 선고 2001다20134 판결.
111) 대법원 2005. 12. 23. 선고 2004다8814 판결.
112) 주석중재법, 190면.
113) 주석중재법, 190면 참조; 목영준, 221면 및 224면.
114) 목영준, 221면 및 224면. 또한, 이러한 견해에서는 당사자가 중재판정에 대하여 불복할 수 없게 되는 형식적 확정력까지 구속력의 내용으로 소개하기도 한다.
115) 주석중재법, 174-175면; 손용근, 앞의 글, 참조.

에 영향을 주지 않는 범위 내에서 직권 또는 당사자의 요청으로 중재판정문의 정정을 할 수 있도록 한 여러 중재법이나 중재규칙의 예외조항에 의하여 완화되고 있다.[116)

중재판정의 당사자에 대한 구속력은, 소송당사자가 법원의 판결에 따라야 하는 의무는 공권력에 기인한 것임에 반해, 당사자들간의 합의에 기인한 것이다.[117) 그러나, 당사자가 임의이행하지 않는 경우에는 법원으로부터 집행판결을 받아 강제집행을 하여야 할 것이다.[118)

또한, 중재에서는 절차 내의 상소제도를 마련하지 않고 있으므로 중재판정이 내려지면 당사자는 통상의 방법으로는 이에 불복할 수 없게 되는 확정력(형식적 확정력)이 발생한다. 중재판정은 성립과 동시에 바로 확정력이 발생하여 승인 및 집행의 대상이 되고, 중재판정 취소 제도를 통하여 취소될 수 있을 뿐이다.[119)

---

116) UNCTIRAL 모델중재법 제33조, ICC 중재규칙 제29조, KCAB 국제중재규칙 제41조 등.
117) 목영준, 224면.
118) 목영준, 225면; 주석중재법, 191면.
119) 개정 중재법 제37조. 목영준, 221면.

중재절차에 대한
법원의 협조

중재절차에 대한 법원의 협조

7.1 개 관

중재법 제6조는 "법원은 이 법에서 정한 경우를 제외하고는 이 법에 관한 사항에 관여할 수 없다."고 규정하여, 중재에 관하여는 법원의 관여를 원칙적으로 금지하는 한편, 예외적으로 중재법이 인정하는 경우에 한해 제한적인 관여를 허용하고 있다. 예외적으로 허용되는 경우는 중재 절차의 공정성과 안정성을 보장하기 위하여 법원이 협조하는 것으로 볼 수 있는데, 본 장에서는 우리 중재법에 따른 법원의 중재에 대한 예외적인 관여의 형태에 대해 살펴보도록 한다.

한국 중재법에 의해 허용되는 중재절차에 대한 법원의 관여 중 중재 절차의 원만한 진행을 위한 법원의 역할은 다음과 같다.

• 보전처분[1]
• 증거조사에 관한 협조[2]
• 감정인의 기피신청에 대한 기피결정[3]
• 중재판정문원본의 보관[4]
• 대한상사중재원 중재규칙에 대한 승인[5]

---

1) 중재법 제10조; 제8장 참조.
2) 중재법 제28조; 제7.2.1절 참조.
3) 중재법 제27조 제3항.
4) 중재법 제32조 제4항; 단, 개정 중재법에서는 종전과는 달리 당사자의 신청이 있는 경우에만 법원에서 보관하도록 규정하고 있다. 제6.2.4절 참조.
5) 중재법 제41조.

법원은 또한 다음과 같이 중재판정부의 구성에 관여하기도 한다.

- 중재인의 선정[6]
- 선정된 중재인에 대한 기피결정[7]
- 중재인의 권한종료 여부에 대한 결정[8]

나아가 법원은 다음의 경우에도 관여한다.

- 중재판정의 취소[9]
- 중재판정의 승인 및 집행[10]
- 중재판정부가 선결문제로서 그 권한의 여부에 대해 결정한 경우에 당사자가 그 결정에 대하여 이의를 중재진행 중 제기하였을 때 중재판정부의 권한에 대한 심사[11]
- 중재합의의 존재를 이유로 한 방소항변의 심사[12]

위와 같은 법원의 관여 중 중재판정부의 구성에 관한 부분은 제4장에서, 보전처분은 제8장에서, 중재판정의 취소 및 중재판정의 승인과 집행에 관하여는 제9장 및 제10장에서 설명하기로 하며, 본 장에서는 증거조사에 관한 협조, 중재진행 중 중재판정부의 권한에 대한 심사, 그리고 방소항변의 심사에 대해서만 차례로 다루기로 한다.[13] 중재합의의 실효성을 보장하기 위해 법원이 취할 수 있는 그 외 조치로서 소송유지(留止) 명령 및 중재이행 명령에 관해 별도로 살펴본다.

---

6) 중재법 제12조; 제4.3절 및 제4.4절 참조.
7) 중재법 제14조; 제4.5절 참조.
8) 중재법 제15조; 제4.8절 참조.
9) 중재법 제36조, 제9장 및 제10장 참조.
10) 중재법 제37조, 제9장 및 제10장 참조.
11) 중재법 제17조.
12) 중재법 제9조.
13) 한편, 감정인에 대한 기피신청에 대한 기피결정은 이 책에서 법원이 그와 같은 권한이 있다는 점만 확인하고 자세히 다루지 않는다. 다만, 이는 중재판정부가 지정한 감정인에 관한 것이며, 일방당사자가 제출한 감정증인에 관한 규정은 아니라는 점만 지적해 둔다(주석중재법, 112면 참조).

7.2 중재절차에 관한 법원의 협조

7.2.1 증거조사에 관한 협조

중재에서도 증거조사가 필요하지만, 공권력이 없는 중재판정부는 증거조사, 증인 출석, 문서제출 등을 강제할 수 있는 방법이 없고 지역적·공간적 상황 등으로 조사가 어려운 경우가 있다.[14] 중재법은 법원에 협조를 구하여 이러한 문제를 해결할 수 있는 다음과 같은 장치들을 마련하고 있다.

중재판정부는 직권으로 또는 당사자의 신청에 의하여 관할법원에 증거조사를 촉탁할 수 있다.[15] 개정 전 중재법 하에서는 중재판정부는 법원에 대한 증거조사를 촉탁만 할 수 있었으나, 개정 후에는 법원에 대하여 증거조사에 대한 협조를 요청할 수 있게 되었다. 증거조사 촉탁 시 중재판정부는 조서에 기재할 사항과 그 밖에 증거조사가 필요한 사항을 서면으로 지정할 수 있고,[16] 중재판정부의 촉탁을 받은 법원은 증거조사를 마친 후 증인신문조서 등본, 검증조서 등본 등 증거조사에 관한 기록을 지체 없이 중재판정부에 보내야 한다.[17] 증거조사에 필요한 비용은 중재판정부가 수탁법원에 내도록 되어 있으나, 실제로는 중재기관이나 당사자가 납부하게 될 것이다.[18] 관할법원이라 함은 증거조사가 실시되는 지역을 관할하는 법원이 된다.[19]

KCAB 국내중재규칙에도 중재판정부가 중재판정에 필요하다고 인정하는 증거의 조사를 직접 할 수 없는 것은 직권 또는 당사자의 신청에 의하여 관할법원에 이를 촉탁할 수 있도록 규정되어 있다.[20]

과거와 같이 증거조사를 법원에 촉탁만 할 수 있는 경우는 사실조회에는 적합하지만 증인신문이나 검증은 심증형성 주체인 중재판정부가 법원이 작성하는 조서를 통해서만 간접적으로 증거조사를 하게 된다는 한계가 지적되어 왔다. 이를 해결하기

---

14) 주석중재법, 115면.
15) 중재법 제28조 제1항.
16) 중재법 제28조 제2항.
17) 중재법 제28조 제4항.
18) 중재법 제28조 제6항.
19) 중재법 제7조 제2항.
20) KCAB 국내중재규칙 제42조 제3항. 이 조항은 KCAB 국내중재규칙 중에 법원의 관여를 규정한 유일한 조항이다.

위하여 개정 중재법에는 법원에 증거조사를 촉탁하는 외에 중재재판부가 법원에 대하여 증거조사에 대한 협조를 요청할 수 있도록 하고, 이 경우 법원은 증인이나 문서소지자 등에게 중재판정부 앞에 출석할 것을 명하거나 중재판정부에 필요한 문서를 제출할 것을 명할 수 있도록 하였다.[21] 또 법원이 촉탁을 받아 증거조사를 하는 경우에도 중재인이나 당사자는 재판장의 허가를 얻어 그 증거조사에 참여할 수 있도록 하였다.[22] 이에 따라 중재인과 당사자는 법원이 증거조사를 할 때 증인, 감정인 등에게 질문을 하고, 그에 대한 답을 조서에 남겨 중재절차에서 활용할 수 있을 것이다.

한편, 증거조사 이전에 증거보전을 위하여 법원의 협조가 필요할 수도 있다.[23] 그러나, 법원은 중재법이 정한 경우를 제외하고는 중재에 관여할 수 없고,[24] 중재법상 법원의 증거조사 협조를 구하는 것은 중재개시 후 중재판정부가 촉탁하거나 법원의 협조를 구한 경우만 가능하므로[25] 이러한 사전 증거보전절차는 중재를 위하여 활용하기는 어려울 것이다. 중재법 제10조에서 중재절차의 개시전 법원에 신청할 수 있는 '보전처분'은 민사집행법상 보전처분을 의미하는 것이지 민사소송법상 증거보전절차를 의미하는 것은 아니다.[26] 대신 개정 중재법 제18조 제2항 4호에 "분쟁의 해결에 관련성과 중요성이 있는 증거의 보전"도 중재판정부의 임시적 처분의 내용으로 포함하고 있어, 증거보전에 대한 중재판정부의 권한을 넓혔다.

7.2.2 중재판정문 원본 보관

개정 전 중재법은 중재판정문의 정본을 당사자들에게 송부함과 동시에 그 원본

---

21) 중재법 제28조 제1항(중재판정부는 직권으로 또는 당사자의 신청을 받아 법원에 증거조사를 촉탁하거나 증거조사에 대한 협조를 요청할 수 있다.), 제28조 제5항(중재판정부가 법원에 증거조사에 대한 협조를 요청하는 경우 법원은 증인이나 문서소지자 등에게 중재판정부 앞에 출석할 것을 명하거나 문서를 제출할 것을 명할 수 있다).

22) 중재법 제28조 제3항(제2항에 따라 법원이 증거조사를 하는 경우 중재인이나 당사자는 재판장의 허가를 얻어 그 증거조사에 참여할 수 있다).

23) 중재판정부가 증거보전을 위하여 내리는 임시적 처분에 관하여는 제8.4.6절 참조.

24) 중재법 제6조.

25) 중재법 제28조.

26) 보전처분을 넓게 '법원이 권리자의 집행보전과 손해방지를 목적으로 행하는 잠정적인 조치를 명하는 내용의 재판 전부'를 가리킨다고 하여 민사소송, 비송사건뿐만 아니라 공법상의 보전처분까지 포함할 여지는 있으나, 보통 보전처분이라고 하면 민사집행법 제4편에 규정된 가압류와 가처분만을 가리키는 용어라고 한다(법원실무제요 민사집행 [IV], 법원행정처, 2014, 4면 참조).

은 관할법원에 보관하도록 정하고 있었으나,²⁷⁾ 이에 대해서는 제6.2.4절에서 자세히 다룬다.

7.3 중재합의 심사

법원은 중재판정의 취소나 승인·집행절차에서 그 취소사유나 승인·집행거부 사유를 판단하기 위하여 중재합의의 존부, 효력 및 그 범위에 관한 심사를 할 수 있다. 이에 대하여는 제9장에서 자세히 다루고, 여기서는 중재절차 진행 중 중재판정부가 선결문제로서 권한 여부를 결정할 때, 이에 대하여 법원이 심사하는 경우와, 중재합의 존재를 이유로 소송절차를 피하고자 하는 방소항변, 그리고 중재절차를 저지하고자 하는 소송의 허부에 관하여만 살펴본다.

7.3.1 중재진행중 중재판정부의 권한에 대한 심사

중재판정부는 당해 사건에 대해 자신에게 판단할 권한이 있는지 여부에 관하여 원칙적으로 스스로 판단할 수 있다.²⁸⁾ 이는 각 입법례에 의해 일반적으로 인정되고 있으며,²⁹⁾ 우리 중재법에도 명시되어 있다. 즉, 중재판정부는 자신의 권한 및 이와 관련된 중재합의의 존부 또는 유효성에 대한 이의에 대하여 결정할 수 있고,³⁰⁾ 중재판정부는 이의에 대하여 중재절차 진행 중 선결문제로서 결정하거나 본안에 관한 중재판정에서 함께 판단할 수 있다.³¹⁾ 중재 당사자는 본안에 관한 답변서를 제출할 때까지 (만일 중재절차 진행중에 권한 범위를 벗어난 경우에는 그 사유가 중재절차에서 다루어지는 즉시) 중재판정부의 권한에 대한 이의를 제기해야 한다.³²⁾

만약 중재판정부가 선결문제로서 '권한이 있다'고 결정한 경우, 이의 제기 당사

---

27) 우리 중재법에서는 민사소송법과 마찬가지로, 법원에 보관될 판정을 판정원본으로, 당사자에게 송부될 판정을 판정정본으로 구별하였다.
28) 이를 소위 *Competence-competence*라고 하는데, 지금까지 권한확정권한(안병희, 중재인의 권한확정권한에 관한 연구, 중재학회지, 제11권, 96면), 중재권한최종판정권(김홍규, 중재학회지, 제6권, 15면), 자기권한심사권(목영준, 58면), 관할권존부판단권한(강병근, 중재학회지, 제7권, 228면) 등으로 번역되어 왔다. 아래는 편의상 자기권한 심사원칙이라고 칭한다.
29) Born, 1048면.
30) 중재법 제17조 제1항.
31) 중재법 제17조 제5항.
32) 중재법 제17조 제2항 내지 제4항.

자는 최종 중재판정이 내려지기를 기다려 중재판정취소의 소를 제기하거나 중재판정
집행판결 청구를 방어하는 대신, 이의를 기각하는 결정을 통지받은 날로부터 30일 이
내에 법원에 중재판정부의 권한에 대한 심사를 신청할 수 있다.[33] 이러한 법원의 권
한심사에 대해서는 항고할 수 없다.[34]

이와 관련된 문제로, 이러한 법원의 권한심사가 있게 되면, 추후 중재판정이 내
려진 후에 중재판정 취소소송이나 중재판정집행청구소송 등에서 다시 당사자들이 중
재판정부의 권한의 존부를 문제 삼을 경우 법원이 이에 구속되는가(즉 기판력과 유사한
정도의 구속력을 인정해야 하는가) 하는 문제가 발생할 수 있다. 법원의 권한심사에 대해
서는 항고할 수 없다는 점을 고려하면 이에 대해 기판력 있는 종국판결과 같은 정도
의 효력을 부여하기는 어렵다는 주장도 있을 수 있다.

중재판정부는 법원이 자신의 권한에 대한 심사를 계속중인 경우에도 중재절차를
진행할 수 있고, 중재판정까지 내릴 수 있다.[35] 따라서 중재판정부가 이에 따라 중재
판정을 내린 후에 중재판정부에게 권한이 없다는 법원의 판단이 내려지게 되면 해당
중재판정은 중재판정 취소 또는 중재판정 승인 및 집행거부사유에 해당한다. 한편,
중재판정부는 별도로 권한에 대한 이의를 기각하는 결정을 하지 않고 종국판정 시
판단할 수도 있는데,[36] 이 경우 당사자는 중재판정 이후 법원에 별도의 중재판정 취
소의 소나 중재판정 승인 및 집행판결 청구의 소를 통해 중재판정부의 권한 여부에
대한 법원의 판단을 구해야 한다.[37]

반면, 중재판정부가 스스로 권한에 대해 심사하여 판정권한이 없다고 판단할 경
우에는 각하 판정을 내리게 된다.[38] 개정 전 중재법 하에서는 중재판정부의 각하 결
정에 대하여는 당사자가 중재법 제17조에 기해 법원에 권한심사를 구할 수도 없고,
또한 중재판정 취소의 소를 제기할 수도 없어 사실상 불복이 불가능했다.[39] 이런
문제점을 개선하기 위해 개정 중재법에서는 중재판정부가 권한이 없다고 결정한 경

---

33) 중재법 제17조 제6항.
34) 중재법 제17조 제8항.
35) 중재법 제17조 제7항.
36) 중재법 제17조 제5항.
37) 자세한 내용은 제9장 참조.
38) 참고로 영문 판정에서는 각하나 기각이나 모두 dismiss라는 표현이 사용된다.
39) 각하 판정이 중재판정 취소의 소의 대상이 되지 않는다는 점에 대하여는 제9.4.2절 참조.

우에도 그 결정에 불복하여 법원에 심사를 신청할 수 있게 하였다.[40] 이에 따라 법원이 중재판정부에 판정 권한이 있다고 결정하면 중재판정부는 다시 중재절차를 계속해서 진행하도록 하였다.[41]

7.3.2 방소항변에 대한 심사

분쟁의 일방 당사자가 중재합의가 존재하는데도 법원에 소를 제기한 경우, 중재에 의한 분쟁 해결을 원하는 당사자는 법원에 중재합의의 존재를 주장하여 방소항변을 할 수 있다. 방소항변이 없는 한 법원은 직권으로 중재합의의 존부, 효력 및 범위 등에 대해 조사할 수 없으며, 피고의 주장을 기다려서 비로소 이를 조사할 수 있을 뿐이다.

피고가 중재합의가 존재한다는 방소항변을 하면 법원은 중재법 제9조에 따라 중재합의의 존부와 효력, 범위 등을 심사하고, 만일 중재합의가 적법, 유효하고, 해당 분쟁에 중재합의의 효력이 미친다고 판단할 경우 해당 소를 각하한다.[42] 반면, 만일 법원이 중재합의가 없거나 무효이거나 효력을 상실하였거나 이행이 불가능하다고 판단한 경우에는 소를 각하하지 않고 본안에 대한 판결을 내리게 된다.[43] 실무적으로 법원은 본안에 관하여는 일절 심리하지 않은 채 중재합의의 존부와 효력, 범위 등에 대해서만 우선 판단하는 경우도 있지만, 본안에 대해서까지 모두 같이 심리한 후 판결을 내리기도 한다.

다만, 법원이 이렇게 중재합의의 존부, 효력 및 범위 등을 판단할 수 있는 경우는, 피고가 중재합의의 존재를 주장하는 항변을 "본안에 관한 최초의 변론 전"에 제기한 경우에 한한다.[44] UNCITRAL 모델중재법은 위 항변의 제출 기한을 본안에 관한

---

40) 개정 중재법 제17조 제6항(중재판정부가 제5항에 따라 선결문제로서 그 권한의 유무를 결정한 경우에 그 결정에 불복하는 당사자는 그 결정을 통지받은 날부터 30일 이내에 법원에 중재판정부의 권한에 대한 심사를 신청할 수 있다).
41) 개정 중재법 제17조 제9항(제6항에 따른 신청을 받은 법원이 중재판정부의 판정 권한이 있다는 결정을 하게 되면 중재판정부는 중재절차를 계속해서 진행하여야 하고, 중재인이 중재절차의 진행을 할 수 없거나 원하지 아니하면 중재인의 권한은 종료되고 제16조에 따라 중재인을 다시 선정하여야 한다).
42) 중재법 제9조 제1항 전문.
43) 중재법 제9조 제1항 후문.
44) 중재법 제9조 제2항. 이와 달리 중재판정부의 권한에 대한 이의는 본안에 관한 답변서를 제

제1차 진술서를 제출하기 전까지(not later than when submitting his first statement on the substance of the dispute)라고 규정하고 있어 차이가 있다. 즉, 우리 민사소송절차에서는 1회 변론기일이 열리기 전에 여러 차례 서면을 제출할 수 있고, 제출된 모든 서면을 변론기일에서 진술함으로써 최초의 변론을 하므로, 변론기일에서 진술하기 전까지는 방소항변을 제출할 수 있다.[45) 이러한 방소항변은 이의권의 포기나 상실의 대상이 되기 때문에 본안에 관한 최초의 변론을 제출한 후에는 이러한 항변을 새로이 제출할 수 없게 된다.[46)

방소항변이 이유 있다고 판단하여 법원이 소를 각하하는 판결을 하고 그 판결이 확정될 경우, 유효한 중재합의가 있다는 법원의 판단은 판결 이유에 불과하여 그 판단에 기판력이 생기는 것은 아니지만, 후속 재판을 하는 법원은 사실상 이에 구속될 것이다. 따라서 중재합의 존재를 이유로 한 소 각하 판결이 확정된 후 중재합의에 따라 중재가 진행되고 중재판정이 내려졌다면, 중재판정 취소소송이나 집행판결 절차에서 법원은 특단의 사정이 없는 한 중재합의가 존재한다는 선행 확정판결의 판단을 존중할 것이다.

한편, 이러한 소송이 법원에 계속 중이더라도 중재판정부는 중재절차를 개시 또는 진행하거나 중재판정을 내릴 수 있다.[47)

7.4. 소송유지명령, 중재이행명령

7.4.1. 소송유지(留止)명령(anti-suit order)

중재합의에 위반하여 제기된 소송에 대하여, 방소항변을 제출하는 데에 그치지 않고 소송을 금지하는 명령을 내릴 수 있도록 한 입법례도 있으나, 우리 중재법은 이러한 제도를 도입하지 않았다.[48) 다만, 민사집행법상 가처분의 유형에는 제한이 없어, 법원의 관할이 인정되고 보전의 필요성이 있을 경우 소송을 금지하는 가처분결정은

출할 때까지 제기되어야 한다(중재법 제17조 제2항 참조).

45) 변론기일에서 진술하는 것에는 변론준비기일에서 진술하는 것도 포함한다고 보는 견해로, 박익환, 중재계약항변의 제출시기, 민사판례연구 제27권, 2005, 783면 참조.

46) 대법원 1996. 2. 23. 선고 95다17083 판결, 대법원 1991. 4. 23. 선고 91다4812 판결 등.

47) 중재법 제9조 제3항.

48) 주석중재법, 43면.

가능할 것이라고 보는 견해가 있다.[49]

소송유지명령은 중재합의에 반하는 소가 국내법원에서 제기되는 경우보다는 다른 국가에서 절차의 경합이 발생한 경우에 전형적으로 활용된다.[50] 예를 들면, 중재합의에 위반하여 채권자가 채무자를 상대로 제3국의 법원에서 손해배상청구를 구하는 경우를 상정할 수 있다. 이 때 피고가 된 채무자는 그 나라의 소송에서 절차적으로 다툴 수도 있지만, 생소한 외국 소송 절차 또는 중재친화적이지 않는 법제로 인해 소를 각하시키는 데에 실무적인 어려움이 있을 수 있다. 또 다른 예로는 원고가 피고를 상대로 다수의 국가에서 동시다발적으로 소를 제기하는 경우도 상정할 수 있다. 피고는 소가 제기된 모든 국가의 법원에서 방소항변을 제기할 수 있으나, 절차적으로나 비용면에서 부담스러울 수밖에 없다. 이럴 때 피고는 원고를 상대로 소송의 중단이나 금지를 구하는 소송유지명령을 구할 실익이 있다.

그러나 유지명령신청 제도가 남용되는 문제도 발생할 수 있다. 유럽사법재판소는 유럽연합회원국 법원이 소송유지명령을 내리는 것이 절차의 실효성을 해하는 결과를 가져올 수 있다고 결정하고, 법원에 의한 소송유지명령의 대안으로, 중재판정부가 소송유지명령을 내리고 상대방이 그 명령을 준수하지 않을 경우 손해배상을 명하는 방안을 제시하였다.[51]

피고가 소송유지명령을 성공적으로 얻어낸 경우라도 민사상 법원모독죄(civil contempt)가 없는 법제에서는 원고에게 이를 따르도록 강제하지 못하여 실효성이 없을 수도 있다. 따라서 소송유지명령의 실효성을 담보하기 위해서는 간접강제가 부가되어야 할 것이다.[52]

---

49) 중재판정부에 임시적 처분으로 소송금지를 구하는 데에 관하여는 제8.2.4절 참조; 또한 이규호, 국제상사중재와 국제소송의 경합, 국제사법연구 제16호, 2010, 98-99면 참조; 유럽사법재판소의 Turner v. Grovit 사건과 영국법원의 Allianz v. West Tankers 사건 및 영국법과 한국법상 소송유지명령 가능성에 관한 자세한 논의는 석광현, "국제상사중재에서 중재합의와 소송유지명령", 선진상사법률연구 통권 제50호, 2010 참조.

50) 국내법원에는 실무적인 측면에서는 방소항변을 제기하여 소를 각하시킬 수 있기 때문이다.

51) 자세한 내용은 이규호, 위의 글 74-89면 참조.

52) 석광현, "국제상사중재에서 중재합의와 소송유지명령", 선진상사법률연구 통권 제40호, 2010, 23-31면; 이규호, "국제상사중재와 국제소송의 경합", 국제사법연구 제16호, 2010, 99면 참조. 다만, 이러한 가처분은 엄격한 요건을 따라야 하는데, 미국의 사례처럼 당사자가 중재회피를 시도하고 있는지 여부를 검토하여야 할 것이다.

7.4.2. 중재이행명령(pro-arbitration order)

다른 한편, 법원이 당사자로 하여금 중재합의에 따라 중재를 행하도록 강제하는 명령을 내릴 수 있도록 하는 입법례도 있으나, 이 역시 우리나라는 허용하지 않았다. 미국에서는 법원이 이러한 명령을 종종 내리고 있으나(order to compel arbitration), 중재이행명령에 대하여는 다양한 비판이 있다. 즉, 중재합의가 있는 분쟁에 대한 법원의 관여는 중재합의에 반하여 제기된 소송을 금지하는 것으로 최소화하더라도 충분히 효율적일 수 있고, 법원이 중재를 강제하는 것은 중재판정부의 자기권한 심사원칙(*competence-competence*)에 반할 수 있으며, 당사자 자치원칙을 위협할 수 있다는 것이다.[53]

7.5 중재유지(留止)가처분(anti-arbitration injunction)

중재합의 부존재, 무효, 실효를 주장하는 당사자가 중재절차 개시 전에 중재판정부 설립을 막거나 또는 진행중인 중재절차를 정지하기 위하여 법원에 신청하는 것이 중재유지명령인데, 통상 가처분(injunction)의 형식을 취한다. 이는 앞서 설명한 소송유지명령과는 반대되는 조치로서, 엄격히 말해서는 중재절차에 관한 법원의 협조는 아니지만, 법원이 중재에 관여하는 제도 중 하나이므로 아래에서 간략하게 논의한다.

우리나라 중재법상 중재유지가처분은 인정되기 어렵다고 본다. 우선 중재법 제6조는 중재법에 정한 사항을 제외하고 법원의 중재관여를 금지하고 있다. 그리고 중재판정부가 중재판정을 내릴 권한이 없다고 하더라도, 그러한 경우에 대비하여 중재법이 마련한 법원의 개입절차는 제17조 제6항에서 정한 권한에 대한 심사 절차뿐이고, 그 후에는 종국판정에 대하여 취소 또는 집행판결 거부를 신청할 수 있을 뿐이다. 또한 중재에 관한 판정권한 유무는 중재판정부가 우선적으로 판단해야 하고 UNCITRAL 모델중재법의 문리해석상 중재유지가처분을 인정할 근거를 찾기 어려우며, 절차가 남용될 수 있다.

결국 중재법 제17조가 중재판정부의 관할권에 대하여는 중재판정부에 우선적인

---

53) 이규호, 위의 글, 89-96면.

판정권한을 부여하고, 이에 불복하는 경우에 법원에 사법적 통제권한을 부여하므로, 법원이 중재판정부의 판단에 앞서 가처분의 형태로 중재절차의 금지를 명하는 것은 허용되지 않는다고 해석하는 것이 타당할 것이다.

대법원도 구 중재법하에서 중재절차의 중지를 구하는 가처분을 구할 수 없다고 판시하였다.54) 또한 그와 관련하여, 대법원은 현행 중재법하에서는 다음과 같은 이유로 중재절차 위법 확인의 소가 부적법하다고 판시한 바 있다.

> 중재합의 없이 중재절차가 진행되는 경우 중재법(1999. 12. 31. 법률 제6083호로 전문 개
> 정된 것)이 인정하고 있는 사법적 통제는 ① 중재법 제17조 제1항 내지 제5항에 의하여 …
> (중략)… 법원이 이에 따라 중재판정부의 권한을 심사함으로써 하는 방법과, ② 중재판정에
> 불복하는 당사자가 중재법 제36조에 의하여 제기한 중재판정취소의 소에서 중재합의가 있었
> 는지의 여부를 심리하는 방법 및 ③ 중재법 제37조에 따라 중재판정에 대한 승인 또는 집
> 행판결을 신청하는 경우 그 소송절차에서 중재합의가 있었는지의 여부를 심리하는 방법 등
> 3가지가 있는데, 위와 같은 사법적 통제에 관한 중재법의 관련 규정에 의하면 중재법은 중재
> 판정부에 자기의 관할권의 전제가 되는 중재계약의 유효성 및 범위에 대한 판정권을 우선적
> 으로 부여하면서도 …(중략)… 그에 대한 최종적인 판단권은 법원에 유보하고 있음을 알 수
> 있으나, 한편, 중재법 제6조는 "법원은 이 법이 정한 경우를 제외하고는 이 법에 관한 사항
> 에 관여할 수 없다."고 규정하고 있어 …(중략)… 중재합의가 없는 경우에도, 중재법에서 허
> 용하고 있는 위 3가지 경우를 제외하고는 법원은 중재절차에 대한 사법적 통제를 할 수 없
> 다고 할 것인바, 중재절차 위법 확인의 소는 중재절차에 대한 사법적 통제의 일종이라 할 것
> 이어서 이는 중재법 제6조에 의하여 허용되지 아니한다 할 것이고 따라서 원고의 이 사건
> 중재절차 위법 확인의 소는 부적법하다.55)

---

54) 대법원은 "중재인은 당사자가 중재절차를 허용할 수 없는 것이라고 주장하는 경우에도 중재
　　절차를 속행하여 중재판정을 할 수 있다고 규정한 중재법 제10조의 취지에 비추어 보면, 설
　　사 당해 중재절차가 허용될 수 없는 경우에 해당한다고 하더라도 당사자가 상대방에 대하여
　　법원에 그 중재절차의 위법 확인을 구하는 본안소송을 제기하거나 중재판정이 있은 후에 중
　　재판정취소의 소를 제기하여 중재절차의 위법을 다투는 것은 별론으로 하고, 곧바로 그 중재
　　절차의 위법을 들어 법원에 중재절차정지의 가처분을 구할 수는 없다."고 판시하였다(대법원
　　1996. 6. 11.자 96마149 결정).
55) 대법원 2004. 6. 25. 선고 2003다5634 판결.

임시적 처분

제 8 장

임시적 처분

8.1 임시적 처분의 의의

중재도 소송과 마찬가지로 분쟁이 발생한 후 판정이 내려지기까지는 어느 정도 시간이 걸리기 때문에, 판정이 용이하게 집행될 수 있도록 당사자들의 재산상태나 지위 등 법률관계를 유지시켜 둘 필요가 있다. 이러한 목적으로 법원이나 중재판정부가 내리는 처분을 임시적 처분이라 한다.[1] 임시적 처분의 내용은 크게 목적물의 현상을 유지하거나 처분을 금지하는 보전명령, 임시적 지위를 정하기 위한 특정한 작위 또는 부작위를 명하는 이행·금지명령 등으로 나눌 수 있다. 임시적 처분은 법원 또는 중재판정부에 신청할 수 있는데, 어느 기관(법원 또는 중재판정부)에게 신청하느냐에 따라 보전처분 또는 임시적 처분의 내용, 절차 그리고 효력이 달라진다.

8.2 임시적 처분의 종류와 내용

8.2.1 목적물의 현상유지를 명하는 보전명령

중재판정의 집행을 용이하게 하기 위해서는 피신청인 또는 제3자가 재산을 처분하지 못하도록 하거나 특정 목적물의 현상을 변경하지 못하게 할 필요가 있는데, 법원이 취할 수 있는 조치로는 가압류 및 처분금지 가처분이 있다. 부동산에 대한 가압

---

1) '임시적 처분'은 중재법 제18조에서 중재판정부가 내릴 수 있는 조치를 일컫는 용어로 사용되었는데, 일반적으로 '임시조치', '잠정조치', '잠정처분' 등의 용어도 같은 뜻으로 사용되고 있다. 참고로 민사집행법상 법원이 내리는 가압류 또는 가처분 결정은 '보전처분'이라 한다. 이 책에서는 경우에 따라 '임시적 처분'을 중재판정부가 내리는 임시적 처분뿐만 아니라 법원의 보전처분까지 포함하는 의미로 사용한다.

류나 처분금지가처분이 대표적인 예이다.

가압류는 장래 금전채권의 집행이 불가능해지거나 매우 곤란해질 염려가 있을 경우에 인정되고, 다툼의 대상에 관한 가처분(예를 들어 처분금지가처분)은 목적물의 현상이 바뀌면 당사자가 권리(그 목적물에 관한 권리)를 실행하지 못하거나 이를 실행하는 것이 매우 곤란할 염려가 있을 경우에 허용된다.[2] 채무자의 부동산, 유체동산, 채권 등이 가압류 또는 다툼의 대상에 관한 가처분의 목적물이 될 수 있다.

중재판정부도 법원의 보전명령과 비슷하게 피신청인의 재산을 보전하거나, 목적물의 현상을 변경하지 못하게 하는 내용의 임시적 처분을 명할 수 있을 것인데, 법원의 보전처분과 다른 점은 아래에서 다룬다.

8.2.2 임시의 지위를 정하기 위해 명하는 이행 · 금지명령

임시의 지위를 정하기 위한 가처분은 현존하는 권리관계에 끼칠 현저한 손해를 피하거나 급박한 위험을 막기 위하여, 그 밖에 필요한 이유가 있을 경우에 인정된다.[3] 이러한 가처분은 다툼이 있는 권리관계에 관하여 본안에 관한 중재판정이 내려지기 전까지 임시로 신청인에게 권리자의 지위를 주는 것이다. 예로는 지적재산권의 침해 금지를 구하는 가처분, 의결권 행사 금지 가처분, 공사 금지 가처분 등을 들 수 있다.

법원의 경우와 마찬가지로 중재판정부는 이러한 임시적 처분을 이행명령 또는 금지명령의 형식으로 내릴 수 있으나, 당사자간에 다른 합의가 없는 경우에 중재판정부는 '분쟁의 대상에 관하여'만 임시적 처분을 내릴 수 있다는 개정 전 중재법 제18조 제1항의 규정을 이유로, 법원에 의한 가처분에 비해 그 대상이 좁다는 의견이 있었으나, 개정 중재법에서는 "분쟁의 대상에 관하여"라는 부분을 삭제하여, 오히려 범위가 더 넓어졌다는 평가가 가능해졌다.[4] 새로 개정된 중재법상 중재판정부가 내릴 수 있는 임시적 처분의 내용에 대해서는 제8.4.2.절에서 다룬다.

8.2.3 증거보전명령

개정 중재법 제18조 제2항은 중재판정부의 임시적 처분의 내용의 유형을 명시하

---

2) 민사집행법 제277조, 제301조 제1항.
3) 민사집행법 제300조 제2항.
4) 2016년 개정 전 중재법 제18조 제1항.

면서 제4호에 "분쟁의 해결에 관련성과 중요성이 있는 증거의 보전"를 임시적 처분의 가능한 내용으로 추가하고, 그 입증의 정도도 완화하였다.[5] 이 책에서는 법원에 의한 증거보전은 제7.2.1절에서, 중재판정부의 증거보전명령은 제8.4.6절에서 다룬다.

8.2.4 임시적 처분으로서 소송유지명령

중재합의가 있는데도 소송을 제기한 경우 소송을 금지하는 명령을 중재판정부에 임시적 처분으로 구할 수 있는지 여부가 문제된다.[6] UNCITRAL 모델중재법 제17조 제2항 b호는 명시적으로 중재판정부가 '중재절차 자체에 현존하고 급박한 위험을 끼치거나 영향을 미칠 행위의 방지 또는 중단을 구하는 행위를 취할 것을' 상대방에게 명할 수 있다고 규정하여, 소송유지명령(訴訟留止命令)을 내릴 수 있도록 하였다.[7] 중재판정부가 임시적 처분으로 이와 같은 소송유지명령이 허용되는지에 관해서는 중재법 개정 전에는 임시적 처분을 '분쟁의 대상에 관하여'만 내릴 수 있는 중재법 해석상 허용되지 않는다는 견해가 있었다.[8] 그 후 개정 중재법에는 "분쟁의 대상에 관하여"라는 부분을 삭제하여, 그 가능성을 열어 놓고 있다. 다만, 이러한 임시적 처분은 중재판정부가 구성된 후에만 가능하다는 한계가 있다. 중재판정부 구성 이전에도 잠정적 처분을 구할 수 있는 제도로 긴급중재인(emergency arbitrator) 제도가 있는데, 이에 대해서는 제8.5절에서 설명한다.

8.3 법원의 보전처분

8.3.1 중재법 규정

- 중재법 제10조(중재합의와 법원의 보전처분)
  중재합의의 당사자는 중재절차의 개시 전 또는 진행 중에 법원에 보전처분을 신청할 수 있다.

법원은 원칙적으로 중재에 관여할 수 없지만,[9] 위와 같이 중재법은 법원에 중재

---

5) 목영준, 187면; 석광현, 441면.

6) 법원에 본안소송 또는 가처분으로 소송금지를 구하는 데에 관하여는 제7.4절 및 제7.5절 참조.

7) 노태악, "UNCITRAL 모델중재법 및 중재규칙 개정에 따른 국내법 개정의 필요성 검토", 국제사법연구 제16호, 2010, 128-129면 및 138면.

8) 석광현, 442면.

9) 중재법 제6조.

사건과 관련된 보전처분을 할 수 있는 권한을 부여하고 있다. 따라서 채권자는 중재합의가 존재하더라도 중재절차 개시 이전 또는 중재절차 진행 중에 채무자의 재산에 대한 가압류, 혹은 보전의 필요성이 있는 가처분을 법원에 제기할 수 있다.

8.3.2 보전처분의 관할법원

법원이 내리는 보전처분은 중재지가 아직 정해지지 않았거나 중재지가 우리나라가 아닌 경우에도 허용된다. 즉, 중재지가 외국인 경우에도 가압류할 대상물이나 가처분에서 다툼의 대상이 국내에 있다면 우리나라 법원에 보전처분에 대한 관할권이 인정된다.[10] 다른 한편, 가압류할 물건이나 다툼의 대상이 외국에 있는 경우에도 중재지가 우리나라인 경우에는 우리 법원이 보전처분을 명할 수 있다.[11]

그렇다면 중재지가 외국에 있고, 가압류할 물건이나 다툼의 대상이 우리나라에 있지도 않은 경우에도 보전처분이 가능한지 문제가 된다. 이 문제에 관하여 외국의 법원들은 절차법, 실질법, 해당 법원과 분쟁 간의 실질적 관련성, 증거의 소재지, 보전처분의 집행용이성, 중재지 국가에서 보전처분 가능성 등 다양한 요소를 고려하여 신중한 태도를 보이고 있다고 한다.[12] 우리나라 법원은 이러한 경우에는 민사집행법 제278조, 제303조에 따라 관할 여부를 판단하여, 관할이 인정되지 않을 경우 신청을 각하할 것으로 예상된다.

다만 이 경우 '다툼의 대상'이란 다툼의 대상에 관한 가처분에서 '다툼의 대상'보다 넓은 의미로, 임시의 지위를 정하기 위한 가처분에서 그 목적이 되는 유체물, 무체물을 포함하는 의미라는 점에 유의하여야 한다.[13] 예를 들어 우리나라에 본점을 둔 회사와 관련하여 외국 주주들간에 경영권 분쟁이 발생하여 외국에서 중재절차를 진행하는 경우, 회사의 주권을 외국에 보관하고 있다 하더라도 의결권행사금지가처분이

---

10) 민사집행법 제278조, 제303조의 해석상 본안에 대한 관할권이 중재판정부가 아니라 외국법원에 있는 경우에도 마찬가지로 우리 법원에서 보전처분 결정을 받을 수 있다. 가압류 결정 후 제소명령에 따른 본안소송을 외국법원에도 제기할 수 있다는 결정으로 서울가정법원 2004. 8. 16.자 2004즈단419 결정 참조.
11) 목영준, 190면. 중재절차를 민사집행법 제278조의 "본안"으로 보아 관할권을 인정하는 것이다. 법원실무제요 민사집행 [IV], 법원행정처, 2014, 190면 참조.
12) 목영준, 192면.
13) 법원실무제요 민사집행 [IV], 법원행정처, 2014, 31면.

나 주식처분금지가처분 등의 보전처분은 회사의 본점 소재지도 다툼의 대상이 있는 곳으로 보아 우리나라 법원에 관할이 인정된다고 보아야 할 것이다.

실제 참고할 만한 사례로 한국기업 A사의 국내 주주 甲사와 해외 주주 乙사의 경영권 분쟁 사례가 있다. A사의 주주총회에서 乙사가 배당금이 포함된 이익잉여금 처분계산서 승인 안건을 상정하여 의결하려고 하자 甲사는 위 의안 상정이 주주간 계약 위반이라고 주장하였다. 주주간 계약에 따르면 주주간 분쟁은 싱가포르에서 ICC 중재를 통하여 해결하기로 되어 있었으나, 甲사는 시급하게 위 주주총회 결의를 저지할 필요가 있어서, 주주간 계약 위반을 이유로 A사 본점 소재지 법원에 주주총회의안 상정금지가처분을 신청하였다. 이에 대하여 법원은 甲사가 주주총회결의취소의 소 등을 통하여 절차상, 실체상 위법을 다툴 수 있을 것으로 보이고, 그러한 피보전권리가 인정되는 이상 주주총회를 앞두고 급박한 보전의 필요성도 인정된다고 하여 가처분을 인용하였다.[14]

8.3.3 보전처분 시기

법원에 신청하는 보전처분은 중재절차 진행 중이든, 중재절차가 시작되기 전이든 상관없이 신청할 수 있다.[15] 중재법 제10조는 법원에 보전처분을 신청할 수 있는 시기로 '중재절차의 개시 전 또는 진행 중'이라고 명시하고 있어, 중재판정이 내려진 후에도 법원이 보전처분을 할 수 있는지 문제된다. 예를 들어, 중재판정 후 피신청인이 임의 이행을 거부할 때, 집행판결을 얻어 강제집행할 때까지 기간 동안 피신청인이 소유한 집행 가능한 재산이나 기타 권리관계를 현상 유지하기 위한 가압류, 또는 가처분을 신청할 수 있는지 여부가 문제될 것이다.

법원의 보전처분은 중재판정부의 임시적 처분과 달리 본안에 대한 중재판정 전에만 가능하다고 하는 견해가 있다.[16] 하지만 ① 중재판정 후에도 집행판결을 얻어 강제집행을 할 때까지 보전처분의 필요성이 있는 점, ② 중재합의를 한 당사자들의 의사가 중재판정이 내려진 후 그 집행을 위한 보전처분까지 법원의 관할권을 배제하

---

14) 대전지방법원 서산지원 2010. 3. 26.자 2010카합80 결정.

15) 법원에 의한 보전처분의 구체적인 요건과 절차에 대해서는 이 책에서 자세히 다루지 않는다. 이에 대해서는 법원실무제요 민사집행 [IV], 법원행정처, 2014 참조.

16) 주석중재법, 81면.

려는 의사라고 보기는 어려운 점, ③ 중재법이 기준으로 삼은 UNCITRAL 모델중재법에서는 중재절차 전이나 진행 중에 법원의 보전처분을 신청하거나 법원이 보전처분을 허여하는 것이 '중재합의에 반하지 아니한다'고만 규정하고 있어 보전처분을 신청할 수 있는 시기를 적극적으로 규정하고 있지 않은 점(제9조),[17] ④ 중재법 제6조가 법원의 관여를 금지하는 사항은 '중재법에 관한 사항'인데, 중재판정의 집행은 주로 민사소송법이나 민사집행법이 규율하는 사항이라고 해석할 여지가 있는 점 등을 감안하면, 중재법 제10조의 규정에도 불구하고 중재판정 후에도 법원에 보전처분을 신청할 수 있다고 보아야 할 것으로 생각된다. 실무상으로도 중재판정 후에 중재판정이 실제 집행되기 전까지 여전히 보전처분의 필요성이 존재한다. 이러한 점을 고려하여 우리 법원도 중재판정 후 피신청인이 임의이행을 거부할 때 가압류 또는 가처분 결정을 내리고 있다.[18] 입법론으로는 중재법 제10조를 UNCITRAL 모델중재법과 같이 개정하거나, '중재절차의 개시 전 또는 진행 중에'라는 구절을 삭제하는 것이 바람직할 것이다.

8.3.4 보전처분의 효력

우리 민사집행법상 보전처분의 효력은 채권자와 채무자 사이에만 미치고, 가압류나 가처분의 목적물에 대하여 대세적인 효력이 있는 담보권 또는 우선변제권을 형성하지는 못한다. 다만, 등기나 등록에 의하여 권리가 변동되는 재산에 대하여 처분금지가처분 등을 집행하면 그 후에 등기 · 등록을 한 제3자에 대하여 대항할 수 있다.

이처럼 법원의 보전처분도 상대적인 효력밖에 갖지 못하지만, 중재합의의 당사자가 아닌 제3자에게도 보전처분 절차에서 피신청인(채무자) 또는 제3채무자로 하여 보전처분의 구속력이 미칠 수 있으므로, 중재 당사자에 대하여만 처분을 내릴 수 있는 중재판정부의 임시적 처분보다는 효력의 주관적 범위가 훨씬 넓어질 수 있다. 예를 들어 법원의 보전처분에서는 은행이나 피신청인의 거래상대방을 제3채무자로 하여 예금채권이나 매출채권 등을 가압류하면 실질적인 지급금지 효과를 미칠 수 있지만, 중재판정부는 중재당사자가 아닌 은행이나 거래상대방에 대하여 명령을 내릴 방

---

17) It is not incompatible with an arbitration agreement for a party to request, before or during arbitration proceedings, from a court an interim measure of protection and for a court to grant such measure.
18) 서울중앙지방법원 2010. 1. 14.자 2010카합51 결정.

법이 없으므로 효력을 미치는 범위가 제한적이다.

이러한 이유와 함께, 법원의 보전처분은 중재판정부의 임시적 처분과 달리 그 자체로 집행력을 가진다는 점에서 유리하다.[19] 그래서 우리나라의 중재 실무에서는 임시적 처분을 중재판정부에 신청하는 것보다 법원에 신청하는 경우가 훨씬 많은 것으로 보인다.

8.3.5 보전처분의 통지

중재법에는 특별한 규정이 없지만, KCAB 국제중재규칙에는 중재당사자가 법원에 보전처분을 신청한 경우 그 신청 및 법원이 그에 대해 취한 모든 조치를 지체 없이 사무국에 통지하고, 사무국은 이를 중재판정부에 통지하도록 규정되어 있다.[20] ICC 중재규칙도 마찬가지이다.[21]

8.4 중재판정부의 임시적 처분

8.4.1 관련 규정의 개관

중재법의 개정을 통해 신설된 내용 중 가장 획기적인 부분은 임시적 처분에 관한 2006년 UNCITRAL 모델법 17조 내지 17조의J를 전면적으로 수용했다는 점이라고 할 수 있다.

중재법 개정을 통해 바뀐 임시적 처분 제도의 개선방향을 이해하기 위해서는 2006년 UNCITRAL 모델법에서 17조 내지 17조의J를 도입한 배경을 언급할 필요가 있다. 2006년 이전의 모델법인 1985 UNCITRAL 모델법에도 임시적 처분에 관한 규정이 명시되어 있었으나, 규정의 구체성과 실효성이 부족하다는 인식 때문에 활성화되지 못했다.[22] 이런 규정상의 문제점을 보완하기 위해 2006년 UNCITRAL 모델법 17조 내

---

19) 아래 제8.4.5절 참조. 중재판정부의 임시적 처분의 집행가능성을 인정한 개정 중재법의 발효 이후 중재판정부의 임시적 처분을 신청하는 경우가 더 늘어날지는 지켜봐야 할 일이다.
20) KCAB 국제중재규칙 제28조 제2항.
21) ICC 중재규칙 제23조 제2항.
22) ICC중재의 경우 매년 400~500건 이상을 처리하면서도 15년 동안 접수된 임시적 처분 신청이 70여 건에 불과하였다. ICC 2003 Statistical Report, ICC International Court of Arbitration, Bulletin Vol.15/No.1, 2004; ICC 1999 Statistical Report, ICC International Court of Arbitration

지 17조의J는 임시적 처분의 유형을 구체화하고, 임시적 처분의 집행력을 규정했으며, 임시적 처분의 절차를 상세히 규정했다.[23] 개정 중재법도 같은 맥락에서 기존의 18조의 법문을 개정하고 18조의2내지 18조의8을 신설하였다. 이로써 임시적 처분의 대상을 확대하고, 종류·요건도 명확히 규정했으며, 임시적 처분의 강제집행 가능성을 명시하였다. 또한 임시적 처분에 대한 구제수단도 추가로 명문화하였다.

8.4.2 임시적 처분의 내용

개정 전 중재법 제18조 제1항에서는 중재판정부가 '일방 당사자의 신청에 따라 결정으로 분쟁의 대상'에 대해서만 임시적 처분을 내릴 수 있다고 규정하고 있었다. 따라서 당사자간의 합의가 없는 경우 중재판정부는 피신청인의 다른 부동산이나 동산에 대한 가압류 등 분쟁대상이 아닌 목적물 또는 법률관계에 대하여는 임시적 처분을 내릴 수 없어 법원의 보전처분에 비해 그 허용범위가 제한될 수밖에 없다는 견해가 우세했다.[24] 나아가 피신청인의 다른 부동산이나 동산에 대한 가압류 등 분쟁대상이 아닌 목적물 또는 법률관계에 대하여는 임시적 처분을 내릴 수 없어서 실효성이 의문시된다고도 한다.[25] 반면, 임시적 처분의 범위를 지나치게 제한적으로 해석하여서는 안 된다는 견해도 있었다. 위 '분쟁의 대상'은 다툼의 대상에 관한 가처분에서 '다툼의 대상'(계쟁물)과 반드시 동일하게 볼 필요는 없고, 임시의 지위를 정하는 가처분에서 '다툼이 있는 권리관계'까지도 포함하는 개념으로 볼 수도 있을 것이다.[26] 예를 들어 특정 회사의 경영권을 둘러싸고 주주간 분쟁의 경우 '분쟁의 대상'은 단지 주식 및 그 소유권에 국한되지 않고 이사의 지위와 직무집행권한, 회계장부나 회사서류에 관한 열람권, 경우에 따라서는 회사 중요재산의 처분권한까지도 모두 포함되어야 하고,[27] 주식처분금지뿐만 아니라 의결권행사금지도 '분쟁의 대상에 관하여 필요한

Vol. 11/No. 1, 2000 참조.

23) 2006년 UNCITRAL 모델중재법 원문은 부록 4 참조. 2006 UNCITRAL 모델법의 임시적 처분 제도에 관한 더 자세한 내용은 한민오, "국제상사중재에 있어서 중재판정부의 임시적 처분에 관한 연구", 2012 참조.

24) 목영준, 187면; 주석중재법, 81면; 석광현, 441면; UNCITRAL 모델중재법 초안에 대한 UNCITRAL 의 Analytical Commentary도 참고. UN Doc. A/CN.9/264, Art. 9 (http://daccess-dds-ny.un.org/doc/UNDOC/GEN/V85/244/18/PDF/V8524418.pdf?OpenElement).

25) 목영준, 187면.

26) 법원의 보전처분 관할과 관련한 민사집행법 제303조의 '다툼의 대상'은 넓게 해석한다는 데에 대하여는 제8.3.2절 참조.

조치'에 포함될 수 있다는 예시를 든다.[28] 2006년 개정된 UNCITRAL 모델중재법은 이러한 해석론을 반영하여 '분쟁의 대상에 관하여(in respect of the subject matter of the dispute)'라는 부분을 삭제하였고,[29] 개정 중재법 제18조 제1항에서도 이를 삭제하였다.

한편, 중재판정부가 본안 판정에서 예상하고 있는 금전의 지급 또는 재산 처분을 잠정적으로 명하는 임시적 처분을 내릴 수 있느냐에 대하여는 찬반 양론이 있다.[30] 이러한 임시적 처분이 허용된다면 자금의 흐름이 매우 중요한 건설분쟁이나 해상분쟁에서 유용한데, 영국 중재법은 당사자간에 합의가 있는 경우에 한하여 이러한 내용의 잠정적 판정을 허용하고 있다.[31]

이에 대하여 개정 전 중재법의 문언상 이러한 만족적 처분이 금지되지 않는다고 하면서, 다만 본안에 대한 판단에서 신청인이 패소하는 경우 그 상황이 확보될 수 있는 경우에만 허용해야 한다는 견해도 있다.[32] 이에 반대하는 견해는 중재법이 임시적 처분을 '결정'의 형식으로 하여 이를 본안에 관한 문제가 아닌 절차적 문제로 보고 있으므로, 본안의 예비적 판단이라고 할 수 있는 위와 같은 만족적 내용의 임시적 처분은 허용되지 않는다고 한다.[33] 개정 중재법에는 2006년 개정된 UNCITRAL 모델중재법을 반영하여 임시적 처분 형식을 '결정'으로 제한하는 문구를 삭제하고, 아래와 같이 "현상의 복원" 또는 "중재절차에 대한 현존하거나 급박한 위험이나 영향을 방지하는 조치"라는 문구를 추가하여, 중재판정부에 의한 만족적 처분도 가능하다고 해석할 여지를 열어 놓고 있다.

---

27) 이사는 중재합의의 당사자가 아니어서 중재판정부가 직무집행정지결정을 내릴 수는 없겠지만, 회사가 중재 당사자인 경우 회계장부열람등사결정은 내릴 수도 있을 것이다.
28) 임시적 처분으로 계속적 계약관계를 유지하도록 하는 것이나 손해배상금을 확보하기 위하여 재산을 보전하도록 하는 것도 '분쟁의 대상에 관하여' 필요한 임시적 처분이 된다고 넓게 해석하는 견해로는 Born, 2449면 참조.
29) 2006 UNCITRAL 모델법에서 "분쟁의 대상에 관하여"라는 문구의 삭제로 인해 임시적 처분의 범위가 확대되었다는 견해로는 노태악, 위의 글, 127면 참조.
30) 본안판정에서 예상하고 있는 처분이 아니라면 이행명령 형태의 임시적 처분도 가능하다는 데에 별다른 이견이 없어 보인다. 예컨대 부패하기 쉬운 계쟁물의 경우 당사자의 신청이 있으면 중재판정부가 중재절차 전이나 진행 중에 매각 등의 임시적 처분을 명할 수 있을 것이다. 주석중재법, 79면도 같은 취지이다.
31) 목영준, 187면 참조.
32) 주석중재법, 79면.
33) 목영준, 186, 187면.

- 제18조(임시적 처분)
  ① 당사자간에 다른 합의가 없는 경우에 중재판정부는 어느 한쪽 당사자의 신청에 따라 필요하다고 인정하는 임시적 처분을 내릴 수 있다.
  ② 제1항의 임시적 처분은 중재판정부가 중재판정이 내려지기 전에 어느 한쪽 당사자에게 다음 각 호의 내용을 이행하도록 명하는 잠정적 처분으로 한다.
    1. 본안에 대한 중재판정이 있을 때까지 현상의 유지 또는 복원
    2. 중재절차 자체에 대한 현존하거나 급박한 위험이나 영향을 방지하는 조치 또는 그러한 위험이나 영향을 줄 수 있는 조치의 금지
    3. 중재판정의 집행 대상이 되는 자산에 대한 보전 방법의 제공
    4. 분쟁의 해결에 관련성과 중요성이 있는 증거의 보전

8.4.3 임시적 처분의 요건 및 심리 절차

개정 전 중재법에는 임시적 처분의 인정 요건이 법문으로 명시되지 않아 발령 요건에 대한 불확실성이 있었다.[34] 개정 중재법에서는 발령 요건에 관한 규정을 명문화하면서 입법적으로 해결되었다고 볼 수 있다.

개정 중재법은 2006년 개정된 UNCITRAL 모델중재법을 반영하여 임시적 처분의 요건도 아래와 같이 명시하였다.[35]

- 제18조의2(임시적 처분의 요건)
  ① 제18조 제2항 제1호부터 제3호까지의 임시적 처분은 이를 신청하는 당사자가 다음 각 호의 요건이 모두 소명하는 경우에만 내릴 수 있다.
    1. 신청인이 임시적 처분을 받지 못하는 경우 신청인에게 중재판정에 포함된 손해배상으로 적절히 보상되지 아니하는 손해가 발생할 가능성이 있고, 그러한 손해가 임시적 처분으로 인하여 상대방에게 발생할 것으로 예상되는 손해를 상당히 초과할 것
    2. 본안에 대하여 합리적으로 인용가능성이 있을 것. 다만, 중재판정부는 본안 심리를 할 때 임시적 처분 결정 시의 인용가능성에 대한 판단에 구속되지 아니한다.

---

34) 임시적 처분의 요건에 관한 법률규정이 없는 경우, 중재판정부는 어떤 준거법을 선택하여 어느 기준을 적용할 것인가? 중재절차의 준거법에 규정된 요건을 따르는 방안, 중재합의 준거법의 요건을 따르는 방안, 그리고 널리 통용되는 국제적인 기준에 따르는 방안을 생각해 볼 수 있다. Born, 1947면 참조. 그러나 법률에 요건이 정해지지 않는 경우 임시적 처분 제도를 활용하는 것은 사실상 어려운 일이다.
35) UNCITRAL 모델중재법 제17조의A 제1항 참조.

개정 중재법은 2006 UNCITRAL 모델법 제17조A와 마찬가지로 발령 요건을 "회복 불가능한 손해 및 손해의 형량" 및 "본안의 승소 가능성"을 들고 있다. 다만 임시적 처분의 발령 여부를 위해 승소 가능성을 판단한다 하더라도, 본안을 모두 심리한 결과 현출되는 주장들과 증거를 모두 심리하여 내린 판단은 아니므로 본안의 판단을 구속하지 않는다는 것은 당연하다. 개정 중재법 제18조의2 제1항 제2호 2문에서 이 점을 명시한다. 또한 개정 중재법에서는 임시적 처분을 승인할 때 적용되는 입증의 정도를 "증명"이 아닌 "소명"으로 정하고 있다. 참고로 2006년 UNCITRAL 모델법 제17조A 원문은 "shall satisfy the arbitral tribunal"라고 규정하고 있다.

절차적인 면에서 중재판정부가 법원의 가압류나 다툼의 대상에 관한 가처분과 같이 심문절차 없이 신청인이 제출한 서면만으로 심리하여 결정(실무상 이를 "ex parte"라고 부른다)할 수 있는지 문제된다. 임시적 처분은 당사자들이 직접 중재판정부를 구성한 후에 중재판정부가 내리는 처분이라는 점, 중재절차에서 양당사자는 동등한 대우를 받아야 하고 자신의 사안에 대하여 변론할 수 있는 충분한 기회를 가져야 한다는 점을 감안하면,[36] 중재판정부가 일방 당사자의 신청만으로 상대방에게 최소한의 이의제기의 기회 없이 임시적 처분을 내리는 것은 허용되지 않을 것으로 생각된다. 다만 반드시 심문기일을 열어야 하는 것은 아니다.

8.4.4 임시적 처분의 유연성

중재판정부의 중재판정문과는 대조적으로 임시적 처분은 형식의 측면뿐만 아니라, 발령 후에도 변경이 가능하다는 점에서도 유연성을 띄고 있다.

임시적 처분은 당사자의 신청이 있을 때에만 내릴 수 있지만, 중재판정부는 당사자의 신청 내용에 구속되지 않고 자신이 필요하다고 인정하는 적절한 처분을 내릴 수 있다.[37] 즉, 당사자가 제18조의2 제1항 1호 및 2호의 요건을 소명하는 이상, 중재판정부는 스스로 '필요하다고 인정하는' 처분을 내리면 되기 때문에 법원에 비해 더 큰 재량을 가진다. 특히 법원은 청구 채권액과 목적물 가액에 따라 담보액 기준표를 만들어 두고 거의 대부분 이 기준에 따른 담보제공을 명하는 데에 반해, 중재판정부는 법원에 비하여 담보에 관한 재량이 더 크다.[38]

---

36) 중재법 제19조.
37) 개정 중재법 제18조 제1항, 주석중재법, 81면.

개정 중재법에는 종전과는 달리 임시적 처분의 형식을 '결정'으로 제한하지 않고 있어, 형식에 있어 재량이 더 넓어졌다고 볼 수 있다. 다만 "결정"인 경우 이유를 생략할 수 있는 반면,[39] 결정이 아닌 경우 이유를 붙여야 되는지 문제될 수 있다. 참고로, KCAB 국제중재규칙은 임시적 처분은 이유를 기재한 명령 또는 판정으로 하도록 하였다.[40]

임시적 처분 제도의 유연한 운영을 위해 중재판정부는 이미 내린 임시적 처분이라도 추후 당사자의 신청 또는 특별한 사정이 있으면 변경, 정지 또는 취소할 수 있다.

• 제18조의3(임시적 처분의 변경 · 정지 또는 취소)
  중재판정부는 일방 당사자의 신청에 의하여 또는 특별한 사정이 있는 경우에는 당사자에게 미리 통지하고 직권으로 이미 내린 임시적 처분을 변경 · 정지하거나 취소할 수 있다. 이 경우 중재판정부는 그 변경 · 정지 또는 취소 전에 당사자를 심문(審問)하여야 한다.

8.4.5 처분의 승인 · 강제집행 가능성

개정 전 중재법에서는 중재판정부의 "판정"에 대해서만 집행이 가능하도록 규정되어 있어 판정이 아닌 중재판정부의 임시적 처분의 집행가능성이 불가능한 것으로 해석되었으나, 이번 개정 중재법의 발효 이후 임시적 처분에 대해서도 집행이 가능해졌다.

중재합의의 당사자가 아닌 제3자에 대하여도 강제력이나 구속력을 가지는 법원의 보전처분과는 달리, 중재판정부의 임시적 처분은 제3자에 대한 구속력이 없다.[41] 이로 인해 채권가압류와 같이 제3자에 대한 명령을 포함하는 임시적 처분은 내리기가 어렵다. 개정 중재법 제18조 제2항에서도 중재판정부의 임시적 처분은 "어느 한쪽 당사자에게" 어떠한 이행을 명하는 것으로 규정하고 있어, 중재판정부의 임시적 처분은 여전히 제3자에 대한 구속력이 없다고 해석할 수 있다.

이와 대조적으로, 상대방 당사자에게 직접 명하는 임시적 처분의 집행은 가능해

---

38) 개정 중재법 제18조의4. UNCITRAL 모델중재법 제17조의E 참조.
39) 중재에 직접 적용되지는 않지만, 민사소송법상 '결정'은 이유를 적는 것을 생략할 수 있다 (민사소송법 제224조 제1항 단서).
40) KCAB 국제중재규칙 제28조 제1항. ICC 중재규칙 제23조 제1항도 마찬가지이다.
41) 목영준, 188면 참조.

졌다. 종전에는 등기·등록을 요하는 재산권에 대하여 법원의 보전처분과 같은 공시를 할 방법도 없고 따라서 피신청인이 중재판정부의 임시적 처분을 위반하여 제3자에게 재산권을 처분하면, 제3자가 유효하게 재산권을 취득하게 되어 임시적 처분이 실효를 거두지 못하는 문제가 발생하게 되었지만, 개정 중재법 제18조의7의 신설로 그런 문제를 해결할 수 있게 되었다.[42) 43)]

- 제18조의7(임시적 처분의 승인 및 집행)
  ① 중재판정부가 내린 임시적 처분의 승인을 받으려는 당사자는 법원에 그 승인의 결정을 구하는 신청을 할 수 있으며, 임시적 처분에 기초한 강제집행을 하려고 하는 당사자는 법원에 이를 집행할 수 있다는 결정을 구하는 신청을 할 수 있다.
  ② 임시적 처분의 승인 또는 집행을 신청한 당사자 및 그 상대방 당사자는 그 처분의 변경·정지 또는 취소가 있는 경우 법원에 이를 알려야 한다.
  ③ 중재판정부가 임시적 처분과 관련하여 담보제공 명령을 하지 아니한 경우나 제3자의 권리를 침해할 우려가 있는 경우, 임시적 처분의 승인이나 집행을 신청받은 법원은 필요하다고 인정할 때에는 승인과 집행을 신청한 당사자에게 적절한 담보를 제공할 것을 명할 수 있다.
  ④ 임시적 처분의 집행에 관하여는 「민사집행법」 중 보전처분에 관한 규정을 준용한다.

다만 2006 UNCITRAL 모델법 제17조H에서는 "irrespective of the country where it was issued"이라는 문구가 있었으나, 개정 중재법에는 그런 내용이 없어 외국 중재판정부의 임시적 처분의 집행가능성에 대해서는 아직 해석의 여지가 남아 있다.

개정 중재법은 승인·집행가능성의 거부사유에 관한 조항도 함께 신설했으며, 이 부분은 아래 제8.6절(임시적 처분에 대한 구제수단)에서 논의한다.

8.4.6. 중재판정부의 증거보전명령

증거보전은 증거가 훼손되지 않도록 현상을 유지하는 소극적 의미의 증거보전과

---

42) 종전에도 임시적 처분을 강제로 집행할 방법은 없었으나, 수명 당사자가 중재판정부의 임시적 처분을 이행하지 않을 경우 중재판정상 불이익을 입을 수 있다는 심리적 우려 때문에 실효성이 전혀 없었던 것은 아니다. 목영준, 188면. 이러한 맥락에서, Redfern/Hunter, 426면은 당사자들이 중재판정부의 명령을 따르지 않는 것은 용감한 (또는 어리석은) 행위라고 한다. 한편, 임시적 처분을 따르지 않았다고 하여 중재판정부가 본안에 관한 판단에서 공정성을 잃어서는 안 된다는 견해로는 Born, 2448면 참조.
43) UNCITRAL 모델중재법 제17조의H, 17조의I.

증거가치나 증명력이 떨어지기 전에 미리 증거조사를 해 두는 적극적 의미의 증거보전이 있다. 임시적 처분으로서 중재판정부가 내리는 증거보전은 중재 당사자에게 분쟁의 해결에 관련이 있고, 중요한 증거에 관하여 소극적 의미의 현상유지를 명하는 것이 일반적이다.

증거보전을 위한 임시적 처분은 중재절차에 관한 중재인의 재량적인 권한에 기반한 절차명령(procedural order) 형태로도 발령할 가능성이 있다. 따라서 증거보전을 위한 임시적 처분을 내릴 때는 다른 임시적 처분에 비하여 요건을 완화하여 중재판정부의 폭넓은 재량을 인정할 필요가 있다.[44]

이런 필요성을 인식하여 개정 중재법 제18조의2 제2항에서는 증거보전을 구하는 임시적 처분의 경우, 제1항에 규정된 임시적 처분의 인정 요건을 적용하되, "중재판정부가 적절하다고 판단하는 범위에서" 적용할 수 있도록 하여, 기준의 적용에 대한 중재판정부의 재량을 인정하고 있다.

- 제18조(임시적 처분)
  ① [생략]
  ② 제1항의 임시적 처분은 중재판정부가 중재판정이 내려지기 전에 어느 한쪽 당사자에게 다음 각 호의 내용을 이행하도록 명하는 잠정적 처분으로 한다.
    1.~3. [생략]
    4. 분쟁의 해결에 관련성과 중요성이 있는 증거의 보전

- 제18조의2(임시적 처분의 요건)
  ① 제18조제2항제1호부터 제3호까지의 임시적 처분은 이를 신청하는 당사자가 다음 각 호의 요건이 모두 소명하는 경우에만 내릴 수 있다.
    1. 신청인이 임시적 처분을 받지 못하는 경우 신청인에게 중재판정에 포함된 손해배상으로 적절히 보상되지 아니하는 손해가 발생할 가능성이 있고, 그러한 손해가 임시적 처분으로 인하여 상대방에게 발생할 것으로 예상되는 손해를 상당히 초과할 것
    2. 본안에 대하여 합리적으로 인용가능성이 있을 것. 다만, 중재판정부는 본안 심리를 할 때 임시적 처분 결정 시의 인용가능성에 대한 판단에 구속되지 아니한다.
  ② 제18조 제2항 제4호의 임시적 처분의 신청에 대해서는 중재판정부가 적절하다고 판단하는 범위에서 제1항의 요건을 적용할 수 있다.

---

44) UNCITRAL 모델중재법 제17조의A 제2항.

한편, 보전의 대상이 되는 증거는 모든 증거로 확대되는 것은 아니고 "분쟁의 해결에 관련성과 중요성"이 있는 경우로 한정하고 있는데, 이는 2006 UNCITRAL 모델법 제17조(d)의 "relevant and material to the resolution of the dispute"의 기준을 수용한 것으로 보인다.

8.5 긴급중재인(Emergency Arbitrator) 제도

8.5.1 의 의

위에서 본 것처럼 임시적 처분은 법원이나 중재판정부에 신청할 수 있는데, 중재판정부 구성 전에는 법원에만 신청할 수 있다. 그런데 당사자들이 비밀유지 등을 위하여 법원을 피하고자 하거나, 임시적 처분이 나올 때까지의 법원 절차가 지나치게 오래 걸리거나, 전 세계적으로 발생한 권리 침해에 대응하기 위하여 수많은 국가의 법원에 각각 신청해야만 하는 경우 등에는 법원에 임시적 처분을 신청하는 것이 부적절할 수 있다. 이러한 필요에 대응하여 중재판정부가 구성되기 이전에도 임시적 처분을 내릴 수 있도록 하는 제도로 고안된 것이 긴급중재인 제도이다. 즉, 긴급중재인 제도는 중재판정부가 구성되기 이전에 당사자의 긴급한 임시적 처분 신청이 있으면 중재기관이 신속히 긴급중재인을 선임하여 임시적 처분을 내릴 수 있도록 한 제도이다. AAA/ICDR를 필두로 하여, SCC, SIAC, ICC, LCIA, JCAA 등 다수의 국제중재기구에서 중재규칙을 개정하면서 임시적 처분만을 담당하는 긴급중재인 제도를 도입하고 있다.[45] 대한상사중재원의 국제중재규칙도 2016. 6. 1. 개정 규칙에서 긴급중재인 제도를 도입하였다.

8.5.2 적용범위

기존에도 당사자들이 특별히 합의하는 경우 이와 같은 절차를 이용할 수 있도록 하는 중재기관들이 있었으나(소위 opt-in 방식), 최근에는 특별히 배제하는 합의가 없는 한 긴급중재인 제도를 활용할 수 있도록 중재규칙을 개정하고 있다(소위 opt-out 방식). 다만, 중재기관에 따라 중재규칙 개정 후 접수된 사건이라면 긴급중재인 제도를 바로

---

45) SCC 중재규칙 제32조 및 부칙 2; ICDR 중재규칙 제37조; SIAC 중재규칙 제30.2조 및 Schedule 1; ICC 중재규칙 제29조 및 부칙 5; LCIA 규칙 제9B조; JCAA 규칙 제5장 제2절.

이용할 수 있도록 하는 경우도 있고(SCC, ICDR, SIAC), 중재합의가 중재규칙 개정 후에 체결된 경우에만 긴급중재인 제도를 적용하는 경우도 있다(ICC, KCAB).

8.5.3 절   차

중재합의의 당사자가 긴급중재인 제도를 마련해 둔 중재기관에 긴급처분을 구하는 신청서를 제출함으로써 절차가 시작된다.[46] 보통 신청서는 중재신청서를 접수하면서 또는 그 후 제출할 수 있으나, 반드시 중재판정부 구성 전에 제출되어야 하고 중재판정부가 구성된 후에는 중재판정부가 모든 권한을 넘겨 받는다.[47] 신청서가 제출되면 중재기관의 장은 최단 시간 내(통상 신청서 접수 후 2일 이내)에 긴급중재인을 선정한다. 긴급중재인에 대해서도 기피신청이 가능하며, 기피신청에 대해서는 중재기관에서 결정한다.

긴급중재인 절차는 중재비용과 별도로 비용을 납부하여야 하는데, 중재기관에 따라 비용 편차는 있을 수 있다.

중재기관에 긴급처분을 신청한 때로부터 긴급중재인에 의하여 명령이 내려질 때까지는 통상 1~2주밖에 소요되지 않는다.[48] 절차의 진행에 대하여는 긴급중재인에게 상당한 재량이 부여되어, 주장 및 증거 제출을 요구하거나 심리기일을 개최하는 것도 가능하지만 제출된 서면만으로 결정을 내려도 무방하다. 다만, 모든 당사자들에게 공정하여야 하고 합리적인 공격·방어 기회를 제공하여야 한다.

---

46) 실제 긴급중재인 제도의 적용사례에 관하여는 안건형 외 2인, 위의 글 및 안건형, 김성룡, "SCC 중재기관의 긴급중재인 제도와 임시적 처분의 인정요건에 관한 연구", 중재연구 제21권 제2호, 2011 참조.

47) KCAB 국제중재규칙 별표 3 제1조 제1항에는 긴급중재인에 의한 긴급처분을 "중재신청과 동시에" 또는 "중재신청 이후 중재판정부가 구성되기 전에" 신청서를 제출할 수 있다고 규정되어 있다.

48) SCC 중재규칙은 긴급중재인이 선임된 날로부터 5영업일 이내에 결정을 내리도록 하고 있고, ICC 중재규칙은 기록을 송부받은 날로부터 15일 이내에 처분을 내리도록 하면서, 신청부터 결정까지 3주를 초과하지 못하도록 하고 있다. 개정된 SIAC 중재규칙의 경우, 긴급중재인이 선임된 날로부터 2일 내 절차일정표를 작성해야 하고, 14일 이내에 결정을 하도록 되어 있다. KCAB 국제중재규칙에서는 긴급중재인으로 선정된 후 2 영업일 이내 긴급처분 절차일정표를 작성하도록 하고, 심리기일을 전화회의나 서면제출로 대신할 수 있도록 하며, 선정된 날로부터 15일 이내에 긴급처분에 대한 결정을 내려야 하고, 기한을 연장할 수 없다고 규정되어 있다.

중재신청 전에 긴급처분 신청을 한 경우, 일정한 기간 내에 중재신청서를 제출하지 않으면 절차가 취소된다. 이는 긴급중재인 제도의 악용을 방지하기 위한 것으로 보인다. SCC의 경우 결정이 내려진 후 30일 이내에 중재신청서가 제출되지 않거나, 90일 이내에 중재판정부가 구성되지 않은 경우 결정이 무효가 된다고 규정하고 있는 반면, ICC의 경우 긴급처분 신청서 접수일로부터 15일 이내에 중재신청서가 제출되지 않으면 절차를 종료한다고 규정하여, 기간 적용에 다소 차이가 있다. KCAB나 SIAC의 경우 중재신청서와 동시에 긴급처분을 신청할 수 있으므로, 이런 문제는 발생하지 않는다.

8.5.4 긴급중재인의 처분과 그 효력

당사자들은 긴급중재인의 명령에 따라야 하지만, 본안 심리를 위해 구성된 중재판정부는 긴급중재인의 처분에 구속되지 않고 이를 변경, 철회 또는 취소할 수 있다. 또한 긴급중재인은 본안 심리를 위한 중재인이 될 수 없다.[49]

대다수 중재규칙이 임시적 처분은 명령뿐만 아니라 판정의 형식으로 내릴 수 있다고 규정하고 있으나, ICC의 경우 긴급중재인의 처분은 명령으로 내리도록 되어 있다.[50] 긴급중재인의 처분에 대하여 당사자가 따르지 않을 경우 법원에 의한 집행이 반드시 보장되지 않는 문제는 있다.[51] 그러나, 중재판정부에 의한 임시적 처분과 마찬가지로, 당사자는 본안에 관한 중재판정부에 대하여 좋지 않은 인상을 주어 불이익을 입을 것을 염려하게 되므로 처분 내용을 준수할 것으로 기대된다. 참고로, KCAB 국제중재규칙은 긴급중재인의 처분을 "결정"으로 내리도록 되어 있다.

8.6 임시적 처분에 대한 구제수단

8.6.1. 사정변경에 따른 임시적 처분의 변경 또는 취소

중재절차의 진행 중 임시적 처분이 더 이상 필요하지 않다고 판단되는 경우, 중재판정부 스스로 자신이 행한 임시적 처분의 결정을 취소할 수 있다. 임시적 처분이

---

49) 단, 당사자의 협의가 있는 경우 긴급중재인이 본안 심리 중재인이 되는 경우도 있다(SIAC 중재규칙 Schedule 1. 제6조).
50) ICC 중재규칙 제29조 제2항; KCAB 국제중재규칙 별표 3 제4조.
51) 싱가포르, 홍콩과 같이 긴급중재인의 임시적 처분의 강제집행을 인정하는 입법례도 있다.

중재판정이 아니라는 점, 중재판정부의 임시적 처분에 대해서는 이의 등 구제절차가 마련되어 있지 않다는 점 등을 이유로 이러한 변경·취소권한을 인정하여야 한다는 해석론이 있었는데, 개정 중재법 제18조의3으로 명문화되었다.[52]

8.6.2. 법원의 보전처분 발령에 따른 제소명령

법원에 의한 보전처분의 경우, 위와 같은 취지의 사정변경에 의한 보전처분 취소 외에도, 채권자가 법원의 제소명령을 이행하지 않은 경우, 채무자가 담보를 제공하는 경우(소위 해방공탁), 채권자가 보전처분 집행 후 5년간 본안의 소를 제기하지 않은 경우 등 보전처분을 취소할 수 있는 사유가 별도로 규정되어 있다.[53]

이 중 제소명령의 경우, 채권자가 제기하여야 할 본안에 관한 소에는 중재의 신청도 포함되므로,[54] 중재합의가 존재하는 경우에는 법원에 소를 제기할 수는 없고 제소기간 내에 중재를 제기하여야 한다. 하급심 판결 중 이러한 점을 확인하는 판결이 있다.

> 제소명령에 의하여 가압류채권자가 제기하여야 할 본안의 소라 함은 판결을 목적으로 하는 소송이 그 전형적인 것이기는 하나, 중재절차에서 중재인이 내린 중재판정은 확정판결과 동일한 효력을 가지는 것이어서 중재의 신청에 의하여 피보전권리의 종국적 확정이 보장되므로 중재신청도 본안소송적격을 가진다 가진다고 보아야 하고, 중재약정이 있는 계약에 기하여 발생한 채권의 집행보전을 위하여 법원에 가압류신청을 하여 가압류결정이 고지되었다고 하더라도 중재약정 때문에 그 피보전권리의 확정을 위한 민사소송을 제기할 수 없는 이상 가압류채권자는 가압류신청 사건에 대한 본안으로서 중재신청을 하여야 한다고 봄이 상당하므로, 비록 채무자가 가압류신청 사건에 대하여 제소명령 신청을 하고 이에 의한 제소명령이 발령됨에 따라 채권자가 소를 제기하게 되었다고 하더라도, 그 중재약정을 무시한 채 중재신청을 하지 아니하고 법원에 소송을 제기한 데 대하여 본안 전 항변을 하는 것이 신의칙에 반한다고 보기는 어렵다.[55]

한편, 대법원은 '제소명령에 응하여 채권자가 제기한 본안의 소송이나 중재판정 절차가 취하되거나 당사자의 불출석으로 인하여 취하간주 또는 종료 선언되거나 소송요건의 흠결을 이유로 한 소 각하 판결이 확정되었을 때에는 본안의 소 제기나 중

---

52) 주석중재법, 82면.
53) 민사집행법 제287조, 288조, 307조.
54) 법원실무제요 민사집행 [IV], 법원행정처, 2014, 190면.
55) 대구지방법원 1997. 5. 6. 선고 96가합28763 판결.

재신청을 하지 아니한 것과 같이 보아야' 한다고 판시하고 있다.[56]

8.6.3 부당한 임시적 처분에 대한 비용, 손해의 배상

임시적 처분이 사후 심리 결과 처음부터 부당한 것으로 밝혀진 경우 피신청인의 손배해상을 허용하는 명문의 규정이 이번 개정 중재법에서 신설되었다.[57]

- 제18조의6(비용 및 손해배상)
  ① 중재판정부가 임시적 처분을 내린 후 해당 임시적 처분이 부당하다고 인정할 경우에는 임시적 처분을 신청한 당사자는 임시적 처분으로 인한 비용이나 손해를 상대방 당사자에게 지급하거나 배상할 책임을 진다.
  ② 중재판정부는 중재절차 중 언제든지 제1항에 따른 비용의 지급이나 손해의 배상을 중재판정의 형식으로 명할 수 있다.

개정 중재법 제16조의6 제2항에도 규정되어 있다시피 중재판정부는 중재절차 중 언제든지 신청인에게 상대방 당사자의 손해를 배상할 것을 명할 수 있으며, 이러한 손해배상은 진행 중인 중재절차에서 주장할 수 있다.[58]

그러나 중재판정부가 아닌 법원에 의한 보전처분의 경우, 중재합의의 당사자가 아니면서 처분의 상대방이 된 자는 중재절차에 참가할 수는 없으므로 손해배상청구의 요건이 구비되면 별도로 법원에 손해배상청구소송을 제기하여 구제받을 수밖에 없을 것이다.

임시적 처분을 위해 신청인이 제공한 담보는 이러한 손해를 담보하기 위한 것으로 볼 수 있다. 개정 전 중재법에서도 제18조 제2항에도 중재판정부가 "적절한 담보" 제공을 명령할 수 있는 근거가 마련되어 있었으나, 이번 개정 작업을 통해 "상당한 담보"의 제공을 명할 수 있도록 하였다. 다만, 담보의 구체적 기준에 대해서는 별다른 규정이 없어, 중재판정부의 재량에 따라 담보제공의 내용이 결정되는 것으로 해석될 수밖에 없다.

---

56) 대법원 2000. 2. 11. 선고 99다50064 판결.
57) 개정 전에도 신청당사자가 수명 당사자에게 손해배상을 할 책임을 인정하는 것이 타당하다는 의견이 지배적이었다. 주석중재법, 83면.
58) 당해 중재절차에서 손해배상을 주장하지 않았다고 하여 일률적으로 실기하였다거나 중재판정의 기판력에 따라 별도로 청구할 수 없다고 보기는 어려울 것이다.

- 제18조의4(담보의 제공)

중재판정부는 임시적 처분을 신청하는 당사자에게 상당한 담보의 제공을 명할 수 있다.

8.6.4. 임시적 처분의 집행의 저지

앞서 설명한 것과 같이 개정 중재법에서는 중재판정부의 임시적 처분에 대한 집행을 법원에 신청할 수 있는 근거 조항을 신설하였다. 이와 관련하여, 법원에서 임시적 처분의 집행을 거부할 수 있는 근거조항도 마련하였다.

- 제18조의8(승인 및 집행의 거부사유)

① 임시적 처분의 승인 또는 집행은 다음 각 호의 어느 하나에 해당하는 경우에만 거부될 수 있다.

  1. 임시적 처분의 상대방 당사자의 이의에 따라 법원이 다음 각 목의 어느 하나에 해당한 다고 인정하는 경우

  가. 임시적 처분의 상대방 당사자가 다음의 어느 하나에 해당하는 사실을 소명한 경우

    1) 제36조 제2항 제1호 가목 또는 라목에 해당하는 사실

    2) 임시적 처분의 상대방 당사자가 중재인의 선정 또는 중재절차에 관하여 적절한 통 지를 받지 못하였거나 그 밖의 사유로 변론을 할 수 없었던 사실

    3) 임시적 처분이 중재합의 대상이 아닌 분쟁을 다룬 사실 또는 임시적 처분이 중재 합의 범위를 벗어난 사항을 다룬 사실. 다만, 임시적 처분이 중재합의의 대상에 관한 부분과 대상이 아닌 부분으로 분리될 수 있는 경우에는 대상이 아닌 임시적 처분 부분만이 거부될 수 있다.

  나. 임시적 처분에 대하여 법원 또는 중재판정부가 명한 담보가 제공되지 아니한 경우

  다. 임시적 처분이 중재판정부에 의하여 취소 또는 정지된 경우

  2. 법원이 직권으로 다음 각 목의 어느 하나에 해당한다고 인정하는 경우

  가. 법원에 임시적 처분을 집행할 권한이 없는 경우. 다만, 법원이 임시적 처분의 집행 을 위하여 임시적 처분의 실체를 변경하지 아니하고 필요한 범위에서 임시적 처분 을 변경하는 결정을 한 경우에는 그러하지 아니하다.

  나. 제36조 제2항 제2호 가목 또는 나목의 사유가 있는 경우

② 제18조의7에 따라 임시적 처분의 승인이나 집행을 신청받은 법원은 그 결정을 할 때 임 시적 처분의 실체에 대하여 심리해서는 아니 된다.

③ 제1항의 사유에 기초한 법원의 판단은 임시적 처분의 승인과 집행의 결정에 대해서만 효 력이 있다.

임시적 처분의 성질에 있어서 잠정적이라는 점을 고려하여 집행을 거부할 수 있

는 사유를 중재판정에 대한 승인 및 집행 사유보다 넓게 규정하였다.[59] 또한 임시적 처분의 상대방 당사자의 이의에 따라 법원이 임시적 처분의 승인 또는 집행을 거부할 경우, 입증의 정도는 임시적 처분을 내릴 때와 마찬가지로 "입증"이 아닌 "소명"으로 규정하고 있다.

---

59) 노태악, "UNCITRAL 모델중재법 및 중재규칙 개정에 따른 국내법 개정의 필요성 검토", 국제사법연구 제16호, 2010, 131-132면 참조.

중재판정 취소와 승인 및 집행 (1)
― 소송 절차

중재판정 취소와 승인 및 집행 (1) — 소송 절차

9.1 들어가며

중재판정의 취소나 승인, 집행과 관련한 우리나라 법원의 판례들을 분석해 보면, 중재판정이 취소되는 경우는 대단히 드물고, 뉴욕협약에 따른 외국중재판정 집행청구는 거부된 사례가 매우 드물어 우리나라는 중재판정의 집행에 우호적인 국가이다(pro-enforcement jurisdiction).[1] 이는 우리나라가 뉴욕협약이나 UNCITRAL 모델중재법과 같은 국제적 기준을 비교적 일찍 받아들여 입법에 반영하였기 때문으로 이해된다(제1.5절 참조). 우리나라 법원도 일찌감치 이러한 기준에 부합하는 승인 및 집행판결을 해왔다.

이 장에서는 중재판정의 취소와 승인·집행에 관한 한국법의 체계와 절차적인 요건을 중심으로 살펴본다.[2] 그리고 제10장에서는 법원의 판례들을 통해 한국에서 중재판정의 취소나 집행거부에 관한 법리가 구체적으로 어떻게 적용되는지를 살펴본다.

9.2 중재판정의 유형과 이에 따른 적용 법조

중재판정의 취소나 승인·집행이라는 관점에서 중재법상 중재판정은 다음 세 가지로 분류할 수 있다.

---

[1] 대법원 2004. 12. 10. 선고 2004다20180 판결(외국중재판정이 뉴욕협약 제2조의 중재합의 서면성 요건을 갖추지 못했다는 이유로 집행 거부된 사건) 관련 부분 참고.

[2] 해외 각국에서 외국중재판정을 집행하는 절차에 관하여는 *ICC International Court of Arbitration Bulletin*, 2012 Special Supplement, Guide to National Procedures for Recognition and Enforcement of Awards under the New York Convention, 2013 참고.

- 중재지가 대한민국인 중재판정(이하 "내국중재판정")[3]
- 중재지가 뉴욕협약이 적용되는 국가인 외국중재판정(이하 "뉴욕협약 적용 중재판정")[4]
- 중재지가 뉴욕협약이 적용되지 않는 국가인 외국중재판정(이하 "뉴욕협약 비적용 중재판정")[5]

앞서 본 것처럼 중재판정의 취소에 관한 중재법 제36조는 내국중재판정에만 적용된다. 또한 중재판정의 승인·집행에 관한 요건이나 절차는 중재판정이 내국중재판정인지, 뉴욕협약 적용 중재판정인지, 뉴욕협약 비적용 중재판정인지에 따라 다르게 적용된다. 내국중재판정의 경우 중재법 제36조 제2항에 규정된 취소 사유가 없으면 승인·집행이 되어야 되므로, 위 취소사유가 승인·집행 거부사유가 된다.[6] 뉴욕협약 적용 중재판정의 경우에는 뉴욕협약 제5조의 승인·집행 거부사유가 적용된다.[7] 마지막으로 뉴욕협약 비적용 중재판정에 대하여는 민사소송법 제217조 및 민사집행법 제26조 제1항, 제27조가 준용된다.[8]

외국중재판정이 뉴욕협약 적용 중재판정인지 여부와 관련해서는, 우리나라가 뉴욕협약에 가입하면서 제1조 제3항에 따라 아래 두 가지 유보를 하였다는 데에 주의하여야 한다.

> 상호주의의 기초에서 다른 체약국의 영토 내에서 내려진 판정의 승인 및 집행에 한하여 적용하고, 계약적 성질의 것이거나 아니거나를 불문하고 우리나라 국내법상 상사상의 것이라고 인정되는 법률관계로부터 발생하는 분쟁에 한하여 적용한다.[9]

따라서 중재지인 외국이 뉴욕협약 체약국이 아니라면 우리나라 법원이 그 중재

---

3) 이 책에서는 중재지가 우리나라인 중재는 '내국중재'로, 중재지가 외국인 중재는 '외국중재'로 각 표시한다. 이와 같은 용어구분에 대하여는 석광현, 91면 참조.

4) 중재법 제39조 제1항. 우리나라 영토 내에서 내려진 중재판정이라도 뉴욕협약의 적용을 받을 수 있는 경우가 있다는 견해도 있는데, 그 예로 당해 분쟁에 우리나라와 무관한 외국적 요소만이 있는 경우 또는 중재절차에 적용될 절차법이 다른 국가의 법인 경우 등 우리나라가 내국중재판정으로 인정하지 않는 경우에 뉴욕협약을 적용할 수 있다고 한다(법원실무제요 민사집행 [Ⅰ], 2014, 187면 참조).

5) 중재법 제39조 제2항.

6) 중재법 제38조.

7) 중재법 제39조 제1항.

8) 중재법 제39조 제2항.

9) 뉴욕협약 제1조 제3항 및 대한민국의 유보.

판정의 집행판결을 부여할 때 뉴욕협약이 적용되지 않으며,[10] 또한 한국법상 상사 분쟁에 관한 중재판정이 아니라면 역시 뉴욕협약이 적용되지 않는다.[11]

우리나라 정부의 위 상호주의 유보는 중재지를 기준으로 하는 것이지 중재 당사자의 국적을 기준으로 하는 것이 아니다. 파나마공화국 법인인 원고가 우리나라 법원에 일본에서 내려진 중재판정의 집행판결을 청구한 사건에서, 피고는 원고의 국적지인 파나마공화국이 뉴욕협약에 가입하지 않았으므로 집행을 거절해야 한다고 항변하였으나,[12] 서울민사지방법원은 이를 배척하면서 뉴욕협약을 적용함에 있어서 상호보증의 판단은 중재 당사자들의 국적(이 사건의 경우 파나마공화국)에 의할 것이 아니라 중재판정이 행해진 국가(이 사건의 경우 일본)가 뉴욕협약에 가입되어 있는가의 여부에 따라 결정한다는 점을 분명히 하였다.[13]

한편, 뉴욕협약 제7조에는 '이 협약의 규정은 … 당사자가 중재판정의 원용이 요구된 국가의 법령…에서 인정된 방법과 한도 내에서 그 판정을 원용할 수 있는 권리를 박탈하지도 아니한다'고 규정하여, 중재판정을 집행할 때 뉴욕협약보다 집행지 국내법이나 다른 조약을 적용하는 것이 더 유리하다면 그러한 법이나 조약을 원용할 수 있도록 하고 있다.[14] 이에 따르면 상사 분쟁이 아니라서 뉴욕협약을 적용받지 못하는 경우, 또는 뉴욕협약상 중재합의의 서면성에 대한 엄격한 규정을 갖추지 못하는 경우에도 중재법에 따라 중재판정을 집행할 여지가 있다. 다만, 중재법은 제2조에서 적용범위를 중재지가 대한민국인 경우로 제한하고, 제38조와 제39조에서 내국중재판정과 뉴욕협약 적용 중재판정에 대한 적용법조를 구분하고 있어서, 뉴욕협약 제7조에 따라 더 유리한 권리를 제한없이 원용할 수 있는지는 분명치 않다. 더 유리한 권리를 원용할 수 있다 하더라도 국내법과 뉴욕협약중 유리한 규정을 섞어서 원용하는 것은

10) 2016. 8. 5. 현재 뉴욕협약 가입국은 156개국이다. UNCITRAL 홈페이지(http://www.uncitral.
org/uncitral/en/uncitral_texts/arbitration/NYConvention_status.html) 참조.
11) 상사유보에 대한 자세한 설명은 석광현, 257-259면 참조.
12) 파나마공화국은 그 후 1985. 1. 8. 뉴욕협약에 가입하였다.
13) 서울민사지방법원 1984. 4. 12. 선고 83가합7051 판결. 이 사건에서는 다양한 쟁점이 다루어졌는데, 중재합의에 관하여는 제2.3.2절과 제2.3.4절, 중재판정부 구성에 관하여는 제4.1절, 공서양속 위반에 관하여는 제10.7.5절의 설명을 참조.
14) 목영준, 287-288면; 석광현, 336-337면; Herbert Kronke, et al., Recognition and Enforcement of Foreign Arbitral Awards ― A Global Commentary on the New York Convention, Kluwer Law International, 2010, 443-452면 참조.

허용되지 않는다.

9.3 소송 절차 일반

9.3.1 제출 서류, 담보 제공

중재판정취소소송은 민사소송법에 따라 소장을 접수함으로써 절차가 개시된다.[15] 개정 중재법은 중재판정의 승인·집행을 결정으로 할 수 있게 하여 신속성을 확보하도록 하였다.[16] 따라서 중재판정의 승인·집행 재판은 당사자가 법원에 신청서를 접수하여 개시된다. 중재판정 및 서증이 외국어로 되어 있는 경우에는 국문 번역이 첨부되어야 한다.[17] 중재판정취소소송이나 집행절차는 일반 소송과 같은 절차로 진행되지만, 심리 판단의 범위가 제한된다는 점에서 신속성이 요구된다.

한편, 원고가 우리나라에 주소·사무소와 영업소를 두지 않은 경우에 법원은 피고의 신청에 따라, 또는 직권으로 원고에게 소송비용에 대한 담보를 제공하도록 명한다.[18] 이러한 담보는 원고가 패소한 경우 피고가 소송비용을 확실하게 변상받을 수 있게 하기 위한 것으로, 법원의 재량에 따라 현금뿐 아니라 보증보험증서 등 다른 적절한 담보를 제공하는 것도 허용되고 있다.[19] 한편, 제공된 담보가 충분하지 않게 된 경우 민사소송법 제117조 제1항 후문에 따라 신청인은 언제든지 추가로 담보제공을 신청을 할 수 있는 것이므로,[20] 법원이 1심 단계에서 반드시 대법원에 이르기까지의 소송비용 전부에 대한 담보제공을 명할 필요는 없다고 본다. 중재법 개정에 따라 중재판정의 집행은 결정절차를 따르게 되었으므로 원칙적으로 담보제공에 관한 위 규정은 적용되지 않는다.[21]

---

15) 민사소송법 제249조 참조.
16) 중재법 제37조.
17) 민사소송규칙 제106조 제2항. 집행신청에는 특별히 중재법 제37조 제3항이 적용된다는 점에 유의(제9.5.4절 참조).
18) 민사소송법 제117조.
19) 이시윤, 신민사소송법 제6판, 2011, 637면.
20) 대법원 1996. 5. 9.자 96마299 결정 참조.
21) 법원실무제요, 민사소송(Ⅰ), 2005, 434면.

9.3.2 외국 소재 당사자에 대한 송달 문제

피고가 우리나라에 주소·사무소와 영업소를 두지 않은 경우에는 외국 소재 당사자에 대한 송달이 문제된다.[22] 송달할 국가가 「민사 또는 상사의 재판상 및 재판외 문서의 해외송달에 관한 협약(Convention on the Service Abroad of Judicial and Extrajudicial Documents in Civil or Commercial Matters)」(이하 "헤이그 송달협약")의 가입국이라면 동 협약이 적용되어, 각 가입국이 정한 중앙당국(Central Authority)으로 사법공조 요청서를 송부하여 송달한다.[23] 우리나라는 대법원 법원행정처가 중앙당국으로 지정되어 있고, 외국 중앙당국에 사법 공조요청을 할 때도 법원행정처를 통해서 하고 있다. 그러나 송달할 국가가 헤이그 송달협약 가입국이 아닌 경우에는 수소법원의 재판장이 그 외국의 관할법원 기타 공무소에 대하여 송달을 촉탁하여야 하는데, 외교상의 경로를 통하게 되므로 국가에 따라서는 회신이 매우 지연되거나 아예 회신이 되지 않는 경우도 있다.[24]

9.3.3 실체적 판단에 대한 심사 제한

법원은 중재판정부의 실체적 판단내용은 원칙적으로 다시 심사하지 않는다. 그러나 중재판정 취소 사유나 승인·집행 거부 사유가 있는지를 결정하기 위하여 필요한 범위 내에서는 중재판정부가 심리한 내용도 심사할 수 있다.[25]

대법원은 뉴욕협약 적용 중재판정과 관련하여, 집행국 법원이 중재판정부가 중재판정에서 판단한 내용을 독자적으로 심리·판단하는 것은 오직 뉴욕협약상의 승인·집행 거부 사유가 있는지를 결정하는 데에 필요한 범위 내에서만 허용되는 것이

---

22) 중재법 개정에 따라 중재판정 승인·집행을 결정 절차에 따라 재판할 경우에도 법원은 변론기일 또는 심문기일을 열어야 하기 때문에 송달이 필요하다(중재법 제37조 제4항).

23) 2016. 7. 21. 현재 헤이그 송달협약 가입국은 71개국이다. 개별 국가 내역과 유보 사항은 홈페이지(http://www.hcch.net/index_en.php?act=conventions.status&cid=17) 참조.

24) 그 밖에 「영사관계에 관한 비엔나협약(Vienna Convention on Consular Relations)」에 따라 이른바 영사송달(직접실시방식에 의한 송달)을 할 수 있으나, 체약국 내에서 우리나라 국민에 대하여 송달하는 데에 적용되는 것이므로(대법원 1992. 7. 14. 선고 92다2585 참고), 중재판정 취소소송이나 집행판결청구소송에서 이용될 경우는 매우 드물 것이다. 한편, 호주에 대한 송달에는 우리나라 최초의 민사사법공조조약인 「대한민국과 호주간의 민사사법공조조약(Treaty on Judicial Assistance in Civil and Commercial Matters between the Republic of Korea and Australia)」이 적용된다.

25) 법원은 중재합의의 유효성에 대한 중재판정부의 판단에 대하여도 심사할 수 있다. 제10.2.3절 참조.

고, 그러한 판단을 위하여 본안에서 판단된 실체적 사항에 관하여 다시 심리·판단하는 것은 예외적·제한적으로 이루어져야 함을 분명히 하였다. 따라서 집행국 법원이 당해 외국중재판정의 편취 여부를 심리한다는 명목으로 실질적으로 중재인의 사실인정과 법률적용 등 실체적 판단의 옳고 그름을 전면적으로 재심사하는 것은 허용되지 않는다.[26]

이러한 태도는 뉴욕협약의 해석과 적용에 관한 국제적 기준에 부합하는 것으로,[27] 내국중재판정이나 뉴욕협약 비적용 중재판정에도 동일하게 적용될 것으로 보인다.[28]

9.4 중재판정취소소송 절차

9.4.1 소 제기 기간 및 관할

중재판정에 대한 취소청구는 당사자가 중재판정의 정본 또는 정정·해석 또는 추가판정의 정본을 받은 날로부터 3개월 이내에 제기하여야 한다.[29] 또한 중재법은 대한민국 법원이 내린 중재판정의 승인 또는 집행결정이 확정된 후에는 중재판정취소의 소를 제기할 수 없다고 규정하고 있다.[30] 이를 위반하여 제기된 소는 법원이 부적법 각하할 것으로 예상된다.[31]

2016년 중재법 개정 전에는 실무상으로는 내국중재판정의 경우 집행판결청구소송이 제기되면 중재법 제36조 제2항에 따라 중재판정의 효력을 다투고자 하는 상대방은 해당 소송에서 반소로 중재판정취소의 소를 제기하는 경우가 많았다. 그러면 집행판결청구소송과 중재판정취소소송이 다른 법원에 의하여 모순된 결론이 나올 위험

---

26) 대법원 2009. 5. 28. 선고 2006다20290 판결. 자세한 내용은 부록 1 참조.

27) 예를 들어, van den Berg, 269-274면 참조.

28) 뉴욕협약 비적용 중재판정에 적용되는 민사집행법 제27조 제1항은 '집행판결은 옳고 그름을 조사하지 아니하고 하여야 한다'고 규정하고 있다. 아래 제10.1.3절 및 대법원 2004. 10. 28. 선고 2002다74213 판결 참조.

29) 중재법 제36조 제3항. 외국 중재법에서도 중재판정 취소소송의 제기 기한을 정해두는 경우가 많으므로 외국 법원에 취소소송을 제기하고자 하는 당사자는 반드시 제소 기한을 미리 확인해야 한다.

30) 중재법 제36조 제4항.

31) 구 중재법하에서 집행판결 후의 중재판정 취소사유를 제한하고 있었는데, 그 밖의 다른 사유로 취소소송을 제기한 경우 각하한 사례가 있다. 대법원 2000. 6. 23. 선고 98다55192 판결 참조.

이 없어진다. 그러나 중재법 개정 후 중재판정 집행결정절차에서는 반소를 제기할 수 없어 이러한 진행은 불가능하고, 중재판정취소의 소는 별도로 제기해야 할 것이다.

중재판정취소소송의 관할법원은 중재합의에서 지정한 지방법원이고, 그러한 지정이 없는 경우 중재지를 관할하는 법원이 된다.[32] 예를 들어, 중재지가 단순히 서울이라고만 되어 있다면 그 중재판정의 취소소송은 서울중앙지방법원을 비롯한 서울의 5개 지방법원 중 어느 법원에 관할이 인정될 것인지, 5개 법원 모두 관할이 인정될 것인지 다툼이 있을 수 있다. 여기에 대해서는 아직 판례가 없는 것으로 보인다.

9.4.2 취소의 대상이 되는 중재판정

• 내국중재판정

중재판정 취소에 대하여는 중재법 제36조에 따르는데, 이 조항은 중재지가 대한민국인 경우에만 적용된다.[33] 따라서 한국 중재법에 따른 중재판정 취소는 외국중재판정에는 적용되지 않는다.

우리나라 법원도 이러한 법리를 확인한 바 있다. 서울지방법원은 미국에서 내려진 중재판정에 대한 취소청구에 대하여 관할권이 없다는 이유로 소를 각하한 바 있다. 법원은 뉴욕협약 제5조 제1항 e호에 의하면 '중재판정이 내려진 국가 또는 판정의 기초가 된 법이 속하는 국가의 법원'이 중재판정의 취소 또는 정지에 배타적인 권한, 즉 전속관할을 가지는 것으로 해석되므로, 미국이 아닌 우리나라 법원에 중재판정 취소를 구할 수는 없다고 하였다.[34]

홍콩에서 내려진 중재판정에 대한 중재판정취소 사건에서도, 원고가 중재판정이 허위진술 등의 사기적인 방법으로 편취된 판정이라고 주장하였으나, 대법원은 이를 배척하고 소를 각하한 원심판결을 확정하였다. 대법원은 위 중재판정의 취소 사건에 대하여는 중재판정이 내려진 국가나 중재판정의 기초가 된 법령이 속하는 국가(이 사건의 경우 홍콩)의 권한 있는 기관만이 관할권을 가진다고 판시하였다.[35]

---

32) 중재법 제7조 제3항 제2호. 뉴욕협약이 적용되는 외국중재판정 취소소송의 관할법원에 관하여는 제10.6.2절 참조.
33) 중재법 제2조 제1항.
34) 서울지방법원 1995. 9. 15. 선고 94가합59931 판결.
35) 대법원 2003. 2. 26. 선고 2001다77840 판결. 이 판결의 자세한 사실관계는 부록 1 참조. 만

• 본안에 대한 중재판정

본안에 대하여 판단하지 않은 각하 판정은 취소의 대상이 되지 않고, 본안에 대하여 판단한 중재판정만 중재판정 취소의 대상이 된다.[36]

대법원도 이를 확인하였는데, 대상이 된 중재에서 중재인은 스스로 중재권한이 없다는 이유로 중재신청을 각하하는 중재판정을 내렸다. 신청인은 법원에 그 각하 판정의 취소를 구하는 소를 제기하면서, 중재의 대상이 되는 청구인데도 중재인이 중재신청을 각하한 것은 중재절차가 당사자간의 합의에 따르지 않은 것으로서 중재법 제36조 제2항 제1호 라목의 취소사유라고 주장하였다. 항소심법원은 중재판정의 근거가 된 중재계약이 선택적 중재합의로서 상대방이 중재에 이의하지 않고 응하였을 때에 유효하게 되지만, 상대방인 원고가 답변서에서 중재계약의 부존재를 적극적으로 주장하면서 중재에 의한 해결을 반대하였으므로 중재합의가 무효라고 보았다. 따라서 중재인이 중재신청을 각하한 것이 정당하다고 판단하였고, 이에 원고의 중재판정취소청구를 기각하였다.[37]

그러나 대법원은 중재인이 스스로 그 신청 대상인 분쟁에 대하여 판정을 할 권한이 없다는 이유로 신청을 각하한 중재판정은 취소의 소의 대상이 될 수 없다고 보아 원심판결을 파기하고 취소청구 부분을 각하하였다.[38] 중재판정취소의 소는 중재판정을 취소하여 소급적으로 무효로 하는 것을 목적으로 하는 형성의 소로서, 법률이 정하는 형식적인 요건을 구비하고 그 본안에 대하여 종국적인 판단을 내린 중재판정에 대하여 허용되는 것이므로, 중재인이 본안에 대하여 판단하지 아니한 각하 판정은 취소의 소의 대상 자체가 되지 않는다는 것이다. 이러한 판례의 태도는 UNCITRAL 모델중재법을 채택한 다른 국가들의 해석과도 일치한다고 한다.[39]

다만, 개정 중재법에서는 중재판정부가 판정 권한이 없다고 결정한 경우에도 그

약 피고가 우리나라 법원에 위 중재판정의 집행을 신청하면, 우리나라 법원은 사기에 의한 편취 주장에 대하여 심리하여, 뉴욕협약에서 정한 집행거절 사유에 해당한다면 집행을 거절할 수 있을 것이다.

36) 각하 판정에 대하여 취소절차를 통해 불복이 제기될 수 있다는 견해로는 주석중재법, 77면 참조.

37) 광주고등법원 2003. 11. 21. 선고 2003나5596, 5602 판결.

38) 대법원 2004. 10. 14. 선고 2003다70249 판결.

39) 예를 들어, Born, 3211-3212면.

결정에 불복하여 법원에 심사를 청구할 수 있다고 규정하였는데(제17조 제6항), 이에 따르면 위와 같은 경우에도 중재판정취소의 소가 아니라 중재법 제17조에 제6항에 따른 불복이 가능할 것이다. 이에 대한 심사기준이 중재판정 취소 사유에 국한될 것인지 여부는 분명치 않다.

9.4.3 취소의 소 배제 가능성

중재판정 취소 사유나 승인·집행 거부사유를 당사자간에 합의로 배제하거나 제한할 수 있는지에 대하여는 법 규정이나 판례는 없는 것으로 보인다.[40] 상소권 포기나 재심청구권 포기의 법리를 유추적용하는 것을 생각해 볼 수 있으나, 상소권 포기는 중재판정 취소를 구할 권리의 포기와 그 성격이 확연히 다르다는 점에서 상소권 사전 포기 합의에 관한 판례가 중재판정 취소를 구할 권리의 사전 포기에 바로 적용되기는 어렵다.[41] 오히려 중재판정 취소를 구할 권리의 사전 포기는 재심을 받을 권리의 사전 포기와 더 비슷한 면이 있는데, 이에 관해서도 아직 판례는 없는 것으로 보인다. 재심에 관한 학설을 참조하여, 우리 중재법의 해석상 중재판정 전에 취소의 소를 배제하는 합의는 무효라는 견해가 유력하다.[42] 재심에 관한 논의를 참조하지 않더라도 중재판정취소의 소는 중재판정에 중대한 하자가 있는 경우에 이를 통제하는 것이므로, 사전 포기를 정당화할 수 있는 경우는 상정하기 어렵다.

한편, 중재판정이 내려진 후에는 취소의 소를 배제하는 합의가 허용된다는 점에는 별 의문이 없다.

---

40) 중재판정 취소의 소 배제합의를 인정하거나 불허하는 입법례에 대하여는 석광현, 227-229면; Born, 3365-3371면 참조. ICC 중재규칙은 ICC 중재규칙에 따라 중재를 진행하기로 합의할 경우 중재판정에 대하여 불복할 권리를 포기한 것으로 간주하는데, 이는 그러한 권리 포기가 유효함을 전제로 하는 것이다(제34조 제6항). 스위스에서는 이러한 권리 포기는 명시적으로 이루어져야 하고, ICC 중재규칙에 대한 합의만으로는 권리 포기가 인정되지 않는다고 한다. 한편, 프랑스의 2010년 개정 민사소송법도 중재판정 취소를 구할 권리를 사전에도 포기할 수 있다고 명시하였는데, 그러한 포기가 인정되더라도 중재판정 집행에 대하여 다툴 권리까지 포기하는 것은 아니다. 이처럼 중재지 선택이 위와 같은 포기의 효력에 대하여 영향을 미치므로 신중을 기해야 한다. W. Laurence Craig, William W. Park, Jan Paulsson, *International Chamber of Commerce Arbitration*, Oxford University Press, 2001, 122면 참조.

41) 상소권을 미리 포기하는 것은 허용되지 않는다는 것이 통설이라고 한다. 자세한 논의는 이동흡, 주석 민사소송법(VI), 한국사법행정학회, 2004, 103-105면 참조.

42) 석광현, 230-231면.

영문 중재합의에 중재결과가 종국적이며 당사자를 구속한다는 문구가 들어가는 경우가 많은데(arbitral award is final and binding on the parties), 이러한 문장은 취소의 소를 배제하는 합의로 보기 어려우므로, 위와 같은 합의의 유효성 논의가 문제되지 않는다. 또한 영국 중재법의 영향을 받아 항소(appeal)할 수 있는 권리를 포기한다는 문구가 중재합의에 들어 있는 경우도 있는데,[43] 이러한 조항도 대부분 문맥에 비추어 보면 중재판정이 종국적이라는 점을 부연하는 의미에 그치는 경우가 많다. 따라서 중재판정취소의 소를 제기할 권리를 배제하는 합의는 그 효력 여부를 떠나, 그와 같은 합의의 존재를 인정하는 데에 신중하여야 할 것이다.

9.4.4 취소사유 치유 가능성과 소송 절차의 정지

UNCITRAL 모델중재법에 따르면 중재판정 취소 신청이 있을 경우, 법원은 중재판정부로 하여금 중재절차를 재개하게 하거나 중재판정부가 취소사유를 제거하는 데에 필요한 조치를 취할 기회를 주기 위하여 일정 기간 동안 절차를 정지할 수 있다고 규정하고 있다.[44] 우리 중재법은 그와 같은 규정이 없어서 법원이 절차를 정지할 명문의 근거는 없지만, 만약 중재판정부가 취소사유를 제거하기 위한 절차를 진행하고 있다면, 당사자들은 법원에서 취소소송의 기일을 정할 때 그러한 사정을 고려해 달라고 요청할 수 있을 것이다.[45] 이 경우 법원은 중재판정부가 스스로 문제를 해결할 수 있도록 합리적인 기간을 기다려 취소소송 절차를 진행할 것으로 예상된다.

9.4.5 중재판정 취소의 효과

중재판정 취소판결이 확정되면 중재판정은 그 판결이 내려진 국가에서는 효력이 없어진다.[46] 그런데, 중재절차의 근거가 된 중재합의의 효력까지 함께 없어지는지가 문제된다. 만약 중재합의의 효력까지 없어진다면, 중재판정 취소 후에 당사자는 다시 중재절차를 진행할 수 없고 소송으로 분쟁을 해결해야 할 것이다.

---

43) 영국 중재법상 항소 제도에 대하여는 제2.7.11절 각주에 간략히 설명하였다.

44) UNCITRAL 모델중재법 제34조 제4항.

45) 우리 중재법이 위 UNCITRAL 모델중재법 조항을 받아들이지 않은 이유는 중재판정취소소송 절차가 불필요하게 지연될 우려가 있고, 현실적으로도 유용하지 않다고 판단했기 때문이라고 한다. 목영준, 264면.

46) Redfern/Hunter, 601면. 중재지에서 취소된 중재판정이 다른 국가에서 유효하게 집행될 가능성에 대하여는 제10.6.2절 참조.

이와 관련하여 1999년 개정 전 구 중재법하에서 '중재계약에 기하여 중재절차가 진행되어 중재판정이 내려지면 중재계약은 그 목적을 달성하여 실효되었고, 중재판정이 취소된 후에도 중재계약이 다시 부활하는 것은 아니'라고 하면서 당사자들은 분쟁해결을 위하여 법원에 소를 제기할 수밖에 없다고 판시한 하급심 판례가 있다.[47] 그러나 중재판정 취소사유가 중재합의가 원인 무효라는 것이 아니라면 중재판정 취소 자체만으로 중재합의의 효력에 영향을 미칠 이유는 없다고 본다.[48] 만약 중재판정 취소사유가 해당 분쟁이 중재합의의 효력 범위에서 벗어났다는 것이라면, 그 분쟁은 중재가 아니라 법원의 재판에 의하여 해결하여야 할 것이다.

학설로서는 중재판정 취소 사유가 중재합의의 부존재, 무효, 이행불능 또는 중재판정이 법률상 금지된 행위를 할 것을 내용으로 한 때에는 중재판정이 취소됨과 동시에 중재절차는 종료되고 이후에는 법원에 제소할 수밖에 없지만, 나머지 사유 예컨대 중재절차 위반, 중재판정상의 과오 등의 경우에는 취소법원은 사건을 다시 중재원으로 환송하여 거기서 다시 심리케 해야 한다는 견해가 다수라고 한다.[49] 중재판정의 취소가 가지는 효과에 대하여는 타당한 견해이지만, 취소법원이 중재판정을 중재기관이나 중재판정부로 환송하여야 한다는 것은 그 법률적 근거를 찾기가 힘들다고 생각된다. 이 경우 당사자간에 다른 합의가 없는 한 중재 당사자는 다시 중재절차를 진행하여 위와 같은 하자가 없는 중재판정을 얻어야 할 것이다. 이 때 취소된 중재판정에서 패소한 당사자는 같은 중재판정부로부터 중재판정을 받기를 원하지 않을 것이고, 절차상 하자 등으로 인해 사건에 대하여 중재판정부가 잘못된 선입견을 가지고 있을 위험도 있다. 무엇보다도 종전의 중재판정부는 판정을 내림으로써 그 권한이 종료된 상태이므로, 이 경우에는 양 당사자의 동의가 없는 이상 중재판정부를 새로이 구성해서 중재절차를 진행해야 할 것이다.[50]

한편, 중재절차의 개시는 시효중단 사유가 되는데,[51] 중재판정이 취소된 경우 시

---

47) 부산고등법원 1995. 7. 21. 선고 95나368 판결.
48) 목영준, 265면도 같은 취지.
49) 조무제, "판례에서 보는 중재법", 중재 2006년 봄호, 73-74면 참조. 중재기구 또는 중재판정부 중 어느 쪽으로 환송해야 한다는 의미인지는 불분명하다. 스위스법에는 기존 중재판정부가 절차를 계속할 수 있도록 환송해야 한다는 규정이 있다고 한다. Born, 3392면 참조.
50) Born, 3392면.
51) 목영준, 170면.

효중단 효과도 소급적으로 소멸하는지가 문제된다. 이 경우에는 민법 제170조를 유추 적용하여 시효중단의 효과가 일단 소멸하였더라도 6개월 내에 다시 적법한 재판상 청구 등으로 시효를 중단시킨 경우 원래의 시효중단 효과가 부활한다고 해석함이 타당해 보인다. 다만, 이에 대하여는 법리가 아직 확립되어 있지는 않으므로, 실무상으로는 시효기간 도과가 염려된다면 시효중단 효과가 있는 조치를 취해 둘 필요가 있을 것이다.

9.5 중재판정 집행절차

9.5.1 승인 및 집행의 개념

개정 전 중재법은 '중재판정의 승인 또는 집행은 법원의 승인 또는 집행판결에 의한다'고 규정하고 있었다.[52] 그러나 개정 중재법은 중재판정은 '승인거부사유가 없으면 승인된다'고 규정하고, 필요한 경우에 당사자의 신청에 따라 중재판정을 승인하는 결정을 할 수 있도록 규정하였으며, 중재판정에 기초한 집행은 법원에서 집행결정으로 허가하도록 규정하였다.[53] 다만, 이 경우 법원은 변론기일 또는 당사자 쌍방이 참여할 수 있는 심문기일을 정해서 당사자에게 통지해야 하고, 결정에는 이유를 적도록 하였다. 또 결정에 대하여 즉시항고할 수 있으나, 즉시항고가 집행정지의 효력은 가지지 않도록 하였다.[54]

'승인'의 개념에 대해서는 '법원이 중재판정에게 우리 법원의 확정판결과 같은 효력을 인정하여 주는 것'이라고 하는 설명과,[55] '우리 법원이 외국중재판정에 대하여 적법하게 내려진 것으로서 그 효력을 인정하는 것'이라고 하는 설명이 있다.[56] 어떤 의견에 따르더라도 승인은 법원이 진행하는 사건에서 중재판정의 대상이 된 사안이 문제될 때 소극적으로 작용하는 개념이다.[57] 어떤 사안에 관하여 이미 중재판정이 내려졌는데 같은 사안이 별개의 소송절차에서 다루어질 경우, 법원이 이미 내려진 중재

---

52) 2016년 개정 전 중재법 제37조 제1항.
53) 개정 중재법 제37조.
54) 개정 중재법 제37조 제6항, 제7항.
55) 목영준, 270면. 이에 대한 비판으로는 석광현, 84, 88-89면.
56) 석광현, 248면.
57) Redfern/Hunter, 610-611면.

판정을 승인한다면 해당 사안은 중재판정의 내용에 따라 결정할 것이다. 따라서 중재판정의 승인은 '방패'로 이용된다고 할 수 있다.[58]

반면, 집행은 중재판정의 법적 효력을 승인하는 데에서 나아가 중재의 당사자로 하여금 중재판정에 따르도록 강제하는 것이다. 이러한 강제는 압류, 매각 등 강제집행 절차를 포함한다. 이런 이유로 중재판정의 집행은 '검'으로 비유된다.[59]

이와 같은 '승인'과 '집행'의 차이 때문에, 외국재판의 승인에 관한 민사소송법 제217조는 이행판결은 물론 확인 및 형성판결에도 적용되지만, 집행판결에 관한 민사집행법 제26조는 강제집행할 수 있는 집행력 있는 이행판결에만 적용된다고 보기도 한다.[60]

9.5.2 관할 법원

중재법 제37조 내지 제39조의 규정에 의한 중재판정 집행재판의 관할법원은, 중재합의에서 지정한 법원, 중재지를 관할하는 법원, 피고 소유의 재산소재지를 관할하는 법원, 피신청인의 주소 또는 영업소를 관할하는 법원 중 어느 곳이든 신청인이 선택하여 소를 제기할 수 있고, 주소 또는 영업소를 알 수 없는 경우에는 거소를 관할하는 법원, 거소도 알 수 없는 경우에는 최후에 알려진 주소 또는 영업소를 관할하는 법원에도 소를 제기할 수 있다.[61]

중재법 제2조 제1항에 따르면 집행재판 신청에 관한 위 중재법 제7조 제4항은 내국중재판정에 적용되어야 하고, 내용상으로도 내국중재판정을 염두에 두고 마련된 규정으로 보인다. 그러나 중재법 제39조는 외국중재판정의 집행에 관한 규정임이 명백하고, 뉴욕협약 제3조도 중재판정의 집행에 있어서 '그 판정이 원용될 영토의 절차규칙'에 따르도록 하고 있으므로, 집행재판의 관할에 관한 중재법 제7조 제4항은 외

58) van den Berg, 243-245면; 목영준, 270-271면도 같은 취지이다. 대법원은 "외국중재판정은 확정판결과 동일한 효력이 있어 기판력이 있으므로, 정리채권확정소송의 관할 법원은 위 협약 제5조에서 정한 승인 및 집행의 거부사유가 인정되지 않는 한 외국중재판정의 판정주문에 따라 정리채권 및 의결권을 확정하는 판결을 하여야 한다"고 판시하였다(2009. 5. 28. 선고 2006다20290 판결).
59) Redfern/Hunter, 611면.
60) 자세한 논의는 법원실무제요, 민사집행 [I], 법원행정처, 2014, 188면 참조.
61) 중재법 제7조 제4항.

국중재판정의 집행에 관하여도 적용되는 것으로 해석된다.[62]

따라서 만일 외국에 주소 또는 영업소를 두고 있는 피고에 대하여 외국에서 중재판정을 받은 경우에도, 피고가 우리나라에 재산을 가지고 있다면 피고의 재산 소재지를 관할하는 지방법원에 중재판정 집행을 신청할 수 있을 것이다. 이 경우 집행 대상이 되는 피고의 재산이 부동산이나 유체동산인 경우에는 소재지가 분명하므로 그 관할법원을 정하면 되고, 채권이나 그 밖의 재산권인 경우에는 민사집행절차에 대한 관할을 참조하여 관할 법원을 정할 수 있을 것이다.[63]

한편, 중재판정이 외국에서 내려지고, 피고도 외국에 주소 또는 영업소를 두고 있고, 집행대상 재산의 소재지가 불명확한 경우에도, 만약 우리나라 법원에 국제재판관할권이 인정되면 한국 법원에 집행을 신청할 여지가 있다. 즉, 외국중재판정의 집행절차의 관할에 대하여는 뉴욕협약이 따로 규정하고 있지는 않지만, 우리나라 국제사법에서 정하는 기준에 따라 '당사자 또는 분쟁이 된 사안이 대한민국과 실질적 관련이 있는 경우'에 해당하면 우리나라 법원에 관할권을 인정할 수 있을 것이다.[64]

이러한 법리에 따라 서울중앙지방법원이 외국중재판정의 집행판결청구를 인용한 바가 있다. 대상 중재사건에서 신청인(원고)은 우리나라 법인이고, 피신청인(피고)은 외국 법인이지만 우리나라 법인의 지배주주이고, 중재판정부는 피고로 하여금 원고에게 위 우리나라 법인의 주식(소재는 밝혀지지 않음)을 양도하고 주권을 인도하라고 명하였다. 이 중재에서 승소한 원고가 중재판정의 집행판결을 구한 사건에서, 법원은 피고가 우리나라에서 응소하는 데에 큰 불편이 없고, 피고의 의무가 지참채무로서 원고의

---

62) UNCITRAL 모델중재법에는 중재법 제7조와 같은 관할법원에 관한 규정이 없는데, 우리 중재법에 위 규정을 넣으면서도 제2조에서 외국중재판정에 대하여도 적용할 조문 중에 제7조 제4항을 포함하지 않은 것은 입법상 오류로 보인다.

63) 민사집행법 제224조 제2항 본문 참조.

64) 국제사법 제2조 참조. 한편 대법원은 국제재판관할 결정의 기준과 관련하여 "국제재판관할을 결정함에 있어서는 당사자 간의 공평, 재판의 적정, 신속 및 경제를 기한다는 기본이념에 따라야 할 것이고, 구체적으로는 소송당사자들의 공평, 편의 그리고 예측가능성과 같은 개인적인 이익뿐만 아니라 재판의 적정, 신속, 효율 및 판결의 실효성 등과 같은 법원 내지 국가의 이익도 함께 고려하여야 할 것이며, 이러한 다양한 이익 중 어떠한 이익을 보호할 필요가 있을지 여부는 개별 사건에서 법정지와 당사자와의 실질적 관련성 및 법정지와 분쟁이 된 사안과의 실질적 관련성을 객관적인 기준으로 삼아 합리적으로 판단하여야 할 것이다."라고 설시하고 있다(대법원 2005. 1. 27. 선고 2002다59788 판결).

사무소 소재지인 대한민국에서 이행되어야 하는 점, 준거법이 대한민국 법인 점 등을 종합적으로 고려하여 '이 사건 소송이 대한민국 법원에 제기되는 것은 소송당사자의 예견에 부합하고 당사자 사이의 공평과 소송의 편의를 도모하는 데에 기여하며, 소송 경제와 재판의 적정성, 효율성을 꾀하는 측면에서도 대한민국이 당사자는 물론 분쟁이 된 사안과 밀접한 실질적 관련성이 있다고 볼 것이다.'라고 설시하며 우리나라 법원의 관할을 인정한 바 있다.[65]

9.5.3 신청기간

중재판정취소소송과 달리 우리나라에서 중재판정 집행을 신청하는 데에는 기간 제한이 없다. 그러나 국가에 따라서는 그러한 제한을 두는 경우가 있으므로 그러한 기간을 도과하지 않도록 주의하여야 한다. 실례로 우리나라 회사가 네팔 회사를 상대로 KCAB에서 중재판정을 받아서 네팔에서 집행을 하고자 하였으나, 네팔의 경우 1999년 중재법에서 중재판정의 집행신청은 중재판정이 내려진 때로부터 90일 이내에 이루어져야 한다고 규정하고 있어 집행을 하지 못한 사례가 있다. 이에 위 신청인은 KCAB에서 같은 내용의 중재를 다시 신청하여 중재판정을 받아야 했다.[66]

집행을 신청하는 데에 기간 제한이 없더라도, 집행결정은 해당 중재판정에서 인정된 권리가 시효로 소멸하기 전에 얻어야 할 것이다. 그러나, 이 경우 중재판정에서 인정된 권리의 시효기간은 원래의 권리의 시효기간과 달라지는지 여부가 문제되는데, 이는 중재판정이 민법 제165조 제2항의 '기타 판결과 동일한 효력이 있는 것'에 해당하는지에 대한 해석 문제이다.

중재법 제35조는 중재판정에 대하여 확정판결과 같은 효력을 인정하고 있으므로 내국중재판정은 '판결과 동일한 효력이 있는 것'으로 해석하는 데에 문제가 없을 것이다. 외국중재판정의 경우에는 우리 중재법 제35조가 적용되지는 않지만, 뉴욕협약을 통해 국내 집행이 보장되어 있다는 점에서 '기타 판결과 동일한 효력이 있는 것'으로 해석할 여지가 있다. 현실적인 측면에서 보더라도, 외국중재판정에 판결과 같은 시효 연장 효력을 인정하지 않을 경우, 중재판정 후 집행판결을 받기 전에 원래의 단기소멸 시효가 완성되면 그 중재판정을 집행할 수 없게 된다. 이는 외국중재판정이 내국중재

---

65) 서울중앙지방법원 2010. 7. 9. 선고 2009가합136849 판결.
66) 김지호, "외국에서의 강제집행 장애로 재 중재신청을 한 사례", 중재 2010년 봄호, 70-73면.

판정에 비하여 훨씬 집행이 제한되는 부당한 결과가 되므로, 위와 같이 시효 연장 효력이 있다고 해석하여야 할 필요성이 인정되기도 한다. 이와 같이 해석하면, 단기소멸시효가 적용되는 채권은 중재판정이 내려지면 민법 제165조에 따라 그 때부터 10년의 소멸시효가 진행한다.[67] 다만, 중재판정의 대상이 되는 실체법적 권리가 한국법에 따른 권리가 아닌 경우에는 그 준거법이나 중재지의 절차법 등에 따라 시효기간이 달라질 수 있으므로 주의하여야 한다.

한편, 중재합의의 존재 여부나 효력 범위가 불분명한 경우에 일단 중재절차를 진행했다가, 시효가 완성되고 난 이후에 중재합의가 부존재, 무효 또는 실효되었다는 판정을 받게 되면 시효기간이 도과하여 소송을 할 수 없는 결과를 낳을 수 있다. 실무상으로는 이러한 이유로 시효 도과가 염려되는 경우에는 중재를 진행하면서도 시효 중단의 목적으로 소를 제기해 두는 것이 안전한 방법이 될 것이다.

9.5.4 제출서류

중재법에 따라 중재판정 집행신청서에는 다음 서류들을 첨부하여야 한다.[68]

- 중재판정의 정본이나 사본
- 중재판정이 외국어로 작성된 경우에는 한국어 번역문

뉴욕협약 적용 중재판정의 집행신청에 필요한 서류에 관하여는 뉴욕협약이 규정하고 있다.[69] 뉴욕협약도 중재판정이나 중재합의가 집행국의 공용어로 작성되어 있지 않은 경우 그 공용어 번역문을 제출하도록 규정하고 있는데, 뉴욕협약 제4조 제2항은 '번역문은 공적인 번역관 또는 선서한 번역관, 외교관 또는 영사관에 의하여 증명되어야 한다'고 규정하고 있다.[70] 그런데 우리나라에는 공적인 번역관이나 선서한 번역

---

67) 주석중재법, 175면.
68) 중재법 제37조 제3항.
69) 뉴욕협약이 적용되는 경우 중재법 제37조 제2항은 적용되지 않는다는 주장으로 이호원, "중재판정의 승인·집행을 위하여 제출할 서류", 중재연구 제23권 제2호, 2013, 147면 참조. 뉴욕협약 제4조 제2항의 "인증" 및 "증명"의 차이에 대하여는 주석중재법, 381면 참조.
70) 영문은 "certified by an official or sworn translator or by a diplomatic or consular agent"로 되어 있는데, 정부가 공포한 번역에는 official translator를 '공증인'이라고 번역하고 있다. 이 책에서는 official translator를 '공적인 번역관'이라고 한다. 주석중재법 379면, 석광현, 269면도 같은 취지.

관 제도가 없어서 문제가 된다.

이와 관련하여 대법원은 중재판정이 번역관 또는 외교관들에 의해서 직접 번역되지 않았으므로 집행이 거부되어야 한다는 피고의 주장에 대하여, 위 뉴욕협약 규정은 번역관이나 외교관들에 의해서 직접 번역되지 않았더라도 그들에 의해서 당해 중재판정을 번역한 번역문임이 증명되면 족하다는 취지로 볼 것이고, 위 규정에서 증명이란 당해 중재판정을 번역한 번역문이라는 사실확인일 뿐 외교관 또는 영사관의 서명이 반드시 필요한 것은 아니고, 또한 그 번역의 정확성까지 증명하여야 하는 것은 아니라고 판시하였다.[71]

또한 대법원은 당사자들 사이에 중재판정이나 중재합의의 존재 및 그 내용에 관한 다툼이 없는 경우에까지 위 서류들이 반드시 요구되는 것이라고 해석할 수는 없고, 원본이나 등본의 제출에 갈음하여 그 사본을 제출하고 상대방이 아무런 이의를 제기하지 않으면서 그에 대하여 '성립인정'으로 인부하였다면, 위 협약상 적법한 원본이나 등본의 제출에 해당한다고 보아야 한다고 판시하였다. 그리고, 만약 당사자가 위와 같은 형식에 따르지 않은 번역문을 제출하였는데 그 내용이 부실하다고 인정되는 경우에는 그 서증제출자의 비용부담으로 전문 번역인에게 번역을 의뢰하는 등의 방법에 의하여 이를 보완시킬 수 있는지를 심리해 보아야 하고, 위 제4조 제2항에 정한 형식에 따른 번역문이 제출되지 않았다는 이유만으로 집행판결청구를 배척할 수는 없다고 하였다.[72]

실무상으로는 중재판정 번역문을 외교관이나 영사관에게 증명받아 제출하는 경우는 드물고, 공증인으로부터 소위 번역공증을 받아 제출하는 것이 일반적이다. 번역공증을 받은 중재판정이나 중재합의 번역문에 대해서는 번역 요건을 특별히 문제삼지는 않는 것으로 보인다.[73]

---

71) 대법원 1995. 2. 14. 선고 93다53054 판결.
72) 대법원 2004. 12. 10. 선고 2004다20180 판결. 원심에서는 한글 번역문이라는 점을 우리나라 외교관이나 영사관이 증명하여야 한다고 판시하였으나(서울고등법원 2004. 3. 26. 선고 2003나29311 판결), 대법원에서 파기하였다. 자세한 내용은 부록 1 참조.
73) 대부분 하급심에서도 "인증된 중재판정 등본과 중재조항이 포함된 계약서 등본, 공증인에 의하여 인증된 중재판정 번역문, 공증인에 의하여 인증된 계약서 번역문"을 제출하면, 뉴욕협약 제5조 제1항 또는 제2항 소정의 거부사유가 없는 한 중재판정에 기한 강제집행은 허가되어야 한다고 판시하고 있다(서울중앙지방법원 2006. 11. 16. 선고 2006가합36924 판결, 서울

개정 중재법은 중재판정의 정본뿐만 아니라 사본도 인증 없이 제출할 수 있게 하였고, 번역문에도 인증을 요구하지 않는다.[74] 뉴욕협약 적용 중재판정의 경우 개정 중재법과 같이 서류제출 요건을 완화할 것인지, 뉴욕협약에 규정된 대로 '정당하게 증명된 등본'이나 번역문 증명을 요구할 것인지 문제된다. 이에 대하여는 우리나라 법원의 판례가 나오기를 기다려봐야 하겠으나, 뉴욕협약 제3조가 뉴욕협약 적용 중재 판정의 승인·집행에 있어서는 '내국 중재판정의 승인 또는 집행에 있어서 부과하는 것보다 실질적으로 엄중한 조건'을 부과하는 것을 금지하고 있으므로, 이에 따라 중재법에 따른 완화된 요건을 적용할 가능성이 있다.

9.5.5 집행재판의 당사자

• 중재 당사자가 다수인 경우

중재판정 집행을 신청할 때 중재판정에서 승소판정을 받은 당사자 전원이 함께 제기하여야 하는 것은 아니다. 대법원은 중재에서 다수 당사자의 1인에게만 승소판정이 부여된 경우 그 승소판정을 받은 당사자는 단독으로 집행판결을 구할 수 있다고 판시하였다.[75]

한편, 베트남상사중재원의 중재사건에서 신청인은 중재합의가 포함된 계약에 서명한 당사자가 아니라 그 분쟁의 해결 권한을 위임받아 중재를 수행하였고, 중재판정문에는 신청인이 당사자로 표시되었다. 신청인(원고)이 뉴욕협약에 따라 우리나라에서 그 중재판정의 집행판결을 청구하자, 피고는 원고가 중재합의의 당사자가 아니었고 권한 위임도 중재판정이 내려질 때까지만 유효한 것이었으므로 원고에게 집행판결을 청구할 당사자적격이 없다고 주장하였다. 서울고등법원은 중재판정에 있어서 당사자는 당연히 집행판결을 신청할 당사자적격을 갖는 것이고, 이는 원고가 권한을 위임받았는지 여부나 그 권한이 종료되었는지 여부와 무관하다고 하면서 피고의 항변을 배척하였다.[76]

중앙지방법원 2010. 7. 9. 선고 2009가합136849 판결 등). 이에 대하여 공증인이 뉴욕협약상 번역문을 '증명'할 수 있는 자가 아니라는 문제가 있다는 지적이 있다. 이호원, "중재판정의 승인·집행을 위하여 제출할 서류", 중재연구 제23권 제2호, 2013, 152면 참조.

74) 중재법 제37조 제3항(중재판정의 승인 또는 집행을 신청하는 당사자는 중재판정의 정본이나 사본을 제출하여야 한다. 다만, 중재판정이 외국어로 작성되어 있는 경우에는 한국어 번역문을 첨부하여야 한다).

75) 대법원 1995. 2. 14. 선고 93다53054 판결.

• 법인격 부인

중재판정에서 패소한 피신청인(A)이 자력이 없고 그와 동일시할 수 있는 다른 회사(B)가 있는 경우, 법인격 부인의 법리를 적용하여 위 다른 회사(B)를 상대로 중재판정의 집행을 신청할 현실적인 필요가 있다.

우선 법인격 부인의 법리에 따라 중재합의의 주관적 효력 범위를 확대할 수 있는지 여부가 문제되는데, 이를 부정한다면 형식상 중재판정의 당사자가 아닌 B에 중재판정의 집행판결을 청구하는 것은 허용하기 어려울 것이다.[77] 법인격 부인론에 따라 B에 대하여 중재합의의 효력을 미칠 수 있는 경우에는, A와 B 모두를 피신청인으로 하여 중재를 제기하여, 책임을 물을 수 있을 것이다.

그러나 위와 같이 중재절차 내에서 책임을 물을 수 있는 경우라 하더라도, A만 피신청인이 된 중재절차에서 승소한 중재판정을 B에 대하여 집행하기는 어려워 보인다. 즉, B의 법인격을 부인할 수 있는 경우에도 중재판정의 기판력 및 집행력의 범위가 당연히 B에게까지 확장되는 것은 아니다. 중재판정에 대한 것은 아니지만, 대법원은 판결의 경우에 절차의 명확성과 안정성을 중시하는 소송절차 및 강제집행절차의 성격상, 한 회사에 대한 판결의 기판력과 집행력의 범위는 강제집행면탈의 목적으로 설립하였으며 위 회사와 실질적으로 동일하다고 하는 다른 회사에까지 확장되지 아니한다고 판시한 바 있다.[78]

다만, B가 중재판정 후 A의 "승계인" 또는 "청구의 목적물을 소지한 자"에 해당한다면, 중재판정의 효력이 미친다고 보아(민사소송법 제218조 제1항을 준용) B를 상대로 집행을 할 수도 있을 것이다. 이 경우에는 A를 상대로 집행판결을 받고 B에 대하여는 그 집행판결에 승계집행문을 구하는 것으로 족할 것이다.

한편, A에 대한 중재판정을 B에 대하여 집행하기 위하여, 집행판결이나 승계집행문 부여가 아니라 B에 대한 이행판결을 받은 사례가 있는데, 실무상 의미가 있어

---

76) 서울고등법원 2001. 2. 27. 선고 2000나23725 판결. 다만, 이 중재판정은 최종적으로 대법원에서 뉴욕협약에 따른 서면 중재합의 요건이 갖추어지지 않았다는 이유로 집행이 거부되었다(대법원 2004. 12. 10. 선고 2004다20180 판결). 자세한 내용은 부록 1 참조. 이 판결에 대한 비판은 석광현, 366-369면 참조.
77) 중재합의에 대한 법인격 부인론 적용에 관하여는 제2.5.4절 참조.
78) 대법원 1995. 5. 12. 선고 93다44531 판결.

간략히 소개한다. 일본회사 J가 미국 워싱턴주 회사 A를 상대로 JCAA 중재를 신청하여 승소판정을 받았는데, 판정 무렵 이미 채무면탈을 위해 A는 설립말소가 되었고 B가 설립되어 있었고, B는 우리나라에 책임재산이 있었다. 워싱턴주법에 따르면 제반 사정을 고려할 때 B의 법인격을 부인하고 A의 책임을 B에게 부담시킬 수 있는 것으로 해석되었다.

J는 우리나라 법원에 B를 상대로 A에 대한 중재판정 내용을 그대로 이행하라는 이행의 소를 제기하였다. 부산지방법원은 이 사건의 청구가 우리나라와 실질적 관련성이 있다고 하여 국제재판관할권을 인정한 후, 중재판정의 내용이 되는 권리의무에 관하여는 별도로 심리하지 않은 채, "원고는 법인격 부인의 법리에 따라 피고 B에 대하여 이 사건 중재판정에 따른 채무의 이행을 구할 수 있다."고 하면서 중재판정 주문에 명시된 의무의 이행을 그대로 명하였다.[79]

이 판결에서 법원은 (i) 위 중재판정이 뉴욕협약상의 승인요건을 갖추었고, (ii) 법인격 부인의 법리에 따라 B가 A와 동일한 의무를 부담하는지 여부에 초점을 맞추어 심리하고, 중재판정에서 명한 A가 J에 대하여 부담하는 의무의 내용에 대하여는 다시 심리하지 않은 것으로 보인다. 결국, 이 판결은 형식상 집행판결이 아니지만 사실상 집행판결의 효과를 가지게 된다. 그런데, 이러한 결과는 타당하다고 볼 여지도 있지만, 법인격 부인의 법리에 따라 B가 A와 동일시된다면 B에 대하여도 중재합의의 효력이 미쳐, B에 대한 이행소송은 방소항변으로 배척가능하고 B에 대하여 중재를 제기하여야 한다는 견해도 있을 수 있다. 이에 대하여는 추가적인 연구 및 판례를 통해 법리 확립이 필요하다.

9.5.6 중재판정 후 당사자에 대한 도산절차가 개시된 경우 중재판정 집행 절차

중재판정에서 승소한 신청인에 대하여 중재판정 후 도산절차가 개시되더라도 중재판정에 어떠한 직접적인 영향도 없고, 단지 신청인이 재산에 대한 관리처분권을 상실하여 파산관재인이나 관리인이 집행을 신청하면 된다.

---

79) 부산지방법원 2008. 11. 13. 선고 2007가단105286 판결. 이 판결은 항소되었으나 부산지방법원 2009. 8. 14. 선고 2008나22020 판결로 항소기각되고, 대법원에서도 심리불속행으로 기각되었다 (대법원 2009. 11. 26. 선고 2009다71497 판결).

중재판정에서 패소한 피신청인에 대하여 중재판정 후 도산절차가 개시되면, 신청인은 중재판정금 채권을 도산절차를 통해 실현하여야 한다. 즉, 신청인은 중재판정금 채권을 법원에 파산(회생)채권으로 신고하여야 하는데,[80] 이 때 파산관재인이나 관리인이 이의를 제기할 경우 신청인이 다시 파산(회생)채권 조사확정재판을 신청하여야 하는지 파산관재인이나 관리인이 채권확정청구의 소를 제기하여야 하는지가 문제된다. 이러한 출소(出訴)책임 귀속 문제는 중재판정에 집행결정이 내려지기 전에도 도산법상 "집행력 있는 집행권원"에 해당하는지 여부에 달려 있다. 이를 긍정하면 이의자가 소를 제기할 책임이 있고, 그렇지 않다면 파산(회생)채권자, 즉 신청인이 조사확정재판을 신청하여야 한다.[81] 이에 대하여 학설은 나뉘는데, 아래 판례가 참고할 만하다.[82]

대법원은 중재판정에서 금전지급을 명 받은 당사자에 대하여 중재판정 후 회사정리절차가 개시된 경우, 정리채권 확정소송 절차에서 법원은 뉴욕협약에 따른 승인·집행 거부사유가 인정되지 않는 한 중재판정에 따라 정리채권 및 의결권을 확정하는 판결을 하여야 한다고 판시하였다.[83]

이 사건에서 중재판정이 내려진 후 중재 피신청인에 관하여 회사정리절차가 개시되자, 중재 신청인이었던 원고는 정리채권 신고기간 내에 중재판정에 기한 채권을 신고하였다. 이에 정리회사 관리인은 중재판정이 허위의 주장과 증거로 편취되어 승인·집행 거부 사유가 있으므로 중재판정에 따른 금전지급 의무가 없다고 하면서 채권신고에 대하여 이의하였다. 이에 대하여 대법원은 중재판정은 확정판결과 동일한 효력이 있으므로 기판력에 의하여 중재판정의 대상이 된 청구권의 존재는 이미 당사자 사이에 확정된 것이라고 하면서, 집행국 법원이 집행 거부사유의 유무를 판단하기 위하여 본안에서 판단된 실체적 사항에 관하여 다시 심리·판단하는 것은 예외적·제한적으로 이루어져야 한다고 판시하였다.

---

80) 채무자회생법 제424조 참조.
81) 채무자회생법 제462조, 제466조 참조.
82) 중재판정이 있는 경우에는 집행력 있는 집행권원과 같이 보아 출소책임을 이의자에게 부담하도록 하는 것이 형평성이나 채권확정제도의 취지에 비추어 옳다는 견해로, 임치용, 파산법 연구2, 2006, 123면 참조. 반면, 중재판정은 집행판결이 선고되기 전까지는 채무자회생법 제466조에서 규정하고 있는 "집행력 있는 집행권원"이 될 수 없다는 견해로, 김경욱, "중재당사자의 파산이 중재절차에 미치는 영향", 민사소송 제10권 제2호, 2006, 315면이 있다.
83) 대법원 2009. 5. 28. 선고 2006다20290 판결. 자세한 내용은 부록 1 참조.

이 판결은, 원심이 정리채권자에게 출소책임을 인정하여 관리인을 상대로 한 금원의 지급을 명한 데에 대하여 대법원이 그러한 정리채권확정소송의 구조를 문제 삼지 않은 것이다. 따라서 중재판정이 파산법상 집행력 있는 집행권원에 해당하는지 여부 및 그에 따른 출소책임 귀속에 대하여 직접적으로 판시하였다고 하기는 어렵다.[84]

9.5.7 집행의 대상

중재법이나 뉴욕협약에 따른 집행의 대상이 중재판정임은 의문의 여지가 없다. 그런데 외국중재판정에 대하여 다른 외국이 집행재판을 한 경우, 또는 외국중재판정에 대하여 중재지 법원이 그 절차법에 따라 확인재판을 내린 경우에 그 집행재판이나 확인재판이 우리나라에서 집행의 대상이 되는지 문제된다.

우선 중재판정이 아니라 외국판결에 대한 논의이기는 하지만, 집행판결은 집행판결의 대상이 되지 않는다고 한다. 왜냐하면 각국이 외국재판의 승인이나 집행 여부를 독자적으로 판단할 수 있어야 하는데, 만일 이중 집행판결을 허용한다면 상호보증요건을 회피할 수 있기 때문이다.[85] 중재판정의 경우에는 뉴욕협약상 상호주의 유보나 상사유보를 회피하기 위하여 이러한 유보를 하지 않은 국가에서 집행재판을 받고, 다시 그 집행재판에 대하여 우리나라에서 집행판결을 신청(민사집행법 제26조)하는 경우를 상정해 볼 수 있을 것이다. 이러한 부당한 결과를 피하기 위하여 집행판결에 대한 집행판결은 허용하지 않는 것이 타당할 것이다.

한편, 미국 캘리포니아 민사소송법에는 중재판정에 대해 확인판결을 신청할 수 있는 제도가 있었는데, 이 절차를 통해 법원이 일반적으로 중재판정시부터 완제일까지 법정이자를 부가하여 명할 재량권을 가지고 있었다.[86] 이에 캘리포니아에서 내려

---

84) 임치용, "판례를 통하여 본 국제도산법의 쟁점", BFL(Business, Finance & Law) 제38호, 2009, 108-109면.

85) 석광현, "민사 및 상사사건에서의 외국재판의 승인 및 집행", 국제사법과 국제소송 제1권, 2001, 348면 참조.

86) 장문철, "외국중재판정과 외국판결에 대한 집행청구소송에 관한 평석", 안암법학 제3호, 1995, 542면 이하 참조. 한편, 미국 연방중재법에 의하면 내국중재판정에 대하여 중재승소인은 판정일 후 1년 이내에 관할 연방법원에 확인명령(order of confirmation)을 구할 수 있고, 이때 법원은 중재판정이 취소 또는 수정되지 않은 한 확인명령을 내려주는데, 그러한 확인명령이 법원의 판결과 마찬가지로 집행력을 가진다고 한다. 중재판정의 집행에 관한 여러 입법례에 대하여는 목영준, 272-281쪽 참조.

진 중재판정에 대하여 신청인이 위 확인판결 절차를 통해 연 10퍼센트의 지연이자를 추가로 명 받고, 위 중재판정에 대하여 우리나라 법원에 집행판결을 청구한 사례가 있다.[87] 이러한 청구에 대하여 서울고등법원은 "이 사건 중재판정 및 확인판결은 적법한 것으로서 …. 그 전부 또는 일부에 관하여 집행판결을 구하는 이 사건 청구는 이유 있어 인용"한다고 판시하였다. 판시내용만으로는 외국중재판정에 대한 집행판결과 외국확인판결에 대한 집행판결을 병행하여 내린 것으로 보이는데, 이에 대하여는 집행판결에 대한 집행판결이 가능하지 않다는 이유로 중재판정이 집행판결의 대상이라고 보아야 한다는 견해가 있다.[88]

중간중재판정도 집행의 대상이 되는지 문제된다. 중재법에 이에 관한 규정이 없으나, 사건의 본안에 대하여 종국적인 판단을 내린 일부판정(partial award)에 대하여는 집행의 대상이 되지만, 판정으로 가는 단계적인 접근을 반영하는 잠정판정(interim award)은 집행의 대상이 될 수 없다는 견해가 있다.[89] 중재법 개정으로 임시적 처분에 대하여도 집행이 가능해졌으므로 잠정판정도 보전처분과 유사한 범위 내에서 집행이 허락될 수 있을 것이다.[90]

한편, 중재판정의 일부에 대한 집행결정도 가능한 경우가 있는데, 이에 관하여는 제9.6.2절에서 다룬다.

9.5.8 집행재판 절차의 정지 또는 연기

중재판정의 취소 또는 정지를 요구하는 신청이 중재지 법원에 제기된 경우 우리나라 법원은 집행재판 절차를 정지하고 결정을 연기할 수 있다.[91] 그러나 이 경우 우

---

87) 서울고등법원 1995. 3. 14. 선고 94나11868 판결.

88) 석광현, "민사 및 상사사건에서의 외국재판의 승인 및 집행", 국제사법과 국제소송 제1권, 2001, 269면 참조. 독일 연방대법원의 판결은 미국 법원의 확인재판만이 집행대상이라는 것과 양자가 모두 집행될 수 있다고 하여 집행판결을 구하는 원고에게 선택권을 인정한 것으로 나뉘어 있다고 한다. 미국 뉴욕주에서도 외국중재판정과 그에 대한 외국 확인판결에 모두에 대하여 집행판결이 신청된 사안에서, 뉴욕협약에 따른 중재판정의 집행여부를 따지지 않은 채 외국판결에 대한 집행을 허용한 사례가 있다(The Isnand Territory of Curacao v. Solitron Devices, Inc. 489 F.2d 1313 (1973)). 자세한 내용은 이호원, 미국의 외국중재판정의 집행에 관한 판례를 중심으로, 중재 제220호, 1990 및 제222호, 1990 참조. 일본 사례는 주석중재법, 395면, 각주 84 참조.

89) 주석중재법, 241면 참조. 일부판정과 잠정판정의 구분에 관하여는 제6.1.2절 참조.

90) 개정 중재법 제18조의7, 제18조의8.

리나라 법원이 당연히 집행재판 절차를 정지하여야 하는 것은 아니다. 경우에 따라서는 중재판정 취소 또는 정지 신청이 집행을 지연시키기 위한 방편에 불과한 경우도 있을 수 있기 때문이다. 또한, 절차를 정지하지 않고 집행결정을 내리더라도, 그 후 그 중재판정이 취소될 경우 회복할 수 없는 손해가 발생할 가능성이 없다면 굳이 정지할 필요도 없을 것이다.

이러한 이익을 조화하기 위하여 뉴욕협약 제6조는 '판정의 집행을 요구하는 당사자의 신청에 의하여 타방당사자에 대하여 적당한 보장을 제공할 것을 명할 수 있다'고 규정하고 있다. 즉, 중재패소당사자가 권한 있는 기관에 중재판정의 취소 또는 정지를 신청한 경우, 집행국 법원은 그것이 적절하다고 인정될 때에는 그 외국중재판정의 집행에 관한 재판을 연기하고, 중재승소당사자(집행재판에서 신청인)의 신청이 있을 경우 중재패소당사자에 대하여 적절한 담보를 제공할 것을 명할 수 있는 것이다.[92]

9.5.9 집행결정에서 중재판정의 보충 또는 변경

집행재판은 중재판정에 대하여 집행력을 부여하는 절차인데, 중재판정에 의하여 확정된 실체법상의 권리에 기하여 이행을 청구하는 것도 가능한지 문제가 된다.[93] 집행국 법원이 중재판정을 보충하거나 변경할 수는 없는 것이 원칙이지만, 이에 대한 예외를 인정할 수 있는지가 주로 지연손해금 부가와 관련하여 논의된다. 다만, 아래 쟁점들은 집행판결절차와 관련하여 논의된 것인데, 집행재판이 개정 중재법에 따라 결정절차로 더 간이해졌으므로 중재판정의 보충이나 변경에 대해서는 집행판결의 경우보다 소극적으로 볼 가능성도 있다.

• 지연이자 청구 추가

우선 중재판정에 지연손해금에 관한 판정이 없는데, 집행결정을 신청하면서 중재판정일 다음날 또는 집행신청일 다음날부터 다 갚는 날까지 지연손해금을 구하는 경우를 상정해 볼 수 있다. 지연손해금 채무는 원본채무의 부수적 채무로서 중재합의의 범위에 속하므로, 중재절차에서 지연손해금 지급을 청구하지 않은 채 집행판결청

91) 뉴욕협약 제6조.
92) 대법원 2009. 5. 28. 선고 2006다20290 판결.
93) 집행판결청구의 소가 집행력을 부여하는 형성의 소라는 견해에 관하여는 주석중재법 234면 참조.

구에서 새롭게 청구하는 것은 중재합의에 반하여 허용되지 않는다고 볼 여지도 있다. 그러나 서울지방법원은 영국에서 내려진 중재판정의 집행판결청구소송에서 원고가 중재판정일 후의 지연손해금을 추가하여 청구하였는데, 이에 대하여 피고가 중재합의를 이유로 방소항변을 하였으나 이를 배척하였다.[94]

> 중재합의에 따라 내려진 중재판정의 집행에 관한 법률관계는 [중재합의가 포함된] 용선계약에 관한 법률관계와는 별개로 보아야 할 것이고, 중재합의 조항 중 중재판정을 집행하기 위하여는 이 계약이 법원의 준칙이 될 수 있다고 한 부분도 원고의 이 사건 이행청구를 배제하거나 다시 이 부분에 대하여 중재절차를 거칠 것을 요구하는 취지로는 보여지지 아니하므로…[95]

그리고 중재사건의 배경이 된 용선계약의 준거법이자 중재판정의 효력범위에 관한 준거법을 영국법으로 인정하면서, 중재판정금에 대하여 중재판정일 다음날부터 영국 판결법 및 중재법 규정에 따른 법정이율 연 8푼의 비율에 의한 지연이자 지급을 명하였다.[96]

이와 같이 집행단계에서 지연이자 지급명령을 추가하는 데에 대하여는 부정적으로 보는 견해도 있지만, 지연이자는 부수적 채무에 불과하고 이를 부정한다면 지연이자 지급만을 구하기 위하여 별도로 중재를 해야 한다는 점에서 발생근거가 명백할 경우에는 긍정할 수 있다는 견해도 있다.[97] 일본에서는 외국판결의 집행판결과 관련하여 긍정적인 입장을 취한 최고재판소 판결들이 있으나 학설은 나뉜다고 한다.[98]

• 지연이자 발생 기간 연장

위의 경우와 달리 중재판정에서 지연손해금의 지급을 명한 경우에도, 특별한 이유를 적시하지 않고 지연이자 발생기간을 중재판정시까지만 한정하여 판정하는 경우

---

94) 서울지방법원 1997. 4. 10. 선고 96가합64616 판결.
95) 판결 내용만 보면 이 사건에서 지연손해금 청구가 중재합의의 범위에 포함되지 않는다는 취지로 해석할 여지도 있는데, 해당 사건의 중재합의에 국한되는 특수한 해석인지는 분명치 않다.
96) 위 판결에 따르면, 영국 중재법 제20조는 중재판정으로 지급할 금액에 대한 이자는, 당해 판정에 다른 지시가 없는 한, 판정일로부터 판결채무와 같은 이율로 계산한다고 규정하고 있고, 영국 판결법 제17조는 판결 금액에 대한 이자는 당해 판결시점으로부터 법정이율로 발생한다고 규정하고 있다고 한다.
97) 소극적인 견해로는 손용근, "중재판정의 효력에 관한 일반적 고찰", 법조 통권 제577호, 2004, 205면. 긍정하는 견해로는 김수형, "외국판결의 집행", 국제사법연구 제4호, 1999, 507면.
98) 석광현, "민사 및 상사사건에서의 외국재판의 승인 및 집행", 국제사법과 국제소송 제1권, 2001, 352면 참조. Born, 3110-3112면에는 다른 외국의 사례가 일부 소개되어 있다.

가 있다.[99] 또한 외국의 입법례 중에는 법에 법정이율을 명시하지 않고 시장에서 통용되는 특정 이율에 따르게 되어 있는 경우가 많다. 이러한 경우 중재판정의 집행결정에서 중재판정 이후 완제일까지 지연이자를 명할 수 있는지 문제된다.

집행재판의 기능을 제한적으로 해석하여 이에 대하여 부정하는 견해도 있으나, 특별히 중재판정부가 판정시점 이후의 지연이자 청구에 대하여 실체법적인 이유를 들어 기각한 것이 아니라면 지연이자 기간 연장을 긍정할 여지도 있다. 중재판정시까지의 지연이자에 대하여 발생원인과 이율을 결정하였다면 판정 이후에도 그에 따라 다 갚는 날까지 지연이자를 지급할 실체적 근거는 있기 때문이다.

• 집행재판에서 소촉법 적용 여부

집행재판에서 중재판정부가 명한 지연이자에 더하여 소촉법 제3조 제1항에 따라 대통령령으로 정하는 이율의 지연손해금 지급을 구할 수 있는지 문제된다.[100] 이 문제는 중재판정 집행재판이 소촉법 제3조 제1항이 정하는 '금전채무의 전부 또는 일부의 이행을 명하는 판결'에 해당하는지 여부와 중재절차에서 신청하지 않았거나 기각된 지연손해금 청구를 집행재판에서 추가할 수 있는지 여부에 달려있다. 이에 대하여는 아직 판례가 확립되어 있지 않다. 앞서 언급한 것처럼 개정 중재법에 따라 중재판정 집행이 결정 형식을 취하게 되었으므로 '금전채무의 이행을 명하는 판결'에는 해당하지 않을 가능성이 더 커졌다.

우리나라에서 내려진 KCAB 중재판정에서 연 6%의 지연손해금이 인용되었는데, 피고가 원고의 중재판정 취소의 소에 대한 반소로 집행판결을 신청하면서 소촉법상 지연손해금 이율인 연 20%와 중재판정에서 명한 연 6%의 차이에 해당하는 연 14%의 비율에 의한 지연손해금을 추가로 구한 사례가 있다. 이에 대하여 서울중앙지방법원은 아래와 같이 원고의 청구를 배척하였다.[101]

99) Born, 3109면 이하 참조.
100) 소촉법은 소송에 적용되는 법이기는 하지만, 실제 중재사건에서도 이에 따른 지연이자를 구하는 경우가 실무상 적지 않다. 이와 관련하여 대법원은 중재판정부가 소촉법에 따른 지연손해금 지급을 명하였다고 하여 이에 대하여 강행법규 위반 등을 이유로 집행을 거절할 수 없다는 입장이다(대법원 2001. 4. 10. 선고 99다13577, 13584 판결. 자세한 내용은 제10.7.4절 참조).
101) 서울중앙지방법원 2013. 5. 31. 선고 2012가합70260, 2013가합24257 판결.

원고와 피고는 이 사건 계약을 통해서 발생하는 분쟁을 중재를 통해 최종적으로 해결하는 중재합의를 하였고, 피고는 반대신청을 통해 손해배상 및 그에 대한 지연손해금의 지급을 명하는 이 사건 중재판정을 받게 되었는바, 피고가 중재판정을 통해 인정되는 지연손해금을 다시 소송절차를 통해서 구하는 것은 위 중재합의에 위배되는 것으로서 허용될 수 없다고 할 것이므로, 피고의 위 청구 부분은 어느 모로 보나 부적법하다.

한편, 위 소촉법 적용 문제를 긍정하더라도 이는 금전채무의 준거법이 한국법인 경우에만 명할 수 있을 것이다. 즉, 대법원은 "지연손해금이란 채무의 이행지체에 대한 손해배상으로서 본래의 채무에 부수하여 지급되는 것이므로 본래의 채권채무관계를 규율하는 준거법에 의하여 결정되어야 하는 것이고, 한편 소촉법 제3조 제1항 소정의 법정이율에 관한 규정은 비록 소송촉진을 목적으로 소송절차에 의한 권리구제와 관련하여 적용되는 것이기는 하지만 그 실질은 금전채무의 불이행으로 인한 손해배상의 범위를 정하기 위한 것이므로 이를 절차법적인 성격을 가지는 것이라고만 볼 수 없으므로, 신용장에 따른 대금지급의무의 지체에 대한 지연손해금의 지급을 명함에 있어 소촉법을 적용하지 아니하고 원본채권의 준거법을 적용한 것은 정당하다."고 판시하여 소촉법은 한국법이 준거법이 되는 경우에만 적용할 수 있다는 입장을 취하고 있다.[102]

• 중재판정이 이율을 명시하지 않은 경우 집행재판에서 보충 가능성

내국중재판정의 경우에는 드물지만, 외국중재판정 중에는 법정이율이나 공적으로 고시되는 이율에 의한 지연손해금을 명하면서 실제로 그 이율이 얼마인지는 명시하지 않는 중재판정이 적지 않다. 이 경우 우리나라 민사집행 절차에서는 집행기관이 스스로 이율을 정하여 집행할 것은 기대하기 어려우므로, 집행재판에서 그 이율을 확정하여 명할 수 있는지 문제된다.

중재판정에 관한 논의는 아니지만, 독일에서는 외국법원의 판결이 이자의 지급을 명하였지만 이율을 기재하지 않은 경우 승인국인 독일의 법관이 그 금액을 정하거나, 이자율을 확정하여 집행판결에서 이자지급을 명할 수 있다고 보는 견해가 유력하다고 한다.[103] 우리나라에서도 중재판정에 관한 것은 아니지만 이를 긍정하고, 나

---

102) 대법원 1997. 5. 9. 선고 95다34385 판결; 대법원 2011. 1. 27. 선고 2009다10249 판결; 법원행정처, 국제거래재판실무편람, 2006, 66-67면.
103) 석광현, "민사 및 상사사건에서의 외국재판의 승인 및 집행", 국제사법과 국제소송 제1권,

아가 외국재판의 주문의 내용과 범위가 명확하지 않은 경우 승인국 법원이 해석에 의하여 이를 보충할 수 있다는 견해가 있다.[104]

중재판정에 관하여든 외국판결에 관하여든, 이 문제에 대하여 우리나라 법원이 명시적으로 허용여부를 판시한 것은 발견되지 않는데, 실무상 집행판결에 별지로 첨부되는 중재판정의 주문에 이자율을 추가하여 명시하는 사례는 종종 발견된다.[105] 불확실성을 방지하기 위해서는 가급적 중재판정에서 지연손해금에 관하여는 원본, 이자율, 이자발생기간을 특정하여 집행이 명료하게 이루어질 수 있도록 하여야 할 것이다. 만약 중재판정에서 이를 특정하지 못한 경우에도, 각 절차법규에 따라 인정되는 중재판정의 정정, 해석, 추가판정 절차를 이용하여 중재판정의 형태로 지연손해금 계산 기준을 명확히 해 두어야 한다.[106]

9.5.10 집행재판의 효력

중재법 개정 전에는 집행판결이 원고 승소로 확정되면 강제집행에 관한 법에 따라 피고 재산에 대하여 강제집행할 수 있었다.[107]

또한 중재판정은 승인·집행의 거부사유가 매우 제한되어 있어 가집행선고에 따라 피고가 손해를 입을 위험도 크지 않으므로, 가집행선고를 붙일 수 있다는 견해가 유력했고,[108] 실무상으로도 집행판결에는 가집행을 붙이고 있었다. 개정 중재법에 따

2001, 352면 참조.

104) 석광현, "민사 및 상사사건에서의 외국재판의 승인 및 집행", 국제사법과 국제소송 제1권, 2001, 353면 참조. 입법론으로 중재판정에 대한 집행판결시에 지연이자의 추가 판결을 가능하게 할 필요가 있다는 견해로는 장문철, "외국중재판정과 외국판결에 대한 집행청구소송에 관한 평석", 안암법학 제3호, 1995, 543면 참조.

105) 서울고등법원 1989. 6. 26. 선고 88나8410 판결. 자세한 설명은 부록 1 참조.

106) 이러한 신청에는 기간 제한이 있음에 주의하여야 한다. 중재법 제34조, 국내중재규칙 제54조, 국제중재규칙 제36조, ICC 중재규칙 제35조 등 참조.

107) 구체적인 강제집행 절차에 대하여는 법원실무제요 민사집행, 법원행정처, 2014 참고.

108) 주석중재법, 244면; 석광현, 332면도 가집행선고를 긍정하고 있다. 참고로, 1999년 개정 전 구 중재법 제14조 제3항에는 '집행판결에는 상당한 담보를 제공하게 하거나 담보를 제공하지 아니하고 가집행을 할 수 있음을 선고하여야 한다.'고 규정하고 있었다. 런던에서 내려진 중재판정에 대하여 우리나라에서 집행판결청구의 소가 제기된 사건에서, 대법원은 위 중재판정이 1999년 개정 중재법 시행 이전에 중재가 개시된 사건이라는 이유로 중재법 부칙 제2조에 따라 위 구 중재법 규정을 적용하여 가집행선고를 붙인 것이 타당하다고 판시하였다. 대법원 2004. 12. 9. 선고 2003다62019 판결 참조.

르면 중재판정 집행재판은 결정으로 내려지므로 즉시 집행력을 가지고, 이에 대하여 즉시항고 하더라도 별도로 집행정지 명령을 받지 않는 한 집행정지의 효력은 없다.[109] 다만 집행정지 명령이 내려진 경우에는 그 결정에 대해서 불복할 수 없다.[110]

9.6 중재판정 취소와 승인 · 집행 거부 사유를 판단하는 기준 시점

9.6.1 변론종결시

중재판정의 취소 사유나 승인 · 집행 거부 사유를 판단할 때는 변론종결시를 기준으로 하여 판단한다.

> 집행판결은 외국중재판정에 대하여 집행력을 부여하여 우리나라 법률상의 강제집행절차로 나아갈 수 있도록 허용하는 것으로서 그 변론종결시를 기준으로 하여 집행력의 유무를 판단하는 재판[111]

즉, 중재절차의 특정 시점에 중재판정 취소사유에 해당하는 절차적 흠결이나 중재합의 요건 불비 등의 문제가 있었다 하더라도, 변론종결시에는 이의신청권의 포기나 중재합의 성립 등으로 그러한 하자가 치유되었다면 중재판정을 취소하거나 집행을 거부할 수 없다. 반대로 일단 중재판정이 내려진 후에는 중재합의 소멸 등의 사유가 발생하더라도 중재판정의 효력에는 영향을 미치지 않는다.

아래에서 보는 것처럼 청구이의 사유가 발생한 경우 집행판결을 불허하는 판례 법리가 있는데, 구 중재법하의 판결로 중재판정의 집행 절차에서 청구이의 사유 판단은 중재절차의 심문종결일을 기준으로 한다는 판결이 있다. 이 사건에서 피고는 중재절차에서 심문종결(최종준비서면 제출시한) 이후에 일부 금원을 지급하였다. 중재판정은 그로부터 2년 정도 지나서 서명되었는데, 원고는 기판력의 기준시점이 중재판정의 서명일이 되어야 한다고 주장하면서, 피고의 변제는 기판력 기준시 이전의 사유에 불과하다고 주장하였다. 서울민사지방법원은 구 중재법 및 구 민사소송법의 해석에 따라 중재판정에서 기판력의 기준시는 심문종결일로 보아야 한다고 판시하면서 피고의 항변을 받아들이고, 그 변제된 부분에 한하여 강제집행을 불허하였다.[112]

---

109) 개정 중재법 제37조 제6항, 제7항.
110) 개정 중재법 제37조 제8항.
111) 대법원 2003. 4. 11. 선고 2001다20134 판결.

9.6.2 중재판정 이후 청구이의 사유 발생

대법원은 중재판정 이후에 생긴 사정으로 인해 중재판정의 집행을 허용하는 뉴욕협약 제5조 제2항 b호의 공공질서 위반에 해당하는 경우 중재판정의 집행을 거부할 수 있다고 판시하였다.

> 중재판정의 성립 이후 채무의 소멸과 같은 집행법상 청구이의의 사유가 발생하여 중재판정문에 터잡아 강제집행절차를 밟아 나가도록 허용하는 것이 우리 법의 기본적 원리에 반한다는 사정이 집행재판의 변론과정에서 드러난 경우에는, 법원은 뉴욕협약 제5조 제2항 (나)호의 공공질서 위반에 해당하는 것으로 보아 그 중재판정의 집행을 거부할 수 있다 할 것이다. 이와 같이 해석하는 것이 집행판결의 확정 이후에 별도의 청구이의 소송을 통하여 다투도록 하는 것보다 소송경제에 부합할 뿐만 아니라, 변론을 거친 판결의 형식에 의하여 집행판결을 하도록 정한 우리 법제에 비추어 타당하기 때문이다.[113]

이처럼 중재판정 이후에 발생한 사정으로 중재판정의 승인·집행을 거부할 수 있는 예로 중재판정의 목적이 되는 채무의 전부 또는 일부 소멸을 들 수 있다. 서울고등법원은 중재판정 이후 패소 당사자가 그 판정에 따라 성실하게 그 내용을 이행하였는데도 승소 당사자가 그 판정의 승인·집행을 구한다면 이러한 집행을 허용하는 것은 공공질서에 반한다고 판시하였다.[114]

> 청구이의의 사유가 위 뉴욕협약상 국가의 공공질서에 반하는 경우에 해당하는지에 관하여 살펴보면, 비록 확정된 외국에서의 중재판정이라고 하더라도 그 권리의 행사는 신의에 좇아 성실히 행사되어야 하고 그 판정에 기한 집행이 권리남용이 되는 경우에는 허용되지 않는다고 할 것인데, 중재판정 이후 그 판정에 따라 판정의 상대방이 성실하게 그 내용을 이행하여 결과적으로 그 집행을 구하고자 하는 내용이 실체적 권리관계에 배치되는 경우 그 중재판정에 의하여 집행할 수 있는 것으로 확정된 권리의 성질과 그 내용, 판정의 성립 경위 및 판정 성립 후 집행에 이르기까지의 사정, 그 집행이 당사자에게 미치는 영향 등 제반 사정을 종합하여 볼 때, 그 확정된 중재판정에 기한 집행이 현저히 부당하고 상대방으로 하여금 그 집행을 수인하도록 하는 것이 정의에 반함이 명백하여 사회생활상 용인할 수 없다고 인정되는 경우에는 그 집행은 권리남용으로서 허용되지 않는다고 할 것이고(확정판결에 기한 권리행사의 경우에 대한 대법원 1997. 9. 12. 선고 96다4862 판결, 대법원 1984. 7. 24. 선고 84다

---

112) 서울민사지방법원 1993. 12. 7. 선고 93가합6770, 27500 판결.
113) 대법원 2003. 4. 11. 선고 2001다20134 판결.
114) 서울고등법원 2001. 2. 27. 선고 2000나23725 판결. 이 사건은 베트남상사중재원 중재판정에 관한 것인데, 자세한 내용은 부록 1 참조.

카572 판결 각 참조), 따라서 위와 같은 제한적인 경우에 한하여 청구이의의 사유는 위 뉴욕협약에서 정한 외국중재판정의 집행거부사유에 해당한다고 봄이 상당하다(이와 같은 청구이의사유를 집행판결을 구하는 소송과정에서 상대방 당사자가 제한적으로나마 항변으로 주장할 수 있도록 하는 것이 이미 구속력 있는 판결 · 중재판정의 강제집행절차의 한 과정인 집행판결절차에서 집행판결 후 청구이의의 소 등으로서만 다투게 하는 것보다는 당사자에게 편리하고 경제적인 측면도 있다).

위 사건에서 피고는 중재판정에서 명한 의무 중 일부만 이행을 하고 일부는 이행을 하지 않아서, 이행된 부분에 한하여서만 중재판정에 따른 집행판결을 거부하고, 나머지 이행이 되지 않은 부분만 분리하여 집행판결을 할 수 있는지 문제되었는데, 대상판결은 중재판정 일부의 집행이 가능하다는 점을 명시적으로 밝혔다.

원칙적으로 집행판결의 경우 집행법원은 중재판정의 형식적 요건만을 심사하여야 하고, 집행판결은 외국중재판정의 전부에 대하여 집행력을 부여하는 형성판결이므로 그 판정 주문 중 일부분에 대해서만 집행판결을 할 수는 없다고 보아야 할 것이지만, 뉴욕협약 제5조 제1항 (c) 단서는 중재인이 권한을 벗어나 내린 판정도 그 권한 내에 속하는 부분만을 승인하여 주거나 집행을 해 줄 수 있음을 규정하고 있고, 이는 집행판결을 하는 법원의 재량에 맡겨진 것이라 할 것인데, 위와 같은 뉴욕협약의 규정은 단지 그 제5조 제1항 (c)항의 경우에 한하여 부분 집행의 가능성을 열어둔 것으로 해석할 것이 아니라 위 제5조 제1, 2항 모두에 대하여 부분 집행의 가능성을 열어둔 것이라고 해석하는 것이 상당하고, 다만 위 (c)항의 경우에는 더 제한적으로 해석하여 한 개의 집행주문 중에서도 나누어 집행을 허가할 수 있도록 하였다고 보는 것이 상당하다. 따라서 위와 같은 뉴욕협약 규정의 취지에 비추어 보건대, 판정 주문이 여러 개의 항으로 나누어져 있고, 그 중 판정 주문에 따른 이행이 완료된 부분에 관한 주문의 항과 이행이 되지 아니한 주문의 항이 명백하게 나누어져 있는 경우에 그 중재판정 중 위 이행이 완료된 주문의 항에 한하여 집행을 거부할 사유가 있는 경우에는 그 부분에 한하여 집행판결을 하지 않을 수 있고, 나머지 이행이 되지 아니한 부분의 주문 항에 한하여 집행을 허가할 수도 있다고 봄이 상당하고, 다만 한 개의 주문 항에 이행이 된 부분과 이행이 되지 아니한 부분이 함께 기재되어 있는 경우(예를 들면, 원금과 지연손해금의 지급을 함께 명하는 주문의 1개 항 중 원금의 지급만이 이행이 된 경우) 중에는 집행의 명료성을 위하여 그 부분 항 전체에 대하여 집행판결을 하는 것이 타당하다고 할 것이다.

서울고등법원의 위와 같은 논리는 대법원의 후속 판결에서 재확인되었다. 즉, 대법원은 중재판정의 성립 이후 채무의 소멸과 같은 집행법상 청구이의의 사유가 발생하여 중재판정문에 터잡아 강제집행절차를 밟아 나가도록 허용하는 것이 우리 법의 기본적 원리에 반한다는 사정이 집행재판의 변론과정에서 드러난 경우에는, 법원은

뉴욕협약 제5조 제2항 b호의 공공질서 위반에 해당하는 것으로 보아 그 중재판정의
집행을 거부할 수 있다고 판시하였다.[115] 이 사건에서는 중재절차에서 상계를 주장하
였다가 배척된 후 다시 집행판결청구소송 절차에서 상계를 주장한 경우 집행거부 사
유에 해당하지 않는다고 판시하였는데, 판시내용만으로 보면 중재판정 이후에 비로소
상계 주장을 한 경우에는 집행거부 사유에 해당할 수 있는 것처럼 해석된다.

    그런데 대법원이 이에 관하여 달리 판시한 사례도 있다. 런던에서 진행된 중재
사건에서 피신청인이 중재심리 종결 후 상계주장을 하였으나, 중재판정부는 심리가
모두 종료된 후 새롭게 제기한 상계주장은 심리하지 않겠으니 이 문제는 별도로 당
사자 간의 합의나 법원의 집행절차 등에서 해결할 수 있을 것이라고 중재판정문에
판시하였다. 이에 피신청인은 우리나라 법원의 집행판결청구소송 절차에서 상계 주장
을 하였으나 법원은 이를 승인·집행 거부 사유로 인정하지 않았다.[116]

> 외국의 중재판정부가 중재판정 이유에서 국내법원에 대하여 중재절차에서 심리되지 아니한
> 문제를 심리해 줄 것을 요구하였다고 하더라도 그러한 요구만으로 국내법원에게 이를 심
> 리·판단할 권한이나 의무가 발생하는 것은 아니라 할 것이고, 또한 원고들 및 피고 사이에
> 이 사건 도급계약과 관련된 분쟁은 중재판정에 의하여 해결하기로 합의한 이상 이 사건 도
> 급계약과 관련된 자동채권의 존재를 이유로 한 상계항변에 대하여 중재판정부가 당사자들
> 간의 중재합의에 반하여 중재 이외의 별도의 해결방법을 정할 권한이 있다고 볼 수 없으며,
> 국내법원 또한 당사자들의 중재합의에 반하여 피고가 주장하는 상계채권의 존부 및 범위에
> 관하여 심리·판단할 권한은 없으므로, 피고의 상계주장은 당사자들의 중재합의에 따라 별도
> 의 중재판정으로 해결하여야 할 것이지 이 법원이 심리·판단할 문제가 아니[다].

---

115) 대법원 2010. 4. 29. 선고 2010다3148 판결.
116) 대법원 2004. 12. 9. 선고 2003다62019 판결. 이 사건에서 대법원은 중재절차가 1999년 중재
    법 개정 이전에 진행 중이었다는 이유로 구 중재법을 적용하였는데, 위 2001다20134 사건이
    나 2010다3148 사건도 대상 중재사건이 1999년 중재법 개정 이전에 진행되었음은 마찬가지
    이다. 독일에서는 중재절차에서는 제기할 수 없었던 상계항변은 집행절차에서 제기할 수 있
    다고 한다. Herbert Kronke, et al., Recognition and Enforcement of Foreign Arbitral Award
    - A Global Commentary on the New York Convention, Kluwer Law International, 2010,
    131-132면 참조.

중재판정 취소와 승인 및 집행 (2)
─ 취소 또는 거부사유

제 10 장

중재판정 취소와 승인 및 집행 (2)
― 취소 또는 거부사유

10.1 중재판정 취소 또는 승인 · 집행 거부 사유에 관한 규정

10.1.1 내국중재판정의 취소 또는 승인 · 집행 거부 사유

내국중재판정은 중재법 제36조 제2항에 규정된 취소사유가 있는 경우에 취소할 수 있다.[1]

1. 중재판정의 취소를 구하는 당사자가 다음 각 목의 어느 하나에 해당하는 사실을 증명하는 경우
    가. 중재합의의 당사자가 해당 준거법(준거법)에 따라 중재합의 당시 무능력자였던 사실 또는 중재합의가 당사자들이 지정한 법에 따라 무효이거나 그러한 지정이 없는 경우에는 대한민국의 법에 따라 무효인 사실
    나. 중재판정의 취소를 구하는 당사자가 중재인의 선정 또는 중재절차에 관하여 적절한 통지를 받지 못하였거나 그 밖의 사유로 변론을 할 수 없었던 사실
    다. 중재판정이 중재합의의 대상이 아닌 분쟁을 다룬 사실 또는 중재판정이 중재합의의 범위를 벗어난 사항을 다룬 사실. 다만, 중재판정이 중재합의의 대상에 관한 부분과 대상이 아닌 부분으로 분리될 수 있는 경우에는 대상이 아닌 중재판정 부분만을 취소할 수 있다.
    라. 중재판정부의 구성 또는 중재절차가 이 법의 강행규정에 반하지 아니하는 당사자 간의 합의에 따르지 아니하였거나 그러한 합의가 없는 경우에는 이 법에 따르지 아니하였다는 사실
2. 법원이 직권으로 다음 각 목의 어느 하나에 해당하는 사유가 있다고 인정하는 경우
    가. 중재판정의 대상이 된 분쟁이 대한민국의 법에 따라 중재로 해결될 수 없는 경우

---

1) 중재법 제36조.

　　나. 중재판정의 승인 또는 집행이 대한민국의 선량한 풍속이나 그 밖의 사회질서에 위
　　　　배되는 경우

　내국중재판정에 대한 승인ㆍ집행 거부사유는 위 중재판정 취소사유에 더하여 아
래 사유가 포함된다.[2]

　　나. 1) 중재판정의 구속력이 당사자에 대하여 아직 발생하지 아니하였다는 사실
　　나. 2) 중재판정이 법원에 의하여 취소되었다는 사실

　위 중재판정 취소 및 승인ㆍ집행 거부사유 중 제36조 제2항 1호 및 제38조 제1
호의 사유들은 중재판정 취소 또는 승인ㆍ집행 거부를 주장하는 당사자가 주장, 입증
하여야 하지만, 제36조 제2항 2호 및 제38조 제2호의 사유들은 당사자가 제기하지 않
더라도 법원이 직권으로 심리하여야 한다.

10.1.2 뉴욕협약 적용 중재판정의 승인ㆍ집행 거부 사유

　중재법 제39조 제1항은 외국중재판정의 승인ㆍ집행은 뉴욕협약에 의한다는 것을
명시하였다. 뉴욕협약 제5조에 규정된 중재판정의 승인ㆍ집행 거부 사유는 아래와 같다.

1. 판정의 승인과 집행은 판정이 불리하게 원용되는 당사자의 청구에 의하여 그 당사자가 판
　정의 승인 및 집행의 요구를 받은 국가의 권한있는 기관에게 다음의 증거를 제출하는 경
　우에 한하여 거부될 수 있다.
　　a. 제2조에 규정된 합의의 당사자가 그들에게 적용될 법률에 의하여 무능력자이었던가
　　　또는 당사자들이 준거법으로서 지정한 법령에 의하여 또는 지정이 없는 경우에는 판
　　　정을 내린 국가의 법령에 의하여 전기 합의가 무효인 경우, 또는
　　b. 판정이 불리하게 원용되는 당사자가 중재인의 선정이나 중재절차에 관하여 적절한
　　　통고를 받지 아니하였거나 또는 기타 이유에 의하여 변론할 수 없었을 경우, 또는
　　c. 판정이 중재부탁조항에 규정되어 있지 아니하거나 또는 그 조항의 범위에 속하지 아
　　　니하는 분쟁에 관한 것이거나 또는 그 판정이 중재부탁의 범위를 벗어나는 사항에
　　　관한 결정을 포함하는 경우. 다만, 중재에 부탁한 사항에 관한 결정이 부탁하지 아니

---

2) 중재법 제38조. 2016년 개정 전 중재법 제38조는 승인ㆍ집행 거부사유를 규정하면서 중재판
　정 취소에 관한 제36조 제2항을 참조하였기 때문에 UNCITRAL 모델중재법이나 뉴욕협약과
　달리, '중재판정의 효력이 정지되거나 취소된 경우'는 승인ㆍ집행 거부사유에 포함되어 있지
　않았는데, 개정 중재법에서는 UNCITRAL 모델중재법과 비슷하게 '중재판정의 구속력이 당사
　자에 대하여 아직 발생하지 아니하였다는 사실'과 '중재판정이 법원에 의하여 취소되었다는
　사실'이 증명된 때에도 중재판정의 승인ㆍ집행 거부사유로 열거하였다(제38조 제1호 나목).

한 사항과 분리될 수 있는 경우에는 중재부탁 사항에 관한 결정을 포함하는 판정의 부분은 승인되고 집행될 수 있다.
- d. 중재기관의 구성이나 중재절차가 당사자간의 합의와 합치하지 아니하거나, 또는 이러한 합의가 없는 경우에는 중재를 행하는 국가 법령에 합치하지 아니하는 경우, 또는
- e. 판정이 당사자에 대한 구속력을 발생하지 아니하였거나, 또는 판정이 내려진 국가 또는 판정의 기초된 법이 속하는 국가의 권한 있는 기관에 의하여 취소 또는 정지된 경우
2. 중재판정의 승인 및 집행이 요구된 국가의 권한있는 기관이 다음의 사항을 인정하는 경우에도, 중재판정의 승인과 집행을 거부할 수 있다.
- a. 분쟁의 대상인 사항이 그 국가의 법률하에서는 중재에 의한 해결을 할 수 없는 것일 경우, 또는
- b. 판정의 승인이나 집행이 그 국가의 공공의 질서에 반하는 경우

내국중재판정과 뉴욕협약 적용 중재판정에 대한 승인·집행 거부 사유는 대체로 비슷하다.

10.1.3 뉴욕협약 비적용 중재판정의 승인·집행 거부 사유

뉴욕협약 비적용 중재판정의 승인·집행에는 민사소송법 제217조, 민사집행법 제26조 제1항, 제27조가 준용된다.[3]

- **민사집행법 제26조 제1항**
  외국법원의 판결 또는 이와 동일한 효력이 인정되는 재판(이하 "확정재판등"이라 한다)에 기초한 강제집행은 대한민국 법원에서 집행판결로 그 강제집행을 허가하여야 할 수 있다.

- **민사집행법 제27조**
  ① 집행판결은 재판의 옳고 그름을 조사하지 아니하고 하여야 한다.
  ② 집행판결을 청구하는 소는 다음 각호 가운데 어느 하나에 해당하면 각하하여야 한다.
  1. 외국법원의 확정재판등이 확정된 것을 증명하지 아니한 때
  2. 외국법원의 확정재판등이 민사소송법 제217조의 조건을 갖추지 아니한 때

- **민사소송법 제217조 제1항**
  외국법원의 확정판결 또는 이와 동일한 효력이 인정되는 재판(이하 "확정재판등"이라 한다)은 다음 각호의 요건을 모두 갖추어야 승인된다.
  1. 대한민국의 법령 또는 조약에 따른 국제재판관할의 원칙상 그 외국법원의 국제재판관할권이 인정될 것

---

3) 중재법 제39조 제2항.

   2. 패소한 피고가 소장 또는 이에 준하는 서면 및 기일통지서나 명령을 적법한 방식에
      따라 방어에 필요한 시간여유를 두고 송달받았거나(공시송달이나 이와 비슷한 송달에
      의한 경우를 제외한다) 송달받지 아니하였더라도 소송에 응하였을 것
   3. 확정재판등의 내용 및 소송절차에 비추어 그 확정재판등의 승인이 대한민국의 선량한
      풍속이나 그 밖의 사회질서에 어긋나지 아니할 것
   4. 상호보증이 있거나 대한민국과 그 외국법인이 속하는 국가에 있어 확정재판등의 승인
      요건이 현저히 균형을 상실하지 아니하고 중요한 점에서 실질적으로 차이가 없을 것

   뉴욕협약 비적용 중재판정에 대하여 중재법 제39조 제2항에 따라 집행재판을 한
사례는 아직 발견하지 못하였다. 그러나 민사소송법과 민사집행법의 규정들은 외국재
판의 집행에 관한 것이므로, 외국재판의 집행에 관한 법리를 살펴보면 어느 정도 기
준을 얻을 수 있을 것이다.

   위 각 규정에서 알 수 있듯이, 중재판정 취소와 승인·집행 거부 사유는 대부분
중첩되고, 이와 달리 뉴욕협약 비적용 중재판정에 대한 집행 거부 사유만 민사소송
법상 외국재판 승인 사유에 준하여 판단하게 되어 있다. 이하에서는 편의상 중재판
정취소나 집행재판을 구별하지 않고 각 사유별 해석론을 대법원 판례를 중심으로
살펴본다.[4]

10.2 중재합의 당사자의 무능력 또는 중재합의의 무효

• 중재합의의 당사자가 해당 준거법에 따라 중재합의 당시 무능력자였던 사실 또는 중재합
  의가 당사자들이 지정한 법에 따라 무효이거나 그러한 지정이 없는 경우에는 대한민국의
  법에 따라 무효인 사실
  [중재법 제36조 제2항 제1호 가목(중재판정 취소), 제38조 제1호 가목(내국중재판정 집행)]

• 중재합의의 당사자가 그들에게 적용될 법률에 의하여 무능력자이거나, 중재합의가 당사자간에
  약정된 법, 만일 이러한 약정이 없다면 중재판정이 내려진 나라의 법 아래에서 무효인 경우
  [뉴욕협약 제5조 제1항 a호(뉴욕협약 적용 중재판정 집행)]

---

  4) 다른 나라의 사례들은 van den Berg; International Council for Commercial Arbitration, ICCA's
     Guide To The Interpretation Of The 1958 New York Convention, 2011; Herbert Kronke, et
     al., Recognition and Enforcement of Foreign Arbitral Award — A Global Commentary on
     the New York Convention, Kluwer Law International, 2010 참고. UNCITRAL은 최근 뉴욕협약
     에 대한 가이드와 각국 판례 등 여러 유용한 자료들을 담은 웹사이트(http://newyorkconvention
     1958.org)를 열었다.

10.2.1 판단 기준

당사자의 무능력 여부를 결정하는 준거법에 관하여는 제3.2.3절, 중재합의의 유효성을 판단하는 준거법에 관하여는 제3.2.1절에 자세히 설명하였다.

10.2.2 입증책임 및 입증할 사항

당사자의 무능력 또는 중재합의의 무효는 중재판정의 효력을 부정하는 당사자가 입증하여야 할 사항이다.[5] 이는 중재합의의 대상인 분쟁에 관하여 법원에 소가 제기된 경우에 피고가 중재합의가 있다는 항변을 하여야 하는 것과 구별된다.[6]

대법원은 중재합의가 유효하기 위한 최소한의 요건은 분쟁을 중재에 의하여 해결하겠다는 명시적인 의사표시이고, 중재기관, 준거법이나 중재지는 명시되지 않아도 무방하다고 보고 있지만,[7] 중재인, 중재기관을 잘못 지정하거나 복수로 지정하는 경우 등에 대하여는 당사자들의 의사를 합리적으로 해석하여 중재합의의 유효성 여부를 판단하고 있다.[8] 다만, 분쟁을 중재로 해결하기로 하면서도 법원의 재판에 의한 해결 가능성도 열어두고 있는 소위 선택적 중재합의의 경우에는 상대방이 중재에 이의 없이 응하지 않는 한 중재합의로서 효력이 없다고 판시하고 있다.[9]

중재합의가 유효하기 위한 요건이나 한국 판례상 중재합의의 효력이 문제되었던 다양한 사례들에 대해서는 제2장에서 이미 상세히 소개하였다.

10.2.3 본안에 관한 판단과 독자적 심리

중재조항이 포함된 본 계약의 효력에 대하여는 중재판정부가 실체적인 심사권한을 가지지만, 중재조항의 효력에 대해서는 집행재판을 담당하는 법원이 독자적인 심사를 할 필요가 있다.

---

5) 중재법 제36조 제2항 제1호, 제38조 제1호 및 뉴욕협약 제5조 제1항 참조; Born, 3177-3183면 참조.
6) 중재법 제9조 제1항 및 뉴욕협약 제2조 제1항 참조; Born, 751-763면 참조.
7) 대법원 2007. 5. 31. 선고 2005다74344 판결.
8) 대법원 1996. 4. 12. 선고 96다280 판결, 서울고등법원 1980. 6. 26. 선고 80나535 판결, 서울민사지방법원 1992. 5. 1. 선고 91가합45511 판결, 서울민사지방법원 1984. 4. 12. 선고 83가합7051 판결 등 참조.
9) 선택적 중재합의의 효력에 대한 자세한 설명은 제2.3.5절 참조.

ICC 중재에 따른 중재판정의 집행판결청구소송에서, 피고가 중재합의의 효력을 다투었는데, 대법원은 "중재합의의 원시적 무효를 주장하는 것이 아니라, 이 사건과 같이 …(중략)… 중재약정이 실효되었다고 주장되고 있는 경우에는, 그 중재약정의 실효여부의 판단은 본안에 관한 판단과 불가분적으로 결부되어 있으므로 본안에 관한 판단에 준하여 그 자체가 중재인(중재판정부)의 판단에 따를 사항"이라고 하면서 "중재판정부의 해석을 받아들이는 것이 우리나라의 기본적인 도덕과 정의관념에 반한다고 인정되지 아니하는 한 중재판정부의 판정내용은 존중"되어야 한다는 이유로 중재합의의 효력에 대한 독립적인 심리를 자제하는 판결을 한 바 있다.[10] 이 판결은 중재계약의 무효와 실효를 구분하면서 실효는 뉴욕협약 제5조 제1항 a호의 사유에 해당하지 않는 것처럼 취급하고 있는데, 이에 대하여는 뉴욕협약상 중재합의의 무효와 실효를 구분할 근거가 없고, 중재계약이 포함된 전체계약의 효력이 무효가 되거나 효력을 상실하는 경우에도 중재계약은 집행판결청구의 소 수소법원이 별도로 그 효력여부를 판단해야 한다는 비판이 있다.[11]

10.3 방어권의 침해

• 당사자가 중재인의 선정 또는 중재절차에 관하여 적절한 통지를 받지 못하였거나 기타의 사유로 인하여 변론을 할 수 없었던 사실
[중재법 제36조 제2항 제1호 나목(중재판정 취소), 제38조 제1호 가목(내국중재판정 집행)]

• 판정이 불리하게 원용되는 당사자가 중재인의 선정이나 중재절차에 관하여 적절한 통고를 받지 아니하였거나 또는 기타 이유에 의하여 변론할 수 없었을 경우[12]
[뉴욕협약 제5조 제1항 b호(뉴욕협약 적용 중재판정 집행)]

• 패소한 피고가 소장 또는 이에 준하는 서면 및 기일통지서나 명령을 적법한 방식에 따라 방어에 필요한 시간여유를 두고 송달받았거나(공시송달이나 이와 비슷한 송달에 의한 경우를 제외한다) 송달받지 아니하였더라도 소송에 응하였을 것
[민사소송법 제217조 제1항 제3호(뉴욕협약 비적용 중재판정 집행을 위한 적극적 요건)]

---

10) 대법원 1995. 2. 14. 선고 93다53054 판결. 중재조항의 독립성에 대한 자세한 설명은 제2.1.4절 참조.

11) 김갑유, "외국중재판정의 집행과 중재약정의 실효", 상사판례연구 제7권, 2007, 567-570면.

12) 정부가 공포한 번역문에는 "기타 이유에 의하여 응할 수 없었을 경우"라고 되어 있으나, 영어 원문은 "unable to present his case"라고 되어 있어 위와 같이 번역하는 것이 타당할 것이다. 주석중재법, 382면; 목영준, 293면 참조.

10.3.1 판단 기준

이 사유는 중재에 있어서 절차적 보장 내지 심문청구권의 보장에 관한 규정이다. 다만 당사자에게 기회가 충분히 부여되었음에도 스스로 권리를 행사하지 않은 경우에는 방어권 침해가 인정되지 않는다.[13]

대법원은 이 규정의 취지는 위와 같은 사유로 당사자의 방어권이 침해된 모든 경우를 말하는 것이 아니라 "그 방어권 침해의 정도가 현저하게 용인할 수 없는 경우만으로 한정되는 것"이라고 해석하고 있다. 또 중재 당사자의 방어권 보장은 "절차적 정의실현과 직결되어 공공의 질서의 일부를 이루는 것이므로 이는 집행국 법령의 기준에 의하여 판단하여야" 한다고 판시하여, 중재판정 집행이 거부될 수 있는 방어권 침해의 정도에 대하여 확실한 기준을 제시하였다.[14]

이로부터 2가지 중요한 원칙이 도출된다. 첫째, 법원은 패소당사자의 방어권 침해의 정도가 현저하게 용인할 수 없는 경우에 한정된다고 보았으므로, 경우에 따라서 이는 공서양속 위반에도 해당할 수 있다. 즉, 뉴욕협약 제5조 제1항 b호의 집행 거부사유(방어권의 침해)는 동 협약 제5조 제2항 b호에 의한 집행거부사유(공서양속 위반)에 포섭되는 경우도 있을 것이다. 둘째, 패소당사자의 방어권이 침해되었는지 여부는 집행국 법령에 따라 판단하지만, 집행국 법령을 위반하였다고 하여 바로 뉴욕협약상의 절차적 방어권 침해라고 판단하여서는 안 되며, 사안에 따라 구체적인 내용을 전체적으로 살펴본 후 신중하게 결정하여야 할 것이다.[15] 이러한 원칙들은 뉴욕협약에 따라 적정절차와 공서양속을 판단하는 외국의 사례들에서도 확인된 바 있다.[16]

---

13) 서울민사지방법원 1984. 4. 12. 선고 83가합7051 판결, 대법원 1990. 4. 10. 선고 89다카20252 판결 등 참조.

14) 대법원 1990. 4. 10. 선고 89다카20252 판결.

15) 대법원 1990. 4. 10. 선고 89다카20252 판결 참조.

16) 예를 들어, van den Berg, 376-380면; 주석중재법, 388면 등 참조. 국제상사중재위원회(International Council for Commercial Arbitration)에서 매년 발간하는 Yearbook Commercial Arbitration에는 국가별로 중재와 관련된 동향, 주요 판례가 실리는데, 뉴욕협약 적용 중재판정의 집행판결 사례에서 방어권 침해 주장은 자주 제기된다. 피신청인이 중재신청서를 통보받기 전에 사망한 사례에 관한 스페인 법원의 승인 거절 판결(1989년 Yearbook), 통지가 늦은 경우에 관한 홍콩 법원의 취소 주장 기각 판결(1993년 Yearbook), 당사자의 일부 주장이 고려되지 않은 경우에 관한 독일 법원의 취소 주장 기각 판결(1992년 Yearbook) 등, 다양한 사례를 참고할 수 있다.

10.3.2 송달, 문서제출요청

중재에서는 중재신청서를 비롯한 서류 송달이 소송절차와 같이 엄격하게 규율되지는 않는다는 점에 유의하여야 한다. 따라서 이메일을 통해서 중재신청서를 받거나 적법한 대리인이 아닌 법무법인에 의하여 사실상 전달을 받은 경우에도 중재판정의 효력을 부정할 정도의 방어권 침해로 인정되지는 않는다.[17] 따라서 뉴욕협약 비적용 중재판정의 승인·집행에 민사소송법 제217조 제3호를 적용할 때에도 송달 요건은 소송절차상의 송달보다 완화하여 적용하여야 할 것이다.

서울고등법원은 미국 캘리포니아주에서 AAA 중재규칙에 따라 진행된 중재판정의 집행판결청구 사건에서, 미국 소송절차상 광범하게 인정되는 문서제출요청(discovery)이 받아들여지지 않아서 방어권이 침해되었다는 피고의 항변을 배척하기도 하였다.[18]

10.3.3 중재인 선정 절차

피고가 상대방으로부터 중재인을 선정하라는 통보를 받고도 이에 응하지 아니하고 절차에 전혀 참여하지 아니한 경우에는 뉴욕협약 제5조 제1항 b호 소정의 집행거부사유가 될 수 없다.

이에 대해 설시한 서울민사지방법원 1992. 5. 1. 선고 91가합45511 판결을 소개한다. 이 사건 분쟁의 바탕이 된 용선계약상의 중재조항은 "이 용선계약이나 그 불이행으로부터 또는 그와 관련 관계하여 쌍방 당사자들 사이에 발생하는 모든 분쟁, 논쟁 및 상이점은 런던에서 중재에 의하여 최종적으로 해결한다. 중재는 영국법을 준거법으로 하여 영국상사중재원(The British Commercial arbitration board)[19]의 상사중재규칙 등에 따라 이루어진다. 중재인들이 내리는 중재판정은 최종적인 것이며 관련 쌍방당사자들을 구속한다."고 규정되어 있었다.

---

17) 서울중앙지방법원 2008. 10. 15. 선고 2008나20361 판결, 서울중앙지방법원 2008. 3. 7. 선고 2006가합97721 판결. 또한 이준상, "우리법원에서의 중재판정의 승인", 집행재판의 실무와 개선방안 — 월드뱅크그룹의 2010년 IAB 보고서의 검토를 겸하여 —, 국제투자분쟁연구 제4권, 2010, 21-22면; 주석중재법, 387-388면 등 참고.

18) 서울고등법원 1995. 3. 14. 선고 94나11868 판결.

19) The British Commercial arbitration board라는 중재기관은 영국에 존재하지 않는데, 이러한 중재합의의 효력에 관하여는 제2.3.4절에서 다루었다.

원고는 당초 단독중재인 선정에 동의해줄 것을 요청하였다가 피고가 쌍방 당사자가 각각의 중재인을 선정하기를 바란다고 하자 그 제의를 수락하면서 원고측의 중재인을 선정하고 이를 피고에게 통지하면서 영국중재법에 따라 7일 이내에 피고측의 중재인을 선정해줄 것을 요청하였다. 그러나 피고는 상대방의 중재인 선정요청에 응하지 않고 원고가 선정한 중재인의 중재를 거부하였으며 원고가 재차 중재인 선정기회를 제공하였음에도 원고에게 아무런 답변을 하지 않아 결국 원고가 선정한 단독중재인으로부터 불리한 중재판정을 받기에 이르렀다.

이에 피고는 위 중재판정의 집행을 거부할 다양한 사유를 들었으나 법원은 피고의 항변을 받아들이지 않았다.

첫째, 피고는 이 사건 중재가 영국 중재법뿐 아니라 LMAA(The London Maritime Arbitrators Association) 및 CIA(The Chartered Institute of Arbitrators)의 규정에 따라야 할 것인데, 위 CIA의 규정이나 LMAA 규정에서 중재인 선정, 자료제출 및 변론 절차 등에 관하여 세부적으로 정하고 있음에도 이 사건 중재절차가 이러한 절차를 준수하지 못하여, 중재기관의 구성이나 중재절차가 당사자간의 합의와 합치하지 아니하거나 중재를 행하는 국가의 법령에 합치하지 아니하는 경우에 해당한다고 주장하였다. 그러나 법원은, 원고가 중재를 신청하기 전에 이미 수차에 걸쳐 이 사건 분쟁에 대하여 상세한 협상을 진행하다가 중재에 이르렀고, 원고가 영국 중재법에 의하여 충분한 시간을 주어 피고에게 중재인 선정의 기회를 주었으며, 원고에 의하여 선정된 중재인 역시 피고에게 자료제출 및 변명의 기회를 주었으므로 일부 규정들에 위배된 절차진행이 있었다 하여도 이는 중재판정 집행거부사유가 될 수 없다고 보았다.

둘째, 피고는 당초 원고가 중재인 선정요청을 한 때가 연말연시의 휴가철이어서 런던에서 적절한 중재인을 찾기 어려웠고 피고가 연초에 휴무라고 밝혔음에도 피고가 연초에 갑작스레 중재절차 진행에 관한 기한을 수시로 변경하는 등 원고에 의하여 선정된 중재인 및 원고측 대리인의 자격에 의심을 품게 되었다고 주장하였다. 그러나 법원은 피고가 이미 원고측 대리인과 수차에 걸쳐 이 사건 분쟁 및 중재절차에 관하여 서신을 교환하여 온 마당에 그동안 그 대리권에 대하여 아무런 이의도 제기하지 않았으므로 이러한 사정만으로 피고가 중재절차에 응할 수 없는 경우는 아니라고 판시하였다.

셋째, 피고는 원고가 스스로 중재절차를 중단시키고 협상을 하겠다고 제안하여 일련의 협상을 진행 중이었기 때문에 중재절차에 응하지 아니하였는데 원고가 중재절차를 강행하여 피고의 방어기회를 박탈하였다고 주장하였다. 그러나 법원은 원고가 피고로부터 분쟁대상인 체선료의 일부를 지급받는다면 중재를 중단할 의사를 밝힌 적은 있지만, 피고가 체선료를 전혀 지급하지 아니한 채 종전의 주장만을 되풀이하였으므로, 원고가 위와 같이 중재절차를 중단시키고 협상으로 해결할 의사가 있다고 밝혔다가 절차를 속행한 것이 피고의 방어권을 박탈한 것이라고 볼 수 없다고 판시하였다.

이러한 판단에 따라 법원은 이 사건에서 피고의 방어권이 침해되었다는 주장을 배척하고 중재판정 집행을 허락하였다.

10.3.4 증인신문을 위한 중재심리기일 조정

일방 당사자가 증인진술서를 제출한 증인이 심리기일에 출석하여 증언하지 못하더라도, 그 자체만으로 그 당사자의 방어권이 용인될 수 없을 정도로 현저히 침해되었다고 볼 수는 없다.

중재절차에서 증인진술서를 제출한 증인은 당사자들이 신문을 포기하지 않는 한 심리기일에 출석하여 증인신문을 받아야 한다.[20] 따라서 심리기일은 증인이 출석할 수 있는 날로 정할 필요가 있는데, 미리 전체 중재 일정을 정한 경우 증인이 부득이한 사정으로 정해진 심리기일에 출석할 수 없는 경우가 있다. 이 때문에 심리기일 연기를 요구하였으나 중재판정부가 연기 요청을 배척하고 심리기일을 진행한 후 중재판정을 내린 사안에서, 서울중앙지방법원은 변론권 침해 주장을 배척하였다.[21] 법원은 당사자가 중재 심리기일에 임박해서야 연기신청을 한 점, 연기신청을 하면서도 증인이 확실히 출석할 수 있는 시점을 특정하거나 출석을 담보하지 못한 점, 증인이 출석하지 않더라도 제출된 증인진술서는 모두 증거능력이 인정된 점,[22] 증인진술서 내용에 따르더라도 중재판정의 결론에 차이가 없었다는 점 등을 감안하였다.

---

20) 제5.3.7절, 제5.9.2절 참조.
21) 서울중앙지방법원 2013. 9. 6. 선고 2013가합28556 판결.
22) 상대방의 증인신문 기회가 박탈되었기 때문에 증인진술서도 증거에서 제외하여야 한다는 주장이 있을 수 있으나, 이 사건에서는 상대방이 증인진술서를 증거로 채택하는 데에 동의하였다.

10.4 중재판정부의 권한유월/중재합의의 범위 일탈

• 중재판정이 중재합의의 대상이 아닌 분쟁을 다룬 사실 또는 중재판정이 중재합의의 범위를 벗어난 사항을 다룬 사실. 다만, 중재판정이 중재합의의 대상에 관한 부분과 대상이 아닌 부분으로 분리될 수 있는 경우에는 대상이 아닌 중재판정 부분만을 취소할 수 있다.
  [중재법 제36조 제2항 제1호 다목(중재판정 취소), 제38조 제1호 가목(내국중재판정 집행)]

• 판정이 중재부탁조항에 규정되어 있지 아니하거나 또는 그 조항의 범위에 속하지 아니하는 분쟁에 관한 것이거나 또는 그 판정이 중재부탁의 범위를 벗어나는 사항에 관한 결정을 포함하는 경우. 다만, 중재에 부탁한 사항에 관한 결정이 부탁하지 아니한 사항과 분리될 수 있는 경우에는 중재부탁 사항에 관한 결정을 포함하는 판정의 부분은 승인되고 집행될 수 있다.
  [뉴욕협약 제5조 제1항 c호(뉴욕협약 적용 중재판정 집행)]

10.4.1 판단 기준

이 사유는 유효한 중재합의가 있음을 전제로 하여, 중재에서 내려진 구체적인 판정 내용이 중재합의 범위를 벗어난 경우를 다루는 것이다. 중재합의의 효력이 미치는 범위를 확정함에 있어서는 당사자가 중재합의를 함에 있어서 중재판결의 대상이 된 분쟁을 중재합의 당시에 충분히 예측할 수 있었던 것인지 여부를 참작하여 "엄격하게" 해석하여야 한다는 판결이 있으나, 1999년 중재법 개정 이전 구 중재법하의 하급심 판결이어서 선례로서 가치는 크지 않다.[23] 구 중재법하에서 예측가능성을 기준으로 중재합의의 범위를 판단한 대법원 판결도 있으나, 그 판결에서는 오히려 하급심의 엄격한 해석을 파기하고 예측 가능성을 넓게 보았다.[24] 권한유월에 대한 아래 일련의 판례를 보면 우리 법원이 중재합의의 범위를 넓게 해석하고 있음을 알 수 있다. 우리나라 법원에서 권한유월을 이유로 중재판정의 집행이 거부된 예는 찾기 어렵다.

10.4.2 중재합의의 범위를 넓게 해석한 사례들

법원은 중재합의가 포함된 계약관계로부터 유래한 불법행위로 인한 손해배상 청구도 중재합의의 범위에 포함한다고 판시하기도 하고,[25] 당사자들이 중재 이전에 협

---

23) 서울민사지방법원 1987. 7. 23. 선고 86가합6660, 87가합3428 판결.
24) 대법원 1992. 4. 14. 선고 91다17146, 17153 판결. 자세한 판결 내용은 아래 제10.6절 중재 가능성 부분 참조.
25) 대법원 1992. 4. 14. 선고 91다17146, 17153 판결.

의를 통해 합의가 어느 정도 이루어진 쟁점들에 대하여도 어느 일방에 의해 합의 성립 여부가 다투어진다면 중재판정부가 이에 대하여 판정하는 것은 허용된다고 보는 등,[26] 비교적 중재합의의 범위를 넓게 해석하고 있다.[27]

10.4.3 중재 당사자가 아닌 자를 대상으로 하는 금지명령 가능성

중재판정에서 중재 당사자들이 아닌 제3자에게 금지명령을 내리는 것이 가능한 지와 관련하여, 서울중앙지방법원 2006. 11. 16. 선고 2006가합36924 판결을 소개한다.

피고회사는 원고로부터 건축용 석재의 제작 · 판매에 관련된 라이선스를 부여받 아 석재를 생산하였는데, 피고회사가 계약상의 제품을 무단 복제하여 라이선스 계약 을 위반하였다고 하여 원고는 ICDR 중재규칙에 따른 중재를 신청하였다. 중재판정부 는 당사자인 피고회사 외에도 회사의 직원, 대리인 등 "피고회사의 통제를 받는 모든 기타 실체 및 개인", "피고측 특정당사자와 적극적으로 협력하고 있거나 참여하고 있 는 모든 실체 및 개인"에게도 제품의 복제를 금하는 중재판정을 내렸다. 이에 피고회 사 및 그 대표이사는 '중재판정이 피고회사 이외에 피고회사의 임직원 등에게 금지명 령을 한 것은 중재위탁의 범위를 넘어서고, 중재판정이 특정 불가능하고 실현 불가능 하므로 집행이 거부되어야 한다.'고 항변하였다.

집행판결청구소송에서 법원은, 이 사건 중재판정의 제1부 제16항에 이 사건 중 재절차에서 '원고는 모든 피고측 당사자를 상대로 한 적절한 금지명령적 구제조치'를 요청한다고 기재되어 있는 사실, 이 사건 중재판정 제2부에 의하면 '금지명령적 구제 조치는 1) 모든 피고측 당사자, 2) 피고측의 각 임원, 사장, 이사, 직원, 대리인, 법인 및 비법인 계열회사, 승계인, 3) 피고측의 통제를 받는 모든 기타 실체 및 개인, 4) 본 결정 통지를 받거나 또는 다른 방법으로 본 금지명령의 제한사항이 통보되는 피 고측 특정 당사자와 적극적으로 협력하거나 그에 참여하고 있는 모든 실체 및 개인 에 대하여 적용'된다고 사실을 인정한 후, 위 인정사실에 의하면, 이 사건 중재판정상 피고들 이외의 금지명령의 상대방은 피고 회사의 임직원, 구성원 등 피고들의 지시나 통제에 의하여 원고 제품 복제 등의 행위를 실제 실행할 자들로서, 이들에 대한 금지 명령은 피고들의 원고 제품 복제 등의 행위를 금지하기 위한 적절한 구제조치를 구

---

26) 대법원 2005. 5. 27. 선고 2005다12452 판결.
27) 중재합의의 범위에 관한 다양한 판례는 제2.6절 참조.

하는 원고의 중재위탁조항 내지 그 범위에 속하는 것이라고 봄이 상당하다고 판단하였다.

위와 같은 중재판정이 내려진 것은 중재지인 미국의 절차법에 근거한 것으로 짐작된다.[28] 우리나라 민사소송법상 판결의 효력은 당사자에 대하여만 미치므로, 이 중재판정에 대하여 집행판결이 부여되었다 하더라도 그로 인해 금지명령이 실제로 집행판결청구소송의 당사자가 아닌 사람들에게도 법적인 효력을 가지는지는 의문이다. 위 집행판결청구사건에서 원고와 피고는 중재절차의 당사자였으므로, 법원은 최소한 피고에 대한 중재판정 부분은 승인 및 집행될 수 있다고 판단하였다.

10.4.4 중재 신청취지를 벗어난 중재판정

뉴욕협약상 "판정이 중재부탁의 범위를 벗어나는 사항에 관한 결정을 포함하는 경우"에는 그 집행을 거부할 수 있는데, 부탁한 사항에 관한 결정이 부탁하지 아니한 사항과 분리될 수 있는 경우에는 일부만 승인·집행할 수 있다.[29]

현행 중재법하에서 내국중재판정에 대한 취소나 집행에 관하여는 중재법 제36조 제2항 제1호 다목이 적용될 것이다. 뉴욕협약에서는 "중재부탁의 범위를 벗어난 사항"이라는 표현을 썼지만 중재법에서는 "중재합의의 범위를 벗어난 사항"이라는 표현을 쓰고 있다. 이러한 차이로, 중재합의가 적용되는 종류의 분쟁에 대하여 중재판정부가 단지 중재 신청취지를 넘은 데에 불과한 경우, 중재법 제36조 제2항 제1호 다목을 적용할 수 없다는 주장도 있을 수 있다. 그러나 위 조항 소정의 "중재합의"는 UNCITRAL 모델중재법이나 뉴욕협약에서 사용하는 "중재부탁"과 같은 의미로 해석하는 것이 합리적이다. 실무상으로는 위 다목뿐만 아니라, 라목 중재절차 위반도 함께 주장하는 것이 안전할 것이다.

---

28) 미국법상 대리 법리가 대륙법상 차이가 있어서 본인이 체결한 중재합의의 효력을 그 대리인, 종업원, 대표자 등에게 확대할 여지가 있다고 설명하기도 한다. Bernard Hanotiau, *Complex Arbitrations: Multiparty, Multicontract, Multi-issue and Class Actions*, Kluwer Law International, 2005, 12면 참조. 중재합의의 제3자에 대한 효력에 관하여는 제2.5절 참조. 다만, 중재판정부가 중재계약이 명백히 적용되지 않는 비서명자에게 중재판정문이 구속되도록 한 경우 권한을 넘어선 것이라고 판단한 사례로 Fiat S.p.A. v. Ministry of Finance & Planning of Suriname (88 Civ. 6639 (SWK), 1989 U.S. Dist. LEXIS 11995 (S.D.N.Y. Oct. 12, 1989)) 참조.

29) 뉴욕협약 제5조 제1항 c호.

10.5 중재판정부의 구성 또는 중재절차의 하자

- 중재판정부의 구성 또는 중재절차가 이 법의 강행규정에 반하지 아니하는 당사자간의 합의
  에 따르지 아니하였거나 그러한 합의가 없는 경우에는 이 법에 따르지 아니하였다는 사실
  [중재법 제36조 제2항 제1호 라목(중재판정 취소), 제38조 제1호 가목(내국중재판정 집행)]

- 중재기관의 구성이나 중재절차가 당사자간의 합의와 합치하지 아니하거나, 또는 이러한 합
  의가 없는 경우에는 중재를 행하는 국가 법령에 합치하지 아니하는 경우
  [뉴욕협약 제5조 제1항 d호(뉴욕협약 적용 중재판정 집행)]

10.5.1 판단 기준

중재판정의 집행을 저지하거나 취소하기 위하여는, 중재판정부의 구성 또는 절
차상의 하자로 인하여 당사자의 권리에 '중대한 침해'가 있어야 한다.[30]

중재절차 위반 여부를 판단함에 있어서 법원은 '중재절차에서 적시에 이의를 제
기하였는지 여부'를 중요하게 고려하고 있다. 따라서 중재절차 진행과정에서 절차위
반이 있더라도 이에 대해 중재과정에서 적절히 이의를 제기하지 않은 경우에는 방어
권이 침해되지 않은 것으로 인정될 수 있음을 유의해야 할 것이다.[31] 가령, 내국중재
판정의 집행판결청구소송에서 피고는, 상사중재규칙 제10조 제1항 제1호에 따라 중재
절차에서 중재의 합의를 인증하는 서면의 원본 또는 사본을 제출하도록 규정하고 있
음에도 불구하고 상사중재원이 위 서면을 제출받지 않고 절차를 진행한 위법이 있다
고 주장하였다. 그러나 법원은 '상사중재원의 중재사건에 절차위반이 있다고 하여도
그 중재사건의 심문 과정에서 이의를 제기하지 아니한 이상 이에 대한 이의신청권을
포기하고 책문권을 상실하였다'고 판시하였다.[32]

---

30) Born, 3565면. 한편, 만약 민사소송법상 재심사유에 준하는 절차상 하자가 존재한다면 그 중
재판정은 중재법 제36조 제2항 제2호 나목(공서양속 위반) 사유에 해당할 여지도 있을 것으
로 본다.

31) Born, 3537-3539면. 따라서 중재인 선임 통지를 받고도 아무런 이의를 하지 않았는데 중재인
을 선임할 기회를 부여받지 못했다고 하면서 중재판정 취소를 주장하는 것은 허용되지 않는다
(서울민사지방법원 1984. 4. 12. 선고 83가합7051 판결, 자세한 내용은 제4.1절 중재판정부
부분 참조).

32) 서울지방법원 남부지방법원 1995. 9. 28. 선고 95가합1218 판결. 참고로 당시 중재에 적용된
상사중재규칙 제45조는 "당사자가 위 규칙의 규정 또는 요건이 지켜지지 아니한 것을 알거나
알 수 있으면서 이에 대하여 지체 없이 서면으로 이의를 제기하지 아니하고 중재를 진행한

10.5.2 중재판정부의 구성

KCAB 국내중재절차에서 당사자들은 당사자에 의한 중재인 선정 절차에 합의하였는데도 바로 사무국에 의한 중재인 선정 절차를 거쳐 중재판정부를 구성한 사례에서,[33] 법원은 당사자들이 제1차 심문기일에 모두 출석하여 사무국에 의하여 구성된 중재판정부 앞에서 중재인 선정과 관련하여 아무런 이의를 제기하지 아니한 채 본안에 관하여 진술하였으므로, 이로써 원고와 피고는 제1차 심문기일에 중재인을 사무국 선정의 중재판정부로 하기로 하는 새로운 합의를 묵시적으로 하였다고 판시하였다.[34]

한편, 중재인이 중재절차 진행 중에 당해 중재사건과 사실상 쟁점을 같이 하는 동종사건에서 일방 당사자의 대리인으로 활동하여 공정성과 독립성을 현저히 훼손한 경우 중재판정이 취소된 사례가 있다.[35] 그러나 이와 유사한 사례로 일방 당사자의 소송대리인과 같은 법무법인 소속 변호사가 중재인으로 선정된 사건에서는 '중재법이 정한 기피신청 및 법원에 대한 불복절차를 통하여 그 적격여부를 다투어야지 그러한 절차를 취하지 아니하고 있다가 중재판정이 내려진 이후에 새삼스럽게 중재판정 자체의 취소를 구하는 방법으로 다툴 수는 없다.'며 중재판정 취소 사유를 인정하지 않은 판결도 있다.[36]

이들 판례들을 포함하여, 중재판정부 구성의 하자가 문제된 중재판정취소소송사건이나 중재판정 승인 및 집행거부사건은 제4장 중재판정부 부분에서 다루었다.

10.5.3 중재인의 중재판정 관여 문제

중재인 3인으로 중재판정부 구성된 후 중재인 1인이 유고시 중재인 2인이 내린 중재판정을 취소한 판례가 있다.[37]

경우에는 이에 대한 이의신청권을 포기한 것으로 본다."라고 규정되어 있었다. 현행 KCAB 국내중재규칙 제46조도 이와 유사하게 이의신청권 상실을 규정하고 있다.
33) KCAB의 국내중재절차에서는 당사자가 달리 합의하지 않으면 사무국이 당사자들에게 중재인 명단을 제공하고 당사자들로부터 희망순위를 표시하게 한 후 점수를 합산하여 중재인을 선임한다. 자세한 내용은 제4.3.2절 참조.
34) 대법원 2001. 11. 27. 선고 2000다29264 판결.
35) 대법원 2004. 3. 12. 선고 2003다21995 판결.
36) 대법원 2005. 4. 29. 선고 2004다47901 판결.
37) 대법원 1992. 4. 14. 선고 91다17146, 91다17153 판결.

한편, 정기용선계약과 관련된 분쟁에서 내려진 중재판정에 관하여도 제3의 중재인 관여가 문제된 사례가 있었는데, 피고는 중재절차가 2인에 의하여 진행되다가 중재판정 이틀 전에야 3인의 중재인이 선정된 것은 중재판정 집행거부사유에 해당한다고 주장하였다. 그러나 이 사건 중재인들이 소속된 런던해사중재인협회(LMAA)규칙 제8조에 의하면, "중재부가 2인으로 구성되도록 된 경우 각 당사자는 각자의 중재인을 한 명씩 선정하고, 위와 같이 선정된 2인은 실체에 관한 심리가 이루어지기 이전이라면 언제든지 또는 중재와 관련하여 위 중재인들의 의견이 일치하지 않는 경우에는 즉시 제3의 중재인을 선정할 수 있고, 제3의 중재인이 선정되기 이전이나 제3의 중재인이 공석인 경우 위 2인의 의견이 일치한다면 위 2인은 중재판정을 내릴 수 있다." 고 규정하고 있었다. 이러한 사정을 바탕으로 법원은 최종적으로 3인에 의한 중재판정이 이루어졌고, LMAA 규정에 따라 원래 2인의 중재인 사이에 의견의 대립이 없었고, 제3의 중재인 선정 이전에 실체에 관한 심리가 이루어지지 않았으므로 하자가 있다고 볼 수 없다고 판단하였다.[38]

10.5.4 중재판정의 이유기재 누락

구 중재법이 적용된 판례로, 중재판정부가 반대신청에 대하여 판단을 유탈하였다는 이유로 법원이 중재판정의 일부만 취소되거나 승인·집행이 거부될 수도 있다고 판시한 예가 있다.[39]

피고는 중재판정에서 본신청을 인용한 판정이유와 반대신청을 기각한 이유를 기재하지 않았다는 이유로 중재판정이 전부 취소되어야 한다고 주장하였으나, 대법원은 본신청에 대한 판단유탈은 취소사유가 된다고 인정하면서, 반대신청에 관한 판단유탈은 판정 결과에 영향을 미치지 않았다고 하여 취소사유를 인정하지 않았다.[40] 다만, 구 중재법하에서도 법원은 "판단이 있는 이상 그 판단에 이르는 이유가 소상하게 설시되어 있지 아니하거나 당사자의 주장을 배척하는 근거를 일일이 개별적으로 설명하지 아니하더라도 이를 판단유탈이라고 할 수 없다."고 하였다.

---

38) 서울중앙지방법원 2008. 3. 7. 선고 2006가합97721 판결.
39) 구 중재법 제13조 제5항, 구 민사소송법 제422조 제1항 제9호에 따르면 중재판정에 영향을 미친 중요한 사항에 관하여 판단을 유탈한 때에는 중재판정 취소사유가 되므로, 판단유탈을 이유로 내국중재판정을 취소하거나 집행을 저지하려는 시도가 많았다.
40) 대법원 1998. 3. 10. 선고 97다21918, 21925 판결. 자세한 내용은 부록 1 참조.

현행 중재법하에서 대법원은 중재법 제32조 제2항에서 "중재판정에는 그 판정의 근거가 되는 이유를 기재하여야 한다."고 규정하고 있다는 이유로, 중재판정에 이유를 기재하지 아니한 때에는 중재판정의 취소사유가 된다고 판시하고 있다. 대법원은, 여기서 "이유를 기재하지 아니한 때"란 중재판정서에 전혀 이유의 기재가 없거나 이유의 기재가 있더라도 불명료하여 중재판정이 어떠한 사실상 또는 법률상의 판단에 기인하고 있는가를 판명할 수 없는 경우와 이유가 모순인 경우를 말하고, 당해 사건의 전제로 되는 권리관계에 대하여 명확하고 상세한 판단을 나타낼 것까지는 요구되지 않고 중재인이 어떻게 하여 판단에 이른 것인지를 알 수 있을 정도의 기재가 있으면 충분하다고 했다. 또한 판단이 명백하게 비상식적이고 모순인 경우가 아닌 한, 판단에 부당하거나 불완전한 점이 있다는 것은 이유를 기재하지 아니한 때에 해당하지 않는다고 판시했다.[41]

중재판정에서 이유 기재에 관하여는 제6.3.2절 중재판정 부분에서 다루었다.

10.6 구속력 없는 중재판정 또는 중재판정의 취소, 정지

- 중재판정의 구속력이 당사자에 대하여 아직 발생하지 아니하였다는 사실; 중재판정이 법원에 의하여 취소되었다는 사실[42]
  [중재법 제38조 제1호 나목(내국중재판정 집행)]

- 판정이 당사자에 대한 구속력을 발생하지 아니하였거나, 또는 판정이 내려진 국가 또는 판정의 기초된 법이 속하는 국가의 권한 있는 기관에 의하여 취소 또는 정지된 경우[43]
  [뉴욕협약 제5조 제1항 e호(뉴욕협약 적용 중재판정 집행)]

- 외국법원의 판결이 확정된 것을 증명하지 아니한 때
  [민사집행법 제27조 제2항 제1호(뉴욕협약 비적용 중재판정 집행)]

---

41) 대법원 2010. 6. 24. 선고 2007다73918 판결.

42) 개정 전 중재법에는 이 사유를 명시적으로 규정하지 않았으나, 개정 중재법에는 제38조 제1호 나목에 규정을 두었다.

43) 후단의 경우 영문은 "The award … has been set aside or suspended by a competent authority of the country *in which*, or *under the law of which*, that award was made"라고 되어 있는데, 정부가 공포한 번역문에는 "판정이 내려진 국가의 권한 있는 기관이나 또는 그 국가의 법령에 의거하여 취소 또는 정지된 경우"로 되어 있다. 위와 같이 번역하는 것이 더 정확할 것이다. 주석중재법, 382면 참조.

위 사유는 중재판정의 집행거부사유이고, 내용 그 자체로 중재판정 취소사유에는 포함될 수 없는 사유이다.

10.6.1 구속력 없는 중재판정

중재판정이 상급의 중재기관 또는 일반법원에 불복을 할 수 있고, 그 불복에 의하여 당연히 집행정지의 효력이 있다면 중재판정의 구속력은 발생한 것으로 볼 수 없을 것이다.[44] 그러나 이는 통상의 불복절차에 의한 불복가능성을 뜻할 뿐, 중재판정취소의 소와 같이 특별한 불복절차가 있다고 하여 구속력이 부정되는 것은 아니다. 학설은 중재판정이 그에 적용된 절차법에 따라 본안에 관하여 법원에 항소할 수 있거나, 중재규칙에 따라 그 중재기관 내에서 재심사가 허용되거나, 중재합의에서 중재판정 이후의 다른 절차를 규정한 경우에는 구속력이 없다고 보는 반면, 법률문제에 관하여 법원에 항소할 수 있는 경우나 중재판정취소소송의 여지가 있는 경우에는 구속력이 있다고 본다.[45]

10.6.2 중재판정이 취소 또는 정지된 경우

이 뉴욕협약 규정상 중재판정의 취소 또는 정지는 판정이 내려진 국가의 권한 있는 기관 또는 판정의 기초된 법이 속하는 국가의 권한 있는 기관의 전속적 관할이 된다.[46] 여기서 판정의 기초된 법이 속하는 국가의 권한 있는 기관이 관할을 갖는 경우란 중재 당사자들이 중재지가 아닌 외국의 중재절차법을 적용하기로 합의한 예외적, 이론적인 경우를 염두에 둔 것으로, "판정의 기초된 법"이란 중재절차의 준거법을 뜻하고 사건의 실체에 대하여 중재인이 적용한 법령을 뜻하는 것은 아니다.[47]

중재판정이 취소 또는 정지된 경우, 그 취소 또는 정지사유가 뉴욕협약상 취소 또는 정지사유에 해당하는지 여부는 묻지 아니한다.[48] 또한 중재판정을 취소하는 외

---

44) 주석중재법, 394면 참조.
45) 목영준, 297면 참조. 중재지가 홍콩이고 절차법규가 홍콩의 강행법규 및 ICC 중재규칙인 중재판정에 대하여 우리나라 법원이 취소할 권한이 없다는 판결로 대법원 2003. 2. 26. 선고 2001다77840 판결이 있다. 자세한 판결 내용은 부록 1 참조.
46) van den Berg, 350면. 여기서 권한 있는 기관(a competent authority)은 관할법원을 뜻하는 경우가 대부분이다.
47) van den Berg, 350면; 대법원 2003. 2. 26. 선고 2001다77840 판결 참조.
48) 주석중재법, 395면.

국의 재판은 우리 법에 따라 외국재판 승인요건을 갖추었는지 여부는 문제되지 아니
하고, 그러한 재판이 있었는지 여부만이 문제된다고 한다.[49] 다만, 중재판정을 취소하
는 중재지 법원의 판결이 부당하다고 판단되면, 집행법원이 중재판정의 집행을 허가
할 수 있다고 판결하는 외국 사례가 있다.[50]

중재판정의 집행을 요구받은 국가의 법원은 그 중재판정에 대하여 관할 법원에
서 취소 또는 정지 소송이 제기된 경우, 제반 사정을 고려하여 집행재판 절차를 연기
할 수 있다. 이 때 집행을 요구한 당사자가 신청하면 상대방에게 담보의 제공을 명할
수도 있다.[51]

10.7 중재가능성 결여

- 중재판정의 대상이 된 분쟁이 대한민국의 법에 따라 중재로 해결될 수 없는 경우
  [중재법 제36조 제2항 제2호 가목(취소), 제38조 제2호(내국중재판정 집행)]

- 분쟁의 대상인 사항이 그 국가의 법률하에서는 중재에 의한 해결을 할 수 없는 것일 경우
  [뉴욕협약 제5조 제2항 a호(뉴욕협약 적용 중재판정 집행)]

중재가능성은 처음부터 뉴욕협약상 공서양속의 일부로 논의되었기 때문에 중재
가능성이 결여되었다면 뉴욕협약 제5조 제2항 b호(공서양속 위반) 역시 문제된다.[52]

10.7.1 사법(私法)상 분쟁, 상사(商事) 분쟁

2016년 개정 전 중재법 제3조 제1호는 "중재란 당사자간의 합의로 사법(私法)상
의 분쟁을 법원의 재판에 의하지 아니하고 중재인의 판정에 의하여 해결하는 절차"라
고 정의하였고, 동조 제2호는 "중재합의란 계약상의 분쟁인지 여부에 관계 없이 일정

---

49) 주석중재법, 396면.
50) Chromalloy Aeroservices Corporation v. Arab Republic of Egypt, 939 F.Supp. 907. 이 사건
에서 미국 연방법원은 중재판정을 취소한 이집트 법원 판결의 효력을 부정하면서, 뉴욕협약
제7조를 근거로 들었다. 자세한 내용은 목영준, 298면 참조. 우리나라에서도 중재지국에서 취
소된 외국중재판정을 집행지국에서 독자적인 판단으로 그 유효성을 인정하여 승인·집행할
수 있다는 견해가 있다. 주석중재법, 396면 참조. 해외 논의 및 판결례는 Born, 3622-3646면
에 비교적 상세히 정리되어 있다.
51) 뉴욕협약 제6조. 자세한 내용은 제9.5.6절 참조.
52) van den Berg, 368-375면.

한 법률관계에 관하여 당사자간에 이미 발생하였거나 앞으로 발생할 수 있는 분쟁의 전부 또는 일부를 중재에 의하여 해결하도록 하는 당사자 간의 합의"라고 정의하였다. 따라서 중재가능성 판단에서 계약상의 분쟁인지 여부는 중요하지 않지만, 중재법은 공법상의 분쟁에는 적용되지 않는다고 볼 수 있었다. 그러나 개정 중재법은 분쟁의 범위를 '사법상의 분쟁'으로 제한하지 않고 '재산권상의 분쟁 및 당사자가 화해에 의하여 해결할 수 있는 비재산권상의 분쟁'도 중재의 대상이 되는 것으로 명시하였다.[53]

뉴욕협약 역시 원 협약상으로는 "계약상의 분쟁"일 것을 요하지 않는다. 다만 우리나라는 뉴욕협약 제1조 제3항에 따라 "계약적 성질의 것이거나 아니거나를 불문하고 국내법상 상사상의 것이라고 인정되는 법률관계로부터 발생하는 분쟁에 한하여 이 협약을 적용할 것이라고 선언"하였기 때문에 만약 상사분쟁이 아니라면 한국에서는 뉴욕협약이 적용되기 어렵다.[54]

대체로 중재가능성이 문제되는 것은 공법상의 분쟁, 가족법상의 분쟁, 공정거래법 위반사건, 지적재산권 관련 분쟁, 증권거래에 관한 분쟁, 사회·경제적 약자의 보호에 관한 분쟁, 노동법상의 분쟁 등이다. 우선, 중재법과 뉴욕협약의 위 조항에 비추어 볼 때 순수한 공법상의 분쟁은 중재가능성이 없다고 할 수 있다.[55] 그러나 일부 공공적 성격이 있는 분쟁이라 하더라도 특별히 사적인 분쟁해결을 금지하는 조항이 없는 이상 중재가능성을 무작정 부정하기는 곤란하며, 지적재산권의 유효성이나 공정거래법 위반이 문제되는 사안이더라도 적어도 그것이 분쟁의 직접적인 대상이 아니라 선결문제로 다루어지는 경우에는 중재가능성을 인정하는 것이 타당하다.

---

53) 개정 중재법 제3조 제1호.

54) 양자간 투자보장협정(BIT)에서 정한 바에 따라 국제투자중재센터(ICSID)에 의한 국제투자중재가 아니라 UNCITRAL 중재규칙 등에 따른 국제투자중재가 진행된 경우, 국제법인 투자조약이 적용되므로 뉴욕협약상 상사분쟁인지 여부가 문제될 수 있다. 특히 상사분쟁인지 여부는 국내법에 따라 판단하기 때문에 한국법상 국제투자중재가 상사분쟁인지에 대하여는 더 논란이 될 수 있다. 외국 판례에서는 뉴욕협약상 상사분쟁 요건을 충족한다고 일관되게 인정되어 왔다고 한다. McLachlan, Shore and Weiniger, International Investment Arbitration, Oxford University Press, 2008, 65면.

55) 양허계약상 ICC 중재규칙에 따른 중재합의에 따라 스위스에서 중재를 진행하여 내려진 중재판정을 미국에서 집행하고자 한 사건에서, 미국법원은 리비아의 국유화는 국가의 행위이므로 중재로 해결할 수 있는 문제가 아니라는 이유로 중재판정문의 집행을 거부하였다. Libyan American Oil Co. v. Socialist People's Libyan Arab Jamahirya, 482 F.Supp. 1175 (1980).

중재가능성에 대한 자세한 논의와 판례는 제2.4절에 다루었으므로, 이 장에서는 판례의 요지만 간략히 다룬다.

10.7.2 지적재산권에 관한 분쟁

특허권이나 상표권과 관련된 분쟁이 중재 대상이 되는지에 대하여 간접적으로 판단한 사례가 있다. 특정 설비에 관한 지식이나 특허 등을 이용하고 실시료를 지급 받는 노하우(know-how) 실시계약에 관한 분쟁에서, 원고는 사우디아라비아에서 ICC 중재를 제기하여 실시료 지급을 명하는 승소 판정을 받았다. 원고가 우리나라에서 위 판정에 대한 집행판결청구의 소를 제기하였는데, 피고는 중재에서 원고가 특허권, 상표권을 소유하는지 여부가 쟁점인데, 이는 상사관계의 분쟁이 아니어서 뉴욕협약이 적용될 수 없다고 주장하였다.

그러나 법원은 "우리 상법상 회사는 당연상인으로서 회사의 행위는 모두 상행위 가 되는데(상법 제4조, 제5조 제2항), 원고와 피고는 모두 회사이므로 원·피고 사이의 이 사건 노하우 실시계약도 역시 상행위"라고 보았으며, 또한 "이 사건 분쟁은 특허 권의 효력 그 자체에 관한 것이 아니라 노하우 실시계약에 따른 (추가)실시료의 지급 청구이므로, 노우하우 실시계약에 터잡은 원고의 이 사건 기술료 청구가 특허권 분쟁 이라는 피고의 주장은 어느 모로 보나 이유 없다"고 판시하였다.[56]

10.7.3 공정거래법 관련 분쟁

공정거래법 위반 사건이 중재대상이 되는지에 대하여는 직접적으로 다룬 판례가 없다. 다만, 원고가 미국에서 진행된 중재에서 라이선스료 지급을 명하는 중재판정을 받아 집행판결을 청구한 사건이 있는데, 피고가 중재판정이 공정거래법 및 불공정거 래행위 고시 등에 반하여 우리나라의 공공질서에 위배되므로 집행을 거부하여야 한 다고 항변하였으나 집행판결이 허용되었다.[57] 대상판결은 라이선스 계약이 공정거래 법 및 불공정거래행위 고시에 위반되는지 여부에 대하여 구체적으로 살피지 않고, 설 령 위반이 인정되더라도 캘리포니아주 법률에 의하여 일응 유효하게 성립하고 있음 을 고려한다면 중재판정 집행이 공서양속 위반에 해당하지 않는다고 판단하였다.

---

56) 서울고등법원 1993. 8. 17. 선고 92나34829 판결, 자세한 사실관계 및 판시 내용은 제2.4.2절 참조.
57) 서울고등법원 1995. 3. 14. 선고 94나11868 판결.

10.8 공서양속 위반

- 중재판정의 승인 또는 집행이 대한민국의 선량한 풍속이나 그 밖의 사회질서에 위배되는 경우
  [중재법 제36조 제2항 제2호 나목(취소), 제38조 제2호(내국중재판정 집행)]

- 판정의 승인이나 집행이 그 국가의 공공의 질서에 반하는 경우
  [뉴욕협약 제5조 제2항 b호(뉴욕협약 적용 중재판정 집행)]

- 그 확정재판등의 내용 및 소송절차에 비추어 그 확정재판등의 승인이 선량한 풍속이나 그 밖의 사회질서에 어긋나지 아니할 것
  [중재법 제39조 제2항, 민사소송법 제217조 제1항 제3호(뉴욕협약 비적용 중재판정)]

10.8.1 판단 기준

중재판정의 승인 또는 집행이 한국의 공서양속에 위배되는 때에는 취소사유 및 승인·집행 거부사유가 되는데,[58] 공서양속이 무엇이며 그 판단기준을 어떻게 설정할 것인지에 대하여는 세계적으로 오랜 논쟁의 대상이다.[59]

판례는 외국중재의 집행가부를 판단함에 있어서 "국제거래안정이라는 국제적인 특성을 고려하여 국제상사중재판정에 관하여 우리나라의 공서양속에 위반함을 이유로 집행을 거부하는 것은 제한적으로 해석"하며, 설사 외국중재판정이 한국의 강행법규에 위반하더라도 그 자체만으로 곧 취소사유가 있다고 판단하지는 않는다.[60] 그리하여 지금까지 한국 법원에서 공서양속 위반을 이유로 외국중재판정의 집행이 거부된 것은 단 1건도 없는 것으로 알려져 있다.

뉴욕협약 제5조 제2항의 "선량한 풍속 기타 사회질서"란 한국 민법 제103조의 "선량한 풍속 기타 사회질서"보다는 더 엄격한 개념으로 이해되고 있다. 우리나라 법원은 뉴욕협약상 공서양속 위반사유를 판단함에 있어서 매우 높은 기준을 설정하며,

---

58) 중재법은 이를 "대한민국의 선량한 풍속이나 그 밖의 사회질서에 위배되는 경우"라고 규정하고 뉴욕협약은 "집행국의 공공질서에 반하는 경우"라고 하여 표현에 차이가 있으나 이는 모두 강학상 "공서양속(public policy)"에 대한 논의에서 비롯된 것이므로 양자를 모두 "공서양속 위반사유"라고 논하기로 한다.

59) van den Berg, 360면.

60) 대법원 1990. 4. 10. 선고 89다카20252 판결 등 다수.

최근의 하급심은 "국제적 공서양속"이라는 표현을 사용하여 외국중재의 승인·집행 장애사유를 제거하려는 뉴욕협약 도입 취지를 적극 반영하고 있다.

10.8.2 국제적 공서양속

이처럼 국내의 강행법규와 뉴욕협약상의 집행거부사유를 차별화하는 것은 세계적으로 공통된 해석론이며, 강학상 이를 분명히 하기 위하여 뉴욕협약 제5조 제2항에 따른 집행거부사유를 "국제적 공서양속(international public policy)"이라고 부른다.[61] 그렇지만 "국제적 공서양속"이 국제적으로 단일한 강행법규가 존재한다는 의미는 아니다. 공서양속에 위반하는지 여부는 집행국의 법률에 의하여 판단하는 것으로 집행국에 따라서 국제적 공서양속도 달라짐은 물론이다. 다만 뉴욕협약이 외국중재판정의 승인 및 집행을 용이하게 하기 위한 취지에서 도입되었으므로, 각국의 국내 분쟁을 해결하는 데에 적용되는 강행법규보다는 높은 기준을 적용하여 외국중재판정의 집행이 보장되도록 하는 것에 의의가 있다.

뉴욕협약상의 공서양속 규정에 대하여 대법원은 "외국중재판정의 승인이나 집행이 집행국의 기본적인 도덕적 신념과 사회질서를 해하는 것을 방지하여 이를 보호하려는 데 그 취지가 있는 것이므로, 국내적인 사정뿐만 아니라 국제적 거래질서의 안정이라는 측면도 함께 고려하여 이를 제한적으로 해석하여야 하고, 외국중재판정에 적용된 외국법이 우리나라의 실정법상 강행법규에 위반된다고 하여 바로 승인거부의 사유가 되는 것은 아니고 해당 중재판정을 인정할 경우 그 구체적 결과가 우리나라의 선량한 풍속 기타 사회질서에 반할 때에 한하여 승인 및 집행을 거부할 수 있다."고 판시하였다.[62]

최근의 서울중앙지방법원 판례는 "국제적 공서"라는 표현을 차용하면서 이와 같은 구별의 이유와 기준에 대하여 다음과 같이 구체적 근거를 제시하면서 판시한 바 있다.[63]

위 판시에 나타난 중재판정의 승인 및 집행의 거부사유로서의 '선량한 풍속 기타 사회질서에 반하는 경우'의 의미에 관하여 살피건대 ① 중재는 당사자 사이의 합의로 당사자 사이의 분

---

61) van den Berg, 360면; Born, 3655면.

62) 대법원 1995. 2. 14. 선고 93다53054 판결.

63) 서울중앙지방법원 2010. 7. 9. 선고 2009가합136849 판결.

쟁을 법원의 재판에 의하지 아니하고 중재인의 판정에 의하여 해결하는 절차로서 대표적인 대체적 분쟁해결수단(ADR: Alternative Dispute Resolution)이며, 구속성이 있어 특히 국제적 상거래로부터 발생하는 분쟁을 해결함에 있어서는 소송을 대신하는 실효적인 수단일 수 있다는 점, ② 중재계약 당시부터 당사자 사이의 합의에 의하여 국제상사중재 제도를 이용하기로 하는 경우에는, 대부분 지위의 대등함이 전제되어 있다고 볼 수 있는 점, ③ 만일 모든 국가의 법원이 자국 또는 자국민의 이익만을 보호하기 위하여 '공공질서'라는 이름 아래 국제중재절차에 관여하거나 중재판정의 집행을 거부하려 한다면 국제거래는 매우 불안정하게 될 것이고 중재제도의 효용성이 상실될 우려가 있는 점, ④ 앞서 본 바와 같이, 집행력이 보장되는 외국중재판정의 범위와 승인 · 집행요건을 명확히하고 체약국 상호간의 보다 광범위한 승인 · 집행을 보장하고자 하는 위 뉴욕협약의 채택경위 및 목적 등을 고려해보면, 위 '선량한 풍속 기타 사회질서'는 민법 제103조가 정한 국내법적 공서와는 구별되는 개념으로서 "국제성을 고려하더라도 양보할 수 없는 국내법질서의 기본원칙, 국내법질서를 지지하는 기본이념, 또는 법제도의 기본적 고려, 가치관 등('국제적 공서')"을 의미한다고 볼 것이고, 따라서 이러한 '국제적 공서'에 반하는 경우가 바로 위 뉴욕협약상 '집행국의 공공질서에 반하는 경우'에 해당한다.

국제적 공서의 기준은 구체적으로 당해 사안의 내국관련성에 따라 달라질 수 있다.[64] 내국관련성 정도란 당사자의 국적(법인의 설립근거지), 계약체결 또는 분쟁의 발생장소, 중재지, 준거법, 집행이 국내에 미치는 영향 등을 종합적으로 고려한 것이다. 판례가 뉴욕협약상 공서의 개념을 제한적으로 인정하는 것이 "국내적 사정뿐만 아니라 국제적 거래 질서의 안정이라는 점을 함께 고려"하기 때문이므로, 사건의 제반 사정이 얼마나 국내적 요소가 강한지 섭외적 요소가 강한지에 따라 공서양속의 기준도 상대적으로 달라질 수 있는 것이다. 즉, 당사자가 모두 외국회사이고 준거법도 외국법이며 분쟁의 발생지나 집행으로 인한 영향이 미치는 곳이 외국이라면(즉, 내국관련성의 정도가 낮으면) 국내 강행법규에 위반되더라도 그 집행이 허용될 여지가 많다고 본다.[65] 반면 내국관련성이 높은 사안이라면 그 집행을 불승인하더라도 국제적 거래질서의 안정을 해할 우려가 적고 오히려 국내 법질서 안정에 유해하므로, 단지 중재지가 외국이라는 이유만으로 국내 강행법규에 위반되는 중재판정을 국내에서 집행할 수 있도록 허용할 필요는 크지 않을 것이다.[66]

---

64) 석광현, 317면.

65) 물론 기본적인 인권 또는 최소한의 자연법적 정의와 같은 보편적 공서(*ordre public universel*) 위반의 경우에는 내국관련이 불필요하다. 석광현, 317면 참조.

66) 역으로, 내국중재판정이라고 하더라도 당사자의 국적이나 거래관계의 실질, 준거법 등을 따

10.8.3 본안에 대한 재판단 제한

공서양속이라는 개념이 명확히 규정되기 어렵기 때문에, 중재의 패소당사자가 중재판정이 공서양속 위반이라는 주장을 하면서 중재판정의 사실확정과 법률적용 등에 대하여 일일이 당부를 가려 집행판결청구 절차나 취소소송 절차를 사실상 항소처럼 활용하려고 시도하는 경우가 종종 있다. 그러나 이는 허용되어서는 안 될 것이다.

집행국 법원은 뉴욕협약 제5조의 집행거부사유의 유무를 판단하기 위하여 필요한 범위 내에서는 본안에서 판단된 사항에 대하여도 독자적으로 심리·판단할 수 있다. 그러나, 뉴욕협약 제5조가 집행거부사유를 제한적으로 열거하면서 중재인의 사실오인이나 법리오해 등은 집행거부사유에서 제외하고 있는 점, 중재판정은 확정판결과 동일한 효력이 있으므로 기판력에 의하여 중재판정의 대상이 된 청구권의 존재는 이미 당사자 사이에 확정된 것인 점 등에 비추어 보면 집행국 법원이 집행거부사유를 판단하기 위하여 본안에서 판단된 실체적 사항에 관하여 다시 심리·판단하는 것은 예외적·제한적으로 이루어져야 한다.[67] 우리 대법원도 명시적으로 이러한 점을 판시하고 있다.

> 집행거부사유의 유무를 판단하기 위하여 필요한 범위 내에서는 본안에서 판단된 사항에 관하여 심리할 수 있으나 이러한 경우라 할지라도 그 명목으로 실질적으로 중재인의 사실인정과 법률적용 등 실체적 판단의 옳고 그름을 전면적으로 재심사한 후 집행을 거부하는 것은 허용되지 않는다.[68]

외국중재판정에 대한 판례의 표현에서 볼 수 있듯이, 국제거래안정이 문제되지 않는 내국중재판정에서, 특히 섭외적인 요소가 없는 경우에는 공서양속 위반사유가 상대적으로 널리 인정될 수 있다.

이하에서는 내국중재와 외국중재를 구분하여 공서양속 위반에 관한 판례를 살펴보기로 한다.

져 보아 내국관련성이 적은 사건이라면, 단지 중재지가 국내라는 이유로 국내법상 공서양속 기준을 적용하여 국제적 거래질서 안정을 해하는 결과를 낳는다면, 이 경우에도 공서양속의 기준을 신중하게 설정하여야 할 것이다.

67) 대법원 2009. 5. 28. 선고 2006다20290 판결.
68) 대법원 2009. 5. 28. 선고 2006다20290 판결 등.

10.8.4 내국중재판정 사례들

• 한국 공정거래법 위반을 인정하지 않은 중재판정이 공서양속에 반한다는 주장을 배척한 판결
  [대법원 1997. 2. 2. 선고 96다24385 판결]

피고는 미국 축산물공급회사으로부터 냉동 쇠고기를 구입하여 국내에 독점 공급하는 대리점이다. 원고는 피고를 통해 쇠고기를 공급받아 유통하던 중 일부 제품이 변색하고 악취를 풍겨 국립동물검역소에서 불합격처분을 받아 전량 반송처분을 받았다. 이와 같은 물품의 하자는 미국 공급회사가 미국 내륙 운송기간 중 적절한 냉동상태를 유지하지 못한 데에 원인이 있는 것으로 밝혀졌다. 원고는 피고 및 공급자를 상대로 손해배상을 청구하였는데, 쇠고기 입찰시 작성한 '입찰안내서'의 수입조건에 의하면 "규격 상이품이 발생한 경우, 공급자 또는 국내대리점은 송장금액 및 해당 부대비용을 변제한 후 규격 상이품을 반송하거나 또는 규격 상이품에 대한 배상청구액을 보상하여야 한다."라고 규정되어 있었다.

피고는 중재절차에서 위 입찰안내서가 대리인에 대하여 공급자와 같은 책임을 지우는 것이 실질적으로 부당하다거나, 상식적으로 도저히 납득이 가지 않는다거나, 반국가적인 조항이 될 수도 있다고 주장하였으나, 중재판정부는 이를 배척하고 피고 및 공급자의 손해배상 책임을 인정하였다.

중재판정집행청구소송에서 피고는 위 입찰안내서 수입조건이 약관규제법 제13조에 위반하여 무효라 할 것인데도 중재판정부가 이 점에 관한 판단을 유탈하였으므로 중재법 제13조 제1항 제5호에서 정한 취소사유가 있다고 주장하였다. 그러나 법원은 피고가 중재절차에서 주장한 취지가 위 입찰안내서 수입조건이 신의칙에 반하여 무효라는 주장을 한 것으로 볼 수는 없으므로 중재판정에 판단을 유탈한 위법은 없다고 판단하였다.[69] 상고심에 이르러 피고는 위 수입조건이 공정거래법에 위반되므로 위 중재판정은 법률상 금지된 행위를 할 것을 내용으로 하는 것이어서 공서양속에 반한다고 주장하였으나, 대법원은 수입조건이 공정거래법에 위반하여 무효이거나 그 결과 이 사건 중재판정이 법률상 금지된 행위를 할 것을 내용으로 하고 있는 경우라

---

69) 서울지방법원 남부지원 1995. 9. 28. 선고 95가합1218 판결, 서울고등법원 1996. 5. 2. 선고 95나44872 판결.

고 보이지도 않는다는 이유로 상고를 기각하였다.[70)]

- 소촉법상 지연이자를 명한 중재판정이 공서양속 위반이라는 주장을 배척한 판결
  [대법원 2001. 4. 10. 선고 99다13577, 13584 판결]

대상판결은 금전채무의 이행을 명하면서 구 소촉법 제3조 제1항 소정의 법정이율에 의한 지연손해금의 지급을 함께 명한 중재판정에 관한 판결이다. 피고는 위 특례법 제3조 제1항은 금전채무의 이행을 명하는 판결(심판 포함)에만 적용되고 중재판정에는 위 규정이 적용되지 아니하므로 위 중재판정은 중재법 제13조 제1항 제3호에 정하는 '중재판정이 법률상 금지된 행위를 할 것을 내용으로 한 때'에 해당하므로 이 사건 중재판정은 취소되어야 한다고 주장하였다. 그러나 법원은 위 특례법을 중재판정에 적용하였다고 하여 이를 강행법규에 위반하거나 공공의 질서 또는 선량한 풍속에 반하는 행위를 할 것을 내용으로 한 것으로 볼 수 없다고 하면서 피고의 주장을 배척하였다.[71)]

10.8.5 뉴욕협약 적용 중재판정 사례들

- 불가항력에 기한 면책을 인정하지 않은 중재판정의 집행이 공서양속에 반한다는 주장을 배척한 판결
  [서울민사지방법원 1984. 4. 12. 선고 83가합7051 판결]

파나마 선박회사인 원고는 한국회사인 피고가 수출하는 복합비료를 제3국인 이란의 특정부두까지 운송하는 항해용선계약을 체결하였다. 그런데 원고 소유의 기선(썬 리버 호)이 피고의 복합비료를 싣고 1980. 8. 31. 이란의 반다르 호메이니항에 입항하여 양륙작업을 하던 중, 같은 해 9월 이란과 이라크 사이에 전쟁이 발발하여 당초의 예상보다 늦게 양륙이 완료됨으로써 정박기간이 길어지게 되었다. 원·피고 사이에 체선료 지급을 둘러싸고 분쟁이 발생하였고, 원고는 일본해운집회소에 중재를 제기하여 승소하였다.[72)] 피고는 중재에서 "썬 리버"호의 장기체선은 이란과 이라크 사

---

70) 대법원 1997. 2. 25. 선고 96다24385 판결.
71) 서울고등법원 1999. 1. 21. 선고 98나18102 판결, 대법원 2001. 4. 10. 선고 99다13577, 13584 판결. 자세한 내용은 부록 1 참조. 한편, 집행재판에서 소촉법상 지연이자를 청구하는 것이 허용되는지 여부에 대하여는 제9.5.9절 참조.
72) 이 사건에서 중재조항은 중재기관으로 "The Korean commercial Arbitration Association, Seoul, Korea"와 "The Japan Shipping Exchange, Inc., Japan" 두 곳을 병존적으로 규정하여, 중재합의의 유효성에 대한 다툼이 있었다. 자세한 내용은 제2.3.2절 참조.

이의 전쟁돌발로 인하여 발생한 것으로서 불가항력적 사유에 기인하는 것이므로 당연히 면책되어야 한다고 주장하였는데, 위 중재판정은 항해용선계약상 불가항력을 이유로 한 면책규정이 없다는 이유로 이를 배척하였다.

피고는 집행판결청구소송에서, 불가항력적인 사유로 인한 면책원리는 우리나라 법체계의 기본이념이라 할 것이고 전쟁의 돌발은 불가항력 사유의 대표적인 예이므로, 피고의 위 면책주장을 배척한 중재판정을 우리나라에서 승인하고 집행하게 하는 것은 우리나라의 공서양속에 반한다고 주장하였다. 그러나 법원은 다음과 같은 이유로 위 중재판정을 집행을 허용하였다.

> 외국중재판정의 승인 및 집행에 관한 국가간의 장해를 배제하여 이를 용이하게 하고자 하는 뉴욕협약의 정신에 비추어 볼 때 동 협약 제5조 제2항 b호가 규정하고 있는 "판정의 승인이나 집행이 그 국가의 공공의 질서에 반하는 경우"라 함은 승인국의 정치, 경제의 기본질서에 위반되거나 공평의 견지에서 도저히 묵과할 수 없는 모순이 있는 경우 등으로 제한적으로 해석하여야 하고 그 판단에 있어서도 국내적인 관점뿐만 아니라, 국제적인 관점에서도 고려하여야 하며 특히 국제간의 상거래에서 발생하는 분쟁을 중재제도에 의하여 신속하고도 합리적으로 해결하고자 하는 국제무역계의 현실과 상사중재제도의 취지 등을 감안할 때 국제상사 중재판정에 대하여 내국의 공서에 위반됨을 이유로 승인 및 집행을 거부함은 어디까지나 예외적인 것으로 그쳐야 한다고 할 것인바, 돌이켜 피고의 위 주장내용을 보면 이는 결국 일본 해운집회소의 중재인들이 이 사건 항해용선계약상의 약정내용 또는 체선료 지급에 있어서의 불가항력적인 사유에 의한 면책원리에 대한 해석을 잘못함으로써 부당한 중재판정을 하였다는 취지에 지나지 아니하므로 가사 일본 해운집회소가 피고의 위와 같은 면책주장을 배척한 것이 우리나라의 상법규정이나 일반적인 법원리에 어긋난다고 하더라도 이러한 사유만으로는 위 중재판정의 승인 및 집행이 우리나라의 공서에 위반된다고는 보기 어려우므로 피고의 위 주장은 이유없다고 할 것이다.

• 중재판정이 사우디 법무부 상사분쟁해결위원회 판정의 기판력에 반하므로 공서양속에 반한다는 주장을 배척한 판결
  [서울고등법원 1993. 8. 17. 선고 92나34829 판결]

위 제10.7.2절에서 본 노하우실시계약에 근거한 실시료 청구 중재사건에 관한 집행판결청구 사건이다. 위 노하우실시계약에 관하여 소외 회사가 원고로부터 계약을 양수하였다고 주장하면서, 피고를 상대로 사우디국 담만 소재 사우디 법무부 상사분쟁해결위원회에 분쟁해결을 신청하였으나 기각되었다. 그 후 원고가 피고를 상대로 위 노

하우실시계약에 따른 추가실시료를 청구하는 ICC 중재를 신청하였는데, 원고는 노하우
실시계약이 소외 회사에 양도되지 않았고 여전히 원고가 권리를 가지고 있다고 하면서
실시료 지급을 청구하였다. 피고는 위 계약이 소외 회사(제3자)에 양도되었고, 소외 회
사가 위 사우디국 분쟁해결 절차(사우디 법무부 상사분쟁해결위원회 판정)에서 패소하였으
므로, 원고의 중재청구가 기판력에 저촉된다고 주장하였다. 중재판정부는 노하우실시
계약 양도가 유효하지 않다고 판단하면서 원고 승소 판정을 내렸다.

집행판결청구소송에서 피고는 위 중재판정이 위 사우디 법무부 상사분쟁해결위
원회 판정의 기판력에 저촉되므로 그 집행이 우리나라의 공서양속에 반한다고 주장
하였다. 그러나 고등법원은 다음과 같은 이유에서 피고의 주장을 배척하였다.[73]

외국중재판정이 우리나라의 판결의 기판력과 모순저촉하는 때에는 이를 우리나라의 공서에
반하는 것이라고 인정할 수 있으나, 위에서 본 사우디 법무부 상사분쟁해결위원회에서 진행
된 절차는 첫째, 우리나라 법원의 판결도 아니고, 둘째, 엄밀한 의미의 판결로 보기도 어려울
뿐만 아니라, 셋째, 기판력은 소송절차의 형식적 당사자에게만 미치는 것이 법의 일반원리임
에 비추어, 위 분쟁해결절차의 당사자가 아닌 원고회사에게는 그 효력이 미치지 아니한다고
할 것이어서(이 사건 중재판정 제69항 및 70항에서도 같은 취지로 판단하고 있다) 위 피고
회사의 기판력 위배 주장은 어느 모로 보나 이유 없다.

• 중재판정이 한국법상 소멸시효를 무시하여 공서양속에 반한다는 주장을 배척한 판결
  [대법원 1995. 2. 14. 선고 93다53054 판결]

위 노하우실시계약 관련 집행판결청구 사건의 상고심 판결이다. 대상이 되는
ICC 중재사건은 원고가 1988. 10. 5. 제기하여 1991. 3. 19. 내려진 판정이었다. 그런
데, 위 계약에 따른 실시료 지급 이행기는 1981. 3. 10.로, 중재판정의 준거법인 네덜
란드 안틸레스법에 의하면 소멸시효기간이 30년이어서 문제가 없지만, 우리나라법상
상사채권의 시효기간 5년을 이미 경과한 후 중재가 제기되었기 때문에 이미 권리가
소멸한 것인지가 문제되었다.

피고는 원고의 청구가 한국의 강행법규인 소멸시효 규정에 위반되며, 원고가
1981년경 곧바로 ICC에 제소하여 모든 문제를 즉각 해결할 수도 있었는데 그 때 바

---

73) 이 사건은 대법원에 상고되었지만 상고이유가 기판력 위반에 대한 주장을 포함하지 않아 대
  법원은 이 쟁점에 대하여 판단하지 아니하였다(대법원 1995. 2. 14. 선고 93다53054 판결).

로 중재신청을 하지 않고 사우디 왕자를 내세워 협박과 회유를 하고 한국 정부와 네덜란드의 한국대사관에 편지를 보내는 등의 행위를 하다가 분쟁이 생긴 지 10년이 지난 지금에 와서 기술실시료와 이자를 청구하는 것은 권리남용임에도 불구하고 이를 인용한 중재판정은 우리나라의 공공질서에 반한다고 주장하였다.

이에 대하여 대법원은 (1) 이 사건 계약의 준거법인 네덜란드 안틸레스법상 소멸시효기간이 30년으로서 소멸시효기간이 우리나라법상의 그것보다 길고 또한 우리나라 소멸시효규정이 강행규정이라고 하더라도, 그것만으로 위 외국중재판정을 우리나라에서 집행하는 것이 반드시 우리나라의 공서에 반한다고는 할 수 없고, (2) 피고가 원고로부터 협박과 회유를 당하였다는 주장을 인정할 증거가 부족하며, 권리의 행사가 늦었다고 하여 이를 신의칙 위반이라고 할 수도 없다고 판단하여 피고의 주장을 배척하였다.[74]

- 허위 계약서와 증인의 허위진술에 기초하여 편취된 중재판정의 집행이 공서양속에 반한다는 주장을 배척한 판결
  [대법원 2009. 5. 28. 선고 2006다20290 판결]

부산고등법원은 피고의 중재판정 편취 주장을 받아들여 위 중재판정 집행이 공서양속에 반한다고 인정하였으나, 대법원은 이러한 주장이 명확한 증명력을 가진 객관적인 증거에 의하여 명백히 인정되지 않으며, 또한 동해펄프 스스로도 위 중재절차에서 위와 같은 사항에 관하여 원고 제출의 주장 및 증거들을 반박하는 기회를 부여받아 상세한 주장과 증거들을 제출하여 다툰 이상 동해펄프가 과실 없이 원고의 사기적인 행위를 알지 못하여 중재절차에서 이에 대한 공격방어를 할 수 없었던 것도 아니라는 이유로 피고의 주장을 배척하였다.[75]

뉴욕협약 제5조 제2항 (나)호의 집행 거부사유에는 중재판정이 사기적 방법에 의하여 편취된 경우가 포함될 수 있다. 그러나 한편, 뉴욕협약 제5조가 집행 거부사유를 제한적으로 열거하면서 중재인의 사실오인이나 법리오해 등은 집행 거부사유에서 제외하고 있는 점, 중재판정은 확정판결과 동일한 효력이 있으므로 기판력에 의하여 중재판정의 대상이 된 청구권의 존재는 이미 당사자 사이에 확정된 것인 점 등에 비추어 보면, 집행국 법원이 집행 거부사유의

---

74) 외국중재판정에 적용된 외국법이 한국의 실정법상 강행법규에 위반된다고 하여 바로 승인거부 사유가 되는 것은 아니라고 하는 판결로 대법원 2000. 12. 8. 선고 2000다35795 판결도 참조.
75) 자세한 사실관계 및 항소심, 대법원 판결 내용은 부록 1 참조.

유무를 판단하기 위하여 본안에서 판단된 실체적 사항에 관하여 다시 심리·판단하는 것은 예외적·제한적으로 이루어져야 한다. 따라서 집행국 법원이 당해 외국중재판정의 편취 여부를 심리한다는 명목으로 실질적으로 중재인의 사실인정과 법률적용 등 실체적 판단의 옳고 그름을 전면적으로 재심사한 후 그 외국중재판정이 사기적 방법에 의하여 편취되었다고 보아 집행을 거부하는 것은 허용되지 아니하고, 다만, 그 외국중재판정의 집행을 신청하는 당사자(이하 '신청당사자'라고 한다)가 중재절차에서 처벌받을 만한 사기적 행위를 하였다는 점이 명확한 증명력을 가진 객관적인 증거에 의하여 명백히 인정되고, 그 반대당사자가 과실 없이 신청당사자의 사기적인 행위를 알지 못하여 중재절차에서 이에 대하여 공격방어를 할 수 없었으며, 신청당사자의 사기적 행위가 중재판정의 쟁점과 중요한 관련이 있다는 요건이 모두 충족되는 경우에 한하여, 외국중재판정을 취소·정지하는 별도의 절차를 거치지 않더라도 바로 당해 외국중재판정의 집행을 거부할 수 있다고 할 것이다.

한편, 위 대법원 판결에 의한 파기환송 후 피고는 잔금채권 519만 달러와 위 중재판정에 따른 손해배상의무를 서로 상계한다며 이로써 청구이의사유가 발생한 중재판정을 집행하는 것은 공서양속에 반한다고 주장하였으나, 피고의 주장 중 상계항변은 이미 중재인에 의하여 판단·배척된 것이고 중재판정 편취에 대한 주장 역시 대법원에 의하여 이미 배척되었다는 이유로 모두 받아들여지지 않았다.[76]

- 판매수량 강제로 인해 무효인 계약의 이행을 명한 중재판정의 집행은 공서양속에 반한다는 주장을 배척한 판결
  [서울고등법원 1995. 3. 14. 선고 94나11868 판결]

미국 캘리포니아주에서 내려진 중재판정의 집행판결청구소송에서, 피고는 중재의 바탕이 된 라이선스 계약이 라이선스료 단가 및 판매보증수량 등을 정해 놓고 강제하는 규정이어서 계약이 무효라고 주장하면서, 라이선스 계약의 이행을 명한 중재판정이 우리나라의 공공질서에 반한다고 주장하였으나 법원은 피고의 주장을 배척하였다.[77]

- 중재판정 이후 이미 이행이 이루어진 부분에 대한 집행은 공서양속에 반한다는 주장을 인정한 판결
  [서울고등법원 2001. 2. 27. 선고 2000나23725 판결, 대법원 2003. 4. 11. 선고 2001다20134 판결]

---

76) 대법원 2010. 4. 29. 선고 2010다3148 판결. 자세한 내용은 부록 1 참조.
77) 이 사건에서는 캘리포니아 민사절차법 위반에 따른 방어권 침해나 공정거래법 위반에 따른 공서 위반 등이 함께 주장되었으나 모두 배척되었다. 각 제10.3.2절, 제10.6.3절 참조.

베트남 상사중재원 중재절차에서 내려진 중재판정에 대하여, 서울고등법원은 피고가 이미 동산인도의 이행제공을 하여 중재판정에 따른 의무를 적법하게 이행하였음에도 불구하고, 원고가 중재판정에 대한 집행판결을 청구하는 것은 뉴욕협약상 공공질서에 반한다고 보아 집행을 거부하였고,[78] 대법원도 같은 법리를 확인하였다.[79]

- 중재판정이 한국 회사법상의 강행규정에 반하므로 공서양속 위반이라는 주장을 배척한 판결
  [서울중앙지방법원 2010. 7. 9. 선고 2009가합136849 판결]

이 사건의 원고들은 피고들에게 A회사의 일부 지분을 양도하면서 주주간 계약을 체결하였다. 주주간 계약에 따르면, 피고들에 대한 누적 배당금액이 미화 2억 달러에 달할 때까지는 원고들의 잔여지분에 대하여 의결권을 부여하지 않고 원고들이 배당도 받지 못하도록 정하였다. 그리고 일방 당사자가 계약위반을 할 경우 그 상대방이 계약위반당사자가 보유한 주식 전부에 대하여 공정가격(Fair Price)의 75% 상당 금액으로 전량 매수할 수 있도록 약정하였는데, 계약위반 즉시 위 매수계약의 청약이 이루어진 것으로 보도록 하였다. 그런데 피고들은 수년간 소액만을 배당받거나 아예 배당을 받지 않아서 계속 누적배당금이 미화 2억 달러에 미달하도록 유지하였고, 원고들이 A회사에 대한 의결권을 행사하지 못하는 상태가 지속되었다.

원고들은 피고들이 A회사에 대한 경영권 독점을 위한 동기에서 과소배당이나 무배당을 하였으므로, 이는 계약을 위반한 행위이고, 따라서 피고들이 보유한 주식 전부에 대하여 매수 청약된 것으로 간주하여야 한다고 주장하면서 주식의 매도 이행을 청구하는 ICC 중재를 신청하였고, 중재판정부는 원고 승소 판정을 내렸다.

위 중재판정의 집행판결청구소송에서 피고들은, (1) 주주간 계약의 효력은 강행법규나 공공질서에 허용되는 범위 내에서만 인정될 수 있으므로 주주간 계약에서 주주의 권한에 속하지 않은 배당의무를 정한 것은 무효이며, (2) 주식회사의 배당은 이사회의 권한에 해당하므로 주주가 이사회에게 배당결의를 하게 할 의무를 인정하는 위 중재판정은 소유와 경영의 분리, 이사의 독립성 및 충실의무, 회사 기관들간의 권한 분배, 이익배당 절차 등 주식회사의 조직 및 운영에 관한 강행법규에 위반되고,

---

78) 집행을 불허하는 부분에 대하여 법원은 청구를 '기각'하였다. 이와 달리 외국판결의 집행판결에서 집행을 불허하는 부분에 대하여 부적법 '각하' 판결을 한 사례는 제10.8.6절 참조.
79) 다만, 대법원은 의무가 적법하게 이행되었는지 여부에 대하여 원심과 판단을 달리하였다. 자세한 판시 내용은 부록 1 및 제9.6절 판단의 기준 시점 부분 참조.

(3) 설사 피고들이 주주간 계약을 위반하였다 하더라도 그 대가로 소유지분 전체를 할인된 가격으로 양도할 의무를 부과하여 경영권을 박탈하면서 경제적 손실을 입히는 것은 실손해전보의 원칙상 인정될 수 없는 초과배상을 명한 것이어서, 위 중재판정이 우리나라의 공서양속에 반한다고 주장하였다.

그러나 법원은 주주간 계약이 일반적으로 회사나 회사기관의 의사결정을 직접 구속할 수는 없더라도, 계약자유의 원칙상 계약 당사자들인 주주들 사이에서는 그 효력을 지닌다고 보았다. 또한 우리 상법상 주식회사의 이익배당 결정은, 이익잉여금처분계산서 등의 재무제표에 대한 이사회의 승인(상법 제447조), 감사의 이익잉여금처분계산서에 관한 감사(상법 제447조의3, 4), 이익잉여금처분계산서에 관한 주주총회의 승인(상법 제449조)의 절차에 따라 이루어지고, 주주총회에서는 위 이익잉여금처분계산서를 승인함에 있어 그 내용을 수정하여 결의할 수 있으며 주주총회에서 승인한 내용대로 이익배당이 확정된다고 볼 것인바, 이러한 법리와 사정하에서라면, 이 사건 주주간 계약 체결 당시 A회사의 각 50% 지분을 보유한 원고들과 피고들은 주주총회 결의를 통해 배당가능이익의 범위 내에서 이익배당의 범위를 정할 수 있는 지위에 있었다고 볼 것이고, 따라서 주주간 계약에 포함된 배당조항은 계약 당사자들에게 법적 구속력을 지닌다고 판단하였다. 나아가, 이 사건 중재판정이 피고들에게 주식양도를 명한 것은 주주간 계약 위반에 따른 약정책임을 인정한 것이므로, 이는 계약법의 기본적인 법원칙 중 하나인 계약준수원칙에 따른 것이고, 의결권 행사나 주주총회 결의의 효력과 같은 회사법적 효력에 관하여 판단한 것이 아니므로 이러한 판단이 주식회사의 조직 및 운영에 관한 강행법규에 위배되는 것이 아니어서 그 집행이 국제적 공서양속에 위배되지 않는다고 판단하여 피고의 주장을 배척하였다.

10.8.6 뉴욕협약 비적용 중재판정 사례들

뉴욕협약 비적용 중재판정의 경우 공서양속 위반은 외국판결의 승인에 적용되는 민사소송법 제217조 제3호가 적용되므로, 외국판결의 승인에 관한 판례를 참고할 수 있을 것이다. 그렇지만 뉴욕협약 비적용 중재판정에 대하여 실제 취소 또는 승인ㆍ집행을 다룬 우리나라 판례는 발견되지 않는다.

외국판결의 효력에 대한 공서양속 판단기준은 뉴욕협약에 따른 공서양속 판단기준과 같거나 유사한 것으로 설명되기도 하지만, 앞서 본 서울고등법원 2001. 2. 27.
선고 2000나23725 판결은 "외국판결의 집행청구에 관한 민사소송법 제203조[현행 민
사소송법 제217조] 소정 공공질서의 개념보다는 좁게 해석되어야 할 것"이라고 하여
후자가 더욱 엄격한 기준이라고 판시한 바 있다. 아직까지 공서양속 위반을 이유로
외국중재판정의 집행을 거부한 판례는 없지만, 아래 판결은 공서양속 위반을 이유로
미국법원의 손해배상판결을 1/2한도로 승인하였기에 외국중재판정의 승인·집행에
대하여도 시사하는 바가 크다. 대상판결은 상소 후 확정되었는데, 공서양속을 이유로
한 손해배상액의 제한에 대한 쟁점은 상소에서 다루어지지 않았으므로 1심 판결을
살펴본다.

- 외국 판결이 명한 과도한 손해배상액이 공서양속에 반한다고 보아 배상액을 감액한 집행판결
  [서울지방법원 동부지원 1995. 2. 10. 선고 93가합19069 판결]

이 사건 피고는 미국에서 강간혐의로 조사를 받았으나 혐의가 없는 것으로 밝혀
져 한국으로 귀국하였는데, 원고가 미국에서 피고를 상대로 강간이라는 불법행위로
인한 손해배상을 청구하는 민사소송을 제기하여 결석판결에 의하여 미화 50만 달러
의 배상판결을 받았다.

피고는 위 미국판결의 손해배상액에는 소위 징벌적 배상이 포함되어 지나치게
과다하므로 우리나라의 실체적 공서양속에 반한다고 주장하였는데, 법원은 비록 위
미국판결이 징벌적 배상을 명시적으로 언급하지는 아니하였지만 "그 배상액의 결정
에 있어서 잠재적으로 이에 대한 고려가 내포되어 있다고 볼 여지가 있다."는 이유로
비례의 원칙을 적용하였으며 우리나라 손해배상법에서의 기준에 비추어 볼 때 인정
될 만한 상당한 금액을 현저히 초과하는 부분에 한하여는 우리나라의 공서양속에 반
한다고 보아 승인을 제한하였다.

특히 이 사건 미국판결에 있어서는 손해배상액의 산정이 극히 개괄적으로 이루어져 그 논리
적 근거가 박약할 뿐 아니라 인용된 배상액과 입었다고 보이는 손해와의 사이에 합리적 관
련성이 쉽사리 수긍될 수 없다고 보이는 한편 손해배상사건에 있어서는 손해의 공평한 부담
이라는 불법행위법의 이념에 따라 어느 정도 법관의 가정적 판단이 개재할 수밖에 없는데다
가 불법행위의 효과로서 어떠한 법적 효과를 부여할 것인가는 나라마다의 법사상, 법감정을
기초로 한 사법정책의 문제라 볼 것이라는 점에서 …(중략)… 이러한 경우에는 헌법상의 법
치국가원리로부터 파생되어 민사법질서에 있어서도 그대로 타당하다고 할 수 있는 이른바

비례의 원칙을 적용하여 우리나라 손해배상법에서의 기준에 비추어 볼 때 비정상적으로 고액이라고 보이는 부분 전부를 승인하지 않고 우리나라에서 인정될 만한 상당한 금액을 현저히 초과하는 부분에 한하여는 우리나라의 공서양속에 반한다고 보아 승인을 제한할 수 있다고 보는 것이 상당하다 할 것이다.

위와 같은 관점에서 출발하여 결론적으로 외국판결의 승인여부를 판단함에 있어서는 우리나라 실질사법적 정의의 보호측면에서, 집행될 내용 및 당해 사안과 우리나라와의 관련성 등으로부터 보아 당해 외국판결의 집행을 용인하는 것이 우리나라의 사회통념 내지 법감정상 도저히 참을 수 없는 가혹한 결과를 가져오지는 않는지 여부 등 제반 요소를 참작하고 이들과 함께 민사소송법 제477조 제1항이 규정하는 실질심사 금지의 원칙을 관철하여 국가간 파행적 법률관계의 발생을 억제하고 법적 안정성을 기함으로써 외국판결의 존중이라는 승인제도 본래의 취지를 살린다는 측면을 상호 비교형량하여 구체적, 개별적으로 타당한 결론을 도출함이 상당하다 할 것인바, 이러한 측면에서 볼 때 이 사건 미국판결은 그 인정된 손해배상액의 1/2의 한도로 승인을 제한함이 상당하다 할 것이다.

이 사건의 경우는 단순히 손해배상액이 한국법에서 인정되는 것보다 훨씬 고액이라는 점 때문만은 아니고, 원·피고가 모두 한국인이며 미국판결에서 인용된 손해배상액 전부에 대한 집행을 승인하면 피고의 한국에서의 생활기반이 파탄에 이를 우려가 있다는 점에 비추어 볼 때 해당 사건의 내국관련성의 정도가 상대적으로 강하다는 점을 고려하여, 법원이 우리나라 손해배상법에서의 기준을 특히 존중했던 판결이라고 이해한다.

한편, 대상판결은 흔히 징벌적 손해배상에 대한 판례로 언급되는데, 법원이 징벌적 손해배상이 우리나라의 공서양속에 반할 수가 있다고 설시하였고 이를 제한적 승인의 근거로 삼은 것은 사실이나, 실제로 이 사건에서 문제된 미국판결은 엄밀한 의미에서 징벌적 손해배상 판결은 아닌 듯하다.[80) 81)]

---

80) 징벌적 배상은 미국법상 원고의 신청에 따른 배심재판에 의해서 인정되는 것인데 위 판결은 판사가 사건판정인의 권고를 바탕으로 결석판결을 내린 것이어서 엄밀한 의미에서 징벌적 배상 사안이라고 하기는 어렵다. 미국판결상 징벌적 배상의 청구 또는 징벌적 배상액의 결정절차 등을 거쳤음을 인정할 수 있는 아무런 흔적이 없고, 결석판결신청서나 결석판결명령의 문언에 비추어 보더라도 강간 등으로 인한 신체적, 심리적 상해와 과거 및 장래의 임금의 상실, 명성의 상실, 자긍심의 상실, 사회적 및 경제적 배척, 치료비, 장래에 있어서의 추가적 치료비 등에 대한 보상적 손해배상만을 그 내용으로 하고 있을 뿐이고 그 외에 별도로 징벌적 배상을 구분하여 적시하거나 징벌적 배상을 포함한다는 취지의 기재가 없었다.

81) 참고로, 미국에서는 중재에서도 징벌적 손해배상을 명할 수 있는지 논의가 있다. 자세한 내용

이와 달리, 미국 캘리포니아주에서 손해배상 청구의 소를 제기하여 배심재판에 의하여 미화 5,077,379.18달러의 배상을 명하는 판결을 받아 우리나라 법원에서 집행 판결을 청구한 사례가 있다. 이 사건에서 법원은 위 배상액 중 경제적 손해배상액에 해당하는 827,379.18달러만 집행을 허가하였다.[82]

한편, 위 판결들은 대상 외국판결 중에서 집행을 허가한 금액을 넘는 부분에 대하여 청구를 기각하지 않고 집행판결의 요건을 흠결하여 부적법하다는 이유로 각하하였다.[83] 2014년 민사소송법 개정으로 법원은 '손해배상에 관한 확정재판등이 대한민국의 법률 또는 대한민국이 체결한 국제조약의 기본질서에 현저히 반하는 결과를 초래할 경우에는 해당 확정재판등의 전부 또는 일부를 승인할 수 없다'고 규정하였으므로(제217조의2), 향후에는 지나친 손해배상액을 명한 외국판결은 본 조항에 근거하여 청구를 기각할 것으로 예상된다.

10.9 뉴욕협약 비적용 중재판정의 승인·집행 거부 사유

뉴욕협약이 적용되지 않는 외국중재판정의 국내 승인·집행에 대하여는 민사소송법 제217조, 민사집행법 제261조 제1항 및 제27조가 적용된다(중재법 제39조 제2항). 따라서 1) 중재판정을 한 중재판정부의 정당한 관할이 인정되고, 2) 패소당사자가 방어에 필요한 시간여유를 두고 적절한 통지를 받았거나 소송에 응하였으며, 3) 그 중재판정의 효력을 인정하는 것이 우리나라의 공서양속에 반하지 않고, 4) 상호보증이 인정되는 경우에 한하여 중재판정이 승인·집행될 수 있다. 따라서 본 장에서는 민사소송법상 외국판결의 국내 승인, 집행시 요구되는 민사소송법 제217조의 요건들에 대해 간단히 설명한다. 다만, 우리나라와 국제거래의 상대방이 될 만한 국가들은 대부분 뉴욕협약 가입국이므로, 아래 각 요건들이 외국 중재판정의 승인·집행시에도 문제될 가능성은 매우 낮다.[84]

- 대한민국의 법령 또는 조약에 따른 국제재판관할의 원칙상 그 외국법원의 국제재판관할권

은 제6.3.3절 참조.

82) 부산지방법원 2009. 1. 22. 선고 2008가합309 판결.

83) 참고로 제10.8.5절에서 설명한 서울고등법원 2001. 2. 27. 선고 2000나23725 판결의 경우에는 집행을 불허하는 부분에 대하여 청구기각 판결을 내렸다.

84) 2016. 7. 30. 현재 대만은 뉴욕협약 가입국이 아니므로 주의할 필요가 있다.

이 인정될 것

[민사소송법 제217조 제1항 제1호]

외국법원의 판결을 승인하기 위한 국제재판관할 요건에 대하여는 비교적 많은 판례가 축적되어 있다. 그러나 중재판정의 경우 이러한 판례를 적용하기는 어렵고, 중재판정부가 분쟁에 대하여 적법한 관할권을 가지는지 여부가 문제될 것이다. 따라서 위에서 본 중재합의의 유효성이나 중재판정부의 권한 유월에 관한 해석사례들을 적용하여 판단하여야 할 것으로 생각된다.

• 패소한 피고가 소장 또는 이에 준하는 서면 및 기일통지서나 명령을 적법한 방식에 따라 방어에 필요한 시간여유를 두고 송달받았거나(공시송달이나 이와 비슷한 송달에 의한 경우를 제외한다) 송달받지 아니하였더라도 소송에 응하였을 것
  [민사소송법 제217조 제1항 제2호]

이 요건은 뉴욕협약 적용 중재판정의 방어권 침해 요건과 유사하다. 위 민사소송법 제217조 제1항 제2호의 승인 요건에 관하여는 대법원에서 다룬 바 있다. 미국 미네소타 주 법원에 원고가 유학생인 피고를 상대로 제기한 소송에서 피고는 소장을 송달받고도 정해진 기한 내에 답변서를 제출하지 않은 채 한국으로 귀국해 버렸다. 원고는 한국에 있는 피고의 종전 주소로 결석판결을 신청하겠다고 등기우편으로 통지하고 법원에 결석판결을 신청하여 원고 승소 판결이 선고되었다. 원고는 이 판결에 기해 우리나라에서 집행판결을 신청하였고, 피고는 위 제217조 제1항 제2호에 근거하여 방어권이 침해되었다는 등의 주장을 하였다. 대법원은 피고가 소장과 소환장을 적법하게 송달 받았고 기타 궐석재판에 필요한 절차가 준수된 반면, 피고는 미국 소송에 특별한 사정없이 응소하지 않은 채 한국으로 귀국하여 방어의 기회를 스스로 포기한 결과가 되었다고 하면서, 피고의 항변을 배척하였다.[85]

• 그 확정재판등의 내용 및 소송절차에 비추어 그 확정재판등의 승인이 대한민국의 선량한 풍속이나 그 밖의 사회질서에 어긋나지 아니할 것
  [민사소송법 제217조 제1항 제3호]

이에 대해서는 제10.8.6절에서 자세히 다루었다.

---

85) 대법원 1997. 9. 9. 선고 96다47517 판결. 이 판결은 과도한 손해배상액을 공서양속 위반이라는 이유로 일부 제한한 서울지방법원 동부지원 1995. 2. 10. 선고 93가합19069 판결의 상고심 판결이다.

- 상호보증이 있거나 대한민국과 그 외국법원이 속하는 국가에 있어 확정재판등의 승인요건
  이 현저히 균형을 상실하지 아니하고 중요한 점에서 실질적으로 차이가 없을 것
  [민사소송법 제217조 제1항 제4호]

민사소송법 제217조 제1항 제4호의 상호보증 요건에 관하여는 미국 네바다 주 법원이 내린 이혼판결의 승인·집행에 관한 대법원 판결이 "상호의 보증이 있는 일이라 함은 당해 외국이 조약에 의하여 또는 그 국내법에 의하여 대한민국 판결의 당부를 조사함이 없이 민사소송법 [제217조]의 규정과 같던가 또는 이보다도 관대한 조건 아래에서 대한민국의 판결의 효력을 인정하고 있는 경우를 말하는 것"이라고 해석한 바 있다.[86] 현행 민사소송법 제217조 제1항 제4호는 이러한 대법원 판례를 반영하여 2014년에 개정한 것이다.

중재판정의 집행에 있어서는 외국판결의 승인에 적용되는 상호보증의 요건을 어떻게 적용할지 분명치 않다. 법 규정을 논리적으로 적용한다면, 뉴욕협약에 가입하지 않은 국가에서 내려진 중재판정("A국 중재판정")에 대하여 승인·집행판결을 부여할 때, A국에서 우리나라 내국중재판정을 승인·집행하여 주는 요건을 따져 보아서, 그 요건이 우리나라가 A국 중재판정을 승인·집행하여 주는 조건과 같거나 더 관대한 조건이라는 점이 확인될 때에만 우리나라에서도 A국 중재판정을 승인·집행해 줄 수 있다고 해석할 수 있다. 민사소송법의 규정형식상 이러한 요건은 집행판결 신청당사자가 입증하여야 할 사항이 되는데, 이에 따르면 뉴욕협약 비적용 중재판정은 집행이 극히 제한된다.

---

86) 대법원 1971. 10. 22. 선고 71다1393 판결. 위 기준에 따라 우리나라 법원은 뉴욕 주와 캐나다의 온타리오 주, 일본, 독일 등에 대하여 상호보증이 있다고 보았고, 미국 캘리포니아, 미네소타, 워싱턴, 뉴저지 주 등에 대하여는 금전지급 판결과 관련하여 상호보증을 인정하였다. 반면, 영국이나 호주의 사우스웨일즈 주 판결에 대하여는 상호보증을 부정하기도 하였다. 중국에 관하여 상호보증을 유보적으로 인정한 사례로 서울지방법원 1999. 11. 5. 선고 99가합26523 판결이 있다. 상호보증 인정 사례에 관한 자세한 내용은 법원행정처, 국제거래재판실무편람, 2006, 96-101면; 석광현, "민사 및 상사사건에서의 외국재판의 승인 및 집행", 국제사법과 국제소송 제1권, 박영사, 2001, 321-343면 참고.

부 록

부록 1

주요판례 요약

저자 주석 : 본 요약 내용은 이 책 본문의 이해를 돕기 위하여 중재사건의 개요를 재구성하고
판결의 취지를 발췌한 것이다. 최대한 사실관계 왜곡이나 판례를 훼손하는 일이
없도록 주의하였으나, 더 정확한 이해와 인용을 위해서는 판결 원문을 참조할 것
을 권한다.

1. 강철봉 매매계약 관련 중재판정 집행
  – 대법원 1988. 2. 9. 선고 84다카1003 판결 / 대법원 1990. 4. 10. 선고 89다카20252 판결

[주요 쟁점]

  - 계약 체결에 있어서 대리권 유무와 표현대리 성립에 대한 판단의 준거법
  - 중재합의가 부동문자로 인쇄된 예문에 불과하다는 주장에 대한 판단
  - 지연손해금 계산을 위한 이자율 결정과 공서양속 위반 여부
  - 뉴욕협약상 번역문 제출 및 입증 책임
  - 중재합의의 철회 가능성
  - 중재판정 집행 거부 사유로서 방어권 침해
  - 중재판정 집행 거부 사유로서 공서양속 위반

[중재사건의 개요]

  한일실업의 부사장 A는 피고 국제상사의 런던지점 책임자 B에게 한일실업이 이탈리아에서
매수할 강철봉 24만 톤을 영국 철강회사에 판매할 수 있도록 알선해 달라고 부탁하였다. B는
영국회사인 지케이엔 인터내셔널 트래이딩 리미티드(GKN International Trading Limited, 이하
"GKN") 등의 회사에 국제상사 명의의 텔렉스로 전문을 보내고 그 후 여러 차례 전문을 교환
하여, 원고 GKN의 직원 C와 A, B는 강철봉 매매계약서를 작성하였다. 계약서에는 주문 상대

방은 국제상사로, 신용장 수익자는 한일실업으로, 계약의 해석과 이행은 영국법에 의하여 규율된다고 기재하였고, 분쟁은 LCIA 중재규칙에 따라 중재로 해결하기로 하였다.

한일실업이 강철봉을 납품하지 아니하자 GKN은 국제상사를 상대로 LCIA에 중재를 신청하였고, LCIA는 국제상사 런던지점으로 소환통지를 여러 차례 보냈다. 그러나 국제상사는 그 이전에 이미 B를 한국으로 소환하였고 사실상 런던지점을 폐쇄한 상태였기에 소환통지를 받지 못했다며 중재절차에도 참석하지 않았다. 이에 중재인은 GKN 승소 판정을 내렸고, GKN은 국제상사를 상대로 우리나라 법원에 집행판결 청구의 소를 제기하였다.

• 서울고등법원 1984. 4. 9. 선고 83나1105 판결

원고 GKN의 대표 C와 A, B가 원고회사의 사무실에서 만나 매매계약을 체결하였는데, B는 매매계약의 매도인은 국제상사가 아니라 한일실업이고 자신은 중개인에 불과하다고 밝혔지만, A와 C는 이미 작성된 주문서를 다시 만들기도 번거로우니 서명란에 한일실업을 표시하여 서명하자고 제의하였다. 이에 주문 상대방 표시는 그대로 둔 채 B는 국제상사의 이름과 직책 없이 개인 서명만 하고, A는 한일실업을 대표하는 계약당사자의 자격으로 매도인측 서명란에 한일실업으로 매도인을 표시하고 서명하였다. 또한 B는 국제상사에 이 사건 계약의 체결사실을 보고한 적이 없고, 원고 GKN도 피고 국제상사 본사와는 아무런 교신도 없이 계약을 체결하였으며(기존 거래도 없었음), GKN은 국제상사 본사에게 이 사건 계약의 불이행에 대한 책임을 추궁하는 전문을 보내어 처음으로 국제상사와 상대하였다.

[이러한 사실관계에 비추어 볼 때] B가 피고를 대표하여 이 사건 계약(및 중재합의)을 체결하였다고 보기 어렵고, 원고가 B가 피고를 대표하여 이 사건 계약을 체결할 권한을 가지고 있었다고 믿을 만한 정당한 이유가 있었다고 보기 어려우므로, 피고 국제상사가 이 사건 계약(및 중재합의)의 당사자라고 할 수 없다. [원고의 청구 기각]

• 대법원 1988. 2. 9. 선고 84다카1003 판결 (상고심)

[그러나 대법원은 대리권이 있는지의 여부 및 표현대리가 성립하는지의 여부는 이 사건 매매계약의 체결지인 영국법에 따라 판단해야 한다며 원심의 위와 같은 판단을 파기환송하였다.]

• 계약 체결에 있어서 대리권 유무와 표현대리 성립에 대한 판단의 준거법

중재판정의 집행국 법원이 중재판정의 내용에 대한 당부를 심판할 권한은 없지만 뉴욕협약상 집행조건의 충족여부 및 집행거부사유의 유무를 판단하기 위하여 필요한 범위 내에서는 본안에서 판단된 사항에 대하여도 집행국 법원이 독자적으로 심리판단할 수 있다.

매매계약서는 GKN이 주문자로, 국제상사가 주문의 상대방으로 되어 있고, B는 위 각 서류에 서명할 당시 피고회사의 런던사무소 책임자이므로 다른 특별한 사정이 없는 한 이 사건 매매계약서(중재합의 포함)는 피고 국제상사를 대리한 국제상사 런던사무소 책임자 B와 원고 GKN 사이에 체결된 계약서로 봄이 상당하다. 원심의 인정사실과 같이 B가 계약당사자 서명란에 피고의 명칭이나 자신의 직책을 표기함이 없이 개인서명만을 하였고, 그 밑에 A의 서명이 부기되어 있고 이 사건 매매계약에 의한 신용장의 수혜자가 소외 한일실업주식회사로 되어 있다 하여도 이와 같은 사정만으로서는 이를 달리 볼 수 없다.

다만, 피고 국제상사가 B의 대리권을 부인하고 있으므로, B가 대리권이 있는지 여부와 표현대리가 성립하는지 여부에 따라 계약의 효력이 피고에게 귀속되는지 여부가 결정된다. 이를 판단함에 있어서는 거기에 적용될 준거법이 먼저 확정되어야 하는바, 임의대리에 있어서 대리인 혹은 대리인으로 칭한 자와 거래를 한 상대방에 대하여 본인에게 거래당사자로서의 책임이 있는지의 여부는 거래의 안전 내지 상대방 보호를 위한 측면을 고려할 때 대리행위지법에 의하여 판단되어야 함이 상당하다 할 것이므로(당원 1987. 3. 24. 선고 86다카715 판결 참조), 이 사건에서 B에게 피고를 대리할 대리권이 있는지의 여부 및 표현대리가 성립하는지의 여부는 이 사건 매매계약의 체결지인 영국법에 의하여 판단되어야 할 것이다.

• 서울고등법원 1989. 6. 26. 선고 88나8410 판결 (환송후 원심)

[이러한 대법원의 판시에 따라 서울고등법원은 영국법에 따라 판단할 경우 아래 설시와 같이 B의 행위에는 표현대리가 성립한다고 판단하였다.]

영국법에 의하면 대리인에게 계약을 체결할 권한이 있다는 표시가 상대방에게 행하여졌고, 그러한 표시가 일반적으로 또는 당해 계약과 관련된 분야에 관하여 회사의 영업을 할 수 있는 실질적인 권한을 갖는 사람에 의하여 행하여졌으며, 상대방이 그러한 표시를 실제로 신뢰하였고, 정관상 그러한 종류의 계약을 체결하거나 대리인에게 그러한 계약을 체결할 권한을 위임할 수 있는 능력이 없는 것이 아니라면, 표현대리의 법리에 따라 상대방은 본인인 회사에 대하여 계약의 이행을 구할 수 있다고 한다.[1] 이러한 법리에 따라 제반 증거를 종합하면 원고 GKN과 B 사이에 체결된 매매계약과 그와 아울러 이루어진 중재합의는 표현대리의 법리에 따라 피고 국제상사에게 귀속된다.

[한편, 피고는 대리권 외에도, 중재합의가 인쇄된 부동문자인 예문에 불과하여 무효라는 주장, 중재기관, 중재장소 및 준거법이 명시되지 않아 무효라는 주장, 중재합의의 철회 주장, 방어권 침해 주장, 공서양속 위배 주장 등을 전개하였는데, 이에 대해서는 아래 재상고심 대법원

---

1) 법원이 외국법을 조사하는 방법에 관하여는 재상고심 판결 참조.

판결에서 보다 상세히 정리하도록 한다.[2]

• 대법원 1990. 4. 10. 선고 89다카20252 판결 (재상고심)

[위 고등법원의 판단에 대해 불복한 피고는 대법원에 다시 상고하였고, 대법원은 피고가 제기한 제반 항변들에 대해 아래와 같이 판단하였다.]

• 번역문 제출 및 입증책임

뉴욕협약 제4조에서 승인과 집행을 신청하는 당사자는 신청서에 ㉮ 정당하게 인증된 중재판정원본 또는 정당하게 증명된 그 등본, ㉯ 제2조에 규정된 합의의 원본 또는 정당하게 증명된 그 등본 및 공증된 이들의 번역문을 제출하여야 한다고 규정하고 있는데 이는 뉴욕협약에 따른 외국중재판정의 집행을 위한 적극적 요건으로서 위 중재판정의 승인 및 집행을 신청하는 당사자가 그 입증책임을 부담한다.

• 중재합의가 부동문자로 인쇄된 예문에 불과한지 여부

이 사건 강철봉 매매계약서 앞면 좌측상단에는 "뒷면의 조건에 따라 공급하여 주십시오 (Please supply, subject to conditions overleaf)"라고 부동문자로 인쇄되어 있고, 뒷면의 조건 중 제13조에는 "본 계약의 효력, 해석 및 이행은 영국법에 따라 규율되며, 그 효력, 해석 및 이행을 포함하여 본 계약하에서 또는 그와 관련하여 발생하는 모든 분쟁은 본 계약일의 런던 중재법원규칙에 따라 중재에 의하여 결정된다 …"라고 기재되어 있다. B는 그 조항의 내용을 충분히 이해하고서 위 매매계약서에 서명하였다. 그렇다면 위 중재조항은 위 뉴욕협약 제2조 제2항 소정의 "계약문 중의 중재조항"으로서 같은 조 제1항 "분쟁을 중재에 부탁하기로 하는

---

2) 한편, 집행판결에는 보통 집행의 대상이 되는 중재판정 주문이 별지로 첨부된다. 본 판결의 별지로 첨부된 중재판정 주문은 지급할 금전을 다섯 가지 항목(1항 원금, 2항 위 원금에 대한 중재판정일까지의 이자, 3항 위 원금에 대한 중재판정일로부터 완제일까지의 미국 우대금리에 의한 이자, 4항 중재비용, 5항 기타비용)으로 구분하였다. 그런데 위 5개 항 중에서 1, 2, 4, 5항은 중재판정에 금액이 명시되어 있으나, 3항의 이자는 중재판정에는 '미국 우대금리'라는 기준만 제시되어 있을 뿐 그 이자율이나 금액이 명시되어 있지 않았다. 외국 중재판정에서는 이러한 지연손해금 지급에 대하여는 이렇게 기준만 제시하는 경우가 자주 발생하는데, 그러한 주문은 우리 민사집행 절차에서 바로 집행이 가능한지 의문이 있다. 그런데 본 고등법원 판결에 첨부된 별지 3항에는 중재판정일 이후 미국 우대금리를 시간적인 변동 내역에 따라 수십 개 구간으로 나누어 구체적인 이자율을 명시해 두었다. 원고측에서 집행판결 청구 소송 절차에서 미국 우대금리 변동 내역을 증거로 제출하여 인정받은 것으로 예상된다. 이러한 집행판결 방식이 이론적으로 타당한지, 실무상 관행으로 정착된 것인지는 아직 분명치 않지만, 중재판정의 승소 당사자가 직면하는 현실적인 문제를 해결하는 방법임은 분명하다.

취지"의 서면에 의한 중재합의에 해당한다.

• 외국법의 내용을 조사하는 방법

외국법의 적용 및 조사에 관하여 특별한 규정을 두고 있지 아니하나 외국법은 법률이어서 법원이 직권으로 그 내용을 조사하여야 하고, 그 방법에 있어서 법원이 합리적이라고 판단하는 방법에 의하여 조사하면 충분하고, 반드시 감정인의 감정이나 전문가의 증언 또는 국내의 공무소, 학교 등에 감정을 촉탁하거나 사실조회를 하는 등의 방법만에 의하여야 할 필요는 없다. 영국 변호사의 선서 진술서, 회사법 교과서, 영국 고등법원 보고서 등에 따라 영국법의 내용을 조사한 원심의 판단은 정당하다.

• 중재장소, 중재기관, 준거 절차법에 대한 중재합의

피고는 중재조항에 중재장소, 중재기관 및 준거법 등이 명시되어 있지 아니하여 당사자 사이에 유효한 중재합의가 있는 것으로 볼 수 없다고 하였다. 그러나 뉴욕협약 제2조에 의하면 같은 협약이 적용되는 중재합의는 "분쟁을 중재에 부탁하기로 하는 서면에 의한 합의"로써 족하고 중재장소나 중재기관 및 준거법까지 명시할 것을 요건으로 하고 있지는 않다. 또한 위 중재조항에 의하더라도 "… 본 계약하에서 또는 그와 관련하여 발생하는 모든 분쟁은 본 계약일의 런던중재법원규칙에 따라 중재에 의하여 결정된다 …"라고 되어 있어, 중재장소와 중재기관 및 중재절차의 준거법이 한꺼번에 모두 명시되었으며, 전형적인 중재조항으로서 중재장소는 영국 런던, 중재기관은 런던중재법원, 준거 절차법은 런던중재법원의 규칙(즉 영국법)으로 정한 당사자 사이의 합의라고 해석된다.

• 중재합의의 철회 가능성

중재합의의 취소란 중재합의에 취소사유가 존재함을 전제로 하여 그 의사표시의 효력을 소급적으로 소멸시키는 당사자의 일방적 의사표시를 의미한다. 피고가 상고이유에서 주장하는 중재합의의 "취소"는 그러한 사유없이 장래에 향하여 그 의사표시의 효력을 상실시키는 당사자의 일방적 의사표시, 즉 중재합의의 철회를 의미한다고 하겠는바, 중재합의의 철회가 가능한지 여부는 결국 중재합의의 효력에 관한 문제이다. 이 점에 관하여 뉴욕협약 제5조 제1항 a호 후단은 1차적으로 당사자들이 준거법으로 지정한 법령에 의하고, 그 지정이 없는 경우에는 중재판정을 내린 국가의 법령에 의하여 판단하도록 규정하고 있다.

이 사건 매매계약서에는 "… 본 계약하에서 또는 그와 관련하여 발생하는 모든 분쟁은 본 계약일의 런던중재법원규칙에 따라 중재에 의하여 결정된다 …"라고 기재되어 있어, 당사자들은 중재합의의 준거법으로 영국법을 지정하였다고 볼 것이다. 그러므로 영국법상 중재합의의 철회문제를 살펴보면 서면에 의한 중재합의(Written arbitration agreement)는 당사자의 일방이 임의로 철회할 수 없게 되어 있으므로 당사자의 일방이 중재판정 선고 전에 서면에 의한 중재합의를 철회할 수 있음을 전제로 하는 피고의 주장은 이유 없다.

• 방어권 침해로 인한 중재판정 집행 거부 요건

뉴욕협약 제5조 제1항 나호에 의하면, 중재판정이 불리하게 원용되는 당사자가 중재인의 선정이나 중재절차에 관하여 적절한 통고를 받지 아니하였거나 또는 기타 이유에 의하여 방어할 수 없었던 경우에는 집행국 법원이 중재판정의 승인 및 집행을 거부할 수 있게 되어 있는바, 이 규정의 취지는 위와 같은 사유로 당사자의 방어권이 침해된 모든 경우를 말하는 것이 아니라 그 방어권 침해의 정도가 현저하여 용인할 수 없는 경우만으로 한정되는 것이라고 해석되고, 또 중재 당사자의 방어권 보장은 절차적 정의실현과 직결되어 공공의 질서의 일부를 이루는 것이므로 이는 집행국 법령의 기준에 의하여 판단하여야 할 것이다.

이 사건 매매계약서에 따르면 중재절차에 있어서 통지는 계약서에 표시된 당사자의 주소에서 행한 송달로써 충분하다고 되어 있는바, 영국 외국회사 등기부등본에는 피고회사 런던사무소의 주소가 위 계약서상의 주소와 동일하게 기재되어 있고, 송달영수인은 B로 신고되어 있다. 피고회사가 B를 본사로 소환한 후 1979. 9. 21. 런던사무소를 사실상 폐쇄함에 따라 중재절차에 관한 통지를 전혀 받지 못하여 중재절차에 참석하지 못한 사실은 인정할 수 있으나, 중재인이 1980. 9. 23. 임명된 후 여러 차례 위 런던사무소로 중재절차에 관한 통지를 하였는데도 피고회사가 출석하지 않고 서면도 제출하지 아니하여 1981. 5. 1. 중재판정을 내렸다. 같은 장소에는 피고 회사가 100퍼센트 주식을 소유하는 자회사 K사가 설립되었고, 피고회사의 직원들이 파견 나와 근무하고 있었고, 피고회사 런던사무소는 1981. 8. 26. 말소등기가 되었는바, 중재인이 보낸 등기우편이 반송된 점은 기록상 나타나지 않으므로 중재절차에 관한 통지는 피고회사 런던사무소에 송달되었다고 추정된다. [그 밖에 중재절차 개시 전 여러 차례 원고와 피고회사 본사 사이에 교신 내용 등을 종합하면] 피고회사는 이 사건 중재절차에 관하여 원고로부터 본사에서 직접 사전통고를 받았고, 런던사무소 및 그 후신격인 코벤사에 근무중이던 자기회사 직원들로부터 각종 통지들을 충분히 전달받았으리라고 추정된다. 그런데도 피고회사는 스스로 서면을 제출하거나 출석하여 의견을 진술하는 등 방어권을 행사하지 아니하였고, 중재판정서 사본을 원고회사로부터 송달받고도 영국법에 따른 불복절차를 전혀 취하지 아니하였다. 이러한 사정을 종합하여 보면 이 사건 중재절차에 있어서 피고의 방어권이 부당하게 박탈되었다고 볼 수는 없다.

• 공서양속 위반을 이유로 한 중재판정 집행거부의 요건

뉴욕협약 제5조 제2항 나호에 의하면 중재판정의 승인이나 집행이 그 국가의 공공의 질서

에 반하는 경우에는 집행국 법원은 중재판정의 승인과 집행을 거부할 수 있게 규정하고 있는 바, 이는 중재판정이나 승인이 집행국의 기본적인 도덕적 신념과 사회질서를 보호하려는 데 그 취지가 있다 할 것이므로 그 판단에 있어서는 국내적인 사정뿐만 아니라 국제적 거래질서의 안정이라는 측면도 함께 고려하여 제한적으로 해석하여야 할 것이다.

이 사건 중재절차에 있어서 통지에 관한 특약이 우리나라의 법 원리에 반한다고 볼 수 없는 이상, 앞에서 본 바와 같이, 설시의 사유로 피고가 참석하지 못한 가운데 이 사건 중재판정이 내려졌다 하여 그 집행이 우리나라의 공공질서에 반하는 것은 아니다.

피고는 중재법원이 배상할 금액을 결정함에 있어서 논리와 합리적 고려를 도외시함으로써 당초의 매매대금보다 더 큰 배상금액을 인정하였을 뿐 아니라 그 지연이자 계산에 있어서도 뚜렷한 근거 없이 준거법인 영국의 법정이율로 하지 아니하고 고율인 미국의 우대금리를 적용하였다는 이유로 중재판정 집행이 공공질서 위반이라고 주장하였다. 그러나 국제 상거래에 있어서 일방당사자의 채무불이행에 관하여는 일반적으로 승인된 적절한 국제금리에 따른 지연손해금의 지급을 명함이 관행이라 할 것인데 영국 런던중재법원이 피고에 대하여 일반적으로 적용되는 국제금리인 미국은행 우대금리(그 최고이율도 연 2할 5리로서 우리나라 이자제한법의 제한범위 내이다)에 따른 지연손해금의 지급을 명한 것은 상당하다. 또한 중재판정문에 [이자율 결정에 관한] 자세한 이유기재가 없다 하더라도 그것만으로는 우리나라의 공공질서에 반한다고 볼 수 없다.

2. 합작투자계약 관련 중재판정 취소/집행
- 대법원 1998. 3. 10. 선고 97다21918, 21925 판결 / 대법원 2001. 4. 10. 선고 99다 13577, 13584 판결

[주요 쟁점]
- 중재판정에서 이유기재의 정도
- 집행판결 절차에서 중재판정 주문에 반하는 판결 주문 허부
- 소촉법에 따른 지연이자를 명한 중재판정의 공서양속 위반 여부

[중재사건의 개요]
원고 금정기업(일본회사), 원고 문화물산(한국회사)과 피고 B(문화물산 대표이사)는 유원지 개발사업을 위한 합작투자계약을 체결하였고, 위 계약에 의하여 발생하는 분쟁은 대한상사중

재원의 중재규칙에 따라 해결하기로 하였다. 이후 피고 B는 문화물산의 대표이사직을 사임하고 원고 금정기업이 지명한 C가 문화물산의 대표이사로 선출되었다.

원고 금정기업은 20억 원의 투자의무를 이행하였으나, 피고 B의 합작투자계약상 의무이행과 관련하여 분쟁이 발생하였다. 원고들은 피고 B에게 계약해제를 통보하고, 원고들에게 각자 금 20억 원의 손해배상금을 지급하라는 중재를 신청하였다. 피고 B는 자신의 의무가 동시이행의 무였는데 원고 문화물산이 의무이행을 하지 않았으므로 자신도 계약 위반이 아니라는 항변과 (항변①), 원고들이 계약에 따라 얻은 사업허가권과 이득 일부를 정산, 반환하기 전까지는 원상회복 청구에 응할 수 없다는 동시이행 항변(항변②)을 하는 한편, 원고들이 연대하여 손해배상금 2억 원을 지급하라는 반대청구를 하였다.

중재판정부는 금정기업 대표이사 A와 문화물산 대표이사 피고 B가 합작투자계약을 맺었는데, 피고 B의 계약위반에 따른 "신청인"의 해제통지로 계약이 적법하게 해제되었다고 설시하면서, 피고 B는 금 20억 원을 "신청인"에게 반환할 의무가 있다고 판단하였다. 또 피고 B의 동시이행 항변에 대하여는 원고 문화물산의 의무와 피고 B의 의무가 동시이행관계라고 볼 증거가 없다는 이유로 배척하고, 반대청구에 대하여는 "신청인"이 계약 위반을 한 증거가 없다는 이유로 2억 원의 손해배상금 청구는 기각하였다.

원고들은 위 중재판정에 대한 집행판결 청구의 소를 제기하였고, 피고 B는 반소로 중재판정 취소의 소를 제기하였다.

• 서울고등법원 1997. 4. 24. 선고 96나31453, 31460 판결

[원심은 다음과 같은 설시로 해당 중재판정이 이유 기재가 없거나 이유 모순이 있는 경우에 해당한다며 원고들의 청구를 기각하였다.]

중재판정문 내용에 따르면 중재판정부는 원고 금정기업이 아닌 대표이사 개인 A를 합의의 당사자로 사실인정한 것으로 보인다. 그런데 중재판정문에는 금정기업인지 A인지 특정하지 않고 "신청인"이 피고에게 20억 원을 지급하였다고 설시한 후, 계약이 적법하게 해제되었으므로 피고가 "신청인"에게 위 금원을 지급하여야 한다고 하였다. 이는 피고가 어떤 이유로 금 20억 원을 A가 아닌 원고 금정기업에게 반환하여야 하는지에 관한 설명이 없어, 판정이유의 기재가 불명료하여 판정이 어떠한 사실상 또는 법률상 판단에 기인하고 있는가를 판명할 수 없거나 이유가 모순인 경우에 해당한다.

가사 중재판정문의 내용이 원고 금정기업이 계약을 하면서 A 개인명의로 잘못 작성한 것이고 당사자는 금정기업이라는 취지라 하더라도, 판정이유에서는 피고가 원고 금정기업에게 위

금원을 반환할 의무가 있다고 하고서, 주문에서는 원고 문화물산을 포함한 원고들에게 금원을 지급하도록 명하였으므로, 적어도 원고 문화물산에 대한 판단에 있어서는 전혀 이유의 기재가 없거나 이유에 모순이 있는 경우에 해당한다.

피고 B는 항변①과 항변② 두 가지 항변을 하였는데, 중재판정에는 전자의 항변을 기각하는 판단뿐이므로, 항변② 주장에 대하여 판단하지 아니한 것은 판정 결과에 영향을 미칠 수 있는 중요한 사항에 관하여 판단을 유탈한 경우에 해당한다.

- 대법원 1998. 3. 10. 선고 97다21918, 21925 판결 (상고심)

[그러나 대법원은 위와 같은 원심의 판단을 파기환송하였다.]

중재판정 이유를 살펴보면 중재판정부가 원고 금정기업 대표이사 A를 표현할 의사를 가지고 실수로 A로만 표현하고 있음을 쉽게 알 수 있으므로, 중재판정서만으로도 중재인이 어떻게 하여 그와 같은 결론에 이른 것인지를 알 수 있다 할 것이어서 중재판정에 원심이 인정한 바와 같은 취소사유가 있다고 볼 수 없다.

중재판정의 이유에 의하면 중재신청인들 중 원고 문화물산이 어떠한 근거로 피고에 대하여 20억 원의 반환청구권을 갖는지 그 이유가 전혀 나타나 있지 않으므로, 같은 취지의 원심판결은 정당하다.

합작투자계약서에 따르면 계약이 해제된다 하더라도 피고가 주장하는 원상회복의무는 인정되지 않는다. 따라서 중재판정부가 피고의 위 동시이행 항변에 관하여 전혀 판단하지 아니하였다 하더라도 그와 같은 판단유탈은 판정에 영향을 미치지 않았다고 보아야 할 것이다.

- 서울고등법원 1999. 1. 21. 선고 98나18102 (환송후 원심)

[서울고등법원은 대법원의 파기환송 취지에 따른 판결을 내렸고, 이에 불복한 피고는 다시 대법원에 상고하였다. 이 판결부터 원고 문화물산은 당사자로 등장하지 않는데, 그 이유는 확인되지 않는다.]

- 대법원 2001. 4. 10. 선고 99다13577, 13584 판결 (재상고심)

대법원은 원심판결의 본소청구에 관한 부분 중 금 10억 원 및 이에 대한 지연손해금을 초과하여 중재판정의 집행을 인용한 부분에 관한 피고(반소원고) 패소 부분을 아래와 같은 판단하에 파기하고, 이 부분 사건을 다시 서울고등법원에 환송하였다.

• 중재판정에서 이유기재의 정도

　구 중재법 제13조 제1항 제4호 후단의 '중재판정에 이유를 붙이지 아니하였을 때'란 중재판정서에 전혀 이유의 기재가 없거나 이유의 기재가 있더라도 불명료하여 중재판정이 어떠한 사실상 또는 법률상의 판단에 기인하고 있는가를 판명할 수 없는 경우와 이유가 모순인 경우를 말하고, 중재판정서에 이유의 설시가 있는 한 그 판단이 실정법을 떠나 공평을 근거로 삼는 것도 정당하며, 중재판정에 붙여야 할 이유는 당해 사건의 전제로 되는 권리관계에 대하여 명확하고, 상세한 판단을 나타낼 것까지는 요구되지 않고 중재인이 어떻게 하여 판단에 이른 것인지를 알 수 있을 정도의 기재가 있으면 충분하고, 또한 그 판단이 명백하게 비상식적이고 모순인 경우가 아닌 한, 그 판단에 부당하거나 불완전한 점이 있다는 것은 이유를 붙이지 아니한 때에 해당하지 아니한다.

• 집행판결 절차에서 중재판정 주문에 반하는 판결 주문 허부

　중재판정의 내용은 그 자체로서 불명료하거나 불완전한 부분이 있는 경우에 한하여 합리적 보충의 방법에 의하여 해석할 수 있을 뿐이고, 중재판정의 내용 자체가 명확한 경우에는 다른 자료에 의하여 이를 확장 또는 유추해석할 수는 없는 것이다.

　기록에 의하면, 이 사건 중재판정 주문 제1항은 "피고는 금정기업 및 문화물산에게 20억 원 및 이에 대한 지연손해금을 지급하라"는 것이므로, 중재판정의 주문기재 자체에 의하여 금정기업과 문화물산의 피고에 대한 채권은 분할채권임이 명백하고 그 내용이 불명료하거나 불완전하다고 할 수 없으므로, 이러한 경우 임의로 중재판정의 신청취지나 이유를 원용하여 중재판정의 주문에서 명한 금정기업과 문화물산의 피고에 대한 채권을 불가분채권이라고 해석할 수는 없다.

　그럼에도 불구하고, 원심이 이를 불가분채권이라고 판단하여 피고에 대하여 금정기업에게 20억 원 및 이에 대한 지연손해금의 지급을 명하는 집행판결을 한 것은 중재판정의 주문에 반하여 그 범위를 넘는 집행판결을 한 위법이 있다.

　더욱이 기록에 의하면, 원고 금정기업은 제1심 제4차 변론기일에서 이 사건 청구취지 중 "피고는 원고들에게 각자" 부분을 "피고는 원고들에게"로 정정한다고 진술함으로써 원고 금정기업과 문화물산이 분할채권으로서 20억 원 및 그 지연손해금을 지급하라는 내용의 집행판결을 구하는 것으로 청구취지를 정정하였음을 알 수 있다. 그렇다면 원고 금정기업의 청구취지는 10억 원 및 그 지연손해금의 지급에 관한 집행판결을 구하는 것이라고 보아야 할 것인데, 원고의 청구취지를 초과하여 20억 원 및 이에 대한 지연손해금에 관하여 집행판결을 한 것은 처분권주의를 위반한 잘못이 있다.

• 소촉법에 따른 지연이자를 명한 중재판정의 공서양속 위반 여부

중재판정에서 금전채무의 이행을 명하는 경우에 소송촉진등에관한특례법 제3조 제1항 소정의 법정이율에 의한 지연손해금의 지급을 명한다고 하여 이를 강행법규에 위반하거나 공공의 질서 또는 선량한 풍속에 반하는 행위를 할 것을 내용으로 한 것으로 볼 수는 없다.

• 서울고등법원 2001나21993, 22002 (재환송후 원심)

[원고들과 피고 사이의 본 분쟁은 서울고등법원에 재환송된 후 결국 화해로 종결되었다.]

3. 우드칩 공급계약 관련 중재판정 취소/집행
- 대법원 2003. 2. 26. 선고 2001다77840 판결 / 대법원 2009. 5. 28. 선고 2006다 20290 판결 / 대법원 2010. 4. 29. 선고 2010다3148 판결

[주요 쟁점]
- 중재절차의 준거법과 중재판정을 취소할 수 있는 기관
- 외국중재판정 후 피신청인에 대하여 회사정리절차가 개시된 경우 중재판정의 집행
- 허위의 주장, 입증을 하여 편취한 중재판정의 집행 거부
- 집행판결 절차에서 중재판정에서 부정된 채권을 자동채권으로 하는 상계의 허용 여부

[중재사건의 개요]
동해펄프는 펄프 제조의 주원료인 나무 조각(Hard Wood Chip, 이하 "우드칩")을 수입에 의존하던 중 직접 미국에서 우드칩을 생산하여 공급받기로 하고, 1990년 미국 알라바마주에 현지 자회사 도오핀 프로덕트사(이하 "DPI")를 설립하였으나 경영상 어려움에 처하여 DPI를 매각하고자 하였다. 원고 마제스틱 우드칩스 인코퍼레이티드는 동해펄프로부터 DPI의 공장과 영업시설 등을 1천만 달러에 인수하고 동해펄프에 10년간 우드칩을 독점 공급하기로 하면서, 대금 1천만 달러 중 500만 달러는 먼저 현금으로 지급하고, 이자를 포함한 잔금 519만 달러는 우드칩 공급 가격을 그만큼 할인해 주는 방법으로 분할 상환하기로 하는 계약(국문계약서)을 체결하였다. 이 계약에 따르면 동해펄프는 계약기간 동안 최소한 1차년도 23만 톤, 2차년도 이후는 매년 30만 톤의 우드칩을 원고로부터 구입하게 되어 있었다.

DPI의 영업시설 이전소식을 접하고 DPI 공장용지의 소유자나 원목 공급업자 등 관련 업체들이 DPI와 동해펄프를 상대로 여러 가지 쟁송을 시작하였다. 원고는 은행으로부터 새 공장의

운영자금 등을 대출받기 위하여 동해펄프와 체결한 독점공급계약서를 제출할 필요가 있었는데, 다른 한편으로 소송계속 중인 법원에 동해펄프에 대한 채권을 자진신고할 필요도 있었다. 그런데, 법원에 한글계약서에 따른 채권 신고를 하면 위 519만 달러의 잔금 채권이 압류될 위험이 있기 때문에, 원고는 1994년경 동해펄프에게 위 잔금채권이 삭제된 영문계약서를 작성하라고 요구하였다. 동해펄프는 원고의 요청에 따라, 독점공급권의 대가 등을 삭제하고, 최소구입량 30만 톤을 20만 톤으로 감축한 계약서를 영문으로 작성하여 원고에게 교부하였다(영문계약서). 다만 영문계약서 이후에도 원고와 동해펄프는 한글계약서상 담보의 제공 조항에 따라 어음교환약정을 체결하고 서로 액면금 백지의 약속어음을 교환하였다.

원고는 1996년 ICC 중재규칙에 따른 중재를 신청하여, 동해펄프가 연간 구입물량의 80%를 최소 구매해야 한다는 조항을 위반하였다며 손해배상을 구하였고, 영문계약서가 정한 바에 따라 우드칩 장기공급계약이 실제로 수정되었다고 주장하였다. 한글계약서상 분쟁은 한국법 및 ICC 중재규칙에 따라 해결하도록 규정되어 있었는데, ICC는 싱가포르를 중재지로 정하였다.

실제 중재가 제기되자, 중재판정부는 당사자들의 합의를 얻어 중재지를 홍콩으로 변경하고 홍콩에서 중재절차를 진행하였다. 그리고 중재 결과 중재인은 원고와 동해펄프 사이의 우드칩 공급계약에 적용될 계약서는 영문계약서이며 원고와 동해펄프 사이의 연간 최소공급물량은 영문계약서에 따라 연간 20만 톤이므로 동해펄프가 약정 공급량의 80%를 구매한 이상 계약을 위반하지 않았다고 판단하였다. 다만, 동해펄프가 제3자로부터 우드칩을 공급받는 등 독점공급계약을 위반한 점은 인정하여 손해배상을 명하였다.

한편, 원고는 동해펄프가 연간 30만 톤의 최소구매의무를 위반하였다는 이유로 독점공급권 침해금지가처분 신청을 하였는데(서울중앙지방법원 96카합1465호), 당시 가처분 신청은 한글계약서에 근거하였고, 영문계약은 전혀 언급되지 않았다.

동해펄프는 1998. 4. 30 울산지방법원으로부터 회사정리절차개시결정을 받고 피고가 그 관리인으로 선임되었다. 원고는 정리채권 신고기간 내에 위 중재판정금 채권을 정리채권으로 신고하였으나 피고는 지급의무가 없음을 이유로 부인하고, 중재판정 취소의 소를 제기하였다. 피고 정리회사 동해펄프 관리인은 이 사건 중재판정이 허위의 영문계약서 및 증인의 허위진술에 기초하여, 판정에 영향을 미칠 중요사항에 대한 판단이 유탈되었을 뿐 아니라 절차의 공정성도 현저히 위배하였다는 점을 중재판정 취소의 사유로 들었다.

이에 대하여 원심법원은 이 사건의 중재지가 우리나라가 아니므로 대한민국 법원에는 위 소송의 관할이 없다는 이유로 소를 각하하였다.[3]

---

3) 서울중앙지방법원 2000. 6. 15. 선고 98가합70363 판결; 서울고등법원 2001. 10. 12. 선고 2000나36448 판결.

- 대법원 2003. 2. 26. 선고 2001다77840 판결

  [대법원도 이러한 원심의 판단을 지지하였다.]

  - 중재절차의 준거법과 중재판정을 취소할 수 있는 기관

  이 사건 중재판정은 홍콩에서 내려진 판정으로서 중재법상 내국판정이라고 인정되지 아니하므로, 뉴욕협약이 적용된다. 뉴욕협약 제5조 제1항 e호에 따르면 중재판정은 "중재판정이 내려진 국가(the country in which that award was made)"나 "중재판정의 기초가 된 법령이 속하는 국가(the country under the law of which that award was made)"의 권한 있는 기관(competent authority)만이 취소할 수 있고, 여기에서 "중재판정의 기초가 된 법령"이라 함은 중재절차의 준거법을 뜻하고 사건의 실체에 대하여 중재인이 적용한 법령을 뜻하는 것이 아니다.

  이 사건에서 중재절차의 준거법에 대하여 당사자들은 사전에 명확히 합의하지 아니하였지만, 중재인이 국제상업회의소(ICC)의 조정·중재규칙 제11조에 따라 당사자의 동의하에 중재절차에 적용할 준거법을 중재지의 강행법규와 국제상업회의소의 조정·중재규칙으로 정하였다. 이로써 이 사건 중재절차에 있어서는 홍콩의 강행법규와 국제상업회의소의 조정·중재규칙이 적용되었으므로, 이 사건 중재판정이 내려진 국가도 아니고 중재절차의 준거법이 속하는 국가도 아닌 우리나라의 법원은 이 사건 중재판정을 취소할 수 있는 권한 있는 기관이 아니다.

- 서울중앙지방법원 2001. 1. 31. 선고 98노10920 판결, 대법원 2004. 1. 16. 선고 2001도780 판결 (증인에 대한 형사재판 – 한글계약서가 유효하다고 봄)

  [한편, 증인 A는 계약 당시 원고를 대리하였고, 중재절차에서는 원고측 증인으로서 한글계약서가 아닌 영문계약서가 진정한 계약서라는 취지로 증언하였다. 그런데 그 후 동해펄프로부터 견질용으로 교부받은 백지어음에 한글계약서에 따른 보충권의 한도(원화 약 34억 5천만 원)를 현저히 초과한 549억 원을 보충한 행위에 대하여 유가증권위조 및 동행사죄로 유죄의 확정판결을 받았다.

  당시 항소심법원과 대법원은 이 사건 영문계약서가 원고와 동해펄프의 통정에 따라 은행대출 등의 편의를 위하여 작성한 것이므로, 영문계약서의 작성에도 불구하고 여전히 한글계약서가 유효하다고 보았다.[4]]

---

4) 서울중앙지방법원 2001. 1. 31. 선고 98노10920 판결, 대법원 2004. 1. 16. 선고 2001도780 판결.

• 울산지방법원 2003. 7. 31. 선고 98가합8505 판결 (정리채권확정 사건)

[위 중재판정 취소의 소가 관할위반을 이유로 각하된 후, 원고는 정리채권으로 신고하였다가 부인된 중재판정금에 관하여 정리채권확정의 소를 제기하였다.

피고는 중재판정이 증인 A의 위증 등 사위행위에 의하여 편취된 것으로 뉴욕협약 제5조 제2항 b호의 공서양속 위반이라고 주장하였으나, 법원은 원고가 부정한 방법으로 중재인을 기망하였음을 인정할 아무런 증거도 없으므로,[5] 원고가 이 사건 중재판정을 편취하였다고 보기는 어렵다고 판단했다.]

한편, 피고는 DPI 매각대금 중 분할 상환하기로 한 519만 달러가 상환이 이루어지지 않았으므로, 동해펄프의 원고에 대한 위 매매대금채권을 청구할 수 있다고 주장하면서 이 채권을 자동채권으로 상계항변을 하였다. 그러나 이 사건 중재판정의 중재인은, DPI 매각대금은 실제로는 500만 달러였고, 519만 달러를 상환하도록 한 한글계약서 조항은 동해펄프가 DPI에 투자한 1,000만 달러를 회수한다는 명목의 겉치레에 불과하였기 때문에, 원고의 요청에 의하여 519만 달러의 지급과 관련된 부분을 삭제한 영문계약서가 진정한 계약서로서의 효력이 있다고 사실인정을 하였다. 따라서 동해펄프가 519만 달러의 DPI 매각대금 채권을 가지고 있다고 법원이 인정하는 것은 중재판정에서 인정된 사실관계와 정면으로 배치된다. 나아가 위 채권의 존재를 인정하여 피고의 위 상계항변을 받아들이는 것은 결국 위 중재판정과는 다른 내용의 실체 판단을 함으로써 중재판정에서 확정된 의무의 존재를 법원이 부인하는 결과가 된다.

[결국 법원은, 이는 형식적인 집행거절사유가 없는 한 중재판정의 승인과 집행을 거부할 수 없도록 한 뉴욕협약 제5조의 취지에 반한다는 이유로 피고의 위 상계항변을 받아들이지 않았다.]

• 부산고등법원 2006. 2. 16. 선고 2003나12311 판결 (환송전 원심)

[그러나 항소심인 부산고등법원은 위 울산지방법원의 판단과 달리 아래와 같이 설시하며 원고의 청구를 모두 배척하였다.]

민사재판에 있어서 관련된 중재사건의 중재판정에서 인정된 사실에 구속을 받는 것은 아니므로(대법원 2004. 1. 16. 선고 2001도780 판결 참조),[6] 이 사건의 경우, 중재인이 위 1998. 1.

---

5) 이 판결 당시 증인 A에 대한 형사사건은 대법원에 계류중이었다.
6) 대법원 2004. 1. 16. 선고 2001도780 판결은 위에서 설명하였는데, 판결 내용에 위와 같은 판시는 없고 "국제거래에 관계된 분쟁을 국제상업회의소 중재재판소(Court of Arbitration)에서 중재를 통하여 해결하기로 한 경우라고 하더라도 형사재판에 있어서 관련된 중재사건의 중재판정에서 인정된 사실에 구속을 받는 것은 아니"라고만 되어 있다.

21.자 판정에서 영문계약서가 원고와 동해펄프 사이에 구속력 있는 계약서라고 판단하였다고 하더라도, 당원으로서는 중재인이 위 1998. 1. 21.자 판정에서 인정한 사실과 달리 인정할 수 있다 할 것이고, 또 집행국 법원에 중재판정의 내용에 대한 당부를 심판할 권한은 없지만 집행조건의 충족 여부 및 집행거부사유의 유무를 판단하기 위하여 필요한 범위 내에서는 본안에서 판단된 사항에 관하여도 집행국 법원이 독자적으로 심리판단할 수 있다(대법원 1988. 2. 9. 선고 84다카1003 판결 참조).

[사실관계 및 계약조항 등] 증인 A에 대한 유가증권위조죄 등이 유죄로 판단된 점 등에 비추어 보면, 영문계약서는 원고와 동해펄프가 미국 내 소송에 제출할 목적으로, 또 원고가 은행대출을 받는 데 사용할 목적으로, 519만 달러와 관련된 일부 조항을 삭제하고 작성일자를 소급하여 작성한 허위의 계약서임이 명백하고, 따라서 원고와 동해펄프 사이에 적용될 구속력 있는 계약서는 한글계약서이다.

중재합의를 한 당사자 사이에 법률적 분쟁이 발생하여 금전지급을 구하는 중재를 신청하면서 허위의 사실을 주장하고 이를 입증하기 위하여 허위의 증거를 제출하였다면, 이에 속은 중재판정부로 하여금 자기에게 유리하게 금전지급의무를 명하는 중재판정을 하게 하고 그 효과로서 그 금전을 영득하려 한 것이므로, 이와 같은 행위에 대하여는 우리나라 형법상 사기죄가 성립하고, 그와 같이 우리나라 형법상 사기죄가 성립하는 행위에 의하여 편취된 중재판정을 인정한다면 명백히 우리나라의 선량한 풍속 기타 사회질서에 반한다 할 것이므로, 그 중재판정은 우리나라 법원에 의하여 그 승인이나 집행이 거부되어야 할 것이다.

- 대법원 2009. 5. 28. 선고 2006다20290 판결 (상고심)

[그러나 대법원은 아래와 같이 판단하며 해당 중재판정은 편취된 것으로 볼 수 없다며 부산고등법원의 판결을 파기 환송하였다.]

- 외국중재판정 후 피신청인에 대하여 회사정리절차가 개시된 경우 중재판정의 집행

뉴욕협약 적용 중재판정의 일방 당사자에 대하여 외국중재판정 후에 구 회사정리법에 의한 회사정리절차가 개시되고, 채권조사기일에서 그 중재판정에 기하여 신고한 정리채권에 대하여 이의가 제기되어 정리채권확정소송이 제기된 경우, 외국중재판정은 확정판결과 동일한 효력이 있어 기판력이 있으므로, 정리채권확정소송의 관할 법원은 위 협약 제5조에서 정한 승인 및 집행의 거부사유가 인정되지 않는 한 외국중재판정의 판정주문에 따라 정리채권 및 의결권을 확정하는 판결을 하여야 한다.

• 허위의 주장, 입증을 하여 편취한 중재판정의 집행 거부

뉴욕협약 제5조 제2항 b호의 집행 거부사유에는 중재판정이 사기적 방법에 의하여 편취된 경우가 포함될 수 있다. 그러나 한편, 뉴욕협약 제5조가 집행 거부사유를 제한적으로 열거하면서 중재인의 사실오인이나 법리오해 등은 집행 거부사유에서 제외하고 있는 점, 중재판정은 확정판결과 동일한 효력이 있으므로 기판력에 의하여 중재판정의 대상이 된 청구권의 존재는 이미 당사자 사이에 확정된 것인 점 등에 비추어 보면, 집행국 법원이 집행 거부사유의 유무를 판단하기 위하여 본안에서 판단된 실체적 사항에 관하여 다시 심리·판단하는 것은 예외적·제한적으로 이루어져야 한다.

따라서 집행국 법원이 당해 외국중재판정의 편취 여부를 심리한다는 명목으로 실질적으로 중재인의 사실인정과 법률적용 등 실체적 판단의 옳고 그름을 전면적으로 재심사한 후 그 외국중재판정이 사기적 방법에 의하여 편취되었다고 보아 집행을 거부하는 것은 허용되지 아니하고, 다만, ① 그 외국중재판정의 집행을 신청하는 당사자(이하 '신청당사자'라고 한다)가 중재절차에서 처벌받을 만한 사기적 행위를 하였다는 점이 명확한 증명력을 가진 객관적인 증거에 의하여 명백히 인정되고, ② 그 반대당사자가 과실 없이 신청당사자의 사기적인 행위를 알지 못하여 중재절차에서 이에 대하여 공격방어를 할 수 없었으며, ③ 신청당사자의 사기적 행위가 중재판정의 쟁점과 중요한 관련이 있다는 요건이 모두 충족되는 경우에 한하여, 외국중재판정을 취소·정지하는 별도의 절차를 거치지 않더라도 바로 당해 외국중재판정의 집행을 거부할 수 있다고 할 것이다.[7] [이 사건의 경우 이러한 요건에 해당되지 않음]

---

7) 위 판시는 외국판결 편취에 대한 기존 판례와 유사하다. "집행법 제27조 제2항 제2호, 민사소송법 제217조 제3호에 의하면 외국법원의 확정판결의 효력을 인정하는 것이 대한민국의 선량한 풍속이나 그 밖의 사회질서에 어긋나지 아니하여야 한다는 점이 외국판결의 승인 및 집행의 요건인바, 외국판결의 내용 자체가 선량한 풍속이나 그 밖의 사회질서에 어긋나는 경우뿐만 아니라 그 외국판결의 성립절차에 있어서 선량한 풍속이나 그 밖의 사회질서에 어긋나는 경우도 승인 및 집행을 거부할 사유에 포함된다고 할 것이나, 민사집행법 제27조 제1항이 "집행판결은 재판의 옳고 그름을 조사하지 아니하고 하여야 한다."고 규정하고 있을 뿐만 아니라 사기적인 방법으로 편취한 판결인지 여부를 심리한다는 명목으로 실질적으로 외국판결의 옳고 그름을 전면적으로 재심사하는 것은 외국판결에 대하여 별도의 집행판결제도를 둔 취지에도 반하는 것이어서 허용할 수 없으므로, 위조·변조 내지는 폐기된 서류를 사용하였다거나 위증을 이용하는 것과 같은 사기적인 방법으로 외국판결을 얻었다는 사유는 원칙적으로 승인 및 집행을 거부할 사유가 될 수 없고, 다만 재심사유에 관한 민사소송법 제451조 제1항 제6호, 제7호, 제2항의 내용에 비추어 볼 때 피고가 판결국 법정에서 위와 같은 사기적인 사유를 주장할 수 없었고 또한 처벌받을 사기적인 행위에 대하여 유죄의 판결과 같은 고도의 증명이 있는 경우에 한하여 승인 또는 집행을 구하는 외국판결을 무효화하는 별도의 절차를 당해 판결국에서 거치지 아니하였다 할지라도 바로 우리나라에서 승인 내지 집행을 거부할 수는 있다"(대법원 2004. 10. 28. 선고 2002다74213 판결).

반대당사자로서는 뉴욕협약이 적용되는 외국중재판정이 내려진 국가 또는 외국중재판정의 기초가 된 법령이 속하는 국가의 권한 있는 기관에 외국중재판정의 취소 또는 정지를 신청할 수 있고, 이 경우 집행국 법원은 뉴욕협약 제6조에 의하여 그것이 적절하다고 인정될 때에는 그 외국중재판정의 집행에 관한 재판을 연기하고 신청당사자의 신청에 의하여 반대당사자에 대하여 적절한 담보를 제공할 것을 명할 수 있는바, 만일 반대당사자가 사기적인 방법으로 외국중재판정이 편취되었음을 주장하며 위와 같은 절차를 거쳐 그 외국중재판정의 취소 또는 정지를 구하는 재판에서 승소할 경우에는 이를 근거로 뉴욕협약 제5조 제1항 e호에 의하여 당해 외국중재판정에 대한 집행의 거부를 주장할 수 있을 것이다.

• 부산고등법원 2009. 11. 25. 선고 2009나7618 판결 (환송후 원심)

[부산고등법원은 대법원의 위와 같은 판단에 따라 집행을 허락하였다. 아울러 이미 중재과정에서 배척된 상계항변에 대해서는 집행법원이 당부를 다시 판단할 수 없다고 판시했다.]

외국중재판정에 기하여 신고한 정리채권에 대하여 관할법원이 정리채권을 확정하는 것도 그와 같은 집행판결로서의 성격을 가진다.

[피고가 519만 달러의 DPI 매각대금채권을 자동채권으로 상계를 주장하는 데에 대하여] 채무자가 중재판정 전에 상대방에 대하여 상계적상에 있는 채권을 가지고 있었다 하더라도 중재판정 후에 이르러 비로소 상계의 의사표시를 한 때에는 민사집행법 제57조, 제44조 제2항이 규정하는 '이의의 이유가 중재판정 뒤에 생긴 때'에 해당하는 것으로서, 당사자가 중재판정 전에 자동채권의 존재를 알았는가 몰랐는가에 관계없이 적법한 청구이의 사유로 된다(대법원 2005. 11. 10. 선고 2005다41443 판결 등 참조). 다만, 중재절차에서 상계항변을 하여 중재판정에서 반영되었다면 상계에 대한 판단에 관하여 기판력을 인정한 민사소송법 제216조 제2항의 규정상 다시 상계항변을 허용하는 등으로 집행거부사유로 삼을 수 없다.

그리하여 본 사안의 경우, (중재판정 내용을 종합하면) 원고의 519만 달러의 매각잔금채권을 자동채권으로 한 상계항변이 이 사건 중재판정에서 배척되었음이 분명하고, 아울러 피고 주장의 자동채권에 관하여 원고가 다투고 있는 이상 당사자 사이의 계약에 따라 그 존부 역시 국제상업회의소의 중재에 의하여 해결되어야만 할 것이므로, 집행판결로서의 성격이 있는 이 사건 소송에서 자동채권의 존부에 관하여 심리·판단하는 것은 중재합의에 어긋나는 것이므로 받아들이기 어렵다.

• 대법원 2010. 4. 29. 선고 2010다3148 판결 (재상고심)

[위와 같은 원심의 판단은 대법원에서도 동일하게 유지되었다.]

• 집행판결 절차에서 중재판정에서 부정된 채권을 자동채권으로 하는 상계의 허용 여부

　채무자가 중재합의에 따른 중재절차에서 중재판정이 성립하기 이전에 상대방에 대하여 중재합의의 대상이 되는 별개의 채권을 내세워 상계 주장을 하였으나, 그 상계 주장이 받아들여지지 않았다면, 중재판정의 성립 이후 다시 같은 상계 주장을 이유로, 그 중재판정에 기초한 강제집행의 허용이 우리 법의 기본적 원리에 반한다거나, 뉴욕협약 제5조 제2항 b호의 공공질서 위반에 해당한다고 보아 그 중재판정의 집행을 거부할 수는 없다 할 것이다.

4. 베트남상사중재원 중재판정 집행
　　- 대법원 2003. 4. 11. 선고 2001다20134 판결 / 대법원 2004. 12. 10. 선고 2004다20180 판결)

[주요 쟁점]
　- 중재판정 후 청구이의 사유 발생
　- 중재판정 번역문을 잘못 제출한 효과
　- 뉴욕협약상 중재합의 서면 요건

[중재사건의 개요]

　베트남 리스회사 켁심 베트남 리싱사(Kexim Vietnam Leasing Co., Ltd., 이하 "K사")는 수입대행업자인 제네랄 임-엑스포트 앤드 서비스사(General Im-Export and Service Corp, 이하 "G사")와 한국산 자수기 수입을 위한 수입위탁계약을 체결하였다. 그 후 수입대행업자인 G사는 피고 썬스타 특수정밀(한국 자수기 제조회사)로부터 자수기를 매수하는 매매계약을 체결하였고, K사는 이들 자수기들을 원고 케이앤드브이 인터내셔널 이엠비사(K&V International Emb. Co., Ltd. 베트남 회사)에게 리스하는 계약(리스계약)을 각 체결하였다. 즉 원고가 피고 제조 자수기를 사용하기 위하여 K사로부터 자수기를 리스하고, K사는 G사를 통하여 피고로부터 자수기를 수입한 것이다.

　피고는 위 매매계약 및 수입위탁계약, 리스계약에 따라 원고에게 자수기를 인도하였으나, 원고가 이를 사용하는 동안 자수기에 하자가 발생하였다. 피고와 수입대행업자인 G사 사이에 체결된 매매계약에는 분쟁이 발생할 경우 베트남 상공회의소 내의 베트남 국제중재원(이하 "베트남 상사중재원")의 중재로 해결하기로 되어 있었다. 그런데 G사는 피고에 대하여 갖는 손해배상 등 분쟁해결의 모든 권리를 K사에 위임하고 베트남 상사중재원의 중재판정은 피고와 K사 사이에 효력이 있다는 위임장을 작성하여 베트남 상사중재원에 제출하였고, K사는 위 권

리를 원고에게 재위임한다는 위임장을 작성하여 제출하였다. 분쟁에 대한 실질적인 이해관계를 가지고 있었던 것은 원고와 피고이므로, 원고와 피고가 중재로 분쟁을 해결할 수 있도록 하기 위한 것이었다.

원고는 베트남 상사중재원에 피고를 상대로 중재를 신청하였다. 원고와 피고는 중재판정부 구성에 대하여 어떠한 이의도 제기하지 않았고, 중재판정부는 피고로 하여금 원고에게 새로운 자수기 2대를 제공하고, 손해배상금 약 17,000달러를 지급하라는 중재판정을 내렸다.

피고는 중재판정이 내려진 이후 교체용 자수기 신제품을 원고에게 운송하였으나, 원고가 선적서류 및 소유권 인수를 거부하는 바람에 교체용 자수기는 관련 선적서류 및 영수증과 함께 베트남 소재 다른 회사에 보관되었다. 원고는 이러한 상황에서 피고를 상대로 중재판정의 집행을 청구하는 소를 제기하였는데, 피고는 중재판정 후에 원고에게 손해배상금을 일부 지급하였고 자수기는 교체해 주려 하였으나 원고가 교체를 거부하였다고 항변하였다.

• 서울고등법원 2001. 2. 27. 선고 2000나23725 판결 (환송전 원심)

[서울고등법원은 아래와 같이 판시하며 위와 같은 피고의 항변을 받아주었다.]

중재판정 이후 그 판정에 따라 판정의 상대방이 성실하게 그 내용을 이행하여 결과적으로 그 집행을 구하고자 하는 내용이 실체적 권리관계에 배치되는 경우, 그 중재판정에 의하여 집행할 수 있는 것으로 확정된 권리의 성질과 그 내용, 판정의 성립 경위 및 판정 성립 후 집행에 이르기까지의 사정, 그 집행이 당사자에게 미치는 영향 등 제반 사정을 종합하여 볼 때, 그 확정된 중재판정에 기한 집행이 현저히 부당하고 상대방으로 하여금 그 집행을 수인하도록 하는 것이 정의에 반함이 명백하여 사회생활상 용인할 수 없다고 인정되는 경우에는 그 집행은 권리남용으로서 허용되지 않는다(확정판결에 기한 권리행사의 경우에 대한 대법원 1997. 9. 12. 선고 96다4862 판결, 대법원 1984. 7. 24. 선고 84다카572 판결 각 참조).

따라서 위와 같은 제한적인 경우에 한하여 청구이의의 사유는 위 뉴욕협약에서 정한 외국중재판정의 집행거부사유에 해당한다고 봄이 상당하다(이와 같은 청구이의사유를 집행판결을 구하는 소송과정에서 상대방 당사자가 제한적으로나마 항변으로 주장할 수 있도록 하는 것이 이미 구속력 있는 판결·중재판정의 강제집행절차의 한 과정인 집행판결절차에서 집행판결 후 청구이의의 소 등으로서만 다투게 하는 것보다는 당사자에게 편리하고 경제적인 측면도 있다).

원칙적으로 집행판결은 외국중재판정의 전부에 대하여 집행력을 부여하는 형성판결이므로 그 판정 주문 중 일부분에 대해서만 집행판결을 할 수는 없다고 보아야 할 것이다. 그러나 뉴욕협약 제5조 제1항 c호 단서는 중재인이 권한을 벗어나 내린 판정도 그 권한 내에 속하는 부분만을 승인하여 주거나 집행을 해 줄 수 있음을 규정하여 부분 집행의 가능성을 열어두었는데, 이는 제5조 제1, 2항 모두에 대하여 부분 집행의 가능성을 열어둔 것이라고 해석하는 것이 상당하고, 다만 c호의 경우에는 더 제한적으로 해석하여 한 개의 집행주문 중에서도 나누어 집행을 허가할 수 있도록 하였다고 보는 것이 상당하다. 따라서 위와 같은 뉴욕협약 규정의 취지에 비추어 보건대, 판정 주문이 여러 개의 항으로 나누어져 있고, 그 중 판정 주문에 따른 이행이 완료된 부분에 관한 주문의 항과 이행이 되지 아니한 주문의 항이 명백하게 나누어져 있는 경우에 그 중재판정 중 위 이행이 완료된 주문의 항에 한하여 집행을 거부할 사유가 있는 경우에는 그 부분에 한하여 집행판결을 하지 않을 수 있고, 나머지 이행이 되지 아니한 부분의 주문 항에 한하여 집행을 허가할 수도 있다고 봄이 상당하다. 다만 한 개의 주문 항에 이행이 된 부분과 이행이 되지 아니한 부분이 함께 기재되어 있는 경우(예를 들면, 원금과 지연손해금의 지급을 함께 명하는 주문의 1개 항 중 원금의 지급만이 이행이 된 경우) 중에는 집행의 명료성을 위하여 그 부분 항 전체에 대하여 집행판결을 하는 것이 타당하다고 할 것이다.

피고는 중재판정에 따른 금전의 지급 중 원금 부분과 새로운 기계의 인도 의무를 이행하였고, 지연손해금 부분은 이행되지 않았다. 따라서 주문이 명백하게 분리되어 일부 집행이 가능한 주문(금원지급 및 지연배상을 명한 부분)에 대하여 집행을 구하는 청구는 인용하고, 새로운 자수기 인도를 명한 주문에 대한 집행판결 청구는 기각한다.

• 대법원 2003. 4. 11. 선고 2001다20134 판결 (상고심)

[그러나 대법원은 새로운 자수기의 이행 제공만으로는 중재판정에서 명한 의무가 소멸되어 청구이의사유가 발생한 것으로 볼 수 없다고 판단하였다.]

• 중재판정 후 청구이의 사유 발생

집행판결은 외국중재판정에 대하여 집행력을 부여하여 우리 나라 법률상의 강제집행절차로 나아갈 수 있도록 허용하는 것으로서 그 변론종결시를 기준으로 하여 집행력의 유무를 판단하는 재판이므로, 중재판정의 성립 이후 채무의 소멸과 같은 집행법상 청구이의의 사유가 발생하여 중재판정문에 터잡아 강제집행절차를 밟아 나가도록 허용하는 것이 우리 법의 기본적 원리에 반한다는 사정이 집행재판의 변론과정에서 드러난 경우에는, 법원은 뉴욕협약 제5조 제2항 b호의 공공질서 위반에 해당하는 것으로 보아 그 중재판정의 집행을 거부할 수 있다. 이와 같이 해석하는 것이 집행판결의 확정 이후에 별도의 청구이의 소송을 통하여 다투도록 하는 것보다 소송경제에 부합할 뿐만 아니라, 변론을 거친 판결의 형식에 의하여 집행판결을 하도록 정한 우리 법제에 비추어 타당하다.

원심이 인정한 사실은 피고가 기계교체의무이행의 제공을 하였으나 원고의 수령거절로 이

사건 자수기가 교체·설치되지 못하였고 현재 수입 대행사에 의해 보관되고 있다는 것인바, 이와 같은 사실만으로는 피고가 적법한 이행제공을 함으로써 원고를 수령지체에 빠뜨렸다고 볼 수 있을지는 별론으로 하고 이로써 기계교체의무의 이행이 완료되어 기계교체의무가 소멸하였다고 볼 수 없으니 청구이의 사유가 될 수 없고, 기록을 살펴보아도 달리 청구이의 사유가 발생하였다는 사실이 인정되지 아니한다.

[한편, 대법원은 중재판정 일부에 대한 집행판결 부여가 가능하다는 원심의 판시에 대해서는 특별히 언급하지 않았다.]

• 서울고등법원 2004. 3. 26. 선고 2003나29311 판결 (환송후 원심)

[위 사건이 서울고등법원으로 다시 환송된 이후에는, 중재판정 신청인이 G사이므로 원고는 집행판결을 신청할 당사자적격이 없고, 한편 원고가 뉴욕협약 제4조에서 요구하는 정당하게 인증된 중재판정 원본 또는 정당하게 증명된 그 등본 그리고 그 번역문을 제출하지 않았다는 피고의 항변이 쟁점이 되었다. 아래에서 상세히 정리한 바와 같이, 법원은 원고의 당사자적격을 문제삼는 피고의 주장은 배척하였지만, 원고가 이 사건 중재판정의 원본 이외에 뉴욕협약 제4조가 정하고 있는 서류들을 제출하지 못하였다는 이유로 원고의 청구를 기각하였다.]

원고는 실수요자로서 매수인인 G사로부터 손해배상 및 분쟁해결의 모든 권한을 위임받은 K사로부터 재위임을 받아 중재에 참석하였고, 피고는 원고와의 중재시 원고의 자격에 관하여 아무런 이의를 제기하지 아니하였을 뿐만 아니라, 중재판정의 결정문에도 원고가 신청인으로 기재되어 있다. 따라서 적어도 중재판정시에는 원고와 피고간에 위 분쟁을 위 중재판정부의 중재에 따라 해결하기로 하는 의사가 있었다고 할 것이므로, [원고가 당사자적격이 없다는] 피고의 항변은 이유 없다.

원고가 뉴욕협약 제4조에서 요구하는 정당하게 인증된 중재판정 원본 또는 정당하게 증명된 그 등본 그리고 그 번역문을 제출하였는지에 대하여 보건대, 갑 제15호증은 단지 중재판정의 주문 부분만 번역한 것으로서 뉴욕협약 제4조에서 정한 번역문이라고 볼 수 없다. 갑 제1호증은 월남어 중재판정문을 베트남 번역사 T가 영문으로 번역한 것에 관하여 베트남 공증인이 인증하고, 다시 이 영문 번역문을 원고 대표이사의 아버지가 한글로 번역하고 서명하였음을 국내 공증인이 인증한 서면에 불과하여, 뉴욕협약 제4조에서 정한 번역문이라 할 수 없다 (우리나라는 공적기관 번역관, 선서한 번역관 제도를 두고 있지 아니하므로, 적어도 우리나라 외교관 또는 영사관에 의하여 당해 중재판정을 번역한 한글 번역문임을 증명받아야 한다). 다음으로 중재합의 원본 또는 정당하게 증명된 그 등본, 그리고 그 번역문을 제출하였는지에 대하여 보건대, 갑 제6호증은 자수기들에 관한 계약서의 사본이고, 갑 제5호증은 번역인이 누구인지 알 수 없는 번역문 사본이므로, 이에 해당하지 않는다. 결국 원고는 이 사건 중재판정의 원본 이외에 뉴욕협약 제4조가 정하고 이는 나머지 서류들을 제출하지 못하였으므로, 원고의 이 사건 청구는 이유 없다.

• 대법원 2004. 12. 10. 선고 2004다20180 판결 (재상고심)

　[그러나 대법원은 다시 위 고등법원의 판단들에 대해 아래와 같이 정반대로 판단하여 파기하여 환송하였다.]

　• 중재판정 번역문을 잘못 제출한 효과

　뉴욕협약은 체약국들 사이에 서로 중재판정에 대한 집행을 용이하게 해주려는 취지에서 출발한 협약이라는 점에다가 국제적으로도 뉴욕협약 제4조의 요건을 완화하여 해석하려는 경향이 강하다는 점까지 감안하여 볼 때, 위 제4조 제1항에 정한 서류들의 제출을 집행판결사건의 소의 적법요건으로서 법원이 직권으로 판단하여야 할 사항이라거나, 당사자들 사이에 중재판정이나 중재합의의 존재 및 그 내용에 관한 다툼이 없는 경우에까지 그 제출이 반드시 요구되는 것이라고 해석할 수는 없고, 이는 당사자들 사이에 중재판정이나 중재합의의 존재 또는 그 내용에 관한 다툼이 있는 경우에 있어서 그에 대한 증명은 오로지 위 제4조 제1항에 정한 서류로써만 하여야 한다는 증거방법에 관한 규정이라고 봄이 상당하다. 나아가 여기서 원본이나 등본을 제출하여야 한다는 것은 반드시 그 실물을 신청서 등에 첨부하여 제출하여야 한다는 의미가 아니고, 원본이나 등본의 제출에 갈음하여 그 사본을 제출하고 상대방이 아무런 이의를 제기하지 않으면서 그에 대하여 '성립인정'으로 인부하였다면, 이는 뉴욕협약의 해석상으로도 적법한 원본이나 등본의 제출에 해당한다고 보아야 할 것이다.

　또한, 뉴욕협약 제4조 제2항은 "중재판정이나 중재합의가 그 적용될 국가의 공용어로 작성되지 아니한 경우에는 공적 기관인 번역관, 선서한 번역관, 외교관 또는 영사관에 의하여 증명된 번역문을 제출하여야 한다."고 규정하고 있는바, 뉴욕협약의 제정경위 등 앞서 본 사정들에 비추어 볼 때, 외국중재판정의 승인과 집행을 신청하는 당사자가 제출하여야 하는 번역문 역시 반드시 위와 같은 엄격한 형식을 갖춘 것만으로 한정할 것은 아니고, 만약 당사자가 위와 같은 형식에 따르지 않은 번역문을 제출하였는데 그 내용이 부실하다고 인정되는 경우에는 그 서증제출자의 비용부담으로 전문번역인에게 번역을 의뢰하는 등의 방법에 의하여 이를 보완시킬 수도 있는 것이다. 따라서 위 제4조 제2항에 정한 형식에 따른 번역문이 제출되지 않았다는 이유만으로 집행판결청구를 배척할 수는 없다.

• 뉴욕협약상 중재합의 서면 요건

뉴욕협약 제4조 제1항은 중재합의가 제2조에 정한 서면에 의한 중재합의(agreement in writing)일 것을 요구하고 있고, 제2조 제2항은 서면에 의한 중재합의란 "당사자들에 의하여 서명되었거나 서신(letter) 또는 전보(telegram) 교환 속에 담긴, 주된 계약 속의 중재조항 또는 중재합의를 포함한다."고 규정하고 있으므로, 원고와 피고 사이에 이러한 중재합의가 확인된다는 특별한 사정이 없는 한, 원고가 베트남 상사중재원에 중재판정을 신청하고 이에 대하여 피고가 아무런 이의를 제기하지 아니함으로써 일종의 묵시적인 중재합의가 이루어졌다 한들 이를 뉴욕협약 제2조에 정한 유효한 중재합의라고 볼 수는 없다.

• 서울고등법원 2005. 10. 26. 선고 2004나94480 판결

[결국 본 소송은 대법원의 환송취지에 따라 원고 패소 판결(중재판정 집행청구 기각)로 종결되었다.]

부록 2

중 재 법[1]

2016. 5. 29. 개정 법14176호 (2016. 11. 30. 시행)
2010. 3. 31. 개정 법102007호 (2010. 3. 31. 시행)
2002. 1. 26. 개정 법6626호 (2002. 7. 1. 시행)
2001. 4. 7. 개정 법6465호 (2001. 7. 1. 시행)
1999. 12. 31. 전면개정 법6083호 (1999. 12. 31. 시행)

제1장 총 칙

제1조(목적)

이 법은 중재에 의하여 사법상의 분쟁을 적정·공평·신속하게 해결함을 목적으로 한다.

제2조(적용 범위)

① 이 법은 제21조에 따른 중재지가 대한민국인 경우에 적용한다. 다만, 제9조와 제10조는 중재지가 아직 정해지지 아니하였거나 대한민국이 아닌 경우에도 적용하며, 제37조와 제39조는 중재지가 대한민국이 아닌 경우에도 적용한다.

② 이 법은 중재절차를 인정하지 아니하거나 이 법의 중재절차와는 다른 절차에 따라 중재에 부칠 수 있도록 정한 법률과 대한민국에서 발효중인 조약에 대하여는 영향을 미치지 아니한다.

제3조(정의)

이 법에서 사용하는 용어의 뜻은 다음과 같다.

1. "중재"란 당사자 간의 합의로 재산권상의 분쟁 및 당사자가 화해에 의하여 해결할 수 있는 비재산권상의 분쟁을 법원의 재판에 의하지 아니하고 중재인의 판정에 의하여 해결하는 절차를 말한다.

> 1. "중재"란 당사자 간의 합의로 사법상의 분쟁을 법원의 재판에 의하지 아니하고 중재인의 판정에 의하여 해결하는 절차를 말한다. [2016년 개정 전 중재법]

---

1) 2016. 5. 29. 개정 전 중재법 조항을 상자 안에 표시하였다.

2. "중재합의"란 계약상의 분쟁인지 여부에 관계없이 일정한 법률관계에 관하여 당사자 간에 이미 발생하였거나 앞으로 발생할 수 있는 분쟁의 전부 또는 일부를 중재에 의하여 해결하도록 하는 당사자 간의 합의를 말한다.

3. "중재판정부"란 중재절차를 진행하고 중재판정을 내리는 단독중재인 또는 여러 명의 중재인으로 구성되는 중재인단을 말한다.

제4조(서면의 통지)

① 당사자 간에 다른 합의가 없는 경우에 서면의 통지는 수신인 본인에게 서면을 직접 교부하는 방법으로 한다.

② 제1항에 따른 직접 교부의 방법으로 통지할 수 없는 경우에는 서면이 수신인의 주소, 영업소 또는 우편연락장소에 정당하게 전달된 때에 수신인에게 통지된 것으로 본다.

③ 제2항을 적용할 때에 적절한 조회를 하였음에도 수신인의 주소, 영업소 또는 우편연락장소를 알 수 없는 경우에는 최후로 알려진 수신인의 주소, 영업소 또는 우편연락장소로 등기우편이나 그 밖에 발송을 증명할 수 있는 우편방법에 의하여 서면이 발송된 때에 수신인에게 통지된 것으로 본다.

④ 제1항부터 제3항까지의 규정은 법원이 하는 송달에는 적용하지 아니한다.

제5조(이의신청권의 상실)

당사자가 이 법의 임의규정 또는 중재절차에 관한 당사자 간의 합의를 위반한 사실을 알고도 지체 없이 이의를 제기하지 아니하거나, 정하여진 이의제기 기간 내에 이의를 제기하지 아니하고 중재절차가 진행된 경우에는 그 이의신청권을 상실한다.

제6조(법원의 관여)

법원은 이 법에서 정한 경우를 제외하고는 이 법에 관한 사항에 관여할 수 없다.

제7조(관할법원)

① 다음 각 호의 사항에 대하여는 중재합의에서 지정한 지방법원 또는 지원(이하 "법원"이라 한다)이, 그 지정이 없는 경우에는 중재지를 관할하는 법원이 관할하며, 중재지가 아직 정하여지지 아니한 경우에는 피신청인의 주소 또는 영업소를 관할하는 법원이, 주소 또는 영업소를 알 수 없는 경우에는 거소를 관할하는 법원이, 거소도 알 수 없는 경우에는 최후로 알려진 주소 또는 영업소를 관할하는 법원이 관할한다.

1. 제12조 제3항 및 제4항에 따른 중재인의 선정 및 중재기관의 지정
2. 제14조 제3항에 따른 중재인의 기피신청에 대한 법원의 기피결정
3. 제15조 제2항에 따른 중재인의 권한종료신청에 대한 법원의 권한종료결정
4. 제17조 제6항에 따른 중재판정부의 권한심사신청에 대한 법원의 권한심사

4의2. 제18조의7에 따른 임시적 처분의 승인 또는 집행 신청에 대한 법원의 결정 및 담보
　　제공 명령

5. 제27조 제3항에 따른 감정인에 대한 기피신청에 대한 법원의 기피결정

---

① 다음 각 호의 사항에 대하여는 중재합의에서 지정한 지방법원 또는 지원(이하 이 조에서
"법원"이라 한다)이, 그 지정이 없는 경우에는 중재지를 관할하는 법원이 관할하며, 중재지가
아직 정하여지지 아니한 경우에는 피신청인의 주소 또는 영업소를 관할하는 법원이, 주소 또
는 영업소를 알 수 없는 경우에는 거소를 관할하는 법원이, 거소도 알 수 없는 경우에는 최
후로 알려진 주소 또는 영업소를 관할하는 법원이 관할한다.

1. 제12조 제3항 및 같은 조 제4항에 따른 중재인의 선정

2. 〈개정 후와 같음〉

3. 〈개정 후와 같음〉

4. 〈개정 후와 같음〉

5. 〈개정 후와 같음〉   [2016년 개정 전 중재법]

---

② 제28조에 따른 증거조사는 증거조사가 실시되는 지역을 관할하는 법원이 관할한다.

③ 다음 각 호의 사항에 대하여는 중재합의에서 지정한 법원이 관할하고, 그 지정이 없는 경
우에는 중재지를 관할하는 법원이 관할한다.

1. 제32조 제4항에 따른 중재판정 원본의 보관

2. 제36조 제1항에 따른 중재판정 취소의 소

④ 제37조부터 제39조까지의 규정에 따른 중재판정의 승인과 집행 청구의 소는 다음 각 호의
어느 하나에 해당하는 법원이 관할한다.

1. 중재합의에서 지정한 법원

2. 중재지를 관할하는 법원

3. 피고 소유의 재산이 있는 곳을 관할하는 법원

4. 피고의 주소 또는 영업소, 주소 또는 영업소를 알 수 없는 경우에는 거소, 거소도 알 수
　없는 경우에는 최후로 알려진 주소 또는 영업소를 관할하는 법원

제2장   중재합의

제8조(중재합의의 방식)

① 중재합의는 독립된 합의 또는 계약에 중재조항을 포함하는 형식으로 할 수 있다.

② 중재합의는 서면으로 하여야 한다.

③ 다음 각 호의 어느 하나에 해당하는 경우는 서면에 의한 중재합의로 본다.

1. 구두나 행위, 그 밖의 어떠한 수단에 의하여 이루어진 것인지 여부와 관계없이 중재합의

의 내용이 기록된 경우

2. 전보, 전신, 팩스, 전자우편 또는 그 밖의 통신수단에 의하여 교환된 전자적 의사표시에 중재합의가 포함된 경우. 다만, 그 중재합의의 내용을 확인할 수 없는 경우는 제외한다.

3. 어느 한쪽 당사자가 당사자 간에 교환된 신청서 또는 답변서의 내용에 중재합의가 있는 것을 주장하고 상대방 당사자가 이에 대하여 다투지 아니하는 경우

④ 계약이 중재조항을 포함한 문서를 인용하고 있는 경우에는 중재합의가 있는 것으로 본다. 다만, 중재조항을 그 계약의 일부로 하고 있는 경우로 한정한다.

제8조(중재합의의 방식)

① 〈개정 후와 같음〉

② 〈개정 후와 같음〉

③ 다음 각 호의 어느 하나에 해당하는 경우는 서면에 의한 중재합의로 본다.

1. 당사자들이 서명한 문서에 중재합의가 포함된 경우

2. 편지, 전보, 전신, 팩스 또는 그 밖의 통신수단에 의하여 교환된 문서에 중재합의가 포함된 경우

3. 어느 한쪽 당사자가 당사자 간에 교환된 문서의 내용에 중재합의가 있는 것을 주장하고 상대방 당사자가 이에 대하여 다투지 아니하는 경우

④ 계약이 중재조항을 포함한 문서를 인용하고 있는 경우에는 중재합의가 있는 것으로 본다. 다만, 그 계약이 서면으로 작성되고 중재조항을 그 계약의 일부로 하고 있는 경우로 한정한다.

[2016년 개정 전 중재법]

제9조(중재합의와 법원에의 제소)

① 중재합의의 대상인 분쟁에 관하여 소가 제기된 경우에 피고가 중재합의가 있다는 항변을 하였을 때에는 법원은 그 소를 각하하여야 한다. 다만, 중재합의가 없거나 무효이거나 효력을 상실하였거나 그 이행이 불가능한 경우에는 그러하지 아니하다.

② 피고는 제1항의 항변을 본안에 관한 최초의 변론을 할 때까지 하여야 한다.

③ 제1항의 소가 법원에 계속 중인 경우에도 중재판정부는 중재절차를 개시 또는 진행하거나 중재판정을 내릴 수 있다.

제10조(중재합의와 법원의 보전처분)

중재합의의 당사자는 중재절차의 개시 전 또는 진행 중에 법원에 보전처분을 신청할 수 있다.

제 3 장   중재판정부

제11조(중재인의 수)

① 중재인의 수는 당사자 간의 합의로 정한다.

② 제1항의 합의가 없으면 중재인의 수는 3명으로 한다.

제12조(중재인의 선정)

① 당사자 간에 다른 합의가 없으면 중재인은 국적에 관계없이 선정될 수 있다.

② 중재인의 선정절차는 당사자 간의 합의로 정한다.

③ 제2항의 합의가 없으면 다음 각 호의 구분에 따라 중재인을 선정한다.

  1. 단독중재인에 의한 중재의 경우: 어느 한쪽 당사자가 상대방 당사자로부터 중재인의 선정을 요구받은 후 30일 이내에 당사자들이 중재인의 선정에 관하여 합의하지 못한 경우에는 어느 한쪽 당사자의 신청을 받아 법원 또는 그 법원이 지정한 중재기관이 중재인을 선정한다.

  2. 3명의 중재인에 의한 중재의 경우: 각 당사자가 1명씩 중재인을 선정하고, 이에 따라 선정된 2명의 중재인들이 합의하여 나머지 1명의 중재인을 선정한다. 이 경우 어느 한쪽 당사자가 상대방 당사자로부터 중재인의 선정을 요구받은 후 30일 이내에 중재인을 선정하지 아니하거나 선정된 2명의 중재인들이 선정된 후 30일 이내에 나머지 1명의 중재인을 선정하지 못한 경우에는 어느 한쪽 당사자의 신청을 받아 법원 또는 그 법원이 지정한 중재기관이 그 중재인을 선정한다.

④ 제2항의 합의가 있더라도 다음 각 호의 어느 하나에 해당할 때에는 당사자의 신청을 받아 법원 또는 그 법원이 지정한 중재기관이 중재인을 선정한다.

  1. 어느 한쪽 당사자가 합의된 절차에 따라 중재인을 선정하지 아니하였을 때

  2. 양쪽 당사자 또는 중재인들이 합의된 절차에 따라 중재인을 선정하지 못하였을 때

  3. 중재인의 선정을 위임받은 기관 또는 그 밖의 제3자가 중재인을 선정할 수 없을 때

⑤ 제3항 및 제4항에 따른 법원 또는 그 법원이 지정한 중재기관의 결정에 대하여는 불복할 수 없다.

제12조(중재인의 선정)

① 〈개정 후와 같음〉

② 〈개정 후와 같음〉

③ 〈개정 후와 같음〉

  1. 단독중재인에 의한 중재의 경우: 어느 한쪽 당사자가 상대방 당사자로부터 중재인의 선정을 요구받은 후 30일 이내에 당사자들이 중재인의 선정에 관하여 합의하지 못한 경우에는 어느 한쪽 당사자의 신청을 받아 법원이 중재인을 선정한다.

  2. 3명의 중재인에 의한 중재의 경우: 각 당사자가 1명씩 중재인을 선정하고, 이에 따라 선정된 2명의 중재인들이 합의하여 나머지 1명의 중재인을 선정한다. 이 경우 어느 한쪽 당사자가 상대방 당사자로부터 중재인의 선정을 요구받은 후 30일 이내에 중재인을

선정하지 아니하거나 선정된 2명의 중재인들이 선정된 후 30일 이내에 나머지 1명의 중
재인을 선정하지 못한 경우에는 어느 한쪽 당사자의 신청을 받아 법원이 그 중재인을
선정한다.
④ 제2항의 합의가 있더라도 다음 각 호의 어느 하나에 해당할 때에는 당사자의 신청을 받
아 법원이 중재인을 선정한다.
　　1. 〈개정 후와 같음〉
　　2. 〈개정 후와 같음〉
　　3. 〈개정 후와 같음〉
⑤ 제3항 및 제4항에 따른 법원의 결정에 대하여는 항고할 수 없다. [2016년 개정 전 중재법]

제13조(중재인에 대한 기피 사유)

① 중재인이 되어 달라고 요청받은 사람 또는 중재인으로 선정된 사람은 자신의 공정성이나 독립
성에 관하여 의심을 살 만한 사유가 있을 때에는 지체 없이 이를 당사자들에게 고지하여야 한다.
② 중재인은 제1항의 사유가 있거나 당사자들이 합의한 중재인의 자격을 갖추지 못한 사유가
있는 경우에만 기피될 수 있다. 다만, 당사자는 자신이 선정하였거나 선정절차에 참여하여 선
정한 중재인에 대하여는 선정 후에 알게 된 사유가 있는 경우에만 기피신청을 할 수 있다.

제14조(중재인에 대한 기피절차)

① 중재인에 대한 기피절차는 당사자 간의 합의로 정한다.
② 제1항의 합의가 없는 경우에 중재인을 기피하려는 당사자는 중재판정부가 구성된 날 또는
제13조 제2항의 사유를 안 날부터 15일 이내에 중재판정부에 서면으로 기피신청을 하여야 한
다. 이 경우 기피신청을 받은 중재인이 사임하지 아니하거나 상대방 당사자가 기피신청에 동
의하지 아니하면 중재판정부는 그 기피신청에 대한 결정을 하여야 한다.
③ 제1항 및 제2항에 따른 기피신청이 받아들여지지 아니한 경우 기피신청을 한 당사자는 그
결과를 통지받은 날부터 30일 이내에 법원에 해당 중재인에 대한 기피신청을 할 수 있다. 이
경우 기피신청이 법원에 계속 중일 때에도 중재판정부는 중재절차를 진행하거나 중재판정을
내릴 수 있다.
④ 제3항에 따른 기피신청에 대한 법원의 기피결정에 대하여는 항고할 수 없다.

제15조(중재인의 직무 불이행으로 인한 권한종료)

① 중재인이 법률상 또는 사실상의 사유로 직무를 수행할 수 없거나 정당한 사유 없이 직무
수행을 지체하는 경우에는 그 중재인의 사임 또는 당사자 간의 합의에 의하여 중재인의 권한
은 종료된다.
② 제1항에 따른 중재인의 권한종료 여부에 관하여 다툼이 있는 경우 당사자는 법원에 이에

대한 결정을 신청할 수 있다.

③ 제2항에 따른 권한종료신청에 대한 법원의 권한종료결정에 대하여는 항고할 수 없다.

제16조(보궐중재인의 선정)

중재인의 권한이 종료되어 중재인을 다시 선정하는 경우 그 선정절차는 대체되는 중재인의 선정에 적용된 절차에 따른다.

제17조(중재판정부의 판정 권한에 관한 결정)

① 중재판정부는 자신의 권한 및 이와 관련된 중재합의의 존재 여부 또는 유효성에 대한 이의에 대하여 결정할 수 있다. 이 경우 중재합의가 중재조항의 형식으로 되어 있을 때에는 계약 중 다른 조항의 효력은 중재조항의 효력에 영향을 미치지 아니한다.

② 중재판정부의 권한에 관한 이의는 본안에 관한 답변서를 제출할 때까지 제기하여야 한다. 이 경우 당사자는 자신이 중재인을 선정하였거나 선정절차에 참여하였더라도 이의를 제기할 수 있다.

③ 중재판정부가 중재절차의 진행 중에 그 권한의 범위를 벗어난 경우 이에 대한 이의는 그 사유가 중재절차에서 다루어지는 즉시 제기하여야 한다.

④ 중재판정부는 제2항 및 제3항에 따른 이의가 같은 항에 규정된 시기보다 늦게 제기되었더라도 그 지연에 정당한 이유가 있다고 인정하는 경우에는 이를 받아들일 수 있다.

⑤ 중재판정부는 제2항 및 제3항에 따른 이의에 대하여 선결문제로서 결정하거나 본안에 관한 중재판정에서 함께 판단할 수 있다.

⑥ 중재판정부가 제5항에 따라 선결문제로서 그 권한의 유무를 결정한 경우에 그 결정에 불복하는 당사자는 그 결정을 통지받은 날부터 30일 이내에 법원에 중재판정부의 권한에 대한 심사를 신청할 수 있다.

> ⑥ 중재판정부가 제5항에 따라 선결문제로서 그 권한이 있다고 결정한 경우에 이의제기 당사자는 그 결정을 통지받은 날부터 30일 이내에 법원에 중재판정부의 권한에 대한 심사를 신청할 수 있다.   [2016년 개정 전 중재법]

⑦ 중재판정부는 제6항에 따른 신청으로 재판이 계속 중인 경우에도 중재절차를 진행하거나 중재판정을 내릴 수 있다.

⑧ 제6항에 따른 권한심사신청에 대한 법원의 권한심사에 대하여는 항고할 수 없다.

⑨ 제6항에 따른 신청을 받은 법원이 중재판정부에 판정 권한이 있다는 결정을 하게 되면 중재판정부는 중재절차를 계속해서 진행하여야 하고, 중재인이 중재절차의 진행을 할 수 없거나 원하지 아니하면 중재인의 권한은 종료되고 제16조에 따라 중재인을 다시 선정하여야 한다.

[2016년 개정 중재법에서 신설]

> **제18조(임시적 처분)**
> ① 당사자 간에 다른 합의가 없는 경우에 중재판정부는 어느 한쪽 당사자의 신청에 따라 결정으로 분쟁의 대상에 관하여 필요하다고 인정하는 임시적 처분을 내릴 수 있다. 이 경우 중재판정부는 피신청인이 임시적 처분을 갈음하여 제공할 담보의 금액을 정할 수 있다.
> ② 중재판정부는 임시적 처분의 신청인에게 적절한 담보를 제공할 것을 명할 수 있다.
> [2016년 개정 전 중재법]

제 3 장의2 임시적 처분

제18조(임시적 처분)
① 당사자 간에 다른 합의가 없는 경우에 중재판정부는 어느 한쪽 당사자의 신청에 따라 필요하다고 인정하는 임시적 처분을 내릴 수 있다.
② 제1항의 임시적 처분은 중재판정부가 중재판정이 내려지기 전에 어느 한쪽 당사자에게 다음 각 호의 내용을 이행하도록 명하는 잠정적 처분으로 한다.
　1. 본안에 대한 중재판정이 있을 때까지 현상의 유지 또는 복원
　2. 중재절차 자체에 대한 현존하거나 급박한 위험이나 영향을 방지하는 조치 또는 그러한 위험이나 영향을 줄 수 있는 조치의 금지
　3. 중재판정의 집행 대상이 되는 자산에 대한 보전 방법의 제공
　4. 분쟁의 해결에 관련성과 중요성이 있는 증거의 보전

제18조의2(임시적 처분의 요건)
① 제18조 제2항 제1호부터 제3호까지의 임시적 처분은 이를 신청하는 당사자가 다음 각 호의 요건을 모두 소명하는 경우에만 내릴 수 있다.
　1. 신청인이 임시적 처분을 받지 못하는 경우 신청인에게 중재판정에 포함된 손해배상으로 적절히 보상되지 아니하는 손해가 발생할 가능성이 있고, 그러한 손해가 임시적 처분으로 인하여 상대방에게 발생할 것으로 예상되는 손해를 상당히 초과할 것
　2. 본안에 대하여 합리적으로 인용가능성이 있을 것. 다만, 중재판정부는 본안 심리를 할 때 임시적 처분 결정 시의 인용가능성에 대한 판단에 구속되지 아니한다.
② 제18조 제2항 제4호의 임시적 처분의 신청에 대해서는 중재판정부가 적절하다고 판단하는 범위에서 제1항의 요건을 적용할 수 있다.

제18조의3(임시적 처분의 변경 · 정지 또는 취소)
중재판정부는 일방 당사자의 신청에 의하여 또는 특별한 사정이 있는 경우에는 당사자에게 미리 통지하고 직권으로 이미 내린 임시적 처분을 변경 · 정지하거나 취소할 수 있다. 이 경우 중재판정부는 그 변경 · 정지 또는 취소 전에 당사자를 심문(審問)하여야 한다.

제18조의4(담보의 제공)

중재판정부는 임시적 처분을 신청하는 당사자에게 상당한 담보의 제공을 명할 수 있다.

제18조의5(고지의무)

중재판정부는 당사자에게 임시적 처분 또는 그 신청의 기초가 되는 사정에 중요한 변경이 있을 경우 즉시 이를 알릴 것을 요구할 수 있다.

제18조의6(비용 및 손해배상)

① 중재판정부가 임시적 처분을 내린 후 해당 임시적 처분이 부당하다고 인정할 경우에는 임시적 처분을 신청한 당사자는 임시적 처분으로 인한 비용이나 손해를 상대방 당사자에게 지급하거나 배상할 책임을 진다.

② 중재판정부는 중재절차 중 언제든지 제1항에 따른 비용의 지급이나 손해의 배상을 중재판정의 형식으로 명할 수 있다.

제18조의7(임시적 처분의 승인 및 집행)

① 중재판정부가 내린 임시적 처분의 승인을 받으려는 당사자는 법원에 그 승인의 결정을 구하는 신청을 할 수 있으며, 임시적 처분에 기초한 강제집행을 하려고 하는 당사자는 법원에 이를 집행할 수 있다는 결정을 구하는 신청을 할 수 있다.

② 임시적 처분의 승인 또는 집행을 신청한 당사자 및 그 상대방 당사자는 그 처분의 변경·정지 또는 취소가 있는 경우 법원에 이를 알려야 한다.

③ 중재판정부가 임시적 처분과 관련하여 담보제공 명령을 하지 아니한 경우나 제3자의 권리를 침해할 우려가 있는 경우, 임시적 처분의 승인이나 집행을 신청받은 법원은 필요하다고 인정할 때에는 승인과 집행을 신청한 당사자에게 적절한 담보를 제공할 것을 명할 수 있다.

④ 임시적 처분의 집행에 관하여는 「민사집행법」 중 보전처분에 관한 규정을 준용한다.

제18조의8(승인 및 집행의 거부사유)

① 임시적 처분의 승인 또는 집행은 다음 각 호의 어느 하나에 해당하는 경우에만 거부될 수 있다.

　1. 임시적 처분의 상대방 당사자의 이의에 따라 법원이 다음 각 목의 어느 하나에 해당한다고 인정하는 경우

　　가. 임시적 처분의 상대방 당사자가 다음의 어느 하나에 해당하는 사실을 소명한 경우

　　　1) 제36조 제2항 제1호 가목 또는 라목에 해당하는 사실

　　　2) 임시적 처분의 상대방 당사자가 중재인의 선정 또는 중재절차에 관하여 적절한 통지를 받지 못하였거나 그 밖의 사유로 변론 을 할 수 없었던 사실

　　　3) 임시적 처분이 중재합의 대상이 아닌 분쟁을 다룬 사실 또는 임시적 처분이 중재합

　　　의 범위를 벗어난 사항을 다룬 사실. 다만, 임시적 처분이 중재합의의 대상에 관한
　　　부분과 대상이 아닌 부분으로 분리될 수 있는 경우에는 대상이 아닌 임시적 처분
　　　부분만이 거부될 수 있다.
　　나. 임시적 처분에 대하여 법원 또는 중재판정부가 명한 담보가 제공되지 아니한 경우
　　다. 임시적 처분이 중재판정부에 의하여 취소 또는 정지된 경우
　2. 법원이 직권으로 다음 각 목의 어느 하나에 해당한다고 인정하는 경우
　　가. 법원에 임시적 처분을 집행할 권한이 없는 경우. 다만, 법원이 임시적 처분의 집행을
　　　위하여 임시적 처분의 실체를 변경하지 아니하고 필요한 범위에서 임시적 처분을 변
　　　경하는 결정을 한 경우에는 그러하지 아니하다.
　　나. 제36조 제2항 제2호 가목 또는 나목의 사유가 있는 경우
② 제18조의7에 따라 임시적 처분의 승인이나 집행을 신청받은 법원은 그 결정을 할 때 임시
적 처분의 실체에 대하여 심리해서는 아니 된다.
③ 제1항의 사유에 기초한 법원의 판단은 임시적 처분의 승인과 집행의 결정에 대해서만 효력
이 있다.

제 4 장　중재절차

제19조(당사자에 대한 동등한 대우)

양쪽 당사자는 중재절차에서 동등한 대우를 받아야 하고, 자신의 사안에 대하여 변론할 수 있
는 충분한 기회를 가져야 한다.

제20조(중재절차)

① 이 법의 강행규정에 반하는 경우를 제외하고는 당사자들은 중재절차에 관하여 합의할 수
있다.
② 제1항의 합의가 없는 경우에는 중재판정부가 이 법에 따라 적절한 방식으로 중재절차를 진
행할 수 있다. 이 경우 중재판정부는 증거능력, 증거의 관련성 및 증명력에 관하여 판단할 권
한을 가진다.

제21조(중재지)

① 중재지는 당사자 간의 합의로 정한다.
② 제1항의 합의가 없는 경우 중재판정부는 당사자의 편의와 해당 사건에 관한 모든 사정을
고려하여 중재지를 정한다.
③ 중재판정부는 제1항 및 제2항에 따른 중재지 외의 적절한 장소에서 중재인들 간의 협의,
증인·감정인 및 당사자 본인에 대한 신문, 물건·장소의 검증 또는 문서의 열람을 할 수 있
다. 다만, 당사자가 이와 달리 합의한 경우에는 그러하지 아니하다.

③ 당사자 간에 다른 합의가 없는 경우 중재판정부는 제1항 및 제2항에 따른 중재지 외의 적절한 장소에서 중재인들 간의 협의, 증인 · 감정인 및 당사자 본인에 대한 신문, 물건 · 장소의 검증 또는 문서의 열람을 할 수 있다.   [2016년 개정 전 중재법]

제22조(중재절차의 개시)

① 당사자 간에 다른 합의가 없는 경우 중재절차는 피신청인이 중재요청서를 받은 날부터 시작된다.

② 제1항의 중재요청서에는 당사자, 분쟁의 대상 및 중재합의의 내용을 적어야 한다.

제23조(언어)

① 중재절차에서 사용될 언어는 당사자 간의 합의로 정하고, 합의가 없는 경우에는 중재판정부가 지정하며, 중재판정부의 지정이 없는 경우에는 한국어로 한다.

② 제1항의 언어는 달리 정한 것이 없으면 당사자의 준비서면, 구술심리, 중재판정부의 중재판정 및 결정, 그 밖의 의사표현에 사용된다.

③ 중재판정부는 필요하다고 인정하면 서증과 함께 제1항의 언어로 작성된 번역문을 제출할 것을 당사자에게 명할 수 있다.

제24조(신청서와 답변서)

① 신청인은 당사자들이 합의하였거나 중재판정부가 정한 기간 내에 신청 취지와 신청 원인이 된 사실을 적은 신청서를 중재판정부에 제출하고, 피신청인은 이에 대하여 답변하여야 한다.

② 당사자는 신청서 또는 답변서에 중요하다고 인정하는 서류를 첨부하거나 앞으로 사용할 증거방법을 표시할 수 있다.

③ 당사자 간에 다른 합의가 없는 경우 당사자는 중재절차의 진행 중에 자신의 신청이나 공격 · 방어방법을 변경하거나 보완할 수 있다. 다만, 중재판정부가 변경 또는 보완에 의하여 절차가 현저히 지연될 우려가 있다고 인정하는 경우에는 그러하지 아니하다.

제25조(심리)

① 당사자 간에 다른 합의가 없는 경우 중재판정부는 구술심리를 할 것인지 또는 서면으로만 심리를 할 것인지를 결정한다. 다만, 당사자들이 구술심리를 하지 아니하기로 합의한 경우를 제외하고는 중재판정부는 어느 한쪽 당사자의 신청에 따라 적절한 단계에서 구술심리를 하여야 한다.

② 중재판정부는 구술심리나 그 밖의 증거조사를 하기 전에 충분한 시간을 두고 구술심리기일 또는 증거조사기일을 당사자에게 통지하여야 한다.

③ 어느 한쪽 당사자가 중재판정부에 제출하는 준비서면, 서류, 그 밖의 자료는 지체 없이 상대방 당사자에게 제공되어야 한다.

③ 어느 한쪽 당사자가 중재판정부에 제출하는 준비서면, 서류, 그 밖의 자료는 상대방 당사자에게 고지되어야 한다.   [2016년 개정 전 중재법]

④ 중재판정부가 판정에서 기초로 삼으려는 감정서 또는 서증은 양쪽 당사자에게 제공되어야 한다.

④ 중재판정부가 판정에서 기초로 삼으려는 감정서 또는 서증은 양쪽 당사자에게 고지되어야 한다.
                                                   [2016년 개정 전 중재법]

제26조(어느 한쪽 당사자의 해태)

① 신청인이 제24조 제1항에 따라 신청서를 제출하지 아니하는 경우 중재판정부는 중재절차를 종료하여야 한다.

② 피신청인이 제24조 제1항의 답변서를 제출하지 아니하는 경우 중재판정부는 신청인의 주장에 대한 자백으로 간주하지 아니하고 중재절차를 계속 진행하여야 한다.

③ 어느 한쪽 당사자가 구술심리에 출석하지 아니하거나 정하여진 기간 내에 서증을 제출하지 아니하는 경우 중재판정부는 중재절차를 계속 진행하여 제출된 증거를 기초로 중재판정을 내릴 수 있다.

④ 당사자 간에 다른 합의가 있거나 중재판정부가 상당한 이유가 있다고 인정하는 경우에는 제1항부터 제3항까지의 규정을 적용하지 아니한다.

제27조(감정인)

① 당사자 간에 다른 합의가 없는 경우 중재판정부는 특정 쟁점에 대한 감정을 위하여 감정인을 지정할 수 있다. 이 경우 중재판정부는 당사자로 하여금 감정인에게 필요한 정보를 제공하고 감정인의 조사를 위하여 관련 문서와 물건 등을 제출하게 하거나 그에 대한 접근을 허용하도록 할 수 있다.

② 당사자 간에 다른 합의가 없는 경우 중재판정부는 직권으로 또는 당사자의 신청을 받아 감정인을 구술심리기일에 출석시켜 당사자의 질문에 답변하도록 할 수 있다.

③ 중재판정부가 지정한 감정인에 대한 기피에 관하여는 제13조 및 제14조를 준용한다.

제28조(증거조사에 관한 법원의 협조)

① 중재판정부는 직권으로 또는 당사자의 신청을 받아 법원에 증거조사를 촉탁(囑託)하거나 증거조사에 대한 협조를 요청할 수 있다.

② 중재판정부가 법원에 증거조사를 촉탁하는 경우 중재판정부는 조서(調書)에 적을 사항과 그 밖에 증거조사가 필요한 사항을 서면으로 지정할 수 있다.

③ 제2항에 따라 법원이 증거조사를 하는 경우 중재인이나 당사자는 재판장의 허가를 얻어 그 증거조사에 참여할 수 있다.

④ 제2항의 경우 법원은 증거조사를 마친 후 증인신문조서 등본, 검증조서 등본 등 증거조사

에 관한 기록을 지체 없이 중재판정부에 보내야 한다.

⑤ 중재판정부가 법원에 증거조사에 대한 협조를 요청하는 경우 법원은 증인이나 문서소지자 등에게 중재판정부 앞에 출석할 것을 명하거나 중재판정부에 필요한 문서를 제출할 것을 명할 수 있다.

⑥ 중재판정부는 증거조사에 필요한 비용을 법원에 내야 한다.

제28조(증거조사에 관한 법원의 협조)

① 중재판정부는 직권으로 또는 당사자의 신청을 받아 법원에 증거조사를 촉탁할 수 있다.

② 제1항의 경우 중재판정부는 조서에 적을 사항과 그 밖에 증거조사가 필요한 사항을 서면으로 지정할 수 있다.

③ 수탁법원은 증거조사를 마친 후 증인신문조서 등본, 검증조서 등본 등 증거조사에 관한 기록을 지체 없이 중재판정부에 보내야 한다.

④ 중재판정부는 증거조사에 필요한 비용을 수탁법원에 내야 한다. [2016년 개정 전 중재법]

제 5 장 중재판정

제29조(분쟁의 실체에 적용될 법)

① 중재판정부는 당사자들이 지정한 법에 따라 판정을 내려야 한다. 특정 국가의 법 또는 법체계가 지정된 경우에 달리 명시된 것이 없으면 그 국가의 국제사법이 아닌 분쟁의 실체에 적용될 법을 지정한 것으로 본다.

② 제1항의 지정이 없는 경우 중재판정부는 분쟁의 대상과 가장 밀접한 관련이 있는 국가의 법을 적용하여야 한다.

③ 중재판정부는 당사자들이 명시적으로 권한을 부여하는 경우에만 형평과 선에 따라 판정을 내릴 수 있다.

④ 중재판정부는 계약에서 정한 바에 따라 판단하고 해당 거래에 적용될 수 있는 상관습을 고려하여야 한다.

제30조(중재판정부의 의사결정)

당사자 간에 다른 합의가 없는 경우 3명 이상의 중재인으로 구성된 중재판정부의 의사결정은 과반수의 결의에 따른다. 다만, 중재절차는 당사자 간의 합의가 있거나 중재인 전원이 권한을 부여하는 경우에는 절차를 주관하는 중재인이 단독으로 결정할 수 있다.

제31조(화해)

① 중재절차의 진행 중에 당사자들이 화해한 경우 중재판정부는 그 절차를 종료한다. 이 경우 중재판정부는 당사자들의 요구에 따라 그 화해 내용을 중재판정의 형식으로 적을 수 있다.

② 제1항에 따라 화해 내용을 중재판정의 형식으로 적을 때에는 제32조에 따라 작성되어야 하

며, 중재판정임이 명시되어야 한다.

③ 화해 중재판정은 해당 사건의 본안에 관한 중재판정과 동일한 효력을 가진다.

제32조(중재판정의 형식과 내용)

① 중재판정은 서면으로 작성하여야 하며, 중재인 전원이 서명하여야 한다. 다만, 3명 이상의 중재인으로 구성된 중재판정부의 경우에 과반수에 미달하는 일부 중재인에게 서명할 수 없는 사유가 있을 때에는 다른 중재인이 그 사유를 적고 서명하여야 한다.

② 중재판정에는 그 판정의 근거가 되는 이유를 적어야 한다. 다만, 당사자 간에 합의가 있거나 제31조에 따른 화해 중재판정인 경우에는 그러하지 아니하다.

③ 중재판정에는 작성날짜와 중재지를 적어야 한다. 이 경우 중재판정은 그 중재판정서에 적힌 날짜와 장소에서 내려진 것으로 본다.

④ 제1항부터 제3항까지의 규정에 따라 작성·서명된 중재판정의 정본은 제4조 제1항부터 제3항까지의 규정에 따라 각 당사자에게 송부한다. 다만, 당사자의 신청이 있는 경우에는 중재판정부는 중재판정의 원본을 그 송부 사실을 증명하는 서면과 함께 관할법원에 송부하여 보관할 수 있다.

> ④ 제1항부터 제3항까지의 규정에 따라 작성·서명된 중재판정의 정본은 제4조 제1항부터 제3항까지의 규정에 따라 각 당사자에게 보내고, 중재판정의 원본은 그 송부 사실을 증명하는 서면을 첨부하여 관할법원에 송부하여 보관한다.   [2016년 개정 전 중재법]

제33조(중재절차의 종료)

① 중재절차는 종국판정 또는 제2항에 따른 중재판정부의 결정에 따라 종료된다.

② 중재판정부는 다음 각 호의 어느 하나에 해당하는 경우에는 중재절차의 종료결정을 하여야 한다.

　1. 신청인이 중재신청을 철회하는 경우. 다만, 피신청인이 이에 동의하지 아니하고 중재판정부가 피신청인에게 분쟁의 최종적 해결을 구할 정당한 이익이 있다고 인정하는 경우는 제외한다.

　2. 당사자들이 중재절차를 종료하기로 합의하는 경우

　3. 중재판정부가 중재절차를 계속 진행하는 것이 불필요하거나 불가능하다고 인정하는 경우

③ 중재판정부의 권한은 제34조의 경우를 제외하고는 중재절차의 종료와 함께 종결된다.

제34조(중재판정의 정정·해석 및 추가 판정)

① 당사자들이 달리 기간을 정한 경우를 제외하고는 각 당사자는 중재판정의 정본을 받은 날부터 30일 이내에 다음 각 호의 어느 하나에 규정된 정정, 해석 또는 추가 판정을 중재판정부에 신청할 수 있다.

1. 중재판정의 오산·오기, 그 밖에 이와 유사한 오류의 정정
2. 당사자 간의 합의가 있는 경우에 중재판정의 일부 또는 특정 쟁점에 대한 해석
3. 중재절차에서 주장되었으나 중재판정에 포함되지 아니한 청구에 관한 추가 판정. 다만, 당사자 간에 다른 합의가 있는 경우는 제외한다.

② 제1항의 신청을 하는 경우 신청인은 상대방 당사자에게 그 취지를 통지하여야 한다.

③ 중재판정부는 제1항 제1호 및 제2호의 신청에 대하여는 신청을 받은 날부터 30일 이내에, 같은 항 제3호의 신청에 대하여는 신청을 받은 날부터 60일 이내에 이를 판단하여야 한다. 이 경우 제1항 제2호의 해석은 중재판정의 일부를 구성한다.

④ 중재판정부는 판정일부터 30일 이내에 직권으로 제1항 제1호의 정정을 할 수 있다.

⑤ 중재판정부는 필요하다고 인정할 때에는 제3항의 기간을 연장할 수 있다.

⑥ 중재판정의 정정, 해석 또는 추가 판정의 형식에 관하여는 제32조를 준용한다.

제34조의2(중재비용의 분담)

당사자 간에 다른 합의가 없는 경우 중재판정부는 중재사건에 관한 모든 사정을 고려하여 중재절차에 관하여 지출한 비용의 분담에 관하여 정할 수 있다. [2016년 개정 중재법에서 신설]

제34조의3(지연이자)

당사자 간에 다른 합의가 없는 경우 중재판정부는 중재판정을 내릴 때 중재사건에 관한 모든 사정을 고려하여 적절하다고 인정하는 지연이자의 지급을 명할 수 있다. [2016년 개정 중재법에서 신설]

제 6 장 중재판정의 효력 및 불복

제35조(중재판정의 효력)

중재판정은 양쪽 당사자 간에 법원의 확정판결과 동일한 효력을 가진다. 다만, 제38조에 따라 승인 또는 집행이 거절되는 경우에는 그러하지 아니하다.

> **제35조(중재판정의 효력)**
> 중재판정은 양쪽 당사자 간에 법원의 확정판결과 동일한 효력을 가진다.
>
> [2016년 개정 전 중재법]

제36조(중재판정 취소의 소)

① 중재판정에 대한 불복은 법원에 중재판정 취소의 소를 제기하는 방법으로만 할 수 있다.

② 법원은 다음 각 호의 어느 하나에 해당하는 경우에만 중재판정을 취소할 수 있다.

1. 중재판정의 취소를 구하는 당사자가 다음 각 목의 어느 하나에 해당하는 사실을 증명하는 경우

가. 중재합의의 당사자가 해당 준거법에 따라 중재합의 당시 무능력자였던 사실 또는 중
재합의가 당사자들이 지정한 법에 따라 무효이거나 그러한 지정이 없는 경우에는 대
한민국의 법에 따라 무효인 사실

나. 중재판정의 취소를 구하는 당사자가 중재인의 선정 또는 중재절차에 관하여 적절한
통지를 받지 못하였거나 그 밖의 사유로 변론을 할 수 없었던 사실

> 나. 중재판정의 취소를 구하는 당사자가 중재인의 선정 또는 중재절차에 관하여 적절한
> 통지를 받지 못하였거나 그 밖의 사유로 본안에 관한 변론을 할 수 없었던 사실
> [2016년 개정 전 중재법]

다. 중재판정이 중재합의의 대상이 아닌 분쟁을 다룬 사실 또는 중재판정이 중재합의의
범위를 벗어난 사항을 다룬 사실. 다만, 중재판정이 중재합의의 대상에 관한 부분과
대상이 아닌 부분으로 분리될 수 있는 경우에는 대상이 아닌 중재판정 부분만을 취
소할 수 있다.

라. 중재판정부의 구성 또는 중재절차가 이 법의 강행규정에 반하지 아니하는 당사자 간
의 합의에 따르지 아니하였거나 그러한 합의가 없는 경우에는 이 법에 따르지 아니하
였다는 사실

2. 법원이 직권으로 다음 각 목의 어느 하나에 해당하는 사유가 있다고 인정하는 경우

가. 중재판정의 대상이 된 분쟁이 대한민국의 법에 따라 중재로 해결될 수 없는 경우

나. 중재판정의 승인 또는 집행이 대한민국의 선량한 풍속이나 그 밖의 사회질서에 위배
되는 경우

③ 중재판정 취소의 소는 중재판정의 취소를 구하는 당사자가 중재판정의 정본을 받은 날부터
또는 제34조에 따른 정정·해석 또는 추가 판정의 정본을 받은 날부터 3개월 이내에 제기하여
야 한다.

④ 해당 중재판정에 관하여 대한민국의 법원에서 내려진 승인 또는 집행 결정이 확정된 후에
는 중재판정 취소의 소를 제기할 수 없다.

> ④ 해당 중재판정에 관하여 대한민국의 법원에서 내려진 승인 또는 집행판결이 확정된 후에
> 는 중재판정 취소의 소를 제기할 수 없다.   [2016년 개정 전 중재법]

제 7 장 중재판정의 승인과 집행

제37조(중재판정의 승인과 집행)
① 중재판정은 제38조 또는 제39조에 따른 승인 거부사유가 없으면 승인된다. 다만, 당사자의
신청이 있는 경우에는 법원은 중재판정을 승인하는 결정을 할 수 있다.

② 중재판정에 기초한 집행은 당사자의 신청에 따라 법원에서 집행결정으로 이를 허가하여야 할 수 있다.

③ 중재판정의 승인 또는 집행을 신청하는 당사자는 중재판정의 정본이나 사본을 제출하여야 한다. 다만, 중재판정이 외국어로 작성되어 있는 경우에는 한국어 번역문을 첨부하여야 한다.

④ 제1항 단서 또는 제2항의 신청이 있는 때에는 법원은 변론기일 또는 당사자 쌍방이 참여할 수 있는 심문기일을 정하고 당사자에게 이를 통지하여야 한다.

⑤ 제1항 단서 또는 제2항에 따른 결정은 이유를 적어야 한다. 다만, 변론을 거치지 아니한 경우에는 이유의 요지만을 적을 수 있다.

⑥ 제1항 단서 또는 제2항에 따른 결정에 대해서는 즉시항고할 수 있다.

⑦ 제6항의 즉시항고는 집행정지의 효력을 가지지 아니한다. 다만, 항고법원(재판기록이 원심법원에 남아 있을 때에는 원심법원을 말한다)은 즉시항고에 대한 결정이 있을 때까지 담보를 제공하게 하거나 담보를 제공하게 하지 아니하고 원심재판의 집행을 정지하거나 집행절차의 전부 또는 일부를 정지하도록 명할 수 있으며, 담보를 제공하게 하고 그 집행을 계속하도록 명할 수 있다.

⑧ 제7항 단서에 따른 결정에 대해서는 불복할 수 없다.

제37조(중재판정의 승인과 집행)

① 중재판정의 승인 또는 집행은 법원의 승인 또는 집행판결에 따라 한다.

② 중재판정의 승인 또는 집행을 신청하는 당사자는 다음 각 호의 서류를 제출하여야 한다. 다만, 중재판정 또는 중재합의가 외국어로 작성되어 있는 경우에는 정당하게 인증된 한국어 번역문을 첨부하여야 한다.

　1. 중재판정의 정본 또는 정당하게 인증된 그 등본

　2. 중재합의의 원본 또는 정당하게 인증된 그 등본　　　　　[2016년 개정 전 중재법]

제38조(국내 중재판정)

대한민국에서 내려진 중재판정은 다음 각 호의 어느 하나에 해당하는 사유가 없으면 승인되거나 집행되어야 한다.

1. 중재판정의 당사자가 다음 각 목의 어느 하나에 해당하는 사실을 증명한 경우

　　가. 제36조 제2항 제1호 각 목의 어느 하나에 해당하는 사실

　　나. 다음의 어느 하나에 해당하는 사실

　　　1) 중재판정의 구속력이 당사자에 대하여 아직 발생하지 아니하였다는 사실

　　　2) 중재판정이 법원에 의하여 취소되었다는 사실

　2. 제36조 제2항 제2호에 해당하는 경우

제38조(국내 중재판정)
대한민국에서 내려진 중재판정은 제36조 제2항의 사유가 없으면 승인되거나 집행되어야 한다.
[2016년 개정 전 중재법]

제39조(외국 중재판정)
① 「외국 중재판정의 승인 및 집행에 관한 협약」을 적용받는 외국 중재판정의 승인 또는 집행은 같은 협약에 따라 한다.
② 「외국 중재판정의 승인 및 집행에 관한 협약」을 적용받지 아니하는 외국 중재판정의 승인 또는 집행에 관하여는 「민사소송법」 제217조, 「민사집행법」 제26조 제1항 및 제27조를 준용한다.

제8장 보 칙

제40조(상사중재기관에 대한 보조)
정부는 이 법에 따라 국내외 상사분쟁을 공정·신속하게 해결하고 국제거래질서를 확립하기 위하여 지식경제부장관이 지정하는 상사중재를 하는 사단법인에 대하여 필요한 경비의 전부 또는 일부를 보조할 수 있다.

제41조(중재규칙의 제정 및 승인)
제40조에 따라 상사중재기관으로 지정받은 사단법인이 중재규칙을 제정하거나 변경할 때에는 대법원장의 승인을 받아야 한다.

Convention on the Recognition and Enforcement of Foreign Arbitral Awards

("The 1958 New York Convention")

In force as from 7 June 1959

Article I

1. This Convention shall apply to the recognition and enforcement of arbitral awards made in the territory of a State other than the State where the recognition and enforcement of such awards are sought, and arising out of differences between persons, whether physical or legal. It shall also apply to arbitral awards not considered as domestic awards in the State where their recognition and enforcement are sought.

2. The term "arbitral awards" shall include not only awards made by arbitrators appointed for each case but also those made by permanent arbitral bodies to which the parties have submitted.

3. When signing, ratifying or acceding to this Convention, or notifying extension under article X hereof, any State may on the basis of reciprocity declare that it will apply the Convention to the recognition and enforcement of awards made only in the territory of another Contracting State. It may also declare that it will apply the Convention only to differences arising out of legal relationships, whether contractual or not, which are considered as commercial under the national law of the State making such declaration.

외국중재판정의 승인 및 집행에 관한 UN협약
("1958년 뉴욕협약")

1959. 6. 7. 발효

제1조

1. 이 협약은 중재판정의 승인 및 집행의 요구를 받은 국가 이외의 국가의 영토 내에서 내려진 판정으로서, 자연인 또는 법인 간의 분쟁으로부터 발생하는 중재판정의 승인 및 집행에 적용한다. 이 협약은 또한 그 승인 및 집행의 요구를 받은 국가에서 내국판정이라고 인정되지 아니하는 중재판정에도 적용한다.

2. "중재판정"이라 함은 개개의 사건을 위하여 선정된 중재인이 내린 판정뿐만 아니라 당사자들이 부탁한 상설 중재기관이 내린 판정도 포함한다.

3. 어떠한 국가든지 이 협약에 서명, 비준 또는 가입할 때, 또는 이 제10조에 의하여 확대 적용을 통고할 때에 상호주의의 기초에서 다른 체약국의 영토 내에서 내려진 판정의 승인 및 집행에 한하여 이 협약을 적용한다고 선언할 수 있다. 또한 어떠한 국가든지 계약적 성질의 것이거나 아니거나를 불문하고 이러한 선언을 행하는 국가의 국내법상 상사상의 것이라고 인정되는 법률관계로부터 발생하는 분쟁에 한하여 이 협약을 적용할 것이라고 선언할 수 있다.

Article II

1. Each Contracting State shall recognize an agreement in writing under which the parties undertake to submit to arbitration all or any differences which have arisen or which may arise between them in respect of a defined legal relationship, whether contractual or not, concerning a subject matter capable of settlement by arbitration.

2. The term "agreement in writing" shall include an arbitral clause in a contract or an arbitration agreement, signed by the parties or contained in an exchange of letters or telegrams.

3. The court of a Contracting State, when seized of an action in a matter in respect of which the parties have made an agreement within the meaning of this article, shall, at the request of one of the parties, refer the parties to arbitration, unless it finds that the said agreement is null and void, inoperative or incapable of being performed.

Article III

Each Contracting State shall recognize arbitral awards as binding and enforce them in accordance with the rules of procedure of the territory where the award is relied upon, under the conditions laid down in the following articles. There shall not be imposed substantially more onerous conditions or higher fees or charges on the recognition or enforcement of arbitral awards to which this Convention applies than are imposed on the recognition or enforcement of domestic arbitral awards.

Article IV

1. To obtain the recognition and enforcement mentioned in the preceding article, the party applying for recognition and enforcement shall, at the time of the application, supply:
   a) the duly authenticated original awards or a duly certified copy thereof;
   b) the original agreement referred to in article II or a duly certified copy thereof.

2. If the said award or agreement is not made in an official language of the country in which the award is relied upon, the party applying for recognition and enforcement of the award shall produce a translation of these documents into such language. The translation shall be certified by an official or sworn translator or by a diplomatic or consular agent.

제 2 조

1. 각 체약국은 계약적 성질의 것이거나 아니거나를 불문하고 중재에 의하여 해결이 가능한 사항에 관한 일정한 법률관계에 관련하여 당사자간에 발생하였거나 또는 발생할 수 있는 전부 또는 일부의 분쟁을 중재에 부탁하기로 약정한 당사자간의 서면에 의한 합의를 승인하여야 한다.

2. "서면에 의한 중재합의"란 당사자들에 의하여 서명되었거나 서신 또는 전보 교환 속에 담긴, 주된 계약상 중재조항 또는 중재합의를 포함한다.

3. 당사자들이 본 조에서 의미하는 합의를 한 사항에 관한 소송이 제기되었을 때에는, 체약국의 법원은, 전기 합의를 무효, 실효 또는 이행불능이라고 인정하는 경우를 제외하고, 일방 당사자의 청구에 따라서 중재에 부탁할 것을 당사자에게 명하여야 한다.

제 3 조

각 체약국은 중재판정을 다음 조항에 규정한 조건하에서 구속력 있는 것으로 승인하고 그 판정이 원용될 영토의 절차 규칙에 따라서 그것을 집행하여야 한다. 이 협약이 적용되는 중재판정의 승인 또는 집행에 있어서는 내국중재판정의 승인 또는 집행에 있어서 부과하는 것보다 실질적으로 엄격한 조건이나 고액의 수수료 또는 과징금을 부과하여서는 아니된다.

제 4 조

1. 전조에서 언급된 승인과 집행을 얻기 위하여 승인과 집행을 신청하는 당사자는 신청서에 다음의 서류를 제출하여야 한다.
   a) 정당하게 인증된 중재판정원본 또는 정당하게 증명된 그 등본
   b) 제2조에 규정된 합의의 원본 또는 정당하게 증명된 그 등본

2. 전기 판정이나 합의가 원용될 국가의 공용어로 작성되어 있지 아니한 경우에는, 판정의 승인과 집행을 신청하는 당사자는 그 문서의 공용어 번역문을 제출하여야 한다. 번역문은 공적인 또는 선서한 번역관, 외교관 또는 영사관에 의하여 증명되어야 한다.

Article V

1. Recognition and enforcement of the award may be refused, at the request of the party against whom it is invoked, only if that party furnishes to the competent authority where the recognition and enforcement is sought, proof that:

    a) the parties to the agreement referred to in article II were, under the law applicable to them, under some incapacity, or the said agreement is not valid under the law to which the parties have subjected it or, failing any indication thereon, under the law of the country where the award was made; or

    b) the party against whom the award is invoked was not given proper notice of the appointment of the arbitrator or of the arbitration proceedings or was otherwise unable to present his case; or

    c) the award deals with a difference not contemplated by or not falling within the term of the submission to arbitration, or it contains decisions on matters beyond the scope of the submission to arbitration, provided that, if the decisions on matters submitted to arbitration can be separated from those not so submitted, that part of the award which contains decisions on matters submitted to arbitration may be recognized and enforced; or

    d) the composition of the arbitral authority or the arbitral procedure was not in accordance with the agreement of the parties, or failing such agreement, was not in accordance with the law of the country where the arbitration took place; or

    e) the award has not yet become binding on the parties, or has been set aside or suspended by a competent authority of the country in which, or under the law of which, that award was made.

2. Recognition and enforcement of an arbitral award may also be refused if the competent authority in the country where recognition and enforcement is sought finds that:

    a) the subject matter of the difference is not capable of settlement by arbitration under the law of that country; or

    b) the recognition or enforcement of the award would be contrary to the public policy of that country.

제5조

1. 판정의 승인과 집행은 판정이 불리하게 원용되는 당사자의 청구에 의하여, 그 당사자가 판정의 승인 및 집행의 요구를 받은 국가의 권한 있는 기관에게 다음의 증거를 제출하는 경우에 한하여 거부될 수 있다.

    a) 제2조에 규정된 합의의 당사자가 그들에게 적용될 법률에 의하여 무능력자이었던가 또는 당사자들이 준거법으로서 지정한 법령에 의하여 또는 지정이 없는 경우에는 판정을 내린 국가의 법령에 의하여 전기 합의가 무효인 경우 또는

    b) 판정이 불리하게 원용되는 당사자가 중재인의 선정이나 중재절차에 관하여 적절한 통고를 받지 아니하였거나 또는 기타 이유에 의하여 변론할 수 없었을 경우 또는

    c) 판정이 중재부탁조항에 규정되어 있지 아니하거나 또는 그 조항의 범위에 속하지 아니하는 분쟁에 관한 것이거나 또는 그 판정이 중재부탁의 범위를 벗어나는 사항에 관한 규정을 포함하는 경우. 다만, 중재에 부탁한 사항에 관한 결정이 부탁하지 아니한 사항과 분리될 수 있는 경우에는 중재부탁사항에 관한 결정을 포함하는 판정의 부분은 승인되고 집행될 수 있다.

    d) 중재기관의 구성이나 중재절차가 당사자간의 합의와 합치하지 아니하거나, 또는 이러한 합의가 없는 경우에는 중재를 행하는 국가의 법령에 합치하지 아니하는 경우 또는

    e) 판정이 당사자에 대한 구속력을 아직 발생하지 아니하였거나 또는 판정이 내려진 국가 또는 판정의 기초된 법이 속하는 국가의 권한 있는 기관에 의하여 취소 또는 정지된 경우

2. 중재판정의 승인 및 집행이 요구된 국가의 권한 있는 기관이 다음의 사항을 인정하는 경우에도 중재판정의 승인과 집행은 거부할 수 있다.

    a) 분쟁의 대상인 사항이 그 국가의 법률하에서는 중재에 의한 해결을 할 수 없는 경우 또는

    b) 판정의 승인이나 집행이 그 국가의 공공의 질서에 반하는 경우

Article VI

If an application for the setting aside or suspension of the award has been made to a competent authority referred to in article V paragraph 1(e), the authority before which the award is sought to be relied upon may, if it considers it proper, adjourn the decision on the enforcement of the award and may also, on the application of the party claiming enforcement of the award, order the other party to give suitable security.

Article VII

1. The provisions of the present Convention shall not affect the validity of multilateral or bilateral agreements concerning the recognition and enforcement of arbitral awards entered into by the Contracting States nor deprive any interested party of any right he may have to avail himself of an arbitral award in the manner and to the extent allowed by the law or the treaties of the country where such award is sought to be relied upon.
2. The Geneva Protocol on Arbitration Clauses of 1923 and the Geneva Convention of the Execution of Foreign Arbitral Awards of 1927 shall cease to have effect between Contracting States on their becoming bound and to the extent that they become bound, by this Convention.

Article VIII

1. This Convention shall be open until 31 December 1958 for signature on behalf of any Member of the United Nations and also on behalf of any other State which is or hereafter becomes a member of any specialized agency of the United Nations, or which is or hereafter becomes a party to the Statute of the International Court of Justice, or any other State to which an invitation has been addressed by the General Assembly of the United Nations.
2. This Convention shall be ratified and the instrument of ratification shall be deposited with the Secretary-General of the United Nations.

Article IX

1. This Convention shall be open for accession to all States referred to in article VIII.
2. Accession shall be effected by the deposit of an instrument of accession with the Secretary-General of the United Nations.

제 6 조

판정의 취소 또는 정지를 요구하는 신청이 제5조 1항의 (e)에 규정된 권한 있는 기관에 제기되었을 경우에는, 판정의 원용이 요구된 기관은, 그것이 적절하다고 인정될 때에는 판정의 집행에 관한 판결을 연기할 수 있고, 또한 판정의 집행을 요구한 당사자의 신청에 의하여 타당사자에 대하여 적당한 보장을 제공할 것을 명할 수 있다.

제 7 조

1. 이 협약의 규정은 체약국에 의하여 체결된 중재판정의 승인 및 집행에 관한 다자 또는 양자 협정의 효력에 영향을 미치지 아니하며, 또한 어떠한 관계 당사자가 중재판정의 원용이 요구된 국가의 법령이나 조약에서 인정된 방법과 한도 내에서 그 판정을 원용할 수 있는 권리를 박탈하지도 아니한다.

2. 1923년 중재조항에 관한 제네바 의정서 및 1927년 외국중재판정의 집행에 관한 제네바 협약은 체약국 간에 있어 이 협약에 의한 구속을 받게 되는 때부터 그 구속을 받는 한도 내에서 효력을 종료한다.

제 8 조

1. 이 협약은 국제연합회원국, 현재 또는 장래의 국제연합 전문기구의 회원국, 현재 또는 장래의 국제사법재판소규정의 당사국, 또는 국제연합총회로부터 초청장을 받은 기타 국가의 서명을 위하여 1958년 12월31일까지 개방된다.

2. 이 협약은 비준되어야 하며 비준서는 국제연합사무총장에게 기탁되어야 한다.

제 9 조

1. 이 협약은 제8조에 규정된 모든 국가의 가입을 위하여 개방된다.
2. 가입은 국제연합사무총장에게 가입서를 기탁함으로써 발효한다.

Article X

1. Any State may, at the time of signature, ratification or accession, declare that this Convention shall extend to all or any of the territories for the international relations of which it is responsible. Such a declaration shall take effect when the Convention enters into force for the State concerned.

2. At any time thereafter any such extension shall be made by notification addressed to the Secretary-General of the United Nations and shall take effect as from the ninetieth day after the day of receipt by the Secretary-General of the United Nations of this notification, or as from the date of entry into force of the Convention for the State concerned, whichever is the later.

3. With respect to those territories to which this Convention is not extended at the time of signature, ratification or accession, each State concerned shall consider the possibility of taking the necessary steps in order to extend the application of the Convention to such territories, subject, where necessary for constitutional reasons to the consent of the Government of such territories.

Article XI

In the case of a federal or non-unitary State, the following provisions shall apply:

    a) With respect to these articles of this Convention that come within the legislative jurisdiction of the federal authority, the obligations of the federal Government shall to this extent be the same as those of Contracting States which are not federal States;

    b) With respect to those articles of this Convention that come within the legislative jurisdiction of constituent states or provinces which are not, under the constitutional system of the federation, bound to take legislative action, the federal Government shall bring such articles with a favourable recommendation to the notice of the appropriate authorities of constituent states or provinces at the earliest possible moment;

    c) A federal State party to this Convention shall, at the request of any other contracting State transmitted through the Secretary-General of the United Nations, supply a statement of the law and practice of the federation and its constituent units in regard to any particular provision of this Convention, showing the extent to which effect has been given to that provision by legislative or other action.

제10 조

1. 어떠한 국가든지 서명, 비준 또는 가입시에 국제관계에 있어서 책임을 지는 전부 또는 일부
   의 영토에 이 협약을 확대 적용할 것을 선언할 수 있다. 이러한 선언은 이 협약이 관계국가
   에 대하여 효력을 발생할 때 발효한다.

2. 이러한 확대적용은 그 이후 어느 때든지 국제연합사무총장 앞으로 통고함으로써 행할 수
   있으며, 그 효력은 국제연합사무총장이 통고를 접수한 날로부터 90일 후 또는 관계국가에
   대하여 이 협약이 효력을 발생하는 날 중의 늦은 편의 일자에 발생한다.

3. 서명, 비준 또는 가입시에 이 협약이 확대 적용되지 아니한 영토에 관하여는, 각 관계국가
   는 헌법상의 이유에 의하여 필요한 경우에는 이러한 영토의 정부의 동의를 얻을 것을 조건
   으로 하고, 이 협약을 이러한 영토에 확대 적용하기 위하여 조치를 취할 수 있는 가능성을
   고려하여야 한다.

제11 조

연방국가 또는 비단일국가의 경우에는 다음의 규정이 적용된다.

   a) 이 협약은 조항 중 연방정부의 입법 관할권 내에 속하는 것에 관하여는, 연방정부의 의
      무는 그 한도 내에서 연방국가 아닌 다른 체약국의 의무와 동일하여야 한다.

   b) 이 협약의 중재조항 중 주 또는 지방의 입법권의 범위 내에 있고 또한 연방의 헌법체제
      하에서 입법조치를 취할 의무가 없는 것에 관하여는, 연방정부는 주 또는 지방의 관계기
      관에 대하여 가급적 조속히 호의적 권고를 첨부하여 이러한 조항에 대한 주의를 환기시
      켜야 한다.

   c) 이 협약의 당사국인 연방국가는, 국제연합사무총장을 통하여 전달된 기타 체약국의 요청
      이 있을 때에는, 이 협약의 어떠한 특정 규정에 관한 연방과 그 구성단위의 법령 및 관
      례와 아울러 입법 또는 기타 조치에 의하여 그 규정이 실시되고 있는 범위를 표시하는
      설명서를 제공하여야 한다.

Article XII

1. This Convention shall come into force on the ninetieth day following the date of deposit of the third instrument of ratification or accession.
2. For each State ratifying or acceding to this Convention after the deposit of the third instrument of ratification or accession, this Convention shall enter into force on the ninetieth day after deposit by such State of its instrument of ratification or accession.

Article XIII

1. Any Contracting State may denounce this Convention by a written notification to the Secretary-General of the United Nations. Denunciation shall take effect one year after the date of receipt of the notification by the Secretary-General.
2. Any State which has made a declaration or notification under article X may, at any time thereafter, by notification to the Secretary-General of the United Nations, declare that this Convention shall cease to extend to the territory concerned one year after the date of the receipt of the notification by the Secretary-General.
3. This Convention shall continue to be applicable to arbitral awards in respect of which recognition or enforcement proceedings have been instituted before the denunciation takes effect.

Article XIV

A Contracting State shall not be entitled to avail itself of the present Convention against other Contracting States except to the extent that it is itself bound to apply the Convention.

Article XV

The Secretary-General of the United Nations shall notify the States contemplated in article VIII of the following:
   a) Signature and ratifications in accordance with article VIII;
   b) Accessions in accordance with article IX;
   c) Declarations and notifications under articles I, X and XI;
   d) The date upon which this Convention enters into force in accordance with article XII;
   e) Denunciations and notifications in accordance with article XIII.

제12조

1. 이 협약은 세번째의 비준서 또는 가입서의 기탁일자로부터 90일 이후에 발효한다.

2. 세번째의 비준서 또는 가입서의 기탁일자 후에 이 협약을 비준하거나 또는 이 협약에 가입하는 국가에 대하여는 그 국가의 비준서 또는 가입서의 기탁일로부터 90일 후에 효력을 발생한다.

제13조

1. 어떠한 체약국이든지 국제연합사무총장 앞으로의 서면통고로서 이 협약을 폐기할 수 있다. 폐기는 사무총장이 통고를 접수한 일자로부터 1년 후에 발효한다.

2. 제10조에 의하여 선언 또는 통고를 한 국가는, 그 후 어느 때든지 사무총장이 통고를 접수한 일자로부터 1년 후에 관계영토에 대한 확대 적용이 종결된다는 것을 선언할 수 있다.

3. 폐기가 발효하기 전에 시작된 판정의 승인이나 집행절차에 관여하는 이 협약이 계속하여 적용된다.

제14조

체약국은 타 체약국에 대하여 이 협약을 적용하여야 할 의무가 있는 범위를 제외하고는 이 협약을 원용할 권리를 가지지 못한다.

제15조

국제연합사무총장은 제8조에 규정된 국가에 대하여 다음의 사항에 관하여 통고하여야 한다.

   a) 제8조에 의한 서명 또는 비준
   b) 제9조에 의한 가입
   c) 제1조, 제10조 및 제11조에 의한 선언 및 통고
   d) 제12조에 의하여 이 협약이 효력을 발생한 일자
   e) 제13조에 의한 폐기 및 통고

Article XVI

1. This Convention, of which the Chinese, English, French, Russian and Spanish texts shall be equally authentic, shall be deposited in the archives of the United Nations.
2. The Secretary-General of the United Nations shall transmit a certified copy of this Convention to the States contemplated in Article VIII.

Reservation made by the Republic of Korea

By virtue of Paragraph 3 of Article I of the present Convention, the Government of the Republic of Korea declares that it will apply the Convention to the recognition and enforcement of arbitral awards made only in the territory of another Contracting State. It further declares that it will apply the Convention only to the differences arising out of legal relationships, whether contractual or not, which are considered as commercial under its national law.

제 16 조

1. 중국어, 영어, 프랑스어, 러시아어 및 스페인어로 된 이 협약은 동등한 효력을 가지며 국제
   연합 기록 보관소에 기탁 보존되어야 한다.
2. 국제연합사무총장은 이 협약의 인증 등본을 제8조에 규정된 국가에 송부하여야 한다.

대한민국의 유보

이 협약 제1조 제3항에 따라 대한민국 정부는 타 체약국의 영토 내에서 내려진 중재판정의 승
인과 집행에 한하여 이 협약을 적용할 것이라고 선언한다. 또한 대한민국 정부는 계약적 성질
의 것이거나 아니거나를 불문하고 국내법상 상사상의 것이라고 인정되는 법률관계로부터 발생
하는 분쟁에 한하여 이 협약을 적용할 것이라고 선언한다.

UNCITRAL Model Law on International Commercial Arbitration

(As adopted by the United Nations Commission on International Trade Law on 21 June 1985, and as amended by the United Nations Commission on International Trade Law on 7 July 2006)

CHAPTER I. GENERAL PROVISIONS

Article 1. Scope of application[1]

(1) This Law applies to international commercial[2] arbitration, subject to any agreement in force between this State and any other State or States.

(2) The provisions of this Law, except articles 8, 9, 17 H, 17 I, 17 J, 35 and 36, apply only if the place of arbitration is in the territory of this State.

(Article 1(2) has been amended by the Commission at its thirty-ninth session, in 2006)

> (2) The provisions of this Law, except articles 8, 9, 35 and 36, apply only if the place of arbitration is in the territory of this State. (1985 version)

---

1) Article headings are for reference purposes only and are not to be used for purposes of interpretation.

2) The term "commercial" should be given a wide interpretation so as to cover matters arising from all relationships of a commercial nature, whether contractual or not. Relationships of a commercial nature include, but are not limited to, the following transactions: any trade transaction for the supply or exchange of goods or services; distribution agreement; commercial representation or agency; factoring; leasing; construction of works; consulting; engineering; licensing; investment; financing; banking; insurance; exploitation agreement or concession; joint venture and other forms of industrial or business co-operation; carriage of goods or passengers by air, sea, rail or road.

UNCITRAL 모델중재법

(1985. 6. 21. 제정)

(2006. 7. 7. 개정)

제1장 총 칙

제1조 적용 범위[1)]

① 이 법은 당국과 타국간에 체결된 모든 합의에 순응할 것을 조건으로 하고 국제상사[2)]중재에 이를 적용한다.

② 이 법의 규정은 제8조, 제9조, 제17조의H, 제17조의I, 제17조의J, 제35조 및 제36조를 제외하고, 중재지가 해당국의 영역 내에 있는 경우에 한하여 적용한다. 〈개정 2006. 7. 7.〉

> ② 이 법의 규정은 제8조, 제9조, 제35조 및 제36조를 제외하고, 중재지가 해당국의 영역 내에 있는 경우에 한하여 적용한다. [2006. 7. 7. 개정 전 제1조 제2항]

---

1) 조항 표제는 참조를 위한 것일 뿐이며, 해석시 고려 대상이 아니다.
2) "상사"라는 용어는 계약 또는 기타 관계를 불문하고 상업적 성격의 모든 관계에서 발생하는 사안을 다루기 위하여 광범위하게 해석된다. 상업적 성격의 관계는 상품이나 서비스의 공급 또는 교환을 위한 여하한 거래, 유통판매계약, 상업적 대리나 에이전시, 팩토링, 리스, 건설, 자문, 기술, 라이센싱, 투자, 금융, 은행, 보험, 개발계약 또는 양허, 합작사업 및 기타 형태의 산업적 또는 사업적 협력, 항공, 해상, 철도 또는 도로를 이용한 물품이나 승객의 운송 등의 거래를 포함하나 이에 국한되지 아니한다.

(3) An arbitration is international if:

    (a) the parties to an arbitration agreement have, at the time of the conclusion of that agreement, their places of business in different States; or

    (b) one of the following places is situated outside the State in which the parties have their places of business:

        (i) the place of arbitration if determined in, or pursuant to, the arbitration agreement;

        (ii) any place where a substantial part of the obligations of the commercial relationship is to be performed or the place with which the subject-matter of the dispute is most closely connected; or

    (c) the parties have expressly agreed that the subject-matter of the arbitration agreement relates to more than one country.

(4) For the purposes of paragraph (3) of this article:

    (a) if a party has more than one place of business, the place of business is that which has the closest relationship to the arbitration agreement;

    (b) if a party does not have a place of business, reference is to be made to his habitual residence.

(5) This Law shall not affect any other law of this State by virtue of which certain disputes may not be submitted to arbitration or may be submitted to arbitration only according to provisions other than those of this Law.

Article 2. Definitions and rules of interpretation

For the purposes of this Law:

    (a) "arbitration" means any arbitration whether or not administered by a permanent arbitral institution;

    (b) "arbitral tribunal" means a sole arbitrator or a panel of arbitrators;

    (c) "court" means a body or organ of the judicial system of a State;

    (d) where a provision of this Law, except article 28, leaves the parties free to determine a certain issue, such freedom includes the right of the parties to authorize a third party, including an institution, to make that determination;

    (e) where a provision of this Law refers to the fact that the parties have agreed or that they may agree or in any other way refers to an agreement of the parties, such agreement includes any arbitration rules referred to in that agreement;

③ 국제중재는 다음에 해당하는 경우이다.

  1. 중재합의의 당사자가 중재합의를 체결할 당시 상이한 국가 내에 영업소를 두고 있는 경우

  2. 다음 장소 중 어느 한 장소가 당사자의 영업소 소재지국 외에 있는 경우

    （ⅰ) 중재합의에서 결정되어 있거나 또는 그에 따라 결정되는 중재지

    （ⅱ) 상거래상 의무의 실질적인 부분이 이행되어야 할 장소 또는 분쟁의 본안사항과 가장
      밀접하게 연결되어 있는 장소

  3. 중재합의의 본안사항이 2개국 이상과 관련되어 있다고 당사자들이 명시적으로 합의한 경우

④ 제3항의 적용상

  1. 일방당사자가 2개 이상의 영업소를 두고 있는 경우에는 중재합의와 가장 밀접한 관계가
    있는 영업소를

  2. 일방당사자가 영업소를 두고 있지 아니하는 경우에는 상거소를 참조하는 것으로 한다.

⑤ 해당국가의 법령에 의하면 특정 분쟁이 중재에 회부될 수 없거나 이 법 이외의 규정에 따
라서만 중재에 회부되어야 하는 경우에 이 법은 해당 국가의 타 법령에 영향을 미치지 아니
한다.

제2조 정의와 해석의 원칙

이 법의 적용상

  1. "중재"라 함은 상설중재기관에 의하여 관리되거나 아니되거나를 불문하고 모든 중재를
    말한다.

  2. "중재판정부"라 함은 단독중재인 또는 수인의 중재인단을 말한다.

  3. "법원"이라 함은 한 국가의 사법기관을 말한다.

  4. 제28조를 제외한 이 법의 규정이 당사자로 하여금 일정한 쟁점을 자유롭게 결정하도록
    허용하고 있는 경우에는, 어떤 기관을 포함한 제3자에게 당해 결정을 내릴 권한을 부여
    하는 당사자의 권리가 포함된다.

  5. 이 법의 규정에서 당사자가 합의하였거나 합의할 수 있다고 정하거나 또는 기타 방법으
    로 당사자의 합의에 관하여 언급한 경우에 그러한 합의는 그 합의 속에 언급된 모든 중
    재규칙을 포함한다.

(f) where a provision of this Law, other than in articles 25(a) and 32(2)(a), refers to a claim, it also applies to a counter-claim, and where it refers to a defence, it also applies to a defence to such counter-claim.

Article 2 A. International origin and general principles

(*As adopted by the Commission at its thirty-ninth session, in 2006*)

(1) In the interpretation of this Law, regard is to be had to its international origin and to the need to promote uniformity in its application and the observance of good faith.

(2) Questions concerning matters governed by this Law which are not expressly settled in it are to be settled in conformity with the general principles on which this Law is based.

Article 3. Receipt of written communications

(1) Unless otherwise agreed by the parties:

(a) any written communication is deemed to have been received if it is delivered 6 to the addressee personally or if it is delivered at his place of business, habitual residence or mailing address; if none of these can be found after making a reasonable inquiry, a written communication is deemed to have been received if it is sent to the addressee's last-known place of business, habitual residence or mailing address by registered letter or any other means which provides a record of the attempt to deliver it;

(b) the communication is deemed to have been received on the day it is so delivered.

(2) The provisions of this article do not apply to communications in court proceedings.

Article 4. Waiver of right to object

A party who knows that any provision of this Law from which the parties may derogate or any requirement under the arbitration agreement has not been complied with and yet proceeds with the arbitration without stating his objection to such non-compliance without undue delay or, if a time-limit is provided therefor, within such period of time, shall be deemed to have waived his right to object.

Article 5. Extent of court intervention

In matters governed by this Law, no court shall intervene except where so provided in this Law.

6. 제25조 제1호 및 제32조 제2항 제1호를 제외하고 청구에 관한 이 법의 규정은 반대청구
   에도 적용된다. 방어에 관한 규정은 그러한 반대청구의 방어에도 적용된다.

제2조의A 국제성 및 일반원칙 〈개정 2006. 7. 7.〉

① 이 법을 해석할 때에는 이 법의 국제적 성격, 그리고 법적용의 통일성과 신의칙 준수를 증
진할 필요성을 함께 고려하여야 한다.
② 이 법이 규율하는 사안으로써 이 법의 규정으로 명확히 해결할 수 없는 문제는 이 법이 기
초하는 일반원칙에 따라 해결하여야 한다.

제3조 서면통지의 수령
① 당사자간에 달리 합의가 없는 한
  1. 모든 서면통지는 수신인에게 직접 교부되거나 수신인의 영업소, 상거소 또는 우편 주소
     지에 전달된 경우에는 수령된 것으로 본다. 또한 그러한 주소들이 합리적인 조회의 결과
     로써도 발견될 수 없는 경우에는 등기우편 또는 전달하려고 한 기록을 제공할 수 있는
     그 밖의 다른 수단에 의하여 수신인의 최후 영업소, 상거소, 또는 우편주소지에 발송된
     경우에는 서면통지가 수령된 것으로 본다.

  2. 서면통지는 1호의 방법으로 전달된 일자에 수령된 것으로 본다.
② 제1항의 규정은 소송절차상의 송달에는 적용되지 아니한다.

제4조 이의신청권의 포기
이 법의 규정에 의하여 당사자가 그 효력을 배제할 수 있다는 규정이나 중재합의의 요건이 준
수되지 아니한 사실을 알았거나 알 수 있으면서 당사자가 지체없이 또는 기한이 정해져 있는
경우에는 그 기한 내에 그러한 불이행에 대해 이의를 제기하지 아니하고 중재절차를 속행한
경우에는 자신의 이의신청권을 포기한 것으로 본다.

제5조 법원의 관여
이 법이 적용되는 사항에 대해서 법원은 이 법이 규정한 경우를 제외하고는 관여하여서는 아
니된다.

Article 6. Court or other authority for certain functions of arbitration assistance and supervision

The functions referred to in articles 11(3), 11(4), 13(3), 14, 16(3) and 34(2) shall be performed by ⋯ [Each State enacting this model law specifies the court, courts or, where referred to therein, other authority competent to perform these functions.]

CHAPTER II. ARBITRATION AGREEMENT

Option I

Article 7. Definition and form of arbitration agreement

(As adopted by the Commission at its thirty-ninth session, in 2006)

(1) "Arbitration agreement" is an agreement by the parties to submit to arbitration all or certain disputes which have arisen or which may arise between them in respect of a defined legal relationship, whether contractual or not. An arbitration agreement may be in the form of an arbitration clause in a contract or in the form of a separate agreement.

(2) The arbitration agreement shall be in writing.

(3) An arbitration agreement is in writing if its content is recorded in any form, whether or not the arbitration agreement or contract has been concluded orally, by conduct, or by other means.

(4) The requirement that an arbitration agreement be in writing is met by an electronic communication if the information contained therein is accessible so as to be useable for subsequent reference; "electronic communication" means any communication that the parties make by means of data messages; "data message" means information generated, sent, received or stored by electronic, magnetic, optical or similar means, including, but not limited to, electronic data interchange (EDI), electronic mail, telegram, telex or telecopy.

(5) Furthermore, an arbitration agreement is in writing if it is contained in an exchange of statements of claim and defence in which the existence of an agreement is alleged by one party and not denied by the other.

(6) The reference in a contract to any document containing an arbitration clause constitutes an arbitration agreement in writing, provided that the reference is such as to make that clause part of the contract.

제6조 중재 지원 및 감독 기능을 수행하는 법원 또는 기타 기관

제11조 제3항, 제11조 제4항, 제13조 제3항, 제14조, 제16조 제3항 및 제34조 제2항에 규정된 기능은 … [이 모델법을 입법하는 각 국가는 법원 또는 이 기능을 수행할 수 있는 기타 기관을 명시하여야 함] … 에 의하여 수행된다.

제 2 장 중 재 합 의

제 1 안
제7조 중재합의의 정의 및 방식 〈개정 2006. 7. 7.〉

① "중재합의"란 계약상 분쟁인지의 여부에 관계없이 일정한 법률관계에 관하여 당사자간에 이미 발생하였거나 장래 발생할 수 있는 분쟁의 전부 또는 일부를 중재에 회부하기로 하는 당사자간의 합의를 말한다. 중재합의는 계약에 중재조항을 포함하는 형식 또는 독립된 합의 형식으로 할 수 있다.
② 중재합의는 서면으로 하여야 한다.
③ 중재합의 또는 계약이 구두나 행위, 그 밖의 어떠한 수단에 의하여 이루어진 것인지 여부와 관계없이, 중재합의의 내용이 기록된 경우에는 서면에 의한 중재합의로 본다.

④ 전자적 통신에 포함된 정보가 차후에 조회할 수 있는 형태로 이용 가능한 경우에는 중재합의의 서면 요건을 충족한다. "전자적 통신"이란 당사자들이 데이터 메시지 방법으로 행하는 모든 통신을 가리키며, "데이터 메시지"란 전자문서교환, 전자우편, 전보, 전신 또는 팩스를 포함한 전자적, 자기적, 광학적 또는 이와 유사한 수단으로 생성되거나 송달, 수령, 또는 보관된 정보를 말한다.

⑤ 또한, 어느 한쪽 당사자가 당사자 간에 교환된 신청서 또는 답변서의 내용에 중재합의가 있는 것을 주장하고 상대방 당사자가 이에 대하여 다투지 아니하는 경우에는 서면에 의한 중재합의로 본다.
⑥ 계약이 중재조항을 포함한 문서를 인용하고 있는 경우에는 서면 중재합의가 있는 것으로 본다. 다만, 중재조항을 그 계약의 일부로 하고 있는 경우로 한정한다.

Option II

Article 7. Definition of arbitration agreement

(*As adopted by the Commission at its thirty-ninth session, in 2006*)

"Arbitration agreement" is an agreement by the parties to submit to arbitration all or certain disputes which have arisen or which may arise between them in respect of a defined legal relationship, whether contractual or not.

Article 7. Definition and form of arbitration agreement (1985 version)

(1) "Arbitration agreement" is an agreement by the parties to submit to arbitration all or certain disputes which have arisen or which may arise between them in respect of a defined legal relationship, whether contractual or not. An arbitration agreement may be in the form of an arbitration clause in a contract or in the form of a separate agreement.

(2) The arbitration agreement shall be in writing. An agreement is in writing if it is contained in a document signed by the parties or in an exchange of letters, telex, telegrams or other means of telecommunication which provide a record of the agreement, or in an exchange of statements of claim and defence in which the existence of an agreement is alleged by one party and not denied by another. The reference in a contract to a document containing an arbitration clause constitutes an arbitration agreement provided that the contract is in writing and the reference is such as to make that clause part of the contract.

Article 8. Arbitration agreement and substantive claim before court

(1) A court before which an action is brought in a matter which is the subject of an arbitration agreement shall, if a party so requests not later than when submitting his first statement on the substance of the dispute, refer the parties to arbitration unless it finds that the agreement is null and void, inoperative or incapable of being performed.

(2) Where an action referred to in paragraph (1) of this article has been brought, arbitral proceedings may nevertheless be commenced or continued, and an award may be made, while the issue is pending before the court.

제 II 안

제7조 중재합의의 정의 〈개정 2006. 7. 7.〉

"중재합의"란 계약상 분쟁인지의 여부에 관계없이 일정한 법률관계에 관하여 당사자간에 이미 발생하였거나 장래 발생할 수 있는 분쟁의 전부 또는 일부를 중재에 회부하기로 하는 당사자 간의 합의를 말한다.

제7조 중재합의의 정의와 방식

① "중재합의"는 계약에 의하거나 또는 계약에 의하지 아니한 일정한 법률관계에 관하여 당사자간에 이미 발생하였거나 장래 발생할 수 있는 모든 분쟁 또는 특정한 분쟁을 중재에 부탁하는 당사자 사이의 합의이다. 중재합의는 계약상의 중재조항의 형식이나 별도의 합의형태로 할 수 있다.

② 중재합의는 서면으로 하여야 한다. 중재합의는 당사자가 서명한 서류에 포함되어 있거나 서신, 텔렉스, 전신 등 기타 중재합의를 기록한 통신 등의 교환에 포함되어 있거나 또는 신청서와 답변서의 교환 속에서 중재합의의 존재가 일방당사자에 의해서 주장되고 상대방당사자가 이를 부인하지 아니하는 경우에는 그러한 합의는 서면으로 작성한 것으로 한다. 그리고 당사자간의 계약 속에서 어떤 중재조항이 포함되어 있는 서류에 대한 언급이 있는 경우에는 이를 중재합의로 의미하고 있는 것으로 해석한다. 다만 그러한 계약이 서면으로 작성되어 있어야 하며, 당해 조항이 그러한 계약의 일부를 구성하는 것으로 볼 수 있을 경우에 한한다. [2006. 7. 7. 개정 전 제7조]

제8조 중재합의와 법원에 제소

① 중재합의의 대상이 된 사건이 법원에 제소되었을 경우로서, 일방당사자가 그 분쟁의 본안에 관한 제1차 진술서를 제출할 때까지 이에 관한 항변을 제기하면, 법원은 그 중재합의가 무효이거나, 실효하였거나, 또는 이행불능의 상태에 있는 것으로 판단되지 아니하는 한 당사자들로 하여금 중재로 분쟁을 해결하게 하여야 한다.

② 제1항에서 언급한 소송이 제기된 경우에도 중재절차는 개시되거나 속행될 수 있으며 사건이 법원에 계속 중인 경우에도 중재판정이 행해질 수 있다.

Article 9. Arbitration agreement and interim measures by court

It is not incompatible with an arbitration agreement for a party to request, before or during arbitral proceedings, from a court an interim measure of protection and for a court to grant such measure.

CHAPTER III. COMPOSITION OF ARBITRAL TRIBUNAL

Article 10. Number of arbitrators

(1) The parties are free to determine the number of arbitrators.

(2) Failing such determination, the number of arbitrators shall be three.

Article 11. Appointment of arbitrators

(1) No person shall be precluded by reason of his nationality from acting as an arbitrator, unless otherwise agreed by the parties.

(2) The parties are free to agree on a procedure of appointing the arbitrator or arbitrators, subject to the provisions of paragraphs (4) and (5) of this article.

(3) Failing such agreement,

(a) in an arbitration with three arbitrators, each party shall appoint one arbitrator, and the two arbitrators thus appointed shall appoint the third arbitrator; if a party fails to appoint the arbitrator within thirty days of receipt of a request to do so from the other party, or if the two arbitrators fail to agree on the third arbitrator within thirty days of their appointment, the appointment shall be made, upon request of a party, by the court or other authority specified in article 6;

(b) in an arbitration with a sole arbitrator, if the parties are unable to agree on the arbitrator, he shall be appointed, upon request of a party, by the court or other authority specified in article 6.

(4) Where, under an appointment procedure agreed upon by the parties,

(a) a party fails to act as required under such procedure, or

(b) the parties, or two arbitrators, are unable to reach an agreement expected of them under such procedure, or

(c) a third party, including an institution, fails to perform any function entrusted to it under such procedure, any party may request the court or other authority specified in article 6 to take the necessary measure, unless the agreement on the appointment procedure provides other means for securing the appointment.

제9조 중재합의와 법원의 보전처분

일방당사자가 중재절차 전이나 진행 중에 법원에 보전처분을 신청하거나 법원이 이러한 조치를 허여하는 것은 중재합의에 반하지 아니한다.

제 3 장   중재판정부의 구성

제10조 중재인의 수

① 당사자는 중재인의 수를 자유로이 정할 수 있다.

② 그러한 결정이 없는 경우에는 중재인의 수는 3인으로 한다.

제11조 중재인의 선정

① 당사자가 달리 합의하지 않는 한 누구라도 자신의 국적을 이유로 중재인으로서 활동하는 데 배제되지 아니한다.

② 본조 제4항과 제5항의 제한하에 당사자는 중재인의 선정절차를 자유로이 합의할 수 있다.

③ 그러한 합의가 없는 경우에

　1. 3인 중재에서 각 당사자는 1인의 중재인을 선정하고 이에 따라 선정된 2인의 중재인이 제3의 중재인을 선정한다. 일방당사자가 상대방으로부터 중재인 선정을 요구받은 후 30일 이내에 중재인을 선정하지 않거나 2인의 중재인이 그 선정된 후 30일 이내에 제3의 중재인을 선정하지 못하였을 경우에는 일방당사자의 요청에 따라 제6조에 규정된 법원이나 기타 기관이 중재인을 선정한다.

　2. 단독중재의 경우에 당사자가 중재인 선정을 합의하지 못한 때에는 일방당사자의 요청이 있으면 제6조에 규정된 법원이나 기타 기관이 중재인을 선정한다.

④ 당사자가 합의한 중재인 선정절차에 따라

　1. 일방당사자가 그 절차에서 요구하는 대로 이행하지 아니하거나,

　2. 양당사자나 2인의 중재인이 그 절차에서 기대되는 합의에 이를 수 없거나,

　3. 일정 기관을 포함한 제3자가 그 절차에서 위임된 기능을 수행할 수 없는 때에 당사자는 선정절차 합의내용 속에 그 선정을 보전하는 그 밖의 다른 조치가 없는 한 제6조에 규정된 법원이나 기타 기관에 필요한 처분을 취할 것을 요청할 수 있다.

(5) A decision on a matter entrusted by paragraph (3) or (4) of this article to the court or other authority specified in article 6 shall be subject to no appeal. The court or other authority, in appointing an arbitrator, shall have due regard to any qualifications required of the arbitrator by the agreement of the parties and to such considerations as are likely to secure the appointment of an independent and impartial arbitrator and, in the case of a sole or third arbitrator, shall take into account as well the advisability of appointing an arbitrator of a nationality other than those of the parties.

Article 12. Grounds for challenge
(1) When a person is approached in connection with his possible appointment as an arbitrator, he shall disclose any circumstances likely to give rise to justifiable doubts as to his impartiality or independence. An arbitrator, from the time of his appointment and throughout the arbitral proceedings, shall without delay disclose any such circumstances to the parties unless they have already been informed of them by him.
(2) An arbitrator may be challenged only if circumstances exist that give rise to justifiable doubts as to his impartiality or independence, or if he does not possess qualifications agreed to by the parties. A party may challenge an arbitrator appointed by him, or in whose appointment he has participated, only for reasons of which he becomes aware after the appointment has been made.

Article 13. Challenge procedure
(1) The parties are free to agree on a procedure for challenging an arbitrator, subject to the provisions of paragraph (3) of this article.
(2) Failing such agreement, a party who intends to challenge an arbitrator shall, within fifteen days after becoming aware of the constitution of the arbitral tribunal or after becoming aware of any circumstance referred to in article 12(2), send a written statement of the reasons for the challenge to the arbitral tribunal. Unless the challenged arbitrator withdraws from his office or the other party agrees to the challenge, the arbitral tribunal shall decide on the challenge.
(3) If a challenge under any procedure agreed upon by the parties or under the procedure of paragraph (2) of this article is not successful, the challenging party may request, within thirty days after having received notice of the decision rejecting the challenge, the court or other authority specified in article 6 to decide on the challenge, which decision shall be subject to no appeal; while such a request is pending, the arbitral tribunal, including the challenged arbitrator, may continue the arbitral proceedings and make an award.

⑤ 본조 제3항과 제4항에 따라 제6조에 규정된 법원이나 기타 기관에 위임된 사항에 관한 결정에 대하여는 항고할 수 없다. 중재인을 선정할 때 법원이나 기타 기관은 당사자들의 합의에서 요구하는 중재인의 자격을 고려하여야 하며 또한 독립적이며 공정한 중재인의 선정을 보장하는 데 적절한지도 고려하여야 한다. 단독중재인이나 제3의 중재인의 경우에는 당사자들의 국적 이외의 국적을 가진 중재인을 선정하는 것이 바람직한지도 고려하여야 한다.

제12조 중재인기피의 사유

① 중재인으로 직무수행의 요청을 받은 자는 그 자신의 공정성이나 독립성에 관하여 당연시되는 의심을 야기할 수 있는 모든 사정을 고지하여야 한다. 중재인은 중재인으로 선정된 때로부터 그리고 중재절차의 종료시까지 그러한 사정을 당사자에게 지체없이 고지하여야 한다. 다만, 중재인이 그러한 사정을 이미 통지한 당사자에게 대하여는 그러하지 아니하다.

② 중재인은 그 자신의 공정성이나 독립성에 관하여 당연시되는 의심을 야기할 수 있는 사정이 존재하거나 또는 당사자가 합의한 자격을 갖추지 못한 때에 한해 기피될 수 있다. 당사자는 자신이 선정하였거나 그 선정절차에 참여한 중재인에 대하여 선정 후에 비로소 알게 된 사유에 의해서만 기피할 수 있다.

제13조 중재인의 기피절차

① 본조 제3항의 제한하에 당사자들은 중재인 기피절차를 자유로이 합의할 수 있다.

② 제1항의 합의가 없는 경우에 중재인을 기피하고자 하는 당사자는 중재판정부가 구성된 후 또는 제12조 제2항의 사정을 알게 된 후 15일 이내에 중재인 기피사유를 진술한 서면을 중재판정부에 송부하여야 한다. 기피당한 중재인이 그 직무로부터 사퇴하지 아니하거나, 상대방당사자가 그 기피신청에 동의하지 아니하는 한 중재판정부는 그 기피신청에 관하여 결정하여야 한다.

③ 당사자가 합의한 절차나 본조 제2항의 절차에 따라 기피신청이 받아들여지지 아니하면, 기피신청한 당사자는 그 기피거절 결정의 통지를 받은 후 30일 이내에 제6조에서 정한 법원이나 기타 기관에 기피에 대한 결정을 신청할 수 있다. 그 결정에 대하여는 항고할 수 없으며 그러한 신청이 계속중인 경우에도 기피신청의 대상이 된 중재인을 포함한 중재판정부는 중재절차를 속행하여 판정을 내릴 수 있다.

Article 14. Failure or impossibility to act

(1) If an arbitrator becomes *de jure* or *de facto* unable to perform his functions or for other reasons fails to act without undue delay, his mandate terminates if he withdraws from his office or if the parties agree on the termination. Otherwise, if a controversy remains concerning any of these grounds, any party may request the court or other authority specified in article 6 to decide on the termination of the mandate, which decision shall be subject to no appeal.

(2) If, under this article or article 13(2), an arbitrator withdraws from his office or a party agrees to the termination of the mandate of an arbitrator, this does not imply acceptance of the validity of any ground referred to in this article or article 12(2).

Article 15. Appointment of substitute arbitrator

Where the mandate of an arbitrator terminates under article 13 or 14 or because of his withdrawal from office for any other reason or because of the revocation of his mandate by agreement of the parties or in any other case of termination of his mandate, a substitute arbitrator shall be appointed according to the rules that were applicable to the appointment of the arbitrator being replaced.

CHAPTER IV. JURISDICTION OF ARBITRAL TRIBUNAL

Article 16. Competence of arbitral tribunal to rule on its jurisdiction

(1) The arbitral tribunal may rule on its own jurisdiction, including any objections with respect to the existence or validity of the arbitration agreement. For that purpose, an arbitration clause which forms part of a contract shall be treated as an agreement independent of the other terms of the contract. A decision by the arbitral tribunal that the contract is null and void shall not entail ipso jure the invalidity of the arbitration clause.

(2) A plea that the arbitral tribunal does not have jurisdiction shall be raised not later than the submission of the statement of defence. A party is not precluded from raising such a plea by the fact that he has appointed, or participated in the appointment of, an arbitrator. A plea that the arbitral tribunal is exceeding the scope of its authority shall be raised as soon as the matter alleged to be beyond the scope of its authority is raised during the arbitral proceedings. The arbitral tribunal may, in either case, admit a later plea if it considers the delay justified.

제14조 중재인의 불이행 또는 이행불능

① 중재인이 법률상 또는 사실상 자신의 직무를 이행할 수 없거나, 다른 사유로 인하여 적정기간에 직무를 수행하지 아니하는 경우에 그가 자진하여 사임하거나 당사자의 합의로써 중재인의 직무권한은 종료된다. 이러한 사유에 관하여 다툼이 있는 경우에 각 당사자는 제6조에 기재된 법원이나 기타 기관에 대하여 중재인의 권한종료에 관하여 결정할 것을 요청할 수 있으며 그 결정에 대하여는 항고할 수 없다.

② 본조나 제13조 제2항에 따라 중재인이 자진하여 사임하거나 당사자가 중재인의 권한종료에 합의하였다 하더라도 이러한 사실이 본조나 제12조 제2항에서 언급하고 있는 기피사유의 유효성을 인정하는 것을 의미하지는 아니한다.

제15조 보궐중재인의 선정

제13조나 제14조에 따라 또는 기타 사유로 인하여 중재인이 자진하여 사임하거나 또는 당사자의 합의로 중재인의 권한이 취소되었거나 기타 사유로 인하여 중재인의 권한이 종료되는 경우에 보궐중재인은 대체되는 중재인의 선정에 적용되었던 규칙에 따라 선정되어야 한다.

제 4 장   중재판정부의 관할

제16조 자신의 관할에 관한 중재판정부의 결정권한

① 중재판정부는 중재합의의 존부 또는 유효성에 관한 이의를 포함하여 자신의 관할을 결정할 권한을 가진다. 그러한 규정의 적용상 계약의 일부를 이루는 중재조항은 그 계약의 다른 조항과는 독립된 합의로 취급하여야 한다. 중재판정부에 의한 계약무효의 결정은 법률상 당연히 중재조항의 부존재 내지 무효를 의미하는 것은 아니다.

② 중재판정부가 관할권을 가지고 있지 않다는 항변은 늦어도 답변서를 제출할 때까지 제기되어야 한다. 당사자의 이러한 항변은 자신이 중재인을 선정하였거나 또는 중재인의 선정에 참여하였다는 사실때문에 배제되지 아니한다. 중재판정부가 그 직무권한의 범위를 벗어났다는 항변은 그러한 권한유월이 주장되는 사항이 중재절차 진행중에 제출된 즉시 제기되어야 한다. 중재판정부는 시기에 늦게 제출된 항변에 대해서도 그 지연이 정당하다고 인정하는 경우에는 이를 허용할 수 있다.

(3) The arbitral tribunal may rule on a plea referred to in paragraph (2) of this article either as a preliminary question or in an award on the merits. If the arbitral tribunal rules as a preliminary question that it has jurisdiction, any party may request, within thirty days after having received notice of that ruling, the court specified in article 6 to decide the matter, which decision shall be subject to no appeal; while such a request is pending, the arbitral tribunal may continue the arbitral proceedings and make an award.

CHAPTER IV A. INTERIM MEASURES AND PRELIMINARY ORDERS

(As adopted by the Commission at its thirty-ninth session, in 2006)

Section 1. Interim measures
Article 17. Power of arbitral tribunal to order interim measures
(1) Unless otherwise agreed by the parties, the arbitral tribunal may, at the request of a party, grant interim measures.

(2) An interim measure is any temporary measure, whether in the form of an award or in another form, by which, at any time prior to the issuance of the award by which the dispute is finally decided, the arbitral tribunal orders a party to:

(a) Maintain or restore the status quo pending determination of the dispute;

(b) Take action that would prevent, or refrain from taking action that is likely to cause, current or imminent harm or prejudice to the arbitral process itself;

(c) Provide a means of preserving assets out of which a subsequent award may be satisfied; or

(d) Preserve evidence that may be relevant and material to the resolution of the dispute.

Article 17 A. Conditions for granting interim measures
(1) The party requesting an interim measure under article 17(2)(a), (b) and (c) shall satisfy the arbitral tribunal that:

(a) Harm not adequately reparable by an award of damages is likely to result if the measure is not ordered, and such harm substantially outweighs the harm that is likely to result to the party against whom the measure is directed if the measure is granted; and

(b) There is a reasonable possibility that the requesting party will succeed on the merits of the claim. The determination on this possibility shall not affect the discretion of the arbitral tribunal in making any subsequent determination.

③ 중재판정부는 본조 제2항의 항변에 관하여 선결문제로서 또는 본안에 관한 중재판정에서 결정할 수 있다. 중재판정부가 선결문제로서 자신의 관할권이 있음을 결정하는 경우에 당사자는 당해 결정의 통지를 받은 후 30일 이내에 제6조에 명시된 법원에 대하여 당해 사항을 결정해 줄 것을 신청할 수 있으며 그 결정에 대하여는 항고할 수 없다. 이러한 신청이 계속중인 경우에도 중재판정부는 중재절차를 속행하여 중재판정을 내릴 수 있다.

제4A 장 임시적 처분 및 예비적 명령 〈개정 2006. 7. 7.〉

제1절 임시적 처분
제17조 중재판정부의 임시적 처분 명령 권한
① 당사자 간에 다른 합의가 없는 경우에 중재판정부는 어느 한쪽 당사자의 신청에 따라 임시적 처분을 내릴 수 있다.
② 임시적 처분이란 중재판정부가 중재판정의 형식 또는 기타의 방식으로 중재판정이 내려지기 전 어느 한쪽 당사자에게 다음 각 호의 내용을 이행하도록 명하는 잠정적 조치를 말한다.

1. 분쟁이 종결되기 전까지 현상(現狀)의 유지 또는 복원
2. 중재절차 자체에 대한 현존하거나 급박한 위험이나 영향을 방지하는 조치 또는 그러한 위험이나 영향을 줄 수 있는 조치의 금지
3. 중재판정의 집행 대상이 되는 자산에 대한 보전 방법의 제공

4. 분쟁의 해결에 관련성과 중요성이 있는 증거의 보전

제17조의A 임시적 처분의 허용조건
① 제17조 제2항 1, 2, 3호에 따른 임시적 처분을 신청하는 당사자는 중재판정부에 다음의 각 호를 입증하여야 한다.
1. 신청인이 임시적 처분을 받지 못하는 경우 신청인에게 중재판정에 포함된 손해배상으로 적절히 보상되지 아니하는 손해가 발생할 가능성이 있고, 그러한 손해가 임시적 처분으로 인하여 상대방에게 발생할 것으로 예상되는 손해를 상당히 초과할 것
2. 신청인의 본안청구에 대하여 합리적으로 인용가능성이 있을 것. 다만, 중재판정부는 본안 심리를 할 때 임시적 처분 결정 시의 인용가능성에 대한 판단에 구속되지 아니한다.

(2) With regard to a request for an interim measure under article 17(2)(d), the requirements in paragraphs (1)(a) and (b) of this article shall apply only to the extent the arbitral tribunal considers appropriate.

Section 2. Preliminary orders

Article 17 B. Applications for preliminary orders and conditions for granting preliminary orders

(1) Unless otherwise agreed by the parties, a party may, without notice to any other party, make a request for an interim measure together with an application for a preliminary order directing a party not to frustrate the purpose of the interim measure requested.

(2) The arbitral tribunal may grant a preliminary order provided it considers that prior disclosure of the request for the interim measure to the party against whom it is directed risks frustrating the purpose of the measure.

(3) The conditions defined under article 17 A apply to any preliminary order, provided that the harm to be assessed under article 17 A(1)(a), is the harm likely to result from the order being granted or not.

Article 17 C. Specific regime for preliminary orders

(1) Immediately after the arbitral tribunal has made a determination in respect of an application for a preliminary order, the arbitral tribunal shall give notice to all parties of the request for the interim measure, the application for the preliminary order, the preliminary order, if any, and all other communications, including by indicating the content of any oral communication, between any party and the arbitral tribunal in relation thereto.

(2) At the same time, the arbitral tribunal shall give an opportunity to any party against whom a preliminary order is directed to present its case at the earliest practicable time.

(3) The arbitral tribunal shall decide promptly on any objection to the preliminary order.

(4) A preliminary order shall expire after twenty days from the date on which it was issued by the arbitral tribunal. However, the arbitral tribunal may issue an interim measure adopting or modifying the preliminary order, after the party against whom the preliminary order is directed has been given notice and an opportunity to present its case.

(5) A preliminary order shall be binding on the parties but shall not be subject to enforcement by a court. Such a preliminary order does not constitute an award.

② 제17조 제2항 4호에 따른 임시적 처분의 신청에 대해서는 중재판정부가 적절하다고 판단하는 범위에서 동조 제1항 1, 2호의 요건을 적용할 수 있다.

제2절 예비적 명령
제17조의B 예비적 명령의 신청 및 허용 조건

① 당사자 간에 다른 합의가 없는 경우에, 어느 한쪽 당사자는 상대방 당사자에 대한 통지 없이 임시적 처분의 신청과 함께, 당사자가 그러한 임시적 처분의 목적을 훼손시키지 못하도록 하는 예비적 명령을 신청할 수 있다.
② 임시적 처분 신청의 사실을 처분의 상대방 당사자에게 사전에 공개하면 그 목적이 훼손될 것이라 판단하는 경우 중재판정부는 예비적 명령을 내릴 수 있다.

③ 제17조의A 제1항 1호상의 손해가 예비적 명령의 허용 여부에 따라 발생하는 손해인 경우, 제17조의A에 규정된 조건은 모든 예비적 명령에 적용된다.

제17조의C 예비적 명령에 관한 특별규정
① 중재판정부는 예비적 명령 신청에 관한 결정을 내린 후 즉시, 모든 당사자에게 임시적 처분 또는 예비적 명령의 신청 사실, 예비적 명령을 허용하는 경우 그 내용 그리고 이와 관련하여 당사자와 중재판정부 간에 있었던 구두 대화 내용을 포함한 모든 통신 내용을 고지하여야 한다.

② 동시에 중재판정부는 예비적 명령의 상대방 당사자에게 가능한 조속한 시일 내에 자신의 입장을 진술할 기회를 부여하여야 한다.
③ 중재판정부는 예비적 명령에 대한 이의에 관하여 즉시 결정하여야 한다.
④ 예비적 명령은 중재판정부가 명령을 내린 날로부터 20일이 경과하면 효력이 상실한다. 그러나 중재판정부는 예비적 명령의 상대방 당사자가 통지를 수령하고 자신의 입장을 진술할 기회를 부여받은 뒤에는 예비적 명령을 인용하거나 또는 수정하는 임시적 처분을 내릴 수 있다.
⑤ 예비적 명령은 당사자들을 구속하나, 법원에 의한 집행의 대상이 되지 아니한다. 이러한 예비적 명령은 중재판정에 해당하지 아니한다.

Section 3. Provisions applicable to interim measures and preliminary orders
Article 17 D. Modification, suspension, termination

The arbitral tribunal may modify, suspend or terminate an interim measure or a preliminary order it has granted, upon application of any party or, in exceptional circumstances and upon prior notice to the parties, on the arbitral tribunal's own initiative.

Article 17 E. Provision of security

(1) The arbitral tribunal may require the party requesting an interim measure to provide appropriate security in connection with the measure.

(2) The arbitral tribunal shall require the party applying for a preliminary order to provide security in connection with the order unless the arbitral tribunal considers it inappropriate or unnecessary to do so.

Article 17 F. Disclosure

(1) The arbitral tribunal may require any party promptly to disclose any material change in the circumstances on the basis of which the measure was requested or granted.

(2) The party applying for a preliminary order shall disclose to the arbitral tribunal all circumstances that are likely to be relevant to the arbitral tribunal's determination whether to grant or maintain the order, and such obligation shall continue until the party against whom the order has been requested has had an opportunity to present its case. Thereafter, paragraph (1) of this article shall apply.

Article 17 G. Costs and damages

The party requesting an interim measure or applying for a preliminary order shall be liable for any costs and damages caused by the measure or the order to any party if the arbitral tribunal later determines that, in the circumstances, the measure or the order should not have been granted. The arbitral tribunal may award such costs and damages at any point during the proceedings.

Section 4. Recognition and enforcement of interim measures
Article 17 H. Recognition and enforcement

(1) An interim measure issued by an arbitral tribunal shall be recognized as binding and, unless otherwise provided by the arbitral tribunal, enforced upon application to the competent court, irrespective of the country in which it was issued, subject to the provisions of article 17 I.

제3절 임시적 처분 및 예비적 명령에 적용할 규정
제17조의D 변경, 정지, 취소
중재판정부는 일방 당사자의 신청에 의하여 또는 특별한 사정이 있는 경우에는 당사자에게 미리 통지하고 직권으로 이미 내린 임시적 처분 또는 예비적 명령을 변경, 정지하거나 취소할 수 있다.

제17조의E 담보의 제공
① 중재판정부는 임시적 처분을 신청하는 당사자에게 상당한 담보의 제공을 명할 수 있다.

② 중재판정부는 예비적 명령을 신청하는 당사자에게 당해 명령과 관련하여 담보를 제공하도록 요구할 수 있다. 다만, 중재판정부가 적절하지 않다거나 필요하지 않다고 판단하는 경우에는 그러하지 아니하다.

제17조의F 고지의무
① 중재판정부는 당사자에게 임시적 처분 또는 그 신청의 기초가 되는 사정에 중요한 변경이 있을 경우 즉시 이를 알릴 것을 요구할 수 있다.
② 예비적 명령의 신청인은 중재판정부가 이를 허용 또는 유지할지 여부를 판단하는 데 관련되는 모든 사정을 중재판정부에게 공개하여야 하며 이러한 공개 의무는 예비적 명령의 상대방 당사자가 자신의 입장을 진술할 기회를 부여받을 때까지 지속된다. 그 이후에는 본조 제1항이 적용된다.

제17조의G 비용 및 손해배상
중재판정부가 추후에 해당 임시적 처분과 예비적 명령을 같은 상황이라면 내려지지 않았어야 할 것이라고 판단하는 경우에는 임시적 처분 또는 예비적 명령을 신청한 당사자는 임시적 처분 또는 예비적 명령으로 인한 비용이나 손해를 상대방 당사자에게 지급하거나 배상해야 할 책임을 진다. 중재판정부는 중재절차 중 언제든지 그러한 비용의 지급이나 손해의 배상을 중재판정의 형식으로 명할 수 있다.

제4절 임시적 처분의 승인 및 집행
제17조의H 승인 및 집행
① 중재판정부가 내린 임시적 처분은 구속력 있는 것으로 승인되어야 하며 중재판정부가 달리 정하지 않은 경우, 제17조의 I 의 규정에 벗어나지 않는 한 그 처분이 어떤 국가에서 내려졌느냐에 관계없이 관할법원에 신청하면 집행하여야 한다.

(2) The party who is seeking or has obtained recognition or enforcement of an interim measure shall promptly inform the court of any termination, suspension or modification of that interim measure.

(3) The court of the State where recognition or enforcement is sought may, if it considers it proper, order the requesting party to provide appropriate security if the arbitral tribunal has not already made a determination with respect to security or where such a decision is necessary to protect the rights of third parties.

Article 17 I. Grounds for refusing recognition or enforcement[3]

(1) Recognition or enforcement of an interim measure may be refused only:

  (a) At the request of the party against whom it is invoked if the court is satisfied that:

    (i) Such refusal is warranted on the grounds set forth in article 36(1)(a)(i), (ii), (iii) or (iv); or

    (ii) The arbitral tribunal's decision with respect to the provision of security in connection with the interim measure issued by the arbitral tribunal has not been complied with; or

    (iii) The interim measure has been terminated or suspended by the arbitral tribunal or, where so empowered, by the court of the State in which the arbitration takes place or under the law of which that interim measure was granted; or

  (b) If the court finds that:

    (i) The interim measure is incompatible with the powers conferred upon the court unless the court decides to reformulate the interim measure to the extent necessary to adapt it to its own powers and procedures for the purposes of enforcing that interim measure and without modifying its substance; or

    (ii) Any of the grounds set forth in article 36(1)(b)(i) or (ii), apply to the recognition and enforcement of the interim measure.

---

3) The conditions set forth in article 17 I are intended to limit the number of circumstances in which the court may refuse to enforce an interim measure. It would not be contrary to the level of harmonization sought to be achieved by these model provisions if a State were to adopt fewer circumstances in which enforcement may be refused.

② 임시적 처분의 승인 또는 집행을 구하거나 이를 허락 받은 당사자는 그 처분의 취소, 정지 또는 변경이 있는 경우 즉시 법원에 이를 알려야 한다.

③ 임시적 처분의 승인 및 집행을 신청받은 국가의 법원은 적절하다고 판단하는 경우, 중재판정부가 담보제공 명령을 하지 아니한 경우나 또는 제3자의 권리 보호를 위해 필요한 경우에 승인과 집행을 신청한 당사자에게 적절한 담보를 제공할 것을 명할 수 있다.

제17조의I 승인 및 집행의 거부 사유[3)]

① 임시적 처분의 승인 또는 집행은 다음 각 호의 어느 하나에 해당하는 경우에만 거부될 수 있다.

  1. 임시적 처분의 상대방 당사자의 이의에 따라 법원이 다음 각목의 어느 하나에 해당한다고 인정하는 경우

    (1) 동법 제36조 제1항 1호 (i) 내지 (iv)목의 거부사유가 인정되는 경우

    (2) 임시적 처분에 대하여 중재판정부가 명한 담보가 제공되지 아니한 경우

    (3) 임시적 처분이 중재판정부에 의하여 취소 또는 정지되었거나, 중재지 법원 또는 임시적 처분의 근거가 된 법률에 의하여 취소 또는 정지된 경우

  2. 법원이 다음 사실을 인정하는 경우

    (1) 법원에 임시적 처분을 집행할 권한이 없는 경우. 다만, 법원이 임시적 처분의 집행을 위하여 임시적 처분의 실체를 변경하지 아니하고 당해 법원에 부여된 권한과 절차에 맞게 필요한 범위에서 임시적 처분을 변경하는 결정을 한 경우에는 그러하지 아니하다.

    (2) 동법 제36조 제1항 2호 (i)목 또는 (ii)목의 사유가 임시적 처분의 승인 및 집행에 적용된다는 점

---

3) 제17조의 I에 명시된 조건은 법원이 임시적 처분의 집행을 거부할 수 있는 경우의 수를 제한하기 위한 것이다. 국가가 집행 거부 사유를 더 제한적으로 도입하고자 할 경우 이는 동 모델 조항이 이루고자 하는 조화의 수준에 반하지 아니할 것이다.

(2) Any determination made by the court on any ground in paragraph (1) of this article shall be effective only for the purposes of the application to recognize and enforce the interim measure. The court where recognition or enforcement is sought shall not, in making that determination, undertake a review of the substance of the interim measure.

Section 5. Court-ordered interim measures
Article 17 J. Court-ordered interim measures
A court shall have the same power of issuing an interim measure in relation to arbitration proceedings, irrespective of whether their place is in the territory of this State, as it has in relation to proceedings in courts. The court shall exercise such power in accordance with its own procedures in consideration of the specific features of international arbitration.

Article 17. Power of arbitral tribunal to order interim measures (1985 version)

Power of arbitral tribunal to order interim measures Unless otherwise agreed by the parties, the arbitral tribunal may, at the request of a party, order any party to take such interim measure of protection as the arbitral tribunal may consider necessary in respect of the subject-matter of the dispute. The arbitral tribunal may require any party to provide appropriate security in connection with such measure.

CHAPTER V. CONDUCT OF ARBITRAL PROCEEDINGS

Article 18. Equal treatment of parties
The parties shall be treated with equality and each party shall be given a full opportunity of presenting his case.

Article 19. Determination of rules of procedure
(1) Subject to the provisions of this Law, the parties are free to agree on the procedure to be followed by the arbitral tribunal in conducting the proceedings.

(2) Failing such agreement, the arbitral tribunal may, subject to the provisions of this Law, conduct the arbitration in such manner as it considers appropriate. The power conferred upon the arbitral tribunal includes the power to determine the admissibility, relevance, materiality and weight of any evidence.

② 본조 제1항의 사유에 기초한 법원의 판단은 임시적 처분의 승인과 집행 신청의 목적에 대해서만 효력이 있다. 임시적 처분의 승인이나 집행을 신청받은 법원은 그 결정을 할 때 임시적 처분의 실체에 대하여 심리해서는 아니 된다.

제5절 법원의 임시적 처분
제17조의J 법원이 내리는 임시적 처분
법원은 중재지가 해당국 내에 있는지 여부와 관계없이, 중재절차와 관련하여 소송절차에서와 같은 임시적 처분발령 권한이 있다. 법원은 국제중재의 특수성을 고려하여 내부규칙에 따라 그러한 권한을 행사하여야 한다.

제17조 중재판정부의 보전처분
당사자가 달리 합의하지 않는 한 중재판정부는 일방당사자의 신청에 따라 분쟁의 본안에 관하여 필요하다고 인정하는 보전처분을 명하도록 일방당사자에게 명할 수 있다. 중재판정부는 각 당사자에게 그러한 조치와 관련하여 적절한 담보를 제공할 것을 요구할 수 있다.
[2006. 7. 7. 개정 전 제17조]

제 5 장   중재절차의 진행

제18조 당사자의 동등한 대우
양당사자는 동등한 대우를 받아야 하며 각 당사자는 자신의 사안을 진술할 수 있는 충분한 기회를 가져야 한다.

제19조 중재절차규칙의 결정
① 이 법의 규정에 따라 당사자는 중재판정부가 중재절차를 진행할 때 지켜야 할 절차규칙에 관하여 자유로이 합의할 수 있다.
② 제1항의 합의가 없는 경우에 중재판정부는 이 법의 규정에 따라 스스로 적절하다고 여기는 방식으로 중재를 진행할 수 있다. 중재판정부의 권한에는 증거의 채택 여부, 관련성, 중요성 및 그 경중을 결정할 권한이 포함된다.

Article 20. Place of arbitration

(1) The parties are free to agree on the place of arbitration. Failing such agreement, the place of arbitration shall be determined by the arbitral tribunal having regard to the circumstances of the case, including the convenience of the parties.

(2) Notwithstanding the provisions of paragraph (1) of this article, the arbitral tribunal may, unless otherwise agreed by the parties, meet at any place it considers appropriate for consultation among its members, for hearing witnesses, experts or the parties, or for inspection of goods, other property or documents.

Article 21. Commencement of arbitral proceedings

Unless otherwise agreed by the parties, the arbitral proceedings in respect of a particular dispute commence on the date on which a request for that dispute to be referred to arbitration is received by the respondent.

Article 22. Language

(1) The parties are free to agree on the language or languages to be used in the arbitral proceedings. Failing such agreement, the arbitral tribunal shall determine the language or languages to be used in the proceedings. This agreement or determination, unless otherwise specified therein, shall apply to any written statement by a party, any hearing and any award, decision or other communication by the arbitral tribunal.

(2) The arbitral tribunal may order that any documentary evidence shall be accompanied by a translation into the language or languages agreed upon by the parties or determined by the arbitral tribunal.

Article 23. Statements of claim and defence

(1) Within the period of time agreed by the parties or determined by the arbitral tribunal, the claimant shall state the facts supporting his claim, the points at issue and the relief or remedy sought, and the respondent shall state his defence in respect of these particulars, unless the parties have otherwise agreed as to the required elements of such statements. The parties may submit with their statements all documents they consider to be relevant or may add a reference to the documents or other evidence they will submit.

(2) Unless otherwise agreed by the parties, either party may amend or supplement his claim or defence during the course of the arbitral proceedings, unless the arbitral tribunal considers it inappropriate to allow such amendment having regard to the delay in making it.

제20조 중재지
① 당사자는 중재지에 관하여 자유로이 합의할 수 있다. 그러한 합의가 없는 경우는 중재지는 중재판정부가 당사자의 편의 등을 포함한 당해 사건의 사정을 고려하여 결정한다.

② 본조 제1항의 규정에도 불구하고 당사자의 별도 합의가 없는 한 중재판정부는 그 구성원간의 협의를 위해서나 증인, 감정인 또는 당사자의 심문을 위하여 또는 물품, 기타 재산 또는 문서의 조사를 위하여 중재판정부가 적당하다고 여기는 장소에서 회합할 수 있다.

제21조 중재절차의 개시
당사자간에 달리 합의하지 않는 한 특정한 분쟁에 관한 중재절차의 진행은 당해 분쟁을 중재에 부탁할 것을 요구한 서면이 피신청인에 의하여 수령된 일자에 개시된다.

제22조 언어
① 당사자는 중재절차의 진행에 사용되는 일개 또는 수개 언어에 관하여 자유로이 합의할 수 있다. 그러한 합의가 없는 경우에는 중재판정부는 중재절차에 사용되는 일개 또는 수개 언어를 결정하여야 한다. 그러한 합의 또는 결정은 그 속에 별도의 의사가 명시되어 있지 않는 한 당사자의 서면진술, 중재판정부의 심문 및 판정, 결정 또는 기타 통지에도 적용된다.

② 중재판정부는 어떤 서증에 대하여서도 당사자에 의하여 합의하거나 중재판정부가 결정한 일개 또는 수개 언어로 번역한 문서를 첨부하도록 명할 수 있다.

제23조 중재신청서와 답변서
① 당사자가 합의하였거나 또는 중재판정부가 결정한 기간 내에 신청인은 청구의 원인사실, 쟁점사항과 신청취지를 진술하여야 하고, 피신청인은 그러한 세부사항에 대한 답변내용을 진술하여야 한다. 그러나 당사자가 그러한 진술의 필요한 사항을 달리 합의하는 경우에는 그러하지 아니하다. 당사자는 직접 관계가 있다고 보는 모든 서류를 상기 진술서에 첨부하여 제출할 수 있으며 자신이 제출하고자 하는 기타 증거에 참고자료로 추가할 수도 있다.

② 당사자간에 달리 합의하지 않는 한 어느 일방 당사자가 중재절차 진행 중에 자신의 청구 내용이나 답변을 수정하거나 보충할 수 있다. 다만 중재판정부가 이를 인정함으로써 야기되는 지연을 고려하여 그러한 수정을 허용하는 것이 부적절하다고 여기는 경우에는 그러하지 아니하다.

Article 24. Hearings and written proceedings

(1) Subject to any contrary agreement by the parties, the arbitral tribunal shall decide whether to hold oral hearings for the presentation of evidence or for oral argument, or whether the proceedings shall be conducted on the basis of documents and other materials. However, unless the parties have agreed that no hearings shall be held, the arbitral tribunal shall hold such hearings at an appropriate stage of the proceedings, if so requested by a party.

(2) The parties shall be given sufficient advance notice of any hearing and of any meeting of the arbitral tribunal for the purposes of inspection of goods, other property or documents.

(3) All statements, documents or other information supplied to the arbitral tribunal by one party shall be communicated to the other party. Also any expert report or evidentiary document on which the arbitral tribunal may rely in making its decision shall be communicated to the parties.

Article 25. Default of a party

Unless otherwise agreed by the parties, if, without showing sufficient cause,

    (a) the claimant fails to communicate his statement of claim in accordance with article 23(1), the arbitral tribunal shall terminate the proceedings;

    (b) the respondent fails to communicate his statement of defence in accordance with article 23(1), the arbitral tribunal shall continue the proceedings without treating such failure in itself as an admission of the claimant's allegations;

    (c) any party fails to appear at a hearing or to produce documentary evidence, the arbitral tribunal may continue the proceedings and make the award on the evidence before it.

Article 26. Expert appointed by arbitral tribunal

(1) Unless otherwise agreed by the parties, the arbitral tribunal

    (a) may appoint one or more experts to report to it on specific issues to be determined by the arbitral tribunal;

    (b) may require a party to give the expert any relevant information or to produce, or to provide access to, any relevant documents, goods or other property for his inspection.

제24조 구술심리 및 서면절차

① 당사자간에 반대의 합의를 하지 않는 한, 중재판정부는 증거의 제출이나 구술변론을 위하여 구술심문을 할 것인지 아니면 서면 및 기타 자료에 근거하여 중재절차를 진행시킬 것인지를 결정하여야 한다. 그러나 당사자간에 구술심문을 개최하지 아니한다는 별단의 합의가 없는한, 중재판정부는 당사자 일방의 요청이 있으면 중재절차 진행 중의 적절한 단계에서 그러한 구술심문을 개최하여야 한다.

② 모든 심문에 관한 통지 및 물품, 또는 기타 재산 및 문서의 조사를 위한 중재판정부의 회합의 통지는 충분한 시간적 여유를 두고 사전에 당사자들에게 발송되어야 한다.

③ 당사자의 일방에 의하여 중재판정부에 제출된 모든 진술서, 문서, 또는 기타 정보는 타방당사자에게도 통지되어야 한다. 중재판정부가 그 결정상 원용하게 될지도 모르는 감정인의 모든 보고서 또는 서증도 당사자들에게 통지되어야 한다.

제25조 일방당사자의 해태

당사자가 달리 합의하지 않는 한, 충분한 이유를 제시하지 아니하고

1. 신청인이 제23조 제1항에 의하여 청구에 관한 진술서를 제출하지 않는 경우에는 중재판정부는 중재절차를 종료하여야 한다.

2. 피신청인이 제23조 제1항에 의하여 방어에 대한 진술서를 제출하지 아니하는 경우에는 중재판정부는 그러한 해태의 사실 자체가 피신청인이 신청인의 주장을 그대로 인정하는 것으로 취급함이 없이 중재절차를 속행하여야 한다.

3. 당사자의 어느 일방이 심문에 출석하지 아니하거나, 서증을 제출하지 아니하는 경우에는 중재판정부는 중재절차를 속행하고 중재판정부에 제출된 증거에 근거하여 중재판정을 내릴 수 있다.

제26조 중재판정부가 지정한 감정인

① 당사자가 달리 합의하지 않는 한 중재판정부는,

1. 중재판정부에 의하여 결정될 특정한 쟁점에 관하여 보고할 1인 이상의 감정인을 지정할 수 있다.

2. 일방당사자로 하여금 감정인에게 관계 정보를 주거나 감정인의 조사를 위해 관련 문서의 제출, 물품 또는 기타의 재산을 조사하거나 또는 감정인이 이용할 수 있도록 명할 수 있다.

(2) Unless otherwise agreed by the parties, if a party so requests or if the arbitral tribunal considers it necessary, the expert shall, after delivery of his written or oral report, participate in a hearing where the parties have the opportunity to put questions to him and to present expert witnesses in order to testify on the points at issue.

Article 27. Court assistance in taking evidence

The arbitral tribunal or a party with the approval of the arbitral tribunal may request from a competent court of this State assistance in taking evidence. The court may execute the request within its competence and according to its rules on taking evidence.

CHAPTER VI. MAKING OF AWARD AND TERMINATION OF PROCEEDINGS

Article 28. Rules applicable to substance of dispute

(1) The arbitral tribunal shall decide the dispute in accordance with such rules of law as are chosen by the parties as applicable to the substance of the dispute. Any designation of the law or legal system of a given State shall be construed, unless otherwise expressed, as directly referring to the substantive law of that State and not to its conflict of laws rules.

(2) Failing any designation by the parties, the arbitral tribunal shall apply the law determined by the conflict of laws rules which it considers applicable.

(3) The arbitral tribunal shall decide ex aequo et bono or as amiable compositeur only if the parties have expressly authorized it to do so.

(4) In all cases, the arbitral tribunal shall decide in accordance with the terms of the contract and shall take into account the usages of the trade applicable to the transaction.

Article 29. Decision making by panel of arbitrators

In arbitral proceedings with more than one arbitrator, any decision of the arbitral tribunal shall be made, unless otherwise agreed by the parties, by a majority of all its members. However, questions of procedure may be decided by a presiding arbitrator, if so authorized by the parties or all members of the arbitral tribunal.

② 당사자가 달리 합의하지 않는 한 당사자 일방의 요청이 있거나 중재판정부가 필요하다고 여기는 경우에는 그 감정인은 자신의 서면 또는 구두보고를 제출한 후에도 문제된 쟁점에 관하여 당사자들이 그 감정인에게 질문할 기회 및 타감정인들이 그 전문가적 증언을 할 기회를 갖는 심문에 참가하여야 한다.

제27조 증거조사에서 법원의 협조
중재판정부나 중재판정부의 승인을 받은 당사자는 해당국가의 관할법원에 대해 증거조사에서 협조를 요청할 수 있다. 법원은 그 권한 범위 내에서 증거조사의 규칙에 따라 그러한 요청에 응할 수 있다.

제 6 장   중재판정문의 작성과 중재절차의 종료

제28조 분쟁의 실체에 적용할 법규
① 중재판정부는 당사자들이 분쟁의 본안에 적용하려고 선택한 법규에 따라 판정을 하여야 한다. 달리 명시하지 아니하는 한 일정한 국가의 법 또는 법률체계의 지정이 있을 때는 당해 국가의 실체법을 직접 지칭하는 것으로 해석하며, 그 국가의 국제사법 원칙을 지칭하는 것으로 해석하지 아니한다.
② 당사자들에 의한 준거법의 지정이 없는 경우에는 중재판정부는 중재판정부가 적용 가능하다고 보는 국제사법 규정에 따라 결정되는 법을 적용한다.
③ 중재판정부는 당사자가 명시적으로 권한을 부여하는 경우에 한하여 형평과 선에 의하여 또는 우의적 중재인으로서 판정을 내려야 한다.
④ 전 각항의 모든 경우에 있어서 중재판정부는 계약조건에 따라 결정하여야 하며, 당해 거래에 적용 가능한 상관습을 고려하여야 한다.

제29조 중재판정부의 결정방법
당사자들이 달리 합의하지 않는 한, 2인 이상의 중재인에 의한 중재절차 진행에 있어서는 중재판정부의 모든 결정은 전 구성원 중의 과반수 결의에 의한다. 그러나 중재절차의 문제는 당사자나 중재판정부 구성원 전원의 수권이 있으면 의장중재인이 결정할 수 있다.

Artcle 30. Settlement

(1) If, during arbitral proceedings, the parties settle the dispute, the arbitral tribunal shall terminate the proceedings and, if requested by the parties and not objected to by the arbitral tribunal, record the settlement in the form of an arbitral award on agreed terms.

(2) An award on agreed terms shall be made in accordance with the provisions of article 31 and shall state that it is an award. Such an award has the same status and effect as any other award on the merits of the case.

Article 31. Form and contents of award

(1) The award shall be made in writing and shall be signed by the arbitrator or arbitrators. In arbitral proceedings with more than one arbitrator, the signatures of the majority of all members of the arbitral tribunal shall suffice, provided that the reason for any omitted signature is stated.

(2) The award shall state the reasons upon which it is based, unless the parties have agreed that no reasons are to be given or the award is an award on agreed terms under article 30.

(3) The award shall state its date and the place of arbitration as determined in accordance with article 20(1). The award shall be deemed to have been made at that place.

(4) After the award is made, a copy signed by the arbitrators in accordance with paragraph (1) of this article shall be delivered to each party.

Article 32. Termination of proceedings

(1) The arbitral proceedings are terminated by the final award or by an order of the arbitral tribunal in accordance with paragraph (2) of this article.

(2) The arbitral tribunal shall issue an order for the termination of the arbitral proceedings when:

    (a) the claimant withdraws his claim, unless the respondent objects thereto and the arbitral tribunal recognizes a legitimate interest on his part in obtaining a final settlement of the dispute;

    (b) the parties agree on the termination of the proceedings;

    (c) the arbitral tribunal finds that the continuation of the proceedings has for any other reason become unnecessary or impossible.

(3) The mandate of the arbitral tribunal terminates with the termination of the arbitral proceedings, subject to the provisions of articles 33 and 34(4).

제30조 화해
① 중재절차 진행 중에 당사자들 자신이 분쟁을 해결하는 경우에는 중재판정부는 그 절차를 종료하여야 하며, 당사자들의 요구가 있고 중재판정부가 이의를 제기하지 않는 한 중재판정부는 그 화해를 당사자가 합의한 내용의 중재판정문의 형식으로 기록하여야 한다.
② 당사자가 합의한 내용의 중재판정문은 제31조의 규정에 따라 작성되어야 하고 이를 중재판정으로 한다고 기재되어야 한다. 그러한 중재판정문은 당해 사건의 본안에 관한 다른 모든 중재판정과 동일한 지위와 효력을 가진다.

제31조 중재판정의 형식 및 내용
① 중재판정문은 서면으로 작성되어야 하며 중재인 또는 중재인들이 이에 서명하여야 한다. 2인 이상의 중재에 있어서는 중재판정부 구성원 중의 과반수의 서명으로 충분하다. 다만 이 경우에는 서명이 생략된 이유가 기재됨을 요한다.
② 중재판정문에는 그 판정의 근거가 되는 이유를 기재하여야 한다. 다만, 당사자간에 이유의 불기재에 관하여 합의하였거나 또는 그 중재판정문이 제30조에 의하여 합의된 내용의 판정인 경우에는 그러하지 아니하다.
③ 중재판정문에는 작성일자와 제20조 제1항에 따라 정해진 중재지를 기재하여야 한다. 중재판정문은 당해 장소에서 작성된 것으로 한다.
④ 중재판정문이 작성된 후 본조 제1항에 따라 중재인들이 서명한 원본은 각 당사자에게 송부되어야 한다.

제32조 중재절차의 종료
① 중재절차는 최종판정에 의하거나 본조 제2항에 따른 중재판정부의 명령에 의하여 종료된다.
② 중재판정부는 다음의 경우에 중재절차의 종료를 명하여야 한다:

1. 신청인이 그 신청을 철회하는 경우. 다만, 피신청인이 이에 대하여 이의를 제기하고 중재판정부가 분쟁의 최종적 해결을 구하는 데에 대하여 피신청인에게 적법한 이익이 있다고 인정하는 때에는 그러하지 아니하다.
2. 당사자가 중재절차의 종료를 합의하는 경우
3. 중재판정부가 그 밖의 사유로 중재절차를 속행하는 것이 불필요하거나 불가능하다고 인정하는 경우

③ 제33조와 제34조 제4항의 규정에 따를 것을 조건으로 하고 중재판정부의 판정임무는 중재절차의 종료와 동시에 종결된다.

Article 33. Correction and interpretation of award; additional award

(1) Within thirty days of receipt of the award, unless another period of time has been agreed upon by the parties:

(a) a party, with notice to the other party, may request the arbitral tribunal to correct in the award any errors in computation, any clerical or typographical errors or any errors of similar nature;

(b) if so agreed by the parties, a party, with notice to the other party, may request the arbitral tribunal to give an interpretation of a specific point or part of the award. If the arbitral tribunal considers the request to be justified, it shall make the correction or give the interpretation within thirty days of receipt of the request. The interpretation shall form part of the award.

(2) The arbitral tribunal may correct any error of the type referred to in paragraph (1)(a) of this article on its own initiative within thirty days of the date of the award.

(3) Unless otherwise agreed by the parties, a party, with notice to the other party, may request, within thirty days of receipt of the award, the arbitral tribunal to make an additional award as to claims presented in the arbitral proceedings but omitted from the award. If the arbitral tribunal considers the request to be justified, it shall make the additional award within sixty days.

(4) The arbitral tribunal may extend, if necessary, the period of time within which it shall make a correction, interpretation or an additional award under paragraph (1) or (3) of this article.

(5) The provisions of article 31 shall apply to a correction or interpretation of the award or to an additional award.

CHAPTER VII. RECOURSE AGAINST AWARD

Article 34. Application for setting aside as exclusive recourse against arbitral award

(1) Recourse to a court against an arbitral award may be made only by an application for setting aside in accordance with paragraphs (2) and (3) of this article.

(2) An arbitral award may be set aside by the court specified in article 6 only if:

a) the party making the application furnishes proof that:

(i) a party to the arbitration agreement referred to in article 7 was under some incapacity; or the said agreement is not valid under the law to which the parties have subjected it or, failing any indication thereon, under the law of this State; or

제33조 중재판정문의 정정 및 해석, 추가판정

① 당사자들이 달리 정하지 않는 한 중재판정문을 수령한 날로부터 30일 이내에,

   1. 일방당사자는 상대방에게 통지함과 동시에 그 판정문의 계산상 오류, 오기나 오식 또는 이와 유사한 오류를 정정해 줄 것을 중재판정부에 요청할 수 있다.

   2. 당사자간에 합의가 있는 경우에 일방당사자는 상대방 당사자에게 통지함과 동시에 중재 판정의 특정 사항이나 판정의 일부에 대한 해석을 중재판정부에 요청할 수 있다. 중재판 정부는 그 요청이 이유가 있다고 보는 경우에는 이를 수령한 날로부터 30일 이내에 정정 또는 해석하여야 한다. 그 해석은 중재판정의 일부를 형성하는 것으로 한다.

② 중재판정부는 판정일자로부터 30일 이내에 본조 제1항 1호에 규정된 유형의 오류도 정정할 수 있다.

③ 당사자들이 달리 합의하지 않는 한, 일방당사자는 상대방에게 통지함과 동시에 중재판정문을 수령한 날로부터 30일 이내에 중재절차 중에 제출되었으나 중재판정에서 유탈된 청구부분에 관한 추가판정을 중재판정부에 요청할 수 있다. 중재판정부는 그 요청이 정당하다고 보는 경우에 60일 이내에 추가판정을 내려야 한다.

④ 중재판정부는 필요한 경우 본조 제1항 또는 제3항에 따라 정정, 해석 또는 추가판정의 기간을 연장할 수 있다.

⑤ 제31조의 규정은 중재판정문의 정정이나 해석 또는 추가판정의 경우에 이를 적용한다.

제 7 장   중재판정에 대한 불복

제34조 중재판정에 대한 유일한 불복방법으로서 취소신청

① 중재판정에 대하여 법원에 제기하는 불복은 본조 제2항과 제3항에 따라 취소신청을 함으로써 가능하다.

② 중재판정은 다음에 해당하는 경우에 한하여 제6조에 명시된 관할법원에 의해 취소될 수 있다.

   1. 취소신청을 한 당사자가 다음의 사실에 대한 증거를 제출하는 경우

      (ⅰ) 제7조에 규정된 중재합의의 당사자가 무능력자이었던가 또는 당사자들이 준거법으로 서 지정한 법령에 의하여 또는 지정이 없는 경우에는 판정을 내린 국가의 법령에 의 하여 전기 합의가 무효인 경우 또는

(ⅱ) the party making the application was not given proper notice of the appointment of an arbitrator or of the arbitral proceedings or was otherwise unable to present his case; or

(ⅲ) the award deals with a dispute not contemplated by or not falling within the terms of the submission to arbitration, or contains decisions on matters beyond the scope of the submission to arbitration, provided that, if the decisions on matters submitted to arbitration can be separated from those not so submitted, only that part of the award which contains decisions on matters not submitted to arbitration may be set aside; or

(ⅳ) the composition of the arbitral tribunal or the arbitral procedure was not in accordance with the agreement of the parties, unless such agreement was in conflict with a provision of this Law from which the parties cannot derogate, or, failing such agreement, was not in accordance with this Law; or

(b) the court finds that:

(ⅰ) the subject-matter of the dispute is not capable of settlement by arbitration under the law of this State; or

(ⅱ) the award is in conflict with the public policy of this State.

(3) An application for setting aside may not be made after three months have elapsed from the date on which the party making that application had received the award or, if a request had been made under article 33, from the date on which that request had been disposed of by the arbitral tribunal.

(4) The court, when asked to set aside an award, may, where appropriate and so requested by a party, suspend the setting aside proceedings for a period of time determined by it in order to give the arbitral tribunal an opportunity to resume the arbitral proceedings or to take such other action as in the arbitral tribunal's opinion will eliminate the grounds for setting aside.

CHAPTER VIII. RECOGNITION AND ENFORCEMENT OF AWARDS

Article 35. Recognition and enforcement

(1) An arbitral award, irrespective of the country in which it was made, shall be recognized as binding and, upon application in writing to the competent court, shall be enforced subject to the provisions of this article and of article 36.

(ⅱ) 취소신청을 한 당사자가 중재인의 선정이나 중재절차에 관하여 적절한 통고를 받지 아니하였거나 또는 기타 이유에 의하여 변론할 수 없었을 경우 또는

(ⅲ) 판정이 중재부탁조항에 규정되어 있지 아니하거나 또는 그 조항의 범위에 속하지 아니하는 분쟁에 관한 것이거나 또는 그 판정이 중재부탁의 범위를 벗어나는 사항에 관한 규정을 포함하는 경우. 다만, 중재에 부탁한 사항에 관한 결정이 부탁하지 아니한 사항과 분리될 수 있는 경우에는 중재에 부탁되지 아니한 사항에 관한 결정을 포함하는 중재판정 부분에 한하여 취소될 수 있다.

(ⅳ) 중재판정부의 구성이나 중재절차가 당사자간의 합의와 합치하지 아니하거나, 또는 그러한 합의가 없는 경우에는 이 법에 따르지 아니하였다는 사실. 다만, 그 합의는 당사자에 의해 배제될 수 없는 성격을 가진 본법의 규정에 저촉되어서는 아니된다는 사실, 또는
2. 법원이 다음의 사항을 인정하는 경우,
(ⅰ) 분쟁의 대상인 사항이 해당국의 법률하에서는 중재에 의한 해결을 할 수 없는 경우 또는
(ⅱ) 중재판정이 해당국의 공공의 질서에 반하는 경우
③ 중재판정취소의 신청인이 중재판정문을 수령한 날로부터 3개월이 경과하였거나 또는 제33조에 의하여 신청을 하였을 경우에는 당해 신청이 중재판정부에 의해 처리된 날로부터 3개월이 경과한 후에는 제기할 수 없다.

④ 중재판정 취소신청이 있을 경우에 법원은 당사자의 신청이 있고 또한 그것이 적절한 때에는 중재판정부로 하여금 중재절차를 재개하게 하거나 중재판정부가 취소사유를 제거하는 데 필요한 기타의 조치를 취할 기회를 허여하기 위하여 일정한 기간을 정하여 정지할 수 있다.

제 8 장 중재판정의 승인과 집행

제35조 승인과 집행
① 중재판정은 그 판정이 어느 국가에서 내려졌는지 불문하고 구속력있는 것으로 승인되어야 하며 관할법원에 서면으로 신청하면 본조 및 제36조의 규정에 따라 집행되어야 한다.

(2) The party relying on an award or applying for its enforcement shall supply the original award or a copy thereof. If the award is not made in an official language of this State, the court may request the party to supply a translation thereof into such language.[4]

(Article 35(2) has been amended by the Commission at its thirty-ninth session, in 2006)

> (2) The party relying on an award or applying for its enforcement shall supply the duly authenticated original award or a duly certified copy thereof, and the original arbitration agreement referred to in article 7 or a duly certified copy thereof. If the award or agreement is not made in an official language of this State, the party shall supply a duly certified translation thereof into such language.(1985 version)

Article 36. Grounds for refusing recognition or enforcement

(1) Recognition or enforcement of an arbitral award, irrespective of the country in which it was made, may be refused only:

(a) at the request of the party against whom it is invoked, if that party furnishes to the competent court where recognition or enforcement is sought proof that:

(i) a party to the arbitration agreement referred to in article 7 was under some incapacity; or the said agreement is not valid under the law to which the parties have subjected it or, failing any indication thereon, under the law of the country where the award was made; or

(ii) the party against whom the award is invoked was not given proper notice of the appointment of an arbitrator or of the arbitral proceedings or was otherwise unable to present his case; or

(iii) the award deals with a dispute not contemplated by or not falling within the terms of the submission to arbitration, or it contains decisions on matters beyond the scope of the submission to arbitration, provided that, if the decisions on matters submitted to arbitration can be separated from those not so submitted, that part of the award which contains decisions on matters submitted to arbitration may be recognized and enforced; or

---

4) The conditions set forth in this paragraph are intended to set maximum standards. It would, thus, not be contrary to the harmonization to be achieved by the model law if a State retained even less onerous conditions.

② 중재판정을 원용하거나 그 집행을 신청하는 당사자는 중재판정문의 원본 또는 사본을 제출하여야 한다. 중재판정문이 해당국의 공용어로 작성되어 있지 아니한 경우에 당사자는 정당하게 증명된 해당국의 공용어 번역본을 제출하여야 한다.[4]

〈개정 2006. 7. 7.〉

---

② 중재판정을 원용하거나 그 집행을 신청하는 당사자는 정당하게 인증된 중재판정문의 원본 또는 정당하게 증명된 등본과 제7조에서 규정한 중재합의서의 원본 또는 정당하게 증명된 등본을 제출하여야 한다. 중재판정문이나 중재합의서가 해당국의 공용어로 작성되어 있지 아니한 경우에 당사자는 정당하게 증명된 해당국의 공용어 번역본을 제출하여야 한다. [2006. 7. 7. 개정 전 제35조 제2항]

제36조 승인 또는 집행의 거부사유

① 중재판정의 승인과 집행은 판정이 내려진 국가에 관계없이 다음의 경우에 한하여 거부될 수 있다.

1. 중재판정이 불리하게 원용되는 당사자의 청구에 의하여, 그 당사자가 판정의 승인 및 집행의 요구를 받은 국가의 관할법원에게 다음의 증거를 제출하는 경우

   (i) 제7조에 규정된 중재합의의 당사자가 무능력자이었던가 또는 당사자들이 준거법으로서 지정한 법령에 의하여 또는 지정이 없는 경우에는 판정을 내린 국가의 법령에 의하여 그 중재합의가 무효인 경우 또는

   (ii) 중재판정이 불리하게 원용되는 당사자가 중재인의 선정이나 중재절차에 관하여 적절한 통고를 받지 아니하였거나 또는 기타 이유에 의하여 변론할 수 없었을 경우 또는

   (iii) 중재판정이 중재부탁조항에 규정되어 있지 아니하거나 또는 그 조항의 범위에 속하지 아니하는 분쟁에 관한 것이거나 또는 그 판정이 중재부탁의 범위를 벗어나는 사항에 관한 규정을 포함하는 경우. 다만, 중재에 부탁한 사항에 관한 결정이 부탁하지 아니한 사항과 분리될 수 있는 경우에는 중재부탁사항에 관한 결정을 포함하는 판정의 부분은 승인되고 집행될 수 있다.

---

4) 본 항에 명시된 조건은 최대 기준을 정하기 위함이다. 그러므로 국가가 부담이 되는 조건을 더 적게 도입하는 경우 본 모델법을 통하여 이루고자 하는 조화의 수준에 반하지 아니할 것이다.

(iv) the composition of the arbitral tribunal or the arbitral procedure was not in accordance with the agreement of the parties or, failing such agreement, was not in accordance with the law of the country where the arbitration took place; or

(v) the award has not yet become binding on the parties or has been set aside or suspended by a court of the country in which, or under the law of which, that award was made; or

(b) if the court finds that:

(i) the subject-matter of the dispute is not capable of settlement by arbitration under the law of this State; or

(ii) the recognition or enforcement of the award would be contrary to the public policy of this State.

(2) If an application for setting aside or suspension of an award has been made to a court referred to in paragraph (1)(a)(v) of this article, the court where recognition or enforcement is sought may, if it considers it proper, adjourn its decision and may also, on the application of the party claiming recognition or enforcement of the award, order the other party to provide appropriate security.

(ⅳ) 중재판정부의 구성이나 중재절차가 당사자간의 합의와 합치하지 아니하거나, 또는
    이러한 합의가 없는 경우에는 중재를 행하는 국가의 법령에 합치하지 아니하는 경우
    또는

(ⅴ) 중재판정이 당사자에 대한 구속력을 아직 발생하지 아니하였거나 또는 중재판정이
    내려진 국가 또는 판정의 기초된 법이 속하는 국가의 법원에 의하여 취소 또는 정지
    된 경우 또는
2. 법원이 다음의 사항을 인정하는 경우,
  (ⅰ) 분쟁의 대상인 사항이 해당국의 법률하에서는 중재에 의한 해결을 할 수 없는 경우
      또는
  (ⅱ) 중재판정의 승인이나 집행이 해당국의 공공의 질서에 반하는 경우

② 중재판정의 취소 또는 정지를 요구하는 신청이 본조 제1항 1호 (v)목에 규정된 법원에 제
기되었을 경우에는, 승인 또는 집행이 요구된 법원은, 그것이 적절하다고 인정될 때에는 판결
을 연기할 수 있고, 또한 중재판정의 승인 또는 집행을 요구한 당사자의 신청에 의하여 타당
사자에 대하여 상당한 담보를 제공할 것을 명할 수 있다.

대한상사중재원 국내중재규칙

2011. 9. 1. 시행

제 1 장 총 칙

제1조 목적

이 규칙은 사단법인 대한상사중재원(이하 "중재원"이라 한다)이 중재법에 의하여 국내중재를 공정·신속하게 하기 위한 절차를 규정함을 목적으로 한다.

제2조 정의

국내중재(이하 "중재"라 한다)란 국내에 주된 영업소나 주소를 두고 있는 당사자간의 중재로서, 중재원 국제중재규칙에서 정한 "국제중재"에 해당하지 아니하는 중재를 말한다.

제3조 적용범위

이 규칙은 다음 각 호의 어느 하나에 적용한다. 이 경우 이 규칙은 중재합의의 일부를 구성한다. 다만, 당사자들이 서면으로 수정한 사항은 그에 따른다.

1. 당사자들이 이 규칙에 따라 중재를 진행하기로 서면으로 합의한 경우
2. 당사자들이 분쟁을 중재원의 중재에 의해 해결하기로 서면으로 합의한 경우로서 해당 중재가 국내중재인 경우

제4조 사무국

① 중재원은 중재에 관한 사무를 처리하기 위하여 중재원의 본부 또는 지부에 사무국을 둔다.
② 사무국의 조직 및 그 직능과 운영은 중재원이 별도로 정한다.

제5조　중재인명부

중재원은 중재인명부를 작성·유지하며, 사무국에서 중재인을 선정하는 경우에는 이 규칙이 정하는 바에 의하여 이 중재인명부 중에서 선정한다.

제6조　중재판정부

① 당사자간의 분쟁해결을 위하여 이 규칙에 의해 선정된 1인 또는 수인의 중재인은 중재판정부를 구성한다.
② 중재판정부의 사무소는 중재원의 본부 또는 지부에 둔다.

제7조　중재서기

① 중재원은 각 중재사건의 사무를 처리하기 위하여 그 사무국의 직원 중에서 1인 또는 수인의 중재서기(이하 서기라 한다)를 지명한다.
② 서기는 지정된 중재사건에 관하여 이 규칙이 정하는 직무를 수행한다.

제8조　중재의 대리

당사자는 이 규칙에 의한 절차의 대리를 변호사 또는 상당하다고 인정되는 자로 하여금 하게 할 수 있다. 그러나 중재판정부가 대리인이 중재절차 대리에 부적당하다고 판단하는 경우 동 대리인을 거부할 수 있다.

제9조　비공개

중재절차는 공개하지 아니한다.

제 2 장　중재의 신청

제10조　신청

① 이 규칙에 의한 중재를 신청하고자 하는 자는 중재원의 사무국에 중재신청서와 함께 제8장 소정의 중재비용 및 다음과 같은 서면을 제출하여야 한다.
　1. 중재의 합의를 인증하는 서면
　2. 대리인이 있는 경우 위임장
② 중재신청서에는 다음 사항을 기재하여야 한다.
　1. 당사자의 성명 및 주소(법인인 경우에는 그 대표자의 성명 및 주소를 함께 기재한다)
　2. 대리인이 있는 경우에는 그 성명 및 주소
　3. 중재신청의 취지
　4. 중재신청의 이유 및 입증방법

제11조   신청의 접수 및 통지

① 사무국은 중재의 신청서를 제출받음과 동시에 당해 신청이 제10조의 규정에 적합한 것인지의 여부를 확인하고 적합한 경우에는 이를 접수한다.

② 사무국이 중재의 신청을 접수하였을 때에는 쌍방 당사자에게 이를 접수하였다는 뜻을 통지한다. 이 경우에 피신청인에게는 중재신청서 1부를 첨부하여야 한다.

제12조   답변

① 피신청인은 제11조 제2항의 규정에 의한 통지의 수령일(이하 기준일이라 한다)로부터 15일 이내에 그 통지를 한 사무국에 다음의 서류를 제출하여 답변할 수 있다.

  1. 답변서
  2. 답변의 이유를 증명하는 서증이 있는 경우에는 그 서증의 원본 또는 사본
  3. 대리인이 답변하는 경우에는 그 위임장

② 제1항 제1호의 답변서에는 다음 사항을 기재하여야 한다.

  1. 피신청인과 상대방의 성명 및 주소(당사자가 법인인 경우에는 법인의 명칭 및 주소 이외에 그 대표자의 성명 및 주소를 병기한다)
  2. 대리인이 있는 경우에는 그 성명 및 주소
  3. 답변의 취지
  4. 답변의 이유 및 입증방법

③ 사무국은 답변서를 제출받음과 동시에 그 답변이 제2항의 규정에 적합한 것인지의 여부를 확인하고 적합한 경우에는 이를 접수한다.

④ 사무국이 답변을 접수하였을 때는 쌍방 당사자에게 이를 접수하였다는 뜻을 통지한다. 이 경우에는 신청인에게는 답변서 1부를 첨부하여야 한다.

⑤ 제1항의 기간 내에 답변서의 제출이 없는 경우에는 신청인이 주장하는 청구의 기각을 구하는 것으로 본다.

제13조   제출서류의 부수

제10조 제1항 및 제12조 제1항(이상의 규정을 제14조 제3항 및 제16조 제3항에서 준용하는 경우를 포함한다)의 규정에 의하여 당사자가 제출하는 서류의 부수는 그 서류가 위임장인 경우를 제외하고는 5부(원본을 제출하였을 경우에는 그 원본을 포함하여 5부)로 한다. 다만, 사무국은 필요에 따라 제출서류의 부수를 가감할 수 있다.

제14조   반대신청

① 피신청인은 중재절차 중 반대신청을 할 수 있다. 다만, 중재판정부는 반대신청이 시기에 늦

어 상대방의 이익을 해하거나, 절차의 완결을 지연하게 하는 것으로 인정하는 경우에는 직권
또는 상대방의 신청에 의하여 이를 허가하지 아니할 수 있다.
② 피신청인의 반대신청은 신청인의 중재신청과 병합심리한다.
③ 반대신청 그 접수 및 통지와 반대신청에 대한 답변에 관하여는 제10조 내지 제13조의 규정
을 준용한다.

제15조　중재판정부에 의한 반대신청의 요구
중재판정부가 답변의 취지 또는 이유가 반대신청의 내용을 포함하고 있다고 판단할 경우 중재
판정부는 피신청인에게 그 부분에 대하여 제14조의 규정에 의한 반대신청을 할 것인지의 여부
를 명확히 하도록 요구할 수 있다.

제16조　신청 및 답변의 변경 또는 보완
① 신청서 또는 답변서의 제출 후에 당사자의 일방 또는 쌍방이 신청을 변경하거나 신청의 보
완을 하는 경우에는 이를 서면으로 작성하여 사무국에 제출하여야 한다.
② 중재절차 진행 중에 신청과 답변을 변경하거나 신청의 보완을 하고자 할 때에는 중재판정
부의 허가를 받아야 한다. 다만, 중재판정부는 그 변경 또는 보완이 시기에 늦어 상대방의 이
익을 해하거나, 절차의 완결을 지연하게 하는 것으로 인정하는 경우에는 직권 또는 상대방의
신청에 의하여 이를 허가하지 아니할 수 있다.
③ 제1항의 변경에 관하여는 제10조 내지 제13조의 규정을 준용한다.

제17조　중재장소의 결정
중재를 실시할 장소는, 당사자간에 별도의 약정이 없는 한, 당해 사건에 관한 당사자의 편의,
증거조사 방법 등을 고려하여 사무국이 정한다.

제18조　조정에 의한 해결
① 기준일로부터 15일 이내에 당사자 쌍방의 조정요청이 있는 경우 사무국은 중재절차를 개시
하기 전에 분쟁을 조정에 회부한다.
② 사무국은 중재인명부 중에서 1인 또는 3인을 조정인으로 선정한다. 조정의 절차와 방법은
조정인이 정한다.
③ 조정이 성립하면 그 조정인은 당사자의 합의에 의하여 선정된 중재인으로 보며 조정의 결과
는 제53조의 화해에 의거한 판정의 방식으로 처리되는 동시에 판정과 동일한 효력을 가진다.
④ 조정인이 선정된 날로부터 30일 이내에 조정이 성립되지 아니하는 경우에는 그 조정절차는
종료되며, 즉시 이 규칙에 의한 중재인의 선정 및 중재절차가 개시된다. 그러나 당사자는 합의

에 의하여 위 기간을 연장할 수 있다.

⑤ 조정절차의 비용은, 당사자간 별도의 합의가 없는 한, 당사자 각자 부담으로 한다

⑥ 제9장 소정의 중재비용에 관한 규정은 각각 조정의 경우에 이를 준용하며, 본조 제4항에 의거 중재로 계속된 때에는 조정비용은 중재비용의 일부로 본다.

제 3 장　중재인의 선정

제19조　중재인의 자격

중재의 결과에 관하여 법률적 또는 경제적 이해관계가 있는 자는 중재인이 될 수 없다. 그러나 당사자가 중재인에게 위와 같은 사정이 있음을 알면서도 서면으로 그 중재인을 선정하기로 합의한 경우에는 그러하지 아니하다.

제20조　당사자의 합의에 의한 선정

① 당사자의 합의에 의하여 중재인(의장으로 행동할 의장중재인을 포함한다. 이하 같다)을 선정하거나 또는 중재인의 선정방법을 정하였을 경우에는 이에 따라서 중재인이 선정된다.

② 법 제12조 제2항의 당사자의 합의로 중재인을 선정하는 경우에는 다음 각 호에서 정하는 방법에 따라 중재인을 선정한다.

1. 당사자가 중재인을 직접 선정하였을 경우에는 기준일로부터 15일 이내에 그 중재인의 성명, 주소 및 직업을 기재한 서면에 중재인 취임수락서를 첨부하여 사무국에 제출하여야 한다.

2. 사무국은 중재인을 선정하고자 하는 당사자의 요구가 있으면 중재원의 중재인명부를 제시하여야 한다.

3. 당사자의 합의에서 중재인 선정기간을 정하고서도 당사자가 그 기간 내에 선정을 하지 아니하는 경우에는 사무국이 중재인을 선정한다.

4. 당사자의 합의에서 중재인 선정기간을 정하지 아니하였을 경우에는 사무국은 즉시 당사자에게 중재인을 선정하도록 통지하고 통지의 수령 후 15일 이내에 선정하지 아니하는 경우에는 사무국이 중재인을 선정한다.

5. 당사자의 합의에 의하여 당사자가 선정한 중재인이 다른 중재인을 선정하도록 되어 있는 경우, 당사자 사이에 그 다른 중재인의 선정기간의 정함이 없거나, 그 정함이 있는 경우에도 그 선정기간 내 다른 중재인이 선정되지 아니하는 경우에는, 사무국은 당사자가 선정한 중재인에게 다른 중재인을 선정하도록 통지하고 통지의 수령 후 15일 이내에 당사자가 선정한 중재인이 다른 중재인을 선정하지 아니하는 때에는 사무국이 그 중재인을 선정한다.

③ 제1항에 따라 당사자가 중재인을 선정하지 아니하거나 선정방법을 정하지 아니한 경우에는 제21조를 준용하여 사무국이 선정한다.

제21조 사무국에 의한 선정

① 사무국은 중재신청이 접수되면 제18조의 규정에 의한 조정의 가망이 없거나 조정이 성립되지 아니하였을 경우 지체없이 중재인명부 중에서 중재인후보자 수인을 선택하고 그 명단을 당사자 쌍방에게 송부하여야 한다.

② 각 당사자는 제1항의 명단의 수령일로부터 15일 이내에 후보자명 위에 의장중재인과 중재인을 각각 구별하여 선정의 희망순위를 표시하기 위한 번호를 붙여서 이를 사무국에 반송하여야 한다. 위의 기간 내에 그 명단을 반송하지 아니하는 경우에는 그 명단에 기재된 후보자 전원에 대하여 동일순위로 지명한 것으로 보고, 반송된 명단 중 동일순위로 지명된 2인 이상의 후보자나 희망순위 표시가 없는 후보자나 말소된 후보자에 대하여는 상대방의 희망순위를 참작하여 중재원이 희망순위를 조정한다. 희망순위의 조정은 동일순위로 지명된 2인 이상의 후보자, 희망순위 표시가 없는 후보자, 말소된 후보자 순으로 조정한다.

③ 사무국은 제2항에서 지명된 후보자의 순위에 따라 중재인의 취임수락서를 받아야 한다. 다만, 희망순위가 동일한 후보자가 복수일 때에는 사무국이 그 복수 후보자 중에서 중재인을 선정한다.

④ 당사자 쌍방이 지명한 중재인이 취임수락을 거절하거나 또는 다른 이유로 직무를 행할 수가 없는 경우에는 이미 제출된 명단에서 순위에 따라 지명된 중재인으로부터 취임수락을 받는다. 그러나 이미 제출된 명단에서 선정할 수 없으면 본조에서 정하는 방법에 따라 중재인을 다시 선정하여야 한다.

⑤ 사무국은 중재인에게 취임수락을 요청할 때에는 이 규칙 제25조의 요건에 관하여 중재인의 주의를 환기시켜야 하며, 이 규칙 1부를 첨부하여야 한다.

제22조 중재인선정의 제한

당사자의 국적이나 거주하는 국가가 다른 경우 사무국이 중재인을 선정함에 있어서는 단독중재인이나 의장중재인은 당사자의 어느 일방의 요구가 있으면 당사자의 어느 편에도 속하지 아니하는 제3국인 중에서 선정하여야 한다. 다만, 제3국인 선정요청은 동규칙 제21조 제2항의 중재인 후보자명단 반송시까지에 한한다.

제23조 중재인의 수

중재합의에서 중재인의 수를 정하였을 경우에는 그 수에 따르고, 그 수를 정하지 아니하였을 경우에는 중재인의 수는 사무국이 1인 또는 3인으로 정한다.

제24조   중재인선정의 통지

이 규칙에 의하여 중재인 전원이 선정되었을 경우에는 사무국은 쌍방 당사자 및 중재인 모두에게 지체없이 중재인 전원의 성명, 주소 및 직업을 서면으로 통지하여야 한다.

제25조   중재인의 부적격 고지

① 선정의 통지를 받은 중재인은 그 자신의 공정성 또는 독립성에 관하여 정당한 의문을 야기시킬 수 있는 사유가 있을 때에는 지체없이 서면으로 이를 모두 사무국에 고지하여야 한다.

② 사무국이 제1항의 고지를 접수하였을 때에는 즉시 이를 중재판정부와 당사자에게 통지하여야 하며 중재인을 기피하고자 하는 당사자는 중재판정부가 구성된 날로부터 또는 중재인에 대한 기피사유를 안 날로부터 15일 이내에 서면으로 중재판정부에 대한 기피신청을 해야 한다. 그러나 당사자가 위 기간 내에 이의를 제기하지 아니하였을 경우에는 다시 그 사정을 이유로 그 중재인의 자격에 대하여 이의를 제기할 수 없다.

③ 당사자의 일방이 고지 받은 사정을 이유로 그 사정이 있는 중재인을 선정함에 대하여 이의를 제기함으로써 발생되는 중재인의 결원은 제26조에서 정하는 방법으로 보충된다.

제26조   중재인의 보궐

① 중재인이 사임, 사망 또는 기타의 사유로 인하여 결원이 되었을 경우에는 그 중재인을 당사자가 선정한 경우에는 당사자가 그 중재인 선정의 방식에 따라 이에 대신할 중재인을 새로 선정 통지하여야 하고, 그 중재인을 사무국이 선정한 경우에는 제21조 제3항 및 제4항의 방식에 따라 선정 통지하여야 한다.

② 제1항의 경우에는 당사자간에 따로 합의가 있는 경우를 제외하고 양당사자 또는 중재판정부가 신 중재인에게 종전의 심리 결과를 진술 또는 설명하여 신 중재인이 이의를 제기하지 아니하면 절차를 속행한다. 다만, 종전 심리한 증인에 대하여 당사자가 다시 심리를 신청한 때에는 중재인은 그 심리를 하여야 한다.

제 4 장   심리절차

제27조   일시와 장소

① 중재심리의 일시, 장소와 방식은 중재판정부가 정한다.

② 사무국은 제1항의 결정을 심리개시 10일 전까지 당사자에게 통지하여야 한다. 그러나 당사자가 위 기간을 변경하는 경우에는 그러하지 아니하다.

③ 중재판정부가 제1항의 심리의 방식을 정함에 있어서는 집중심리 등을 통하여 절차상 지연됨이 없도록 충분한 배려를 하여야 한다.

제28조   속기록의 작성 등

① 사무국은 당사자의 일방 또는 쌍방의 요구가 있으면 당사자의 진술이나 증언의 녹음 또는 속기록을 작성하는 데 필요한 준비를 하여야 한다.

② 중재판정부의 지시에 의하여 사무국이 제1항의 준비를 할 경우의 비용은 이 규칙 제65조에 의하여 당사자가 예납한 금액에서 지급한다.

제29조   번역문 제출

당사자는 사무국 또는 중재판정부의 요구가 있으면, 사무국 또는 중재판정부에 제출하는 서면, 서증 또는 기타 문서의 번역문을 제출하여야 한다.

제30조   통역 또는 번역

① 사무국은 당사자의 일방 또는 쌍방의 요구가 있거나 중재판정부가 필요하다고 인정하여 지시하는 경우에는 통역 또는 번역에 필요한 준비를 하여야 한다.

② 중재판정부의 지시에 의하여 사무국이 제1항의 준비를 할 경우의 소요경비는 이 규칙 제65조에 의하여 당사자가 예납한 금액에서 지급한다.

제31조   심리에의 출석

① 당사자는 심리에 출석할 수 있다.

② 당사자 이외의 자로서 중재판정 결과에 이해관계가 있는 자는 중재판정부에 이해관계가 있음을 소명하고 중재판정부의 허가를 받아 심리에 출석할 수 있다.

③ 중재판정부는 증인의 증언 중 다른 증인의 퇴석을 요구할 수 있다.

제32조   심리의 연기 또는 속행

중재판정부는 상당한 이유가 있으면 직권 또는 당사자의 요구에 의하여 심리를 연기 또는 속행할 수 있다. 다만, 심리기일 연기신청은 심리기일 3일 전까지 하여야 하며 그 다음 기일은 15일 이내로 정하도록 하며, 계속하여 2회 이상 연기하지 않도록 하여야 한다.

제33조   중재판정부의 의사결정

중재인이 수인인 경우에는 중재판정을 포함한 모든 결정은, 당사자간에 별도의 합의가 없는 한 중재인의 과반수 결의에 의한다. 다만, 중재심리절차에 관한 사항에 관하여 다수결이 이루어지지 아니하는 경우에는 의장중재인이 정한다.

제34조   심리

① 중재판정부는 당사자에게 심리절차를 신속·정확하게 진행할 수 있도록 하기 위하여 사전에 주장과 증거방법 및 상대방 주장에 대한 의견을 기재한 준비서면과 답변서를 제출하게 할 수 있다.

② 중재판정부는 필요하다고 인정하는 경우 또는 당사자 쌍방의 요청이 있는 때에는, 당사자가 제출한 준비서면과 답변서를 요약하여 제출하게 하거나 중재판정부가 이를 요약한 다음 당사자의 확인을 받을 수 있다. 이 경우에 중재판정부는 요약된 쟁점에 대해서만 심리·판정할 수 있다.

제35조   심리절차

① 심리는 사건과 당사자의 호명으로 개시된다.

② 중재판정부는 심리를 하기 전에 분쟁의 쟁점을 설명하는 진술을 요구할 수 있다.

③ 중재를 신청한 당사자는 신청취지 및 신청이유의 진술과 동시에 증거서류를 제출하고 증인을 출석시키며 중재의 피신청인인 당사자는 항변과 동시에 증거서류를 제출하고 증인을 출석시킨다.

④ 당사자의 일방이 증거물을 제출하는 경우에는 중재판정부는 이를 증거로서 접수할 수 있다. 접수되면 서기는 번호를 붙여서 기록의 일부로 한다.

⑤ 중재판정부는 필요하다고 인정하는 경우에는 심리절차를 변경할 수 있다. 그러나 당사자 쌍방에게 증거 및 관계자료를 제출할 수 있는 공평하고 충분한 기회를 주어야 한다.

⑥ 당사자가 준비서면을 수차에 걸쳐 중복 제출함으로써, 공격·방어방법의 요지를 파악하기 어렵다고 인정한 때는 중재판정부는 심리의 종결에 앞서 요약된 준비서면의 제출을 명할 수 있다.

제36조   당사자의 해태

중재를 신청한 당사자가 신청취지를 특정하지 아니하거나, 신청이유 및 입증방법을 명시 또는 제출하지 아니하거나 당사자 쌍방이 주장 및 입증을 태만히 하여 중재절차의 계속적 진행이 부적절하다고 판단하는 경우에는 중재판정부는 중재절차의 종료를 결정할 수 있다.

제37조   당사자의 불출석

① 당사자의 일방이 정당하게 통지 또는 고지되었는데도 불구하고 출석하지 아니하거나 출석하여도 심리에 응하지 아니하는 경우에도 중재는 그대로 진행시킬 수 있다.

② 제1항의 경우에는 결석하거나 심리에 응하지 아니한 당사자가 제출한 서면 기타의 증거가 있을 때에는 이를 진술 또는 제출한 것으로 보고 출석한 당사자에게 판정에 필요한 심리를 진

행할 수 있다.
③ 당사자 쌍방이 정당하게 통지 또는 고지가 되었는데도 불구하고 2회 이상 출석하지 아니하거나, 출석하여도 심리에 응하지 아니하는 경우에는 중재판정부는 중재절차의 종료를 결정할 수 있다.

제38조 중재신청의 철회
① 중재신청인은 중재판정에 이르기까지 중재신청의 전부 또는 일부를 서면에 의하여 철회할 수 있다. 다만, 피신청인이 답변서를 제출하거나 심리절차에서 진술한 후에는 피신청인의 동의를 얻어야 한다.
② 제1항의 경우 중재신청 철회의 서면이 발송된 날로부터 15일 이내에 상대방이 이의를 제기하지 아니한 때는 철회에 동의한 것으로 본다.

제39조 준비서면 및 기타 문서의 제출
① 심리시에 중재판정부에 제출하지 못하고 심리당시의 합의 또는 그 이후의 합의 및 중재판정부의 요구에 의하여 제출하는 모든 준비서면 및 기타 문서는 사무국이 접수하여 중재판정부에 송달하여야 한다. 이 경우에는 쌍방의 당사자에게 이 서류를 조사할 수 있는 기회를 주어야 한다.
② 제1항에 의한 준비서면 및 기타 문서가 중재판정부에서 정한 기간 내에 제출되지 아니한 경우에도 중재판정부는 심리를 진행시킬 수 있다.

제40조 검증
중재판정부는 검증을 할 필요가 있을 경우에는 검증하기 전에 검증의 목적, 일시 및 장소를 정하여 사무국으로 하여금 이를 당사자에게 통지하도록 한다. 당사자는 검증에 입회할 수 있다.

제41조 임시적 처분
① 중재판정부는 당사자의 어느 일방의 신청이 있는 경우에는 당사자의 권리나 분쟁의 최종판정과는 관계없이 분쟁의 대상이 된 재산을 보호하기 위하여 필요한 조치를 당사자의 어느 일방에게 지시할 수 있다.
② 중재판정부는 임시적 처분의 신청인에게 적절한 담보를 제공할 것을 명할 수 있다.

제42조 증거
① 당사자는 자기의 주장을 입증할 수 있는 증거를 제출하거나 증인 또는 감정인의 임의출석을 신청할 수 있다. 다만, 중재판정부는 제출된 증거와 당사자의 주장이 서로 관련이 없다고

인정할 때는 이를 조사하지 아니할 수 있다.

② 중재판정부는 필요하다고 인정할 때는 증거의 제출이나 증인 또는 감정인의 임의의 출석을 요구할 수 있다. 그러나 중재판정부가 정한 기간 내에 증거가 제출되지 아니하거나, 증인 또는 감정인이 출석하지 않은 경우에도 중재판정부는 심리를 진행시킬 수 있다.

③ 중재판정부가 중재판정에 필요하다고 인정하는 증거의 조사를 직접 할 수 없는 것은 직권 또는 당사자의 요구에 의하여 관할법원에 이를 신청할 수 있다.

④ 모든 증거는 당사자 전원이 출석하고, 단독중재인 또는 중재인의 과반수가 출석한 자리에서 제출 조사되어야 한다. 그러나 어느 당사자가 정당한 사유 없이 출석하지 아니하거나 출석할 권리를 포기한 경우에는 그러하지 아니하다.

⑤ 중재인은 제출된 증거의 신빙성과 유용성을 자유심증으로 판단한다.

제43조 심리의 종결

① 중재판정부는 당사자가 주장 및 입증을 다하였다고 인정할 때는 심리의 종결을 선언하여야 한다.

② 이 규칙에서 정하는 요약준비서면 등의 제출이 요구되는 경우에는 중재판정부가 동 서류의 제출을 위하여 정한 최종기일에 심리종결이 있는 것으로 본다.

제44조 심리의 재개

① 중재판정부는 직권에 의하여 또는 당사자의 일방이 상당한 이유를 제시하여 신청하였을 경우에는 판정 전이면 언제든지 심리를 재개할 수 있다.

② 제1항의 경우에 있어서 당사자가 중재합의에서 정한 기간 내에 판정을 할 수 없게 되면 당사자가 그 기간을 연장할 것을 합의하여야 심리를 재개할 수 있다.

③ 심리가 재개되었을 경우의 심리종결일은 그 재개된 심리가 종결된 날로 한다.

제45조 서면심리에 의한 절차

① 당사자는 서면에 의한 합의에 의하여 분쟁을 구술심리에 의하지 아니하고 서면심리에 의한 중재에 붙일 수 있다.

② 당사자가 절차에 관하여 따로 정하지 아니하였을 경우에는 중재는 본조와 저촉하는 규정을 제외하고는 이 규칙에 의하여 행하여진다.

③ 사무국은 아래의 절차에 따라서 필요한 문서와 증거를 제출하도록 당사자에게 통지한다.

④ 당사자는 원인사실의 진술을 포함한 쟁점에 관한 진술서에 증거를 첨부하여 사무국에 제출하여야 하며 이에는 요약서를 첨부할 수 있다.

⑤ 모든 서류는 진술서와 증거를 제출하도록 통지된 일로부터 15일 이내에 사무국이 요구하는

부수의 사본을 구비하여 제출되어야 한다.

⑥ 사무국은 일방의 당사자로부터 제출된 진술서 및 증거의 사본을 상대방에게 송부한다. 각 당사자는 상대방의 진술서 및 증거에 대하여 답변하거나 의견을 진술할 수 있다. 그러나 그 송부 후 15일 이내에 당사자가 답변서 내지 의견서를 제출하지 아니한 경우에는 그 당사자는 답변 내지 의견진술의 권리를 포기한 것으로 본다.

⑦ 사무국은 모든 증거 및 서류를 이 규칙 제4장에서 정하는 바에 따라서 구성된 중재판정부에 송달한다. 중재판정부는 그 송달일로부터 10일 이내에 당사자에게 추가증거의 제출을 요구할 수 있다. 사무국은 이 요구를 당사자에게 통지하고 당사자는 통지일로부터 15일 이내에 추가증거를 제출하여야 한다.

⑧ 사무국은 당사자의 일방으로부터 제출된 추가진술서 및 증거의 사본을 상대방 당사자에게 송부한다. 각 당사자는 그 진술서 및 증거에 대하여 답변 내지 의견을 진술할 수 있다. 그러나 서류의 송부 후 15일 이내에 답변 내지 의견진술을 하지 아니하는 당사자는 답변 내지 의견을 진술하는 권리를 포기한 것으로 본다.

⑨ 본조 각항 규정에 따라서 제출된 모든 서류를 중재판정부에 송달하였을 경우에는 심리절차는 그 때 종결된 것으로 본다.

제 5 장　특별조항

제46조　이의신청권의 상실
당사자가 이 규칙의 규정 또는 요건이 지켜지지 아니한 것을 알았거나 알 수 있으면서 이에 대하여 지체없이 이의를 제기하지 아니하고 중재절차를 진행한 경우에는 이에 대한 이의신청권을 상실한다.

제47조　기간의 변경
당사자는 서면에 의한 합의로 이 규칙에서 정한 기간을 변경할 수 있다. 중재판정부는 상당한 이유가 있으면 판정을 하는 기간을 제외하고는 이 규칙에서 정한 기간을 연장할 수 있다. 기간을 연장하는 경우에 중재판정부는 사무국을 통하여 그 연장기간 및 이유를 당사자에게 통지하여야 한다.

제 6 장　판　정

제48조　중재판정 등
① 판정은 신속히 하여야 한다. 중재판정부는 당사자의 합의 또는 법률의 규정 중 다른 정함

이 없는 한 심리종결일로부터 30일 이내에 판정하여야 한다.

② 중재인이 수인인 경우, 중재인 일부가 중재판정에의 참여를 거부하거나, 정당한 이유 없이 중재판정합의에 불참한 경우에는 과반수에 해당하는 나머지 중재인들만의 합의로 결정한다.

③ 사무국은 중재판정에 영향을 미치지 않는 범위 내에서 중재판정의 형식에 관하여 중재판정부에 의견을 제시할 수 있다.

제49조   판정의 형식

① 중재판정은 다음 사항을 서면으로 작성하고 중재인이 서명하여야 한다. 다만, 당사자간에 합의가 있거나 제53조 화해중재판정의 경우에는 판정이유의 기재를 생략할 수 있다.

  1. 당사자의 성명, 또는 명칭과 주소, 대리인이 있는 경우에는 그 대리인의 성명과 주소
  2. 판정주문 및 판정이유
  3. 작성년월일
  4. 중재지

② 수인의 중재인에 의한 중재판정의 경우, 과반수에 미달하는 일부 중재인이 중재판정에 서명을 거부하거나 서명할 수 없을 때에는 다른 중재인이 그 사유를 기재하고 서명하여야 한다.

제50조   언어

당사자간에 다른 합의가 없는 경우에 중재절차에서 사용될 언어는 한국어로써 한다. 다만, 당사자의 일방 또는 쌍방으로부터 요구가 있거나 또는 중재인 중에서 외국의 국적을 가진 자가 있을 때는 한국어와 영어를 공용할 수 있으며 이에 따라 국문과 영문으로 작성되는 중재판정문은 모두 이를 정본으로 한다. 그러나 국문과 영문의 중재판정문에 해석상 차이가 있을 때는 한국어에 의하여 해석한다.

제51조   규칙의 해석 및 적용

① 개개의 분쟁사건에 대한 이 규칙의 해석 및 적용은 그 분쟁사건을 담당하는 중재판정부가 한다.

② 제1항의 경우 중재판정부를 구성하는 중재인간에 의견일치를 보지 못하는 경우에는 다수결에 의한다.

제52조   판정의 범위

① 중재판정부는 중재합의의 범위 내에서 계약의 현실이행뿐만 아니라 공정하고 정당한 배상이나 기타의 구제를 명할 수 있다.

② 중재판정부는 책임 있는 일방 또는 쌍방의 당사자에게 제9장 소정의 중재비용의 부담비율

을 명하여야 한다.

③ 중재판정부는 상당하다고 인정되는 범위 내에서 이자, 지연손해금에 대하여 그 지급을 명할 수 있다.

제53조 화해중재판정

당사자가 중재절차 중에 화해를 하였을 경우에 당사자가 요구하면 중재판정부는 합의된 화해의 내용을 판정으로써 기재할 수 있다.

제54조 중재판정의 정정, 해석 및 추가판정

① 중재판정부는 중재판정문에서 숫자계산의 착오나 과실 기타 이와 유사한 사유로 인하여 발생한 명백한 오자 또는 오류를 발견하였을 때는 결정으로 이를 정정할 수 있다. 다만, 당해 중재판정부가 정정할 수 없는 때에는 사무국이 이를 할 수 있다.

② 중재판정부는 당사자간의 합의가 있는 경우에 중재판정의 일부 또는 특정쟁점의 해석에 대하여 당사자가 중재판정의 정본을 받은 날로부터 30일 이내에 신청하면, 신청을 받은 날로부터 30일 이내에 판단하여야 한다.

③ 중재판정부는 중재절차에서 주장되었으나 중재판정에 포함되지 아니한 청구에 대한 추가판정은 당사자의 신청을 받은 날로부터 60일 이내에 판단하여야 한다.

④ 위 제1항 내지 제3항은 중재판정의 일부를 구성한다.

제55조 중재판정문의 송부

① 사무국은 중재판정의 정본을 당사자 또는 대리인에게 법 제4조 제1항 내지 제3항의 규정에서 정하는 방법에 따라 송부하고, 중재판정의 원본은 그 송부사실을 증명하는 서면을 첨부하여 관할법원에 송부한다.

② 제1항에 의한 송달은 다른 사정이 없는 한 당사자가 부담하여야 할 제9장 소정의 중재비용의 전액이 사무국에 납입된 후에 행할 수 있다.

제 7 장 신속절차

제56조 적용범위

당사자간에 이 장의 절차에 따르기로 하는 별도의 합의가 있는 중재사건 또는 신청금액이 1억원 이하인 중재의 경우에는 이 장의 신속절차를 적용한다. 다만, 신청금액이 1억원 이하인 중재의 경우에는 중재절차 개시일 후에 1억원을 초과하는 증액은 허용하지 아니한다.

제57조 중재인의 선정
사무국은 당사자간에 별도의 합의가 없는 경우 이 규칙 제21조의 방법에 의하지 아니하고 중재인명부 중에서 1인의 중재인을 선정한다.

제58조 심리절차
① 중재판정부는 심리의 일시와 장소를 결정하며, 사무국은 이를 심리개시 3일 전에 구술, 인편, 전화 또는 서면 등 적합한 방법으로 당사자에게 통지하여야 한다.
② 심리는 1회로 종결함을 원칙으로 한다. 다만, 중재판정부는 상당한 이유가 있다고 인정하는 경우에는 심리를 재개할 수 있다.
③ 피신청인은 심리종결 전까지 반대신청을 할 수 있다.

제59조 판정기한
중재판정부는 심리종결일로부터 10일 이내에 판정하여야 한다.

제60조 준용
이 장에서 규정하지 않은 사항은 이 규칙의 나머지 조항을 준용한다.

제8장 중재비용

제61조 중재비용
① 중재비용은 이 규칙 제62조 내지 제64조에 규정하는 요금, 경비, 수당으로 구분한다.
② 제1항의 중재비용은 중재판정에 의하여 결정되는 부담비율에 따라 부담한다. 다만, 중재판정에서 중재비용의 전부 또는 일부를 어느 일방 당사자 또는 쌍방 당사자의 부담으로 정하지 아니하였을 경우에는 당사자 쌍방의 균등부담으로 한다.
③ 제45조의 서면심리에 의한 절차의 중재비용의 경우에도 본조 내지 제65조의 규정을 적용한다.
④ 중재비용 예납에 따라 발생할 수 있는 이자는 반환하지 아니한다.

제62조 요금
① 요금은 관리요금과 심리기일연기요금으로 구분하며 신청인이 예납하여야 한다. 다만, 심리기일연기요금은 그 연기가 중재판정부의 직권으로 이루어진 경우에는 부과하지 아니한다.
② 제1항의 관리요금은 이 규칙 제16조의 규정에 의한 신청의 변경으로 인하여 신청요금의 감액이 있는 경우에도 그 차액은 반환되지 아니한다.
③ 요금의 실행요율과 예납방법 또는 반환요율과 반환방법에 관하여는 부표에 의한다. 부표에

서 명시되지 아니한 것은 중재원이 정하는 바에 의한다.

제63조　경비
① 중재인 및 서기의 소요경비, 증거, 증인, 또는 감정인의 소요경비, 검사 또는 조사경비, 녹음 또는 속기록의 작성경비, 통역 또는 번역경비, 기타 중재에 소요되는 일체의 경비는 당사자의 신청에 의한 경우에는 그 당사자가 예납한다.
② 제1항의 경비가 중재판정부 지시에 의한 것일 경우에는 당사자간에 따로 정함이 없는 한 신청인이 예납한다.

제64조　수당
신청인은 중재원이 정하는 중재인의 수당을 예납하여야 한다.

제65조　예납방법 등
① 이 규칙에 달리 정함이 없는 경우에는 중재의 신청인은 제62조 내지 제64조 소정의 중재비용을 중재의 신청과 동시에 사무국이 지정하는 통화로 예납하여야 한다.
② 제1항의 예납액이 부족될 것으로 인정되는 경우에는 사무국은 신청인에게 추가예납을 요구할 수 있다. 신청인이 제1항 및 제2항의 예납을 이행하지 아니하거나 피신청인이 이를 대납하지 아니하는 경우에는 중재판정부의 결정에 따라 중재절차의 진행을 종료할 수 있다.
③ 사무국은 심리가 종결되면 예납액의 수지계산서를 작성하고 중재판정문이 작성되었을 때는 그 정산서를 작성하여 중재판정문과 함께 송부한 후 해당 당사자에게 정산잔액을 반환한다.

부　칙

① (시행일) 이 규칙은 2011년 9월 1일부터 시행한다.
② (중재 진행 중인 사건에 대한 경과조치) 이 규칙 시행 당시에 중재절차가 진행 중인 사건에 대해서는 종전의 규정을 따른다. 다만, 당사자 사이에 이 규칙에 따르기로 합의한 경우에는 합의 후의 절차에 대하여 이 규칙을 적용하되, 이 규칙 시행 전에 종전의 규정에 따라 행한 행위의 효력에는 영향을 미치지 아니한다.
③ (적용례) 이 규칙은 시행일 이후 이 규칙 제3조에서 정하는 당사자간의 중재합의가 이루어진 중재에 대하여 적용한다.

〈부 표〉

요 금 표

1. 요 금

종 별	예납자	부담자	부담비율	요 율	비고
1. 관리요금	신청인	중재판정 에서 결정	중재판정 에서 결정	1천만원 이하, 2% (단, 최저 5만원) 1천만원 초과 5천만원 이하, 20만원에 1천만원 초과액의 1.5% 가산 5천만원 초과 1억원 이하, 80만원에 5천만원 초과액의 1% 가산 1억원 초과 50억원 이하, 130만원에 1억원 초과액의 0.5% 가산 50억원 초과 100억원 이하, 2,580만원에 50억원 초과액의 0.25% 가산 100억원 초과, 3,830만원에 100억원 초과액의 0.2% 가산 신청금액이 없는 경우, 100만원	
2. 심리기일 연기요금	상동	상동	상동	매 연기당 10만원	

(1) 관리요금은 최대 1억 5천만원을 상한액으로 한다.
(2) 사무국은 위 요율을 초과하지 않는 범위 내에서 실행요율을 조정할 수 있다.

2. 요금반환규정
① 중재신청의 접수통지가 발송되기 전에 사건의 해결 또는 철회를 서면으로 사무국에 통지하였을 경우에는 5만원을 초과하는 요금은 반환한다.
② 중재판정부의 구성이 완료되기 전에 사건의 해결 또는 철회를 서면으로 사무국에 통지하였을 경우에는 5만원을 초과하는 관리요금의 3분의 1을 제외한 나머지 요금을 반환한다.
③ 제1차 심리예정일(심리에 의하지 아니하는 절차의 요금에 대하여서는 첫 증거 및 서류가 중재인에게 송달된 일자)보다 적어도 48시간 이전에 사건의 해결 또는 철회를 서면으로 사무국에 통지하였을 경우에는 5만원을 초과하는 관리요금의 2분의 1을 제외한 나머지 요금을 반환한다.

대한상사중재원 국제중재규칙

2016. 6. 1. 시행

제 1 장 총 칙

제1조 규칙과 기관

① 이 규칙은 사단법인 대한상사중재원(이하 "중재원"이라 한다)의 국제중재규칙이라 하고, 이하 "이 규칙"이라 약칭한다.

② 이 규칙에 따라 사무국이 처리하여야 할 중재절차에 관한 사무는 중재원이 사무국의 직원 중에서 지명한 중재서기가 수행한다.

③ 중재원은 자체 선정한 위원으로 구성된 국제중재위원회(이하 "위원회"라 한다)를 설치하여야 한다. 중재원은 이 규칙 제12조, 제13조에 따른 의사결정을 함에 있어 필요하다고 판단하는 경우 및 제14조, 제15조에 따른 의사결정을 하는데 있어 적절하게 위원회의 자문을 받아야 한다.

제2조 정의

이 규칙에서 사용하는 용어의 정의는 다음과 같다.

1. "중재판정부"에는 1인의 중재인으로 구성된 중재판정부와 복수의 중재인으로 구성된 중재판정부가 모두 포함된다.

2. "신청인"에는 1인 또는 복수의 신청인이 모두 포함되며, "피신청인"에는 1인 또는 복수의 피신청인이 모두 포함된다.

3. "국제중재"란 다음 각 목의 어느 하나에 해당하는 중재를 말한다.

   가. 중재합의를 할 당시 당사자들 중 1인 이상이 대한민국 외의 곳에 영업소를 두고 있는 경우

　나. 중재합의에서 정한 중재지가 대한민국이 아닌 경우

4. "영업소"란 다음 각 목의 어느 하나를 말한다.

　가. 하나 이상의 영업소를 가지는 당사자의 경우에는 주된 영업소

　나. 영업소를 가지지 않은 당사자의 경우에는 상거소

제3조　적용범위

① 이 규칙은 다음 각 호의 어느 하나의 경우에 적용한다. 이 경우 이 규칙은 중재합의의 일부를 구성한다. 다만, 당사자들이 서면으로 수정한 사항은 그에 따른다.

　1. 당사자들이 이 규칙에 따라 중재를 진행하기로 서면으로 합의한 경우

　2. 당사자들이 분쟁을 중재원의 중재에 의해 해결하기로 서면으로 합의한 경우로서 해당 중재가 국제중재인 경우

② 이 규칙이 당해 중재에 적용되는 강행법규에 위배되는 경우에는 해당 강행법규가 우선한다.

제4조　통지 및 서면제출

① 당사자가 제출하는 증거서류를 포함하는 모든 서면 및 교신이나, 사무국 및 중재판정부로부터의 모든 통지와 교신은 이 규칙에서 별도로 정하고 있거나 사무국 또는 중재판정부의 별도 지침이 있는 경우를 제외하고는 다음 각 호의 어느 하나의 방법으로 한다.

　1. 각 당사자, 각 중재인 및 사무국에 각 1부씩 제공하기에 충분한 수의 사본 제출, 또는

　2. 전자우편, 팩스 등을 포함한 송신기록이 남는 전자적 수단

② 제1항 제1호에 따른 당사자에 대한 모든 통지와 서면교신은 당사자가 지정한 주소, 또는 그러한 지정이 없을 경우에는 최종으로 알려진 당사자 또는 대리인의 주소로 이루어져야 한다. 이러한 통지나 교신은 수령증을 받는 교부송달, 등기우편, 택배 등 발송을 증명할 수 있는 기타 수단에 의한다.

③ 제1항 제2호에 따른 전자적 수단에 의한 모든 통지와 서면교신은 수령인이 지정하거나 동의하는 연락처로 하여야 한다.

④ 통지 또는 교신은 당사자 또는 그 대리인이 이를 수령한 날, 또는 제2항에 따라 최종으로 알려진 주소로 행하여진 경우에는 당사자 또는 그 대리인이 수령하였을 날에 이루어진 것으로 본다.

⑤ 중재판정부가 구성될 때까지는 당사자 상호 간, 각 당사자와 중재인 간의 모든 교신은 사무국을 경유한다. 서면교신의 경우 사무국은 나머지 각 당사자와 각 중재인에 그 사본을 송부한다. 중재판정부가 구성된 이후에는, 중재판정부가 달리 지시하지 않는 한, 구두, 서면을 불문한 모든 교신은 당사자 상호 간, 각 당사자와 중재판정부 사이에 직접 이루어진다. 서면교신의 경우에는 그 사본을 동시에 사무국에 송부한다.

⑥ 사무국이 중재판정부를 대신하여 일방 당사자에게 서면 교신을 보내는 경우에는 다른 당사자들 전원에게도 사본을 송부한다.

제5조   기한

① 기한의 기산점을 정함에 있어서 통지 또는 기타 교신은 이 규칙 제4조에 따라 송달된 일자에 수령된 것으로 본다.

② 기한의 준수를 판단함에 있어서, 통지 또는 기타 교신이 이 규칙 제4조에 따라 기한만료일 또는 그 전에 발송된 경우 그 통지 또는 교신은 기한을 준수한 것으로 본다.

③ 이 규칙에 따라 기간을 산정함에 있어서는, 제4조에 따른 통지 또는 기타 교신이 도달한 익일로부터 기산한다. 그러한 기간의 말일이 수령인의 주소지 또는 영업지에서 공휴일 또는 휴무일에 해당하는 경우, 기간은 그 이후의 최초 영업일에 만료한다. 기간 중의 공휴일 또는 휴무일은 기간에 산입된다.

제6조   일반규칙

사무국과 중재판정부는 이 규칙의 정신에 따라 처리하여야 하며, 판정이 법률상 집행될 수 있도록 모든 노력을 다하여야 한다.

제7조   대리

이 규칙에 따른 절차에서 당사자는 자신이 선정한 자로 하여금 자신을 대리하게 할 수 있다. 이 경우, 중재판정부가 요구하는 바에 따라 그 대리권을 증명하여야 한다.

제 2 장   중재개시

제8조   중재신청

① 이 규칙에 따라 중재를 신청하고자 하는 당사자는 사무국에 중재신청서(이하 "신청서"라 한다)를 제출하여야 한다. 사무국은 신청서의 접수사실과 접수일자를 신청인과 피신청인에게 통지하여야 한다.

② 중재절차 개시일은 어떠한 경우에나 신청서가 사무국에 접수된 일자로 한다.

③ 신청서에는 다음의 사항이 기재 또는 첨부되어야 한다.

  1. 신청인의 성명, 주소, 국가번호와 지역번호를 포함하는 전화번호와 팩스번호, 전자우편 주소

  2. 신청인에 대한 기재 - 신청인이 회사인 경우 그 설립지와 회사 형태, 개인인 경우 국적과 주된 거주지 또는 근무지

  3. 중재 상대방(피신청인)의 성명, 주소, 국가번호와 지역번호를 포함하는 전화번호와 팩스번호, 전자우편 주소

  4. 청구의 원인이 된 분쟁의 성격과 상황에 관한 기술

  5. 중재 신청취지(가능한 범위 내에서 신청금액 예상액 표시)

  6. 중재지, 중재언어, 준거법, 중재인의 수, 중재인의 자격과 성명 등 중재절차에 관하여 당사자가 이미 서면으로 합의한 사항 또는 신청인이 제안하고자 하는 사항에 대한 기술

  7. 중재합의에서 당사자의 중재인 지명을 요하는 경우, 신청인이 지명하는 중재인의 성명, 주소, 국가번호와 지역번호를 포함하는 전화번호와 팩스번호, 전자우편 주소

  8. 신청인이 원용한 서면 중재조항 또는 별도의 서면 중재합의 등 관련 계약서

  9. 대리인의 성명, 주소, 국가번호와 지역번호를 포함하는 전화번호와 팩스번호, 전자우편 주소

④ 신청인은 신청서와 함께 이 규칙 제4조 제1항 제1호에서 요구하는 수의 사본을 제출하여야 하며 제출일 당시 시행 중인 별표 1(신청요금과 관리요금에 관한 규정)에 따른 신청요금을 납입하여야 한다.

⑤ 신청인이 제4항에 따른 요건을 준수하지 못하는 경우 사무국은 신청인의 요건 준수를 위한 기한을 정할 수 있으며, 신청인이 그 기한 내에 요건을 준수하지 못하는 경우에는 신청을 종결할 수 있다. 이 경우 신청인은 추후 별도의 신청서를 제출하여 동일한 신청을 할 수 있다.

⑥ 사무국은 충분한 수의 신청서 사본이 제출되고 필요한 예납이 이루어진 경우 피신청인이 답변서를 제출할 수 있도록 신청서 및 첨부서류의 사본을 피신청인에게 송부하여야 한다.

제 9 조 신청에 대한 답변과 반대신청

① 피신청인은 사무국으로부터 신청서를 수령한 날로부터 30일 이내에 다음 각 호의 사항이 기재된 답변서를 제출하여야 한다.

  1. 피신청인의 성명, 주소, 국가번호와 지역번호를 포함하는 전화번호와 팩스번호, 전자우편 주소

  2. 피신청인에 대한 기재 – 피신청인이 회사인 경우 그 설립지와 회사 형태, 개인인 경우 국적과 주된 거주지 또는 근무지

  3. 신청인이 신청서에 기재한 청구의 전부 또는 일부에 대한 인정여부 및 신청서에 기재된 신청취지에 대한 답변

  4. 신청인의 제안 및 이 규칙 제11조와 제12조에 따른 중재인의 수와 선정에 관한 의견, 필요한 경우 중재인의 선정

  5. 중재지, 준거법 및 중재언어에 대한 의견

  6. 중재합의에서 당사자의 중재인 선정을 요하는 경우, 피신청인이 선정하는 중재인의 성명,

주소, 국가번호와 지역번호를 포함하는 전화번호와 팩스번호, 전자우편 주소

7. 대리인의 성명, 주소, 국가번호와 지역번호를 포함하는 전화번호와 팩스번호, 전자우편 주소

② 피신청인이, 중재인의 수 및 중재인 선정에 관한 의견 또는 이 규칙 제11조, 제12조에 따른 중재인의 선정 등의 내용을 포함하고 있는 기한연장신청서를 제출한 경우에 한하여 사무국은 답변서 제출기한을 연장할 수 있다. 피신청인이 위 사항의 기한연장신청서를 제출하지 않는 경우 답변서 제출기한은 연장되지 않는다.

③ 답변서는 이 규칙 제4조에 규정된 수의 사본을 사무국에 제출하여야 한다.

④ 피신청인의 반대신청은 다음 각 호의 사항을 기재하여 답변서와 함께 제출하여야 한다. 이 경우 반대신청의 원인은 신청인과 피신청인 사이의 중재합의에 기초하여야 한다.

1. 반대신청의 원인이 된 분쟁의 성질과 상황에 대한 기술

2. 반대신청취지(가능한 한도 내에서 반대청구금액 포함)

⑤ 제4항에도 불구하고 중재판정부가 정황을 고려하여 그 지연이 정당하다고 판단하는 경우 피신청인의 반대신청은 그 이후의 중재절차에서 제출할 수 있다.

⑥ 답변의 취지 및 이유가 반대신청의 내용을 포함하고 있다고 판단할 경우 중재판정부는 피신청인에게 그 부분에 대하여 제4항의 규정에 의한 반대신청을 하는 것인지의 여부를 밝히도록 요구할 수 있다.

⑦ 답변서 제출 해태의 경우에도 피신청인은 중재절차에서 청구를 부인하거나 반대신청을 제기할 수 있다. 그러나 중재합의에서 당사자의 중재인 지명을 요구하는 경우, 피신청인이 답변서를 제출하지 않거나 기한 내에 중재인을 지명하지 못하거나 아예 지명하지 않으면 해당 당사자의 중재인 지명권은 종국적으로 포기된 것으로 간주된다.

제 3 장   중재판정부

제10조   일반 규정

① 이 규칙에 따른 중재인들은 항상 공정성과 독립성을 유지하여야 한다.

② 중재인 선정 또는 지명을 수락하는 자는 사무국이 정하는 양식의 수락서와 공정성·독립성에 관한 진술서에 서명하여 사무국에 제출하여야 한다. 이 경우 중재인 선정 또는 지명을 수락하는 자는 자신의 공정성·독립성에 관하여 정당한 의심을 야기할만한 사유를 사무국에 고지하여야 하고, 중재절차진행 중이라도 그러한 의심을 야기할만한 새로운 사유가 발생하면 중재인은 이를 당사자와 사무국에 서면으로 즉시 고지하여야 한다.

③ 사무국은 수락서 및 공정성·독립성에 관한 진술서를 제출 받는 즉시 각 당사자에게 송달하여야 한다.

④ 중재인의 선정, 교체, 해임과 관련된 모든 사항에 대한 사무국의 결정은 종국적이며 불복할 수 없다.

제11조   중재인의 수

이 규칙에 따른 중재사건은 원칙적으로 단독 중재인이 심리한다. 다만 당사자들이 3인 중재인의 심리로 합의하거나 사무국이 당사자 의사, 분쟁금액, 분쟁의 복잡성 기타 요소들을 고려하여 3인의 중재인의 심리가 적절하다고 판단하는 경우에는 3인의 중재인의 심리로 결정할 수 있다.

제12조   중재인의 선정

① 분쟁이 단독 중재인에게 회부되는 경우, 당사자들은 피신청인이 중재신청서를 수령한 날 또는 이 규칙 제11조에 따라 사무국이 단독 중재인에 의할 것임을 결정한 경우에는 그 통지를 받은 날부터 30일 이내에 합의하여 단독 중재인을 지명하여야 한다. 다만, 당사자들이 위와 같이 정해진 기간 또는 사무국이 연장을 허용한 기간 내에 합동으로 단독 중재인을 지명하지 못하는 경우에는 사무국이 단독 중재인을 선정한다.

② 당사자들이 3인 중재인에 의하여 분쟁을 해결하기로 합의한 경우에는 신청인은 중재 신청서에서 또는 사무국이 허용한 연장기간 내에 1인의 중재인을 지명하고, 피신청인은 답변서에서 또는 사무국이 허용한 연장기간 내에 1인의 중재인을 지명한다. 이 규칙 제11조에 따라 사무국이 3인의 중재인에 의할 것임을 결정한 경우에는 당사자들은 사무국으로부터 그 통지를 받은 날부터 30일 이내 또는 사무국이 허용한 연장기간 내에 각각 1인의 중재인을 지명한다. 다만, 일방 당사자가 위 기한 내에 중재인을 지명하지 못한 경우에는 사무국이 이를 선정한다. 양 당사자에 의해 중재인 2인이 선정되면 2인의 중재인이 합의하여 의장으로 활동할 제3의 중재인을 지명한다. 2인 중재인이 두 번째 중재인의 선정일로부터 30일 이내에 의장으로 활동할 제3의 중재인을 지명하지 못하면 사무국이 이를 선정한다.

③ 중재판정부가 3인의 중재인으로 구성되는 경우, 신청인이나 피신청인이 복수인 때에는, 복수의 신청인들 또는 복수의 피신청인들 공동으로 이 규칙 제2항에 따라 중재인을 각각 지명한다. 그러한 지명이 이루어지지 못하고 당사자들이 중재판정부의 구성 방법에 합의하지 못한 경우에는 사무국이 중재판정부를 구성하는 중재인 전원을 선정하며 그 중 1인을 의장으로 지정한다.

④ 중재인 선정시 사무국은 선정될 중재인의 경험, 일정, 국적 및 거주지를 고려하여야 한다. 당사자 일방이 요청하면 사무국은 다른 특별한 사정이 없는 한, 각 당사자들과 국적이 다른 자를 단독 중재인이나 중재판정부의 의장으로 선정하여야 한다. 이러한 요청은 사무국이 선정권을 행사할 수 있는 기간이 개시된 날로부터 3일 이내에 하여야 하며, 요청이 있는 경우 사무국은 상대방 당사자에게 의견진술의 기회를 주어야 한다.

⑤ 사무국이 제22조에 따라 복수 계약에서 발생한 청구들을 하나의 신청서에 제출할 것을 허

용한 경우, 당사자들은 각 청구들이 동일한 중재합의에 의하는 경우로 간주하여 제1항, 제2항 및 제3항에 따라 중재인을 지명 하여야 한다.

⑥ 이 규칙에 따라 중재인 전원이 선정된 경우, 사무국은 당사자들 및 중재인 모두에게 중재인 전원의 성명, 주소 및 직업을 서면으로 지체 없이 통지하여야 한다.

제13조 중재인 확인

① 당사자들이 중재인을 지명하는 경우 또는 중재인들이 제3의 중재인을 지명하는 경우, 중재인 선정의 효력은 사무국이 그 지명을 확인함에 의하여 발생한다. 당사자가 중재인을 선정할 권한을 가진다고 합의한 경우에도, 이러한 합의는 본 규칙에 따라 중재인을 지명하기로 하는 합의로 본다.

② 사무국이 중재인의 지명을 확인한 때에는 지체 없이 그 사실을 당사자와 중재인들에게 통지하여야 한다.

③ 사무국은 중재인의 지명이 명백하게 부적당하다고 인정하는 경우 당사자 및 중재인들에게 의견을 제출할 수 있는 기회를 부여한 다음 확인을 거부할 수 있다.

④ 사무국이 중재인 지명에 대한 확인을 거부한 경우 당해 중재인을 지명한 당사자 또는 중재인들은 사무국이 정한 기간 내에 새로운 중재인을 지명하여야 한다.

제14조 중재인 기피

① 중재인의 공정성과 독립성에 정당한 의심을 야기할 만한 사유가 있는 경우, 당사자는 중재인에 대하여 기피를 신청할 수 있다. 다만, 그 중재인의 지명에 참여한 당사자는 지명 이후에 알게 된 사유를 근거로 하여서만 기피를 신청할 수 있다.

② 중재인의 공정성 및 독립성 결여 또는 기타의 사유에 의한 중재인에 대한 기피신청은 그 기피의 원인이 된 사유와 사실을 기술한 서면을 사무국에 제출함으로써 이루어진다. 이 경우 당해 사건의 각 중재인 및 각 당사자에게 이 서면의 사본을 전달하여야 한다.

③ 기피신청이 유효하기 위해서는, 일방 당사자가 다음 각 호의 하나에 해당하는 날로부터 15일 이내에 기피신청을 하여야 한다.

　1. 당사자가 중재인을 지명한 경우에는 그에 대한 확인통지를 받은 날, 또는 사무국이 중재인을 선정한 경우에는 중재인 선정통지를 받은 날

　2. 기피신청 당사자가 기피의 원인이 된 사유와 사실을 알게 된 날

④ 기피의 대상이 된 중재인, 상대방 당사자 및 중재판정부의 다른 구성원들은 기피신청을 수령한 날로부터 15일 이내에 기피에 대하여 서면으로 의견을 밝힐 수 있다. 이 경우 그러한 의견은 사무국, 각 당사자와 각 중재인에게 통지하여야 한다.

⑤ 일방 당사자가 중재인에 대하여 기피신청을 한 경우 상대방 당사자는 기피에 동의할 수 있

고, 이러한 동의가 있는 경우 중재인은 사임하여야 한다. 그러한 동의가 없는 경우에도 기피
대상인 중재인은 자진 사임할 수 있다. 다만, 위의 경우에 사임하였다고 하여 기피 이유의 타
당성을 인정하는 것을 의미하지는 않는다. 상대방 당사자가 기피신청에 동의하지 않거나 기피
대상인 중재인이 사임하지 않는 경우, 사무국은 기피신청에 대한 결정을 하여야 한다.

제15조   중재인의 교체 및 해임

① 중재인은 사망, 사무국의 중재인 사임 수리, 사무국의 기피 결정 또는 중재의 모든 당사자
가 요청하는 경우에 교체되어야 한다.

② 사무국은 중재인이 자신의 임무를 수행하지 않거나 임무수행을 부당하게 지연하는 경우 또
는 법률상 또는 사실상 자신의 임무를 수행할 수 없는 경우 해당 중재인을 해임할 수 있다.

③ 중재절차 진행 중에 중재인이 교체되는 경우, 새로운 중재인은 교체된 중재인의 선정에 적
용되었던 이 규칙 제12조 및 제13조에 규정된 방식에 따라 선정한다.

④ 중재인이 교체되는 경우, 중재판정부는 당사자들과 협의한 후 중재판정부가 재구성되기 이
전의 절차를 반복할 것인지 여부 및 그 범위를 결정한다.

⑤ 심리가 종결된 이후에는 사무국은 사망, 사임 또는 해임된 중재인을 교체하지 않고 나머지
중재인들로 하여금 중재를 완료하도록 결정할 수 있다. 사무국은 그러한 결정을 함에 있어 나
머지 중재인 및 당사자와 협의하여야 하고, 그러한 결정에 필요하다고 보는 기타의 사항을 고
려할 수 있다.

제 4 장   중재절차

제16조   절차의 진행

① 중재판정부는 규칙 및 당사자간 합의의 범위 내에서, 당사자들을 동등하게 대우하고 당사
자들에게 의견을 표명할 권리를 부여하며 사안에 관하여 진술할 공평한 권리를 부여하는 한,
이 규칙에 따라 적절하다고 생각되는 방식으로 중재를 진행할 수 있다.

② 중재판정부는 절차를 분리하거나 당사자들로 하여금 사건의 전부 또는 일부의 해결과 관련
된 쟁점에 대하여만 논의하도록 지시할 수 있다.

③ 중재판정부는 적절한 절차의 단계에서 증인신문 또는 당사자들의 주장 진술을 위한 심리를
개최하여야 한다. 다만, 당사자들이 달리 합의하는 경우에는 그러하지 아니하다.

제17조   절차에 관한 규칙

중재판정부는 이 규칙에 따라 절차를 진행하여야 하고, 이 규칙에 정함이 없는 경우에는 당사
자들의 합의에 따르며, 당사자 사이의 합의도 없는 경우에는 중재판정부가 정하는 바에 따른다.

제18조   절차일정표

① 중재판정부는 중재절차를 협의하기 위하여 당사자들과 예비절차회의를 개최할 수 있다.

② 중재판정부는 판정부 구성 이후 지체 없이 예비절차회의 또는 다른 방식으로 당사자들과 협의하여 절차진행을 위한 잠정적인 일정표를 서면으로 작성하여야 하며, 이를 사무국과 당사자들에게 통지하여야 한다. 중재판정부는 당사자들과 협의 후 어느 때라도 위 잠정일정표 상에 정해진 기한을 변경할 수 있다.

제19조   추가서면

① 중재판정부는 당사자들이 중재신청서와 답변서(반대신청서)에 대한 추가서면을 제출하도록 재량에 따라 허가하거나 요구할 수 있고, 그러한 경우 해당서면의 제출을 위한 기간을 정하여야 한다.

② 추가서면 제출을 위하여 중재판정부가 정하는 기간은 45일을 초과할 수 없다.

③ 제1항의 규정에 따라 추가서면을 제출하는 당사자는 그 당사자가 주장의 근거로 삼는 서류로서, 이전에 제출되지 않은 주요 문서의 사본(특별히 양이 많은 경우에는 그 목록)과 관련 견본 및 서증을 첨부하여 상대방 당사자와 중재판정부에 제출하여야 한다.

제20조   신청, 답변 및 반대신청의 변경

당사자는 중재판정부가 절차의 지연, 상대방 당사자의 권리 침해 또는 기타 사유를 이유로 하여 수정이나 보완이 적절하지 않다고 판단하는 경우를 제외하고는, 중재절차 진행 중에 신청, 반대신청 또는 답변을 변경하거나 보완하고 이를 상대방 당사자와 사무국에 통지할 수 있다. 다만, 그 변경이나 보완이 중재합의의 범위를 벗어나는 경우에는 그러하지 아니하다.

제21조   당사자의 추가

① 중재판정부는 다음 각 호의 요건 중 하나가 충족되는 경우 당사자의 신청에 따라 제3자를 중재절차에 당사자로 추가할 수 있다. 이와 같이 당사자로 추가되는 제3자를 "추가 당사자"라 한다.

　1. 당사자 전원과 추가 당사자 모두가 서면으로 추가 당사자의 중재절차 참가를 동의하는 경우, 또는

　2. 추가 당사자가 기존 당사자들과 동일한 중재합의의 당사자인 경우로서 추가 당사자가 중재절차 참가를 서면으로 동의하는 경우.

② 중재판정부 결정에 의하여 당사자가 추가되더라도 판정부의 구성에는 영향을 미치지 아니한다.

③ 제1항에 해당하는 경우에도 중재절차를 지연한다고 인정되는 등 상당한 이유가 있는 경우

중재판정부는 당사자 추가를 불허할 수 있다.

④ 당사자 추가를 위한 신청서 및 추가 당사자에 대한 청구에 관해서는 제8조를, 그에 대한 답변 및 반대신청에는 제9조를 각각 준용한다.

⑤ 본 규정은 이 규칙 시행일 이후의 중재합의에 의한 중재에 대하여만 적용된다.

제22조 복수계약에 따른 단일 중재신청

사무국은 일응 모든 계약에 이 규칙에 따른 중재합의가 있으며, 중재합의의 동일성이 인정되고, 다수의 청구가 동일한 거래 또는 계속적 거래에서 발생되는 것으로 판단하는 경우, 다수 계약에서 발생하는 청구에 대해 하나의 신청서를 제출하는 것을 허용할 수 있다. 만약 사무국이 각 청구들이 별도의 절차에서 다루어져야 한다고 판단하는 경우, 당사자들은 별도의 신청서를 제출하여야 한다. 다만, 이는 추후 제23조에 의한 청구의 병합을 신청할 권리에 영향을 미치지 아니한다.

제23조 청구의 병합

① 중재판정부는 일방 당사자가 요청하는 경우 이 규칙에 따른 동일 당사자간의 중재이면, 진행 중인 다른 사건의 청구를 병합할 수 있다. 다만, 다른 중재절차에서 중재판정부 중 한명이라도 선정된 경우에는 그러하지 아니하다.

② 중재판정부는 제1항에 따른 병합 여부를 결정함에 있어 반드시 당사자들에게 의견을 진술할 합리적인 기회를 주어야 하고 중재합의, 분쟁의 성격 그리고 기타 관련 상황을 고려하여야 한다.

제24조 중재지

① 당사자들의 합의가 없는 경우 중재지는 대한민국 서울로 한다. 다만 중재판정부가 당해 사안의 모든 사정을 고려하여 다른 장소가 더 적합하다고 결정한 경우에는 예외로 한다.

② 중재판정부는 심리 및 기타 회의를 당사자들과의 협의를 거쳐 적절하다고 판단하는 어떤 장소에서도 개최할 수 있다.

③ 중재판정부의 합의는 스스로 적절하다고 판단하는 어느 장소에서도 할 수 있다.

제25조 중재판정부의 관할권에 대한 이의신청

① 중재판정부는 중재조항 또는 별도의 중재합의의 존부 및 유효성에 관한 이의를 포함하여, 중재판정부의 관할권에 대한 이의신청에 대하여 판단할 권한을 가진다.

② 중재판정부는 중재조항을 포함하는 계약의 존부나 유효성을 결정할 권한을 가진다. 중재조항은 계약의 다른 부분과는 독립된 합의로 취급한다. 중재판정부가 당해 계약이 무효라고 결

정하였다고 하여 중재조항까지 무효가 되지는 않는다.

③ 중재판정부의 관할권에 대한 이의신청은 이 규칙 제9조에 따라 신청서에 대한 답변서를 제출할 때까지, 반대신청의 경우에는 반대신청에 대한 답변서를 제출할 때까지 제기하여야 한다.

④ 일반적으로 중재판정부는 관할권에 대한 이의신청을 선결문제로 판단하여야 하나, 중재절차를 진행한 후 최종판정에서 판단할 수도 있다.

제26조 증거

① 당사자들이 달리 서면으로 합의하지 않는 한, 중재판정부는 절차진행 중 언제라도 당사자들에게 다음 각 호의 사항을 명할 수 있다.

　1. 문서, 서증 또는 필요, 적절하다고 보는 기타 증거의 제출

　2. 당사자들의 지배 하에 있고 중재의 대상과 관련이 있는 재산, 장소, 기타 물건에 대한 중재판정부, 다른 당사자, 또는 전문가의 조사 허용

② 중재판정부는 당사자가 자신의 신청, 반대신청, 답변을 뒷받침하기 위하여 제출하고자 하는 서류 및 기타 증거의 요약본을 중재판정부와 상대방 당사자에게 전달할 것을 요구할 수 있다.

③ 각 당사자는 신청, 반대신청, 항변을 뒷받침하는 사실에 대한 입증책임을 부담한다.

④ 중재판정부는 증거의 증거능력, 관련성 및 증명력에 관하여 판단할 권한을 가진다.

제27조 전문가

① 중재판정부는 1인 또는 수인의 전문가를 선정하여, 중재판정부가 결정하고 당사자들에게 통지하여야 하는 특정 쟁점에 관하여 보고하도록 할 수 있다. 이 경우 전문가에게 위임할 사항은 중재판정부가 정하고, 당사자들에게 그 사본을 전달하여야 한다.

② 중재판정부는 전문가에게 관련 정보를 제공하거나, 관련 서류, 동산 또는 기타 재산을 전문가가 조사할 수 있게 하도록 당사자에게 명할 수 있다.

③ 중재판정부는 전문가의 보고서 수령 후 그 사본을 모든 당사자에게 송부하고 당사자들이 보고서에 대하여 의견을 표명할 수 있는 기회를 부여하여야 한다. 당사자는 전문가가 그 보고서를 작성함에 있어서 근거로 삼은 모든 서류를 검토할 수 있다.

제28조 중재 언어

① 당사자 간에 합의가 없을 때에는 중재판정부는 계약 언어를 비롯한 모든 관련 상황을 적절히 고려하여 중재 언어를 결정한다.

② 당사자는 사무국 또는 중재판정부의 요구가 있으면, 사무국 또는 중재판정부에 제출하는 서면, 서증 또는 기타 문서의 번역문을 제출하여야 한다.

제29조 준거법

① 당사자는 분쟁의 본안에 관하여 중재판정부가 적용할 실체법 및 법원칙에 대하여 자유롭게 합의할 수 있다. 그러한 합의가 없는 경우 중재판정부는 적절하다고 판단하는 실체법이나 법원칙을 적용한다.

② 모든 사안에 있어서 중재판정부는 계약 조항 및 관련 거래관행을 고려하여야 한다.

③ 중재판정부는 당사자들이 합의하여 명시적으로 권한을 부여한 경우에 한하여, 선의의 중재인으로서의 권한을 가지고 형평과 선에 의하여 판단할 수 있다.

제30조 심리

① 심리가 열릴 경우 중재판정부는 적절한 통지를 함으로써 중재판정부가 정한 일시와 장소에 당사자들이 출석하도록 하여야 한다.

② 중재판정부는 심리를 전적으로 관장하며 모든 당사자는 심리에 참석할 수 있다. 중재판정부 및 당사자의 승인이 없으면 해당 중재절차와 무관한 사람은 심리에 참석할 수 없다.

③ 당사자는 본인이 직접 또는 적법하게 수권된 대리인을 통하여 참석할 수 있으며, 당사자는 자문을 받을 수 있다.

④ 심리는 당사자들이 달리 합의하거나 법에 달리 규정되어 있는 경우를 제외하고는 비공개로 한다. 중재판정부는 증인의 증언이 진행되는 동안 다른 증인의 퇴정을 요구할 수 있고, 중재판정부는 증인신문 방식을 결정할 수 있다.

⑤ 사무국은 중재판정부 또는 일방 당사자의 요청에 따라 녹음이나 통역, 속기록 작성, 심리를 위한 공간, 기타 중재절차의 진행을 위해 필요한 사항을 당사자의 경비부담으로 제공할 수 있다.

제31조 심리의 종결

① 중재판정부는 당사자들이 자신의 주장을 진술할 적절한 기회를 부여 받았다고 판단하는 경우 심리의 종결을 선언하여야 한다. 심리 종결 이후에는, 중재판정부가 요청하거나 허용하는 경우를 제외하고는 추가 서면이나 주장, 증거를 제출할 수 없다.

② 중재판정부는 판정 전에는 언제든지 재량에 따라 직권으로 또는 당사자의 신청에 의하여 심리를 재개할 수 있다.

제32조 보전 및 임시적 처분

① 당사자들이 달리 합의하지 않는 한, 중재판정부는 관련서류를 수령하는 즉시 당사자 일방의 신청에 의해 적절하다고 생각되는 다음 각 호의 보전 및 임시적 조치를 명할 수 있다. 중재판정부는 적절한 담보의 제공을 조건으로 그러한 조치를 명할 수 있다. 그러한 조치는 중재판정부가 적절하다고 생각하는 바에 따라 이유를 기재한 명령 또는 판정 등의 형식으로 한다.

1. 본안에 대한 중재판정시까지 현상의 유지 또는 복원
2. 중재절차 자체에 미칠 현존하거나 급박한 위험이나 영향을 방지하는 조치 또는 그러한 위험이나 영향을 줄 수 있는 조치의 금지
3. 중재판정의 집행 대상이 되는 자산에 대한 보전 방법의 제공
4. 분쟁의 해결에 관련된 것으로 중요한 증거의 보전

② 중재판정부는 적절한 담보의 제공을 조건으로 제1항의 조치를 명할 수 있다. 그러한 조치는 중재판정부가 적절하다고 생각하는 바에 따라 이유를 기재한 명령 또는 판정 등의 형식으로 한다.

③ 중재판정부가 관련서류를 수령하기 전에 또한 적절한 상황에서는 그 이후에도, 당사자는 관할법원에 임시조치 또는 보전조치를 신청할 수 있다. 당사자 일방이 법원에 그러한 조치를 신청하거나 중재판정부가 명한 조치의 집행을 신청하더라도 중재합의 위반이나 권리포기로 간주되지 않으며, 중재판정부가 보유한 해당 권한도 유지된다. 그러한 신청의 제기 및 법원이 이에 대해 취한 모든 조치는 지체 없이 사무국에 통지되어야 하며 사무국은 이를 중재판정부에 통지하여야 한다.

④ 이 규칙 시행일 이후의 중재합의에 의한 중재의 경우에는, 일방 당사자는 중재판정부의 구성 전에 긴급한 보전 및 임시적 처분을 필요로 할 경우 별표3에서 정한 절차에 따라 긴급한 보전 및 임시적 처분을 구할 수 있다.

제33조   의무의 해태

① 피신청인이 충분한 이유를 소명하지 못하고 중재판정부가 정한 기간 내에 답변서를 제출하지 못하는 경우 중재판정부는 절차의 속행을 명하여야 한다.

② 당사자 중 어느 일방이 적법하게 심리에의 출석을 요청 받았음에도 정당한 이유 없이 출석하지 않은 경우 중재판정부는 심리를 진행할 권한을 가진다.

③ 당사자가 서면증거의 제출을 적법하게 요청 받았음에도 정당한 이유 없이 정해진 기간 내에 이를 이행하지 않는 경우 중재판정부는 제출된 증거에 의거하여 판정을 내릴 수 있다.

제34조   중재신청의 철회

① 신청인은 중재판정 전까지 중재신청의 전부 또는 일부를 서면에 의하여 철회할 수 있다.

② 중재판정부 구성 전까지는 중재신청의 전부 또는 일부를 철회한다는 내용의 서면을 사무국에 제출함으로써 중재신청을 철회할 수 있다. 다만 피신청인이 답변서를 제출한 후에는 피신청인의 동의를 얻어야 하며, 중재신청 철회의 서면을 수령한 날로부터 30일 이내에 피신청인이 이의를 제기하지 아니한 때는 철회에 동의한 것으로 본다.

③ 중재판정부 구성 후에는 중재판정부에 중재신청 철회의 의사표시를 하여야 하며, 중재판정

부는 피신청인에게 그에 관한 의견을 진술할 기회를 주어야 한다. 피신청인이 철회에 동의하지 아니하고 중재판정부가 피신청인에게 분쟁의 최종적 해결을 구할 정당한 이익이 있다고 인정하는 경우를 제외하고는 중재판정부는 철회를 허용하여야 한다.

제 5 장   판 정

제35조   의사 결정
중재인이 복수이고 특정 쟁점에 관하여 합의하지 못하는 경우, 판정 또는 결정은 중재인 과반수의 결의에 따른다. 그러한 결의가 성립되지 않는 쟁점에 대해서는 의장 중재인의 결정에 따른다.

제36조   판정의 형식과 효력
① 판정은 서면으로 한다. 당사자들이 달리 합의하지 않는 한, 중재판정부는 판정에 그 이유를 기재하여야 한다.
② 중재판정문에는 판정일자를 기재하고, 중재판정부 전원이 서명한다. 과반수에 미달하는 일부 중재인이 중재판정문에 서명하기를 거부하거나 서명하지 못하는 경우에는 다른 중재인이 그 사유를 기재하고 서명하여야 한다. 중재판정은 중재지에서 중재판정문에 기재된 일자에 내려진 것으로 본다.
③ 모든 판정은 당사자들을 구속한다. 당사자들은 판정을 지체 없이 이행하여야 한다.

제37조   잠정판정, 중간판정 및 일부판정
① 중재판정부는 종국판정뿐만 아니라 잠정판정, 중간판정 또는 일부판정을 내릴 수 있다.
② 일부판정의 경우 중재판정부는 상이한 쟁점에 관하여 그 시점을 달리하여 판정을 내릴 수 있으며, 이는 이 규칙 제41조에서 규정한 절차에 따라 정정될 수 있다. 중재판정부가 달리 명시하지 않는 한 일부판정도 판정 즉시 개별적으로 집행할 수 있다.

제38조   종국판정의 기한
① 모든 당사자들이 달리 합의하지 않는 한 중재판정부는 최종서면의 제출일과 심리의 종결일 중 나중의 날짜로부터 45일 이내에 판정을 내려야 한다.
② 사무국은 중재판정부의 요청이 이유가 있거나, 또는 기한의 연장이 필요하다고 판단하는 경우에는 직권으로 종국판정의 기한을 연장할 수 있다.

제39조   화해중재판정
이 규칙에 따라 중재신청이 접수되고 예납금이 납입된 후에 당사자들이 화해에 이른 경우, 중재판정부는 당사자 일방의 요청에 따라 화해내용을 기재한 화해중재판정을 내릴 수 있다. 당사자들이 화해중재판정을 요구하지 않는 경우, 당사자들이 합의에 이르렀음을 확인하는 서면을 사무국에 제출함으로써 중재판정부의 임무는 종료되며 중재절차는 종료된다. 다만 당사자들은 미납된 중재비용을 납입하여야 한다.

제40조 판정의 통지 및 기탁

① 판정이 내려지고, 당사자들 또는 당사자 일방이 중재비용 전액을 사무국에 납입한 경우에 사무국은 중재판정부가 서명한 중재판정문을 당사자에게 통지한다. 이 통지 이후에 당사자들은 중재판정부에 대하여 별도의 통지 또는 기탁을 요구할 권리를 상실한다.

② 중재판정부와 사무국은 중재판정에 추가적으로 요구되는 형식성을 구비할 수 있도록 당사자들을 지원하여야 한다.

제41조 판정의 정정 및 해석

① 중재판정부는 판정 후 30일 이내에 중재판정문의 오기, 오산, 오타 등의 오류를 직권으로 정정할 수 있다.

② 당사자들이 달리 합의하지 않는 한, 일방 당사자는 중재판정문의 수령 후 30일 이내에 사무국에 통지함으로써 중재판정부에 제1항의 오류 정정이나 판정의 해석을 요청할 수 있다. 정정이나 해석은 그 요청의 수령 후 30일 이내에 서면으로 이루어져야 한다. 그러한 정정이나 해석은 판정의 일부를 구성한다.

제42조 추가판정

당사자들이 달리 합의하지 않는 한, 일방 당사자는 중재판정의 수령 후 30일 이내에 상대방 당사자에 대한 통지와 함께 사무국에 대한 통지로써, 중재절차에서 제기하였으나 판정에서 판단되지 않은 청구에 대한 추가판정을 중재판정부에 신청할 수 있다. 중재판정부는 그 신청이 정당하다고 판단하는 경우 신청서 수령일로부터 60일 이내에 추가판정을 내려야 한다.

제 6 장   신속절차

제43조 적용범위

이 장의 규정은 다음 각 호의 어느 하나에 해당하는 경우 적용한다.

1. 신청금액이 5억원 이하인 경우
2. 당사자 사이에 이 장에서 정한 신속절차에 따르기로 하는 합의가 있는 경우

제44조 반대신청의 기한 및 신청·반대신청금액의 증액

① 피신청인은 반대신청금액이 5억원을 초과하는 경우에는 제9조 제4항에 따른 제출기한 내에 반대신청을 하여야 한다. 이 경우 당사자 사이에 합의가 없는 한 이 장의 규정을 적용하지 아니한다.

② 이 장에 따른 신속절차의 진행 중에 당사자의 증액신청에 의해 신청금액 또는 반대신청금액이 5억원을 초과하게 되는 경우에는 이 장의 규정을 적용하지 아니한다. 다만, 당사자 사이에 위 증액 이후에도 이 장의 절차를 따르기로 하는 합의가 있고, 중재판정부가 이미 구성된 경우 그 판정부가 이를 승인한 때에는 그러하지 아니하다.

제45조 중재인의 선정

① 당사자 사이에 다른 합의가 없는 경우 이 규칙 제12조의 방법에 의하지 아니하고 사무국이 1인의 중재인을 선정한다.

② 당사자들이 중재합의를 통하여 3인의 중재판정부에 의하기로 합의한 경우 사무국은 당사자들에게 단독판정부에 의할 것을 합의하도록 권유할 수 있다.

제46조 구술심리절차

① 중재판정부는 구술심리의 일시와 장소를 결정하여 구술, 인편, 전화 또는 서면 등을 포함하여 적절한 방법으로 당사자 및 사무국에 통지하여야 한다.

② 구술심리를 하는 경우 구술심리는 1회로 종결함을 원칙으로 한다. 다만, 중재판정부는 필요한 경우 종결한 심리를 재개하거나 또는 심리 종결 후 추가서면의 제출을 요구할 수 있다.

제47조 서면심리

① 당사자 사이에 다른 합의가 없고 신청금액 및 반대신청금액이 각 5천만원 이하인 경우 중재판정부는 서면심리를 한다. 다만 중재판정부는 어느 한쪽 당사자의 신청에 따라 또는 직권으로 1회의 구술심리를 개최할 수 있다.

② 중재판정부는 서면제출의 기간과 방법에 관하여 적절한 절차를 마련하여야 한다.

제48조 판정

① 중재판정부는 판정부가 구성된 날로부터 6개월 이내에 판정하여야 한다. 다만, 사무국은 중재판정부의 요청에 따라 또는 직권으로 필요하다고 인정한 경우 판정기간을 연장할 수 있다.

② 당사자 사이에 다른 합의가 없으면 중재판정부는 그 판정의 근거가 되는 이유의 요지를 기재하여야 한다.

제49조 준용

이 장에서 규정하지 않은 사항은 이 규칙의 다른 규정을 준용한다.

제 7 장 비 용

제50조 중재비용의 납입의무

① 중재비용은 "신청요금과 관리요금에 관한 규정(별표 I)"과 "중재인의 수당과 비용에 관한 규정(별표 II)"에 따른 신청요금, 관리요금, 중재인의 수당과 경비 및 중재절차 중에 발생하는 기타 경비로 구성된다.

② 당사자들은 연대하여 사무국에 중재비용을 납입하여야 한다.

③ 이 규칙 제20조에 따라 신청이 변경되어 분쟁금액이 감액되는 경우에도 관리요금과 중재인 수당은 반환하지 않는다.

제51조 중재비용의 예납

① 당사자들은 절차 중에 발생하는 중재비용을 충당하기 위하여, 사무국이 정한 방식과 기간에 따라 사무국이 정한 예납금을 납입하여야 한다. 이 경우 예납금은 중재절차 중 언제든지 변경할 수 있다.

② 사무국은 예납금 또는 추가 예납금의 금액을 결정하고, 각 당사자에게 예납금으로 일정액을 예치할 것을 요구하여야 한다.

③ 당사자들이 달리 합의하지 않는 한, 예납금은 신청인과 피신청인이 균분하여 납입한다. 납입은 현금으로 한다.

④ 신청인 또는 피신청인이 수인인 경우, 그러한 수인의 당사자는 해당 신청인 또는 피신청인 모두를 위하여 연대하여 예납할 책임을 진다. 이 경우 비용은 해당 당사자들이 달리 합의하지 않는 한 균분하여 납입한다.

⑤ 일방 당사자가제1항부터 제4항에 따른 예납을 하지 않는 경우, 사무국은 중재판정부와 협의 후 중재절차의 중지 또는 종료를 명할 수 있다.

⑥ 일방 당사자가 예납금 중 자신의 부담부분을 납입하지 않는 경우, 상대방 당사자는 예납금 전액을 납입할 수 있다. 이 경우 전액을 납입한 당사자는 잠정판정, 중간판정 또는 일부판정을 통하여 상대방 당사자에게 그 부담부분을 지급할 것을 명하도록 중재판정부에 요청할 수 있다.

⑦ 사무국은 중재절차 종료 후, 예납금을 정산하여 이를 납입한 당사자에게 그 잔액을 반환하여야 한다.

⑧ 예납금으로부터 발생한 이자는 반환하지 않는다.

제52조   중재비용의 분담

① 관리요금을 포함한 중재비용은 원칙적으로 패소한 당사자의 부담으로 한다. 그러나 중재판정부는 사건의 정황을 고려하여 재량으로 그러한 비용을 당사자 사이에 분담시킬 수 있다.

② 중재판정부는 판정을 내릴 때에 중재비용을 정하여야 한다. 다만, 잠정판정, 중간판정 및 일부판정의 경우에는 비용에 관한 결정을 종국판정시까지 연기할 수 있다.

제53조   당사자가 부담한 비용

변호사비용이나 전문가, 통역, 증인을 위한 비용 등 중재절차 중 당사자가 부담하는 필요비용은 중재판정에서 중재판정부가 결정하는 분담비율에 따라 당사자가 부담한다. 당사자가 달리 합의하지 않는 한, 중재판정부는 그 사안의 제반 사정을 고려하여 중재절차 중 발생한 필요비용을 당사자가 분담하도록 결정한다.

제 8 장   기   타

제54조   기한의 변경

당사자들은 서면합의로 이 규칙에서 규정한 기한을 변경할 수 있다. 중재판정부는 적절하다고 판단하는 경우 판정기한을 제외하고는 이 규칙에서 정한 모든 기한을 연장할 수 있다. 중재판정부는 사무국을 통하여 기한의 연장과 그 이유를 당사자에게 통지하여야 한다.

제55조   포기

이 규칙의 규정, 중재합의, 중재절차에 적용되는 다른 규칙 또는 중재판정부의 지시가 준수되지 않았음을 알면서도 그에 대하여 즉시 이의를 제기하지 않고 절차를 계속 진행한 당사자는 이의를 제기할 권리를 포기한 것으로 본다.

제56조   면책

중재인과 사무국 임직원은 이 규칙에 따라 진행된 중재와 관련된 작위 또는 부작위에 대하여 고의 또는 무모한 행위에 해당되지 않는 한 책임을 지지 않는다.

제57조   비밀유지

① 중재절차 및 그 기록은 공개하지 아니한다.

② 중재인, 긴급중재인, 사무국 임직원, 당사자 그리고 그 대리인과 보조자는 당사자 사이에 합의되거나 법률상 또는 소송절차에서 요구되는 경우를 제외하고는 중재사건과 관련된 사실 또는 중재절차를 통하여 알게 된 사실을 공개하여서는 아니된다.

③ 제1항 및 제2항에도 불구하고, 중재판정문에 관하여는, 사무국이 당사자의 명칭, 인명, 지명, 일자, 기타 당사자 및 사건에 대한 구체적인 정보를 표시하는 사항을 삭제하고 공개할 수 있다. 다만, 사무국이 정한 기간 내에 당사자의 명시적 반대 의사표시가 있을 경우에는 그렇지 아니하다.

부   칙

① (시행일) 이 규칙은 2007년 2월 1일부터 시행한다.
② 이 규칙 시행 전에 이미 중재절차가 개시된 사건은 중재원 중재규칙에 따라 진행한다. 다만, 당사자가 합의하는 경우 이후의 절차를 이 규칙에 따라 진행할 수 있다. 당사자들 사이에 이러한 합의가 있는 경우 중재원 중재규칙에 따라 이미 이루어진 절차는 유효하다.

부   칙

① (시행일) 이 규칙은 2011년 9월 1일부터 시행한다.
② (중재가 진행 중인 사건에 대한 경과조치) 이 규칙 시행 당시에 중재절차가 진행 중인 사건에 대해서는 종전의 규정을 따른다. 다만, 당사자가 이 규칙을 따르기로 합의한 경우에는 합의 후의 절차에 대하여 이 규칙을 적용하되, 이 규칙 시행 전에 종전의 규정에 따라 행한 행위의 효력에는 영향을 미치지 아니한다.
③ (적용례) 이 규칙은 시행일 이후 이 규칙 제3조에서 정하는 당사자간의 중재합의가 이루어진 중재에 대하여 적용한다.

부   칙

① (시행일) 이 규칙은 2016년 6월 1일부터 시행한다.
② (중재가 진행 중인 사건에 대한 경과조치) 이 규칙 시행 당시에 중재절차가 진행 중인 사건에 대해서는 종전의 규정을 따른다. 다만, 당사자가 이 규칙을 따르기로 합의한 경우에는 합의 후의 절차에 대하여 이 규칙을 적용하되, 이 규칙 시행 전에 종전의 규정에 따라 행한 행위의 효력에는 영향을 미치지 아니한다.
③ (적용례) 이 규칙 제3조 제1항에 해당하는 중재합의가 있는 경우, 중재절차 개시 당시에 시행중인 규칙을 적용하기로 합의한 것으로 간주한다. 다만, 당사자들이 명시적으로 중재합의 당시에 시행중인 규칙을 적용하기로 합의한 경우에는 그 규칙을 적용하며, 이 규칙 제21조와 제32조 제4항은 이 규칙 시행일 이후의 중재합의에 의한 중재에 대하여만 적용한다.

별표 1. 신청요금과 관리요금에 관한 규정

제1조 신청요금
① 신청인은 신청서를 제출할 때에 신청요금으로 100만원을 납입하여야 한다. 단, 신청금액이 사무국이 정하는 일정금액 이하인 경우에는 신청요금을 면제할 수 있다.
② 신청인이 신청요금을 납입하지 않을 경우 중재원은 중재절차를 진행하지 아니한다.
③ 신청요금은 반환하지 아니한다.
④ 전항의 규정들은 반대신청에도 적용된다.

제2조 관리요금
① 당사자는 아래 표와 같이 분쟁금액에 따른 관리요금을 사무국에 예납하여야 한다.
  1. 관리요금은 최대 1억 5천만원을 상한액으로 한다.
  2. 사무국은 위 요율을 초과하지 않는 범위 내에서 실행요율을 조정할 수 있다.
② 분쟁금액은 다음 각 호에 따라 산정한다.
  1. 신청금액과 반대신청금액은 합산한다.
  2. 이자에 대한 신청금액은 산입하지 않는다. 다만, 이자 신청금액이 원금 신청금액보다 많은 경우에는 이자 신청금액만을 분쟁금액 산정에 고려한다.
  3. 분쟁금액이 명확하지 않은 경우 사무국은 제반 사정을 고려하여 분쟁금액을 결정할 수 있다.
③ 종국판정이 내려지기 전에 사건이 해결되거나 철회되는 경우, 사무국은 내부규정에 따라 관리요금의 일부를 반환한다.

단계	분쟁금액(원)	관리요금(원)
I	10,000,000 이하	2%(최저 5만원)
II	10,000,000 초과 50,000,000 이하	200,000 + (분쟁금액 - 10,000,000) × 1.5%
III	50,000,000 초과 100,000,000 이하	800,000 + (분쟁금액 - 50,000,000) × 1.0%
IV	100,000,000 초과 5,000,000,000 이하	1,300,000 + (분쟁금액 - 100,000,000) × 0.5%
V	5,000,000,000 초과 10,000,000,000 이하	25,800,000 + (분쟁금액 - 5,000,000,000) × 0.25%
VI	10,000,000,000 초과	38,300,000 + (분쟁금액 - 10,000,000,000) × 0.2%
VII	금액 없는 경우	3,000,000

제3조　긴급중재인 절차의 관리요금

① 이 규칙의 별표3에 따라 긴급중재인에 의한 긴급처분을 신청하는 당사자는 신청서 제출시 금 300만원의 관리요금을 사무국에 예납하여야 한다.

② 신청인이 긴급중재인의 선정 전에 긴급처분 신청을 취하할 경우 사무국은 관리요금 전액을 신청인에게 반환한다.

별표 2.　중재인의 수당과 경비에 관한 규정

제1조　중재인의 수당

① 달리 합의되지 않는 한, 중재인의 수당은 사무국이 분쟁의 성격과 분쟁금액, 중재인이 중재에 소요한 시간 등을 고려하여 아래 표의 최소액과 최대액 사이에서 결정한다.

② 분쟁금액의 산정 시에는 별표1 제2조 2항을 준용한다.

③ 종국판정이 내려지기 전에 사건이 해결되거나 철회되는 경우, 사무국은 내부규정에 따라 중재인 수당을 지급한다.

	분쟁금액(원)	중재인 수당(원)	
		최소	최대
Ⅰ	50,000,000 이하	1,000,000	2,000,000
Ⅱ	50,000,000 초과 100,000,000 이하	1,000,000 + 1% × (분쟁금액 - 50,000,000)	2,000,000 + 5% × (분쟁금액 - 50,000,000)
Ⅲ	100,000,000 초과 500,000,000 이하	1,500,000 + 0.75% × (분쟁금액 - 100,000,000)	4,500,000 + 3% × (분쟁금액 - 100,000,000)
Ⅳ	500,000,000 초과 1,000,000,000 이하	4,500,000 + 0.5% × (분쟁금액 - 500,000,000)	16,500,000 + 2.8% × (분쟁금액 - 500,000,000)
Ⅴ	1,000,000,000 초과 5,000,000,000 이하	7,000,000 + 0.25% × (분쟁금액 - 1,000,000,000)	30,500,000 + 1% × (분쟁금액 - 1,000,000,000)
Ⅵ	5,000,000,000 초과 10,000,000,000 이하	17,000,000 + 0.04% × (분쟁금액 - 5,000,000,000)	70,500,000 + 0.2% × (분쟁금액 - 5,000,000,000)
Ⅶ	10,000,000,000 초과 50,000,000,000 이하	19,000,000 + 0.025% × (분쟁금액 - 10,000,000,000)	80,500,000 + 0.1% × (분쟁금액 - 10,000,000,000)
Ⅷ	50,000,000,000 초과 100,000,000,000 이하	29,000,000 + 0.015% × (분쟁금액 - 50,000,000,000)	120,500,000 + 0.07% × (분쟁금액 - 50,000,000,000)
Ⅸ	100,000,000,000 초과	36,500,000 + 0.007% × (분쟁금액 - 100,000,000,000)	155,500,000 + 0.03% × (분쟁금액 - 100,000,000,000)

제2조 중재인의 경비

중재인의 경비는 절차 중에 발생하는 필요비로서 여행, 숙박, 식사 그 밖의 경비를 포함하여 중재절차에 필요한 한도에서 발생한 실제 경비를 의미한다.

제3조 긴급중재인의 수당

① 긴급중재인의 수당은 금 1,500만원으로 한다.

② 긴급중재인이 긴급처분에 관한 결정을 내리기 전에 절차가 종료되는 경우 사무국은 심리기일 진행 여부 등 제반 사정을 고려하여 적절하다고 판단되는 경우 긴급중재인 수당을 감액할 수 있다. 이 경우 사무국은 감액된 수당에 관하여 긴급중재인에게 지체 없이 고지하여야 한다.

별표 3. 긴급중재인에 의한 긴급처분

제1조 긴급처분의 신청

① 이 규칙 제32조에 따라 긴급한 보전 및 임시적 처분을 구하고자 하는 일방 당사자는 중재신청과 동시에 또는 중재신청 이후 중재판정부가 구성되기 전에 긴급중재인에 의한 긴급한 보전 및 임시적 처분(이하 "긴급처분"이라 한다)을 사무국에 서면으로 신청할 수 있다.

② 긴급처분신청서에는 다음 각 호의 사항을 기재하여야 한다.

1. 신청인이 알 수 있는 범위에서, 신청인 및 피신청인의 성명, 주소, 국가번호와 지역번호를 포함하는 전화번호와 팩스번호, 전자우편 주소

2. 신청인이 알 수 있는 범위에서, 대리인들의 성명, 주소, 국가번호와 지역번호를 포함하는 전화번호와 팩스번호, 전자우편 주소

3. 분쟁의 개요

4. 당사자가 구하는 긴급처분의 내용

5. 원용하는 중재합의

6. 긴급처분 필요성을 뒷받침하는 구체적 사실

③ 긴급처분신청서에는 중재신청서와 중재합의의 사본을 첨부하여야 한다.

④ 신청인이 대리인을 선임하여 긴급처분을 신청하는 경우에는 위임장을 함께 제출하여야 한다.

⑤ 신청인은 긴급처분신청서를 제출할 때에 별표1 제3조에 따른 관리요금과 함께, 별표2 제3조에서 정한 긴급중재인의 수당을 예납하여야 한다.

⑥ 신청인이 제5항에 따른 금액을 전액 예납하지 않는 경우 사무국은 긴급처분이 신청되지 않은 것으로 본다.

⑦ 긴급처분신청서가 제출된 경우에는 이 규칙 제4조 제1항 및 제8조 제6항을 준용한다.

제2조 긴급중재인의 선정

① 긴급중재인의 수는 1인으로 하고, 사무국이 이를 선정한다.

② 긴급중재인은 항상 공정성과 독립성을 유지하여야 한다. 공정성이나 독립성에 관하여 정당한 의심을 야기할 만한 사유가 있는 자는 긴급중재인으로 선정될 수 없다.

③ 긴급중재인은 선정 즉시 자신의 공정성 및 독립성에 관하여 의심을 야기할 만한 사정이 없음을 명시하는 공정성 · 독립성에 관한 진술서 및 취임수락서를 사무국에 제출하여야 한다.

④ 사무국은 접수된 긴급처분신청서가 별표3 제1조의 각 요건에 부합하고 긴급중재인을 선정하는 것이 적절하다고 판단하는 경우에는 신청서를 접수한 날로부터 2 영업일 이내에 긴급중재인을 선정하도록 노력하여야 한다.

⑤ 사무국이 긴급중재인을 선정한 때에는 지체없이 당사자들에게 긴급중재인의 선정통지서를 송부하여야 한다. 이 경우 사무국은 취임수락서와 공정성 · 독립성에 관한 진술서의 사본을 첨부하여 송부하여야 한다.

⑥ 일방 당사자는 이 규칙 제14조에 따라 사무국에 기피신청을 뒷받침하는 사실과 상황을 기재한 기피신청서를 서면으로 제출함으로써 긴급중재인에 대한 기피신청을 할 수 있다. 당사자는 선정 통지서를 수령한 날 또는 당사자가 긴급중재인의 공정성 또는 독립성에 대한 정당한 의심을 야기할만한 사실을 알게된 날 중 나중에 도래하는 날로부터 2 영업일 이내에 사무국에 기피신청서를 제출하여야 하며, 사무국은 기피신청에 대한 결정을 하여야 한다.

⑦ 긴급중재인의 권한이 종료된 이후에는 당사자는 긴급중재인에 대한 기피신청을 할 수 없으며 이미 제기된 신청에 의하여 계속 중인 기피절차는 종료된다.

⑧ 긴급중재인의 선정, 교체, 해임에 대하여는 규칙 제10조 제4항을 준용한다.

제3조 긴급중재인의 권한

① 긴급중재인은 제32조 제1항에 따라 적절하다고 생각되는 긴급처분을 내리고, 이를 변경, 정지 또는 취소할 수 있다.

② 긴급중재인은 선정된 후 2 영업일 이내에 긴급처분 절차일정표를 작성하여야 한다.

③ 긴급중재인은 필요한 경우 심리기일을 개최할 수 있고, 전화회의나 서면제출로 심리기일을 대신할 수 있다.

④ 긴급중재인은 자신이 선정된 날로부터 15일 이내에 긴급처분에 대한 결정을 내려야 한다. 긴급중재인은 이 기한을 연장할 수 없다. 다만, 사무국은 모든 당사자의 합의가 있는 경우, 또는 사건이 복잡하거나 기타 부득이한 사유가 있는 경우에 그 기한을 연장할 수 있다.

⑤ 당사자들은 긴급중재인이 결정을 내린 긴급처분에 구속되며 이를 이행하여야 한다. 긴급처분은 중재판정부가 구성된 시점에 중재판정부가 내린 보전 및 임시처분으로 간주된다. 긴급처분은 중재판정부가 별표3 제4조 제2항에 따라 긴급처분을 변경, 정지 또는 취소할 때까지 효

력이 있다.

⑥ 긴급처분은 다음 각 호의 어느 하나에 해당하는 경우 효력을 상실한다.

　1. 긴급처분이 내려진 때로부터 3개월 이내에 중재판정부가 구성되지 않은 경우, 또는

　2. 중재신청의 철회, 중재비용 예납 불이행 등 중재절차의 진행이 불필요하거나 불가능하여 중재절차가 종료된 경우

⑦ 긴급중재인의 권한은 중재판정부가 구성된 때에 종료된다.

⑧ 긴급중재인은 당사자들이 서면으로 합의하지 않는 한 당해 분쟁의 중재인이 될 수 없다.

제4조 중재판정부에 의한 승인, 변경, 정지 및 취소

① 긴급처분에 대한 긴급중재인의 결정은 중재판정부를 구속하지 않는다.

② 중재판정부는 긴급처분의 전부 또는 일부를 승인, 변경, 정지 또는 취소할 수 있다.

제5조 준용규정

긴급중재인 및 긴급처분의 성질에 반하지 않는 한 긴급중재인 및 긴급처분절차에 대해서는 이 규칙의 조항들을 준용한다.

Rules of Arbitration of the International Chamber of Commerce

In force as from 1 January 2012

INTRODUCTORY PROVISIONS

Article 1. International Court of Arbitration

1. The International Court of Arbitration (the "Court") of the International Chamber of Commerce (the "ICC") is the independent arbitration body of the ICC. The statutes of the Court are set forth in Appendix I.

2. The Court does not itself resolve disputes. It administers the resolution of disputes by arbitral tribunals, in accordance with the Rules of Arbitration of the ICC (the "Rules"). The Court is the only body authorized to administer arbitrations under the Rules, including the scrutiny and approval of awards rendered in accordance with the Rules. It draws up its own internal rules, which are set forth in Appendix II (the "Internal Rules").

3. The President of the Court (the "President") or, in the President's absence or otherwise at the President's request, one of its Vice-Presidents shall have the power to take urgent decisions on behalf of the Court, provided that any such decision is reported to the Court at its next session.

4. As provided for in the Internal Rules, the Court may delegate to one or more committees composed of its members the power to take certain decisions, provided that any such decision is reported to the Court at its next session.

5. The Court is assisted in its work by the Secretariat of the Court (the "Secretariat") under the direction of its Secretary General (the "Secretary General").

국제상업회의소 중재규칙[1]

2012. 1. 1. 발효

도입규정

제1조 국제중재법원

1. 국제상업회의소("ICC")의 국제중재법원("중재법원")은 ICC의 독립 중재기구이며, 그 정관은 부칙 I에 규정되어 있다.

2. 중재법원은 직접 분쟁을 해결하지는 않는다. 중재법원은 ICC 중재규칙("중재규칙")에 따라 중재판정부에 의한 분쟁 해결을 관리한다. 중재법원은 중재규칙에 따라 내려진 중재판정의 검토 및 승인 등, 중재규칙에 따라 중재를 관리할 권한이 있는 유일한 기구이다. 중재법원은 자체적으로 내부 규칙("내부규칙")을 제정하며 이 내부규칙은 부칙 II에 규정되어 있다.

3. 중재법원 의장("의장") 또는, 의장의 부재시나 의장의 요청이 있는 경우에는 중재법원 부의장 중 1인이 중재법원을 대표하여 긴급한 결정을 내릴 권한을 가지며, 그러한 모든 결정은 중재법원의 다음 회의에서 보고되어야 한다.

4. 중재법원은 내부규칙에 따라 중재법원의 위원들로 구성된 하나 이상의 위원회에 특정한 결정 권한을 위임할 수 있으며, 그러한 모든 결정은 다음 회의에서 중재법원에 보고되어야 한다.

5. 중재법원은 사무총장("사무총장")의 지시에 따라 중재법원 사무국("사무국")의 업무 지원을 받는다.

---

1) 본 한국어 번역은 공식 ICC 중재규칙으로서 효력이 없음.

Article 2. Definitions

In the Rules:

(i) "arbitral tribunal" includes one or more arbitrators;

(ii) "claimant" includes one or more claimants, "respondent" includes one or more respondents, and "additional party" includes one or more additional parties;

(iii) "party" or "parties" include claimants, respondents or additional parties;

(iv) "claim" or "claims" include any claim by any party against any other party;

(v) "award" includes, inter alia, an interim, partial or final award.

Article 3. Written Notifications or Communications; Time Limits

1. All pleadings and other written communications submitted by any party, as well as all documents annexed thereto, shall be supplied in a number of copies sufficient to provide one copy for each party, plus one for each arbitrator, and one for the Secretariat. A copy of any notification or communication from the arbitral tribunal to the parties shall be sent to the Secretariat.

2. All notifications or communications from the Secretariat and the arbitral tribunal shall be made to the last address of the party or its representative for whom the same are intended, as notified either by the party in question or by the other party. Such notification or communication may be made by delivery against receipt, registered post, courier, email, or any other means of telecommunication that provides a record of the sending thereof.

3. A notification or communication shall be deemed to have been made on the day it was received by the party itself or by its representative, or would have been received if made in accordance with Article 3(2).

4. Periods of time specified in or fixed under the Rules shall start to run on the day following the date a notification or communication is deemed to have been made in accordance with Article 3(3). When the day next following such date is an official holiday, or a non-business day in the country where the notification or communication is deemed to have been made, the period of time shall commence on the first following business day. Official holidays and non-business days are included in the calculation of the period of time. If the last day of the relevant period of time granted is an official holiday or a non-business day in the country where the notification or communication is deemed to have been made, the period of time shall expire at the end of the first following business day.

제2조　정의
본 중재규칙에서 사용하는 용어의 뜻은 다음과 같다.
(ⅰ) "중재판정부"는 1인 또는 복수의 중재인을 포함한다.
(ⅱ) "신청인"은 1인 또는 복수의 신청인을, "피신청인"은 1인 또는 복수의 피신청인을 각 포함하며, "추가당사자"는 1인 또는 복수의 추가당사자를 포함한다.
(ⅲ) "당사자"는 신청인, 피신청인 또는 추가당사자를 포함한다.
(ⅳ) "신청"은 어느 당사자의 다른 당사자에 대한 모든 신청을 포함한다.
(ⅴ) "판정"은 잠정, 부분 또는 종국판정을 포함한다.

제3조　서면 통지 또는 연락, 기한
1. 당사자가 제출하는 모든 주장과 기타 서면에 의한 연락 및 그 첨부서류는 각 당사자에게 1부씩, 각 중재인에게 1부씩, 그리고 사무국에 1부를 제공하기에 충분한 수만큼 제출되어야 한다. 중재판정부가 당사자에게 하는 모든 통지 또는 연락은 사무국으로도 1부 제출되어야 한다.

2. 사무국과 중재판정부가 하는 모든 통지 또는 연락은 통지 또는 연락을 받을 당사자 또는 그 대리인의 최후 주소로 하여야 한다. 위 최후 주소는 해당 당사자나 그 상대방이 통지한 바에 따른다. 이러한 통지 및 연락은 수령증을 받는 배달, 등기우편, 특급운송, 전자우편, 또는 기타 발송 사실이 기록되는 다른 통신수단으로 할 수 있다.

3. 통지 또는 연락은 당사자 또는 그 대리인이 이를 수령한 날에, 제3조 제2항에 따라 행하여진 경우에는 이를 수령할 수 있었던 날에 이루어진 것으로 본다.

4. 중재규칙에 명시되었거나 확정되어 있는 기간은 제3조 제3항의 규정에 따라 통지나 연락이 이루어진 것으로 보는 날의 다음날부터 진행한다. 위 다음날이 통지나 연락이 이루어진 것으로 보는 국가에서 공휴일 또는 휴무일인 경우에는, 그 기간은 이후에 도래하는 최초의 영업일부터 진행한다. 공휴일과 휴무일은 기간 계산에 산입된다. 주어진 기간의 만료일이 통지나 연락이 이루어진 것으로 보는 국가에서 공휴일 또는 휴무일인 경우에는, 그 기간은 이후에 도래하는 최초의 영업일이 끝나면서 종료된다.

COMMENCING THE ARBITRATION

Article 4. Request for Arbitration

1. A party wishing to have recourse to arbitration under the Rules shall submit its Request for Arbitration (the "Request") to the Secretariat at any of the offices specified in the Internal Rules. The Secretariat shall notify the claimant and respondent of the receipt of the Request and the date of such receipt.

2. The date on which the Request is received by the Secretariat shall, for all purposes, be deemed to be the date of the commencement of the arbitration.

3. The Request shall contain the following information:

   a) the name in full, description, address and other contact details of each of the parties;

   b) the name in full, address and other contact details of any person(s) representing the claimant in the arbitration;

   c) a description of the nature and circumstances of the dispute giving rise to the claims and of the basis upon which the claims are made;

   d) a statement of the relief sought, together with the amounts of any quantified claims and, to the extent possible, an estimate of the monetary value of any other claims;

   e) any relevant agreements and, in particular, the arbitration agreement(s);

   f) where claims are made under more than one arbitration agreement, an indication of the arbitration agreement under which each claim made;

   g) all relevant particulars and any observations or proposals concerning the number of arbitrators and their choice in accordance with the provisions of Articles 12 and 13, and any nomination of an arbitrator required thereby; and

   h) all relevant particulars and any observations or proposals as to the place of the arbitration, the applicable rules of law and the language of the arbitration.

   The claimant may submit such other documents or information with the Request as it considers appropriate or as may contribute to the efficient resolution of the dispute.

4. Together with the Request, the claimant shall:

   a) submit the number of copies thereof required by Article 3(1); and

   b) make payment of the filing fee required by Appendix III ("Arbitration Costs and Fees") in force on the date the Request is submitted.

중재의 개시

제4조   중재신청

1. 중재규칙에 의하여 중재를 하고자 하는 자는 내부규칙에 기재된 사무실을 통하여 사무국에 중재신청서("신청서")를 제출하여야 한다. 사무국은 신청인 및 피신청인에게 신청서의 접수 사실 및 접수일자를 통지하여야 한다.

2. 신청서가 사무국에 접수된 일자는 모든 면에서 중재의 개시일로 본다.

3. 다음의 사항들을 포함하여야 한다.
   a) 각 당사자의 완전한 명칭, 각 당사자에 대한 설명, 주소 및 기타 연락처
   b) 중재에서 신청인을 대리하는 자의 완전한 명칭, 주소 및 기타 연락처

   c) 신청의 원인이 된 분쟁의 본질과 상황 및 신청의 근거에 관한 설명

   d) 신청취지와 금전 신청의 경우에는 신청 금액, 기타 신청의 경우에는 가능한 한도까지 표시한 그 금전가치 추정액
   e) 관련된 합의들, 특히 중재합의
   f) 2개 이상의 중재합의에 따라 신청이 제기되는 경우, 각 신청의 바탕이 되는 중재합의의 표시
   g) 제12조 및 제13조의 규정에 따른 중재인의 수와 중재인의 선정에 관련한 모든 세부사항 및 의견 또는 제안, 그리고 위 규정에서 요구하는 중재인의 지명

   h) 중재지, 준거법, 중재 언어 등에 대한 모든 세부사항 및 의견 또는 제안

   신청인은 분쟁의 효율적인 해결에 도움이 되거나 적절하다고 판단하는 기타 문서 또는 정보를 신청서와 함께 제출할 수 있다.
4. 신청인은 신청서와 함께
   a) 제3조 제1항에서 요구하는 부수의 신청서를 제출하여야 하며,
   b) 신청서가 제출된 날 시행중인 부칙 III("중재비용 및 요금")에 규정된 신청요금을 납부하여야 한다.

In the event that the claimant fails to comply with either of the requirements, the Secretariat may fix a time limit within which the claimant must comply, failing which the file shall be closed without prejudice to the claimant's right to submit the same claims at a later date in another Request.

5. The Secretariat shall transmit a copy of the Request and the documents annexed thereto to the respondent for its Answer to the Request once the Secretariat has sufficient copies of the Request and the required filing fee.

Article 5. Answer to the Request; Counterclaims

1. Within 30 days from the receipt of the Request from the Secretariat, the respondent shall submit an Answer (the "Answer") which shall contain the following information:

   a) its name in full, description, address and other contact details;

   b) the name in full, address and other contact details of any person(s) representing the respondent in the arbitration;

   c) its comments as to the nature and circumstances of the dispute giving rise to the claims and the basis upon which the claims are made;

   d) its response to the relief sought;

   e) any observations or proposals concerning the number of arbitrators and their choice in light of the proposals and in accordance with the provisions of Articles 12 and 13, and any nomination of an arbitrator required thereby; and

   f) any observations or proposals as to the place of the arbitration, the applicable rules of law and the language of the arbitration.

   The respondent may submit such other documents or information with the Answer as it considers appropriate or as may contribute to the efficient resolution of the dispute.

2. The Secretariat may grant the respondent an extension of the time for submitting the Answer, provided the application for such an extension contains the respondent's observations or proposals concerning the number of arbitrators and their choice and, where required by Articles 12 and 13, the nomination of an arbitrator. If the respondent fails to do so, the Court shall proceed in accordance with the Rules.

3. The Answer shall be submitted to the Secretariat in the number of copies specified by Article 3(1).

4. The Secretariat shall communicate the Answer and the documents annexed thereto to all other parties.

신청인이 두 요건 중 하나라도 준수하지 못하는 경우 사무국은 그 준수를 위한 기한을 정할 수 있으며, 그 기간 내에도 준수하지 못하는 경우에는 위 신청의 처리를 종료할 수 있다. 이 경우 신청인은 추후 다른 신청서로 동일한 신청을 다시 제출할 수 있다.

5. 충분한 부수의 신청서가 제출되고 규정된 신청요금이 납부되면, 사무국은 피신청인이 신청서에 대한 답변을 할 수 있도록 신청서와 그 첨부서류 1부씩을 각 피신청인에게 송부하여야 한다.

제5조 신청에 대한 답변; 반대신청
1. 피신청인은 사무국으로부터 신청서를 수령한 날로부터 30일 이내에 다음의 사항들을 포함한 답변서를 제출해야 한다.
   a) 피신청인의 완전한 명칭, 피신청인에 대한 설명, 주소 및 기타 연락처
   b) 중재에서 피신청인을 대리하는 자의 완전한 명칭, 주소 및 기타 연락처

   c) 신청의 원인이 된 분쟁의 본질과 상황 및 신청의 근거에 대한 피신청인의 주장

   d) 신청취지에 대한 답변
   e) 제12조 및 제13조의 규정 및 신청인의 제안을 고려한 중재인의 수와 중재인의 선정에 관한 의견 또는 제안 및 위 규정에서 요구하는 중재인의 지명

   f) 중재지, 준거법, 중재 언어 등에 대한 의견 또는 제안

   피신청인은 분쟁의 효율적인 해결에 도움이 되거나 적절하다고 판단하는 기타 문서 또는 정보를 답변서와 함께 제출할 수 있다.
2. 사무국은 피신청인에게 답변서 제출기간을 연장하여 줄 수 있다. 단, 연장신청은 중재인의 수와 중재인의 선정에 관한 피신청인의 의견이나 제안 및, 제12조 및 제13조에서 요구하는 경우에는, 중재인의 지명을 포함하고 있어야 한다. 피신청인이 이를 준수하지 아니할 경우, 중재법원은 중재규칙에 따라 절차를 진행하여야 한다.

3 답변서는 제3조 제1항에 규정된 부수만큼 사무국에 제출되어야 한다.

4 사무국은 답변서 및 첨부서류들을 다른 당사자들 모두에게 송부하여야 한다.

5. Any counterclaims made by the respondent shall be submitted with the Answer and shall provide:

   a) a description of the nature and circumstances of the dispute giving rise to the counterclaims and of the basis upon which the counterclaims are made;

   b) a statement of the relief sought together with the amounts of any quantified counterclaims and, to the extent possible, an estimate of the monetary value of any other counterclaims;

   c) any relevant agreements and, in particular, the arbitration agreement(s); and

   d) where counterclaims are made under more than one arbitration agreement, an indication of the arbitration agreement under which each counterclaim is made.

   The respondent may submit such other documents or information with the counterclaims as it considers appropriate or as may contribute to the efficient resolution of the dispute.

6. The claimant shall submit a reply to any counterclaim within 30 days from the date of receipt of the counterclaims communicated by the Secretariat. Prior to the transmission of the file to the arbitral tribunal, the Secretariat may grant the claimant an extension of time for submitting the reply.

Article 6. Effect of the Arbitration Agreement

1. Where the parties have agreed to submit to arbitration under the Rules, they shall be deemed to have submitted *ipso facto* to the Rules in effect on the date of commencement of the arbitration, unless they have agreed to submit to the Rules in effect on the date of their arbitration agreement.

2. By agreeing to arbitration under the Rules, the parties have accepted that the arbitration shall be administered by the Court.

3. If any party against which a claim has been made does not submit an answer, or raises one or more pleas concerning the existence, validity or scope of the arbitration agreement or concerning whether all of the claims made in the arbitration may be determined together in a single arbitration, the arbitration shall proceed and any question of jurisdiction or of whether the claims may be determined together in that arbitration shall be decided directly by the arbitral tribunal, unless the Secretary General refers the matter to the Court for its decision pursuant to Article 6(4).

5. 피신청인의 반대신청은 답변서와 함께 제출되어야 하며, 다음 사항을 포함하여야 한다.

   a) 반대신청의 원인이 된 분쟁의 본질과 상황 및 반대신청의 근거에 관한 설명

   b) 반대신청취지와 금전신청의 경우에는 반대신청금액, 기타 반대신청의 경우에는 가능한
      한도까지 표시한 금전가치 추정액

   c) 관련된 합의들, 특히 중재합의

   d) 2개 이상의 중재합의에 따라 반대신청이 제기되는 경우, 각 반대신청의 바탕이 되는 중
      재합의의 표시

   피신청인은 분쟁의 효율적인 해결에 도움이 되거나 적절하다고 판단하는 기타 문서 또는
   정보를 반대신청서와 함께 제출할 수 있다.

6. 신청인은 사무국으로부터 반대신청서를 수령한 날로부터 30일 이내에 반대신청에 대한 답
   변서를 제출하여야 한다. 기록을 중재판정부에 송부하기 전에, 사무국은 신청인에게 답변서
   제출기간을 연장하여 줄 수 있다.

제6조 중재합의의 효력

1. 당사자가 본 중재규칙에 따라 중재를 하기로 합의한 경우, 중재합의일 현재 시행중인 중재
   규칙을 따르기로 합의한 것이 아니라면, 중재의 개시일 현재 시행중인 중재규칙을 따르기로
   합의한 것으로 본다.

2. 당사자들은 본 중재규칙에 따른 중재에 합의함으로써 중재를 중재법원이 관리하는 것에 동
   의하였다.

3. 신청을 받은 당사자가 답변을 제출하지 않거나, 중재합의의 존재, 유효성 또는 범위에 관하
   여, 또는 중재에서 제기된 모든 신청이 하나의 중재에서 모두 결정될 것인지 여부에 관하여
   1개 이상의 항변을 제기하지 않는 경우, 사무총장이 제6조 제4항에 따라 동 사안을 중재법
   원이 판단하도록 중재법원에 회부하지 않는 한 중재는 진행되어야 하며, 관할권 문제나 신
   청들이 해당 중재에서 모두 결정될 것인지 여부는 중재판정부가 직접 결정하여야 한다.

4. In all cases referred to the Court under Article 6(3), the Court shall decide whether and to what extent the arbitration shall proceed. The arbitration shall proceed if and to the extent that the Court is *prima facie* satisfied that an arbitration agreement under the Rules may exist. In particular:

(i) where there are more than two parties to the arbitration, the arbitration shall proceed between those of the parties, including any additional parties joined pursuant to Article 7, with respect to which the Court is prima facie satisfied that an arbitration agreement under the Rules that binds them all may exist; and

(ii) where claims pursuant to Article 9 are made under more than one arbitration agreement, the arbitration shall proceed as to those claims with respect to which the Court is *prima facie* satisfied (a) that the arbitration agreements under which those claims are made may be compatible, and (b) that all parties to the arbitration may have agreed that those claims can be determined together in a single arbitration.

The Court's decision pursuant to Article 6(4) is without prejudice to the admissibility or merits of any party's plea or pleas.

5. In all matters decided by the Court under Article 6(4), any decision as to the jurisdiction of the arbitral tribunal, except as to parties or claims with respect to which the Court decides that the arbitration cannot proceed, shall then be taken by the arbitral tribunal itself.

6. Where the parties are notified of the Court's decision pursuant to Article 6(4) that the arbitration cannot proceed in respect of some or all of them, any party retains the right to ask any court having jurisdiction whether or not, and in respect of which of them, there is a binding arbitration agreement.

7. Where the Court has decided pursuant to Article 6(4) that the arbitration cannot proceed in respect of any of the claims, such decision shall not prevent a party from reintroducing the same claim at a later date in other proceedings.

8. If any of the parties refuses or fails to take part in the arbitration or any stage thereof, the arbitration shall proceed notwithstanding such refusal or failure.

9. Unless otherwise agreed, the arbitral tribunal shall not cease to have jurisdiction by reason of any allegation that the contract is non-existent or null and void, provided that the arbitral tribunal upholds the validity of the arbitration agreement. The arbitral tribunal shall continue to have jurisdiction to determine the parties' respective rights and to decide their claims and pleas even though the contract itself may be non-existent or null and void.

4. 제6조 제3항에 따라 중재법원에 회부된 모든 사건에서, 중재법원은 중재진행 여부와 진행 범위에 대하여 결정하여야 한다. 중재법원이 본 중재규칙에 따른 중재합의가 존재한다고 일응 인정하는 경우, 그 범위에서 중재는 진행되어야 한다. 특히,

  (ⅰ) 중재 당사자가 2인 이상일 경우, 중재는 제7조에 따라 참가한 추가당사자들을 포함하여 그 당사자들간에 진행되어야 하는바, 이는 그 당사자들 모두를 구속하는 중재규칙에 의한 중재합의가 일응 존재한다고 중재법원이 인정하는 경우이며,

  (ⅱ) 제9조에 의한 신청이 2개 이상의 중재합의에 따라 제기되는 경우, 중재는 그 신청에 대하여 진행되어야 하는바, 이는 (a) 그 신청의 바탕이 되는 중재합의가 양립할 수 있고, (b) 그 신청이 단일 중재로 결정될 수 있다는 것에 모든 중재 당사자들이 동의하였다고 중재법원이 일응 인정하는 경우이다.

  제6조 제4항에 따른 중재법원의 결정은 본안에 관한 주장의 인용가능성에 대하여는 아무런 영향을 미치지 아니한다.

5. 제6조 제4항에 의하여 중재법원이 결정하는 모든 사안에서, 중재판정부의 관할에 대하여는, 중재가 진행될 수 없다고 중재법원이 결정한 당사자 또는 신청에 관한 것을 제외하고, 중재판정부가 직접 결정하여야 한다.

6. 중재법원이 제6조 제4항에 따라 당사자 일부 또는 모두에 대하여 중재가 진행될 수 없다고 내린 결정을 당사자들이 통보받은 경우, 어느 당사자든 관할 법원에 특정 당사자에 대하여 구속력 있는 중재합의가 존재하는지 여부에 대한 판단을 구할 수 있다.

7. 중재법원이 제6조 제4항에 따라 어느 신청에 대하여 중재가 진행될 수 없음을 결정한 경우, 그 결정에도 불구하고 당사자는 다른 절차에서 추후에 그 신청을 다시 제기할 수 있다.

8. 당사자 어느 일방이 중재 또는 중재의 일부 단계에 참여하는 것을 거부하거나 또는 참여하지 아니한 경우, 그러한 거부나 불참에도 불구하고 중재는 진행된다.

9. 당사자 간의 별도의 합의가 없는 한, 중재판정부는 중재합의의 유효성을 인정하는 경우 계약이 무효 또는 부존재한다는 주장으로 인하여 관할을 상실하지 아니한다. 계약 자체가 부존재하거나 무효라 하더라도, 중재판정부는 당사자 각각의 권리를 결정하고 당사자의 신청과 항변에 관하여 판정할 관할을 계속 갖는다.

MULTIPLE PARTIES, MULTIPLE CONTRACTS AND CONSOLIDATION

Article 7. Joinder of Additional Parties

1. A party wishing to join an additional party to the arbitration shall submit its request for arbitration against the additional party (the "Request for Joinder") to the Secretariat. The date on which the Request for Joinder is received by the Secretariat shall, for all purposes, be deemed to be the date of the commencement of arbitration against the additional party. Any such joinder shall be subject to the provisions of Articles 6(3)-6(7) and 9. No additional party may be joined after the confirmation or appointment of any arbitrator, unless all parties, including the additional party, otherwise agree. The Secretariat may fix a time limit for the submission of a Request for Joinder.

2. The Request for Joinder shall contain the following information:

   a) the case reference of the existing arbitration;

   b) the name in full, description, address and other contact details of each of the parties, including the additional party; and

   c) the information specified in Article 4(3) subparagraphs c), d), e) and f).

   The party filing the Request for Joinder may submit therewith such other documents or information as it considers appropriate or as may contribute to the efficient resolution of the dispute.

3. The provisions of Articles 4(4) and 4(5) shall apply, *mutatis mutandis*, to the Request for Joinder.

4. The additional party shall submit an Answer in accordance, *mutatis mutandis*, with the provisions of Articles 5(1)-5(4). The additional party may make claims against any other party in accordance with the provisions of Article 8.

Article 8. Claims Between Multiple Parties

1. In an arbitration with multiple parties, claims may be made by any party against any other party, subject to the provisions of Articles 6(3)-6(7) and 9 and provided that no new claims may be made after the Terms of Reference are signed or approved by the Court without the authorization of the arbitral tribunal pursuant to Article 23(4).

2. Any party making a claim pursuant to Article 8(1) shall provide the information specified in Article 4(3) subparagraphs c), d), e) and f).

다수당사자, 다수의 계약 및 병합

제7조 추가당사자의 참가

1. 다른 당사자를 중재에 참가시키려는 당사자는 사무국에 참가신청서("참가신청서")를 제출하여야 한다. 사무국에 참가신청서가 접수된 날이 추가당사자에 대한 중재의 개시일로 간주된다. 제6조 제3항 내지 제7항 및 제9조는 위 참가에 대해서도 적용된다. 추가될 당사자를 포함하여 모든 당사자들이 달리 합의하지 않는 한, 어느 중재인이라도 확인 또는 선정된 후에는 더 이상 추가당사자를 참가시킬 수 없다. 사무국은 참가신청서 제출 기한을 정할 수 있다.

2. 참가신청서는 다음의 사항들을 포함하여야 한다.
   a) 기존 중재의 사건번호
   b) 추가당사자를 포함한 각 당사자의 완전한 명칭, 설명, 주소 및 기타 연락처

   c) 제4조 제3항 c), d), e), f)호에 규정된 사항
   참가신청서를 제출하는 당사자는 적절하다고 판단하거나 분쟁의 효율적인 해결에 도움이 될 수 있는 기타 문서 또는 정보를 참가신청서와 함께 제출할 수 있다.

3. 제4조 제4항 및 제5항의 규정은 참가신청서에 준용된다.

4. 추가당사자는 제5조 제1항 내지 제4항을 준용하여 답변서를 제출하여야 한다. 추가당사자는 제8조의 규정에 따라 어느 당사자에게든 신청을 제기할 수 있다.

제8조 다수당사자들 간의 신청

1. 다수당사자들이 포함된 중재의 경우 어느 일방 당사자도 상대방 당사자에게 신청을 제기할 수 있으나, 제6조 제3항 내지 제7항 및 제9조의 규정은 적용되며, 중재위탁요지서가 서명되거나 중재법원의 승인을 받은 후에는 제23조 제4항의 규정에 의한 중재판정부의 허가없이 새로운 신청을 할 수 없다.

2. 제8조 제1항에 따라 신청을 하는 당사자는 제4조 제3항 c), d), e), f)호에 규정된 정보를 제공하여야 한다.

3. Before the Secretariat transmits the file to the arbitral tribunal in accordance with Article 16, the following provisions shall apply, *mutatis mutandis*, to any claim made: Article 4(4) subparagraph a); Article 4(5); Article 5(1) except for subparagraphs a), b), e) and f); Article 5(2); Article 5(3) and Article 5(4). Thereafter, the arbitral tribunal shall determine the procedure for making a claim.

Article 9. Multiple Contracts

Subject to the provisions of Articles 6(3)-6(7) and 23(4), claims arising out of or in connection with more than one contract may be made in a single arbitration, irrespective of whether such claims are made under one or more than one arbitration agreement under the Rules.

Article 10. Consolidation of Arbitrations

The Court may, at the request of a party, consolidate two or more arbitrations pending under the Rules into a single arbitration, where:

   a) the parties have agreed to consolidation; or

   b) all of the claims in the arbitrations are made under the same arbitration agreement; or

   c) where the claims in the arbitrations are made under more than one arbitration agreement, the arbitrations are between the same parties, the disputes in the arbitrations arise in connection with the same legal relationship, and the Court finds the arbitration agreements to be compatible.

In deciding whether to consolidate, the Court may take into account any circumstances it considers to be relevant, including whether one or more arbitrators have been confirmed or appointed in more than one of the arbitrations and, if so, whether the same or different persons have been confirmed or appointed.

When arbitrations are consolidated, they shall be consolidated into the arbitration that commenced first, unless otherwise agreed by all parties.

THE ARBITRAL TRIBUNAL

Article 11. General Provisions

1. Every arbitrator must be and remain impartial and independent of the parties involved in the arbitration.

3. 제16조에 따라 사무국이 해당 기록을 중재판정부에 송부하기 전에는 다음 규정들이 해당 신청에 준용된다. 제4조 제4항 a)호, 제4조 제5항, a), b), e), f)호를 제외한 제5조 제1항, 제5조 제2항 내지 제4항. 그 이후에는 중재판정부가 신청 제기를 위한 절차를 결정한다.

제9조　다수의 계약
제6조 제3항 내지 제7항 및 제23조 제4항의 규정은 적용하되, 2개 이상의 계약으로부터 발생하거나 2개 이상의 계약와 관련한 신청은, 중재규칙상 1개 또는 다수의 중재합의에 의하여 제기되었는지 여부와 상관없이 하나의 중재절차에서 제기할 수 있다.

제10조　중재절차의 병합
중재법원은 당사자의 신청에 따라 다음의 경우에는 본 중재규칙에 따라 진행중인 2개 이상의 중재절차를 병합할 수 있다.
  a) 당사자들이 병합에 동의한 경우
  b) 중재의 모든 신청이 동일한 중재합의에 따르는 경우 또는
  c) 중재의 신청이 2개 이상의 중재합의에 따른 경우에도, 중재의 당사자가 동일하고, 분쟁이 동일한 법률관계와 관련하여 발생하였으며, 중재법원이 중재합의가 양립할 수 있다고 판단하는 경우

병합여부를 결정할 때, 중재법원은 1개 이상의 중재절차에서 1인 이상의 중재인이 2개 이상의 중재절차에서 확인 또는 선정되었는지 여부 및 그 경우 동일인 또는 다른 중재인이 확인 또는 선정되었는지 여부 등 관련 있다고 판단하는 모든 상황들을 고려하여야 한다.

중재절차가 병합되는 경우, 당사자들이 달리 합의하지 않는 한 처음 개시된 중재절차로 병합된다.

중재판정부

제11조　총칙
1. 모든 중재인은 공정하여야 하고 그 중재에 관련된 당사자로부터 독립적이어야 한다.

2. Before appointment or confirmation, a prospective arbitrator shall sign a statement of acceptance, availability, impartiality and independence. The prospective arbitrator shall disclose in writing to the Secretariat any facts or circumstances which might be of such a nature as to call into question the arbitrator's independence in the eyes of the parties, as well as any circumstances that could give rise to reasonable doubts as to the arbitrator's impartiality. The Secretariat shall provide such information to the parties in writing and fix a time limit for any comments from them.

3. An arbitrator shall immediately disclose in writing to the Secretariat and to the parties any facts or circumstances of a similar nature to those referred to in Article 11(2) concerning the arbitrator's impartiality or independence which may arise during the arbitration.

4. The decisions of the Court as to the appointment, confirmation, challenge or replacement of an arbitrator shall be final, and the reasons for such decisions shall not be communicated.

5. By accepting to serve, arbitrators undertake to carry out their responsibilities in accordance with the Rules.

6. Insofar as the parties have not provided otherwise, the arbitral tribunal shall be constituted in accordance with the provisions of Articles 12 and 13.

Article 12. Constitution of the Arbitral Tribunal
Number of Arbitrators

1. The disputes shall be decided by a sole arbitrator or by three arbitrators.

2. Where the parties have not agreed upon the number of arbitrators, the Court shall appoint a sole arbitrator, save where it appears to the Court that the dispute is such as to warrant the appointment of three arbitrators. In such case, the claimant shall nominate an arbitrator within a period of 15 days from the receipt of the notification of the decision of the Court, and the respondent shall nominate an arbitrator within a period of 15 days from the receipt of the notification of the nomination made by the claimant. If a party fails to nominate an arbitrator, the appointment shall be made by the Court.

Sole Arbitrator

3. Where the parties have agreed that the dispute shall be resolved by a sole arbitrator, they may, by agreement, nominate the sole arbitrator for confirmation. If the parties fail to nominate a sole arbitrator within 30 days from the date when the claimant's Request for Arbitration has been received by the other party, or within such additional time as may be allowed by the Secretariat, the sole arbitrator shall be appointed by the Court.

2. 중재인으로 선정될 후보자는 중재인 선정이나 확인 이전에 수락, 직무수행가능, 공정성 및 독립성 진술서에 서명하여야 한다. 중재인으로 선정될 후보자는 중재인의 공정성에 대하여 합리적인 의심을 야기할 만한 상황뿐만 아니라, 당사자의 시각에서 볼 때 중재인의 독립성에 관하여 의혹을 야기할 수 있는 성질의 모든 사실 또는 상황이 있을 경우, 이를 서면으로 사무국에 밝혀야 한다. 사무국은 그러한 내용을 관련 당사자에게 서면으로 제공하여야 하며 당사자가 의견을 제출하기 위한 기한을 지정하여야 한다.

3. 중재인은 중재 진행 중 발생할 수 있는 것으로서 중재인의 공정성 및 독립성에 관하여 제11조 제2항에 언급된 것과 유사한 성질의 사실 또는 상황이 있을 경우, 이를 사무국과 당사자에게 서면으로 밝혀야 한다.

4. 중재인의 선정, 확인, 기피 또는 교체에 대한 중재법원의 결정은 종국적인 것이고, 그러한 결정의 이유는 고지되지 아니한다.

5. 중재인들은 그 직무를 수락함으로써 본 중재규칙에 따라 그 임무를 수행할 의무를 진다.

6. 당사자들이 별도로 규정하지 않는 한, 중재판정부는 제12조 및 제13조의 규정에 따라 구성된다.

제12조 중재판정부의 구성
중재인의 수

1. 분쟁은 단독중재인 또는 3인의 중재인에 의하여 해결되어야 한다.
2. 당사자들이 중재인의 수에 합의하지 못한 경우에는, 중재법원은 분쟁이 3인의 중재인을 선정하는 것이 타당하다고 판단되는 경우를 제외하고는 단독중재인을 선정하여야 한다. 3인의 중재인을 선정하기로 한 경우 신청인은 중재법원의 결정 통지를 수령한 날로부터 15일의 기간 내에 중재인을 지명하여야 하며 피신청인은 신청인의 지명 통지를 수령한 날로부터 15일의 기간 내에 중재인을 지명하여야 한다. 어느 당사자가 중재인을 지명하지 못한 경우, 중재법원이 중재인을 선정한다.

단독중재인

3. 당사자들이 단독중재인에 의하여 분쟁을 해결하기로 합의한 경우에는, 당사자들은 합의에 따라 단독 중재인을 지명하여 확인을 받을 수 있다. 그러나 당사자들이 신청인의 중재신청서를 수령한 날로부터 30일 이내에 또는 사무국이 허용한 추가 기간 내에 단독중재인을 지명하지 못한 경우에는, 중재법원이 단독중재인을 선정한다.

Three Arbitrators

4. Where the parties have agreed that the dispute shall be resolved by three arbitrators, each party shall nominate in the Request and the Answer, respectively, one arbitrator for confirmation. If a party fails to nominate an arbitrator, the appointment shall be made by the Court.

5. Where the dispute is to be referred to three arbitrators, the third arbitrator, who will act as president of the arbitral tribunal, shall be appointed by the Court, unless the parties have agreed upon another procedure for such appointment, in which case the nomination will be subject to confirmation pursuant to Article 13. Should such procedure not result in a nomination within 30 days from the confirmation or appointment of the co-arbitrators or any other time limit agreed by the parties or fixed by the Court, the third arbitrator shall be appointed by the Court.

6. Where there are multiple claimants or multiple respondents, and where the dispute is to be referred to three arbitrators, the multiple claimants, jointly, and the multiple respondents, jointly, shall nominate an arbitrator for confirmation pursuant to Article 13.

7. Where an additional party has been joined, and where the dispute is to be referred to three arbitrators, the additional party may, jointly with the claimant(s) or with the respondent(s), nominate an arbitrator for confirmation pursuant to Article 13.

8. In the absence of a joint nomination pursuant to Articles 12(6) or 12(7) and where all parties are unable to agree to a method for the constitution of the arbitral tribunal, the Court may appoint each member of the arbitral tribunal and shall designate one of them to act as president. In such case, the Court shall be at liberty to choose any person it regards as suitable to act as arbitrator, applying Article 13 when it considers this appropriate.

Article 13. Appointment and Confirmation of the Arbitrators

1. In confirming or appointing arbitrators, the Court shall consider the prospective arbitrator's nationality, residence and other relationships with the countries of which the parties or the other arbitrators are nationals and the prospective arbitrator's availability and ability to conduct the arbitration in accordance with the Rules. The same shall apply where the Secretary General confirms arbitrators pursuant to Article 13(2).

3인의 중재인

4. 당사자들이 3인의 중재인에 의하여 분쟁을 해결하기로 합의한 경우에는 각 당사자는 신청서 및 답변서를 통하여 각각 1인씩의 중재인을 지명하여 확인을 받아야 한다. 어느 당사자가 중재인을 지명하지 아니한 경우에는 중재법원이 선정한다.

5. 분쟁이 3인의 중재인에게 회부되는 경우, 의장중재인을 맡을 제3의 중재인은, 당사자들이 선정절차에 대하여 별도로 합의하지 않은 경우 중재법원이 선정한다. 당사자가 합의한 선정절차에 따라 제3의 중재인을 지명한 경우 제13조에 따른 중재법원의 확인을 받아야 한다. 만일 공동 중재인에 대한 확인 또는 선정일로부터 30일 내 또는 당사자가 합의하였거나 중재법원이 정한 기간 내에 그러한 절차에 의한 지명이 이루어지지 못할 경우 중재법원이 제3의 중재인을 선정한다.

6. 다수의 신청인 또는 다수의 피신청인이 있는 경우 및 분쟁이 3인의 중재인에게 회부되는 경우, 다수의 신청인은 공동으로, 그리고 다수의 피신청인도 공동으로 중재인을 지명하여 제13조에 따라 확인을 받아야 한다.

7. 추가당사자가 중재에 참가하는 경우 및 분쟁이 3인의 중재인에게 회부되는 경우, 추가당사자는 신청인(들) 또는 피신청인(들)과 공동으로 중재인을 지명하여 제13조에 따라 확인을 받아야 한다.

8. 제12조 제6항 또는 제7항에 따라 중재인을 공동으로 지명하지 못하고 모든 당사자들이 중재판정부의 구성방식에 합의할 수 없는 경우, 중재법원은 중재판정부의 각 구성원을 선정할 수 있고, 선정된 구성원들 중 1인을 의장중재인으로 지정하여야 한다. 이러한 경우, 중재법원은 적절하다고 판단하는 경우, 제13조를 적용하여 중재인으로 적합하다고 판단하는 자 누구든지 자유롭게 선정할 수 있다.

제13조 중재인 선정 및 확인

1. 중재인을 확인하거나 선정함에 있어 중재법원은 중재인 후보자의 국적, 거주지, 당사자나 다른 중재인의 국적이 있는 국가와의 기타 관계 및 중재규칙에 의하여 중재를 수행할 수 있는지 여부와 중재를 수행할 능력 등을 고려하여야 한다. 사무총장이 제13조 제2항에 따라 중재인을 확인하는 경우에도 같다.

2. The Secretary General may confirm as co-arbitrators, sole arbitrators and presidents of arbitral tribunals persons nominated by the parties or pursuant to their particular agreements, provided that the statement they have submitted contains no qualification regarding impartiality or independence or that a qualified statement regarding impartiality or independence has not given rise to objections. Such confirmation shall be reported to the Court at its next session. If the Secretary General considers that a co-arbitrator, sole arbitrator or president of an arbitral tribunal should not be confirmed, the matter shall be submitted to the Court.

3. Where the Court is to appoint an arbitrator, it shall make the appointment upon proposal of a National Committee or Group of the ICC that it considers to be appropriate. If the Court does not accept the proposal made, or if the National Committee or Group fails to make the proposal requested within the time limit fixed by the Court, the Court may repeat its request, request a proposal from another National Committee or Group that it considers to be appropriate, or appoint directly any person whom it regards as suitable.

4. The Court may also appoint directly to act as arbitrator any person whom it regards as suitable where:

   a) one or more of the parties is a state or claims to be a state entity; or

   b) the Court considers that it would be appropriate to appoint an arbitrator from a country or territory where there is no National Committee or Group; or

   c) the President certifies to the Court that circumstances exist which, in the President's opinion, make a direct appointment necessary and appropriate.

5. The sole arbitrator or the president of the arbitral tribunal shall be of a nationality other than those of the parties. However, in suitable circumstances and provided that none of the parties objects within the time limit fixed by the Court, the sole arbitrator or the president of the arbitral tribunal may be chosen from a country of which any of the parties is a national.

Article 14. Challenge of Arbitrators

1. A challenge of an arbitrator, whether for an alleged lack of impartiality or independence, or otherwise, shall be made by the submission to the Secretariat of a written statement specifying the facts and circumstances on which the challenge is based.

2. 중재인이 제출한 진술서에 공정성 또는 독립성에 위배되는 사항이 포함되어 있지 않거나, 공정성 또는 독립성에 대한 조건부 진술서에 대하여 당사자들이 이의를 제기하지 않는 경우, 사무총장은 당사자들에 의하여 또는 당사자간 특정 합의에 의하여 지명된 자들을 공동 중재인, 단독중재인, 의장중재인으로 확인하여야 한다. 이와 같은 확인은 다음 중재법원 회의에 보고되어야 한다. 사무총장이 공동중재인, 단독중재인, 의장중재인으로 확인할 수 없다고 판단한 경우, 이 문제는 중재법원으로 회부된다.

3. 중재법원이 중재인을 선정하게 되는 경우, 중재법원은 적절하다고 인정하는 ICC 국내위원회 또는 국내그룹의 추천에 따라 선정하여야 한다. 중재법원이 그 추천을 받아들이지 아니하거나, 위 국내위원회 또는 국내그룹이 중재법원이 지정한 기한 내에 추천을 하지 않는 경우에는, 중재법원은 동일한 추천 요청을 반복하거나, 또는 다른 적절하다고 인정하는 국내위원회 또는 국내그룹으로부터 추천을 받거나, 적합하다고 판단하는 자를 직접 선정할 수 있다.

4. 중재법원은 다음과 같은 경우에 적합하다고 판단하는 자를 중재인으로 직접 선정할 수 있다.
   a) 1인 이상의 당사자가 국가이거나 국가임을 주장하는 경우 또는
   b) 중재법원이 국내위원회 또는 국내그룹이 없는 국가 또는 영역에서 중재인을 선정하는 것이 적절하다고 판단하는 경우 또는
   c) 중재법원 의장이 자신의 의견상 중재인을 직접 선정하는 것이 필요하고 적절한 상황이 있음을 중재법원에 확인시키는 경우

5. 단독중재인 또는 의장중재인은 당사자와는 다른 국적을 가져야 한다. 그러나 적절한 사정이 있는 경우, 중재법원이 지정한 기간 내에 어느 당사자도 반대의 의사를 표시하지 아니하면, 중재법원은 당사자와 같은 국적을 가진 단독중재인 또는 의장중재인을 선정할 수 있다.

제14조   중재인 기피

1. 중재인에 대한 기피신청은 그 공정성 또는 독립성의 결여 또는 기타의 이유를 막론하고 기피의 근거가 되는 사실과 상황을 명시한 서면 진술서를 사무국에 제출함으로써 한다.

2. For a challenge to be admissible, it must be submitted by a party either within 30 days from receipt by that party of the notification of the appointment or confirmation of the arbitrator, or within 30 days from the date when the party making the challenge was informed of the facts and circumstances on which the challenge is based if such date is subsequent to the receipt of such notification.

3. The Court shall decide on the admissibility and, at the same time, if necessary, on the merits of a challenge after the Secretariat has afforded an opportunity for the arbitrator concerned, the other party or parties and any other members of the arbitral tribunal to comment in writing within a suitable period of time. Such comments shall be communicated to the parties and to the arbitrators.

Article 15. Replacement of Arbitrators

1. An arbitrator shall be replaced upon death, upon acceptance by the Court of the arbitrator's resignation, upon acceptance by the Court of a challenge, or upon acceptance by the Court of a request of all the parties.

2. An arbitrator shall also be replaced on the Court's own initiative when it decides that the arbitrator is prevented *de jure or de facto* from fulfilling the arbitrator's functions, or that the arbitrator is not fulfilling those functions in accordance with the Rules or within the prescribed time limits.

3. When, on the basis of information that has come to its attention, the Court considers applying Article 15(2), it shall decide on the matter after the arbitrator concerned, the parties and any other members of the arbitral tribunal have had an opportunity to comment in writing within a suitable period of time. Such comments shall be communicated to the parties and to the arbitrators.

4. When an arbitrator is to be replaced, the Court has discretion to decide whether or not to follow the original nominating process. Once reconstituted, and after having invited the parties to comment, the arbitral tribunal shall determine if and to what extent prior proceedings shall be repeated before the reconstituted arbitral tribunal.

5. Subsequent to the closing of the proceedings, instead of replacing an arbitrator who has died or been removed by the Court pursuant to Articles 15(1) or 15(2), the Court may decide, when it considers it appropriate, that the remaining arbitrators shall continue the arbitration. In making such determination, the Court shall take into account the views of the remaining arbitrators and of the parties and such other matters that it considers appropriate in the circumstances.

2. 기피신청이 적법하기 위해서는, 기피신청을 하려는 당사자가 중재인의 선정 또는 확인 통지를 받은 때로부터 30일 이내에, 기피의 근거가 되는 사실과 상황을 알게 된 날이 위 통지를 받은 후인 경우에는 그 날로부터 30일 이내에 기피신청서를 제출하여야 한다.

3. 중재법원은 기피의 적법 여부와, 그와 동시에 필요한 경우 그 인용 여부에 대한 판단을 내리되, 그 전에 사무국은 기피 대상이 된 당해 중재인, 상대방 당사자(들) 및 중재판정부의 다른 모든 구성원에 대하여 상당한 기간 내에 서면으로 의견을 제출할 기회를 부여하여야 한. 위와 같은 의견은 당사자와 중재인들에게 전달되어야 한다.

제15조 중재인 교체

1. 중재인은 사망, 중재법원의 사임 의사 수리, 중재법원의 기피신청 인용, 당사자 전원의 요청에 대한 중재법원의 수락 등의 사유로 교체될 수 있다.

2. 중재법원은 중재인이 자신의 직무를 법률상 또는 사실상 수행하지 못하거나 중재규칙에 따라 또는 지정된 기간 내에 직무를 수행하지 않고 있다고 판단한 경우, 직권으로 중재인을 교체할 수 있다.

3. 중재법원은 자신이 취득한 정보에 기초하여 제15조 제2항의 적용을 고려함에 있어, 교체 대상인 당해 중재인, 당사자 및 중재판정부의 다른 모든 구성원에 대하여 상당한 기간 내에 서면으로 의견을 제출할 기회를 부여한 후에 이 문제에 관한 결정을 하여야 한다. 위와 같은 의견은 당사자 및 중재인들에게 전달되어야 한다.

4. 중재인을 교체할 때, 중재법원은 최초의 지명절차를 따를지 여부를 재량으로 결정한다. 중재판정부가 재구성되면 중재판정부는 관련 당사자의 의견을 수렴한 후, 재구성된 중재판정부 앞에서 이전의 절차를 다시 반복할지 여부 및 그 범위를 결정하여야 한다.

5. 중재법원은 절차가 종료된 후에는, 사망하거나 또는 제15조 제1항 또는 제15조 제2항에 따라 중재법원이 해임한 중재인을 교체하는 대신, 적절하다고 인정하는 경우 남은 중재인들이 중재를 계속하도록 결정할 수 있다. 그러한 결정을 내림에 있어 중재법원은 남은 중재인과 당사자의 견해, 그리고 그 상황에서 적절하다고 인정하는 요소들을 고려하여야 한다.

THE ARBITRAL PROCEEDINGS

Article 16. Transmission of the File to the Arbitral Tribunal

The Secretariat shall transmit the file to the arbitral tribunal as soon as it has been constituted, provided the advance on costs requested by the Secretariat at this stage has been paid.

Article 17. Proof of Authority

At any time after the commencement of the arbitration, the arbitral tribunal or the Secretariat may require proof of the authority of any party representatives.

Article 18. Place of the Arbitration

1. The place of the arbitration shall be fixed by the Court, unless agreed upon by the parties.
2. The arbitral tribunal may, after consultation with the parties, conduct hearings and meetings at any location it considers appropriate, unless otherwise agreed by the parties.
3. The arbitral tribunal may deliberate at any location it considers appropriate

Article 19. Rules Governing the Proceedings

The proceedings before the arbitral tribunal shall be governed by the Rules and, where the Rules are silent, by any rules which the parties or, failing them, the arbitral tribunal may settle on, whether or not reference is thereby made to the rules of procedure of a national law to be applied to the arbitration.

Article 20. Language of the Arbitration

In the absence of an agreement by the parties, the arbitral tribunal shall determine the language or languages of the arbitration, due regard being given to all relevant circumstances, including the language of the contract.

Article 21. Applicable Rules of Law

1. The parties shall be free to agree upon the rules of law to be applied by the arbitral tribunal to the merits of the dispute. In the absence of any such agreement, the arbitral tribunal shall apply the rules of law which it determines to be appropriate.

중재절차

제16조　중재기록의 송부

사무국이 요청한 중재비용의 예납이 이루어지면, 사무국은 중재판정부가 구성되는 즉시 기록을 중재판정부에 송부하여야 한다.

제17조　권한의 입증

중재의 개시 후 언제라도, 중재판정부 또는 사무국은 당사자 대리인들의 권한에 대한 입증을 요구할 수 있다.

제18조　중재지

1. 당사자 사이에 합의가 없는 경우 중재지는 중재법원이 정한다.

2. 당사자 사이에 달리 합의하지 않는 한, 중재판정부는 당사자와 협의한 후 적절하다고 인정하는 장소에서 심리와 회의를 할 수 있다.
3. 중재판정부는 적절하다고 인정하는 장소에서 합의를 할 수 있다.

제19조　절차에 관한 규칙

중재판정부의 진행절차는 본 중재규칙에 따르며, 중재규칙에 규정되지 않은 사항은, 당사자가 정하는 규칙, 당사자가 정하지 아니한 경우에는 중재판정부가 정하는 규칙에 따른다. 그러한 규칙이 중재에 적용될 특정 국가의 절차법을 참조하는지 여부는 불문한다.

제20조　중재언어

당사자 사이에 합의가 없는 경우, 중재판정부는 계약서의 언어 등을 포함한 관련된 모든 상황을 고려하여 중재언어를 결정하여야 한다.

제21조　준거법

1. 당사자는 분쟁의 본안에 대하여 중재판정부가 적용하여야 할 법에 관하여 자유롭게 합의할 수 있다. 이와 같은 합의가 없는 경우 중재판정부는 적절하다고 결정한 법을 적용해야 한다.

2. The arbitral tribunal shall take account of the provisions of the contract, if any, between the parties and of any relevant trade usages.

3. The arbitral tribunal shall assume the powers of an *amiable compositeur* or decide *ex aequo et bono* only if the parties have agreed to give it such powers.

Article 22. Conduct of the Arbitration

1. The arbitral tribunal and the parties shall make every effort to conduct the arbitration in an expeditious and cost-effective manner, having regard to the complexity and value of the dispute.

2. In order to ensure effective case management, the arbitral tribunal, after consulting the parties, may adopt such procedural measures as it considers appropriate, provided that they are not contrary to any agreement of the parties.

3. Upon the request of any party, the arbitral tribunal may make orders concerning the confidentiality of the arbitration proceedings or of any other matters in connection with the arbitration and may take measures for protecting trade secrets and confidential information.

4. In all cases, the arbitral tribunal shall act fairly and impartially and ensure that each party has a reasonable opportunity to present its case.

5. The parties undertake to comply with any order made by the arbitral tribunal.

Article 23. Terms of Reference

1. As soon as it has received the file from the Secretariat, the arbitral tribunal shall draw up, on the basis of documents or in the presence of the parties and in the light of their most recent submissions, a document defining its Terms of Reference. This document shall include the following particulars:

   a) the names in full, description, address and other contact details of each of the parties and of any person(s) representing a party in the arbitration;

   b) the addresses to which notifications and communications arising in the course of the arbitration may be made;

   c) a summary of the parties' respective claims and of the relief sought by each party, together with the amounts of any quantified claims and, to the extent possible, an estimate of the monetary value of any other claims;

   d) unless the arbitral tribunal considers it inappropriate, a list of issues to be determined;

2. 중재판정부는 당사자들간에 체결된 계약 조항 및 이와 관련된 거래관행을 고려하여야 한다.

3. 중재판정부는 당사자들이 그러한 권한을 부여하는 데 동의한 경우에 한하여 우의적 중재인 으로서 권한을 가지거나 또는 형평에 기하여 결정할 권한을 가진다.

제22조   중재의 진행

1. 중재판정부 및 당사자들은 분쟁의 복잡성 및 분쟁 대상 금액을 고려하여 신속하고 경제적 인 방식으로 중재절차를 진행하기 위하여 최선의 노력을 하여야 한다.

2. 중재판정부는 효과적인 사건 관리를 위하여, 당사자들과 협의한 후 적절하다고 판단하는 절 차적 방안을 채택할 수 있다. 단, 당사자들의 합의에 반하여서는 아니된다.

3. 당사자가 요청하는 경우, 중재판정부는 중재절차의 기밀유지 또는 중재와 관련된 기타 사 항에 대하여 명령을 내릴 수 있고, 영업비밀 및 비밀정보를 보호하기 위한 조치를 취할 수 있다.

4. 모든 경우에서, 중재판정부는 공정하고 공평하게 행동하여야 하며 각 당사자에게 진술을 할 적당한 기회를 부여하여야 한다.
5. 당사자들은 중재판정부가 내린 명령을 준수할 의무가 있다.

제23조   중재위탁요지서

1. 중재판정부는 사무국으로부터 기록을 수령하는 즉시 기록을 근거로 하거나 또는 당사자의 입회하에서 당사자가 최근에 제출한 서면을 고려하여 위탁사항을 확정하는 서류를 작성하 여야 한다. 이 서류는 다음의 사항을 포함하여야 한다.

   a) 당사자들 및 중재에서 당사자를 대리하는 자의 완전한 명칭과 그에 대한 설명, 주소 및 연락처
   b) 중재의 진행 중에 발생하는 통지와 연락을 받을 주소

   c) 금전신청의 경우에는 신청 금액 기타 신청의 경우에는 가능한 한까지 표시한 그 금전가 치의 추정액, 그리고 각 당사자의 신청 및 답변취지의 요지

   d) 중재판정부가 부적절하다고 인정하지 않는 한, 결정하여야 할 쟁점의 목록

e) the names in full, address and other contact details of each of the arbitrators;

f) the place of the arbitration; and

g) particulars of the applicable procedural rules and, if such is the case, reference to the power conferred upon the arbitral tribunal to act as *amiable compositeur* or to decide *ex aequo et bono*.

2. The Terms of Reference shall be signed by the parties and the arbitral tribunal. Within two months of the date on which the file has been transmitted to it, the arbitral tribunal shall transmit to the Court the Terms of Reference signed by it and by the parties. The Court may extend this time limit pursuant to a reasoned request from the arbitral tribunal or on its own initiative if it decides it is necessary to do so.

3. If any of the parties refuses to take part in the drawing up of the Terms of Reference or to sign the same, they shall be submitted to the Court for approval. When the Terms of Reference have been signed in accordance with Article 23(2) or approved by the Court, the arbitration shall proceed.

4. After the Terms of Reference have been signed or approved by the Court, no party shall make new claims which fall outside the limits of the Terms of Reference unless it has been authorized to do so by the arbitral tribunal, which shall consider the nature of such new claims, the stage of the arbitration and other relevant circumstances.

Article 24. Case Management Conference and Procedural Timetable

1. When drawing up the Terms of Reference or as soon as possible thereafter, the arbitral tribunal shall convene a case management conference to consult the parties on procedural measures that may be adopted pursuant to Article 22(2). Such measures may include one or more of the case management techniques described in Appendix IV.

2. During or following such conference, the arbitral tribunal shall establish the procedural timetable that it intends to follow for the conduct of the arbitration. The procedural timetable and any modifications thereto shall be communicated to the Court and the parties.

3. To ensure continued effective case management, the arbitral tribunal, after consulting the parties by means of a further case management conference or otherwise, may adopt further procedural measures or modify the procedural timetable.

　　e) 중재인의 완전한 성명, 주소 및 연락처

　　f) 중재지

　　g) 적용할 절차 규칙의 세부 사항 및 중재판정부에 우의적 중재인으로서 권한 또는 형평에
　　　기하여 결정할 권한이 부여되었다면 그 권한의 언급

2. 중재위탁요지서는 당사자와 중재판정부가 서명하여야 한다. 중재판정부는 기록이 송부된
날로부터 2월 내에 중재판정부 및 당사자가 서명한 중재위탁요지서를 중재법원에 송부하여
야 한다. 중재법원은 중재판정부가 이유를 기재하여 요청할 경우 따라 또는 필요하다고 결
정한 경우 직권으로 이 기한을 연장할 수 있다.

3. 어느 당사자가 중재위탁요지서를 작성하는데 불참하거나 또는 그 서명을 거부하는 경우, 중
재위탁요지서는 중재법원에 제출되어 승인을 받아야 한다. 중재위탁요지서가 제23조 제2항
에 따라 서명되거나 중재법원의 승인을 받으면 중재는 속행되어야 한다.

4. 중재위탁요지서가 서명되거나 중재법원의 승인을 받은 후에는, 당사자 누구도 중재판정부의
허가 없이 중재위탁요지서의 범위를 벗어나는 새로운 신청을 할 수 없다. 위 허가 여부를
결정함에 있어, 중재판정부는 새로운 신청의 성질, 중재의 단계, 기타 관련 상황 등을 고려
하여야 한다.

제24조　사건 관리 회의 및 절차 일정표

1. 중재위탁요지서를 작성할 때 또는 그 후 가능한 한 빨리, 중재판정부는 제22조 제2항에 따
라 채택하게 될 절차적 수단에 대하여 당사자들과 협의하기 위하여 사건 관리 회의를 개최
하여야 한다. 동 절차적 수단에는 부칙 IV에 명시된 1개 이상의 사건 관리 기술이 포함될
수 있다.

2. 동 사건 관리 회의 중 또는 그 후에 중재판정부는 중재절차의 진행을 위하여 준수하게 될
절차 일정표를 확정하여야 한다. 절차 일정표 및 그에 대한 수정은 중재법원과 당사자들에
게 통지하여야 한다.

3. 지속적이고 효과적인 사건 관리를 위하여, 중재판정부는 사건 관리 회의를 추가로 개최하는
등의 방법으로 당사자들과 협의한 후, 절차적 수단을 추가로 채택하거나 절차 일정표를 수
정할 수 있다.

4. Case management conferences may be conducted through a meeting in person, by video conference, telephone or similar means of communication. In the absence of an agreement of the parties, the arbitral tribunal shall determine the means by which the conference will be conducted. The arbitral tribunal may request the parties to submit case management proposals in advance of a case management conference and may request the attendance at any case management conference of the parties in person or through an internal representative.

Article 25. Establishing the Facts of the Case

1. The arbitral tribunal shall proceed within as short a time as possible to establish the facts of the case by all appropriate means.

2. After studying the written submissions of the parties and all documents relied upon, the arbitral tribunal shall hear the parties together in person if any of them so requests or, failing such a request, it may of its own motion decide to hear them.

3. The arbitral tribunal may decide to hear witnesses, experts appointed by the parties or any other person, in the presence of the parties, or in their absence provided they have been duly summoned.

4. The arbitral tribunal, after having consulted the parties, may appoint one or more experts, define their terms of reference and receive their reports. At the request of a party, the parties shall be given the opportunity to question at a hearing any such expert.

5. At any time during the proceedings, the arbitral tribunal may summon any party to provide additional evidence.

6. The arbitral tribunal may decide the case solely on the documents submitted by the parties unless any of the parties requests a hearing.

Article 26. Hearings

1. When a hearing is to be held, the arbitral tribunal, giving reasonable notice, shall summon the parties to appear before it on the day and at the place fixed by it.

2. If any of the parties, although duly summoned, fails to appear without valid excuse, the arbitral tribunal shall have the power to proceed with the hearing.

3. The arbitral tribunal shall be in full charge of the hearings, at which all the parties shall be entitled to be present. Save with the approval of the arbitral tribunal and the parties, persons not involved in the proceedings shall not be admitted.

4. 사건 관리 회의는 직접 참석하거나, 화상회의, 전화 또는 유사한 통신수단을 통하여 할 수 있다. 당사자 사이에 합의가 없는 경우, 중재판정부는 사건 관리 회의 개최 방식을 정할 수 있다. 중재판정부는 사건 관리 회의에 앞서 당사자들에게 사건 관리에 대한 제안 의견을 제출하도록 요청할 수 있으며, 당사자들이 직접 또는 내부 대표자를 통하여 사건 관리 회의에 참석하도록 할 수 있다.

제25조   사실관계의 확정

1. 중재판정부는 모든 적절한 수단을 이용하여 가능한 한 짧은 시간 내에 사건의 사실관계를 확정하여야 한다.

2. 당사자가 제출한 서면 기타 모든 근거 서류를 검토한 후, 중재판정부는 당사자 일방의 요구가 있을 경우 당사자들을 직접 심문하여야 한다. 그와 같은 요구가 없을 때에도 중재판정부 직권으로 당사자들을 심문할 것을 결정할 수 있다.

3. 중재판정부는 당사자가 참석한 가운데 증인, 당사자가 지명한 전문가, 그 밖에 다른 사람을 심문할 수 있다. 당사자가 정식으로 소환되었다면, 당사자가 참석하지 않았더라도 위 심문을 할 수 있다.

4. 중재판정부는 당사자들과 협의한 후 1인 이상의 전문가를 선정하고, 위탁사항을 정하여 보고를 받을 수 있다. 당사자의 요청이 있을 경우, 당사자들은 심문에서 위 전문가들에게 질문할 기회를 부여받는다.

5. 절차 진행 중 언제라도 중재판정부는 당사자를 소환하여 추가 증거를 제출하도록 할 수 있다.

6. 중재판정부는 당사자가 심리기일을 요구하지 않을 경우 당사자가 제출한 서류에만 의하여 사건의 판정을 내릴 수 있다.

제26조   심리

1. 심리가 열리게 될 경우, 중재판정부는 당사자들에게 적당한 통지를 하여 중재판정부가 정한 일시와 장소에 출석하도록 하여야 한다.

2. 당사자 일방이 정식으로 소환되었음에도 정당한 이유 없이 출석하지 아니한 경우, 중재판정부는 그 당사자 없이 심리를 진행할 권한을 가진다.

3. 중재판정부는 심리를 전적으로 관장하며, 모든 당사자는 심리에 참석할 자격이 있다. 해당 중재와 관련 없는 사람은 중재판정부와 당사자의 승인 없이는 심리에 참석할 수 없다.

4. The parties may appear in person or through duly authorized representatives. In addition, they may be assisted by advisers.

Article 27. Closing of the Proceedings and Date for Submission of Draft Awards

As soon as possible after the last hearing concerning matters to be decided in an award or the filing of the last authorized submissions concerning such matters, whichever is later, the arbitral tribunal shall:

a) declare the proceedings closed with respect to the matters to be decided in the award; and

b) inform the Secretariat and the parties of the date by which it expects to submit its draft award to the Court for approval pursuant to Article 33.

After the proceedings are closed, no further submission or argument may be made, or evidence produced, with respect to the matters to be decided in the award, unless requested or authorized by the arbitral tribunal.

Article 28. Conservatory and Interim Measures

1. Unless the parties have otherwise agreed, as soon as the file has been transmitted to it, the arbitral tribunal may, at the request of a party, order any interim or conservatory measure it deems appropriate. The arbitral tribunal may make the granting of any such measure subject to appropriate security being furnished by the requesting party. Any such measure shall take the form of an order, giving reasons, or of an award, as the arbitral tribunal considers appropriate.

2. Before the file is transmitted to the arbitral tribunal, and in appropriate circumstances even thereafter, the parties may apply to any competent judicial authority for interim or conservatory measures. The application of a party to a judicial authority for such measures or for the implementation of any such measures ordered by an arbitral tribunal shall not be deemed to be an infringement or a waiver of the arbitration agreement and shall not affect the relevant powers reserved to the arbitral tribunal.

Any such application and any measures taken by the judicial authority must be notified without delay to the Secretariat. The Secretariat shall inform the arbitral tribunal thereof.

4. 당사자는 본인이 직접 또는 적법하게 권한을 부여받은 대표자를 통하여 출석할 수 있다. 또한, 당사자는 자문을 받을 수 있다.

제27조   절차의 종결 및 중재판정문 초안 제출일

중재판정문에서 결정될 사안에 대한 최종 심리 후 또는 동 사안에 대하여 중재판정부가 허용한 최종 서면을 제출한 후 가능한 한 빠른 시일 내에, 중재판정부는

a) 중재판정문에서 결정될 사안에 관하여 절차의 종결을 선언하고,

b) 사무국과 당사자들에게 제33조에 의한 승인을 받기 위하여 중재법원에 중재판정문 초안을 제출할 예정 일자를 통지하여야 한다.

절차 종결 후에는 중재판정부가 요청하거나 허가한 경우를 제외하고, 중재판정문에서 결정될 사안에 대하여 추가 서면이나, 주장, 증거를 제출할 수 없다.

제28조   보전적 및 임시적 처분

1. 당사자가 달리 합의하지 않는 한, 기록이 송부되는 즉시, 중재판정부는 당사자 일방의 요청에 의하여 중재판정부가 적절하다고 인정하는 임시적 또는 보전적 처분을 명할 수 있다. 중재판정부는 이와 같은 처분을 요청하는 당사자가 적절한 담보를 제공하는 것을 조건으로 그러한 처분을 명할 수 있다. 그러한 처분은 중재판정부가 적절하다고 판단하는 바에 따라 이유를 붙인 명령 또는 판정의 형태를 취하여야 한다.

2. 기록이 중재판정부로 송부되기 전에, 또는 그 이후라도 적절한 상황이 있을 경우, 당사자는 권한 있는 사법당국에 임시적 또는 보전적 처분을 요청할 수 있다. 당사자가 사법당국에 대하여 그러한 처분을 신청하거나 중재판정부가 명한 처분의 이행을 신청하는 행위는 중재합의의 침해나 포기로 간주되어서는 아니되며, 중재판정부의 관련 권한에 영향을 미치지 않는다.

그러한 신청 및 사법당국이 취한 모든 처분은 지체없이 사무국에 통지되어야 한다. 사무국은 이를 중재판정부에 통보하여야 한다.

Article 29. Emergency Arbitrator

1. A party that needs urgent interim or conservatory measures that cannot await the constitution of an arbitral tribunal ("Emergency Measures") may make an application for such measures pursuant to the Emergency Arbitrator Rules in Appendix V. Any such application shall be accepted only if it is received by the Secretariat prior to the transmission of the file to the arbitral tribunal pursuant to Article 16 and irrespective of whether the party making the application has already submitted its Request for Arbitration.

2. The emergency arbitrator's decision shall take the form of an order. The parties undertake to comply with any order made by the emergency arbitrator.

3. The emergency arbitrator's order shall not bind the arbitral tribunal with respect to any question, issue or dispute determined in the order. The arbitral tribunal may modify, terminate or annul the order or any modification thereto made by the emergency arbitrator.

4. The arbitral tribunal shall decide upon any party's requests or claims related to the emergency arbitrator proceedings, including the reallocation of the costs of such proceedings and any claims arising out of or in connection with the compliance or noncompliance with the order.

5. Articles 29(1)-29(4) and the Emergency Arbitrator Rules set forth in Appendix V (collectively the "Emergency Arbitrator Provisions") shall apply only to parties that are either signatories of the arbitration agreement under the Rules that is relied upon for the application or successors to such signatories.

6. The Emergency Arbitrator Provisions shall not apply if:

   a) the arbitration agreement under the Rules was concluded before the date on which the Rules came into force;

   b) the parties have agreed to opt out of the Emergency Arbitrator Provisions; or

   c) the parties have agreed to another pre-arbitral procedure that provides for the granting of conservatory, interim or similar measures.

7. The Emergency Arbitrator Provisions are not intended to prevent any party from seeking urgent interim or conservatory measures from a competent judicial authority at any time prior to making an application for such measures, and in appropriate circumstances even thereafter, pursuant to the Rules. Any application for such measures from a competent judicial authority shall not be deemed to be an infringement or a waiver of the arbitration agreement. Any such application and any measures taken by the judicial authority must be notified without delay to the Secretariat.

제29조　긴급중재인

1. 중재판정부의 구성을 기다릴 수 없이 긴급한 임시적 또는 보전적 처분("긴급처분")이 필요한 당사자는 부칙 V의 긴급중재인 규칙에 따라 긴급처분 신청을 할 수 있다. 그러한 긴급처분 신청은 제16조에 따라 기록을 중재판정부에 송부하기 전에 사무국에 도달한 것만 접수되며, 신청 당사자가 중재신청서를 제출하였는지 여부는 불문한다.

2. 긴급중재인의 결정은 명령의 방식으로 이루어진다. 당사자들은 긴급중재인이 내린 명령을 준수하여야 한다.

3. 긴급중재인의 명령은 그 명령에서 결정된 질문, 쟁점 또는 분쟁에 관하여 중재판정부를 구속하지 아니한다. 중재판정부는 긴급중재인이 내린 명령 또는 그 명령에 대한 수정을 수정, 종료 또는 무효화할 수 있다.

4. 중재판정부는 긴급중재인 절차 비용에 대한 재할당, 명령에 대한 준수나 위반과 관련하여 발생하는 신청 등, 긴급중재인 절차와 연관된 당사자의 요청 또는 신청에 대하여 결정을 내려야 한다.

5. 제29조 제1항 내지 제4항 및 부칙 V에 기재된 긴급중재인 규칙(통칭하여 "긴급중재인 규정")은 긴급중재인 신청의 근거인 본 중재규칙상의 중재합의에 서명한 당사자 또는 그 승계인에 대해서만 적용된다.

6. 긴급중재인 규정은 아래의 경우 적용되지 않는다.
   a) 중재규칙상의 중재합의가 본 중재규칙의 시행일 전에 체결된 경우

   b) 당사자들이 긴급중재인 규정의 적용을 배제하기로 합의한 경우
   c) 당사자들이 보전적, 임시적 또는 유사한 처분을 허용하는 다른 중재전(前) 절차에 합의한 경우

7. 긴급중재인 규정에도 불구하고, 당사자는 본 중재규칙에 의거하여 긴급중재인 신청 전 언제라도 또는 그 후라도 적절한 상황에서 관할 사법당국에 긴급한 임시적 또는 보전적 처분을 구할 수 있다. 관할 사법당국에 대한 그러한 처분 신청은 중재합의에 대한 침해 또는 그 포기로 간주되지 않는다. 그러한 신청 및 사법당국이 내린 처분은 지체없이 사무국에게 통지되어야 한다.

AWARDS

Article 30. Time Limit for the Final Award

1. The time limit within which the arbitral tribunal must render its final award is six months. Such time limit shall start to run from the date of the last signature by the arbitral tribunal or by the parties of the Terms of Reference or, in the case of application of Article 23(3), the date of the notification to the arbitral tribunal by the Secretariat of the approval of the Terms of Reference by the Court. The Court may fix a different time limit based upon the procedural timetable established pursuant to Article 24(2).

2. The Court may extend the time limit pursuant to a reasoned request from the arbitral tribunal or on its own initiative if it decides it is necessary to do so.

Article 31. Making of the Award

1. When the arbitral tribunal is composed of more than one arbitrator, an award is made by a majority decision. If there is no majority, the award shall be made by the president of the arbitral tribunal alone.

2. The award shall state the reasons upon which it is based.

3. The award shall be deemed to be made at the place of the arbitration and on the date stated therein.

Article 32. Award by Consent

If the parties reach a settlement after the file has been transmitted to the arbitral tribunal in accordance with Article 16, the settlement shall be recorded in the form of an award made by consent of the parties, if so requested by the parties and if the arbitral tribunal agrees to do so.

Article 33. Scrutiny of the Award by the Court

Before signing any award, the arbitral tribunal shall submit it in draft form to the Court. The Court may lay down modifications as to the form of the award and, without affecting the arbitral tribunal's liberty of decision, may also draw its attention to points of substance. No award shall be rendered by the arbitral tribunal until it has been approved by the Court as to its form.

판 정

제30조 종국판정의 기한

1. 중재판정부가 종국판정을 내려야 할 기한은 6개월이다. 그 기한은 중재판정부나 당사자가 최종적으로 중재위탁요지서에 서명한 날로부터 또는, 제23조 제3항을 적용하는 경우 중재법원이 중재위탁요지서를 승인하였다는 사실을 사무국이 중재판정부에 통지한 날로부터 기산한다. 중재법원은 제24조 제2항에 따라 정한 절차 일정표를 근거로 기한을 달리 정할 수 있다.

2. 중재법원은 중재판정부가 이유를 붙여 요청하거나 또는 필요하다고 인정하는 경우에는 직권으로 기한을 연장할 수 있다.

제31조 판정

1. 중재판정부가 2인 이상의 중재인으로 구성된 경우 판정은 다수결에 의하여 이루어진다. 다수가 존재하지 않는 경우에는 의장중재인이 단독으로 판정한다.

2. 판정에는 그와 같은 판정을 내린 이유가 기재되어야 한다.
3. 판정은 중재지에서, 기재된 일자에 작성된 것으로 간주된다.

제32조 화해중재판정

제16조에 따라 기록이 중재판정부에 송부된 후에 당사자가 화해에 이르는 경우, 관련 당사자가 요청하고 중재판정부가 동의하면, 그러한 화해는 화해중재판정의 형식으로 기록된다.

제33조 중재법원의 판정 검토

중재판정부는 판정문에 서명하기 전에 판정문의 초안을 중재법원에 제출하여야 한다. 중재법원은 판정문의 형식을 수정할 수 있으며, 또 중재판정부의 결정의 자유에 영향을 주지 않고 실체적 쟁점에 관한 주의를 환기시킬 수 있다. 중재판정부는 그 형식에 관하여 중재법원의 승인을 얻기 전까지는 판정을 내릴 수 없다.

Article 34. Notification, Deposit and Enforceability of the Award

1. Once an award has been made, the Secretariat shall notify to the parties the text signed by the arbitral tribunal, provided always that the costs of the arbitration have been fully paid to the ICC by the parties or by one of them.

2. Additional copies certified true by the Secretary General shall be made available on request and at any time to the parties, but to no one else.

3. By virtue of the notification made in accordance with Article 34(1), the parties waive any other form of notification or deposit on the part of the arbitral tribunal.

4. An original of each award made in accordance with the Rules shall be deposited with the Secretariat.

5. The arbitral tribunal and the Secretariat shall assist the parties in complying with whatever further formalities may be necessary.

6. Every award shall be binding on the parties. By submitting the dispute to arbitration under the Rules, the parties undertake to carry out any award without delay and shall be deemed to have waived their right to any form of recourse insofar as such waiver can validly be made.

Article 35. Correction and Interpretation of the Award; Remission of Awards

1. On its own initiative, the arbitral tribunal may correct a clerical, computational or typographical error, or any errors of similar nature contained in an award, provided such correction is submitted for approval to the Court within 30 days of the date of such award.

2. Any application of a party for the correction of an error of the kind referred to in Article 35(1), or for the interpretation of an award, must be made to the Secretariat within 30 days of the receipt of the award by such party, in a number of copies as stated in Article 3(1). After transmittal of the application to the arbitral tribunal, the latter shall grant the other party a short time limit, normally not exceeding 30 days, from the receipt of the application by that party, to submit any comments thereon. The arbitral tribunal shall submit its decision on the application in draft form to the Court not later than 30 days following the expiration of the time limit for the receipt of any comments from the other party or within such other period as the Court may decide.

3. A decision to correct or to interpret the award shall take the form of an addendum and shall constitute part of the award. The provisions of Articles 31, 33 and 34 shall apply *mutatis mutandis*.

제34조　판정의 통지, 기탁 및 집행

1. 중재판정이 내려지면 사무국은 중재판정부가 서명한 판정문을 당사자에게 통지하여야 한다. 다만 이는 당사자 쌍방 또는 그 일방이 ICC에 중재비용을 완납한 경우에 한한다.

2. 요청이 있을 때는 언제든지 사무총장에 의하여 인증된 판정문의 추가본이 당사자들에게 제공되어야 한다. 그러나 당사자 아닌 자에게는 제공되지 아니한다.
3. 제34조 제1항에 따른 통지로써 당사자는 중재판정부로부터 다른 형식의 통지 또는 기탁을 받을 권리를 포기한다.
4. 본 중재규칙에 따라 작성된 각 판정문 원본은 사무국에 기탁된다.

5. 중재판정부와 사무국은 당사자가 추가로 필요한 절차를 이행하는 데 협조하여야 한다.

6. 모든 판정은 당사자들을 구속한다. 당사자들은 동 중재규칙에 따라 분쟁을 중재에 회부함으로써 어떠한 판정이라도 지체없이 이행할 의무를 부담할 뿐 아니라, 그러한 권리의 포기가 유효하게 이루어질 수 있는 한, 어떠한 형태의 불복에 관한 권리도 모두 포기한 것으로 간주된다.

제35조　판정의 정정 및 해석, 판정의 환송

1. 중재판정부는 직권으로 오기, 계산착오, 오탈자 또는 기타 판정문에 있는 유사한 오류를 정정할 수 있다. 다만 이러한 정정은 판정일로부터 30일 이내에 승인을 위하여 중재법원에 제출되어야 한다.

2. 제35조 제1항에 언급된 종류의 오류의 정정 또는 판정의 해석에 대한 당사자의 신청서는 그 당사자가 판정문을 수령한 날로부터 30일 이내에 제3조 제1항에 규정된 수만큼 사무국에 제출되어야 한다. 중재판정부로 신청서가 송부된 후, 중재판정부는 다른 당사자가 위 신청서를 수령한 날로부터 통상 30일을 초과하지 않는 짧은 기간을 두고 그 당사자에게 신청서에 대한 의견을 제출하게 하여야 한다. 중재판정부는 상대방의 의견 제출기간의 만료 후 30일을 이내 또는 중재법원이 결정하는 기간 내에 신청서에 대한 결정 초안을 중재법원에 제출하여야 한다.

3. 판정문의 정정 또는 해석에 대한 결정은 판정문에 대한 부록 형식으로 하며 판정의 일부를 구성한다. 이 경우 제31조, 제33조, 제34조가 준용된다.

4. Where a court remits an award to the arbitral tribunal, the provisions of Articles 31, 33, 34 and this Article 35 shall apply *mutatis mutandis* to any addendum or award made pursuant to the terms of such remission. The Court may take any steps as may be necessary to enable the arbitral tribunal to comply with the terms of such remission and may fix an advance to cover any additional fees and expenses of the arbitral tribunal and any additional ICC administrative expenses.

COSTS

Article 36. Advance to Cover the Costs of the Arbitration

1. After receipt of the Request, the Secretary General may request the claimant to pay a provisional advance in an amount intended to cover the costs of the arbitration until the Terms of Reference have been drawn up. Any provisional advance paid will be considered as a partial payment by the claimant of any advance on costs fixed by the Court pursuant to this Article 36.

2. As soon as practicable, the Court shall fix the advance on costs in an amount likely to cover the fees and expenses of the arbitrators and the ICC administrative expenses for the claims which have been referred to it by the parties, unless any claims are made under Article 7 or 8 in which case Article 36(4) shall apply. The advance on costs fixed by the Court pursuant to this Article 36(2) shall be payable in equal shares by the claimant and the respondent.

3. Where counterclaims are submitted by the respondent under Article 5 or otherwise, the Court may fix separate advances on costs for the claims and the counterclaims. When the Court has fixed separate advances on costs, each of the parties shall pay the advance on costs corresponding to its claims.

4. Where claims are made under Article 7 or 8, the Court shall fix one or more advances on costs that shall be payable by the parties as decided by the Court. Where the Court has previously fixed any advance on costs pursuant to this Article 36, any such advance shall be replaced by the advance(s) fixed pursuant to this Article 36(4), and the amount of any advance previously paid by any party will be considered as a partial payment by such party of its share of the advance(s) on costs as fixed by the Court pursuant to this Article 36(4).

4. 중재법원이 중재판정부에 판정문을 환송하는 경우, 환송의 취지에 따라 내려진 부록 또는 판정에는 제31조, 제33조, 제34조 및 본 제35조의 규정이 준용된다. 중재법원은 중재판정부가 위 환송취지를 준수하기 위하여 필요한 모든 조치를 취할 수 있고, 중재판정부의 추가 비용 및 추가 ICC 관리비용을 충당할 수 있는 예납금액을 정할 수 있다.

비 용

제36조 중재비용의 예납

1. 중재신청을 접수한 이후 사무총장은 신청인에게 중재위탁요지서가 작성될 때까지 소요되는 중재비용에 충당하기 위한 잠정 예납금을 납부하도록 요청할 수 있다. 지급된 잠정 예납금은 본 제35조에 따라 중재법원이 정하는 예납금을 신청인이 일부 지급한 것으로 간주된다.

2. 중재법원은 가능한 한 빨리 중재인의 보수와 경비, 당사자가 중재법원에 제기한 신청에 대한 ICC 관리비용 등을 충당할 수 있는 예납금액을 정하여야 한다. 제7조 또는 제8조에 의하여 신청이 제기된 경우에는 그러하지 아니하며, 이 경우에는 제36조 제4항이 적용된다. 중재법원이 본 제36조 제2항에 따라 정한 예납금은 신청인과 피신청인이 균등하게 부담하여야 한다.

3. 피신청인이 제5조 등에 따라 반대신청을 한 경우, 중재법원은 신청과 반대신청에 대하여 각각 별도의 예납금액을 정할 수 있다. 중재법원이 별도의 예납금액을 정한 경우, 각 당사자는 각자의 신청에 해당하는 예납금을 납부하여야 한다.

4. 신청이 제7조 또는 제8조에 의하여 제기된 경우, 중재법원은 당사자들이 납부하여야 할 1개 이상의 예납금을 정해야 한다. 중재법원이 제36조에 따라 이미 예납금을 정한 경우, 동 예납금은 본 제36조 제4항에 따라 정해진 예납금으로 대체되고, 이미 지급된 예납금은 중재법원이 본 제36조 제4항에 따라 정한 예납금 일부를 납부한 것으로 간주된다.

5. The amount of any advance on costs fixed by the Court pursuant to this Article 36 may be subject to readjustment at any time during the arbitration. In all cases, any party shall be free to pay any other party's share of any advance on costs should such other party fail to pay its share.

6. When a request for an advance on costs has not been complied with, and after consultation with the arbitral tribunal, the Secretary General may direct the arbitral tribunal to suspend its work and set a time limit, which must be not less than 15 days, on the expiry of which the relevant claims shall be considered as withdrawn. Should the party in question wish to object to this measure, it must make a request within the aforementioned period for the matter to be decided by the Court. Such party shall not be prevented, on the ground of such withdrawal, from reintroducing the same claims at a later date in another proceeding.

7. If one of the parties claims a right to a set-off with regard to any claim, such set-off shall be taken into account in determining the advance to cover the costs of the arbitration in the same way as a separate claim insofar as it may require the arbitral tribunal to consider additional matters.

Article 37. Decision as to the Costs of the Arbitration

1. The costs of the arbitration shall include the fees and expenses of the arbitrators and the ICC administrative expenses fixed by the Court, in accordance with the scale in force at the time of the commencement of the arbitration, as well as the fees and expenses of any experts appointed by the arbitral tribunal and the reasonable legal and other costs incurred by the parties for the arbitration.

2. The Court may fix the fees of the arbitrators at a figure higher or lower than that which would result from the application of the relevant scale should this be deemed necessary due to the exceptional circumstances of the case.

3. At any time during the arbitral proceedings, the arbitral tribunal may make decisions on costs, other than those to be fixed by the Court, and order payment.

4. The final award shall fix the costs of the arbitration and decide which of the parties shall bear them or in what proportion they shall be borne by the parties.

5. In making decisions as to costs, the arbitral tribunal may take into account such circumstances as it considers relevant, including the extent to which each party has conducted the arbitration in an expeditious and cost-effective manner.

5. 중재법원이 제36조에 따라 정한 예납금액은 중재 기간 동안 언제라도 재조정될 수 있다. 모든 경우에, 상대방이 자신의 부담부분을 납부하지 못한 경우, 당사자는 상대방 당사자의 부담부분 예납금을 자유롭게 납부할 수 있다.

6. 당사자가 예납 요청에 응하지 아니할 경우, 사무총장은 중재판정부와 상의한 후 중재판정부에 중재절차를 정지하도록 지시하고 15일 이상의 납부기한을 정하여 그 기간이 도과하면 관련 신청이 철회된 것으로 간주되도록 할 수 있다. 당사자가 위 조치에 이의하고자 할 경우, 그 당사자는 위 기간 내에 중재법원에 이 문제에 대한 판단을 요청하여야 한다. 그 당사자는 위 철회를 이유로 사후에 다른 절차를 통하여 동일한 신청을 다시 제출하는 데 제한을 받지 아니한다.

7. 어느 당사자가 신청에 대한 상계권을 주장하는 경우, 그러한 상계로 인해 중재판정부가 추가적인 문제를 판단하도록 요구된다면, 그러한 상계는 중재비용의 예납액을 결정함에 있어서는 별도의 신청과 같이 고려된다.

제37조 중재비용에 대한 결정

1. 중재비용은 중재가 개시되는 시점에 시행중인 요율표에 따른 중재인의 보수와 경비 그리고 중재법원이 결정한 ICC 관리비용, 중재판정부가 선정한 전문가의 보수와 경비, 중재 당사자에 의하여 발생한 상당한 범위 내의 법률 비용과 기타 비용을 포함한다.

2. 중재법원은 해당 사건의 예외적인 상황으로 인하여 필요하다고 인정하는 경우에는 중재인의 보수를 관련 요율보다 높거나 낮게 정할 수 있다.

3. 중재판정부는 중재 진행중 어느 시점에서든 중재법원이 결정하는 비용 이외의 비용에 대하여 결정하고 그 납부를 명할 수 있다.

4. 종국판정은 중재비용을 정하고, 어느 당사자가 이를 부담할 것인지 또는 당사자들이 어떤 비율로 이를 각 부담할 것인지를 결정하여야 한다.

5. 중재판정부는 비용에 대한 결정을 내릴 때, 각 당사자가 어느 정도 신속하고 경제적으로 중재에 참여하였는지 등 관련 있다고 판단하는 여러 상황을 고려해야 한다.

6. In the event of the withdrawal of all claims or the termination of the arbitration before the rendering of a final award, the Court shall fix the fees and expenses of the arbitrators and the ICC administrative expenses. If the parties have not agreed upon the allocation of the costs of the arbitration or other relevant issues with respect to costs, such matters shall be decided by the arbitral tribunal. If the arbitral tribunal has not been constituted at the time of such withdrawal or termination, any party may request the Court to proceed with the constitution of the arbitral tribunal in accordance with the Rules so that the arbitral tribunal may make decisions as to costs.

Miscellaneous

Article 38. Modified Time Limits

1. The parties may agree to shorten the various time limits set out in the Rules. Any such agreement entered into subsequent to the constitution of an arbitral tribunal shall become effective only upon the approval of the arbitral tribunal.

2. The Court, on its own initiative, may extend any time limit which has been modified pursuant to Article 38(1) if it decides that it is necessary to do so in order that the arbitral tribunal and the Court may fulfil their responsibilities in accordance with the Rules.

Article 39. Waiver

A party which proceeds with the arbitration without raising its objection to a failure to comply with any provision of the Rules, or of any other rules applicable to the proceedings, any direction given by the arbitral tribunal, or any requirement under the arbitration agreement relating to the constitution of the arbitral tribunal or the conduct of the proceedings, shall be deemed to have waived its right to object.

Article 40. Limitation of Liability

The arbitrators, any person appointed by the arbitral tribunal, the emergency arbitrator, the Court and its members, the ICC and its employees, and the ICC National Committees and Groups and their employees and representatives shall not be liable to any person for any act or omission in connection with the arbitration, except to the extent such limitation of liability is prohibited by applicable law.

6. 종국판정이 내려지기 전에 모든 신청이 철회되거나 중재가 종료된 경우, 중재법원은 중재인 보수 및 비용 그리고 ICC 관리비용을 확정해야 한다. 당사자들이 중재 비용의 분담 또는 비용과 관련된 다른 사안에 대하여 합의하지 못한 경우, 중재판정부가 이를 결정한다. 위 철회 또는 종료 시에 중재판정부가 구성되지 않은 경우, 당사자는 중재법원으로 하여금 본 중재규칙에 따라 중재판정부를 구성하도록 요청하여 비용에 대하여 결정하게 할 수 있다.

보 칙

제38조   기한의 변경

1. 당사자는 본 중재규칙에서 규정된 여러 가지 기간을 단축하는 데 합의할 수 있다. 중재판정부가 구성된 후 이루어진 그러한 합의는 중재판정부의 승인이 있어야만 효력이 있다.

2. 중재법원은 중재판정부와 법원이 본 중재규칙에 따른 의무를 이행하기 위해 필요하다고 결정하는 경우 제38조 제1항에 의하여 변경된 어떠한 기간이라도 직권으로 연장할 수 있다.

제39조   포기

중재에 적용되는 본 중재규칙 또는 그 밖의 다른 규칙의 규정, 중재판정부의 지시, 중재판정부의 구성이나 절차 진행과 관련한 중재합의 상의 요건 등이 지켜지지 않는 데 대하여, 당사자가 이의를 제기하지 않고 중재절차를 계속 진행하면 이의할 권리를 포기한 것으로 간주된다.

제40조   면책

중재인, 중재판정부가 임명한 자, 긴급중재인, 중재법원과 그 위원, ICC와 그 직원, ICC 국내위원회 및 국내그룹과 그 직원 및 대표자들은 준거법에 의하여 책임 제한이 금지되는 범위를 제외하고, 중재와 관련된 어떠한 작위 또는 부작위에 대하여 어느 누구에게도 책임을 지지 아니한다.

Article 41. General Rule

In all matters not expressly provided for in the Rules, the Court and the arbitral tribunal shall act in the spirit of the Rules and shall make every effort to make sure that the award is enforceable at law.

제41조   일반규칙

본 중재규칙에 명시적으로 규정되어 있지 않은 모든 사안에 관하여, 중재법원과 중재판정부는 본 중재규칙의 정신에 따라 행동하여야 하고 판정이 법에 따라 집행될 수 있도록 모든 노력을 다하여야 한다.

APPENDIX I
STATUTES OF THE INTERNATIONAL COURT OF ARBITRATION

Article 1. Function

1. The function of the International Court of Arbitration of the International Chamber of Commerce (the "Court") is to ensure the application of the Rules of Arbitration of the International Chamber of Commerce, and it has all the necessary powers for that purpose.

2. As an autonomous body, it carries out these functions in complete independence from the ICC and its organs.

3. Its members are independent from the ICC National Committees and Groups.

Article 2. Composition of the Court

The Court shall consist of a President,[1] Vice-Presidents,[2] and members and alternate members (collectively designated as members). In its work it is assisted by its Secretariat (Secretariat of the Court).

Article 3. Appointment

1. The President is elected by the ICC World Council upon the recommendation of the Executive Board of the ICC.

2. The ICC World Council appoints the Vice-Presidents of the Court from among the members of the Court or otherwise.

3. Its members are appointed by the ICC World Council on the proposal of National Committees or Groups, one member for each National Committee or Group.

4. On the proposal of the President of the Court, the World Council may appoint alternate members.

---

[1] Referred to as "Chairman of the International Court of Arbitration" in the Constitution of the International Chamber of Commerce.

[2] Referred to as "Vice-Chairman of the International Court of Arbitration" in the Constitution of the International Chamber of Commerce.

부칙 Ⅰ
국제중재법원 정관

제1조 역할

1. 국제상업회의소 국제중재법원("중재법원")의 역할은 ICC 중재규칙의 적용을 보장하는 것이며, 중재법원은 그 목적을 달성하기 위하여 필요한 모든 권한을 가진다.

2. 자치권을 가지는 기구로서, 중재법원은 ICC 및 그 기관들로부터 완전히 독립하여 그 역할을 수행한다.
3. 중재법원 위원들은 ICC 국내위원회 및 국내그룹으로부터 독립적이다.

제2조 중재법원의 구성

중재법원은 의장, 부의장 및 위원과 대체 위원(통칭하여 "위원들")으로 구성된다. 업무를 수행함에 있어서 중재법원은 자신의 사무국(사무국)의 도움을 받는다.

제3조 선임

1. 의장은 ICC 집행위원회(Executive Board)의 추천을 받아 ICC 이사회(World Council)에 의해 선출된다.
2. ICC 이사회는 중재법원의 위원들 중에서나 또는 달리 중재법원의 부의장을 선임한다.

3. ICC 이사회는 국내위원회 또는 국내그룹의 제안에 따라 각 위원회 또는 그룹당 1인의 중재법원 위원을 선임한다.
4. 중재법원 의장의 제안이 있을 경우, 이사회는 대체 위원을 선임할 수 있다.

5. The term of office of all members, including, for the purposes of this paragraph, the President and Vice-Presidents, is three years. If a member is no longer in a position to exercise the member's functions, a successor is appointed by the World Council for the remainder of the term. Upon the recommendation of the Executive Board, the duration of the term of office of any member may be extended beyond three years if the World Council so decides.

Article 4. Plenary Session of the Court

The Plenary Sessions of the Court are presided over by the President or, in the President's absence, by one of the Vice-Presidents designated by the President. The deliberations shall be valid when at least six members are present. Decisions are taken by a majority vote, the President or Vice-President, as the case may be, having a casting vote in the event of a tie.

Article 5. Committees

The Court may set up one or more Committees and establish the functions and organization of such Committees.

Article 6. Confidentiality

The work of the Court is of a confidential nature which must be respected by everyone who participates in that work in whatever capacity. The Court lays down the rules regarding the persons who can attend the meetings of the Court and its Committees and who are entitled to have access to materials related to the work of the Court and its Secretariat.

Article 7. Modification of the Rules of Arbitration

Any proposal of the Court for a modification of the Rules is laid before the Commission on Arbitration before submission to the Executive Board of the ICC for approval, provided, however, that the Court, in order to take account of developments in information technology, may propose to modify or supplement the provisions of Article 3 of the Rules or any related provisions in the Rules without laying any such proposal before the Commission.

5. 중재법원 의장, 부의장 등 모든 중재법원 위원의 임기는 3년이다. 어느 위원이 자신의 역할을 더 이상 수행할 수 없는 경우, 동 위원의 잔여 임기를 위한 후임자는 이사회가 선임한다. 집행위원회의 추천에 따라, ICC 이사회 결정으로 위원의 임기는 3년 이상으로 연장될 수 있다.

제4조   중재법원의 총회

의장 또는 의장 부재시에는 의장이 지정하는 부의장이 중재법원의 총회를 주재한다. 심의는 최소 6인의 위원의 출석한 경우 유효하다. 결정은 다수결에 의하되, 가부동수일 때는 경우에 따라 의장 또는 부의장이 결정권을 행사한다.

제5조   위원회

중재법원은 하나 이상의 위원회를 설립하고 동 위원회의 역할과 조직을 확립할 수 있다.

제6조   비밀유지

중재법원의 업무는 비밀이며 어떠한 자격에서든 동 업무에 참여하는 모든 사람은 이를 비밀로 유지하여야 한다. 중재법원은 중재법원 및 그 위원회 회의에 참석할 수 있는 사람과, 중재법원 및 그 사무국의 업무와 관련된 자료에 대한 접근권을 가지는 사람에 대한 규정을 정한다.

제7조   중재규칙의 변경

중재규칙 변경을 위한 중재법원의 제안은 그 승인을 받기 위하여 ICC 집행위원회에 제출되기 전에 중재위원회(Commission on Arbitration)에 제출된다. 단, 중재법원은 정보기술의 발전을 고려하여, 중재규칙 제3조의 규정 또는 관련 규정의 개정 또는 보충 제안을 중재위원회에 제출하지 않고 제안할 수 있다.

APPENDIX II
INTERNAL RULE OF THE INTERNATIONAL COURT OF ARBITRATION

Article 1. Confidential Character of the Work of the International Court of Arbitration

1. For the purposes of this Appendix, members of the Court include the President and Vice-Presidents of the Court.

2. The sessions of the Court, whether plenary or those of a Committee of the Court, are open only to its members and to the Secretariat.

3. However, in exceptional circumstances, the President of the Court may invite other persons to attend. Such persons must respect the confidential nature of the work of the Court.

4. The documents submitted to the Court, or drawn up by it or the Secretariat in the course of the Court's proceedings, are communicated only to the members of the Court and to the Secretariat and to persons authorized by the President to attend Court sessions.

5. The President or the Secretary General of the Court may authorize researchers undertaking work of an academic nature to acquaint themselves with awards and other documents of general interest, with the exception of memoranda, notes, statements and documents remitted by the parties within the framework of arbitration proceedings.

6. Such authorization shall not be given unless the beneficiary has undertaken to respect the confidential character of the documents made available and to refrain from publishing anything based upon information contained therein without having previously submitted the text for approval to the Secretary General of the Court.

7. The Secretariat will in each case submitted to arbitration under the Rules retain in the archives of the Court all awards, Terms of Reference and decisions of the Court, as well as copies of the pertinent correspondence of the Secretariat.

8. Any documents, communications or correspondence submitted by the parties or the arbitrators may be destroyed unless a party or an arbitrator requests in writing within a period fixed by the Secretariat the return of such documents, communications or correspondence. All related costs and expenses for the return of those documents shall be paid by such party or arbitrator.

부칙 II
국제중재법원 내부규칙

제1조 국제중재법원 업무의 비밀성

1. 본 부칙의 목적상, 중재법원의 위원이라 함은 의장 및 부의장들을 포함한다.

2. 중재법원의 회의는 총회인지 위원회 회의인지를 불문하고 그 위원들과 사무국에만 공개된다.

3. 단, 예외적인 경우, 중재법원의 의장은 다른 사람이 회의에 참석하도록 할 수 있는데, 그와 같이 회의에 참석하게 된 사람은 중재법원 업무의 비밀을 준수하여야 한다.

4. 중재법원 절차가 진행되는 과정에서 중재법원에 제출되거나 중재법원 또는 사무국에 의하여 작성되는 문서는 중재법원의 위원들, 사무국 및 의장이 중재법원 회의의 참석을 허가한 자에게만 전달된다.

5. 의장이나 사무총장은 학문적 성격의 업무를 수행하는 연구원들에게 중재절차의 기본틀 내에서, 당사자들이 제출한 의견서, 기록, 진술서 및 문서를 제외한 중재판정 및 기타 일반적 사항을 다루는 문서를 볼 권한을 부여할 수 있다.

6. 위 권한은 그 권한을 부여받는 사람이, 제공받은 문서의 비밀을 유지하고 사무총장에게 사전에 서면으로 승인을 요청하지 않고는 그 문서에 포함된 어떠한 내용에 대해서도 공표하지 않겠다고 확약할 경우에만 부여할 수 있다.

7. 사무국은 중재규칙에 의하여 중재에 회부되는 각 사건의 모든 판정, 중재위탁요지서, 중재법원의 결정 및 사무국의 관련 서신들의 사본을 법원의 문서 보관소에 보관한다.

8. 당사자들 또는 중재인이 제출한 문서, 연락 또는 서신은, 사무국이 정한 기간 이내에 어느 당사자 또는 중재인이 서면으로 동 문서, 연락 또는 서신의 반환을 요청하지 않는 한 파기될 수 있다. 이들 문서의 반환에 소요되는 모든 비용은 반환을 요청한 당사자 또는 중재인이 부담한다.

Article 2. Participation of Members of the International Court of Arbitration in ICC Arbitration

1. The President and the members of the Secretariat of the Court may not act as arbitrators or as counsel in cases submitted to ICC arbitration.

2. The Court shall not appoint Vice-Presidents or members of the Court as arbitrators. They may, however, be proposed for such duties by one or more of the parties, or pursuant to any other procedure agreed upon by the parties, subject to confirmation.

3. When the President, a Vice-President or a member of the Court or of the Secretariat is involved in any capacity whatsoever in proceedings pending before the Court, such person must inform the Secretary General of the Court upon becoming aware of such involvement.

4. Such person must be absent from the Court session whenever the matter is considered by the Court and shall not participate in the discussions or in the decisions of the Court.

5. Such person will not receive any material documentation or information pertaining to such proceedings.

Article 3. Relations between the Members of the Court and the ICC National Committees and Groups

1. By virtue of their capacity, the members of the Court are independent of the ICC National Committees and Groups which proposed them for appointment by the ICC World Council.

2. Furthermore, they must regard as confidential, vis-a-vis the said National Committees and Groups, any information concerning individual cases with which they have become acquainted in their capacity as members of the Court, except when they have been requested by the President of the Court, by a Vice-President of the Court authorized by the President of the Court, or by the Court's Secretary General to communicate specific information to their respective National Committees or Groups.

Article 4. Committee of the Court

1. In accordance with the provisions of Article 1(4) of the Rules and Article 5 of its statutes (Appendix I), the Court hereby establishes a Committee of the Court.

제2조 중재법원 위원의 ICC 중재의 참여

1. 의장과 중재법원 사무국 위원들은 ICC 중재에 회부되는 사건에서 중재인이나 자문 역할을 수행할 수 없다.
2. 중재법원은 부의장이나 중재법원 위원들을 중재인으로 임명하지 않는다. 단, 위 사람들은 1인 이상의 당사자들에 의하여 또는 당사자들이 합의한 기타 절차에 의하여 중재인이 될 수 있으며, 이 경우 확인절차를 거쳐야 한다.
3. 의장, 부의장 또는 중재법원이나 사무국의 위원은 어떠한 자격으로든 중재법원에 계류중인 절차에 관여하게 되는 경우, 그 사람은 그러한 관여 사실을 알게 되는 즉시 중재법원의 사무총장에게 이를 알려야 한다.

4. 그 사람은 중재법원이 해당 사건을 심의하는 중에는 법원의 회의에 참석해서는 안되며 해당 절차와 관련된 중재법원의 논의나 결정에 참여하여서는 안된다.
5. 그 사람은 그 절차에 관한 중요한 서류나 기타 정보를 일절 수령하지 않는다.

제3조 중재법원 위원과 ICC 국내위원회 또는 국내그룹 간의 관계

1. 중재법원의 위원들은 그 자격에 있어, 그들을 ICC 이사회에 지명할 것을 제안한 ICC 국내위원회 또는 국내그룹으로부터 독립적이다.

2. 나아가, 위 위원들은 자신이 중재법원의 위원으로서 알게 된 개별 사건에 관한 정보를 ICC 국내위원회 또는 국내그룹에 대하여 비밀로 유지하여야 한다. 단, 중재법원의 의장, 의장이 권한을 부여한 부의장, 또는 사무총장이 특정 정보를 그 위원들 각자의 국내위원회 또는 국내그룹에게 알리도록 요청한 경우는 제외한다.

제4조 중재법원의 위원회(Committee)
1. 중재규칙 제1조 제4항 및 부칙 I의 제5조의 규정에 따라, 중재법원은 본 규칙에 의하여 중재법원의 위원회를 설립한다.

2. The members of the Committee consist of a president and at least two other members. The President of the Court acts as the president of the Committee. In the President's absence or otherwise at the President's request, a Vice-President of the Court or, in exceptional circumstances, another member of the Court may act as president of the Committee.

3. The other two members of the Committee are appointed by the Court from among the Vice-presidents or the other members of the Court. At each Plenary Session the Court appoints the members who are to attend the meetings of the Committee to be held before the next Plenary Session.

4. The Committee meets when convened by its president. Two members constitute a quorum.

5. (a) The Court shall determine the decisions that may be taken by the Committee.

   (b) The decisions of the Committee are taken unanimously.

   (c) When the Committee cannot reach a decision or deems it preferable to abstain, it transfers the case to the next Plenary Session, making any suggestions it deems appropriate.

   (d) The Committee's decisions are brought to the notice of the Court at its next Plenary Session.

Article 5. Court Secretariat

1. In the Secretary General's absence or otherwise at the Secretary General's request, the Deputy Secretary General and/or the General Counsel shall have the authority to refer matters to the Court, confirm arbitrators, certify true copies of Awards and request the payment of a provisional advance, respectively provided for in Articles 6(3), 13(2), 34(2) and 36(1) of the Rules.

2. The Secretariat may, with the approval of the Court, issue notes and other documents for the information of the parties and the arbitrators, or as necessary for the proper conduct of the arbitral proceedings.

3. Offices of the Secretariat may be established outside the headquarters of the ICC. The Secretariat shall keep a list of offices designated by the Secretary General. Requests for Arbitration may be submitted to the Secretariat at any of its offices, and the Secretariat's functions under the Rules may be carried out from any of its offices, as instructed by the Secretary General, Deputy Secretary General or General Counsel.

2. 위원회의 위원은 의장과 최소 2인의 다른 위원들로 구성된다. 중재법원의 의장은 위원회의 의장 역할을 수행한다. 의장의 부재시 또는 의장의 요청시, 중재법원의 부의장 또는 예외적 상황에서는 중재법원의 다른 위원이 위원회 의장의 역할을 수행할 수 있다.

3. 위원회의 나머지 2인의 위원은 중재법원에 의하여 중재법원의 부의장 또는 중재법원의 다른 위원들 중 선임된다. 중재법원의 각 총회에서는 다음 총회 전에 개최되는 위원회에 참석할 위원을 선임한다.

4. 위원회 회의는 그 의장이 소집하는 경우 개최되며 정족수는 2인의 위원으로 성립된다.

5. (a) 중재법원은 위원회가 결정할 사항을 정한다.
   (b) 위원회의 결정은 만장일치로 한다.
   (c) 위원회가 결정을 내리지 못하거나 결정을 내리지 않는 것이 더 바람직하다고 판단하는 경우, 위원회는 적절하다고 판단하는 제안과 함께 해당 사건을 다음 총회로 전달한다.

   (d) 위원회의 결정은 중재법원의 다음 총회에서 논의된다.

제5조 중재법원 사무국

1. 사무총장의 부재시 또는 사무총장이 요청하는 경우, 부사무총장 또는 총괄고문은 각각 중재규칙 제6조 제3항에 따라 중재법원에 사건을 회부할 수 있는 권한, 제13조 제2항에 따라 중재인을 확정할 수 있는 권한, 제34조 제2항에 따라 판정문을 인증할 권한 및 제36조 제1항에 따라 예납금의 지급을 요청할 수 있는 권한을 갖는다.

2. 사무국은 중재법원의 승인을 얻어 당사자들과 중재인에게 알리거나 중재절차를 적절히 수행하기 위하여 필요한 기록 및 기타 문서를 발행할 수 있다.

3. 사무국의 사무소는 ICC 본부외 지역에도 설립 가능하다. 사무국은 사무총장이 지정한 사무소 목록을 작성 보관하여야 한다. 중재신청서는 사무국의 어느 사무소에서든 제출 가능하며, 본 규칙에 따른 사무국의 역할은 사무총장, 부사무총장 또는 총괄고문이 지시하는 대로 모든 사무소에서 수행할 수 있다.

Article 6. Scrutiny of Arbitral Awards

When the Court scrutinizes draft awards in accordance with Article 33 of the Rules, it considers, to the extent practicable, the requirements of mandatory law at the place of the arbitration.

제6조 중재판정의 검토

중재법원이 본 규칙 제33조에 따라 판정문의 초안을 검토하는 경우, 중재판정은 가능한 한 중재지 강행법규의 요건을 고려한다.

APPENDIX III
ARBITRATION ON COSTS AND FEES

Article 1. Advance on Costs

1. Each request to commence an arbitration pursuant to the Rules must be accompanied by a filing fee of US$3,000. Such payment is non-refundable and shall be credited to the claimant's portion of the advance on costs.

2. The provisional advance fixed by the Secretary General according to Article 36(1) of the Rules shall normally not exceed the amount obtained by adding together the ICC administrative expenses, the minimum of the fees (as set out in the scale hereinafter) based upon the amount of the claim and the expected reimbursable expenses of the arbitral tribunal incurred with respect to the drafting of the Terms of Reference. If such amount is not quantified, the provisional advance shall be fixed at the discretion of the Secretary General. Payment by the claimant shall be credited to its share of the advance on costs fixed by the Court.

3. In general, after the Terms of Reference have been signed or approved by the Court and the procedural timetable has been established, the arbitral tribunal shall, in accordance with Article 36(6) of the Rules, proceed only with respect to those claims or counterclaims in regard to which the whole of the advance on costs has been paid.

4. The advance on costs fixed by the Court according to Articles 36(2) or 36(4) of the Rules comprises the fees of the arbitrator or arbitrators (hereinafter referred to as "arbitrator"), any arbitration-related expenses of the arbitrator and the ICC administrative expenses.

5. Each party shall pay its share of the total advance on costs in cash. However, if a party's share of the advance on costs is greater than US$500,000 (the "Threshold Amount"), such party may post a bank guarantee for any amount above the Threshold Amount. The Court may modify the Threshold Amount at any time at its discretion.

6. The Court may authorize the payment of advances on costs, or any party's share thereof, in instalments, subject to such conditions as the Court thinks fit, including the payment of additional ICC administrative expenses.

7. A party that has already paid in full its share of the advance on costs fixed by the Court may, in accordance with Article 36(5) of the Rules, pay the unpaid portion of the advance owed by the defaulting party by posting a bank guarantee.

부칙 III
중재 비용 및 보수

제1조 예납

1. 중재규칙에 따른 중재 신청을 하기 위해서는 신청비용으로 미화 3,000달러를 예납하여야 한다. 이와 같이 납입된 예납금은 환불되지 아니하며, 전체 예납금 중 신청인의 몫으로 취급된다.

2. 중재규칙 제36조 1항에 따라 사무총장이 정하는 잠정 예납금은 통상 ICC 관리비용, 신청액을 기준으로 한 최소 보수(아래 요율표에 따름) 및 중재위탁요지서의 초안 작성과 관련하여 발생하는 중재판정부의 예상 상환가능 비용을 모두 더한 금액을 초과하지 않는다. 위 금액이 정해지지 않을 경우, 중재법원 사무총장은 재량으로 잠정 예납금을 결정할 수 있다. 신청인이 납부한 예납금은 중재법원이 결정한 예납금 중 신청인의 부담부분에 충당된다.

3. 일반적으로 중재위탁요지서가 서명되거나 중재법원이 이를 승인하고 절차 일정표가 결정된 후 중재판정부는 중재규칙 제36조 제6항에 따라 모든 예납금의 납부가 이루어진 신청 또는 반대신청에 대해서만 절차를 진행할 수 있다.

4. 중재규칙 제36조 제2항 또는 제36조 제4항에 따라 중재법원이 정한 예납금은 중재인 또는 중재인들("중재인")의 보수, 중재인이 지출한 중재관련 경비, ICC 관리비용 등으로 구성된다.

5. 각 당사자는 전체 예납금에서 자신의 몫을 현금으로 납부하여야 한다. 그러나 그 몫이 미화 500,000달러("기준금액")를 초과하는 경우, 그 당사자는 기준금액을 초과하는 금액에 대한 은행의 지급보증을 받음으로써 예납금의 지급에 갈음할 수 있다. 중재법원은 재량으로 기준금액을 변경할 수 있다.

6. 중재법원은 ICC 관리비용 추가 납부 등 중재법원이 적절하다고 판단하는 조건에 따라 예납금 또는 어느 당사자의 몫을 분할납부하도록 허용할 수 있다.

7. 중재법원이 정한 예납금 중 자기 부담부분을 완납한 당사자는 중재규칙 제36조 제5항에 따라 예납금을 지불하지 않은 당사자의 미납 예납금을 대신 납부할 수 있고, 이를 은행보증으로써 할 수 있다.

8. When the Court has fixed separate advances on costs pursuant to Article 36(3) of the Rules, the Secretariat shall invite each party to pay the amount of the advance corresponding to its respective claim(s).

9. When, as a result of the fixing of separate advances on costs, the separate advance fixed for the claim of either party exceeds one half of such global advance as was previously fixed (in respect of the same claims and counterclaims that are the subject of separate advances), a bank guarantee may be posted to cover any such excess amount. In the event that the amount of the separate advance is subsequently increased, at least one half of the increase shall be paid in cash.

10. The Secretariat shall establish the terms governing all bank guarantees which the parties may post pursuant to the above provisions.

11. As provided in Article 36(5) of the Rules, the advance on costs may be subject to readjustment at any time during the arbitration, in particular to take into account fluctuations in the amount in dispute, changes in the amount of the estimated expenses of the arbitrator, or the evolving difficulty or complexity of arbitration proceedings.

12. Before any expertise ordered by the arbitral tribunal can be commenced, the parties, or one of them, shall pay an advance on costs fixed by the arbitral tribunal sufficient to cover the expected fees and expenses of the expert as determined by the arbitral tribunal. The arbitral tribunal shall be responsible for ensuring the payment by the parties of such fees and expenses.

13. The amounts paid as advances on costs do not yield interest for the parties or the arbitrator.

Article 2. Costs and Fees

1. Subject to Article 37(2) of the Rules, the Court shall fix the fees of the arbitrator in accordance with the scale hereinafter set out or, where the amount in dispute is not stated, at its discretion.

2. In setting the arbitrator's fees, the Court shall take into consideration the diligence and efficiency of the arbitrator, the time spent, the rapidity of the proceedings, the complexity of the dispute and the timeliness of the submission of the draft award, so as to arrive at a figure within the limits specified or, in exceptional circumstances (Article 37(2) of the Rules), at a figure higher or lower than those limits.

8. 중재규칙 제36조 제3항에 따라 중재법원이 신청과 반대신청을 분리하여 예납금을 정한 경우, 사무국은 각 당사자에게 각자의 신청에 상응하는 예납금을 납부하도록 요청하여야 한다.

9. 예납금을 분리 결정한 결과 각 당사자의 신청에 대한 분리 예납금이 (분리 예납금의 대상인 신청 및 반대신청과 관련하여) 이미 결정된 예납금 총액의 1/2을 초과하는 경우, 그 당사자는 은행의 지급보증을 받음으로써 초과 금액의 지불에 갈음할 수 있다. 단, 그 후 분리 예납금의 금액이 증가되는 경우, 증가된 금액의 최소 1/2은 현금으로 납부하여야 한다.

10. 사무국은 당사자들이 위 조항들에 따라 설정하는 모든 은행 지급보증에 관하여 규율하는 규정을 제정하여야 한다.

11. 중재규칙 제36조 제5항에 규정된 바와 같이 예납금은 중재가 진행되는 도중 언제라도 재조정될 수 있다. 특히 재조정은 분쟁금액의 변동, 예상했던 중재인 비용의 변화, 중재절차의 진행 과정상 나타나는 어려움 또는 중재절차의 복잡성 등을 고려하여 행한다.

12. 중재판정부의 지시에 의한 전문가 작업이 개시되기 전에, 당사자들 또는 당사자 1인은 전문가의 보수 및 비용을 충당하기에 충분하다고 중재판정부가 결정한 금액을 예납해야 한다. 중재판정부는 위 보수와 비용에 대한 당사자들의 지급을 보장할 책임을 진다.

13. 예납금으로 납부된 금액은 당사자들 또는 중재인을 위한 이자가 발생하지 않는다.

제2조 요금 및 보수

1. 중재규칙 제37조 2항에 따라, 중재법원은 아래 규정된 요율표에 따라, 분쟁금액이 명시되지 않은 경우에는 그 재량에 따라 중재인의 보수를 정한다.

2. 중재인 보수를 정함에 있어 중재법원은 명시된 범위 내의 금액을 산출하기 위하여, 예외적인 경우에는(중재규칙 제37조 제2항) 그 범위보다 높거나 낮은 금액을 산출하기 위하여 중재인의 노력과 효율성, 소요기간, 절차의 신속성, 분쟁의 복잡성 및 판정문 초안 제출의 적시성을 고려하여야 한다.

3. When a case is submitted to more than one arbitrator, the Court, at its discretion, shall have the right to increase the total fees up to a maximum which shall normally not exceed three times the fees of one arbitrator.

4. The arbitrator's fees and expenses shall be fixed exclusively by the Court as required by the Rules. Separate fee arrangements between the parties and the arbitrator are contrary to the Rules.

5. The Court shall fix the ICC administrative expenses of each arbitration in accordance with the scale hereinafter set out or, where the amount in dispute is not stated, at its discretion. In exceptional circumstances, the Court may fix the ICC administrative expenses at a lower or higher figure than that which would result from the application of such scale, provided that such expenses shall normally not exceed the maximum amount of the scale.

6. At any time during the arbitration, the Court may fix as payable a portion of the ICC administrative expenses corresponding to services that have already been performed by the Court and the Secretariat.

7. The Court may require the payment of administrative expenses in addition to those provided in the scale of administrative expenses as a condition for holding an arbitration in abeyance at the request of the parties or of one of them with the acquiescence of the other.

8. If an arbitration terminates before the rendering of a final award, the Court shall fix the fees and expenses of the arbitrators and the ICC administrative expenses at its discretion, taking into account the stage attained by the arbitral proceedings and any other relevant circumstances.

9. Any amount paid by the parties as an advance on costs exceeding the costs of the arbitration fixed by the Court shall be reimbursed to the parties having regard to the amounts paid.

10. In the case of an application under Article 35(2) of the Rules or of a remission pursuant to Article 35(4) of the Rules, the Court may fix an advance to cover additional fees and expenses of the arbitral tribunal and additional ICC administrative expenses and may make the transmission of such application to the arbitral tribunal subject to the prior cash payment in full to the ICC of such advance. The Court shall fix at its discretion the costs of the procedure following an application or a remission, which shall include any possible fees of the arbitrator and ICC administrative expenses, when approving the decision of the arbitral tribunal.

3. 사건이 2인 이상의 중재인에게 회부된 경우 중재법원은 그 재량에 따라 통상 중재인 1인의 보수의 3배에 해당하는 금액을 초과하지 않는 범위 내에서 전체 보수를 인상할 수 있는 권리를 가진다.

4. 중재인의 보수와 비용은 중재규칙이 정한 바에 따라 중재법원이 독점적으로 정한다. 당사자들과 중재인 간 보수에 관한 별도의 합의는 중재규칙에 위반된다.

5. 중재법원은 아래 기재된 요율표에 따라 각 중재의 ICC 관리비용을 정하며, 분쟁금액이 명시되어 있지 않은 경우에는 그 재량에 따라 정한다. 예외적인 경우 중재법원은 요율표보다 낮거나 높은 금액의 ICC 관리비용을 정할 수 있다. 이러한 경우의 비용은 통상 요율표의 최대 금액을 초과해서는 안된다.

6. 중재법원은 중재가 진행되는 동안 언제라도 중재법원 및 사무국이 이미 수행한 업무에 상응하는 ICC 관리비용 일부를 납부되어야 할 금액으로 정할 수 있다.

7. 중재법원은 당사자들이 신청할 경우 또는 당사자들 중 1인의 요청하고 상대방의 묵인이 있을 경우, 중재를 정지하는 조건으로 관리비용 요율표에 규정된 비용에 더하여 추가로 관리비용의 납부를 요구할 수 있다.

8. 만약 중재가 종국판정 이전에 종료될 경우, 중재법원은 중재절차의 단계와 기타 관련 상황을 고려하여 그 재량에 따라 중재인의 보수 및 비용 그리고 ICC 관리비용을 정할 수 있다.

9. 당사자들이 예납한 금액이 중재법원이 정한 중재비용을 초과하는 경우 그 초과 금액은 당사자들에게 반환되어야 한다.

10. 중재규칙 제35조 제2항이 적용되는 경우 또는 중재규칙 제35조 제4항에 따라 판정문이 환송되는 경우, 중재법원은 중재판정부의 추가 보수와 비용 및 추가적인 ICC 관리비용에 충당할 예납금을 정할 수 있으며, 이 예납금을 ICC에 현금으로 사전 완납하는 것을 중재판정부에 대한 신청서 전달의 조건으로 할 수 있다. 중재법원은 중재판정부의 결정을 승인할 때 신청 또는 환송 후 절차와 관련하여 발생된 비용을 그 재량에 따라 결정해야 하는데, 이 비용에는 가능한 중재인의 보수 및 ICC 관리비용이 포함된다.

11. The Secretariat may require the payment of administrative expenses in addition to those provided in the scale of administrative expenses for any expenses arising in relation to a request pursuant to Article 34(5) of the Rules.

12. When an arbitration is preceded by an attempt at amicable resolution pursuant to the ICC ADR Rules, one half of the ICC administrative expenses paid for such ADR proceedings shall be credited to the ICC administrative expenses of the arbitration.

13. Amounts paid to the arbitrator do not include any possible value added tax (VAT) or other taxes or charges and imposts applicable to the arbitrator's fees. Parties have a duty to pay any such taxes or charges; however, the recovery of any such charges or taxes is a matter solely between the arbitrator and the parties.

14. Any ICC administrative expenses may be subject to value added tax (VAT) or charges of a similar nature at the prevailing rate.

Article 3. ICC as Appointing Authority

Any request received for an authority of the ICC to act as appointing authority will be treated in accordance with the Rules of ICC as Appointing Authority in UNCITRAL or Other *Ad Hoc* Arbitration Proceedings and shall be accompanied by a non-refundable filing fee of US$3,000. No request shall be processed unless accompanied by the said filing fee. For additional services, ICC may at its discretion fix ICC administrative expenses, which shall be commensurate with the services provided and shall normally not exceed the maximum amount of US$10,000.

Article 4. Scales of Administrative Expenses and Arbitrator's Fees

1. The Scales of Administrative Expenses and Arbitrator's Fees set forth below shall be effective as of 1 January 2012 in respect of all arbitrations commenced on or after such date, irrespective of the version of the Rules applying to such arbitrations.

2. To calculate the ICC administrative expenses and the arbitrator's fees, the amounts calculated for each successive tranche of the amount in dispute must be added together, except that where the amount in dispute is over US$500 million, a flat amount of US$ 113,215 shall constitute the entirety of the ICC administrative expenses.

3. All amounts fixed by the Court or pursuant to any of the appendices to the Rules are payable in US$ except where prohibited by law, in which case the ICC may apply a different scale and fee arrangement in another currency.

11. 사무국은 중재규칙 제34조 제5항에 의한 신청과 관련하여 발생한 비용에 대하여 관리비용 요율표에 기재된 금액에 추가하여 관리비용의 지급을 요구할 수 있다.

12. 중재에 앞서 ICC ADR 규칙에 따른 우호적 해결을 시도한 경우, 동 ADR 절차를 위해 지급된 ICC 관리비용의 절반은 중재의 ICC 관리비용으로 충당된다.

13. 중재인에게 지급된 금액에는 중재인 보수에 적용되는 부가세, 기타 조세, 신청금, 부과금 등이 포함되지 않는다. 당사자들은 동 조세나 신청금을 납부할 의무를 진다. 단, 이러한 조세나 신청금의 반환은 전적으로 중재인과 관련 당사자 간의 문제이다.

14. 모든 ICC 관리비용은 해당 적용요율 기준으로 부가세 또는 유사한 성격의 부과금의 부과 대상이다.

제3조 임명당국으로서의 ICC

ICC에 대하여 임명당국으로서의 역할을 수행할 것을 요구하는 신청은 「UNCITRAL이나 기타 비기관중재 절차에서 임명당국으로서 ICC 규칙」(Rules of ICC as Appointing Authority in UNCITRAL or Other Ad Hoc Arbitration Proceedings)에 따라 처리되며, 위 신청을 처리하기 위하여는 미화 3,000달러의 접수비가 납부되어야 하고 이는 환불되지 않는다. 위 접수비가 지급되지 않는 한 요청에 기한 절차는 진행되지 않는다. 추가 업무를 위해 ICC는 자신의 재량으로 ICC 관리비용을 정할 수 있는데, 동 관리비용은 제공 업무에 부합하여야 하며 통상 최대 미화 10,000달러를 초과하지 않아야 한다.

제4조 관리비용과 중재인 보수 요율표

1. 아래 명시한 관리비용 및 중재인 보수 요율표는 2012. 1. 1. 현재 또는 그 이후 개시되는 모든 중재와 관련하여, 동 중재에 적용되는 중재규칙의 판본에 관계없이 효력을 가진다.

2. ICC 관리비용과 중재인 보수를 산출할 때는 분쟁금액의 연속 구간별로 산출된 금액을 합산하여야 한다. 단, 분쟁금액이 미화 5억 달러를 초과한 경우, 미화 113,215달러의 고정 금액이 ICC 관리비용 총액이 된다.

3. 중재법원이 정하였거나 중재규칙의 부칙에 의하여 정한 모든 금액은 법으로 금지되는 경우를 제외하고 미국 달러화로 지급되어야 한다. 단, 법으로 미국 달러화 지급이 금지되는 경우, ICC는 다른 통화로 별도의 요율표와 보수약정을 적용할 수 있다.

A. ADMINISTRATIVE EXPENSES

Amount in dispute (in US Dollars)				Administrative expenses(*)
up to			50,000	$3,000
from	50,001	to	100,000	4.73%
from	100,001	to	200,000	2.53%
from	200,001	to	500,000	2.09%
from	500,001	to	1,000,000	1.51%
from	1,000,001	to	2,000,000	0.95%
from	2,000,001	to	5,000,000	0.46%
from	5,000,001	to	10,000,000	0.25%
from	10,000,001	to	30,000,000	0.10%
from	30,000,001	to	50,000,000	0.09%
from	50,000,001	to	80,000,000	0.01%
from	80,000,001	to	500,000,000	0.0035%
over	500,000,000			$113,215

(*) For illustrative purposes only, the table on the following page indicates the resulting administrative expenses in US$ when the proper calculations have been made.

B. ARBITRATOR'S FEES

Amount in dispute (in US Dollars)				Fees (**)	
				minimum	maximum
up to			50,000	$3,000	18.0200%
from	50,001	to	100,000	2.6500%	13.5680%
from	100,001	to	200,000	1.4310%	7.6850%
from	200,001	to	500,000	1.3670%	6.8370%
from	500,001	to	1,000,000	0.9540%	4.0280%
from	1,000,001	to	2,000,000	0.6890%	3.6040%
from	2,000,001	to	5,000,000	0.3750%	1.3910%
from	5,000,001	to	10,000,000	0.1280%	0.9100%
from	10,000,001	to	30,000,000	0.0640%	0.2410%
from	30,000,001	to	50,000,000	0.0590%	0.2280%
from	50,000,001	to	80,000,000	0.0330%	0.1570%
from	80,000,001	to	100,000,000	0.0210%	0.1150%
from	100,000,001	to	500,000,000	0.0110%	0.0580%
over	500,000,000			0.0100%	0.0400%

(**) For illustrative purposes only, the table on the following page indicates the resulting range of fees in US$ when the proper calculations have been made.

A. 관리비용

분쟁금액 (미 달러화)				관리비용(*)
up to			50,000	$3,000
from	50,001	to	100,000	4.73%
from	100,001	to	200,000	2.53%
from	200,001	to	500,000	2.09%
from	500,001	to	1,000,000	1.51%
from	1,000,001	to	2,000,000	0.95%
from	2,000,001	to	5,000,000	0.46%
from	5,000,001	to	10,000,000	0.25%
from	10,000,001	to	30,000,000	0.10%
from	30,000,001	to	50,000,000	0.09%
from	50,000,001	to	80,000,000	0.01%
from	80,000,001	to	500,000,000	0.0035%
over	500,000,000			$113,215

(*) 이해를 돕기 위하여 관리비용 계산표를 예시로 다음 면에 제시해 두었음.

B. 중재인 보수

분쟁금액 (미 달러화)				보수 (**)	
				최 소	최 대
up to			50,000	$3,000	18.0200%
from	50,001	to	100,000	2.6500%	13.5680%
from	100,001	to	200,000	1.4310%	7.6850%
from	200,001	to	500,000	1.3670%	6.8370%
from	500,001	to	1,000,000	0.9540%	4.0280%
from	1,000,001	to	2,000,000	0.6890%	3.6040%
from	2,000,001	to	5,000,000	0.3750%	1.3910%
from	5,000,001	to	10,000,000	0.1280%	0.9100%
from	10,000,001	to	30,000,000	0.0640%	0.2410%
from	30,000,001	to	50,000,000	0.0590%	0.2280%
from	50,000,001	to	80,000,000	0.0330%	0.1570%
from	80,000,001	to	100,000,000	0.0210%	0.1150%
from	100,000,001	to	500,000,000	0.0110%	0.0580%
over	500,000,000			0.0100%	0.0400%

(**) 이해를 돕기 위하여 보수 계산표를 예시로 다음 면에 제시해 두었음.

APPENDIX Ⅳ
CASE MANAGEMENT TECHNIQUES

The following are examples of case management techniques that can be used by the arbitral tribunal and the parties for controlling time and cost. Appropriate control of time and cost is important in all cases. In cases of low complexity and low value, it is particularly important to ensure that time and costs are proportionate to what is at stake in the dispute.

a) Bifurcating the proceedings or rendering one or more partial awards on key issues, when doing so may genuinely be expected to result in a more efficient resolution of the case.

b) Identifying issues that can be resolved by agreement between the parties or their experts.

c) Identifying issues to be decided solely on the basis of documents rather than through oral evidence or legal argument at a hearing.

d) Production of documentary evidence:

(i) requiring the parties to produce with their submissions the documents on which they rely;

(ii) avoiding requests for document production when appropriate in order to control time and cost;

(iii) in those cases where requests for document production are considered appropriate, limiting such requests to documents or categories of documents that are relevant and material to the outcome of the case;

(iv) establishing reasonable time limits for the production of documents;

(v) using a schedule of document production to facilitate the resolution of issues in relation to the production of documents.

e) Limiting the length and scope of written submissions and written and oral witness evidence (both fact witnesses and experts) so as to avoid repetition and maintain a focus on key issues.

f) Using telephone or video conferencing for procedural and other hearings where attendance in person is not essential and use of IT that enables online communication among the parties, the arbitral tribunal and the Secretariat of the Court.

부칙 Ⅳ
사건 관리 기법

아래 내용은 중재판정부와 당사자들이 시간과 비용을 관리하는 데 사용 가능한 사건 관리 기술의 사례들이다. 시간과 비용에 대한 적절한 관리는 모든 사건에서 중요하다. 사건이 덜 복잡하거나 분쟁가액이 낮을 경우, 시간과 비용이 분쟁 규모와 비례성을 갖추도록 하는 것이 중요하다.

a) 사건을 더 효율적으로 해결할 것으로 기대되는 경우, 절차를 분리하거나 주요 사안에 대하여 1개 이상의 부분 판정을 내리는 것

b) 당사자들 또는 각 전문가들간에 합의에 의하여 해결할 수 있는 사안을 확인하는 것

c) 심리에서의 구두 증거나 법적 주장을 통하지 않고 문서만을 근거로 결정할 수 있는 사안을 확인하는 것

d) 서면증거의 제출

 (ⅰ) 당사자들로 하여금 각자 원용하는 서류를 주장서면과 함께 제출하게 하는 것

 (ⅱ) 시간과 비용의 적절한 관리를 위하여 필요한 경우 문서제출 요청을 피하는 것

 (ⅲ) 문서제출 요청이 적절하다고 판단되는 경우, 그 문서제출 요청을 사건의 결과와 관련성이 있고 중요한 문서 또는 종류별 문서로 제한하는 것

 (ⅳ) 문서제출의 합리적인 기한을 정하는 것

 (ⅴ) 문서제출과 관련하여 사안의 해결을 용이하게 하기 위하여 문서제출 일정을 활용하는 것

e) 주장서면 및 서면 및 구두 진술(사실증인 및 전문가 모두)의 분량 및 범위를 제한함으로써 반복을 피하고 주요 사안에 집중하는 것

f) 직접 참석이 반드시 필요하지 않을 경우 절차 심리 및 기타 심리를 전화 또는 화상 회의로 대체하며, 당사자들, 중재판정부 및 중재법원 사무국 사이에 온라인 연락을 가능하게 하는 정보기술을 사용하는 것

g) Organizing a pre-hearing conference with the arbitral tribunal at which arrangements for a hearing can be discussed and agreed and the arbitral tribunal can indicate to the parties issues on which it would like the parties to focus at the hearing.

h) Settlement of disputes:

(i) informing the parties that they are free to settle all or part of the dispute either by negotiation or through any form of amicable dispute resolution methods such as, for example, mediation under the ICC ADR Rules;

(ii) where agreed between the parties and the arbitral tribunal, the arbitral tribunal may take steps to facilitate settlement of the dispute, provided that every effort is made to ensure that any subsequent award is enforceable at law.

Additional techniques are described in the ICC publication entitled "Techniques for Controlling Time and Costs in Arbitration".

g) 중재판정부와 심리전 회의를 개최함으로써 심리관련 사항을 논의하고 합의할 수 있으며, 중재판정부가 당사자들이 심리기일에 집중적으로 다뤄주기를 바라는 사안을 전달할 수 있도록 하는 것

h) 분쟁의 화해

　(i) 당사자들은 협상 또는 ICC ADR 규칙에 따른 조정 등 우호적 분쟁해결 방식을 통하여 분쟁의 전부 또는 일부를 화해할 수 있음을 당사자들에게 안내하는 것

　(ii) 당사자들과 중재판정부가 합의한 경우, 중재판정부는 분쟁의 화해를 용이하게 하기 위한 조치를 취할 수 있다. 단, 추후에 판정이 법적으로 집행 가능하도록 모든 노력을 기울여야 한다.

기타 추가적인 기법은 "중재의 시간과 비용 통제 기술"이라는 ICC출판물에 자세히 기재되어 있다.

APPENDIX V
Emergency Arbitrator Rules

Article 1. Application for Emergency Measures

1. A party wishing to have recourse to an emergency arbitrator pursuant to Article 29 of the Rules of Arbitration of the ICC (the "Rules") shall submit its Application for Emergency Measures (the "Application") to the Secretariat at any of the offices specified in the Internal Rules of the Court in Appendix II to the Rules.

2. The Application shall be supplied in a number of copies sufficient to provide one copy for each party, plus one for the emergency arbitrator, and one for the Secretariat.

3. The Application shall contain the following information:

   a) the name in full, description, address and other contact details of each of the parties;

   b) the name in full, address and other contact details of any person(s) representing the applicant;

   c) a description of the circumstances giving rise to the Application and of the underlying dispute referred or to be referred to arbitration;

   d) a statement of the Emergency Measures sought;

   e) the reasons why the applicant needs urgent interim or conservatory measures that cannot await the constitution of an arbitral tribunal;

   f) any relevant agreements and, in particular, the arbitration agreement;

   g) any agreement as to the place of the arbitration, the applicable rules of law or the language of the arbitration;

   h) proof of payment of the amount referred to in Article 7(1) of this Appendix; and

   i) I any Request for Arbitration and any other submissions in connection with the underlying dispute, which have been filed with the Secretariat by any of the parties to the emergency arbitrator proceedings prior to the making of the Application.

   The Application may contain such other documents or information as the applicant considers appropriate or as may contribute to the efficient examination of the Application.

4. The Application shall be drawn up in the language of the arbitration if agreed upon by the parties or, in the absence of any such agreement, in the language of the arbitration agreement.

부칙 V
긴급중재인 규칙

제1조　긴급처분 신청

1. 국제상업회의소 중재규칙("중재규칙") 제29조에 따라 긴급중재인 제도를 활용하고자 하는 당사자는 중재규칙의 부칙 II 중재법원 내부규칙에 기재된 사무국의 사무소에 긴급처분 신청서("신청서")를 제출하여야 한다.

2. 신청서는 각 당사자에게 1부씩, 긴급중재인에게 1부, 사무국에 1부를 제공하기에 충분한 수 만큼 제출되어야 한다.

3 신청서는 다음의 사항들을 포함하여야 한다.

   a) 각 당사자의 완전한 명칭, 각 당사자에 대한 설명, 주소 및 기타 연락처

   b) 신청인을 대리하는 자의 완전한 명칭, 주소 및 기타 연락처

   c) 신청의 원인이 된 상황 및 중재에 회부되었거나 회부될 예정인 분쟁에 대한 설명

   d) 긴급처분 신청의 취지

   e) 신청인이 중재판정부의 구성을 기다릴 수 없을 정도로 긴급한 임시적 또는 보전적 조치 가 필요한 사유

   f) 관련된 합의들, 특히 중재합의

   g) 중재지, 준거법 또는 중재언어 등에 대한 합의

   h) 본 부칙 제7조 제1항에 기재된 금액의 지급 증빙자료

   i) 신청서 제출 전에 긴급중재인 절차의 당사자가 사무국에 제출한 중재신청서 및 해당 분 쟁과 관련하여 제출된 기타 서면

   신청서에는 신청인이 적절하다고 판단하거나 신청서의 효율적인 검토에 도움이 될 것으로 판단되는 기타 문서 또는 정보를 포함시킬 수 있다.

4. 신청서는 당사자들이 합의한 경우 중재언어로 또는 그러한 합의가 없는 경우에는 중재합의 의 언어로 작성되어야 한다.

5. If and to the extent that the President of the Court (the "President") considers, on the basis of the information contained in the Application, that the Emergency Arbitrator Provisions apply with reference to Article 29(5) and Article 29(6) of the Rules, the Secretariat shall transmit a copy of the Application and the documents annexed thereto to the responding party. If and to the extent that the President considers otherwise, the Secretariat shall inform the parties that the emergency arbitrator proceedings shall not take place with respect to some or all of the parties and shall transmit a copy of the Application to them for information.

6. The President shall terminate the emergency arbitrator proceedings if a Request for Arbitration has not been received by the Secretariat from the applicant within 10 days of the Secretariat's receipt of the Application, unless the emergency arbitrator determines that a longer period of time is necessary.

Article 2. Appointment of the Emergency Arbitrator; Transmission of the File

1. The President shall appoint an emergency arbitrator within as short a time as possible, normally within two days from the Secretariat's receipt of the Application.

2. No emergency arbitrator shall be appointed after the file has been transmitted to the arbitral tribunal pursuant to Article 16 of the Rules. An emergency arbitrator appointed prior thereto shall retain the power to make an order within the time limit permitted by Article 6(4) of this Appendix.

3. Once the emergency arbitrator has been appointed, the Secretariat shall so notify the parties and shall transmit the file to the emergency arbitrator. Thereafter, all written communications from the parties shall be submitted directly to the emergency arbitrator with a copy to the other party and the Secretariat. A copy of any written communications from the emergency arbitrator to the parties shall be submitted to the Secretariat.

4. Every emergency arbitrator shall be and remain impartial and independent of the parties involved in the dispute.

5. Before being appointed, a prospective emergency arbitrator shall sign a statement of acceptance, availability, impartiality and independence. The Secretariat shall provide a copy of such statement to the parties.

6. An emergency arbitrator shall not act as an arbitrator in any arbitration relating to the dispute that gave rise to the Application.

5. 중재법원의 의장("의장")이 신청서에 포함된 정보를 근거로, 중재규칙 제29조 제5항 및 제29조 제6항에 의하여 긴급중재인 규정이 적용된다고 판단하는 경우, 사무국은 신청서 사본 1부와 신청서에 첨부된 문서를 피신청 당사자에게 송부하여야 한다. 의장이 달리 판단하는 경우, 사무국은 긴급중재인 절차는 당사자들의 일부 또는 전부에 관하여 진행되지 않는다고 당사자들에게 통지하고 참고로 신청서 사본을 송부한다.

6. 사무국이 신청서를 접수한 지 10일 이내에 신청인이 사무국에 중재신청서를 접수하지 않으면, 중재법원의 의장은 긴급중재인 절차를 종료하여야 한다. 긴급중재인이 기간이 더 필요하다고 결정하는 경우에는 그러하지 아니하다.

제2조 긴급중재인의 선정, 중재기록의 송부

1. 중재법원의 의장은 가능한 한 빠른 시일내에, 통상 사무국이 신청서를 접수한 날로부터 2일 이내에 긴급중재인을 선임하여야 한다.

2. 중재기록이 중재규칙 제16조에 따라 중재판정부에게 송부된 후에는 긴급중재인이 선임될 수 없다. 그 전에 선정된 긴급중재인은 본 부칙 제6조 제4항에서 허용된 기간 내에는 명령을 내릴 수 있는 권한을 보유한다.

3. 긴급중재인이 선정되면, 사무국은 당사자들에게 그 사실을 통지하고 기록을 긴급중재인에게 송부하여야 한다. 그 후, 당사자들의 모든 서면 연락은 긴급중재인에게 직접 제출하고 상대방 당사자 및 사무국에 사본을 제출한다. 긴급중재인이 당사자들에게 발송하는 모든 서신은 사무국에 사본을 제출하여야 한다.

4. 모든 긴급중재인은 분쟁 당사자들에게 공정하고 독립적이어야 한다.

5. 긴급중재인으로 선정될 후보자는 선정이 되기 전에, 수락, 직무수행가능, 공정성 및 독립성 진술서에 서명하여야 한다. 사무국은 해당 진술서의 사본을 당사자들에게 제공하여야 한다.

6. 긴급중재인은 긴급처분 신청의 원인이 된 분쟁과 관련된 중재에서 중재인 역할을 수행할 수 없다.

Article 3. Challenge of an Emergency Arbitrator

1. A challenge against the emergency arbitrator must be made within three days from receipt by the party making the challenge of the notification of the appointment or from the date when that party was informed of the facts and circumstances on which the challenge is based if such date is subsequent to the receipt of such notification.

2. The challenge shall be decided by the Court after the Secretariat has afforded an opportunity for the emergency arbitrator and the other party or parties to provide comments in writing within a suitable period of time.

Article 4. Place of Emergency Arbitrator Proceedings

1. If the parties have agreed upon the place of the arbitration, such place shall be the place of the emergency arbitrator proceedings. In the absence of such agreement, the President shall fix the place of the emergency arbitrator proceedings, without prejudice to the determination of the place of the arbitration pursuant to Article 18(1) of the Rules.

2. Any meetings with the emergency arbitrator may be conducted through a meeting in person at any location the emergency arbitrator considers appropriate or by video conference, telephone or similar means of communication.

Article 5. Proceedings

1. The emergency arbitrator shall establish a procedural timetable for the emergency arbitrator proceedings within as short a time as possible, normally within two days from the transmission of the file to the emergency arbitrator pursuant to Article 2(3) of this Appendix.

2. The emergency arbitrator shall conduct the proceedings in the manner which the emergency arbitrator considers to be appropriate, taking into account the nature and the urgency of the Application. In all cases, the emergency arbitrator shall act fairly and impartially and ensure that each party has a reasonable opportunity to present its case.

Article 6. Order

1. Pursuant to Article 29(2) of the Rules, the emergency arbitrator's decision shall take the form of an order (the "Order").

2. In the Order, the emergency arbitrator shall determine whether the Application is admissible pursuant to Article 29(1) of the Rules and whether the emergency arbitrator has jurisdiction to order Emergency Measures.

제3조 긴급중재인 기피

1. 긴급중재인에 대하여 기피신청을 하려는 당사자는 긴급중재인의 선정 통지를 받은 때로부터 3일 이내에, 기피의 근거가 되는 사실과 상황을 알게 된 날이 위 통지를 받은 후인 경우에는 그 날로부터 3일 이내에 긴급중재인에 대한 기피신청을 하여야 한다.

2. 기피신청은 사무국이 긴급중재인 및 상대방 당사자에게 상당한 기간 내에 서면으로 의견을 제출할 기회를 부여한 후, 중재법원이 결정한다.

제4조 긴급중재인 절차의 수행 장소

1. 당사자들이 중재지에 합의한 경우, 그 장소가 긴급중재인 절차의 장소가 된다. 그러한 합의가 없는 경우, 의장이 긴급중재인 절차의 장소를 결정한다. 위 결정은 중재규칙 제18조 제1항에 의한 중재지 결정에 영향을 미치지 않는다.

2. 긴급중재인과의 회합은 긴급중재인이 적절하다고 판단하는 장소에서 직접 대면하거나, 화상회의, 전화 또는 그와 유사한 연락수단을 통하여 이루어질 수 있다.

제5조 절차

1. 긴급중재인은 가능한 한 빠른 시일 내에, 통상 본 부칙 제2조 제3항에 따라 긴급중재인에게 기록을 송부한 때로부터 2일 이내에 긴급중재인 절차를 진행하기 위한 절차일정표를 작성해야 한다.

2. 긴급중재인은 신청의 성격 및 긴급성을 고려하여 적절하다고 판단하는 방식으로 절차를 진행하여야 한다. 모든 경우에서, 긴급중재인은 공정하고 공평하게 행동하여야 하며 각 당사자가 자신의 주장을 진술할 수 있는 적절한 기회를 보장하여야 한다.

제6조 명령

1. 긴급중재인의 결정은 중재규칙 제29조 제2항에 따라 명령("명령")의 방식으로 이루어진다.

2. 긴급중재인은 그 명령에서 중재규칙 제29조 제1항에 따라 신청이 적법한 것인지 여부 및 긴급중재인이 긴급처분을 명할 관할권이 있는지 여부를 결정하여야 한다.

3. The Order shall be made in writing and shall state the reasons upon which it is based. It shall be dated and signed by the emergency arbitrator.

4. The Order shall be made no later than 15 days from the date on which the file was transmitted to the emergency arbitrator pursuant to Article 2(3) of this Appendix. The President may extend the time limit pursuant to a reasoned request from the emergency arbitrator or on the President's own initiative if the President decides it is necessary to do so.

5. Within the time limit established pursuant to Article 6(4) of this Appendix, the emergency arbitrator shall send the Order to the parties, with a copy to the Secretariat, by any of the means of communication permitted by Article 3(2) of the Rules that the emergency arbitrator considers will ensure prompt receipt.

6. The Order shall cease to be binding on the parties upon:

   a) the President's termination of the emergency arbitrator proceedings pursuant to Article 1(6) of this Appendix;

   b) the acceptance by the Court of a challenge against the emergency arbitrator pursuant to Article 3 of this Appendix;

   c) the arbitral tribunal's final award, unless the arbitral tribunal expressly decides otherwise; or

   d) the withdrawal of all claims or the termination of the arbitration before the rendering of a final award.

7. The emergency arbitrator may make the Order subject to such conditions as the emergency arbitrator thinks fit, including requiring the provision of appropriate security.

8. Upon a reasoned request by a party made prior to the transmission of the file to the arbitral tribunal pursuant to Article 16 of the Rules, the emergency arbitrator may modify, terminate or annul the Order.

Article 7. Costs of the Emergency Arbitrator Proceedings

1. The applicant must pay an amount of US$40,000, consisting of US$10,000 for ICC administrative expenses and US$30 000 for the emergency arbitrator's fees and expenses. Notwithstanding Article 1(5) of this Appendix, the Application shall not be notified until the payment of US$40,000 is received by the Secretariat.

3. 명령은 서면으로 하며, 명령의 이유를 기재하여야 한다. 명령에는 일자를 기재하고 긴급중재인이 서명하여야 한다.

4. 명령은 본 부칙 제2조 제3항에 따라 기록이 긴급중재인에게 송부된 일자로부터 15일 이내에 내려져야 한다. 의장은 긴급중재인이 이유를 소명하고 요청하거나 의장 스스로 필요하다고 판단하는 경우 재량으로 그 기한을 연장할 수 있다.

5. 긴급중재인은 본 부칙 제6조 제4항에 정해진 기한 내에, 중재규칙 제3조 제2항에 의하여 허용되며 신속하게 수령할 수 있을 것이라고 판단되는 연락수단을 이용하여 명령을 당사자들에게 1부씩 사무국에 1부 송부하여야 한다.

6. 명령은 다음의 경우에 당사자들에게 더 이상 구속력을 갖지 못한다.
   a) 의장이 본 부칙 제1조 제6항에 따라 긴급중재인 절차를 종료하는 경우

   b) 본 부칙 제3조에 따라 중재법원이 긴급중재인 기피신청을 받아들이는 경우

   c) 중재판정부가 명시적으로 달리 결정하지 않는 한, 중재판정부가 판정을 내리는 경우 또는

   d) 종국판정을 내리기 전에 모든 신청이 철회되거나 중재가 종료되는 경우

7. 긴급중재인은 적절한 담보제공의 요구 등 긴급중재인이 적절하다고 판단하는 조건을 전제로 명령을 내릴 수 있다.

8. 중재규칙 제16조에 따라 중재판정부에 기록을 송부하기 전에 당사자가 이유를 소명하여 요청한 경우, 긴급중재인은 명령을 수정, 종료하거나 무효로 할 수 있다.

제7조 긴급중재인 절차의 비용

1. 신청인은 미화 40,000달러를 납부해야 하며, 이 금액은 ICC 관리비용 미화 10,000달러, 긴급중재인의 보수 및 비용 미화 30,000달러로 구성된다. 본 부칙 제1조 제5항에도 불구하고, 사무국이 미화 40,000달러를 수납하기 전에는 신청은 통지되지 않는다.

2. The President may, at any time during the emergency arbitrator proceedings, decide to increase the emergency arbitrator's fees or the ICC administrative expenses taking into account, *inter alia*, the nature of the case and the nature and amount of work performed by the emergency arbitrator, the Court, the President and the Secretariat. If the party which submitted the Application fails to pay the increased costs within the time limit fixed by the Secretariat, the Application shall be considered as withdrawn.

3. The emergency arbitrator's Order shall fix the costs of the emergency arbitrator proceedings and decide which of the parties shall bear them or in what proportion they shall be borne by the parties.

4. The costs of the emergency arbitrator proceedings include the ICC administrative expenses, the emergency arbitrator's fees and expenses and the reasonable legal and other costs incurred by the parties for the emergency arbitrator proceedings.

5. In the event that the emergency arbitrator proceedings do not take place pursuant to Article 1(5) of this Appendix or are otherwise terminated prior to the making of an Order, the President shall determine the amount to be reimbursed to the applicant, if any. An amount of US$5,000 for ICC administrative expenses is non-refundable in all cases.

Article 8. General Rule

1. The President shall have the power to decide, at the President's discretion, all matters relating to the administration of the emergency arbitrator proceedings not expressly provided for in this Appendix.

2. In the President's absence or otherwise at the President's request, any of the Vice-Presidents of the Court shall have the power to take decisions on behalf of the President.

3. In all matters concerning emergency arbitrator proceedings not expressly provided for in this Appendix, the Court, the President and the emergency arbitrator shall act in the spirit of the Rules and this Appendix.

2. 중재법원의 의장은 긴급중재인 절차가 진행되는 동안 언제라도, 사건의 성격 및 긴급중재인, 중재법원, 의장 및 사무국이 수행하는 업무의 성격 및 업무량을 고려하여 긴급중재인의 보수 또는 ICC 관리비용의 증액을 결정할 수 있다. 신청서를 제출한 당사자가 사무국이 정한 기한 내에 증액된 금액을 납부하지 못하는 경우, 신청은 철회된 것으로 본다.

3. 긴급중재인은 명령에서 긴급중재인 절차 비용 및 어느 당사자가 어떤 비율로 비용을 부담해야 할 것인지 결정하여야 한다.

4. 긴급중재인 절차 비용에는 ICC 관리비용, 긴급중재인의 보수 및 비용, 그리고 당사자들이 긴급중재인 절차의 진행을 위하여 지출한 합리적인 법률 비용 및 기타 비용이 포함된다.

5. 긴급중재인 절차가 본 부칙 제1조 제5항에 따라 진행되지 않거나 명령을 내리기 전에 종료되는 경우, 의장은 신청인에게 반환되어야 할 금액을 결정하여야 한다. ICC 관리비용으로 미화 5,000달러는 어떠한 경우에도 환급되지 않는다.

제8조 일반규칙

1. 의장은 본 부칙에 명시적으로 규정되어 있지 않은 긴급중재인 절차의 관리와 관련된 모든 사안을 재량으로 결정할 권한이 있다.

2. 의장의 부재시 또는 의장이 요청하는 경우, 중재법원의 부의장은 의장을 대리하여 결정할 권한을 가진다.

3. 중재법원, 의장 및 긴급중재인은 본 부칙에 명시적으로 규정되지 않은 긴급중재인 절차에 관한 모든 사항을 중재규칙 및 본 부칙의 정신에 입각하여 처리하여야 한다.

IBA Rules on the Taking of Evidence in International Arbitration

Foreword

These IBA Rules on the Taking of Evidence in International Arbitration ("IBA Rules of Evidence") are a revised version of the IBA Rules on the Taking of Evidence in International Commercial Arbitration, prepared by a Working Party of the Arbitration Committee whose members are listed on pages i and ii.

The IBA issued these Rules as a resource to parties and to arbitrators to provide an efficient, economical and fair process for the taking of evidence in international arbitration. The Rules provide mechanisms for the presentation of documents, witnesses of fact and expert witnesses, inspections, as well as the conduct of evidentiary hearings. The Rules are designed to be used in conjunction with, and adopted together with, institutional, ad hoc or other rules or procedures governing international arbitrations. The IBA Rules of Evidence reflect procedures in use in many different legal systems, and they may be particularly useful when the parties come from different legal cultures.

Since their issuance in 1999, the IBA Rules on the Taking of Evidence in International Commercial Arbitration have gained wide acceptance within the international arbitration community. In 2008, a review process was initiated at the instance of Sally Harpole and Pierre Bienvenu, the then co-chairs of the Arbitration Committee. The revised version of the IBA Rules of Evidence was developed by the members of IBA Rules of Evidence Review Subcommittee, assisted by members of the 1999 Working Party. These revised Rules replace the IBA Rules on the Taking of Evidence in International Commercial Arbitration, which themselves replaced the IBA Supplementary Rules Governing the Presentation and Reception of Evidence in International Commercial Arbitration, issued in 1983.

국제중재에서의 증거조사에 관한 세계변호사협회(IBA) 규칙[1]

머 리 말

본 국제중재에서의 증거조사에 관한 세계변호사협회(IBA) 규칙("IBA 증거규칙")은 국제상사중재에서의 증거조사에 관한 세계변호사협회규칙의 수정규칙으로써, i)면 및 ii)면에 열거된 회원들로 구성된 중재위원회 실무작업반(Working Party)이 마련한 규칙이다.

IBA는 국제중재에서의 증거조사과정에 효율성, 경제성 및 공정성을 부여하기 위한 수단으로써 본 규칙을 당사자들과 중재인단에게 제공하였다. 본 규칙은 서증제출, 사실증인 및 전문가증인, 검증 및 심리기일을 위한 메커니즘을 제공한다. 본 규칙은 국제중재를 관할하는 제도적, 임시적 또는 기타 규칙이나 절차와 함께 사용되고, 동 규칙이나 절차와 함께 채택되는 것을 목적으로 한다. 본 IBA 증거규칙은 다수의 상이한 법률체계에서 사용되는 절차를 반영한 것이며, 당사자들의 법률문화가 상이한 경우에 특히 유용할 수 있다.

1999년 제정된 이래, 국제상사중재에서의 증거조사에 관한 세계변호사협회 규칙은 국제중재 분야에서 널리 수용되어 왔다. 2008년, 당시 중재위원회 공동위원장이었던 Sally Harpole과 Pierre Bienvenu의 제의로 검토절차가 개시되었다. 1999실무작업반 구성원들의 지원하에 IBA 증거규칙 검토 소위원회 위원들이 IBA 증거규칙을 수정하였다. 동 수정규칙은 국제상사중재에서의 증거조사에 관한 IBA규칙을 대체하는바, 전술한 국제상사중재에서의 증거조사에 관한 IBA규칙 또한 1983년 제정된 국제상사중재에서의 증거의 제출 및 수령에 관한 IBA 보칙을 대체한 것이다.

---

1) 본 한국어 번역은 공식 IBA 증거규칙으로서 효력이 없음.

If parties wish to adopt the IBA Rules of Evidence in their arbitration clause, it is recommended that they add the following language to the clause, selecting one of the alternatives therein provided.

'[In addition to the institutional, ad hoc or other rules chosen by the parties,] [t]he parties agree that the arbitration shall be conducted according to the IBA Rules of Evidence as current on the date of [this agreement/the commencement of the arbitration].'

Preamble

1. These IBA Rules on the Taking of Evidence in International Arbitration are intended to provide an efficient, economical and fair process for the taking of evidence in international arbitrations, particularly those between Parties from different legal traditions. They are designed to supplement the legal provisions and the institutional, ad hoc or other rules that apply to the conduct of the arbitration.

2. Parties and Arbitral Tribunals may adopt the IBA Rules of Evidence, in whole or in part, to govern arbitration proceedings, or they may vary them or use them as guidelines in developing their own procedures. The Rules are not intended to limit the flexibility that is inherent in, and an advantage of, international arbitration, and Parties and Arbitral Tribunals are free to adapt them to the particular circumstances of each arbitration.

3. The taking of evidence shall be conducted on the principles that each Party shall act in good faith and be entitled to know, reasonably in advance of any Evidentiary Hearing or any fact or merits determination, the evidence on which the other Parties rely.

Definitions

In the IBA Rules of Evidence:

"Arbitral Tribunal" means a sole arbitrator or a panel of arbitrators;

"Claimant" means the Party or Parties who commenced the arbitration and any Party who, through joinder or otherwise, becomes aligned with such Party or Parties;

"Document" means a writing, communication, picture, drawing, program or data of any kind, whether recorded or maintained on paper or by electronic, audio, visual or any other means;

당사자들이 중재조항에 본 IBA 증거규칙을 포함시키고자 하는 경우, 당사자들은 제시된 보기 중 하나를 선택하여 아래 문구를 중재조항에 추가하도록 한다.

'[제도적, 임시적, 또는 기타 당사자들이 선택한 규칙 이외에] [당사자들은 본 계약 체결일/중재 개시일] 현재 유효한 IBA 증거규칙에 따라 중재를 진행한다는데 합의한다].'

서 문

1. 본 국제중재에서의 증거 조사에 관한 세계변호사협회(IBA) 규칙은 특히 중재 당사자들이 서로 다른 법제도를 가진 국가에서 온 경우, 국제중재절차에서 효율적이고 경제적이면서도 공정한 절차를 통해 증거를 조사하는 방식을 제시함을 목적으로 한다. 이는 중재절차에 적용되는 법규정이나 중재기관의 규칙 또는 임의중재에서 적용되는 규칙 등에 보충적으로 적용하기 위함이다.

2. 당사자들과 중재판정부는 중재절차를 규율하기 위하여 IBA Rules of Evidence(이하 "IBA 증거규칙" 또는 "규칙")를 전부 또는 일부 채택할 수 있으며, 규칙을 변형시켜도 되고 고유한 절차를 개발하는 데에 있어 지침으로 활용할 수 있다. 본 규칙은 중재의 본연의 성질이자 장점인 융통성을 제한하려는 목적으로 제정된 것이 아니며 당사자들과 중재판정부는 각 중재 사건의 개별 상황에서 이를 수용할지를 자유롭게 결정할 수 있다.

3. 국제중재에서의 증거 조사는 각 당사자가 선의에 따라 행동하며, 심리기일 또는 사실과 본안의 결정에 앞서 상대방이 주장의 근거로 삼고 있는 증거가 무엇인지를 합리적인 시점에 미리 알 수 있어야 한다는 원칙하에서 운영된다.

정 의

〈IBA 증거규칙에서,〉

"중재판정부"는 단독[1인]중재인 또는 [수인의] 중재인단을 의미한다.

"신청인"은 중재를 개시한 당사자나 당사자들 및 답변서 등을 통하여 동 당사자나 당사자들과 한 편이 된 자를 의미한다.

"문서"는 서면으로 기록 또는 보관되거나, 또는 전자, 음성, 시각 수단이나 기타 수단에 의한, 모든 유형의 서면, 교신, 사진, 도면, 프로그램 또는 데이터를 의미한다.

"Evidentiary Hearing" means any hearing, whether or not held on consecutive days, at which the Arbitral Tribunal, whether in person, by teleconference, videoconference or other method, receives oral or other evidence;

"Expert Report" means a written statement by a Tribunal-Appointed Expert or a Party-Appointed Expert;

"General Rules" mean the institutional, ad hoc or other rules that apply to the conduct of the arbitration;

"IBA Rules of Evidence" or "Rules" means these IBA Rules on the Taking of Evidence in International Arbitration, as they may be revised or amended from time to time;

"Party" means a party to the arbitration;

"Party-Appointed Expert" means a person or organisation appointed by a Party in order to report on specific issues determined by the Party;

"Request to Produce" means a written request by a Party that another Party produce Documents;

"Respondent" means the Party or Parties against whom the Claimant made its claim, and any Party who, through joinder or otherwise, becomes aligned with such Party or Parties, and includes a Respondent making a counter-claim;

"Tribunal-Appointed Expert" means a person or organisation appointed by the Arbitral Tribunal in order to report to it on specific issues determined by the Arbitral Tribunal; and

"Witness Statement" means a written statement of testimony by a witness of fact.

Article 1. Scope of Application

1. Whenever the Parties have agreed or the Arbitral Tribunal has determined to apply the IBA Rules of Evidence, the Rules shall govern the taking of evidence, except to the extent that any specific provision of them may be found to be in conflict with any mandatory provision of law determined to be applicable to the case by the Parties or by the Arbitral Tribunal.

2. Where the Parties have agreed to apply the IBA Rules of Evidence, they shall be deemed to have agreed, in the absence of a contrary indication, to the version as current on the date of such agreement.

3. In case of conflict between any provisions of the IBA Rules of Evidence and the General Rules, the Arbitral Tribunal shall apply the IBA Rules of Evidence in the manner that it determines best in order to accomplish the purposes of both the General Rules and the IBA Rules of Evidence, unless the Parties agree to the contrary.

"심리기일(Evidentiary Hearing)"은 개최기간의 연속성을 불문하고, 중재판정부가 직접, 또는 전화회의나 화상회의를 통해, 또는 기타 방식으로 구술의 증언이나 기타 증거 조사를 하는 모든 심리절차를 의미한다.

"전문가보고서"는 중재판정부가 선임한 전문가 또는 당사자가 선임한 전문가가 작성한 서면 진술서를 의미한다.

"일반 규칙"은 기관중재 또는 임의중재의 절차 에 적용되는 그 해당 기관의 규칙 또는 임의중재에서 당사자가 정한 규칙 등을 의미한다.

"IBA 증거규칙" 또는 "규칙"은 국제중재에 있어 증거조사에 관한 IBA 규칙, 즉, 본 규칙을 의미하며, 수시로 개정 또는 수정된 사항이 포함된다.

"당사자"는 중재의 일방당사자를 의미한다.

"당사자가 선임한 전문가"는 일방당사자가 결정한 구체적 쟁점에 대하여 보고하기 위한 목적으로 그 당사자가 선임한 자 또는 기관을 의미한다.

"문서제출요청서"는 일방당사자가 상대방에게 문서를 제출할 것을 신청하는 서면을 의미한다.

"피신청인"은 신청인이 청구를 제기한 대상이 되는 당사자나 당사자들 및 답변서 등을 통해 동 당사자나 당사자들과 한 편이 된 당사자들을 의미하며, 반대청구를 제기한 피신청인도 여기에 해당된다.

"중재판정부가 선임한 전문가"는 중재판정부가 결정한 구체적 쟁점에 대해 보고를 받는 대상으로서 중재판정부가 선임한 자 또는 기관을 의미한다.

"증인진술서"는 사실에 대하여 증인이 제공한 증언의 서면 진술을 의미한다.

제1조 적용범위

1. 당사자들이 IBA 증거규칙을 적용하기로 합의한 때, 또는 중재판정부가 동 규칙을 적용하기로 결정한 때는 언제라도, 동 규칙의 특정 조항이 당사자들이나 중재판정부가 사건에 적용하기로 결정한 법률의 강행규정에 저촉될 우려가 없는 한, 동 규칙은 증거조사의 준칙이 된다.

2. 당사자들이 IBA 증거규칙을 적용하기로 합의한 경우, 당사자들이 달리 표시하지 않는 한, 합의한 현재 유효한 증거규칙에 합의한 것으로 간주된다.

3. IBA 증거규칙 중 어느 한 조항과 일반규칙이 상충하는 경우, 중재판정부는 당사자들이 달리 합의하지 않는 한, 일반규칙과 IBA 증거규칙 양자 모두의 취지를 충족하기 위하여 중재판정부가 최선이라고 판단한 방식으로 IBA 증거규칙을 적용한다.

4. In the event of any dispute regarding the meaning of the IBA Rules of Evidence, the Arbitral Tribunal shall interpret them according to their purpose and in the manner most appropriate for the particular arbitration.

5. Insofar as the IBA Rules of Evidence and the General Rules are silent on any matter concerning the taking of evidence and the Parties have not agreed otherwise, the Arbitral Tribunal shall conduct the taking of evidence as it deems appropriate, in accordance with the general principles of the IBA Rules of Evidence.

Article 2. Consultation on Evidentiary Issues

1. The Arbitral Tribunal shall consult the Parties at the earliest appropriate time in the proceedings and invite them to consult each other with a view to agreeing on an efficient, economical and fair process for the taking of evidence.

2. The consultation on evidentiary issues may address the scope, timing and manner of the taking of evidence, including:

    (a) the preparation and submission of Witness Statements and Expert Reports;

    (b) the taking of oral testimony at any Evidentiary Hearing;

    (c) the requirements, procedure and format applicable to the production of Documents;

    (d) the level of confidentiality protection to be afforded to evidence in the arbitration; and

    (e) the promotion of efficiency, economy and conservation of resources in connection with the taking of evidence.

3. The Arbitral Tribunal is encouraged to identify to the Parties, as soon as it considers it to be appropriate, any issues:

    (a) that the Arbitral Tribunal may regard as relevant to the case and material to its outcome; and/or

    (b) for which a preliminary determination may be appropriate.

Article 3. Documents

1. Within the time ordered by the Arbitral Tribunal, each Party shall submit to the Arbitral Tribunal and to the other Parties all Documents available to it on which it relies, including public Documents and those in the public domain, except for any Documents that have already been submitted by another Party.

2. Within the time ordered by the Arbitral Tribunal, any Party may submit to the Arbitral Tribunal and to the other Parties a Request to Produce.

4. IBA 증거규칙의 의미에 관하여 분쟁이 발생하는 경우, 중재판정부는 규칙의 취지에 따라, 해당 중재절차에 가장 적합한 방식으로, 동 규칙을 해석한다.

5. 증거조사과 관련된 특정 사안에 대하여 IBA 증거규칙과 일반규칙에 달리 규정을 두지 않고, 당사자들이 달리 합의하지 않는 한, 중재판정부는 IBA 증거규칙의 일반 원칙에 따라 중재판정부가 적절하다고 판단한 방식으로 증거조사를 진행한다.

제2조   증거 관련 쟁점에 대한 협의

1. 중재판정부는 중재절차 진행 중 적절하고도 가급적 빠른 시점에 당사자들과 증거 방식에 관해 협의하고, 당사자들로 하여금 효율적이고 경제적이면서 공정한 증거조사 방식에 합의할 수 있도록 서로 협의할 것을 권장하여야 한다.

2. 증거관련 쟁점에 대한 협의는 다음의 사항을 포함하여, 증거조사의 범위, 시기 및 방식을 다룬다.

   (a) 증인진술서 및 전문가보고서의 작성 및 제출

   (b) 심리기일에 이루어질 구술 증언

   (c) 문서제출 절차에 적용될 요건, 절차 및 형식

   (d) 중재절차 중 현출된 증거에 적용되는 비밀유지보호의 수준

   (e) 증거조사와 관련하여 절차의 효율성, 경제성을 증진하고 자원 절약을 장려하는 증거 제출 방법의 강구

3. 중재판정부는 다음과 같은 쟁점을 파악할 경우 적절하다고 판단되는 즉시 당사자들에게 알리도록 한다.

   (a) 중재판정부가 사건과 관련성이 있고 그 결과에 대해 중대한 영향을 미친다고 보여지는 쟁점 및/또는

   (b) 다른 쟁점에 앞서 먼저 결정을 내리기 적합한 쟁점이 있는지 여부

제3조   서증

1. 중재판정부가 정한 기간 내에, 각 당사자는 공문서 및 공개영역에 속하는 문서를 포함하되, 상대방이 기제출한 문서는 제외하고, 각 당사자가 주장의 근거로 삼는 문서로서 당사자가 이용할 수 있는 모든 문서를 중재판정부 및 상대방에게 제출한다.

2. 중재판정부가 정한 기간 내에, 당사자는 중재판정부 및 상대방들에게 문서제출요청서를 제출할 수 있다.

3. A Request to Produce shall contain:

   (a) (i) a description of each requested Document sufficient to identify it, or (ii) a description in sufficient detail (including subject matter) of a narrow and specific requested category of Documents that are reasonably believed to exist; in the case of Documents maintained in electronic form, the requesting Party may, or the Arbitral Tribunal may order that it shall be required to, identify specific files, search terms, individuals or other means of searching for such Documents in an efficient and economical manner;

   (b) a statement as to how the Documents requested are relevant to the case and material to its outcome; and

   (c) (i) a statement that the Documents requested are not in the possession, custody or control of the requesting Party or a statement of the reasons why it would be unreasonably burdensome for the requesting Party to produce such Documents, and (ii) a statement of the reasons why the requesting Party assumes the Documents requested are in the possession, custody or control of another Party.

4. Within the time ordered by the Arbitral Tribunal, the Party to whom the Request to Produce is addressed shall produce to the other Parties and, if the Arbitral Tribunal so orders, to it, all the Documents requested in its possession, custody or control as to which it makes no objection.

5. If the Party to whom the Request to Produce is addressed has an objection to some or all of the Documents requested, it shall state the objection in writing to the Arbitral Tribunal and the other Parties within the time ordered by the Arbitral Tribunal. The reasons for such objection shall be any of those set forth in Article 9.2 or a failure to satisfy any of the requirements of Article 3.3.

6. Upon receipt of any such objection, the Arbitral Tribunal may invite the relevant Parties to consult with each other with a view to resolving the objection.

7. Either Party may, within the time ordered by the Arbitral Tribunal, request the Arbitral Tribunal to rule on the objection. The Arbitral Tribunal shall then, in consultation with the Parties and in timely fashion, consider the Request to Produce and the objection. The Arbitral Tribunal may order the Party to whom such Request is addressed to produce any requested Document in its possession, custody or control as to which the Arbitral Tribunal determines that (i) the issues that the requesting Party wishes to prove are relevant to the case and material to its outcome; (ii) none of the reasons for objection set forth in Article 9.2 applies, and (iii) the requirements of Article 3.3 have been satisfied. Any such Document shall be produced to the other Parties and, if the Arbitral Tribunal so orders, to it.

3. 문서제출요청서에는 다음을 포함한다.

  (a) (i) 요청대상문서 각각을 특정할 수 있을 정도의 충분한 설명, 또는 (ii) 존재할 것이라고 합리적으로 판단되는 좁은 범주의 문서에 대한 충분히 구체적인 설명(문서의 내용에 대한 설명도 포함). 요청대상문서가 컴퓨터 파일 형태로 보존된 경우, 요청당사자는 선택에 따라 스스로, 또는 중재판정부의 명령에 의하여 의무적으로, 효율적이고 경제적인 방식으로 요청대상문서를 검색하기 위하여 특정 파일, 검색조건, 검색자(작성자 내지 보관자) 또는 기타 검색수단을 지목한다.

  (b) 요청대상문서가 해당 사건에 대해 어떠한 관련성을 지니고 그 결과에 대해 어떠한 중대한 영향을 미치는지에 대한 기술

  (c) (i) 문서제출요청서에는 요청대상문서가 요청당사자의 소유, 보관 또는 통제 아래 없다는 진술이 포함되어야 하며, 해당 문서를 제출해야 할 부담을 요청당사자에게 주는 것이 부당한 이유, (ii) 요청대상문서가 현재 상대방의 소유, 보관 또는 통제 아래에 있을 것이라고 추정되는 이유에 대한 기술을 포함시켜야 한다.

4. 문서제출요청서를 받은 당사자는 중재판정부가 명한 기간 내에, 자신이 소유, 보관 또는 통제하는 문서 중 당사자가 이의를 제기할 사유가 없는 한 대상문서 전부를 상대방들에게, 또한 중재판정부의 명령이 있는 경우 중재판정부에게 모두 제출하여야 한다.

5. 문서제출요청서를 받은 당사자가 요청의 일부 또는 전부에 대하여 이의를 하고자 할 경우, 중재판정부가 정한 기간 내에 이의사유를 서면으로 정리하여 중재판정부와 상대방들에게 제출하여야 한다. 제9.2조에 규정된 이의사유가 있거나 상대방의 문서제출요청이 제3.3조의 요건을 충족하지 못한 경우, 문서제출요청에 이의를 제기할 수 있다.

6. 이와 같이 문서제출요청서에 대해 이의가 제기된 경우 중재판정부는 이의사유를 해소시킬 수 있도록 당사자들간 상호 협의할 것을 촉구할 수 있다.

7. 각 당사자는 중재판정부가 정한 기간 내에 중재판정부가 상대방의 이의에 대해 결정을 내릴 것을 신청할 수 있다. 중재판정부는 당사자들과의 협의를 통해, 시의적절한 방식으로, 문서제출요청서 및 상대방의 이의를 심의한다. 중재판정부는, 문서제출요청서를 받은 당사자가 소유, 보관 또는 통제하는 요청 대상문서 중 이에 대해 다음의 요건이 충족될 경우 해당 문서를 제출할 것을 위 당사자에게 명령할 수 있다: (i) 요청당사자가 입증하고자 하는 쟁점들은 사건과 관련성이 있고, 결과에 대해 중대한 영향을 미치며, (ii) 제9.2조에 규정된 이의 사유 중 어떠한 이유도 적용되지 아니하고, (iii) 제3.3조의 요건을 충족하였다고 중재판정부가 결정했을 것. 제출 명령의 대상이 된 문서를 소지한 당사자는 해당 문서를 상대방에게 제출하여야 하며, 중재판정부의 명령을 받은 경우 중재판정부에 직접 제출하여야 한다.

8. In exceptional circumstances, if the propriety of an objection can be determined only by review of the Document, the Arbitral Tribunal may determine that it should not review the Document. In that event, the Arbitral Tribunal may, after consultation with the Parties, appoint an independent and impartial expert, bound to confidentiality, to review any such Document and to report on the objection. To the extent that the objection is upheld by the Arbitral Tribunal, the expert shall not disclose to the Arbitral Tribunal and to the other Parties the contents of the Document reviewed.

9. If a Party wishes to obtain the production of Documents from a person or organisation who is not a Party to the arbitration and from whom the Party cannot obtain the Documents on its own, the Party may, within the time ordered by the Arbitral Tribunal, ask it to take whatever steps are legally available to obtain the requested Documents, or seek leave from the Arbitral Tribunal to take such steps itself. The Party shall submit such request to the Arbitral Tribunal and to the other Parties in writing, and the request shall contain the particulars set forth in Article 3.3., as applicable. The Arbitral Tribunal shall decide on this request and shall take, authorize the requesting Party to take, or order any other Party to take, such steps as the Arbitral Tribunal considers appropriate if, in its discretion, it determines that (i) the Documents would be relevant to the case and material to its outcome, (ii) the requirements of Article 3.3., as applicable, have been satisfied and (iii) none of the reasons for objection set forth in Article 9.2. applies.

10. At any time before the arbitration is concluded, the Arbitral Tribunal may (i) request any Party to produce Documents, (ii) request any Party to use its best efforts to take or (iii) itself take, any step that it considers appropriate to obtain Documents from any person or organisation. A Party to whom such a request for Documents is addressed may object to the request for any of the reasons set forth in Article 9.2. In such cases, Article 3.4 to Article 3.8 shall apply correspondingly.

11. Within the time ordered by the Arbitral Tribunal, the Parties may submit to the Arbitral Tribunal and to the other Parties any additional Documents on which they intend to rely or which they believe have become relevant to the case and material to its outcome as a consequence of the issues raised in Documents, Witness Statements or Expert Reports submitted or produced, or in other submissions of the Parties.

12. With respect to the form of submission or production of Documents:

8. 예외적인 상황에서, 문서를 직접 검토해야만 이의의 타당성에 대해 결정할 수 있는 경우, 중재판정부는 문서를 검토하지 않기로 결정할 수 있다. 이러한 경우, 중재판정부는 당사자와 협의 이후 외부의 중립적인, 그리고 비밀유지의무를 지는, 전문가를 선임하여, 해당 문서를 검토하고, 이의 사유의 타당성에 대해 보고하도록 할 수 있다. 중재판정부가 이의를 받아 들이는 한도 내에서, 전문가는 검토한 문서의 내용을 중재판정부와 상대방들에게 공개하지 아니하여야 한다.

9. 일방당사자가 중재 당사자가 아닌 자 또는 기관으로부터 문서를 제출 받기를 원하나, 그 해당자 또는 기관으로부터 자체적으로 문서를 제출받을 수 없는 경우, 일방당사자는 중재판정부가 정한 기간 내에, 요청대상문서를 제출받기 위하여 법적으로 이용할 수 있는 모든 조치를 중재판정부가 취할 것을 요청하거나, 또는 스스로 그러한 조치를 취하기 위하여 중재판정부에게 허가를 요청할 수 있다. 일방당사자는 중재판정부 및 상대방들에게 서면으로 이러한 요청서를 제출하여야 하며, 동 요청서에는 제3.3조에 규정된 세부사항을 포함시켜야 한다. 중재판정부는 동 요청서에 대해 판단하여야 하며, 아래 요건들이 충족되는 경우에는, 중재판정부가 그 재량에 따라 적절하다고 판단하는 조치를 취하거나, 또는 요청당사자로 하여금 그러한 조치를 취하도록 승인하거나, 또는 상대방들로 하여금 그러한 조치를 취하도록 명령하여야 한다: (i) 문서가 해당 사건에 관련성이 있고, 그 결과에 중대성을 지니며, (ii) 제 3.3.조가 적용되는 경우 그 요건이 충족되었고, (iii) 제9.2조에 규정된 이의 사유 중 어디에도 해당되지 않는다고 결정했을 것.

10. 중재가 종결되기 전 어느 시점에라도, 중재판정부는 (i) 일방당사자에게 문서를 제출하도록 요청(request)하거나, 또는 (ii) 당사자가 최선의 노력을 다하여 중재판정부가 관련자 또는 관련기관으로부터 문서를 제출받기 위하여 적절하다고 판단하는 조치를 취하도록 할 것을 요청(request)하거나, 또는 (iii) 중재판정부는 관련자 또는 관련기관으로부터 문서를 제출받기 위하여 적절하다고 판단하는 조치를 직접 취할 수 있다. 문서 제출을 요청받은 당사자는 제9.2조에 규정된 이유 중 어떠한 이유로도 동 요청서에 대하여 이의를 제기할 수 있다. 이 경우, 제3.4조 내지 제3.8조가 준용된다.

11. 중재판정부가 정한 기간 내에, 당사자들은 당사자들의 주장의 근거로 삼고자 하거나, 또는 제출된 문서, 사실관계증인진술서, 또는 전문가보고서(진술서), 또는 당사자들이 제출한 기타 서면에 제기된 쟁점을 검토한 결과 해당 사건에 관련성이 있고, 그 결과에 대해 중대성을 지닌다고 당사자들이 판단하는 쟁점과 관련된 추가 문서를 중재판정부 및 상대방들에게 제출할 수 있다.

12. 문서의 제출 또는 제공 형태와 관련하여,

(a) copies of Documents shall conform to the originals and, at the request of the Arbitral Tribunal, any original shall be presented for inspection;

(b) Documents that a Party maintains in electronic form shall be submitted or produced in the form most convenient or economical to it that is reasonably usable by the recipients, unless the Parties agree otherwise or, in the absence of such agreement, the Arbitral Tribunal decides otherwise;

(c) a Party is not obligated to produce multiple copies of Documents which are essentially identical unless the Arbitral Tribunal decides otherwise; and

(d) translations of Documents shall be submitted together with the originals and marked as translations with the original language identified.

13. Any Document submitted or produced by a Party or non-Party in the arbitration and not otherwise in the public domain shall be kept confidential by the Arbitral Tribunal and the other Parties, and shall be used only in connection with the arbitration. This requirement shall apply except and to the extent that disclosure may be required of a Party to fulfil a legal duty, protect or pursue a legal right, or enforce or challenge an award in bona fide legal proceedings before a state court or other judicial authority. The Arbitral Tribunal may issue orders to set forth the terms of this confidentiality. This requirement shall be without prejudice to all other obligations of confidentiality in the arbitration.

14. If the arbitration is organised into separate issues or phases (such as jurisdiction, preliminary determinations, liability or damages), the Arbitral Tribunal may, after consultation with the Parties, schedule the submission of Documents and Requests to Produce separately for each issue or phase.

Article 4. Witnesses of Fact

1. Within the time ordered by the Arbitral Tribunal, each Party shall identify the witnesses on whose testimony it intends to rely and the subject matter of that testimony.

2. Any person may present evidence as a witness, including a Party or a Party's officer, employee or other representative.

3. It shall not be improper for a Party, its officers, employees, legal advisors or other representatives to interview its witnesses or potential witnesses and to discuss their prospective testimony with them.

(a) 문서의 사본은 원본에 부합하여야 하며, 중재판정부의 요청에 따라 원본을 심사용으로
제출한다.

(b) 일방당사자가 전자문서 형태로 보관하는 문서는 수령인이 합리적으로 사용할 수 있는
양식으로, 당사자에게 가장 편리하거나 또는 경제적인 형태로 제출하거나 제공하되, 당
사자들이 달리 합의하거나, 또는 당사자간 합의가 없어서, 중재판정부가 달리 판단하는
경우는 제외한다.

(c) 당사자는 중재판정부가 달리 판단하지 않는 한, 근본적으로 동일한 문서의 사본을 여러
부 제출하여야 할 의무를 지지 않는다.

(d) 문서의 번역본은 원본과 함께, 원본의 언어를 표시하여 번역본임을 표기한 상태로 제출
한다.

13. 중재절차의 일방당사자 또는 절차 밖에 있는 자가 제출하거나 제공한 문서 및 달리 공개
영역에 속하지 아니한 문서는 중재판정부 및 상대방들이 기밀로 유지하여야 하며, 중재와
관련하여만 사용되어야 한다. 전술한 요건은 일방당사자가 법적 의무를 이행하거나, 법적
권리를 보호 또는 추구하거나, 또는 법원이나 기타 사법당국에 의한 진정(bona fide)한 법
적 절차를 통해 판정을 집행하거나 또는 판정에 이의를 제기하기 위하여 일방당사자가 문
서를 공개하여야 하는 경우는 제외하는 한도 내에서 적용된다. 중재판정부는 이러한 비밀
유지의무의 조건을 규정하기 위한 명령을 내릴 수 있다. 이러한 비밀유지의무의 조건은
기타 모든 중재 관련 비밀유지의무에 영향을 미치지 않는다.

14. 중재절차가 개별 쟁점 또는 단계별로 구성되는 경우(예를 들어 관할 같이 미리 결정할 수
있는 쟁점이 있거나 책임여부의 판단과 손해산정 같이 분리될 수 있는 쟁점이 있는 경우),
중재판정부는 당사자들과의 협의를 통해 각각의 쟁점 또는 단계에 대해 개별적으로 문서
및 문서제출요청서의 제출일정을 정한다.

제4조 사실관계에 대한 증인

1. 중재판정부가 정한 기간 내에, 각 당사자는 자신이 근거로 삼고자 하는 증언의 증인들 및
그 증언의 주요 내용를 밝혀야 한다.

2. 당사자 본인, (당사자가 회사인 경우 거기에 소속된) 임직원 또는 기타 대리인을 포함하여,
어느 누구라도 증인으로서 증거를 제출할 수 있다.

3. 당사자, (당사자가 회사인 경우 거기에 소속된) 임직원, 법률자문가, 또는 기타 대리인들이
증인들이나 잠재적 증인들을 면담하고, 이러한 증인들과 함께 그들이 증언하게 될 수도 있
는 증언의 내용을 논의하는 것은 부적절한 것이 아니다.

4. The Arbitral Tribunal may order each Party to submit within a specified time to the Arbitral Tribunal and to the other Parties Witness Statements by each witness on whose testimony it intends to rely, except for those witnesses whose testimony is sought pursuant to Articles 4.9 or 4.10. If Evidentiary Hearings are organised into separate issues or phases (such as jurisdiction, preliminary determinations, liability or damages), the Arbitral Tribunal or the Parties by agreement may schedule the submission of Witness Statements separately for each issue or phase.

5. Each Witness Statement shall contain:

   (a) the full name and address of the witness, a statement regarding his or her present and past relationship (if any) with any of the Parties, and a description of his or her background, qualifications, training and experience, if such a description may be relevant to the dispute or to the contents of the statement;

   (b) a full and detailed description of the facts, and the source of the witness's information as to those facts, sufficient to serve as that witness's evidence in the matter in dispute. Documents on which the witness relies that have not already been submitted shall be provided;

   (c) a statement as to the language in which the Witness Statement was originally prepared and the language in which the witness anticipates giving testimony at the Evidentiary Hearing;

   (d) an affirmation of the truth of the Witness Statement; and

   (e) the signature of the witness and its date and place.

6. If Witness Statements are submitted, any Party may, within the time ordered by the Arbitral Tribunal, submit to the Arbitral Tribunal and to the other Parties revised or additional Witness Statements, including statements from persons not previously named as witnesses, so long as any such revisions or additions respond only to matters contained in another Party's Witness Statements, Expert Reports or other submissions that have not been previously presented in the arbitration.

7. If a witness whose appearance has been requested pursuant to Article 8.1 fails without a valid reason to appear for testimony at an Evidentiary Hearing, the Arbitral Tribunal shall disregard any Witness Statement related to that Evidentiary Hearing by that witness unless, in exceptional circumstances, the Arbitral Tribunal decides otherwise.

8. If the appearance of a witness has not been requested pursuant to Article 8.1, none of the other Parties shall be deemed to have agreed to the correctness of the content of the Witness Statement.

4. 제4.9조 내지 제4.10조에 따라 증언하는 증인들의 경우를 제외하고는, 중재판정부는 각 당사자에게 각자의 주장의 근거로 삼고자 하는 증인의 진술서를 중재판정부와 상대방들에게 정해진 기간 내에 제출할 것을 명령할 수 있다. 개별 쟁점(예를 들어, 관할 같이 미리 결정할 수 있는 쟁점이 있거나 책임여부의 판단과 손해산정 같이 분리될 수 있는 쟁점이 있는 경우) 또는 단계별로 심리기일이 구성되는 경우, 중재판정부 또는 당사자들은 합의에 의하여 각각의 쟁점이나 단계에 대해 개별적으로 사실관계 증인진술서 제출일정을 정할 수 있다.

5. 각각의 (사실관계)증인진술서는 다음을 포함하여야 한다.

   (a) 증인의 성명 및 주소, 증인과 당사자들간 현재 및 과거 관계(해당사항이 있는 경우), 분쟁이나 진술서의 내용에 관련된 증인의 배경, 자격, 교육 및 경험에 관한 기술

   (b) 쟁점 사안에 관하여 증인의 증언으로서 가치가 있을 만큼 충분한 사실에 대한 완전하고 상세한 기술 및 사실의 토대가 된 정보의 출처. 이미 제출되지 아니한 문서로서 증인이 근거로 삼는 문서는 제공되어야 함.

   (c) 사실관계 증인진술서가 최초로 작성되었을 때의 언어 및 심리기일시 증인이 증언을 제공할 때 사용할 언어에 관한 진술

   (d) 증인진술서의 진실성을 확인하는 선언

   (e) 증인의 서명과 서명일 및 서명장소

6. 증인진술서가 제출된 경우, 당사자는 중재판정부가 정한 기간 내에 중재판정부 및 상대방들에게, 기존에 증인으로 지명되지 아니한 자들의 진술서를 포함하여 수정되거나 추가된 증인진술서를 제출할 수 있으나, 이는 수정 또는 추가 내용이 상대방의 증인진술서, 전문가보고서(진술서) 또는 중재절차 중 기존에 제출되지 아니한 기타 서면에 포함된 사안에 대한 답변인 경우에 한한다.

7. 제8.1조에 따라 출석을 요청받은 증인이 타당한 이유 없이 증언을 위해 심리기일에 출석하지 아니하는 경우, 중재판정부는 예외적인 상황에서 중재판정부가 달리 결정하지 아니하는 한, 해당 심리기일과 관련하여 증인이 제공한 증인진술서를 무시하여야 한다.

8. 제8.1조에 따라 증인의 출석이 요청되지 아니하는 경우, 상대방들 중 어느 누구도 사실관계 증인진술서의 내용의 정확성에 대해 동의한 것으로 간주되지 아니한다.

9. If a Party wishes to present evidence from a person who will not appear voluntarily at its request, the Party may, within the time ordered by the Arbitral Tribunal, ask it to take whatever steps are legally available to obtain the testimony of that person, or seek leave from the Arbitral Tribunal to take such steps itself. In the case of a request to the Arbitral Tribunal, the Party shall identify the intended witness, shall describe the subjects on which the witness's testimony is sought and shall state why such subjects are relevant to the case and material to its outcome. The Arbitral Tribunal shall decide on this request and shall take, authorize the requesting Party to take or order any other Party to take, such steps as the Arbitral Tribunal considers appropriate if, in its discretion, it determines that the testimony of that witness would be relevant to the case and material to its outcome.

10. At any time before the arbitration is concluded, the Arbitral Tribunal may order any Party to provide for, or to use its best efforts to provide for, the appearance for testimony at an Evidentiary Hearing of any person, including one whose testimony has not yet been offered. A Party to whom such a request is addressed may object for any of the reasons set forth in Article 9.2.

Article 5. Party-Appointed Experts

1. A Party may rely on a Party-Appointed Expert as a means of evidence on specific issues. Within the time ordered by the Arbitral Tribunal, (i) each Party shall identify any Party-Appointed Expert on whose testimony it intends to rely and the subject-matter of such testimony; and (ii) the Party-Appointed Expert shall submit an Expert Report.

2. The Expert Report shall contain:

   (a) the full name and address of the Party-Appointed Expert, a statement regarding his or her present and past relationship (if any) with any of the Parties, their legal advisors and the Arbitral Tribunal, and a description of his or her background, qualifications, training and experience;

   (b) a description of the instructions pursuant to which he or she is providing his or her opinions and conclusions;

   (c) a statement of his or her independence from the Parties, their legal advisors and the Arbitral Tribunal;

   (d) a statement of the facts on which he or she is basing his or her expert opinions and conclusions;

9. 요청에 따라 자발적으로 출석하지 아니할 자로부터 제공받은 증거를 일방당사자가 제시하고자 할 경우, 동 당사자는 중재판정부가 정한 기간 내에 전술한 자의 증언을 얻기 위하여 법적으로 이용할 수 있는 모든 조치를 취할 것을 요청하거나, 또는 스스로 그러한 조치를 취하기 위하여 중재판정부에게 허가를 요청할 수 있다. 중재판정부에 대한 요청 시, 당사자는 목표로 한 증인을 찾아서, 증인의 증언을 구하고자 하는 주제를 설명하고, 어떠한 이유로 그러한 주제가 사건에 관련성이 있고 그 결과에 대해 중대성을 지니는지를 진술하여야 한다. 중재판정부는 이러한 요청에 대하여 증인의 증언이 해당 사건에 관련성을 지니고 그 결과에 중대성을 지닌다고 재량으로 결정하는 경우, 중재판정부가 적절하다고 판단하는 조치를 취하거나, 또는 요청당사자로 하여금 그러한 조치를 취하도록 승인하거나, 또는 상대방들로 하여금 그러한 조치를 취하도록 명령하여야 한다.

10. 중재가 종결되기 전 어느 시점에라도, 중재판정부는 당사자로 하여금 아직 증언을 제공하지 아니한 자를 포함한 모든 이들이 증언을 위한 심리기일에 출석하도록 명령하거나, 또는 최선의 노력을 다해 출석하게 하도록 명령할 수 있다. 그러한 요청을 받은 당사자는 제9.2조에 규정된 이유 중 어떠한 이유로도 이의를 제기할 수 있다.

제5조 당사자가 선임한 전문가

1. 일방당사자는 특정 쟁점에 대하여 증거수단으로서 당사자가 선임한 전문가에게 의존할 수 있다. 중재판정부가 정한 기간 내에, (i) 각 당사자는 당사자가 근거로 삼고자 하는 증언을 제공할 당사자가 선임한 전문가 및 동 증언의 주제를 밝혀야 하며, (ii) 당사자가 선임한 전문가는 전문가보고서를 제출하여야 한다.

2. 전문가보고서는 다음을 포함한다.

    (a) 당사자가 선임한 전문가의 이름 및 주소, 당사자들, 그들의 법률자문가 및 중재판정부와 당사자가 선임한 전문가간의 현재 또는 과거 관계(존재 시), 관련 진술서 및 당사자가 선임한 전문가의 배경, 자격, 교육 및 경험에 관한 기술

    (b) 당사자가 선임한 전문가가 그의 의견 및 결론을 제시하는 근거가 되는 지침에 대한 설명

    (c) 당사자들, 그들의 법률자문가 및 중재판정부에 대한 당사자가 선임한 전문가의 중립성에 관한 진술

    (d) 당사자가 선임한 전문가의 전문가의견 및 결론의 근거가 되는 사실에 관한 진술

(e) his or her expert opinions and conclusions, including a description of the methods, evidence and information used in arriving at the conclusions. Documents on which the Party-Appointed Expert relies that have not already been submitted shall be provided;

(f) if the Expert Report has been translated, a statement as to the language in which it was originally prepared, and the language in which the Party-Appointed Expert anticipates giving testimony at the Evidentiary Hearing;

(g) an affirmation of his or her genuine belief in the opinions expressed in the Expert Report;

(h) the signature of the Party-Appointed Expert and its date and place; and

(i) if the Expert Report has been signed by more than one person, an attribution of the entirety or specific parts of the Expert Report to each author.

3. If Expert Reports are submitted, any Party may, within the time ordered by the Arbitral Tribunal, submit to the Arbitral Tribunal and to the other Parties revised or additional Expert Reports, including reports or statements from persons not previously identified as Party-Appointed Experts, so long as any such revisions or additions respond only to matters contained in another Party's Witness Statements, Expert Reports or other submissions that have not been previously presented in the arbitration.

4. The Arbitral Tribunal in its discretion may order that any Party-Appointed Experts who will submit or who have submitted Expert Reports on the same or related issues meet and confer on such issues. At such meeting, the Party-Appointed Experts shall attempt to reach agreement on the issues within the scope of their Expert Reports, and they shall record in writing any such issues on which they reach agreement, any remaining areas of disagreement and the reasons therefore.

5. If a Party-Appointed Expert whose appearance has been requested pursuant to Article 8.1 fails without a valid reason to appear for testimony at an Evidentiary Hearing, the Arbitral Tribunal shall disregard any Expert Report by that Party-Appointed Expert related to that Evidentiary Hearing unless, in exceptional circumstances, the Arbitral Tribunal decides otherwise.

6. If the appearance of a Party-Appointed Expert has not been requested pursuant to Article 8.1, none of the other Parties shall be deemed to have agreed to the correctness of the content of the Expert Report.

(e) 결론에 도달하는데 사용된 방법, 증거 및 정보에 관한 기술을 포함하여, 당사자가 선임한 전문가의 전문가의견 및 결론. 이미 제출되지 아니한 문서로서 당사자가 선임한 전문가가 근거로 하는 문서는 제출되어야 함.

(f) 전문가보고서가 번역된 경우, 전문가보고서가 최초로 작성되었을 때의 언어 및 심리기일 시 당사자가 선임한 전문가가 증언을 제공할 때 사용할 언어에 관한 진술

(g) 당사자가 선임한 전문가의 전문가보고서에 표현된 의견에 대한 진정한 믿음에 대한 확인

(h) 당사자가 선임한 전문가의 서명과 서명일 및 서명장소

(i) 1인 이상이 전문가보고서에 서명한 경우, 전문가보고서의 전체 또는 특정 부분을 각 작성자에게 귀속시킴.

3. 전문가보고서가 제출되는 경우, 당사자는 중재판정부가 정한 기간 내에, 중재판정부 및 상대방들에게, 기존에 당사자가 선임한 전문가로 파악되지 아니한 자들의 보고서나 진술서를 포함하여 수정되거나 추가된 증인진술서를 제출할 수 있으나, 단 그러한 수정 또는 추가 내용이 상대방의 증인진술서, 전문가보고서 또는 중재 중 기존에 제출되지 아니한 기타 서면에 포함된 사안에 대한 답변인 경우에 한한다.

4. 중재판정부는 전문가보고서를 제출할 예정이거나 또는 이미 제출하였던 당사자가 선임한 전문가들이 동일 쟁점이나 관련 쟁점에 대해 회의를 갖고 협의하도록 임의로 정할 수 있다. 이러한 회의에서, 당사자가 선임한 전문가들은 전문가보고서의 범위에 속하는 쟁점에 대하여 합의에 도달하도록 노력하고, 합의에 도달한 쟁점 및 합의에 이르지 못한 나머지 부분과 그 이유를 서면으로 기록한다.

5. 제8.1조에 따라 당사자가 선임한 전문가가 출석을 요청받은 후 타당한 이유 없이 증언을 위한 심리기일에 출석하지 아니하는 경우, 중재판정부는 특별한 상황에서 중재판정부가 달리 결정하지 아니하는 한, 해당 심리기일과 관련하여 당사자가 선임한 전문가가 작성한 전문가보고서를 무시한다.

6. 당사자가 선임한 전문가가 제8.1조에 따라 출석을 요청받지 아니하더라도, 상대방들 중 그 누구도 전문가보고서의 내용의 정확성에 동의한 것으로 간주되지 아니한다.

Article 6. Tribunal-Appointed Experts

1. The Arbitral Tribunal, after consulting with the Parties, may appoint one or more independent Tribunal-Appointed Experts to report to it on specific issues designated by the Arbitral Tribunal. The Arbitral Tribunal shall establish the terms of reference for any Tribunal-Appointed Expert Report after consulting with the Parties. A copy of the final terms of reference shall be sent by the Arbitral Tribunal to the Parties.

2. The Tribunal-Appointed Expert shall, before accepting appointment, submit to the Arbitral Tribunal and to the Parties a description of his or her qualifications and a statement of his or her independence from the Parties, their legal advisors and the Arbitral Tribunal. Within the time ordered by the Arbitral Tribunal, the Parties shall inform the Arbitral Tribunal whether they have any objections as to the Tribunal-Appointed Expert's qualifications and independence. The Arbitral Tribunal shall decide promptly whether to accept any such objection. After the appointment of a Tribunal-Appointed Expert, a Party may object to the expert's qualifications or independence only if the objection is for reasons of which the Party becomes aware after the appointment has been made. The Arbitral Tribunal shall decide promptly what, if any, action to take.

3. Subject to the provisions of Article 9.2, the Tribunal-Appointed Expert may request a Party to provide any information or to provide access to any Documents, goods, samples, property, machinery, systems, processes or site for inspection, to the extent relevant to the case and material to its outcome. The authority of a Tribunal-Appointed Expert to request such information or access shall be the same as the authority of the Arbitral Tribunal. The Parties and their representatives shall have the right to receive any such information and to attend any such inspection. Any disagreement between a Tribunal-Appointed Expert and a Party as to the relevance, materiality or appropriateness of such a request shall be decided by the Arbitral Tribunal, in the manner provided in Articles 3.5 through 3.8. The Tribunal-Appointed Expert shall record in the Expert Report any non-compliance by a Party with an appropriate request or decision by the Arbitral Tribunal and shall describe its effects on the determination of the specific issue.

4. The Tribunal-Appointed Expert shall report in writing to the Arbitral Tribunal in an Expert Report. The Expert Report shall contain:
    (a) the full name and address of the Tribunal-Appointed Expert, and a description of his or her background, qualifications, training and experience;
    (b) a statement of the facts on which he or she is basing his or her expert opinions and conclusions;

제6조　중재판정부가 선임한 전문가

1. 중재판정부는 당사자들과의 협의를 통해 1인 이상의 중립적인 '중재판정부가 선임한 전문가들'을 선임하여, 중재판정부가 지정한 구체적 쟁점에 대하여 중재판정부에 보고하도록 할 수 있다. 중재판정부는 당사자들과의 협의를 통해 중재판정부가 선임한 당사자들을 위하여 심리개요서(terms of reference)를 작성할 수 있다. 중재판정부는 최종 심리개요서(terms of reference) 1부를 당사자들에게 송부하여야 한다.

2. 중재판정부가 선임한 전문가는 임명을 승낙하기 전에, 본인의 자격에 대한 기술서와 함께 당사자들, 그들의 법률자문가 및 중재판정부로부터의 독립성에 관한 진술서를 중재판정부와 당사자들에게 제출하여야 한다. 중재판정부가 정한 기간 내에, 당사자들은 중재판정부가 선임한 전문가의 자격 및 중립성에 대한 이의 여부를 중재판정부에 고지하여야 한다. 중재판정부는 그러한 이의를 인용할 것인지 여부를 즉시 결정하여야 한다. 중재판정부가 선임한 전문가의 임명 이후, 일방당사자는 전문가의 선임이 이루어진 이후 당사자가 인지하게 된 이유에 의하여 이의가 제기된 경우에 한하여, 중재판정부가 선임한 전문가의 자격이나 중립성에 대해 이의를 제기할 수 있다. 중재판정부는 어떠한 조치를 취할 경우, 이를 즉시 결정하여야 한다.

3. 제9.2조의 규정에 따라, 중재판정부가 선임한 전문가는 일방당사자에게, 사건에 관련성이 있고 그 결과에 대해 중대성이 있는 범위에 한하여 모든 정보를 제공할 것을 요청하거나, 또는 조사를 위하여 모든 문서, 물품, 샘플, 재산, 기계, 시스템, 프로세스 또는 현장에 대한 이용권한을 제공할 것을 요청할 수 있다. 전술한 바와 같은 정보나 이용권한을 요청할 수 있는 중재판정부가 선임한 전문가의 권한은 중재판정부의 권한과 동일하다. 당사자들 및 그들의 대표들은 전술한 바와 같이 정보를 수령하고 조사에 참여할 수 있는 권리를 갖는다. 위 요청의 관련성, 중대성 또는 적합성에 관하여 중재판정부가 선임한 전문가 및 일방 당사자간 합의에 이르지 못한 부분은 제3.5조 내지 제3.8조에 규정된 방식에 따라 중재판정부가 결정한다. 중재판정부가 선임한 전문가는 중재판정부가 내린 적절한 요청이나 결정을 준수하지 아니한 사항을 전문가보고서에 기록하고, 그러한 불이행 사항이 특정 쟁점의 결정에 미치게 될 영향을 기술한다.

4. 중재판정부가 선임한 전문가는 전문가보고서를 통해 중재판정부에 서면으로 보고한다. 전문가보고서는 다음을 포함한다.
   (a) 중재판정부가 선임한 전문가의 이름 및 주소, 중재판정부가 선임한 전문가의 배경, 자격, 교육 및 경험에 관한 기술
   (b) 중재판정부가 선임한 전문가가 그의 의견 및 결론을 제시하는 근거가 되는 사실에 관한 진술

(c) his or her expert opinions and conclusions, including a description of the methods, evidence and information used in arriving at the conclusions. Documents on which the Tribunal-Appointed Expert relies that have not already been submitted shall be provided;

(d) if the Expert Report has been translated, a statement as to the language in which it was originally prepared, and the language in which the Tribunal-Appointed Expert anticipates giving testimony at the Evidentiary Hearing;

(e) an affirmation of his or her genuine belief in the opinions expressed in the Expert Report;

(f) the signature of the Tribunal-Appointed Expert and its date and place; and

(g) if the Expert Report has been signed by more than one person, an attribution of the entirety or specific parts of the Expert Report to each author.

5. The Arbitral Tribunal shall send a copy of such Expert Report to the Parties. The Parties may examine any information, Documents, goods, samples, property, machinery, systems, processes or site for inspection that the Tribunal-Appointed Expert has examined and any correspondence between the Arbitral Tribunal and the Tribunal-Appointed Expert. Within the time ordered by the Arbitral Tribunal, any Party shall have the opportunity to respond to the Expert Report in a submission by the Party or through a Witness Statement or an Expert Report by a Party-Appointed Expert. The Arbitral Tribunal shall send the submission, Witness Statement or Expert Report to the Tribunal-Appointed Expert and to the other Parties.

6. At the request of a Party or of the Arbitral Tribunal, the Tribunal-Appointed Expert shall be present at an Evidentiary Hearing. The Arbitral Tribunal may question the Tribunal-Appointed Expert, and he or she may be questioned by the Parties or by any Party-Appointed Expert on issues raised in his or her Expert Report, the Parties' submissions or Witness Statement or the Expert Reports made by the Party-Appointed Experts pursuant to Article 5.1(ii).

7. Any Expert Report made by a Tribunal-Appointed Expert and its conclusions shall be assessed by the Arbitral Tribunal with due regard to all circum-stances of the case.

8. The fees and expenses of a Tribunal-Appointed Expert, to be funded in a manner determined by the Arbitral Tribunal, shall form part of the costs of the arbitration.

(c) 결론에 도달하는데 사용된 방법, 증거 및 정보에 관한 기술서를 포함한, 중재판정부가 선임한 전문가의 전문가의견 및 결론. 이미 제출되지 아니한 문서로서 중재판정부가 선임한 전문가가 근거로 하는 문서는 제출되어야 함.

(d) 전문가보고서가 번역된 경우, 전문가진술서가 최초로 작성되었을 때의 언어 및 심리기일시 중재판정부가 선임한 전문가가 증언을 제공할 때 사용할 언어에 관한 진술

(e) 중재판정부가 선임한 전문가의 전문가보고서에 표현된 의견에 대한 진정한 믿음에 대한 확인

(f) 당사자가 선임한 전문가의 서명과 서명일 및 서명장소

(g) 1인 이상이 전문가보고서에 서명한 경우, 전문가보고서의 전체 또는 특정 부분을 각 작성자에게 귀속시킴.

5. 중재판정부는 전문가보고서 1부를 당사자들에게 송부한다. 당사자들은 중재판정부가 선임한 전문가가 심리한 모든 조사용 정보, 문서, 물품, 샘플, 재산, 기계, 시스템, 프로세스 또는 현장 및 중재판정부와 중재판정부가 선임한 전문가간 교환한 서신을 심리할 수 있다. 중재판정부가 정한 기간 내에, 일방당사자는 동 당사자에 의한 서면이나 사실관계 증인진술서, 또는 당사자가 선임한 전문가에 의한 전문가보고서를 통해, 전문가보고서에 대해 답변할 기회를 갖는다. 중재판정부는 중재판정부가 선임한 전문가 및 상대방들에게 전술한 서면, 사실관계 증인진술서 또는 전문가보고서를 송부하여야 한다.

6. 일방당사자 또는 중재판정부의 요청에 따라, 중재판정부가 선임한 전문가는 심리기일 에 출석한다. 중재판정부는 중재판정부가 선임한 전문가에게 질의할 수 있고, 동 전문가는 전문가보고서, 당사자들의 서면 또는 증인진술서, 또는 제5.1(ii)조에 따라 당사자가 선임한 전문가가 작성한 전문가보고서에 제기된 쟁점에 대하여 당사자들이나 당사자가 선임한 전문가로부터 질의를 받을 수 있다.

7. 중재판정부가 선임한 전문가가 작성한 전문가보고서 및 그 결론은 중재판정부가 사건의 모든 제반 사정을 적절히 고려하여 평가한다.

8. 중재판정부가 결정하는 방식에 따라 충당되는 중재판정부가 선임한 전문가관련 보수 및 비용은 중재비용의 일부를 구성한다.

Article 7. Inspection

Subject to the provisions of Article 9.2, the Arbitral Tribunal may, at the request of a Party or on its own motion, inspect or require the inspection by a Tribunal-Appointed Expert or a Party-Appointed Expert of any site, property, machinery or any other goods, samples, systems, processes or Documents, as it deems appropriate. The Arbitral Tribunal shall, in consultation with the Parties, determine the timing and arrangement for the inspection. The Parties and their representatives shall have the right to attend any such inspection.

Article 8. Evidentiary Hearing

1. Within the time ordered by the Arbitral Tribunal, each Party shall inform the Arbitral Tribunal and the other Parties of the witnesses whose appearance it requests. Each witness (which term includes, for the purposes of this Article, witnesses of fact and any experts) shall, subject to Article 8.2, appear for testimony at the Evidentiary Hearing if such person's appearance has been requested by any Party or by the Arbitral Tribunal. Each witness shall appear in person unless the Arbitral Tribunal allows the use of videoconference or similar technology with respect to a particular witness.

2. The Arbitral Tribunal shall at all times have complete control over the Evidentiary Hearing. The Arbitral Tribunal may limit or exclude any question to, answer by or appearance of a witness, if it considers such question, answer or appearance to be irrelevant, immaterial, unreasonably burdensome, duplicative or otherwise covered by a reason for objection set forth in Article 9.2. Questions to a witness during direct and redirect testimony may not be unreasonably leading.

3. With respect to oral testimony at an Evidentiary Hearing:

    (a) the Claimant shall ordinarily first present the testimony of its witnesses, followed by the Respondent presenting the testimony of its witnesses;

    (b) following direct testimony, any other Party may question such witness, in an order to be determined by the Arbitral Tribunal. The Party who initially presented the witness shall subsequently have the opportunity to ask additional questions on the matters raised in the other Parties' questioning;

    (c) thereafter, the Claimant shall ordinarily first present the testimony of its Party-Appointed Experts, followed by the Respondent presenting the testimony of its Party-Appointed Experts. The Party who initially presented the Party-Appointed Expert shall subsequently have the opportunity to ask additional questions on the matters raised in the other Parties' questioning;

제7조 검증(Inspection)

제9.2조의 규정에 따라, 중재판정부는 일방당사자의 요청에 따라, 또는 자체적으로, 중재판정부가 적절하다고 판단하는 모든 현장, 재산, 기계 또는 기타 물품, 샘플, 시스템, 프로세스, 또는 문서 등을 검증하거나 중재판정부가 선임한 전문가로 하여금 검증하도록 할 수 있다. 중재판정부는 당사자들과의 협의를 통해 조사 시기 및 일정을 결정한다. 당사자들과 그들의 대리인들은 이러한 검증에 참여할 권리를 갖는다.

제8조 심리기일

1. 중재판정부가 정한 기간 내에, 각 당사자는 중재판정부와 상대방들에게 당사자가 출석을 요청하는 증인들에 대하여 고지하여야 한다. 각각의 증인(본 조의 목적상 증인이란 용어에는 사실에 대한 증인 및 모든 전문가가 포함된다)은 당사자나 중재판정부에 의해 출석을 요청받은 경우, 증언을 위하여 제8.2조에 따라 심리기일에 출석하여야 한다. 각 증인은 중재판정부가 특정 증인과 관련하여 원격회의 또는 그에 준하는 기술의 사용을 허용하지 않는 한, 직접 출석하여야 한다.

2. 중재판정부는 항시 심리기일에 대하여 완전한 절차 지휘권을 갖는다. 중재판정부는 증인에 대한 질의, 증인에 의한 답변 또는 증인의 출석이 관련성이 없거나, 중요하지 않거나, 부당한 부담을 주거나, 중복적이거나, 또는 제9.2조에 규정된 이의에 대한 이유에 해당된다고 판단하는 경우, 전술한 질의, 답변, 출석을 제한하거나 배제할 수 있다. 주신문 및 재주신문에는 비합리적으로 특정 답을 유도하는 질문을 하여서는 안 된다.

3. 심리기일에서의 구술 증언과 관련하여,
   (a) 통상적으로 신청인측 증인을 신문한 다음 피신청인측 증인을 신문한다.

   (b) 주신문 진행 이후, 상대방은 중재판정부가 결정하는 순서로 해당 증인에게 반대신문을 할 수 있다. 최초로 증인을 세운 당사자는 이후 상대방들의 반대신문 사항에서 제기된 쟁점에 관하여 추가적으로 재신문을 할 기회를 갖는다.

   (c) 사실관계 증인의 신문 이후 통상적으로 신청인측 당사자가 선임한 전문가의 증언, 그 후 피신청인측 당사자가 선임한 전문가의 증언을 제시한다. 당사자가 선임한 전문가를 최초로 내세운 당사자는 이후 상대방들의 질의에서 제기된 사안에 대하여 추가적으로 질의할 기회를 갖는다.

(d) the Arbitral Tribunal may question a Tribunal-Appointed Expert, and he or she may be questioned by the Parties or by any Party-Appointed Expert, on issues raised in the Tribunal-Appointed Expert Report, in the Parties' submissions or in the Expert Reports made by the Party-Appointed Experts;

(e) if the arbitration is organised into separate issues or phases (such as jurisdiction, preliminary determinations, liability and damages), the Parties may agree or the Arbitral Tribunal may order the scheduling of testimony separately for each issue or phase;

(f) the Arbitral Tribunal, upon request of a Party or on its own motion, may vary this order of proceeding, including the arrangement of testimony by particular issues or in such a manner that witnesses be questioned at the same time and in confrontation with each other (witness conferencing);

(g) the Arbitral Tribunal may ask questions to a witness at any time.

4. A witness of fact providing testimony shall first affirm, in a manner determined appropriate by the Arbitral Tribunal, that he or she commits to tell the truth or, in the case of an expert witness, his or her genuine belief in the opinions to be expressed at the Evidentiary Hearing. If the witness has submitted a Witness Statement or an Expert Report, the witness shall confirm it. The Parties may agree or the Arbitral Tribunal may order that the Witness Statement or Expert Report shall serve as that witness's direct testimony.

5. Subject to the provisions of Article 9.2, the Arbitral Tribunal may request any person to give oral or written evidence on any issue that the Arbitral Tribunal considers to be relevant to the case and material to its outcome. Any witness called and questioned by the Arbitral Tribunal may also be questioned by the Parties.

Article 9. Admissibility and Assessment of Evidence

1. The Arbitral Tribunal shall determine the admissibility, relevance, materiality and weight of evidence.

2. The Arbitral Tribunal shall, at the request of a Party or on its own motion, exclude from evidence or production any Document, statement, oral testimony or inspection for any of the following reasons:

(a) lack of sufficient relevance to the case or materiality to its outcome;

(b) legal impediment or privilege under the legal or ethical rules determined by the Arbitral Tribunal to be applicable;

(d) 중재판정부는 중재판정부가 선임한 전문가에게 질의할 수 있고, 동 전문가는 중재판정
부가 선임한 전문가의 보고서[진술서], 당사자들의 서면 또는 당사자가 선임한 전문가들
이 작성한 전문가보고서에 제기된 쟁점에 대하여 상대방들이나 당사자가 선임한 전문가
로부터 질의를 받을 수 있다.

(e) 중재절차가 개별 쟁점 또는 단계별로 구성되는 경우(예를 들어, 관할 같이 미리 결정할
수 있는 쟁점이 있거나 책임여부의 판단과 손해산정 같이 분리될 수 있는 쟁점이 있는
경우), 각각의 쟁점이나 단계에 대하여 개별적으로 증언일정을 계획할 것을 당사자들이
합의하거나 또는 중재판정부가 명령할 수 있다.

(f) 중재판정부는 당사의 요청에 따라, 또는 자체적으로, 특정 쟁점별로 증언의 순서를 정하
거나, 또는 증인들이 상호 대면한 상태에서 동시에 증인들에게 질의하는 방식(증인대질,
witness conferencing) 등으로 본 절차의 순서를 변경할 수 있다.

(g) 중재판정부는 언제라도 증인에게 질의할 수 있다.

4. 증언을 제공하는 사실에 대한 증인은 우선 중재판정부가 적절하다고 결정한 방식으로 반드
시 진실을 말할 것, 또는 전문가증인의 경우 심리기일에서 표현할 의견에 대한 진정한 믿음
만을 말할 것을 확약한다. 증인이 증인진술서나 전문가보고서를 제출한 경우, 증인은 이를
확인한다. 증인진술서나 전문가보고서는 해당증인의 직접증언의 기능을 하도록 당사자들이
합의하거나 중재판정부가 명령할 수 있다.

5. 제9.2조의 규정에 따라, 중재판정부가 사건에 관련성이 있고 그 결과에 대해 중대성을 지닌
다고 판단하는 쟁점에 대하여, 중재판정부는 모든 이가 구두 또는 서면 증거를 제출할 것을
요청할 수 있다. 중재판정부가 출석을 요구하고 질의한 증인은 또한 당사자들의 질의대상
이 될 수 있다.

제9조 증거의 허용가능성 및 심사

1. 중재판정부는 증거의 허용가능성, 관련성, 중대성 및 증명력을 판단한다.

2. 중재판정부는 일방당사자의 요청에 따라, 또는 자신의 결정에 따라, 다음에 해당하는 이유
로 문서, 진술서, 구두증언 또는 조사를 증거 또는 제출로부터 제외한다.

(a) 사건에 대한 충분한 관련성이나 그 결과에 대한 중대성이 결여된 경우
(b) 중재판정부가 적용 가능하다고 결정한 법적·윤리적 규칙에 의한 법적 장애 또는 특권
이 있는 경우

(c) unreasonable burden to produce the requested evidence;

(d) loss or destruction of the Document that has been shown with reasonable likelihood to have occurred;

(e) grounds of commercial or technical confidentiality that the Arbitral Tribunal determines to be compelling;

(f) grounds of special political or institutional sensitivity (including evidence that has been classified as secret by a government or a public international institution) that the Arbitral Tribunal determines to be compelling; or

(g) considerations of procedural economy, proportionality, fairness or equality of the Parties that the Arbitral Tribunal determines to be compelling.

3. In considering issues of legal impediment or privilege under Article 9.2(b), and insofar as permitted by any mandatory legal or ethical rules that are determined by it to be applicable, the Arbitral Tribunal may take into account:

(a) any need to protect the confidentiality of a Document created or statement or oral communication made in connection with and for the purpose of providing or obtaining legal advice;

(b) any need to protect the confidentiality of a Document created or statement or oral communication made in connection with and for the purpose of settlement negotiations;

(c) the expectations of the Parties and their advisors at the time the legal impediment or privilege is said to have arisen;

(d) any possible waiver of any applicable legal impediment or privilege by virtue of consent, earlier disclosure, affirmative use of the Document, statement, oral communication or advice contained therein, or otherwise; and

(e) the need to maintain fairness and equality as between the Parties, particularly if they are subject to different legal or ethical rules.

4. The Arbitral Tribunal may, where appropriate, make necessary arrangements to permit evidence to be presented or considered subject to suitable confidentiality protection.

5. If a Party fails without satisfactory explanation to produce any Document requested in a Request to Produce to which it has not objected in due time or fails to produce any Document ordered to be produced by the Arbitral Tribunal, the Arbitral Tribunal may infer that such document would be adverse to the interests of that Party.

(c) 증거 제출시 부당하게 부담을 지게 될 경우

(d) 분실 또는 파손 발생의 가능성에 대한 상당한 소명이 이루어진 문서의 경우

(e) 중재판정부가 보호해야 할 강력한 필요성이 있다고 판단한 상업적 또는 기술적 기밀이 관련된 경우

(f) 중재판정부가 보호해야 할 강력한 필요성이 있다고 판단한 특별한 정치적 또는 제도적 민감성(정부 또는 공적 국제기관에 의하여 기밀로 분류된 증거 포함)이 있는 경우

(g) 중재판정부가 보호해야 할 강력한 필요성이 있다고 결정한 당사자들의 절차적 경제성, 비례성, 공정성, 또는 평등성에 대한 참작 사유가 있는 경우

3. 제9.2(b)조에 의한 법적 장애 또는 특권의 문제를 고려함에 있어, 또한 중재판정부가 적용 가능하다고 결정한 강행법규적 또는 변호사윤리규칙이 허용하는 범위 내에서, 중재판정부 는 다음을 고려할 수 있다.

(a) 법률 자문의 제공이나 취득과 관련하여, 또한 그러한 목적으로, 생성된 문서나 진술서 또는 구두연락의 기밀성을 보호하기 위한 필요성

(b) 분쟁해결협상과 관련하여, 또한 그러한 목적으로, 생성된 문서나 진술서 또는 구두연락 의 기밀성을 보호하기 위한 필요성

(c) 법적 장애 또는 특권 사유가 발생했다고 주장되는 시점에 당사자들과 그들의 자문역들 이 특권으로 인해 해당 정보가 외부로 노출되지 않으리라고 신뢰하였는지 여부

(d) 문서, 진술서, 구두연락 또는 동 문서 등에 포함된 자문 등과 관련하여 그에 대한 동의, 사전 공개, 확정적 사용에 의하여 법적 장애나 특권이 포기되었을 가능성

(e) 당사자들이 상이한 법규정 · 윤리적 규칙의 적용을 받는 경우, 당사자들간 공정성 및 평 등성을 유지하기 위한 필요성

4. 중재판정부는 적절한 경우, 적합한 비밀유지 보호 조치에 따라 증거를 제출하거나 심리할 수 있도록 필요한 준비를 할 수 있다.

5. 일방당사자가 만족할 만한 설명 없이, 적시에 이의를 제기하지 아니한 문서제출요청서상의 문서를 제출하지 않거나, 또는 중재판정부가 제출할 것을 명한 문서를 제출하지 아니한 경 우, 중재판정부는 해당 문서가 해당 당사자의 이해관계에 부정적인 영향을 미치는 것이라고 추론(infer that such evidence would be adverse to the interests)할 수 있다.

6. If a Party fails without satisfactory explanation to make available any other relevant evidence, including testimony, sought by one Party to which the Party to whom the request was addressed has not objected in due time or fails to make available any evidence, including testimony, ordered by the Arbitral Tribunal to be produced, the Arbitral Tribunal may infer that such evidence would be adverse to the interests of that Party.

7. If the Arbitral Tribunal determines that a Party has failed to conduct itself in good faith in the taking of evidence, the Arbitral Tribunal may, in addition to any other measures available under these Rules, take such failure into account in its assignment of the costs of the arbitration, including costs arising out of or in connection with the taking of evidence.

6. 일방당사자가 만족할 만한 설명 없이, 증언 등 상대방으로부터 증언, 기타 관련 증거의 제출을 요청받고 적시에 이의를 제기하지 아니하였음에도 불구하고 이를 증거로 제공하지 않는 경우, 또는 중재판정부로부터 증언, 기타 관련 증거의 제출을 명령받고도 이를 제공하지 아니한 경우, 중재판정부는 해당 증거가 해당 당사자의 이해관계에 부정적인 영향을 미치는 것이라고 추론(infer that such evidence would be adverse to the interests)할 수 있다.

7. 중재판정부가 일방당사자가 증거조사에 있어 성실하게 이행하지 아니하였다고 결정하는 경우, 중재판정부는 본 규칙에 따라 이용할 수 있는 기타 조치 이외에, 전술한 당사자의 불이행을 증거조사로 인하여 발생한 또는 증거조사와 관련하여 발생한 비용을 포함하여, 중재비용의 분담 여부를 결정할 때 이를 고려할 수 있다.

부록 9

IBA Guidelines on Conflicts of Interest in International Arbitration

Adopted by resolution of the IBA Council on Thursday 23 October 2014

Introduction

1. Arbitrators and party representatives are often unsure about the scope of their disclosure obligations. The growth of international business, including larger corporate groups and international law firms, has generated more disclosures and resulted in increased complexity in the analysis of disclosure and conflict of interest issues. Parties have more opportunities to use challenges of arbitrators to delay arbitrations, or to deny the opposing party the arbitrator of its choice. Disclosure of any relationship, no matter how minor or serious, may lead to unwarranted or frivolous challenges. At the same time, it is important that more information be made available to the parties, so as to protect awards against challenges based upon alleged failures to disclose, and to promote a level playing field among parties and among counsel engaged in international arbitration.

2. Parties, arbitrators, institutions and courts face complex decisions about the information that arbitrators should disclose and the standards to apply to disclosure. In addition, institutions and courts face difficult decisions when an objection or a challenge is made after a disclosure. There is a tension between, on the one hand, the parties' right to disclosure of circumstances that may call into question an arbitrator's impartiality or independence in order to protect the parties' right to a fair hearing, and, on the other hand, the need to avoid unnecessary challenges against arbitrators in order to protect

the parties' ability to select arbitrators of their choosing.

3. It is in the interest of the international arbitration community that arbitration proceedings are not hindered by ill-founded challenges against arbitrators and that the legitimacy of the process is not affected by uncertainty and a lack of uniformity in the applicable standards for disclosures, objections and challenges. The 2004 Guidelines reflected the view that the standards existing at the time lacked sufficient clarity and uniformity in their application. The Guidelines, therefore, set forth some 'General Standards and Explanatory Notes on the Standards'. Moreover, in order to promote greater consistency and to avoid unnecessary challenges and arbitrator withdrawals and removals, the Guidelines list specific situations indicating whether they warrant disclosure or disqualification of an arbitrator. Such lists, designated 'Red', 'Orange' and 'Green' (the 'Application Lists'), have been updated and appear at the end of these revised Guidelines.

4. The Guidelines reflect the understanding of the IBA Arbitration Committee as to the best current international practice, firmly rooted in the principles expressed in the General Standards below. The General Standards and the Application Lists are based upon statutes and case law in a cross-section of jurisdictions, and upon the judgement and experience of practitioners involved in international arbitration.

In reviewing the 2004 Guidelines, the IBA Arbitration Committee updated its analysis of the laws and practices in a number of jurisdictions. The Guidelines seek to balance the various interests of parties, representatives, arbitrators and arbitration institutions, all of whom have a responsibility for ensuring the integrity, reputation and efficiency of international arbitration. Both the 2004 Working Group and the Subcommittee in 2012/2014 have sought and considered the views of leading arbitration institutions, corporate counsel and other persons involved in international arbitration through public consultations at IBA annual meetings, and at meetings with arbitrators and practitioners. The comments received were reviewed in detail and many were adopted. The IBA Arbitration Committee is grateful for the serious consideration given to its proposals by so many institutions and individuals.

5. The Guidelines apply to international commercial arbitration and investment arbitration, whether the representation of the parties is carried out by lawyers or non-lawyers, and irrespective of whether or not non-legal professionals serve as arbitrators.

6. These Guidelines are not legal provisions and do not override any applicable national

law or arbitral rules chosen by the parties. However, it is hoped that, as was the case for the 2004 Guidelines and other sets of rules and guidelines of the IBA Arbitration Committee, the revised Guidelines will find broad acceptance within the international arbitration community, and that they will assist parties, practitioners, arbitrators, institutions and courts in dealing with these important questions of impartiality and independence. The IBA Arbitration Committee trusts that the Guidelines will be applied with robust common sense and without unduly formalistic interpretation.

7. The Application Lists cover many of the varied situations that commonly arise in practice, but they do not purport to be exhaustive, nor could they be. Nevertheless, the IBA Arbitration Committee is confident that the Application Lists provide concrete guidance that is useful in applying the General Standards. The IBA Arbitration Committee will continue to study the actual use of the Guidelines with a view to furthering their improvement.

8. In 1987, the IBA published *Rules of Ethics for International Arbitrators*. Those Rules cover more topics than these Guidelines, and they remain in effect as to subjects that are not discussed in the Guidelines. The Guidelines supersede the *Rules of Ethics* as to the matters treated here.

Part I: General Standards Regarding Impartiality, Independence And Disclosure
(1) General Principle
Every arbitrator shall be impartial and independent of the parties at the time of accepting an appointment to serve and shall remain so until the final award has been rendered or the proceedings have otherwise finally terminated.

Explanation to General Standard 1:
A fundamental principle underlying these Guidelines is that each arbitrator must be impartial and independent of the parties at the time he or she accepts an appointment to act as arbitrator, and must remain so during the entire course of the arbitration proceeding, including the time period for the correction or interpretation of a final award under the relevant rules, assuming such time period is known or readily ascertainable.
The question has arisen as to whether this obligation should extend to the period during which the award may be challenged before the relevant courts. The decision taken is that this obligation should not extend in this manner, unless the final award may be referred back

to the original Arbitral Tribunal under the relevant applicable law or relevant institutional rules. Thus, the arbitrator's obligation in this regard ends when the Arbitral Tribunal has rendered the final award, and any correction or interpretation as may be permitted under the relevant rules has been issued, or the time for seeking the same has elapsed, the proceedings have been finally terminated (for example, because of a settlement), or the arbitrator otherwise no longer has jurisdiction. If, after setting aside or other proceedings, the dispute is referred back to the same Arbitral Tribunal, a fresh round of disclosure and review of potential conflicts of interests may be necessary.

(2) Conflicts of Interest

  (a) An arbitrator shall decline to accept an appointment or, if the arbitration has already been commenced, refuse to continue to act as an arbitrator, if he or she has any doubt as to his or her ability to be impartial or independent.

  (b) The same principle applies if facts or circumstances exist, or have arisen since the appointment, which, from the point of view of a reasonable third person having knowledge of the relevant facts and circumstances, would give rise to justifiable doubts as to the arbitrator's impartiality or independence, unless the parties have accepted the arbitrator in accordance with the requirements set out in General Standard 4.

  (c) Doubts are justifiable if a reasonable third person, having knowledge of the relevant facts and circumstances, would reach the conclusion that there is a likelihood that the arbitrator may be influenced by factors other than the merits of the case as presented by the parties in reaching his or her decision.

  (d) Justifiable doubts necessarily exist as to the arbitrator's impartiality or independence in any of the situations described in the Non-Waivable Red List.

Explanation to General Standard 2:

  (a) If the arbitrator has doubts as to his or her ability to be impartial and independent, the arbitrator must decline the appointment. This standard should apply regardless of the stage of the proceedings. This is a basic principle that is spelled out in these Guidelines in order to avoid confusion and to foster confidence in the arbitral process.

  (b) In order for standards to be applied as consistently as possible, the test for disqualification is an objective one. The wording 'impartiality or independence' derives from the widely adopted Article 12 of the United Nations Commission on International Trade Law (UNCITRAL) Model Law, and the use of an appearance test based on justifiable doubts as to the impartiality or independence of the arbitrator, as provided in Article 12(2) of the UNCITRAL Model Law, is to be applied objectively (a 'reasonable third person test'). Again, as described in the Explanation to General Standard 3(e), this standard applies regardless of the stage of the proceedings.

(c) Laws and rules that rely on the standard of justifiable doubts often do not define that standard. This General Standard is intended to provide some context for making this determination.

(d) The Non-Waivable Red List describes circumstances that necessarily raise justifiable doubts as to the arbitrator's impartiality or independence. For example, because no one is allowed to be his or her own judge, there cannot be identity between an arbitrator and a party. The parties, therefore, cannot waive the conflict of interest arising in such a situation.

(3) Disclosure by the Arbitrator

(a) If facts or circumstances exist that may, in the eyes of the parties, give rise to doubts as to the arbitrator's impartiality or independence, the arbitrator shall disclose such facts or circumstances to the parties, the arbitration institution or other appointing authority (if any, and if so required by the applicable institutional rules) and the co-arbitrators, if any, prior to accepting his or her appointment or, if thereafter, as soon as he or she learns of them.

(b) An advance declaration or waiver in relation to possible conflicts of interest arising from facts and circumstances that may arise in the future does not discharge the arbitrator's ongoing duty of disclosure under General Standard 3(a).

(c) It follows from General Standards 1 and 2(a) that an arbitrator who has made a disclosure considers himself or herself to be impartial and independent of the parties, despite the disclosed facts, and, therefore, capable of performing his or her duties as arbitrator. Otherwise, he or she would have declined the nomination or appointment at the outset, or resigned.

(d) Any doubt as to whether an arbitrator should disclose certain facts or circumstances should be resolved in favour of disclosure.

(e) When considering whether facts or circumstances exist that should be disclosed, the arbitrator shall not take into account whether the arbitration is at the beginning or at a later stage.

Explanation to General Standard 3:

(a) The arbitrator's duty to disclose under General Standard 3(a) rests on the principle that the parties have an interest in being fully informed of any facts or circumstances that may be relevant in their view. Accordingly, General Standard 3(d) provides that any doubt as to whether certain facts or circumstances should be disclosed should be resolved in favour of disclosure. However, situations that, such as those set out in the Green List, could never lead to disqualification under the objective test set out in General Standard 2, need not be disclosed. As reflected in General Standard 3(c), a disclosure does not imply that the disclosed facts are such as to disqualify the arbitrator under General Standard 2. The duty of disclosure under General Standard 3(a) is ongoing in nature.

(b) The IBA Arbitration Committee has considered the increasing use by prospective arbitrators of declarations in respect of facts or circumstances that may arise in the future, and the possible conflicts of interest that may result, sometimes referred to as 'advance waivers'. Such declarations do not discharge the arbitrator's ongoing duty of disclosure under General Standard 3(a). The Guidelines, however, do not otherwise take a position as to the validity and effect of advance declarations or waivers, because the validity and effect of any advance declaration or waiver must be assessed in view of the specific text of the advance declaration or waiver, the particular circumstances at hand and the applicable law.

(c) A disclosure does not imply the existence of a conflict of interest. An arbitrator who has made a disclosure to the parties considers himself or herself to be impartial and independent of the parties, despite the disclosed facts, or else he or she would have declined the nomination, or resigned. An arbitrator making a disclosure thus feels capable of performing his or her duties. It is the purpose of disclosure to allow the parties to judge whether they agree with the evaluation of the arbitrator and, if they so wish, to explore the situation further. It is hoped that the promulgation of this General Standard will eliminate the misconception that disclosure itself implies doubts sufficient to disqualify the arbitrator, or even creates a presumption in favour of disqualification. Instead, any challenge should only be successful if an objective test, as set forth in General Standard 2 above, is met. Under Comment 5 of the Practical Application of the General Standards, a failure to disclose certain facts and circumstances that may, in the eyes of the parties, give rise to doubts as to the arbitrator's impartiality or independence, does not necessarily mean that a conflict of interest exists, or that a disqualification should ensue.

(d) In determining which facts should be disclosed, an arbitrator should take into account all circumstances known to him or her. If the arbitrator finds that he or she should make a disclosure, but that professional secrecy rules or other rules of practice or professional conduct prevent such disclosure, he or she should not accept the appointment, or should resign.

(e) Disclosure or disqualification (as set out in General Standards 2 and 3) should not depend on the particular stage of the arbitration. In order to determine whether the arbitrator should disclose, decline the appointment or refuse to continue to act, the facts and circumstances alone are relevant, not the current stage of the proceedings, or the consequences of the withdrawal. As a practical matter, arbitration institutions may make a distinction depending on the stage of the arbitration. Courts may likewise apply different standards. Nevertheless, no distinction is made by these Guidelines depending on the stage of the arbitral proceedings. While there are practical concerns, if an arbitrator must withdraw after the arbitration has commenced, a distinction based on the stage of the arbitration would be inconsistent with the General Standards.

(4) Waiver by the Parties

(a) If, within 30 days after the receipt of any disclosure by the arbitrator, or after a party otherwise learns of facts or circumstances that could constitute a potential conflict of interest for an arbitrator, a party does not raise an express objection with regard to that arbitrator, subject to paragraphs (b) and (c) of this General Standard, the party is deemed to have waived any potential conflict of interest in respect of the arbitrator based on such facts or circumstances and may not raise any objection based on such facts or circumstances at a later stage.

(b) However, if facts or circumstances exist as described in the Non-Waivable Red List, any waiver by a party (including any declaration or advance waiver, such as that contemplated in General Standard 3(b)), or any agreement by the parties to have such a person serve as arbitrator, shall be regarded as invalid.

(c) A person should not serve as an arbitrator when a conflict of interest, such as those exemplified in the Waivable Red List, exists. Nevertheless, such a person may accept appointment as arbitrator, or continue to act as an arbitrator, if the following conditions are met:

(i) all parties, all arbitrators and the arbitration institution, or other appointing authority (if any), have full knowledge of the conflict of interest; and

(ii) all parties expressly agree that such a person may serve as arbitrator, despite the conflict of interest.

(d) An arbitrator may assist the parties in reaching a settlement of the dispute, through conciliation, mediation or otherwise, at any stage of the proceedings. However, before doing so, the arbitrator should receive an express agreement by the parties that acting in such a manner shall not disqualify the arbitrator from continuing to serve as arbitrator. Such express agreement shall be considered to be an effective waiver of any potential conflict of interest that may arise from the arbitrator's participation in such a process, or from information that the arbitrator may learn in the process. If the assistance by the arbitrator does not lead to the final settlement of the case, the parties remain bound by their waiver. However, consistent with General Standard 2(a) and notwithstanding such agreement, the arbitrator shall resign if, as a consequence of his or her involvement in the settlement process, the arbitrator develops doubts as to his or her ability to remain impartial or independent in the future course of the arbitration.

Explanation to General Standard 4:

(a) Under General Standard 4(a), a party is deemed to have waived any potential conflict of interest, if such party has not raised an objection in respect of such conflict of interest within 30 days. This time limit should run from the date on which the party learns of the relevant facts or circumstances, including through the disclosure process.

(b) General Standard 4(b) serves to exclude from the scope of General Standard 4(a) the facts and circumstances described in the Non-Waivable Red List. Some arbitrators make declarations that seek waivers from the parties with respect to facts or circumstances that may arise in the future. Irrespective of any such waiver sought by the arbitrator, as provided in General Standard 3(b), facts and circumstances arising in the course of the arbitration should be disclosed to the parties by virtue of the arbitrator's ongoing duty of disclosure.

(c) Notwithstanding a serious conflict of interest, such as those that are described by way of example in the Waivable Red List, the parties may wish to engage such a person as an arbitrator. Here, party autonomy and the desire to have only impartial and independent arbitrators must be balanced. Persons with a serious conflict of interest, such as those that are described by way of example in the Waivable Red List, may serve as arbitrators only if the parties make fully informed, explicit waivers.

(d) The concept of the Arbitral Tribunal assisting the parties in reaching a settlement of their dispute in the course of the arbitration proceedings is well-established in some jurisdictions, but not in others. Informed consent by the parties to such a process prior to its beginning should be regarded as an effective waiver of a potential conflict of interest. Certain jurisdictions may require such consent to be in writing and signed by the parties. Subject to any requirements of applicable law, express consent may be sufficient and may be given at a hearing and reflected in the minutes or transcript of the proceeding. In addition, in order to avoid parties using an arbitrator as mediator as a means of disqualifying the arbitrator, the General Standard makes clear that the waiver should remain effective, if the mediation is unsuccessful. In giving their express consent, the parties should realise the consequences of the arbitrator assisting them in a settlement process, including the risk of the resignation of the arbitrator.

(5) Scope

(a) These Guidelines apply equally to tribunal chairs, sole arbitrators and co-arbitrators, howsoever appointed.

(b) Arbitral or administrative secretaries and assistants, to an individual arbitrator or the Arbitral Tribunal, are bound by the same duty of independence and impartiality as arbitrators, and it is the responsibility of the Arbitral Tribunal to ensure that such duty is respected at all stages of the arbitration.

Explanation to General Standard 5:

(a) Because each member of an Arbitral Tribunal has an obligation to be impartial and independent, the General Standards do not distinguish between sole arbitrators, tribunal chairs, party-appointed arbitrators or arbitrators appointed by an institution.

(b) Some arbitration institutions require arbitral or administrative secretaries and assistants to sign a declaration of independence and impartiality. Whether or not such a requirement exists, arbitral or administrative secretaries and assistants to the Arbitral Tribunal are bound by the same duty of independence and impartiality (including the duty of disclosure) as arbitrators, and it is the responsibility of the Arbitral Tribunal to ensure that such duty is respected at all stages of the arbitration. Furthermore, this duty applies to arbitral or administrative secretaries and assistants to either the Arbitral Tribunal or individual members of the Arbitral Tribunal.

(6) Relationships

  (a) The arbitrator is in principle considered to bear the identity of his or her law firm, but when considering the relevance of facts or circumstances to determine whether a potential conflict of interest exists, or whether disclosure should be made, the activities of an arbitrator's law firm, if any, and the relationship of the arbitrator with the law firm, should be considered in each individual case. The fact that the activities of the arbitrator's firm involve one of the parties shall not necessarily constitute a source of such conflict, or a reason for disclosure. Similarly, if one of the parties is a member of a group with which the arbitrator's firm has a relationship, such fact should be considered in each individual case, but shall not necessarily constitute by itself a source of a conflict of interest, or a reason for disclosure.

  (b) If one of the parties is a legal entity, any legal or physical person having a controlling influence on the legal entity, or a direct economic interest in, or a duty to indemnify a party for, the award to be rendered in the arbitration, may be considered to bear the identity of such party.

Explanation to General Standard 6:

  (a) The growing size of law firms should be taken into account as part of today's reality in international arbitration. There is a need to balance the interests of a party to appoint the arbitrator of its choice, who may be a partner at a large law firm, and the importance of maintaining confidence in the impartiality and independence of international arbitrators. The arbitrator must, in principle, be considered to bear the identity of his or her law firm, but the activities of the arbitrator's firm should not automatically create a conflict of interest. The relevance of the activities of the arbitrator's firm, such as the nature, timing and scope of the work by the law firm, and the relationship of the arbitrator with the law firm, should be considered in each case. General Standard 6(a) uses the term 'involve' rather than 'acting for' because the relevant connections with a party may include activities other than representation on a legal matter. Although barristers' chambers should not be equated with law firms for the purposes of conflicts, and no general standard is proffered for barristers' chambers, disclosure may be warranted in view of the relationships among barristers, parties or counsel. When a party to an arbitration is a member of a group of companies, special questions regarding conflicts of interest arise. Because individual corporate structure arrangements vary widely, a catch-all rule is not appropriate. Instead, the particular circumstances of an affiliation with another entity within the same group of companies, and the relationship of that entity with the arbitrator's law firm, should be considered in each individual case.

(b) When a party in international arbitration is a legal entity, other legal and physical persons may have a controlling influence on this legal entity, or a direct economic interest in, or a duty to indemnify a party for, the award to be rendered in the arbitration. Each situation should be assessed individually, and General Standard 6(b) clarifies that such legal persons and individuals may be considered effectively to be that party. Third-party funders and insurers in relation to the dispute may have a direct economic interest in the award, and as such may be considered to be the equivalent of the party. For these purposes, the terms 'third-party funder' and 'insurer' refer to any person or entity that is contributing funds, or other material support, to the prosecution or defence of the case and that has a direct economic interest in, or a duty to indemnify a party for, the award to be rendered in the arbitration.

(7) Duty of Arbitrator and Parties

(a) A party shall inform an arbitrator, the Arbitral Tribunal, the other parties and the arbitration institution or other appointing authority (if any) of any relationship, direct or indirect, between the arbitrator and the party (or another company of the same group of companies, or an individual having a controlling influence on the party in the arbitration), or between the arbitrator and any person or entity with a direct economic interest in, or a duty to indemnify a party for, the award to be rendered in the arbitration. The party shall do so on its own initiative at the earliest opportunity.

(b) A party shall inform an arbitrator, the Arbitral Tribunal, the other parties and the arbitration institution or other appointing authority (if any) of the identity of its counsel appearing in the arbitration, as well as of any relationship, including membership of the same barristers' chambers, between its counsel and the arbitrator. The party shall do so on its own initiative at the earliest opportunity, and upon any change in its counsel team.

(c) In order to comply with General Standard 7(a), a party shall perform reasonable enquiries and provide any relevant information available to it.

(d) An arbitrator is under a duty to make reasonable enquiries to identify any conflict of interest, as well as any facts or circumstances that may reasonably give rise to doubts as to his or her impartiality or independence. Failure to disclose a conflict is not excused by lack of knowledge, if the arbitrator does not perform such reasonable enquiries.

Explanation to General Standard 7:

(a) The parties are required to disclose any relationship with the arbitrator. Disclosure of such relationships should reduce the risk of an unmeritorious challenge of an arbitrator's impartiality or independence based on information learned after the appointment. The parties' duty of disclosure of any relationship, direct or indirect, between the arbitrator and the party (or another company of the same group of companies, or an individual having a controlling influence on the party in the arbitration) has been extended to relationships with persons or entities having a direct economic interest in the award to be rendered in the arbitration, such as an entity providing funding for the arbitration, or having a duty to indemnify a party for the award.

(b) Counsel appearing in the arbitration, namely the persons involved in the representation of the parties in the arbitration, must be identified by the parties at the earliest opportunity. A party's duty to disclose the identity of counsel appearing in the arbitration extends to all members of that party's counsel team and arises from the outset of the proceedings.

(c) In order to satisfy their duty of disclosure, the parties are required to investigate any relevant information that is reasonably available to them. In addition, any party to an arbitration is required, at the outset and on an ongoing basis during the entirety of the proceedings, to make a reasonable effort to ascertain and to disclose available information that, applying the general standard, might affect the arbitrator's impartiality or independence.

(d) In order to satisfy their duty of disclosure under the Guidelines, arbitrators are required to investigate any relevant information that is reasonably available to them.

PART II: Practical Application of the General Standards

1. If the Guidelines are to have an important practical influence, they should address situations that are likely to occur in today's arbitration practice and should provide specific guidance to arbitrators, parties, institutions and courts as to which situations do or do not constitute conflicts of interest, or should or should not be disclosed. For this purpose, the Guidelines categorise situations that may occur in the following Application Lists. These lists cannot cover every situation. In all cases, the General Standards should control the outcome.

2. The Red List consists of two parts: 'a Non-Waivable Red List' (see General Standards 2(d) and 4(b)); and 'a Waivable Red List' (see General Standard 4(c)). These lists are non-exhaustive and detail specific situations that, depending on the facts of a given case, give rise to justifiable doubts as to the arbitrator's impartiality and independence. That is, in these circumstances, an objective conflict of interest exists from the point of view of a reasonable third person having knowledge of the relevant facts and circumstances (see General Standard 2(b)). The Non-Waivable Red List includes situations deriving from the overriding principle that no person can be his or her own judge. Therefore, acceptance of such a situation cannot cure the conflict. The Waivable Red List covers situations that are serious but not as severe. Because of their seriousness, unlike circumstances described in the Orange List, these situations should be considered waivable, but only if and when the parties, being aware of the conflict of interest situation, expressly state their willingness to have such a person act as arbitrator, as set forth in General Standard 4(c).

3. The Orange List is a non-exhaustive list of specific situations that, depending on the facts of a given case, may, in the eyes of the parties, give rise to doubts as to the arbitrator's impartiality or independence. The Orange List thus reflects situations that would fall under General Standard 3(a), with the consequence that the arbitrator has a duty to disclose such situations. In all these situations, the parties are deemed to have accepted the arbitrator if, after disclosure, no timely objection is made, as established in General Standard 4(a).

4. Disclosure does not imply the existence of a conflict of interest; nor should it by itself result either in a disqualification of the arbitrator, or in a presumption regarding

disqualification. The purpose of the disclosure is to inform the parties of a situation that they may wish to explore further in order to determine whether objectively – that is, from the point of view of a reasonable third person having knowledge of the relevant facts and circumstances – there are justifiable doubts as to the arbitrator's impartiality or independence. If the conclusion is that there are no justifiable doubts, the arbitrator can act. Apart from the situations covered by the Non-Waivable Red List, he or she can also act if there is no timely objection by the parties or, in situations covered by the Waivable Red List, if there is a specific acceptance by the parties in accordance with General Standard 4(c). If a party challenges the arbitrator, he or she can nevertheless act, if the authority that rules on the challenge decides that the challenge does not meet the objective test for disqualification.

5. A later challenge based on the fact that an arbitrator did not disclose such facts or circumstances should not result automatically in non-appointment, later disqualification or a successful challenge to any award. Nondisclosure cannot by itself make an arbitrator partial or lacking independence: only the facts or circumstances that he or she failed to disclose can do so.

6. Situations not listed in the Orange List or falling outside the time limits used in some of the Orange List situations are generally not subject to disclosure. However, an arbitrator needs to assess on a case-by-case basis whether a given situation, even though not mentioned in the Orange List, is nevertheless such as to give rise to justifiable doubts as to his or her impartiality or independence. Because the Orange List is a non-exhaustive list of examples, there may be situations not mentioned, which, depending on the circumstances, may need to be disclosed by an arbitrator. Such may be the case, for example, in the event of repeat past appointments by the same party or the same counsel beyond the three-year period provided for in the Orange List, or when an arbitrator concurrently acts as counsel in an unrelated case in which similar issues of law are raised. Likewise, an appointment made by the same party or the same counsel appearing before an arbitrator, while the case is ongoing, may also have to be disclosed, depending on the circumstances. While the Guidelines do not require disclosure of the fact that an arbitrator concurrently serves, or has in the past served, on the same Arbitral Tribunal with another member of the tribunal, or with one of the counsel in the current proceedings, an arbitrator should assess on a case-by-case basis whether the fact of having frequently served as counsel with, or as an arbitrator on, Arbitral Tribunals with

another member of the tribunal may create a perceived imbalance within the tribunal. If the conclusion is 'yes', the arbitrator should consider a disclosure.

7. The Green List is a non-exhaustive list of specific situations where no appearance and no actual conflict of interest exists from an objective point of view. Thus, the arbitrator has no duty to disclose situations falling within the Green List. As stated in the Explanation to General Standard 3(a), there should be a limit to disclosure, based on reasonableness; in some situations, an objective test should prevail over the purely subjective test of 'the eyes' of the parties.

8. The borderline between the categories that comprise the Lists can be thin. It can be debated whether a certain situation should be on one List instead of another. Also, the Lists contain, for various situations, general terms such as 'significant' and 'relevant'. The Lists reflect international principles and best practices to the extent possible. Further definition of the norms, which are to be interpreted reasonably in light of the facts and circumstances in each case, would be counterproductive.

1. Non-Waivable Red List

1.1 There is an identity between a party and the arbitrator, or the arbitrator is a legal representative or employee of an entity that is a party in the arbitration.

1.2 The arbitrator is a manager, director or member of the supervisory board, or has a controlling influence on one of the parties or an entity that has a direct economic interest in the award to be rendered in the arbitration.

1.3 The arbitrator has a significant financial or personal interest in one of the parties, or the outcome of the case.

1.4 The arbitrator or his or her firm regularly advises the party, or an affiliate of the party, and the arbitrator or his or her firm derives significant financial income therefrom.

2. Waivable Red List

2.1 Relationship of the arbitrator to the dispute

2.1.1 The arbitrator has given legal advice, or provided an expert opinion, on the dispute to a party or an affiliate of one of the parties.

2.1.2 The arbitrator had a prior involvement in the dispute.

2.2 Arbitrator's direct or indirect interest in the dispute

2.2.1 The arbitrator holds shares, either directly or indirectly, in one of the parties, or an affiliate of one of the parties, this party or an affiliate being privately held.

2.2.2 A close family member[1] of the arbitrator has a significant financial interest in the outcome of the dispute.

2.2.3 The arbitrator, or a close family member of the arbitrator, has a close relationship with a non-party who may be liable to recourse on the part of the unsuccessful party in the dispute.

2.3 Arbitrator's relationship with the parties or counsel

2.3.1 The arbitrator currently represents or advises one of the parties, or an affiliate of one of the parties.

2.3.2 The arbitrator currently represents or advises the lawyer or law firm acting as counsel for one of the parties.

2.3.3 The arbitrator is a lawyer in the same law firm as the counsel to one of the parties.

2.3.4 The arbitrator is a manager, director or member of the supervisory board, or has a controlling influence in an affiliate[2] of one of the parties, if the affiliate is directly involved in the matters in dispute in the arbitration.

2.3.5 The arbitrator's law firm had a previous but terminated involvement in the case without the arbitrator being involved himself or herself.

2.3.6 The arbitrator's law firm currently has a significant commercial relationship with one of the parties, or an affiliate of one of the parties.

2.3.7 The arbitrator regularly advises one of the parties, or an affiliate of one of the parties, but neither the arbitrator nor his or her firm derives a significant financial income therefrom.

2.3.8 The arbitrator has a close family relationship with one of the parties, or with a manager, director or member of the supervisory board, or any person having a controlling influence in one of the parties, or an affiliate of one of the parties, or with a counsel representing a party.

2.3.9 A close family member of the arbitrator has a significant financial or personal interest in one of the parties, or an affiliate of one of the parties.

---

1) Throughout the Application Lists, the term 'close family member' refers to a: spouse, sibling, child, parent or life partner, in addition to any other family member with whom a close relationship exists.

2) Throughout the Application Lists, the term 'affiliate' encompasses all companies in a group of companies, including the parent company.

3. Orange List

  3.1 Previous services for one of the parties or other involvement in the case

    3.1.1 The arbitrator has, within the past three years, served as counsel for one of the parties, or an affiliate of one of the parties, or has previously advised or been consulted by the party, or an affiliate of the party, making the appointment in an unrelated matter, but the arbitrator and the party, or the affiliate of the party, have no ongoing relationship.

    3.1.2 The arbitrator has, within the past three years, served as counsel against one of the parties, or an affiliate of one of the parties, in an unrelated matter.

    3.1.3 The arbitrator has, within the past three years, been appointed as arbitrator on two or more occasions by one of the parties, or an affiliate of one of the parties.[3]

    3.1.4 The arbitrator's law firm has, within the past three years, acted for or against one of the parties, or an affiliate of one of the parties, in an unrelated matter without the involvement of the arbitrator. 3.1.5 The arbitrator currently serves, or has served within the past three years, as arbitrator in another arbitration on a related issue involving one of the parties, or an affiliate of one of the parties.

  3.2 Current services for one of the parties

    3.2.1 The arbitrator's law firm is currently rendering services to one of the parties, or to an affiliate of one of the parties, without creating a significant commercial relationship for the law firm and without the involvement of the arbitrator.

    3.2.2 A law firm or other legal organisation that shares significant fees or other revenues with the arbitrator's law firm renders services to one of the parties, or an affiliate of one of the parties, before the Arbitral Tribunal.

    3.2.3 The arbitrator or his or her firm represents a party, or an affiliate of one of the parties to the arbitration, on a regular basis, but such representation does not concern the current dispute.

  3.3 Relationship between an arbitrator and another arbitrator or counsel

---

3) It may be the practice in certain types of arbitration, such as maritime, sports or commodities arbitration, to draw arbitrators from a smaller or specialised pool of individuals. If in such fields it is the custom and practice for parties to frequently appoint the same arbitrator in different cases, no disclosure of this fact is required, where all parties in the arbitration should be familiar with such custom and practice.

3.3.1 The arbitrator and another arbitrator are lawyers in the same law firm.

3.3.2 The arbitrator and another arbitrator, or the counsel for one of the parties, are members of the same barristers' chambers.

3.3.3 The arbitrator was, within the past three years, a partner of, or otherwise affiliated with, another arbitrator or any of the counsel in the arbitration.

3.3.4 A lawyer in the arbitrator's law firm is an arbitrator in another dispute involving the same party or parties, or an affiliate of one of the parties.

3.3.5 A close family member of the arbitrator is a partner or employee of the law firm representing one of the parties, but is not assisting with the dispute.

3.3.6 A close personal friendship exists between an arbitrator and a counsel of a party.

3.3.7 Enmity exists between an arbitrator and counsel appearing in the arbitration.

3.3.8 The arbitrator has, within the past three years, been appointed on more than three occasions by the same counsel, or the same law firm.

3.3.9 The arbitrator and another arbitrator, or counsel for one of the parties in the arbitration, currently act or have acted together within the past three years as cocounsel.

3.4 Relationship between arbitrator and party and others involved in the arbitration

3.4.1 The arbitrator's law firm is currently acting adversely to one of the parties, or an affiliate of one of the parties.

3.4.2 The arbitrator has been associated with a party, or an affiliate of one of the parties, in a professional capacity, such as a former employee or partner.

3.4.3 A close personal friendship exists between an arbitrator and a manager or director or a member of the supervisory board of: a party; an entity that has a direct economic interest in the award to be rendered in the arbitration; or any person having a controlling influence, such as a controlling shareholder interest, on one of the parties or an affiliate of one of the parties or a witness or expert.

3.4.4 Enmity exists between an arbitrator and a manager or director or a member of the supervisory board of: a party; an entity that has a direct economic interest in the award; or any person having a controlling influence in one of the parties or an affiliate of one of the parties or a witness or expert.

3.4.5 If the arbitrator is a former judge, he or she has, within the past three years, heard a significant case involving one of the parties, or an affiliate of one of the parties.

3.5 Other circumstances

3.5.1 The arbitrator holds shares, either directly or indirectly, that by reason of number or denomination constitute a material holding in one of the parties, or an affiliate of one of the parties, this party or affiliate being publicly listed.

3.5.2 The arbitrator has publicly advocated a position on the case, whether in a published paper, or speech, or otherwise.

3.5.3 The arbitrator holds a position with the appointing authority with respect to the dispute.

3.5.4 The arbitrator is a manager, director or member of the supervisory board, or has a controlling influence on an affiliate of one of the parties, where the affiliate is not directly involved in the matters in dispute in the arbitration.

4. Green List

4.1 Previously expressed legal opinions

4.1.1 The arbitrator has previously expressed a legal opinion (such as in a law review article or public lecture) concerning an issue that also arises in the arbitration (but this opinion is not focused on the case).

4.2 Current services for one of the parties

4.2.1 A firm, in association or in alliance with the arbitrator's law firm, but that does not share significant fees or other revenues with the arbitrator's law firm, renders services to one of the parties, or an affiliate of one of the parties, in an unrelated matter.

4.3 Contacts with another arbitrator, or with counsel for one of the parties

4.3.1 The arbitrator has a relationship with another arbitrator, or with the counsel for one of the parties, through membership in the same professional association, or social or charitable organisation, or through a social media network.

4.3.2 The arbitrator and counsel for one of the parties have previously served together as arbitrators.

4.3.3 The arbitrator teaches in the same faculty or school as another arbitrator or counsel to one of the parties, or serves as an officer of a professional association or social or charitable organisation with another arbitrator or counsel for one of the parties.

4.3.4 The arbitrator was a speaker, moderator or organiser in one or more conferences, or participated in seminars or working parties of a professional, social or charitable organisation, with another arbitrator or counsel to the parties.

4.4 Contacts between the arbitrator and one of the parties

4.4.1 The arbitrator has had an initial contact with a party, or an affiliate of a party (or their counsel) prior to appointment, if this contact is limited to the arbitrator's availability and qualifications to serve, or to the names of possible candidates for a chairperson, and did not address the merits or procedural aspects of the dispute, other than to provide the arbitrator with a basic understanding of the case.

4.4.2 The arbitrator holds an insignificant amount of shares in one of the parties, or an affiliate of one of the parties, which is publicly listed.

4.4.3 The arbitrator and a manager, director or member of the supervisory board, or any person having a controlling influence on one of the parties, or an affiliate of one of the parties, have worked together as joint experts, or in another professional capacity, including as arbitrators in the same case.

4.4.4 The arbitrator has a relationship with one of the parties or its affiliates through a social media network.

A flow chart is attached to these Guidelines for easy reference to the application of the Lists. However, it should be stressed that this is only a schematic reflection of the very complex reality. Always, the specific circumstances of the case prevail.

Flow chart IBA Guidelines on Conflicts of Interest in International Arbitration

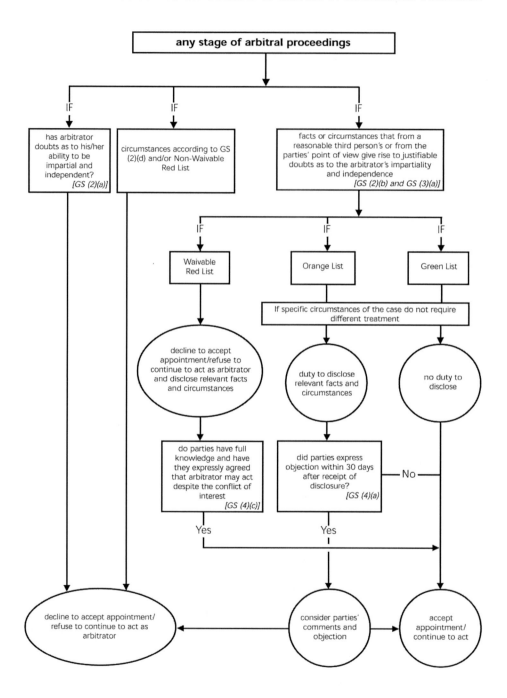

Useful References in the Internet

1. 중재규칙

UNCITRAL 중재규칙   국제상사중재에 관한 국제연합 국제무역법위원회 중재규칙

http://www.uncitral.org/pdf/english/texts/arbitration/arb-rules
-2013/UNCITRAL-Arbitration-Rules-2013-e.pdf

ICC 중재규칙   국제상업회의소 중재규칙(2012. 1. 1. 발효)

http://www.iccwbo.org/Products-and-Services/Arbitration-and
-ADR/Arbitration/Rules-of-arbitration/ICC-Rules-of-Arbitration/

KCAB 국내중재규칙   대한상사중재원 국내중재규칙(2011. 9. 1. 발효)

http://www.kcab.or.kr/servlet/kcab_kor/medsharebrd/1001?s
b_clsf=1&sNum=3&dNum=0&mi_code=medsharebrd

KCAB 국제중재규칙   대한상사중재원 국제중재규칙(2016. 6. 1. 발효)

http://www.kcab.or.kr/servlet/kcab_kor/medsharebrd/1001?s
b_clsf=1&sNum=3&dNum=0&mi_code=medsharebrd

SIAC 중재규칙   싱가포르국제중재센터 중재규칙(2016. 8. 1. 발효)

http://siac.org.sg/our-rules/rules/siac-rules-2016

HKIAC 중재규칙   홍콩국제중재센터 중재규칙(2013. 11. 1. 발효)

http://www.hkiac.net/en/arbitration/arbitration-rules-guideline
s/hkiac-administered-arbitration-rules-2013

AAA 중재규칙   미국 중재협회 중재규칙(2013. 10. 1. 발효)

https://www.adr.org/aaa/ShowProperty?nodeId=/UCM/ADRST
G_004103&revision=latestreleased

ICDR 중재규칙	미국 국제분쟁해결센터 중재규칙(2014. 6. 1. 발효)
	https://www.icdr.org/icdr/ShowProperty?nodeId=/UCM/ADRS TAGE2020868&revision=latestreleased
JCAA 중재규칙	일본상사중재협회 중재규칙(2015. 12. 10. 발효)
	http://www.jcaa.or.jp/e/arbitration/Arbitration_Rules_2015e.pdf
LCIA 중재규칙	런던국제중재법원 중재규칙(2014. 10. 1. 발효)
	http://www.lcia.org/Dispute_Resolution_Services/lcia-arbitrati on-rules-2014.aspx
CIETAC 중재규칙	중국국제경제무역중재위원회 중재규칙(2015. 1. 1. 발효)
	http://cn.cietac.org/rules/rule_E.pdf
SCC 중재규칙	스톡홀름상업회의소 중재규칙(2010. 1. 1. 발효)
	http://www.sccinstitute.com/media/40120/arbitrationrules_eng _webbversion.pdf
ICSID 중재규칙	국제투자분쟁해결기구 중재규칙
	https://icsid.worldbank.org/ICSID/StaticFiles/basicdoc/partF.htm

2. 가이드라인

CIArb Guideline	http://www.ciarb.org/guidelines-and-ethics/guidelines/practice-guidelines-protocols-and-rules
IBA Guideline	http://www.ibanet.org/Publications/publications_IBA_guides_ and_free_materials.aspx
Secretariats Guide to ICC Arbitration 〈유료자료〉	
	http://store.iccwbo.org/Content/uploaded/pdf/ICC-The-Secreta riats-Guide-to-ICC%20Arbitration.pdf
LCIA Guidance Notes	http://www.lcia.org/adr-services/guidance-notes.aspx
ICCA's Guide to the Interpretation of the 1958 New York Convention	
	http://www.arbitration-icca.org/media/1/13890217974630/judg es_guide_english_composite_final_jan2014.pdf
The Guide to the 1958 New York Convention	
	http://newyorkconvention1958.org

참고문헌

1. 국내 단행본

대한상사중재원, 국제중재규칙 해설, 2010

목영준, 상사중재법, 박영사, 2011

박준서 집필대표, 주석 민법 채권각칙(1), 한국사법행정학회, 1999

법원행정처, 법원실무제요 민사집행 [I], 법원행정처, 2014

_____, 법원실무제요 민사집행 [IV], 법원행정처, 2014

_____, 국제거래재판실무편람, 법원행정처, 2006

석광현, 국제사법과 국제소송 제1권, 박영사, 2001

_____, 국제사법과 국제소송 제2권, 박영사, 2001

_____, 국제상사중재법연구 제1권, 박영사, 2007

양병회외 8인, 주석중재법, 한국중재학회 · 대한상사중재원, 2006

이동흡, 주석 신민사소송법 제6권, 한국사법행정학회, 2004

이시윤, 신민사소송법, 제6판, 박영사, 2011

이철송, 회사법강의, 제20판, 박영사, 2012

2. 국내 논문

강수미, "독점규제법 관련분쟁의 중재의 대상적격", 중재연구 제20권 1호, 2010

_____, "중재의 대상적격의 의의 및 내용", 중재연구 제19권 제1호, 2009

_____, "중재합의의 성립 및 효력에 관한 준거법", 중재연구 제16권 제2호, 2006

김갑유, "ICC 중재규칙 주요 개정내용", 법률신문 제3980호(2011. 11. 3.)

_____, "국제중재의 실무 및 경향", 제19회 변호사대회 발표자료(2009. 8. 31.)

_____, "외국중재판정의 집행과 중재약정의 실효", 상사판례연구 Ⅶ, 2007

_____, "중재합의의 유효성 판단과 그 준거법", 인권과 정의 제331호, 2004

_____, "국제상사중재에서 중재지와 중재규칙의 선택: 한국기업을 위한 지침", 국제사법연구 제16호, 2010

_____, "ICC 중재규칙 주요 개정내용", 법률신문 제3980호(2011. 11. 3.)

김경욱, "중재당사자의 파산이 중재절차에 미치는 영향", 민사소송 제10권 제2호, 2006

김기창, "Arbitration Agreement under Korean Law", Korea University Law Review Vol.3, 2008

김수형, "외국판결의 집행", 국제사법연구 제4호, 1999

김지호, "외국에서의 강제집행 장애로 재 중재신청을 한 사례", 중재 2010년 봄호, 2010

김지홍, "중재합의의 제3자에 대한 효력", 중재연구 제17권 제3호, 2007

노태악, "UNCITRAL 모델중재법 및 중재규칙 개정에 따른 국내법 개정의 필요성 검토", 국제 사법연구 제16호, 2010

박영길, "국제상사중재에 있어서의 분리원칙과 자기관할권 판정 권한의 원칙", 중재 2003년 가을호, 2003

박익환, "중재계약항변의 제출시기", 민사판례연구 XXVII, 2005

백대빈, "Colt's INC vs. 한국 정부 ICSID 중재(Case No. ARB/84/2)", 중재 2010년 여름호, 2010

서세원, "중재판정의 기판력에 관한 고찰", 중재연구 제17권 제2호, 2007

석광현, "국제상사중재에서의 중재합의에 관한 법적 문제점", 중재연구 제15권 제2호, 2005

_____, "국제상사중재에서 중재합의와 소송유지명령", 선진상사법률연구 통권 제50호, 2010

_____, "한국에서 행해지는 ICC 중재에서 ICC 중재규칙과 한국 중재법의 상호작용", 국제소송 법무 통권 제3호, 2011

손경한, "강행법규상 청구의 중재적격성", 중재 제10권 제5호, 1986

_____, "국제지적재산분쟁의 중재", 중재연구 제17권 제2호, 2007

손경한·박진아, "지적재산의 국제적 분쟁해결 합의", 중재연구 제14권 제2호, 2004

손용근, "중재판정의 효력에 관한 일반적 고찰", 법조 제577권, 2004

신창섭, "우리나라와 중국 중재법에서 중재판정의 취소사유에 관한 연구", 중재연구 제16권 제2호, 2006

신희택, 김세진 편, 국제투자중재와 공공정책, 서울대학교출판문화원, 2014

안건형 외 2인, "미국중재협회/국제분쟁해결센터(AAA/ICDR)의 긴급중재인 제도에 관한 연구", 국제상학 제26권 제2호, 2011

안건형·김성룡, "SCC 중재기관의 긴급중재인 제도와 임시적 처분의 인정요건에 관한 연구", 중재연구 제21권 제2호, 2011

안병희, "중재인의 권한확정권한에 관한 연구", 중재학회지 제11권, 2011

여미숙, "선택적 중재조항의 유효성", 민사판례연구 XXVII, 2005

오석웅, "국제상사중재에 있어서 중재지의 의미", 중재연구 제18권 제3호, 2008

오창석, "파산절차에 있어서의 중재합의의 효력과 중재절차", 중재연구 제15권 제1호, 2005

이규호, "국제상사중재에 있어 준거법에 관한 쟁점", 중재 제331호, 2010

_____, "국제상사중재와 국제소송의 경합", 국제사법연구 제16호, 2010

이순우, UNCITRAL 제32차 본회의 참가보고, 중재 제294호, 1999

이영석, "국제상사중재의 준거법 - 법규범(rules of law)을 준거법으로 하는 경우를 중심으로 - ", 국제사법연구 제16호, 2010

이준상, "우리법원에서의 중재판정의 승인", 집행재판의 실무와 개선방안 - 월드뱅크그룹의 2010 년 IAB 보고서의 검토를 겸하여 - , 국제투자분쟁연구 제4권, 2010

이호원, "미국의 외국중재판정의 집행에 관한 판례를 중심으로", 중재 제220호, 1990

_____, "중재판정의 승인·집행을 위하여 제출할 서류", 중재연구 제23권 제2호, 2013

임치용, "파산절차의 개시가 중재절차에 미치는 효력", 사법논집 제41집, 2005

_____, "판례를 통하여 본 국제도산법의 쟁점", BFL 제38호, 2009

장문철, "중재법연구(제1조 내지 제9조를 중심으로)", 한국중재학회지 제9권, 1999

_____, "외국중재판정과 외국판결에 대한 집행청구소송에 관한 평석", 안암법학 제3호, 1995

장복희, "중재계약상 형평조항", 중재 제312호, 2004

정선주, "중재판정의 효력", 민사소송 제9권 제2호, 2005

정영환, "선택적 중재합의의 유효성에 대한 판례분석", 중재연구 제19권 제3호, 2009

정홍식, "국제중재절차 내에서 증거조사: 국제변호사협회(IBA)의 2010 증거규칙을 중심으로", 중재연구 제21권 제3호, 2011

조무제, "판례에서 보는 중재법", 중재 2006년 봄호, 2006

조승우, "국제중재 증거조사에 관한 IBA 증거규칙의 주요 내용", 법률신문 2012. 1. 16.

조재연, "외국중재판정에 대한 집행판결: 뉴욕협약을 중심으로", 사법연구자료 제11집, 1984

최광호, "중국 국제사법상의 쟁점 - 국제투자를 중심으로 - ", 국제사법연구 제16호, 2010

최승재, 변호사와 의뢰인 사이의 비밀보호를 위한 제도 연구(ACP 도입을 위한 법제연구), 법률신문사, 2013

한민오, "국제상사중재에 있어서 중재판정부의 임시적 처분에 관한 연구", 2012

홍송봉, "중국 법률시장의 국제중재기관에 대한 개방 움직임", 법률신문 2014. 8. 7.

3. 해외 저술

Alan Redfern, *Law and Practice of International Commercial Arbitration*, 4th ed., Sweet & Maxwell, 2004

Albert Jan van den Berg, *The New York Arbitration Convention of 1958*, Kluwer Law International, 1981

Bae, Kim & Lee LLC, *Arbitration Law of Korea: Practice and Procedure*, JurisNet LLC, 2012

Bernard Hanotiau, *Complex Arbitrations-Multiparty, Multicontract, Multi-issue and Class Actions*, Kluwer Law International, 2005

Edna Selan Epstein, *The Attorney-Client Privilege And The Work-Product Doctrine*, 5th ed., American Bar Association, 2007

Filip De Ly, Mark Friedman and Luca, Radicati Di Brozolo, *International Law Association International Commercial Arbitration Committee's Report and Recommendations On 'Confidentiality in International Commercial Arbitration'*, Arbitration International, Vol.28, Issue 3, 2012

Gary B. Born, *International Commercial Arbitration*, 2nd ed., Kluwer Law International, 2014

Herbert Kronke, et al., *Recognition and Enforcement of Foreign Arbitral Awards − A Global Commentary on the New york Convention*, Kluwer Law International, 2010

Huang Tao, *The Validity of Arbitration Agreements under Chinese Law*, China Bulletin, 2009

Irving Younger, *The Art of Cross-Examination*, The Section of Litigation Monograph Series NO.1, American Bar Association, 1976

Kevin (Kap-You) Kim, *Commentary on Using Legal Experts in International Arbitration*, ICCA Congress Serious No. 13: International Arbitration 2006, Wolters Kluwer, 2007

Lawrence W. Newman, Ben H. Sheppard, Jr. (Ed.), *Take the Witness: Cross-Examination in International Arbitration*, JurisNet LLC, 2010

Lucy Reed, Jan Paulsson and Nigel Blackaby, *Guide to ICSID arbitration*, 2nd ed., Kluwer Law International, 2010

McLachlan, Shore and Weiniger, *International Investment Arbitration*, Oxford University press, 2008

Michael McIlwrath, John Savage, *International Arbitration and Mediation: A Practical Guide*, Kluwer Law International, 2010

Michael Pryles, *Limits to Party Autonomy in Arbitral Procedure*, Journal of International Arbitration, Vol.24, No.3, 2007

Nigel Blackaby, Alan Redfern et al., *Redfern and Hunter on International Arbitration*, 6th
  ed., Oxford University Press, 2015

Sophie Nappert, Christopher Harris, *The English Approach to Cross-Examination in
  International Arbitration, Take the Witness: Cross-Examination in International
  Arbitration*, JurisNet LLc, 2010

van den Berg; International Council for Commercial Arbitration, *ICCA's Guide To The
  Interpretation Of The 1958 New York Convention*, 2011

W. Laurence Craig, William W. Park, Jan Paulsson, *International Chamber of Commerce
  Arbitration*, Oxford University Press, 2001

Yuwu Liu, *China: ICC Arbitration in Mainland China: Validity of Arbitration Clauses and
  Enforcement of Awards*, Mondaq Business Briefing (http://www.mondaq.com/article.
  asp?articleid=44264), 2006

Chartered Institute of Arbitrators, *Protocol for the Use of Party-Appointed Expert Witnesses
  in International Arbitration*, 2007

IBA, *Commentary on the Revised Text of the 2010 IBA Rules on the Taking of Evidence in
  International Arbitration*, 2010

IBA, *IBA Guidelines on Party Representation in International Arbitration*, 2013

ICC Commission Report, *Techniques for Controlling Time and Costs in Arbitration*, 2015

ICC International Court of Arbitration Bulletin, Vol.6, No.1 (1995)/ Vol.11, No.1 (2000)/
  Vol.15, No.1 (2004)/ Vol.19, No.1 (2008)/ Vol.20, No.1 (2009)/ Vol.21, No.1 (2010)/
  Vol.22, No.1 (2011)/ Vol.24, No.1 (2013)/ Vol.25, No.1 (2014)/ 2015 Issue 1, ICC
  SERVICES

ICC International Court of Arbitration Bulletin, 2009 Special Supplement, *Confidentiality in
  Arbitration*, 2009

ICC International Court of Arbitration Bulletin, 2012 Special Supplement, *Guide to National
  Procedures for Recognition and Enforcement of Awards under the New York
  Convention*, 2013

ICSID, *The ICSID Caseload-Statistics*, Issue 2016-1

UNCTAD, *IIA Issues Note* No.2, 2015. 5.

사항색인

고등법원

지방법원

공저자 약력

김갑유(金甲猷)

제26회 사법시험 합격(1984)
미국 New York주 변호사(1995)·
서울대학교 법과대학 졸업 및 동 대학원 석사
    (1988/1995)
제17기 사법연수원 수료(1988)
미국 Harvard Law School(LL.M.)(1994)
서울대학교 대학원 법학과 박사과정 수료(2000)
런던국제중재재판소(LCIA) 상임위원(2007-2012)
국제상사중재위원회(ICCA) 사무총장(2010-2014)
사단법인 국제중재실무회 회장(2012-2013)
공익법인 국제중재센터 사무총장(2012-2014)
법무법인(유한) 태평양(1996-현재)
대한상사중재원 중재인 및 상임고문(2002-현재)
미국중재인협회(AAA) 이사(2009-현재)
글로벌아비트레이션리뷰(Global Arbitration
    Review) 편집위원(2009-현재)
사단법인 대한중재인협회 부회장(2011-현재)
법무자문위원회 중재법 개정 특별분과위원회위원
    (2013-현재)
국제상사중재위원회(ICCA) 위원 겸 감사위원회
    위원장(2014-현재)
ICC Korea Arbitration Committee 위원장
    (2014-현재)
국제상업회의소 중재법원 (ICC Court) 부원장
    (2014-현재)
국제거래법학회 회장(2015-현재)
세계은행국제투자분쟁센터(ICSID), 싱가포르국제
중재센터(SIAC), 일본상사중재협회(JCAA), 홍콩
국제중재센터(HKIAC), 베이징중재위원회(BAC)
등 중재인
유치권 (「주석 물권법」 한국사법행정학회 1993)
"Arbitration Law of Korea: Practice and
    Procedure"(2011. 12. 공저)
"International Handbook on Commercial
    Arbitration", Kluwer Law International
    (2012. 3. 공저)

임수현(林修賢)

제41회 사법시험 합격(1999)
미국 New York주 변호사(2012)
고려대학교 법학과 졸업(1997)
뉴질랜드 오크랜드 소재 로펌 Russell McVeagh
    (2000)
제31기 사법연수원 수료(2002)
법무법인 김신유 근무(2002-2005)
서울대학교 대학원 법학과 수료(법학석사, 2005)
법무법인(유한) 태평양(2005-현재)
New York University School of Law 졸업
    (LL.M., 2011)
미국 Debevoise & Plimpton LLP,
    New York Office 근무(2011-2012)
법무부 해외진출 중소기업 법률자문단 자문위원
    (2012-현재)
"Arbitration Law of Korea: Practice and
    Procedure"(2011. 12. 공저)

김홍중(金泓中)

제42회 사법시험 합격(2000)
미국 New York주 변호사(2015)
연세대학교 법과대학 졸업(2002)
제32기 사법연수원 수료(2003)
미국 Pepperdine Univ. 분쟁해결법과정
(Straus Institute for Dispute Resolution,
    LL.M., 2011-2012)
공군법무관(2003-2006)
법무법인(유한) 태평양(2006-현재)
중앙해양안전심판원 심판변론인(2007-현재)
로스앤젤레스 법원(Los Angeles County
    Superior Court) 조정인(2012)
서울중앙지방법원 조정위원(2014-현재)
대한상사중재원 중재인(2015. 6.-현재)
법무부 해외진출 중소기업 법률자문단 자문위원
    (2016. 3.-현재)
사단법인 국제중재실무회 이사(2016. 3.-현재)
"Arbitration Law of Korea: Practice and
    Procedure"(2011. 12. 공저)

"중재인 선정에 관한 대한상사중재원 국제중재
    규칙 개정에 관하여", 중재 제343호, 대한
    상사중재원(2015. 6.)
"사내 변호사(In-House Counsel)의 변호사-
    고객간 특권(Attorney-Client Privilege) -
    디스커버리(Discovery)절차와 관련하여",
    중재 제344호, 대한상사중재원(2016. 2.)
"제조물의 하자로 초래된 영업손실이 제조물책
    임법에 의해 보상될 수 있는지 여부 - 대법
    원 2012다4824 판결과 관련하여", 위험과
    보험 제120호, 코리안리재보험(2016. 3.)

김준우(金埈佑)
제44회 사법시험 합격(2002)
서울대학교 외교학과 졸업(1997)
제34기 사법연수원 수료(2005)
미국 University of Pennsylvania Law School
    (LL.M.)(2010)
법무법인(유) 태평양(2005-현재)
미국 Freshfields Bruckhaus Deringer LLP,
    Paris Office 근무(2010. 10.-2011. 1.)
일본 Anderson Mori & Tomotsune,
    Tokyo Office 근무(2011. 2.-2011. 3.)
"Arbitration Law of Korea: Practice and
    Procedure"(2011. 12. 공저)

조승우(曺昇佑)
제40회 사법시험 합격(1998)
미국 New York주 변호사(2010)
서울대학교 법과대학 졸업(1999)
제30기 사법연수원 수료(2001)
미국 New York University School of Law
    (LL.M)(2007)
법무법인(유한) 태평양(2001-2012)
미국 Shearman & Sterling LLP(2007)
부산지방법원 판사(2013. 2.-현재)
"Investing Across Borders 2010"(World
    Bank Group, 2010, Contributor)
"Arbitration Law of Korea: Practice and
    Procedure"(2011. 12. 공저)

유종권(柳鐘權)
제46회 사법시험 합격(2004)
서울대학교 법과대학 졸업(2004)
제36기 사법연수원 수료(2007)
육군법무관(2007. 4-2010. 3)
"Arbitration Law of Korea: Practice and
    Procedure"(2011. 12. 공저)

윤석준(尹錫准)
제47회 사법시험 합격(2005)
서울대학교 법과대학 졸업(최우수, 2006)
제37기 사법연수원 수료(2008)
서울대학교 대학원 법학과 석사과정 졸업(2011)
제49회 사법시험(1, 2차 시험) 검토위원(2007)
군법무관(해군 군판사 등)(2008-2011)
서울대학교 법과대학 시간강사(민사소송법) (2015)
법무법인(유한) 태평양(2011-현재)
배당이의소송에 관한 절차법적 연구(서울대학교
    석사학위 논문, 2011)
"Arbitration Law of Korea: Practice and
    Procedure"(2011. 12. 공저)

양성우(梁成宇)
제47회 사법시험 합격(2005)
서울대학교 불어불문학과 졸업(2005)
제37기 사법연수원 수료(2008)
법무법인(유한) 태평양(2008-2016)
"Arbitration Law of Korea: Practice and
    Procedure"(2011.12. 공저)
국제중재절차에서의 서류공개의무와 그 예외로
    서 변호사-고객 간 특권에 관한 연구(2011,
    공저)

신연수(申蓮秀)
제47회 사법시험 합격(2005)
미국 New York주 변호사(2014)
서울대학교 건축학과 졸업(2003)
서울대학교 법과대학 졸업(2006)
제37기 사법연수원 수료(2008)
법무법인(유한) 태평양(2008-현재)
서울대학교 법과대학원 수료(2010)

Harvard Law School, LL.M.(법학석사)
(2014)
Harvard Law School, S.J.D.(법학박사)
(2014-현재)
The Harvard Law School Program on
Corporate Governance, Fellow(2014-현재)
Arbitration Law of Korea: Practice and
Procedure(2011. 12. 공저)
"International Handbook on Commercial
Arbitration", Kluwer Law International
(2012. 3. 공저)

정은아(鄭恩雅)
제47회 사법시험 합격(2005)
고려대학교 법과대학 졸업(2004)
제37기 사법연수원 수료(2008)
서울대학교 대학원 법학과 석사과정 수료(2009)
법무법인(유한) 태평양(2009-2016)
외교통상부 통상교섭본부 통상법무과 자문관
(2010. 6.-2011. 6.)
경북대학교 법학전문대학원 교수(2016-현재)
"Arbitration Law of Korea: Practice and
Procedure"(2011. 12. 공저)

한민오(韓旼昨)
제48회 사법시험 합격(2006)
서울대학교 법과대학 졸업(2006)
제38기 사법연수원 수료(2009)
서울대학교 법과대학원 석사과정 졸업(2012)
해군 법무관(2009-2012)
법무법인(유한)태평양(2012-현재)
국제상사중재에 있어서 중재판정부의 임시적
처분에 관한 연구(서울대학교 석사학위 논문,
2012)

김병필(金炳弼)
제47회 사법시험 합격(2005)
서울대학교 전기공학부 졸업(2004)
제38기 사법연수원 수료(2009)
법무법인(유한) 태평양(2009-현재)
법무법인 태평양 호치민 지사 대표(2015-현재)

"Arbitration Law of Korea: Practice and
Procedure"(2011. 12. 공저)

홍승일(洪昇逸)
제48회 사법시험 합격(2006)
연세대학교 정치외교학과 졸업(2006)
제38기 사법연수원 수료(2009)
법무법인(유한) 태평양(2009-현재)
"Arbitration Law of Korea: Practice and
Procedure"(2011. 12. 공저)

정경화(鄭京和)
제49회 사법시험 합격(2007)
고려대학교 법과대학 졸업(2001)
제39기 사법연수원 수료(2010)
고려대학교 법학대학원 석사(2012)
미국 Harvard Law School LL.M.(2016)
외교통상부 국제협력과, 인턴(2005. 3.-5.,
2007. 10.-12.)
Linklaters LLP, Hong Kong, 인턴(2009.
3.-4.)
사단법인 국제중재실무회 산하
Young Arbitration Practitioners' Forum
간사(2010-2015)
법무법인(유한) 태평양(2010-현재)
"Responsibility of International
Organization", Korea Law Review Vol. 2
(2007. 박기갑 및 정경화)
"An Analysis on the Economic Necessity
Defense in International Law-Focusing
on the Argentina Tribunals before ICSID"
(2011), 석사 논문
"Arbitration Law of Korea: Practice and
Procedure"(2011. 12. 공저)
"한국에서 FIDIC 계약조건 적용과 관련된 법
률적 문제점", 법조 통권 제175호(2016. 4.
김승현 및 정경화)

조아라(趙阿羅)
제50회 사법시험 합격(2008)
서울대학교 법과대학 졸업(2007)
제40기 사법연수원 수료(2011)
법무법인(유한) 태평양(2011-현재)

개정판
중재실무강의

초판발행	2012년 6월 13일
개정판발행	2016년 9월 5일
중판발행	2024년 2월 28일

지은이	김갑유·임수현·김홍중·김준우 외
펴낸이	안종만·안상준

편 집	한두희
기획/마케팅	조성호
표지디자인	권효진
제 작	고철민·조영환

펴낸곳	(주) **박영사**
	서울특별시 금천구 가산디지털2로 53, 210호(가산동, 한라시그마밸리)
	등록 1959. 3. 11. 제300-1959-1호(倫)

전 화	02)733-6771
f a x	02)736-4818
e-mail	pys@pybook.co.kr
homepage	www.pybook.co.kr
ISBN	979-11-303-2901-7 93360

정 가	38,000원